The Changes of the Legal System
in the Forty Years of
Reform and Opening-up

改革开放40年
法律制度变迁

总 主 编　张文显
执行主编　柳经纬

环境法卷

Environment Law

王树义 等◎著

厦门大学出版社 XIAMEN UNIVERSITY PRESS
国家一级出版社
全国百佳图书出版单位

图书在版编目(CIP)数据

改革开放40年法律制度变迁. 环境法卷 / 王树义等著.—厦门 ：厦门大学出版社，2019.12

ISBN 978-7-5615-7477-5

Ⅰ. ①改…　Ⅱ. ①王…　Ⅲ. ①环境保护法—法制史—研究—中国—现代　Ⅳ. ①D929.7

中国版本图书馆CIP数据核字(2020)第086425号

出 版 人　郑文礼
策　　划　施高翔
责任编辑　李　宁
装帧设计　李夏凌
技术编辑　许克华

出版发行　厦门大学出版社
社　　址　厦门市软件园二期望海路39号
邮政编码　361008
总　　机　0592-2181111　0592-2181406(传真)
营销中心　0592-2184458　0592-2181365
网　　址　http://www.xmupress.com
邮　　箱　xmup@xmupress.com
印　　刷　厦门集大印刷厂

开本　787 mm×1 092 mm　1/16
印张　26
字数　522千字
版次　2019年12月第1版
印次　2019年12月第1次印刷
定价　145.00元

本书如有印装质量问题请直接寄承印厂调换

厦门大学出版社
微信二维码

厦门大学出版社
微博二维码

The Changes of the Legal System
in the Forty Years of
Reform and Opening-up

《改革开放40年法律制度变迁》丛书编委会

总　序

改革开放40年
中国法治的历程、轨迹和经验

今年是中国改革开放40年，也是中国厉行法治40年。厦门大学出版社立意高远地策划了"改革开放40年法律制度变迁"这一重大选题，旨在通过聚合我国当今知名法学家，全面回顾总结改革开放40年来我国法律制度变迁和依法治国事业取得的伟大成就，系统梳理改革开放40年来中国特色社会主义法律体系在中国特色社会主义事业波澜壮阔的发展进程中的变迁逻辑、生成规律和实现路径，启迪、展望和探索新时代我国法律制度的建构与发展，以唱响我国法学界献礼改革开放40周年主旋律和最强音，为庆祝改革开放40周年营造良好社会舆论环境，为我国学术界和实务界在新时代更好推动中国特色社会主义法律体系发展完善，推进全面依法治国、建设法治中国新征程，开创法治发展新时代贡献力量。

值此本套丛书出版之际，我以"改革开放40年中国法治的历程、轨迹和经验"为主题作序，与各位作者和编辑一道，豪情满怀地纪念改革开放40年，抒发中国特色社会主义法治的理论自信、制度自信和实践自信。

一、中国法治40年的历程

1978年，中国共产党召开了十一届三中全会，结束了长达十年的"文化大革命"。这次全会做出了"加强社会主义法制"的决定并提出了"有法可依、有法必依、

执法必严、违法必究”的法制工作方针。以十一届三中全会为起点，中国特色社会主义法治经历了三大历史阶段，实现了三次历史性飞跃。

(一)法制创建新时期(1978—1997)

这一时期，我国的法制建设以恢复重建、全面修宪和大规模立法为引领，主要有以下重要历史节点和重大事件：

1.“一日七法”。中共十一届三中全会召开时，虽然“文化大革命”从形式上已经结束，但中国仍处于“无法可依”的状态，国家法律几乎是空白。因此，当务之急是制定一批法律，迅速恢复法律秩序和以法律秩序为支撑的社会秩序。在党中央的领导下，1979年7月1日，五届全国人大二次会议一天之内通过了7部法律，即《刑法》《刑事诉讼法》《地方各级人民代表大会和地方各级人民政府组织法》《全国人民代表大会和地方各级人民代表大会选举法》《人民法院组织法》《人民检察院组织法》《中外合资经营企业法》，被法学界称为中国法治史上著名的“一日七法”。以“一日七法”为先导，我国陆续制定了《民法通则》《行政诉讼法》等一大批重要法律，形成了中国特色社会主义法律体系框架。

2.“九九指示”。有了刑法、刑事诉讼法等法律，能否确保法律实施，在当时的情况下却是一个大大的问号。为此，中共中央于1979年9月9日发出了《关于坚决保证刑法、刑事诉讼法切实实施的指示》。该《指示》要求各级党委要保证法律的切实实施，充分发挥司法机关的作用，切实保证人民检察院独立行使检察权，人民法院独立行使审判权，使之不受其他行政机关、团体和个人的干涉。这是改革开放初期，我们党着手清除法律虚无主义，纠正以党代政、以言代法、有法不依等错误习惯的重要文献，意志坚定、观点鲜明、有的放矢、意义重大。

3.世纪审判。在社会主义法制恢复重建初期，发生了中国现代历史上最重大的法律事件，即对林彪、江青反革命集团的大审判。1980年11月22日，《人民日报》发表特约评论员文章，指出：“对林彪、江青反革命集团的审判，是我国民主和法制发展道路上的一个引人注目的里程碑，它充分体现了以法治国的精神，坚决维护了法律的权威，认真贯彻了社会主义民主和法制的各项原则。”

4.全面修宪。新中国成立之初，党中央和中央人民政府就启动了制定宪法的程序。1954年9月20日，第一届全国人民代表大会通过《中华人民共和国宪法》。这部《宪法》以“根本法”“总章程”的定位，以人民民主原则和社会主义原则为支点，构建了中国历史新纪元的宪法框架，构筑了中国社会主义制度的“四梁八柱”。在“文化大革命”中制定的1975年《宪法》和1978年《宪法》是带有严重错误和缺点的宪法。1980年，中共中央决定全面修改“七八宪法”。经过29个月的艰苦努力，1982年12月4日，五届全国人大五次会议通过了全面修订后的《中华人民共和国宪法》。30多年来的发展历程充分证明，现行宪法及其修正案有力地坚持了中国共产党领导，有力地保障了人民当家做主，有力地促进了改革开放和社会主义现代化建设，有力地推动了社会主义法治国家建设进程，有力地维护了国家统一、民族团结、社会稳定，具有显著优势、坚实基础、强大生命力。

5.全民普法。在法制恢复重建之初，党和政府启动了全民法制宣传教育活动。1985 年 11 月 22 日，六届全国人大常委会第四次会议通过《全国人民代表大会常务委员会关于在公民中基本普及法律常识的决议》。至今，我国已经先后制定和实施了七个“五年普法规划”。中国的全民普法运动既是中国历史上、也是人类历史上规模空前和影响深远的法治启蒙运动，是一场先进的思想观念和文明的生活方式的宣传教育运动。

（二）依法治国新阶段（1997—2012）

在中国法治的历史上，1997 年是一个难忘的国家记忆。1997 年召开的中共十五大划时代地提出“依法治国，建设社会主义法治国家”，开启了依法治国新阶段。在这个阶段，主要有以下历史节点和重大事件。

1.确立依法治国基本方略。1997 年 9 月，中共十五大召开。江泽民同志在十五大报告中明确提出，要“进一步扩大社会主义民主，健全社会主义法制，依法治国，建设社会主义法治国家”。这是中共首次将依法治国作为治国理政的基本方略。1999 年 3 月 15 日，九届全国人大二次会议通过《中华人民共和国宪法》修正案，将“依法治国，建设社会主义法治国家”纳入宪法，使依法治国成为党领导人民治理国家的基本方略，建设社会主义法治国家成为国家建设和发展的重要目标之一。这标志着我国迈向了法治建设新阶段。

2.确立依法执政基本方式。2002 年 10 月，中共十六大召开。江泽民同志在十六大报告正式提出“依法执政”概念。2004 年 9 月 19 日，党的十六届四中全会通过了《中共中央关于加强党的执政能力建设的决定》，把加强依法执政的能力作为加强党的执政能力建设的总体目标之一，并就依法执政的内涵作出科学规定。依法执政基本方式的确立，表明我们党开启了依法治国基本方略与依法执政基本方式有机结合的治国理政的新境界。

3.形成中国特色社会主义法律体系。2011 年 3 月 10 日，在十一届全国人大四次会议上，全国人大常委会工作报告庄严宣布：一个立足中国国情和实际、适应改革开放和社会主义现代化建设需要、集中体现党和人民意志的，以宪法为统帅，以宪法相关法、民商法等多个法律部门的法律为主干，由法律、行政法规、地方性法规等多个层次的法律规范构成的中国特色社会主义法律体系已经形成，国家经济建设、政治建设、文化建设、社会建设以及生态文明建设的各个方面均实现有法可依。中国特色社会主义法律体系的形成，是我国依法治国、建设社会主义法治国家历史进程的重要里程碑，也是世界现代法制史上最具标志性事件，其意义重大而深远，其影响广泛而深刻。

(三)全面依法治国新时代(2012—)

以中共十八大为历史节点，中国特色社会主义进入新时代，中国法治也跨入新时代。党的十八大以来，以习近平同志为核心的党中央在全面推进依法治国、加快建设中国特色社会主义法治体系和社会主义法治国家的伟大实践中，创造性地发展了中国特色社会主义法治理论，提出了全面依法治国新理念新思想新战略为坚持和开拓中国特色社会主义法治道路奠定了思想基础，为推进法治中国建设提供了理论指引。

1. 明确定位“法治小康”。中共十八大提出全面建成小康社会。十八届三中全会、四中全会、五中全会、六中全会不断明晰和丰富全面建成小康社会的目标和各项要求。全面建成小康社会，在法治领域就是要达到依法治国基本方略全面落实，中国特色社会主义法律体系更加完善，法治政府基本建成，司法公信力明显提高，人权得到切实保障，产权得到有效保护，国家各项工作法治化。这是对我国法治建设目标的首次精准而全面的定位。

2. 提出法治新十六字方针。2012年，由习近平同志主持起草的中共十八大报告提出：“加快建设社会主义法治国家，必须全面推进科学立法、严格执法、公正司法、全民守法进程。”法学界称之为“新十六字方针”。“新十六字方针”体现依法治国新布局，为全面依法治国基本方略的形成奠定了理论和实践基础。

3. 建设法治中国。“建设法治中国”是习近平总书记在十八大之后不久发出的伟大号召。2013年，中共十八届三中全会通过的《中共中央关于全面深化改革若干重大问题的决定》提出要推进法治中国建设。2014年，十八届四中全会进一步向全党和全国各族人民发出“向着建设法治中国不断前进”“为建设法治中国而奋斗”的号召。“法治中国”概念是我们党在法治理论上的重大创新，也是对新时代中国法治建设的科学定位。在实践上，“建设法治中国”，其要义是依法治国、依法执政、依法行政共同推进，法治国家、法治政府、法治社会一体建设。

4. 全面依法治国。十八大之后，以习近平同志为核心的党中央在完善“五位一体”总体布局之后提出了“四个全面”的战略布局，并把全面依法治国放在总体战略布局之中统筹安排。在这个布局中，全面建成小康社会是战略目标，全面深化改革、全面依法治国、全面从严治党是三大战略举措，对实现全面建成小康社会战略目标一个都不能缺，要努力做到“四个全面”相辅相成、相互促进、相得益彰。根据习近平总书记的这一战略思想，2014年10月，中共十八届四中全会通过了《中共中央关于全面推进依法治国若干重大问题的决定》，标志着我国法治建设站在了新的历史起点上。

5. 建设中国特色社会主义法治体系。中共十八届四中全会是中国共产党执政历史上首次以法治为主题的中央全会，全会通过的《决定》原创性地提出全面依法治国的总目标是建设中国特色社会主义法治体系，建设社会主义法治国家。提出这个总目标，既明确了全面推进依法治国的性质和方向，又突出了全面推进依法治国的工作重点和总抓手。全面依法治国各项工作都要围绕这个总抓手来谋划、来推进。

6. 开启全面依法治国新征程。中国共产党第十九次全国代表大会是中国特色社会主义进入新时代之后中国共产党召开的最为重要的会议。十九大明确了从现在到 2020 年、从 2020 年到 2035 年、从 2035 年到 21 世纪中叶一个时段、两个阶段的法治建设目标，为依法治国和法治中国建设指明了前进方向、基本任务、实践路径。十九大把坚持全面依法治国上升为新时代坚持和发展中国特色社会主义的基本方略，凸显了法治在“五位一体”总体布局和“四个全面”战略布局中的地位，提升了法治在推进国家治理现代化和建设社会主义现代化强国中的基础性、支撑性、引领性作用。

二、中国法治 40 年的轨迹

以中共十一届三中全会做出的“加强社会主义法制”历史性决策为起点，在 40 年发展历程中，中国法治留下了辉煌的历史轨迹，显现出中国特色社会主义法治发展的鲜明特征和规律。

（一）从“法制”到“法治”

“法制”，望文思义，就是国家的法律和制度。改革开放初期，面对法律几乎“荡然无存”的局面，法制建设的重心是加快立法，健全法制，做到有法可依。之后，在法律体系基本形成的情况下，法治建设经历了从法制到法治的发展。主要体现为：

从“法制”概念到“法治”概念。十一届三中全会之后，在法制领域和法学体系中，最正式最流行的概念就是“法制”“法制建设”。中共十五大之后，最正式最流行的概念演进为“法治”“依法治国”“全面依法治国”等。虽然“法治”与“法制”这两个概念表面上只有一字之差，其内涵和意义却大不相同：第一，“法治”突出了实行法治、摒弃人治的坚强意志和决心，针对性、目标性更强。第二，“法治”“法治国家”意味着法律至上，依法而治、依法治权。第三，与“法制”比较，“法治”意味着不仅要有完备的法律体系和制度，而且要树立法律的权威，保证认真实施法律，切实依照法律治理国家和社会。第四，法治包容了法制，涵盖面更广泛，更丰富。

从“方针”到“方略”。改革开放初期，中共十一届三中全会把社会主义法制建设作为党和国家坚定不移的基本方针。中共十五大在社会主义法制基本方针的基础上提出依法治国基本方略。从建设法制的方针到依法治国的方略，显现出中国法治理论和实践发生了深刻变化。

从“法制国家”到“法治国家”。1996年2月8日，在中共中央第三次法制讲座上，江泽民同志在总结讲话中明确提出要依法治国，建设社会主义“法制国家”，并对依法治国和建设法制国家的重大意义进行了阐述。1997年9月，党的十五大报告根据各方面的建议、特别是依法治国的实践逻辑，把此前的提法修改为“依法治国，建设社会主义法治国家。”用“法治国家”代替“法制国家”，是一次新的思想解放，标志着中央领导集体和全党认识上的飞跃。

从“健全社会主义法制”到“健全社会主义法治”。改革开放初期，面对无法可依、制度残缺的局面，党中央作出“健全社会主义法制”的决策，1982年宪法沿用了“健全社会主义法制”的提法。2018年，现行宪法第五次修改将原序言中的“发扬社会主义民主，健全社会主义法制”修改为“发扬社会主义民主，健全社会主义法治”。这一字“千金”的修改，从宪法上完成了从法制到法治的根本转型，反映出我国社会主义法治建设历史性的跨越和进步。

(二)从“依法治国”到“全面依法治国”

党的十五大将“依法治国”作为党领导人民治理国家的基本方略。十八大提出“全面推进依法治国”。十八届四中全会后，习近平总书记提出了内涵更为丰富、表述更为精致的“全面依法治国”概念。从“依法治国”到“全面推进依法治国”再到“全面依法治国”，提法的变化表明我们党依法治国的思路越来越清晰、越来越精准。

(三)从建设“法治国家”到建设“法治中国”

十八大以后，习近平总书记明确提出“法治中国”的科学命题和建设法治中国的重大历史任务。“法治中国”比“法治国家”的内涵更加丰富，思想更加深刻，形态更加生动，意义更具时代性。从“法治国家”到“法治中国”的转型，意味着我国法治建设的拓展、深化和跨越。

(四)从建设“法律体系”到建设“法治体系”

在全国人大常委会宣布中国特色社会主义法律体系已经形成之后，法治建设如何推进？这是摆在全党和全国人民面前的重大课题。习近平总书记经过深入调研和科学论证，提出“建设中国特色社会主义法治体系”。十八届四中全会正式将“建设中国特色社会主义法治体系”作为全面推进依法治国的总目标、总抓手、牛鼻子。从建设“法律体系”到建设“法治体系”，体现了我们党对法治建设规律认识的重大突破。

(五)从"以经济为中心"到"以人民为中心"

中共十一届三中全会果断地、历史性地把党和国家的工作重心从以阶级斗争为纲转向以经济建设为中心,与此同步,中国的法制建设也转向了以经济建设为中心,为经济发展"保驾护航"成为法制的核心价值。中共十八大之后,党中央明确地提出"以人民为中心"的思想,这是统揽全局、指导全面的思想。在法治领域,树立"以人民为中心"的思想,就是要倍加关注人民对民主法治、公平正义、人权保障、产权保护、安定有序、环境良好的美好向往,以满足人民对美好法治生活的向往为宗旨;坚持法治为了人民、依靠人民、造福人民、保护人民,把体现人民利益、反映人民意愿、维护人民权益、增进人民福祉、促进人的全面发展作为法治建设的出发点和落脚点,落实到依法治国全过程各方面。

(六)从"法律之治"到"良法善治"

从1978年至1997年间,我国法制建设的基本方针是"有法可依、有法必依、执法必严、违法必究",总体而言,这是一种形式法治意义的"法律之治"。十八大提出"科学立法、严格执法、公正司法、全民守法",从理论和实践上都向形式法治与实质法治的结合前进一大步。十八大以后,我们党明确提出"法律是治国之重器,良法是善治之前提"。十九大报告进一步提出"以良法促进发展、保障善治"。这是对新时代中国特色社会主义法治作为形式法治与实质法治相统一的法治模式的精辟定型。从"法律之治"到"良法善治"是法治理念的根本性飞跃。

(七)从"法制建设"到"法治改革"

从1978年到21世纪第一个十年,在法治领域,总的提法是法制建设,而且总体上也是按照"建设"来规划部署的。中共十八大以来,习近平总书记多次指出,"全面依法治国是国家治理的一场深刻革命",并以革命的勇气和革命的思维,大刀阔斧地推进法治领域的改革,出台了数百项重大法治改革举措,大力解决立法不良、有法不依、执法不严、司法不公、监督疲软、权力腐败、人权保障不力等突出问题。实践充分证明,法治改革是加快推进法治中国建设的强大动力和必由之路。

(八)从常规建设到加快推进

改革开放以来,我国法制建设有序推进,取得了很大成就。但是,常规的、按部就班的法制建设难以适应全面深化改革、全面依法治国、全面从严治党的迫切要求,难以适应人民群众日益增长的多样化、高质量法治需要,难以跟进国家治理现代化的前进步伐。为此,党中央以时不我待、只争朝夕的姿态加快推进法治改革和法治建设,提出一系列"加快"各领域法治建设和改革的重大措施。

（九）法学教育从恢复重建到繁荣发展

中国的法学教育历史悠久，源远流长。但从20世纪50年代末，我国的法学教育随着法治的衰败而全面衰败。改革开放40年来，伴随着中国法治和中国高等教育前进的步伐，我国法学教育历经恢复重建、快速发展、改革创新，已经形成了具有一定规模、结构比较合理、整体质量稳步提高的教育体系。中国的法学教育已经跻身世界法学教育之林，法学教育的中国模式与法学教育的美国模式、欧洲模式呈三足鼎立态势。一个基本适应我国法治人才需要和法治中国建设需要、具有中国特色的法学体系初步形成。

（十）从人治到法治

40年的中国法治轨迹，总括而言，就是从人治到法治。法治与人治是两种互相对立的治国方略。在这个问题上，我们有经验也有教训。改革开放初期，邓小平同志针对"要人治不要法治"的错误观念以及人治导致"文革"悲剧的沉痛教训，强调指出："要通过改革，处理好法治和人治的关系"。后来，他又尖锐地指出：要保持党和国家长治久安，避免"文化大革命"那样的历史悲剧重演，必须从法制上解决问题。中共十八大以来，习近平总书记深刻地阐述了厉行法治、摒弃人治的历史规律和深远意义。他指出："法治和人治问题是人类政治文明史上的一个基本问题，也是各国在实现现代化过程中必须面对和解决的一个重大问题。综观世界近现代史，凡是顺利实现现代化的国家，没有一个不是较好解决了法治和人治问题的。""经验和教训使我们党深刻认识到，法治是治国理政不可或缺的重要手段。法治兴则国家兴，法治衰则国家乱。什么时候重视法治、法治昌明，什么时候就国泰民安；什么时候忽视法治、法治松弛，什么时候就国乱民怨。"基于对人治教训的深刻分析和对治国理政规律的深刻把握，以习近平同志为核心的党中央采取一系列重大举措，推动党、国家和社会告别人治传统而步入法治的光明大道。

三、中国法治40年的基本经验

40年的法治建设不仅取得了历史性成就，而且积累了一系列宝贵经验，形成了一整套科学理论。

（一）坚持和拓展中国特色社会主义法治道路

习近平总书记指出："中国特色社会主义法治道路，是社会主义法治建设成就和经验的集中体现，是建设社会主义法治国家的唯一正确道路。""具体讲我国法治建设的成就，大大小小可以列举出十几条、几十条，但归结起来就是开辟了中国特色社会主义法治道路这一条。”坚持中国特色社会主义法治道路，“核心要义”是坚持党的领导，把党的领导贯彻到依法治国各方面和全过程，坚持中国特色社会主义制度，贯彻中国特色社会主义法治理论。改革开放40年来，我国的法治建设、法治改革和全面依法治国之所以能够取得历史性成就，根本原因在于我们坚定不移地走中国特色社会主义法治道路。

(二)坚持依法治国与以德治国相结合

法治与德治的关系问题，历来是治国理政的基本问题，是法学和政治学的基本论题。中共十五大以来，党中央总结古今中外治国理政的成功经验，明确提出了坚持依法治国与以德治国相结合的思想。中共十八届四中全会《决定》和习近平总书记在十八届四中全会上的讲话进一步明确提出依法治国与以德治国相结合是中国特色社会主义法治的基本原则，强调“必须坚持一手抓法治、一手抓德治”；既重视发挥法律的规范作用，又重视发挥道德的教化作用，实现法律和道德相辅相成、法治和德治相得益彰。党中央关于依法治国与以德治国相结合的深刻论述，突破了法治、德治水火不容的僵化思维定式，阐明了一种现代法治和新型德治相结合的治国理政新思路。正是遵循了依法治国与以德治国相结合的思想路线和决策部署，我国的法治建设和道德建设才能呈现出相得益彰的良好局面。

(三)坚持依法治国与依规治党有机统一

坚持依法治国与依规治党有机统一，是以习近平同志为核心的党中央在治国理政新实践中探索出来的新经验、概括出来的新理论。依法治国与依规治党有着内在联系，治党与治国相辅相成，依法执政与依规执政高度契合，缺一不可。基于对依法治国与依规治党有机统一关系的深刻认识，我们党采取了一系列措施统筹推进依法治国和依规治党。一是把党内法规制度体系纳入到中国特色社会主义法治体系之中，加快形成完善的党内法规制度体系。二是注重党内法规同国家法律的衔接和协调，共同发挥在治党治国中相辅相成的作用。三是提出思想建党和制度治党紧密结合、同向发力。四是同步推进国家治理体系现代化和中国共产党治理体系现代化，提高党科学执政、民主执政和依法执政的本领。五是探索职能相近的党政机关合并设立或合署办公，推进党和国家治理体制改革，推进国家治理体系和治理能力现代化。

(四)坚持法治与自治良性互动

在一个现代化国家，国家法治与社会自治始终是国家治理的根基所在。依法自治为公民、社会组织等各类社会主体通过自我协商、平等对话、参与社会治理、依法解决社会问题留出了广阔空间。中共十八届三中全会《决定》提出，正确处理政府和社会关系，加快实施政社分开，推进社会组织明确权责、依法自治、发挥作用，并要求放宽社会组织准入门槛，实现依法自治管理。四中全会《决定》进一步提出鼓励和支持基层组织和部门、行业依法治理，支持各类社会主体自我约束、自我管理。两个《决定》开辟了社会依法自治的崭新局面。中共十九大报告进一步提出"打造共建共治共享的社会治理格局"；发挥社会组织作用，实现政府治理和社会调节、居民自治良性互动；健全自治、法治、德治相结合的乡村治理体系。这些思想和方略，必将使法治、德治、自治更为有效衔接，推动国家治理和社会治理、国家法治与社会自治良性互动。

（五）坚持以依宪执政和依宪治国统领依法治国和法治中国建设

宪法是国家的根本法、总章程，是"治国理政的总依据""全面依法治国的总依据""国家各种制度和法律法规的总依据"。所以，依法治国首先要坚持依宪治国，依法执政首先要坚持依宪执政。1982年宪法即现行宪法公布施行后，根据我国改革开放和社会主义现代化建设的实践和发展，在党中央领导下，全国人大先后5次对其个别条款和部分内容作出必要的、也是十分重要的修正，共通过了52条宪法修正案。现行宪法及其历次修改，为法的立改废释提供了宪法依据，使我国宪法以其科学理论、制度优势和强大权威，统领和引领着全面依法治国和法治中国建设的航程。

（六）坚持法治与改革双轮驱动

1978年以来，中国特色社会主义事业有两大主题，一是改革开放，一是法治建设。两大主题有着内在的、相辅相成的必然联系。改革与法治如"鸟之两翼、车之双轮"，共同推动小康社会建设，是小康社会必不可少的动力支持与保障力量。同时，坚持在法治下推进改革，在改革中完善法治，使改革因法治而得到有效推进，使法治因改革而得到不断完善。

（七）坚持统筹推进国内法治与国际法治

统筹国内国际两个大局是我们党治国理政的基本理念和基本经验。十八大以来，以习近平同志为核心的党中央审时度势，统筹推进"两个法治"，使国内法治和国际法治相得益彰。我国以构建人类命运共同体为目标，以推动全球治理体系和治理规则变革为动力，秉持共商共建共享的全球治理观，建设国际法治，推进国际关系法治化，积极开展法律外交，主动参与国际立法，参与和支持国际执法、国际司法、国际仲裁，使国内法治与国际法治的契合达到前所未有的程度。

（八）坚持全面推进与重点突破相协调

全面推进依法治国是一项庞大的系统工程，必须统筹兼顾、把握重点、整体谋划，在共同推进上着力，在一体建设上用劲。在全面推进依法治国过程中，以习近平同志为核心的党中央注重统筹推进、协调发展。同时，善于牵住“牛鼻子”形成“纲举目张”的态势，如强调以中国特色社会主义法治体系为总目标、总抓手、“牛鼻子”；始终把“关键少数”作为依法治国的重中之重；注重重点突破瓶颈问题，如倾力推进司法体制改革、破解制约司法公正和司法公信的瓶颈问题，仅中央全面深化改革领导小组就先后42次审议司法改革方案，出台涉及司法体制改革的文件多达53件。。

（九）坚持顶层设计、科学布局与试点探索、先行先试相结合

改革开放初期，无论是经济改革，还是法制建设，几乎都是“摸着石头过河”。十八大以来，以习近平同志为核心的党中央加强了对法治改革和法治建设的统一领导和顶层设计，提出全面推进依法治国的总目标、法治中国建设的总路径。把依法治国纳入“四个全面”战略布局，并与“两个一百年”的奋斗目标对接，把中国特色社会主义法治体系建设与国家治理体系和治理能力现代化紧密连接，彰显出顶层设计的政治引领、理论导航、行动指南作用。在加强统一领导和顶层设计的同时，注重调动地方、部门改革积极性，激励和支持地方、行业先行先试。各地在先行先试中创造了经验，积累了可复制可推广的经验。这些经验又为党中央顶层设计和推进全面改革提供了实践基础和科学依据。

（十）坚持遵循法治规律与秉持中国法理相一致

改革开放40年来，中国法治建设和法治改革的一个十分鲜明的特点就是既重视规律又重视法理，遵循法治规律，秉持法理精神。中共十八大以来，在全面推进依法治国的整个过程中，习近平总书记反复要求解放思想，实事求是，不断深化对法治规律的认识，按照依法治国、依法执政、依法行政、依法自治的客观规律办事，充分发挥法治在治国理政中的基本方式作用。正是由于注重探索法治规律、总结法治经验、凝练法治理论，保证了中国特色社会主义法治始终沿着法治规律科学发展，从胜利走向胜利。

在尊重和遵循规律的同时，也秉持了法理精神。十八大以来，习近平总书记不仅反复强调要学会运用法治思维和法治方式治国理政，而且善于运用法理思维和法理话语提升中国特色社会主义法治理论的解释力、感召力，夯实全面依法治国重大部署和改革方案的法理基础。在他关于法治的讲话和论著中，可以说各篇都有法理金句，通卷闪耀法理珠玑。如法治兴则国泰民安，法治衰则国乱民怨；法安天

下，德润民心；法律的权威源自人民的内心拥护和真诚信仰；自由是秩序的目的，秩序是自由的保障；发展是安全的基础，安全是发展的条件；党的政策是国家法律的先导和指引；依法设定权力、规范权力、制约权力、监督权力，把权力关进制度的笼子；和平、发展、公平、正义、民主、自由，是全人类的共同价值；等等。习近平总书记提炼出来的一系列法理命题为法律体系和法治体系注入了强大生命力，对全党和全国人民保持法治定力、拓展法治道路、深化法治改革、建设社会主义现代化法治强国产生了强大的感染力和推动力。

张文显

2018年11月10日

目 录

第一章

综　述

第一节　引言

1978—2018 年，整整 40 年，我国的改革开放大潮滚滚、波澜壮阔、硕果累累，取得了举世瞩目的辉煌成就，引导我国迈进了伟大复兴的新时代。环境资源法律制度沐浴改革开放的春风，从无到有，从小到大，由弱到强，开拓进取，不断创新，日臻完善。

回首过去的 40 年，我国的环境资源法律制度，从当初的“摸着石头过河”，到如今的“基本形成体系”，绝非一蹴而就。其中，一个个精彩的片段或瞬间成就了一部环境资源法律制度的发展变迁史。

环境资源法律制度，是在调整保护和改善环境，防治环境污染和生态破坏，保护自然资源、能源和生态系统方面所产生的社会关系的法律规范群的统称。数个环境资源法律制度群就构成了我们通常所说的“环境资源法”。

受国外环境法学的影响，人们早先将环境资源法称作“环境法”[①]或“环境保护法”[②]。1997年，教育部在高等院校法学教学内容改革方案中，将“环境法学”与“自然资源法学”合并，定其官名为“环境与自然资源保护法学”。后来，法学学科博士点的设置也将“环境法”更名为“环境与资源保护法”，因此现在多用“环境资源保护法”[③]，简便起见，简称环境资源法[④]。不过，环境法学界习惯上仍称其为“环境法”。

严格地说，环境资源法律制度不完全等同于作为一个法律部门的环境资源法。因为，环境资源法律制度涉及多个法律部门中的相关法律规范，如刑法、民法、行政法以及民事诉讼法、行政诉讼法或刑事诉讼法中的法律规范，当然，主要还是指构成环境资源法的那些法律规范或法律制度。

1978年改革开放以前，我国的环境资源法律制度几乎为零。因为环境资源保护领域的立法几为空白。[⑤] 究其原因，一是当时的环境问题并不像现在这样突出；二是人们头脑中并无现在意义上的环境保护的概念，环境保护等于“三废治理”（废水、废气、废渣治理），而“三废治理”问题又主要依靠政府的相关政策调整；三是十年的“文化大革命”使国家的各项工作，其中包括立法工作，基本处于停滞状态，许多亟须制定的法律都未来得及制定，更遑论环境资源保护立法。

1978年，中国共产党十一届三中全会的召开拉开了我国改革开放的大幕，开启了我国经济社会发展的新时代，同时也为我国法制的建立健全，为环境资源法律制度的产生和发展提供了极好的历史机遇。可以说，我国的环境资源立法就是踩着我国改革开放的鼓点起步的。40年来，我国的环境资源法律制度经历了从无到有，从小到大，由弱到强，从单纯的“三废治理”到全面环境污染防治，从片面重视污染防治到污染防治与自然资源、生态系统的保护管理并重，从单个环境要素或自然资源的保护管理到整体自然环境的保护管理的发展历程。

从无到有，“摸着石头过河”，是我国环境资源法律制度产生发展的一个显著特征。1978年改革开放以前，我国没有一部环境资源保护方面的法律，仅有一两部相关的行政法规、少量“三废治理”方面的政策和类似部门规章的中央“管理文件”。1978年《中华人民共和国宪法》的重新修改制定，为环境资源法律制度的建立创造了条件，提供了制度创建的立法依据，成就了我国第一部环境资源法律——《中华

---

① 金瑞林：《环境法学》，北京大学出版社1999年版，第30～31页。

② 韩德培：《环境保护法教程》，法律出版社2007年版，第27页。

③ 金瑞林：《环境法学》，北京大学出版社1999年版，第31页。

④ 蔡守秋：《环境资源法学》，人民法院出版社2003年版，第17页。

⑤ 1973年8月5日，国务院召开了全国首次环境保护工作会议，随后制定了《关于保护和改善环境的若干规定试行草案》。这可算是我国环境保护方面的一部行政法规。另外，1974年1月，国务院颁布了《中华人民共和国防治沿海水域污染暂行规定》，以调整沿海水域污染防治领域里的社会关系。

人民共和国环境保护法(试行)》(1979 年 9 月 13 日)的出台。

从小到大,是指我国环境资源法律制度的发展,从仅有一部标注“试行”的环境法律起步,[①]经过 40 年的发展,基本形成了具有鲜明中国特色的环境资源法律制度体系,作为其载体的环境资源法律[②]达 30 余部。另有一些环境资源法律制度或法律规范纳入其他法律部门,如刑法、民法、行政法、民事诉讼法、行政诉讼法等。其中既涉及公法部门,亦涉及私法部门。

由弱到强,是形容我国的环境资源法律制度从最初被人们普遍诟病为“软法”,到现在被社会誉为“史上最严环保法”[③]、“长了牙齿的环境法”的发展变化过程。此处“软法”一词并非现今意义上相对于“硬法”而言的“软法”,而是指法律缺乏“刚性”,不具威慑力和可操作性,仅仅只是一些宣誓性的“口号”。

从单纯的“三废治理”到全面的环境污染防治,是说我国环境污染防治法律制度的建构从起初只关注大气、水、固体废物污染环境的防治,到全面防控污染源单位的排污行为,全面调整环境污染防治领域里的社会关系。

从片面重视污染防治到污染防治与自然资源和生态系统的保护管理并重,旨在说明我国环境资源法律制度的发展,也曾经历了观念转变或观念更新的问题。早期我国的环境资源立法重在解决环境污染防治的问题,随着人们对现代环境保护认识的不断加深,自然资源和生态系统的保护管理不断进入立法者的视野,自然资源、生态系统保护管理的法律规制也逐渐受到了同等的重视。

从单个环境要素或自然资源的保护管理到整体自然环境的保护管理,目前还并非我国环境资源法律制度发展变化的常态,但它是我国环境资源法律制度进一步变迁的趋势或方向。环境法典的编纂应当就是这种发展趋势的具体实现形式。

第二节　走向环境法制:建立环境资源基本法律制度

1978 年注定会在历史上留下浓墨重彩的一笔。这一年的 12 月 18 日至 22 日,中国共产党召开了著名的十一届三中全会。全会不但实现了党的政治路线和组织路线的拨乱反正,而且作出了实行改革开放的新决策,同时指出,为了保障人民民主,必须加强社会主义法制,[④]从而为我国进入一个崭新的历史发展阶段打开了尘

① 指 1979 年 9 月 13 日颁布的《中华人民共和国环境保护法(试行)》。

② 指由前我国全国人大常委会制定的环境资源法律。

③ 指 2015 年 1 月 1 日起实施的新的《中华人民共和国环境保护法》。

④ 《中国共产党十一届三中全会公报》。

封的大门。

无独有偶，1978 年，《中华人民共和国宪法》（以下简称《宪法》）经过了重新修改。修改后的《宪法》首次对环境保护作出了明确规定，宣布“国家保护环境和自然资源，防止污染和其他公害”。[①]

国家改革开放的新决策和加强社会主义法制的要求，为我国环境资源法律制度的产生奠定了良好的时代背景基础，1978 年《宪法》的修改则为环境资源法律制度的创建提供了立法依据。1979 年 9 月 13 日，第五届全国人民代表大会常务委员会第十一次会议通过了第一部环境保护的法律——《中华人民共和国环境保护法（试行）》（以下简称《环境保护法（试行）》），并于同日公布实施。自此，我国的环境资源保护活动正式步入法制的轨道。

《环境保护法（试行）》虽然只有简短的 33 个条文，但它是我国环境保护事业走上法治道路的标志，同时也为我国环境资源法律制度的日后发展打下了坚实的基础。“环境立法是控制和改善环境的重要手段。国际上许多国家把环境法律作为控制和改善环境的主要手段，取得了明显的效果。”[②]该法“总结了我国环境保护工作的基本经验，参照了国外环境法中行之有效的管理制度，对我国环境保护工作的方针和原则、环境保护的对象、环境法的目的和任务、保护自然环境和防治污染及其他公害的基本要求和措施、环境管理机构的设置和职权、环境科学研究和宣传教育等都作出了比较全面的规定”[③]，同时设计了环境影响报告书、“三同时”、限期治理、排污收费等制度，[④]为我国环境保护事业的发展提供了基本的制度供给，大体满足了当时我国环境保护法制建设的需要，也为我国环境资源法律制度的进一步发展打开了思路。

环境影响报告书制度，也就是现在所说的环境影响评价制度，它是我国环境影响评价制度的最早设计。《环境保护法（试行）》第 6 条规定：“一切企业、事业单位的选址、设计、建设和生产，都必须充分注意防止对环境的污染和破坏。在进行新建、改建和扩建工程时，必须提出对环境影响的报告书，经环境保护部门和其他有关部门的审查批准后才能进行设计。”现在我国的环境影响评价制度就是在环境影响报告书制度的基础上不断健全完善起来的。2002 年 10 月第九届全国人民代表大会常务委员会制定了《中华人民共和国环境影响评价法》，2016 年 7 月第十二届全国人民代表大会常务委员会对该部法律作了相应修改，环境影响评价制度逐步完善。

---

① 1978 年重新修改的《中华人民共和国宪法》第 11 条第 3 款。

② 《关于〈中华人民共和国环境保护法（试行草案）〉的说明》（李超伯，1979 年 9 月 11 日）。

③ 曲格平：《中国环境问题及对策》，中国环境科学出版社 1954 年版，第 119 页。

④ 1979 年 9 月 13 日《中华人民共和国环境保护法（试行）》。

环境影响报告书制度是对我国传统经济发展方式的重大挑战，目的在于协调经济发展与环境资源保护的关系，最大限度地降低经济建设对自然环境的不利影响，同时也可为环境监督管理提供客观依据。

"三同时"制度是环境资源法律制度体系中用于控制新污染源产生的一项法律制度，最早也是在《环境保护法（试行）》中规定的。该法第 6 条要求："一切企业、事业单位的选址、设计、建设和生产，都必须充分注意防止对环境的污染和破坏。在进行新建、改建和扩建工程时，必须提出对环境影响的报告书，经环境保护部门和其他有关部门的审查批准后才能进行设计；其中防治污染和其他公害的设施，必须与主体工程同时设计、同时施工、同时投产。"

所谓"三同时"，就是指所有新建、改建和扩建工程建设项目的防治污染和其他公害的设置，必须与建设项目的主体工程同时设计、同时施工、同时投产使用，简称"三同时"。

"三同时"制度系我国原产、首创，[①]最早见于国务院 1973 年制定的《关于保护和改善环境的若干规定（试行草案）》，后在《环境保护法（试行）》中加以规定。1989 年的《中华人民共和国环境保护法》（以下简称 1989 年《环境保护法》）再次规定了该制度。[②]

限期治理制度，是指对造成环境严重污染的企业、事业单位和在特殊保护的区域内超标排污的已有设施，由人民政府决定，环境保护部门监督其在一定的期限内完成污染治理任务的法律制度。[③]

限期治理，最初作为一项环境管理的行政措施，于 20 世纪 70 年代就在我国的环境管理实践中广泛运用。国家有关文件中也多次明确提出和肯定了这一措施。1979 年全国人民代表大会常务委员会在制定《环境保护法（试行）》时，具体明确了限期治理的法律地位，使之成为一项法律制度。[④] 此后颁布的多部环境法律、法规也都规定了这一制度，如 1989 年《环境保护法》第 29 条第 1 款规定，"对造成环境严重污染的企业、事业单位，限期治理"；《中华人民共和国水污染防治法》（1984 年 5 月 11 日）第 16 条第 1 款规定，"对造成水体严重污染的单位，限期治理"；《中华人民共和国大气污染防治法》（1987 年 9 月 5 日）第 12 条第 2 款规定："对造成大气严重污染的企业事业单位，限期治理"。

排污收费制度，是指对于超过国家规定标准向环境排放污染物的排污者，按其

---

① 金瑞林：《环境与资源保护法学》，北京大学出版社 1999 年版，第 137 页。

② 《中华人民共和国环境保护法》（1989 年 12 月 26 日）第 26 条。

③ 中国环境法制电视教育讲座指导委员会办公室：《中国环境法制》，国防工业出版社 1994 年版，第 105 页。

④ 中国环境法制电视教育讲座指导委员会办公室：《中国环境法制》，国防工业出版社 1994 年版，第 106 页。

排放污染物的数量和浓度，根据规定收取一定费用的制度。

对排污者收取排污费的问题，最早是在中共中央批转的国务院环境保护领导小组《环境保护工作汇报要点》中提出来的，得到了决策者的认可。于是，1979 年制定《环境保护法（试行）》时，立法机关采纳了这一建议，将排污收费作为环境保护的一项基本法律制度固定下来。《环境保护法（试行）》第 18 条第 3 款规定："超过国家规定的标准排放污染物，要按照排放污染物的数量和浓度，根据规定收取排污费。"1982 年 2 月，国务院在总结全国征收排污费试点经验的基础上，颁布了《征收排污费暂行办法》，对这一制度的具体实施作了明确的规定。

对污染物排放者收取一定数量的排污费，目的是促使企事业单位加强环境保护的技术改造，减少污染物排放，保护自然环境。

《环境保护法（试行）》虽然仅仅规定了上述几项环境资源保护的基本法律制度，且过于简单，但我国现已逐步走向完善的环境资源法律制度，就是在上述四项基本制度的基础上渐渐发展起来的。

需要提及的是，1979 年，在我国制定新中国成立以来第一部综合性环境资源法律《环境保护法（试行）》的同时，我国开始了森林资源保护管理法律制度的创建。其标志是颁布了《中华人民共和国森林法（试行）》（1979 年 2 月 23 日）（以下简称《森林法（试行）》）。该法设立了林业检察员制度①、森林警察制度②、占用林地审批制度③、育林基金制度④、限期还林造林制度⑤等森林资源保护管理的基本法律制度，为森林资源法律制度的健全和完善奠定了基础。

《环境保护法（试行）》的制定，拉开了环境资源立法的帷幕，随即，数部环境资

---

① 《中华人民共和国森林法（试行）》（1979 年 2 月 23 日）第 9 条第 1 款："国家检察机关，在林区县的林业部门、国营林业局和重点国营林场，各委任一至三名不脱产的林业检察员，负责检察国家林业政策法令的贯彻执行。林业检察员的职责范围，由国家检察机关统一规定。"

② 《中华人民共和国森林法（试行）》（1979 年 2 月 23 日）第 9 条第 2 款："省、自治区革命委员会，应当根据实际需要，在重点林区设立公安局、派出所，配备森林警察，加强治安，保护森林。"

③ 《中华人民共和国森林法（试行）》（1979 年 2 月 23 日）第 14 条："在林区修筑工程设施和开采矿藏，必须伐开林木或者占用林地时，建设单位应当与森林经营管理单位协商，报省、自治区、直辖市革命委员会批准。占用林地面积在一千亩以上的，报林业部批准。采伐的林木，交给森林经营管理单位统一处理。占用的林地和毁林造成的损失，由建设单位给予补偿。"

④ 《中华人民共和国森林法（试行）》（1979 年 2 月 23 日）第 16 条："为了适应林业生产周期长的特点，弥补历史上长期过伐所造成的森林资源的损失，从木材、竹子和林产品的售价中征收一定数额的育林费，建立育林基金制度。"

⑤ 《中华人民共和国森林法（试行）》（1979 年 2 月 23 日）第 19 条第 1 款："严禁毁林开荒、毁林搞副业。已经毁林的，限期由毁林单位或者毁林人员还林。"第 24 条："各级革命委员会，对宜林荒山荒地，要作出规划，限期造林。在限期内没有完成造林而无正当理由的，国有的宜林荒山荒地，要追究有关领导的责任；集体所有的宜林荒山荒地，由国家安排造林，林木的收益归造林单位所有。"

源法律、法规相继出台。

1982 年 2 月 5 日，国务院颁布了《征收排污费暂行办法》，将《环境保护法(试行)》中规定的“排污收费制度”进一步细化，对排污收费的对象、收费标准、排污费的列支以及排污费的管理和使用作了具体明确的规定，以保障“排污收费制度”的有效实施。

1982 年 8 月 23 日，全国人民代表大会常务委员会以第九号令颁布了《中华人民共和国海洋环境保护法》(以下简称 1982 年《海洋环境保护法》)。这是我国首部海洋环境保护和污染防治的专门法律，共设 8 章 48 条。该法设立了环境影响报告书制度[①]、事故报告制度[②]、限期治理制度[③]以及海洋倾倒许可证制度[④]等海洋环境保护和污染防治的基本法律制度。

1983 年 12 月 29 日，国务院同时颁布了《中华人民共和国防止船舶污染海洋管理条例》和《中华人民共和国海洋石油勘探开发环境保护管理条例》，将 1982 年《海洋环境保护法》的规定进一步细化，以保障海洋环境保护和污染防治基本法律制度的有效实施。

1984 年 5 月 21 日，第六届全国人民代表大会常务委员会第五次会议通过了《中华人民共和国水污染防治法》(以下简称 1984 年《水污染防治法》)。这是我国

---

① 《中华人民共和国海洋环境保护法》(1982 年 8 月 23 日)第 6 条：“海岸工程建设项目的主管单位，必须在编报计划任务书前，对海洋环境进行科学调查，根据自然条件和社会条件，合理选址，并按照国家有关规定，编报环境影响报告书。”第 9 条：“海涂的开发利用应当全面规划，加强管理。对围海造地或其他围海工程，以及采挖砂石，应当严格控制。确需进行的，必须在调查研究和经济效果对比的基础上，提出工程的环境影响报告书，报省、自治区、直辖市环境保护部门审批，大型围海工程并须报国务院环境保护部门审批。”第 10 条：“开发海洋石油的企业或其主管单位，在编报计划任务书前，应当提出海洋环境影响报告书，包括防止污染损害海洋环境的有效措施，并报国务院环境保护部门审批。”

② 《中华人民共和国海洋环境保护法》(1982 年 8 月 23 日)第 17 条第 2 款：“发生井喷、漏油事故的，应当立即向国家海洋管理部门报告，并采取有效措施，控制和消除油污染，接受国家海洋管理部门的调查处理。”

③ 《中华人民共和国海洋环境保护法》(1982 年 8 月 23 日)第 18 条第 2 款：“在海上自然保护区、水产养殖场、海滨风景游览区内，不得新建排污口。本法公布前已有的排污口排放污染物不符合国家排放标准的，应当限期治理。”

④ 《中华人民共和国海洋环境保护法》(1982 年 8 月 23 日)第 38 条第 2 款：“需要倾倒废弃物的单位，必须向国家海洋管理部门提出申请，经国家海洋管理部门审批，发给许可证后，方可倾倒。”

第一部水污染防治方面的专门法律,共计7章46条。该法设立了水环境标准制度[①],将水环境标准分为水环境质量标准和水污染物排放标准;国家水环境质量标准、水污染物排放标准、地方水环境质量补充标准和地方水污染物排放标准、保护区制度[②]、环境影响报告书制度[③]、污染物排放登记制度[④]、缴纳水污染物排放费制

---

① 《中华人民共和国水污染防治法》(1984年5月21日)第6条:"国务院环境保护部门制定国家水环境质量标准。省、自治区、直辖市人民政府可以对国家水环境质量标准中未规定的项目,制定地方补充标准,并报国务院环境保护部门备案。"第7条:"国务院环境保护部门根据国家水环境质量标准和国家经济、技术条件,制定国家污染物排放标准。省、自治区、直辖市人民政府对执行国家污染物排放标准不能保证达到水环境质量标准的水体,可以制定严于国家污染物排放标准的地方污染物排放标准,并报国务院环境保护部门备案。凡是向已有地方污染物排放标准的水体排放污染物的,应当执行地方污染物排放标准。"

② 《中华人民共和国水污染防治法》(1984年5月21日)第12条:"县级以上人民政府可以对生活饮用水源地、风景名胜区水体、重要渔业水体和其他具有特殊经济文化价值的水体,划定保护区,并采取措施,保证保护区的水质符合规定用途的水质标准。"

③ 《中华人民共和国水污染防治法》(1984年5月21日)第13条:"新建、扩建、改建直接或者间接向水体排放污染物的建设项目和其他水上设施,必须遵守国家有关建设项目环境保护管理的规定。建设项目的环境影响报告书,必须对建设项目可能产生的水污染和对生态环境的影响作出评价,规定防治的措施,按照规定的程序报经有关环境保护部门审查批准。在运河、渠道、水库等水利工程内设置排污口,应当经过有关水利工程管理部门同意。建设项目投入生产或者使用的时候,其水污染防治设施必须经过环境保护部门检验,达不到规定要求的,该建设项目不准投入生产或者使用。"

④ 《中华人民共和国水污染防治法》(1984年5月21日)第14条:"直接或者间接向水体排放污染物的企业事业单位,应当按照国务院环境保护部门的规定,向所在地的环境保护部门申报登记拥有的污染物排放设施、处理设施和在正常作业条件下排放污染物的种类、数量和浓度,并提供防治水污染方面的有关技术资料。排放污染物的种类、数量和浓度有重大改变的,应当及时申报。拆除或者闲置污染物处理设施的,应当提前申报,并征得所在地的环境保护部门的同意。"

度[①]、限期治理制度[②]、现场检查制度[③]、水环境应急制度[④]等水污染防治的基本法律制度。

1984年9月20日，第六届全国人民代表大会常务委员会第七次会议通过了《中华人民共和国森林法》(以下简称1984年《森林法》)。该法是在《森林法(试行)》的基础上制定的，共设7章49条。与《森林法(试行)》相比，其森林资源利用、保护管理的基本法律制度无明显变化。

1985年3月6日，国务院颁布了《中华人民共和国海洋倾废管理条例》，将1982年《海洋环境保护法》的相关规定具体化，保障了海洋环境保护和污染防治基本法律制度的有效实施。

1985年6月18日，第六届全国人民代表大会常务委员会第十一次会议通过了《中华人民共和国草原法》(以下简称1985年《草原法》)。这是新中国成立以后第一部专门调整草原资源利用、保护管理领域里社会关系的法律。该法不设章节，共计23条，设立了草原资源权属制度[⑤]，包括两个方面：一是草原资源的所有权，二是草原资源的使用权，以及草原资源普查制度[⑥]。囿于该法重在明确草原资源

---

① 《中华人民共和国水污染防治法》(1984年5月21日)第15条："企业事业单位向水体排放污染物的，按照国家规定缴纳排污费；超过国家或者地方规定的污染物排放标准的，按照国家规定缴纳超标准排污费，并负责治理。"

② 《中华人民共和国水污染防治法》(1984年5月21日)第16条："对造成水体严重污染的排污单位，限期治理。中央或者省、自治区、直辖市人民政府直接管辖的企业事业单位的限期治理，由省、自治区、直辖市人民政府的环境保护部门提出意见，报同级人民政府决定。市、县或者市、县以下人民政府管辖的企业事业单位的限期治理，由市、县人民政府的环境保护部门提出意见，报同级人民政府决定。排污单位应当如期完成治理任务。"

③ 《中华人民共和国水污染防治法》(1984年5月21日)第18条："各级人民政府的环境保护部门和有关的监督管理部门，有权对管辖范围内的排污单位进行现场检查，被检查的单位必须如实反映情况，提供必要的资料。检查机关有责任为被检查的单位保守技术秘密和业务秘密。"

④ 《中华人民共和国水污染防治法》(1984年5月21日)第20条："排污单位发生事故或者其他突然性事件，排放污染物超过正常排放量，造成或者可能造成水污染事故的，必须立即采取应急措施，通报可能受到水污染危害和损害的单位，并向当地环境保护部门报告。船舶造成污染事故的，应当向就近的航政机关报告，接受调查处理。"

⑤ 《中华人民共和国草原法》(1985年6月18日)第4条："草原属于国家所有，即全民所有，由法律规定属于集体所有的草原除外。全民所有的草原，可以固定给集体长期使用。全民所有的草原、集体所有的草原和集体长期固定使用的全民所有的草原，可以由集体或者个人承包从事畜牧业生产。全民所有制单位使用的草原，由县级以上地方人民政府登记造册，核发证书，确认使用权。集体所有的草原和集体长期固定使用的全民所有的草原，由县级人民政府登记造册，核发证书，确认所有权或者使用权。草原的所有权和使用权受法律保护，任何单位和个人不得侵犯。"

⑥ 《中华人民共和国草原法》(1985年6月18日)第8条："地方各级人民政府负责组织本行政区域内的草原资源普查，制定草原畜牧业发展规划并纳入国民经济发展计划，加强草原的保护、建设和合理利用，提高草原的载畜能力。"

的权属问题，故草原资源保护管理方面的基本法律制度不多。

1985年7月6日，国务院批准发布了《森林和野生动物类型自然保护区管理办法》，将1982年《森林法》的相关规定具体化，为森林资源利用、保护管理相关法律制度的有效实施提供保障。

1986年3月19日，第六届全国人民代表大会常务委员会第十五次会议通过了《中华人民共和国矿产资源法》(以下简称1986年《矿产资源法》)。这是我国第一部专门调整矿产资源利用、保护管理方面社会关系的法律，共设7章50条，设立了矿产资源勘查登记制度①、采矿许可证制度②和办矿企业审批制度③等矿产资源开采、保护管理方面的基本法律制度。

1986年3月26日，国务院环境保护委员会、国家计委、国家经委联合发布了《建设项目环境保护管理办法》〔(86)国环字003号〕。这是国务院环境保护委员会和国家计委、国家经委根据《环境保护法(试行)》有关规定制定的用于调整建设项目环境保护管理领域里社会关系的部门规章。规章对环境影响报告书制度和"三同时"制度作了具体规定。

1986年6月25日，第六届全国人民代表大会常务委员会第十六次会议通过了《中华人民共和国土地管理法》(以下简称1986年《土地管理法》)。这是我国首部调整土地管理领域社会关系的专门法律，共设7章57条。该法规定了土地资源

---

① 《中华人民共和国矿产资源法》(1986年3月19日)第10条："国家对矿产资源勘查实行统一的登记制度。矿产资源勘查登记工作，由国务院地质矿产主管部门负责；特定矿种的矿产资源勘查登记工作，可以由国务院授权有关主管部门负责。矿产资源勘查登记的范围和办法由国务院制定。"

② 《中华人民共和国矿产资源法》(1986年3月19日)第13条第2款："国务院和国务院有关主管部门批准开办的国营矿山企业，由国务院地质矿产主管部门在批准前对其开采范围、综合利用方案进行复核并签署意见，在批准后根据批准文件颁发采矿许可证；特定矿种的采矿许可证，可以由国务院授权的有关主管部门颁发。省、自治区、直辖市人民政府批准开办的国营矿山企业，由省、自治区、直辖市人民政府地质矿产主管部门在批准前对其开采范围、综合利用方案进行复核并签署意见，在批准后根据批准文件颁发采矿许可证。"

③ 《中华人民共和国矿产资源法》(1986年3月19日)第26条："开办矿山企业，由审批机关对其矿区范围、矿山设计或者开采方案、生产技术条件、安全措施和环境保护措施等，依照法律和国家有关规定进行审查；审查合格的，方予批准。"

权属制度[①]，包括土地资源所有权和土地资源使用权、土地调查统计制度[②]、土地复垦制度[③]和土地补偿费制度[④]等土地资源利用、保护管理方面的基本法律制度。

1987年9月5日，第六届全国人民代表大会常务委员会第二十二次会议通过了《中华人民共和国大气污染防治法》(以下简称1987年《大气污染防治法》)。这是我国第一部调整大气环境保护和大气污染防治方面社会关系的专门法律，共设5章41条。该法设立了大气环境标准制度(包括大气环境质量标准和大气污染物

① 《中华人民共和国土地管理法》(1986年6月25日)第6条："城市市区的土地属于全民所有即国家所有。农村和城市郊区的土地，除法律规定属于国家所有的以外，属于集体所有；宅基地和自留地、自留山，属于集体所有。"第7条："国有土地可以依法确定给全民所有制单位或者集体所有制单位使用，国有土地和集体所有的土地可以依法确定给个人使用。使用土地的单位和个人，有保护、管理和合理利用土地的义务。"第8条："集体所有的土地依照法律属于村农民集体所有，由村农业生产合作社等农业集体经济组织或者村民委员会经营、管理。已经属于乡(镇)农民集体经济组织所有的，可以属于乡(镇)农民集体所有。村农民集体所有的土地已经分别属于村内两个以上农业集体经济组织所有的，可以属于各该农业集体经济组织的农民集体所有。"第9条："集体所有的土地，由县级人民政府登记造册，核发证书，确认所有权。全民所有制单位、集体所有制单位和个人依法使用的国有土地，由县级以上地方人民政府登记造册，核发证书，确认使用权。确认林地、草原的所有权或者使用权，确认水面、滩涂的养殖使用权，分别依照《森林法》、《草原法》和《渔业法》的有关规定办理。"第10条："依法改变土地的所有权或者使用权的，必须办理土地权属变更登记手续，更换证书。"

② 《中华人民共和国土地管理法》(1986年6月25日)第14条："国家建立土地调查统计制度。县级以上人民政府土地管理部门会同有关部门进行土地调查统计。"

③ 《中华人民共和国土地管理法》(1986年6月25日)第18条："采矿、取地后能够恢复垦的土地，用地单位或者个人应当负责复垦，恢复利用。"

④ 《中华人民共和国土地管理法》(1986年6月25日)第27条第1款："国家建设征用土地，由用地单位支付土地补偿费。征用耕地补偿费，为该耕地被征用前三年平均年产值的三至六倍。征用其他土地的补偿费的标准，由省、自治区、直辖市参照征用耕地的补偿费标准规定。"

排放标准)、环境影响报告书制度①、大气污染物排放申报制度②、缴纳超标排污费制度③、限期治理制度④、应急制度⑤和现场检查制度⑥等大气环境保护和大气污染防治方面的基本法律制度。

1988 年 1 月 21 日,第六届全国人民代表大会常务会第二十四次会议通过了《中华人民共和国水法》(以下简称 1988 年《水法》)。这是我国首部调整水资源利用、保护管理方面社会关系的专门法律,共设 7 章 53 条。该法创设了水资源权属

---

① 《中华人民共和国大气污染防治法》(1987 年 9 月 5 日)第 9 条:"新建、扩建、改建向大气排放污染物的项目,必须遵守国家有关建设项目环境保护管理的规定。建设项目的环境影响报告书,必须对建设项目可能产生的大气污染和对生态环境的影响作出评价,规定防治措施,并按照规定的程序报环境保护部门审查批准。建设项目投入生产或者使用之前,其大气污染防治设施必须经过环境保护部门检验,达不到国家有关建设项目环境保护管理规定的要求的建设项目,不得投入生产或者使用。"

② 《中华人民共和国大气污染防治法》(1987 年 9 月 5 日)第 10 条:"向大气排放污染物的单位,必须按照国务院环境保护部门的规定,向所在地的环境保护部门申报拥有的污染物排放设施、处理设施和在正常作业条件下排放污染物的种类、数量、浓度,并提供防治大气污染方面的有关技术资料。"

③ 《中华人民共和国大气污染防治法》(1987 年 9 月 5 日)第 11 条第 1 款:"向大气排放污染物的单位,超过规定的排放标准的,应当采取有效措施进行治理,并按照国家规定缴纳超标准排污费。征收的超标准排污费必须用于污染防治。"

④ 《中华人民共和国大气污染防治法》(1987 年 9 月 5 日)第 11 条第 2 款:"对造成大气严重污染的企业事业单位,限期治理。"第 12 条:"在国务院和省、自治区、直辖市人民政府划定的风景名胜区、自然保护区和其他需要特别保护的区域内,不得建设污染环境的工业生产设施;建设其他设施,其污染物排放不得超过规定的排放标准。在本法施行前企业事业单位已经建成的设施,其污染物排放超过规定的排放标准的,限期治理。"

⑤ 《中华人民共和国大气污染防治法》(1987 年 9 月 5 日)第 14 条:"因发生事故或者其他突然性事件,排放和泄漏有毒有害气体和放射性物质,造成或者可能造成大气污染事故、危害人体健康的单位,必须立即采取防治大气污染危害的应急措施,通报可能受到大气污染危害的单位和居民,并报告当地环境保护部门,接受调查处理。在大气受到严重污染,危害人体健康和安全的紧急情况下,当地人民政府必须采取强制性应急措施,包括责令有关排污单位停止排放污染物。"

⑥ 《中华人民共和国大气污染防治法》(1987 年 9 月 5 日)第 15 条:"环境保护部门和其他监督管理部门有权对管辖范围内的排污单位进行现场检查,被检查单位必须如实反映情况,提供必要的资料。检查部门有义务为被检查单位保守技术秘密和业务秘密。"

制度[①]，包括水资源所有权和水资源使用权、统一规划制度[②]、取水许可制度[③]和征收水资源费制度[④]等水资源利用、保护管理方面的基本法律制度。

1988年5月18日，国务院颁布了《防止拆船污染环境管理条例》（以下简称《条例》）。《条例》共设28条，规定了环境影响报告书（表）制度[⑤]、现场检查制度[⑥]和限期治理制度[⑦]等防治拆船活动污染环境的基本法律制度。

1988年11月8日，第七届全国人民代表大会常务委员会通过了《中华人民共和国野生动物保护法》（以下简称1988年《野生动物保护法》）。这是我国首部调整野生动物保护领域里社会关系的专门法律，共设5章42条。该法设立了野生动物

---

① 《中华人民共和国水法》（1988年1月21日）第3条："水资源属于国家所有，即全民所有。农业集体经济组织所有的水塘、水库中的水，属于集体所有。国家保护依法开发利用水资源的单位和个人的合法权益。"

② 《中华人民共和国水法》（1988年1月21日）第11条："开发利用水资源和防治水害，应当按流域或者区域进行统一规划。规划分为综合规划和专业规划。国家确定的重要江河的流域综合规划，由国务院水行政主管部门会同有关部门和有关省、自治区、直辖市人民政府编制，报国务院批准。其他江河的流域或者区域的综合规划，由县级以上地方人民政府水行政主管部门会同有关部门和有关地区编制，报同级人民政府批准，并报上一级水行政主管部门备案。综合规划应当与国土规划相协调，兼顾各地区、各行业的需要。防洪、治涝、灌溉、航运、城市和工业供水、水力发电、竹木流放、渔业、水质保护、水文测验、地下水普查勘探和动态监测等专业规划，由县级以上人民政府有关主管部门编制，报同级人民政府批准。经批准的规划是开发利用水资源和防治水害活动的基本依据。规划的修改，必须经原批准机关核准。"

③ 《中华人民共和国水法》（1988年1月21日）第32条："国家对直接从地下或者江河、湖泊取水的，实行取水许可制度。为家庭生活、畜禽饮用取水和其他少量取水的，不需要申请取水许可。实行取水许可制度的步骤、范围和办法，由国务院规定。"

④ 《中华人民共和国水法》（1988年1月21日）第34条第2款："对城市中直接从地下取水的单位，征收水资源费；其他直接从地下或者江河、湖泊取水的，可以由省、自治区、直辖市人民政府决定征收水资源费。"

⑤ 《防止拆船污染环境管理条例》（1988年5月18日）第6条："设置拆船厂，必须编制环境影响报告书（表）。其内容包括：拆船厂的地理位置、周围环境状况、拆船规模和条件、拆船工艺、防污措施、预期防治效果等。大中型拆船厂的环境影响报告书（表），报所在地的省级环境保护部门批准；小型拆船厂的环境影响报告书（表），经所在地的县级环境保护部门审查，报上一级环境保护部门批准。未经批准者，不得设置拆船厂；拆船公司不得对其提供废船。环境保护部门在批准环境影响报告书（表）前，应当征求各有关部门的意见。"

⑥ 《防止拆船污染环境管理条例》（1988年5月18日）第7条："监督拆船污染的主管部门有权对拆船单位的拆船活动进行检查，被检查单位必须如实反映情况，提供必要的资料。监督拆船污染的主管部门有义务为被检查单位保守技术和业务秘密。"

⑦ 《防止拆船污染环境管理条例》（1988年5月18日）第8条："对严重污染环境的拆船单位，限期治理。对拆船单位的限期治理，由监督拆船污染的主管部门提出意见，通过批准环境影响报告书（表）的环境保护部门，报同级人民政府决定。"

资源权属制度，规定了野生动物资源的所有权和使用权[①]、重点保护野生动物名录制度[②]、受重点保护的野生动物自然保护区制度[③]、环境影响报告书制度[④]、特许猎捕证制度[⑤]、驯养繁殖许可证制度[⑥]、狩猎证制度[⑦]和野生动物资源保护管理费制度[⑧]等野生动物保护管理的基本法律制度。

1989 年 7 月 12 日，国务院颁布了《中华人民共和国水污染防治法实施细则》，对 1984 年《水污染防治法》创设的基本法律制度及其他规定的实施作了具体规定。

1989 年 9 月 26 日，国务院颁布了《中华人民共和国环境噪声污染防治条例》(以下简称 1989 年《环境噪声污染防治条例》)。这是我国第一部调整环境噪声污染防治领域里社会关系的行政法规，共设 8 章 47 条。该法设立了环境噪声标准

---

① 《中华人民共和国野生动物保护法》(1988 年 11 月 8 日)第 3 条："野生动物资源属于国家所有。国家保护依法开发利用野生动物资源的单位和个人的合法权益。"

② 《中华人民共和国野生动物保护法》(1988 年 11 月 8 日)第 9 条："国家对珍贵、濒危的野生动物实行重点保护。国家重点保护的野生动物分为一级保护野生动物和二级保护野生动物。国家重点保护的野生动物名录及其调整，由国务院野生动物行政主管部门制定，报国务院批准公布。地方重点保护野生动物，是指国家重点保护野生动物以外，由省、自治区、直辖市重点保护的野生动物。地方重点保护的野生动物名录，由省、自治区、直辖市政府制定并公布，报国务院备案。国家保护的有益的或者有重要经济、科学研究价值的陆生野生动物名录及其调整，由国务院野生动物行政主管部门制定并公布。"

③ 《中华人民共和国野生动物保护法》(1988 年 11 月 8 日)第 10 条："国务院野生动物行政主管部门和省、自治区、直辖市政府，应当在国家和地方重点保护野生动物的主要生息繁衍的地区和水域，划定自然保护区，加强对国家和地方重点保护野生动物及其生存环境的保护管理。自然保护区的划定和管理，按照国务院有关规定办理。"

④ 《中华人民共和国野生动物保护法》(1988 年 11 月 8 日)第 12 条："建设项目对国家或者地方重点保护野生动物的生存环境产生不利影响的，建设单位应当提交环境影响报告书；环境保护部门在审批时，应当征求同级野生动物行政主管部门的意见。"

⑤ 《中华人民共和国野生动物保护法》(1988 年 11 月 8 日)第 16 条："禁止猎捕、杀害国家重点保护野生动物。因科学研究、驯养繁殖、展览或者其他特殊情况，需要捕捉、捕捞国家一级保护野生动物的，必须向国务院野生动物行政主管部门申请特许猎捕证；猎捕国家二级保护野生动物的，必须向省、自治区、直辖市政府野生动物行政主管部门申请特许猎捕证。"

⑥ 《中华人民共和国野生动物保护法》(1988 年 11 月 8 日)第 17 条："国家鼓励驯养繁殖野生动物。驯养繁殖国家重点保护野生动物的，应当持有许可证。许可证的管理办法由国务院野生动物行政主管部门制定。"

⑦ 《中华人民共和国野生动物保护法》(1988 年 11 月 8 日)第 18 条："猎捕非国家重点保护野生动物的，必须取得狩猎证，并且服从猎捕量限额管理。持枪猎捕的，必须取得县、市公安机关核发的持枪证。"

⑧ 《中华人民共和国野生动物保护法》(1988 年 11 月 8 日)第 27 条："经营利用野生动物或者其产品的，应当缴纳野生动物资源保护管理费。收费标准和办法由国务院野生动物行政主管部门会同财政、物价部门制定，报国务院批准后施行。"

（其中包括环境噪声质量标准和环境噪声排放标准）制度[①]、缴纳环境噪声超标排放费制度[②]、现场检查制度[③]、环境影响报告书制度[④]、噪声排放申报登记制度[⑤]、限期治理制度[⑥]等防治环境噪声污染的基本法律制度。

1989年12月26日，中华人民共和国主席令第22号公布了新的《中华人民共和国环境保护法》（以下简称1989年《环境保护法》）。该法的颁布实施标志着我国环境资源法律制度的建设进入一个新的发展阶段，同时也意味着我国粗放式、规模化构建环境资源法律制度时期的结束。

从1979年至1989年的10年间，全国人民代表大会常务委员会、国务院及相关部委共制定环境资源法律11部、行政法规7部，另有少量部门规章出台，共计约20部。这些法律、法规的出台，确定了我国环境资源立法的基本模式，同时也形成

---

① 《中华人民共和国环境噪声污染防治条例》（1989年9月26日）第10条："国务院环境保护部门制定国家环境噪声质量标准。县级以上地方人民政府，应当根据国家环境噪声质量标准中规定的各类适用区域，具体划定本行政区域中的各类生活环境区域。"第11条："国务院环境保护部门根据国家环境噪声质量标准和经济、技术条件，制定国家环境噪声排放标准。省、自治区、直辖市人民政府，根据当地需要，对国家环境噪声排放标准中未作规定的项目，可以制定地方环境噪声排放标准；对国家环境噪声排放标准中已作规定的项目，因特殊需要，又具有经济、技术条件的，可以制定严于国家环境噪声排放标准的地方环境噪声排放标准。地方环境噪声排放标准，应当报国务院环境保护部门备案。凡是向已有地方环境噪声排放标准的生活区域排放环境噪声的，应当执行地方环境噪声排放标准。"

② 《中华人民共和国环境噪声污染防治条例》（1989年9月26日）第13条："凡超过环境噪声排放标准的，应当采取有效措施进行治理，并按照国家规定缴纳超标准排污费。征收的超标准排污费必须用于环境噪声污染防治。"

③ 《中华人民共和国环境噪声污染防治条例》（1989年9月26日）第14条："环境保护部门和其他监督管理部门，有权对管辖范围内排放环境噪声的单位和个人进行现场检查，被检查者必须如实反映情况，提供必要的资料。检查部门有义务为被检查者保守技术秘密和业务秘密。"

④ 《中华人民共和国环境噪声污染防治条例》（1989年9月26日）第15条："新建、改建、扩建的建设项目，必须遵守国家有关建设项目环境保护管理的规定。建设项目的环境影响报告书，必须对建设项目可能产生的环境噪声作出评价，规定防治措施，并按照规定的程序报环境保护部门审查批准。建设项目投入生产或者使用之前，其噪声污染防治设施必须经过环境保护部门检验合格。"

⑤ 《中华人民共和国环境噪声污染防治条例》（1989年9月26日）第16条："向周围生活环境排放工业噪声的，必须按照国务院环境保护部门的规定，向当地人民政府环境保护部门申报登记拥有的排放噪声设施、噪声污染处理设施和在正常作业条件下排放噪声的噪声源种类、数量和噪声强度，并提供防治环境噪声污染的有关资料。噪声源的种类、数量的排放的噪声强度有重大改变的，必须及时申报。拆除或者闲置噪声污染处理设施的，应当征得当地人民政府环境保护部门同意。"

⑥ 《中华人民共和国环境噪声污染防治条例》（1989年9月26日）第18条："对排放噪声超过国家规定的环境噪厂界排放标准，造成严重噪声污染的企业事业单位，必须限期治理。市、县或者市、县以下人民政府管辖的企业事业单位的限期治理，由市、县人民政府的环境保护部门提出意见，报同级人民政府决定。国务院有关部门或者省、自治区、直辖市人民政府直接管辖的企业事业单位的限期治理，由省、自治区、直辖市人民政府的环境保护部门提出意见，报同级人民政府决定。"

了我国环境资源基本法律制度的主干，为日后我国环境资源基本法律制度的发展、完善奠定了坚实的基础。

所谓立法模式，是指制定法律、法规的基本模式，即享有立法权的机关，遵循立法程序，采取一定的法体形式制定法律的样式。主要包括两个层次的内容：一是立法体制，二是法体形式。立法体制是指立法权的配置和对立法过程的程序规制，它在一国范围内是相对稳定的。法体形式则是指对法律表述方式的选择，它关乎立法风格和立法技术，相对灵活。[①] 通常说到立法模式，主要是指法体形式。

环境立法模式大体上有四种：一是环境法典模式；二是环境"基本法"＋环境单行法模式；三是环境"综合法"＋环境单行法模式；四是环境单行法模式。

考察我国1979年至1989年这10年的环境资源立法，显然采取的是环境"基本法"＋环境单行法的模式。时任国务院环境保护领导小组副组长兼办公室主任的李超伯在代表国务院环境保护领导小组向第五届全国人民代表大会常务委员会第十一次会议作《关于〈中华人民共和国环境保护法(试行草案)〉的说明》中明确指出："环境保护法是一个基本法，主要是规定国家在环境保护方面的基本方针和基本政策，而一些具体的规定，将在大气保护法、水质保护法等具体法规和实施细则中去解决。"[②]我国至今的环境资源立法就是按照这一立法模式进行的。

所谓环境资源法律制度的主干，是指在环境资源法律制度体系中起基础或决定性作用的环境资源法律制度。归纳我国1979年至1989年这10年的环境资源立法，这些制度主要有：环境影响报告书制度、"三同时"制度、限期治理制度、排污收费制度、许可证制度、环境标准制度、污染物排放登记制度、现场检查制度、环境应急制度、污染物排放登记制度、自然资源权属制度、自然保护区制度等。

这些环境资源法律制度按照不同的分类方法可以分为污染防治类的环境资源法律制度、自然资源保护管理类的环境资源法律制度、生态系统保护管理类的环境资源法律制度和综合类环境资源法律制度。其中，各类环境资源法律制度按规制对象、保护对象的不同又可划分为大气污染防治法律制度；水污染防治法律制度；固体废物污染环境防治法律制度；海洋环境保护和污染防治法律制度；土地资源利用保护管理法律制度；森林资源利用保护管理法律制度；矿产资源开发保护管理法律制度；水资源利用保护管理法律制度；草原资源利用保护管理法律制度和野生动物资源利用保护管理法律制度等。

---

① 王树义、周迪：《论法国环境立法模式的新发展》，载《法制与社会发展》2015年第2期。

② 《关于〈中华人民共和国环境保护法(试行草案)〉的说明》(李超伯，1979年9月11日)。

第三节　完善环境法制:环境资源基本法律制度在变革中发展

1979年《环境保护法(试行)》的制定,标志着我国环境资源法制的开始,而1989年《环境保护法》的颁布实施,则意味着我国环境资源法制逐步走向完善,表明我国环境资源法律制度进入到一个新的发展阶段。这个发展阶段具有三个显著的标志:其一,改革开放头十年制定的所有环境资源法律、法规逐一被修改。其中,几部主要的环境资源法律被多次修改,以适应不断发展的改革开放形势和环境保护工作的客观需求。其二,新的环境资源法律、法规不断出台,以健全环境资源法律制度体系,充分满足改革开放和加强环境法治的基本要求。其三,主要或基本的环境资源法律制度不断变革、完善,为环境法治建设提供严格的环境资源法律制度保障。

一、修改已有环境法律、法规,逐步完善环境资源基本法律制度

1989年12月26日,第七届全国人民代表大会常务委员会第十一次会议通过了1989年《环境保护法》,1979年的《环境保护法(试行)》结束了自己的历史使命。25年之后,即2014年4月24日,第十二届全国人民代表大会常务委员会第八次会议审议通过了修订后的新的《中华人民共和国环境保护法》(以下简称新《环境保护法》),1989年《环境保护法》圆满完成了自己的历史任务。两次修改的共同原因是,修改前的《环境保护法》已不能很好地适应已经变化了的改革开放形势和环境保护工作的实际需要,应当适实修改。两次修改的共同目标和目的是,从具体国情和实际需要出发,着手解决环境保护领域里的共性问题和突出问题,更新环境保护理念,完善环境保护基本法律制度,为保障经济社会的可持续发展,推进生态文明建设,提供有力的法制保障。

在完善环境资源基本法律制度方面,1989年《环境保护法》对1979年《环境保护法(试行)》中设立的基本法律制度,如环境影响报告书制度、“三同时”制度、限期

治理制度、排污收费制度等继续保留并予以完善，同时新增了环境标准制度[①]、现场检查制度[②]、排污申报登记制度[③]等环境资源基本法律制度。而新《环境保护法》在1989年《环境保护法》的基础上，又增加了环境保护目标责任制和考核评价制度[④]、生态保护红线制度[⑤]、生态保护补偿制度[⑥]、重点污染物排放总量控制制度[⑦]、

---

① 《中华人民共和国环境保护法》(1989年12月26日)第9条："国务院环境保护行政主管部门制定国家环境质量标准。省、自治区、直辖市人民政府对国家环境质量标准中未作规定的项目，可以制定地方环境质量标准，并报国务院环境保护行政主管部门备案。"第10条："国务院环境保护行政主管部门根据国家环境质量标准和国家经济、技术条件，制定国家污染物排放标准。省、自治区、直辖市人民政府对国家污染物排放标准中未作规定的项目，可以制定地方污染物排放标准；对国家污染物排放标准中已作规定的项目，可以制定严于国家污染物排放标准的地方污染物排放标准。地方污染物排放标准须报国务院环境保护行政主管部门备案。凡是向已有地方污染物排放标准的区域排放污染物的，应当执行地方污染物排放标准。"

② 《中华人民共和国环境保护法》(1989年12月26日)第14条："县级以上人民政府环境保护行政主管部门或者其他依照法律规定行使环境监督管理权的部门，有权对管辖范围内的排污单位进行现场检查。被检查的单位应当如实反映情况，提供必要的资料。检查机关应当为被检查的单位保守技术秘密和业务秘密。"

③ 《中华人民共和国环境保护法》(1989年12月26日)第27条第1款："排放污染物超过国家或者地方规定的污染物排放标准的企业事业单位，依照国家规定缴纳超标准排污费，并负责治理。水污染防治法另有规定的，依照水污染防治法的规定执行。"

④ 《中华人民共和国环境保护法》(2014年4月24日)第26条："国家实行环境保护目标责任制和考核评价制度。县级以上人民政府应当将环境保护目标完成情况纳入对本级人民政府负有环境保护监督管理职责的部门及其负责人和下级人民政府及其负责人的考核内容，作为对其考核评价的重要依据。考核结果应当向社会公开。"

⑤ 《中华人民共和国环境保护法》(2014年4月24日)第29条第1款："国家在重点生态功能区、生态环境敏感区和脆弱区等区域划定生态保护红线，实行严格保护。"

⑥ 《中华人民共和国环境保护法》(2014年4月24日)第31条："国家建立、健全生态保护补偿制度。国家加大对生态保护地区的财政转移支付力度。有关地方人民政府应当落实生态保护补偿资金，确保其用于生态保护补偿。国家指导受益地区和生态保护地区人民政府通过协商或者按照市场规则进行生态保护补偿。"

⑦ 《中华人民共和国环境保护法》(2014年4月24日)第44条："国家实行重点污染物排放总量控制制度。重点污染物排放总量控制指标由国务院下达，省、自治区、直辖市人民政府分解落实。企业事业单位在执行国家和地方污染物排放标准的同时，应当遵守分解落实到本单位的重点污染物排放总量控制指标。对超过国家重点污染物排放总量控制指标或者未完成国家确定的环境质量目标的地区，省级以上人民政府环境保护主管部门应当暂停审批其新增重点污染物排放总量的建设项目环境影响评价文件。"

排污许可管理制度[①]、突发环境事件应急处理制度[②]、环境信息公开制度[③]、公众参与制度[④]、环境公益诉讼制度和按日计罚制度[⑤]等环境资源基本法律制度，力度之大，前所未有。

1995 年 8 月 29 日，第八届全国人民代表大会常务委员会第十五次会议对

① 《中华人民共和国环境保护法》(2014 年 4 月 24 日)第 45 条："国家依照法律规定实行排污许可管理制度。实行排污许可管理的企业事业单位和其他生产经营者应当按照排污许可证的要求排放污染物；未取得排污许可证的，不得排放污染物。"

② 《中华人民共和国环境保护法》(2014 年 4 月 24 日)第 47 条："各级人民政府及其有关部门和企业事业单位，应当依照《中华人民共和国突发事件应对法》的规定，做好突发环境事件的风险控制、应急准备、应急处置和事后恢复等工作。县级以上人民政府应当建立环境污染公共监测预警机制，组织制定预警方案；环境受到污染，可能影响公众健康和环境安全时，依法及时公布预警信息，启动应急措施。企业事业单位应当按照国家有关规定制定突发环境事件应急预案，报环境保护主管部门和有关部门备案。在发生或者可能发生突发环境事件时，企业事业单位应当立即采取措施处理，及时通报可能受到危害的单位和居民，并向环境保护主管部门和有关部门报告。突发环境事件应急处置工作结束后，有关人民政府应当立即组织评估事件造成的环境影响和损失，并及时将评估结果向社会公布。"

③ 《中华人民共和国环境保护法》(2014 年 4 月 24 日)第 53 条："公民、法人和其他组织依法享有获取环境信息、参与和监督环境保护的权利。各级人民政府环境保护主管部门和其他负有环境保护监督管理职责的部门，应当依法公开环境信息、完善公众参与程序，为公民、法人和其他组织参与和监督环境保护提供便利。"第 54 条："国务院环境保护主管部门统一发布国家环境质量、重点污染源监测信息及其他重大环境信息。省级以上人民政府环境保护主管部门定期发布环境状况公报。县级以上人民政府环境保护主管部门和其他负有环境保护监督管理职责的部门，应当依法公开环境质量、环境监测、突发环境事件以及环境行政许可、行政处罚、排污费的征收和使用情况等信息。县级以上地方人民政府环境保护主管部门和其他负有环境保护监督管理职责的部门，应当将企业事业单位和其他生产经营者的环境违法信息记入社会诚信档案，及时向社会公布违法者名单。"第 55 条："重点排污单位应当如实向社会公开其主要污染物的名称、排放方式、排放浓度和总量、超标排放情况，以及防治污染设施的建设和运行情况，接受社会监督。"

④ 《中华人民共和国环境保护法》(2014 年 4 月 24 日)第 53 条："对依法应当编制环境影响报告书的建设项目，建设单位应当在编制时向可能受影响的公众说明情况，充分征求意见。负责审批建设项目环境影响评价文件的部门在收到建设项目环境影响报告书后，除涉及国家秘密和商业秘密的事项外，应当全文公开；发现建设项目未充分征求公众意见的，应当责成建设单位征求公众意见。"

⑤ 《中华人民共和国环境保护法》(2014 年 4 月 24 日)第 58 条："对对污染环境、破坏生态，损害社会公共利益的行为，符合下列条件的社会组织可以向人民法院提起诉讼：(一)依法在设区的市级以上人民政府民政部门登记；(二)专门从事环境保护公益活动连续五年以上且无违法记录。符合前款规定的社会组织向人民法院提起诉讼，人民法院应当依法受理。提起诉讼的社会组织不得通过诉讼牟取经济利益。"第 59 条："企业事业单位和其他生产经营者违法排放污染物，受到罚款处罚，被责令改正，拒不改正的，依法作出处罚决定的行政机关可以自责令改正之日的次日起，按照原处罚数额按日连续处罚。前款规定的罚款处罚，依照有关法律法规按照防治污染设施的运行成本、违法行为造成的直接损失或者违法所得等因素确定的规定执行。地方性法规可以根据环境保护的实际需要，增加第一款规定的按日连续处罚的违法行为的种类。"

1987 年的《大气污染防治法》进行了修改，通过了新的《中华人民共和国大气污染防治法》(以下简称 1995 年《大气污染防治法》)。2000 年 4 月 29 日，第九届全国人民代表大会常务委员会第十五次会议对 1995 年《大气污染防治法》作了修改，通过了修改后的《中华人民共和国大气污染防治法》(以下简称 2000 年《大气污染防治法》)。2015 年 8 月 29 日，第十二届全国人民代表大会常务委员会第十六次会议对 2000 年《大气污染防治法》再次修改，通过了最新的《中华人民共和国大气污染防治法》(以下简称 2015 年《大气污染防治法》)。

《中华人民共和国大气污染防治法》是我国主要的污染防治法律中，继 1979 年《环境保护法(试行)》修改后，最早被提上修改日程的一部法律，前后共修改了三次，其基本法律制度的变化较大。

1995 年《大气污染防治法》在 1987 年《大气污染防治法》确立的大气污染防治基本法律制度的基础上新增了落后生产工艺和设备淘汰制度[①]和划分污染控制区制度[②]。

2000 年《大气污染防治法》在大气污染防治基本法律制度方面较 1995 年《大气污染防治法》有了许多新的变化或发展。第一，新增设了几项基本法律制度。例如划定主要大气污染物排放总量控制区制度[③]，主要大气污染物排放许可证制度[④]，划定大气污染防治重点城市制度[⑤]，划定酸雨控制区或二氧化硫污染控制区制度[⑥]，大气环境质量状况公报制度[⑦]等。第二，对原有某些基本法律制度进行了相应的完善。例如，关于排污收费制度，1995 年《大气污染防治法》规定的是征收超标准排污费，意即仅对超过大气污染排放标准的征收超标排污费。而 2000 年《大气污染防治法》对排污收费制度作了根本性的改革，规定“国家实行按照向大气排放污染物的种类和数量征收排污费的制度”，意即只要向大气排放污染物，就必须缴纳排污费。超标排放已属违法行为。

2015 年《大气污染防治法》总结了 1995 年和 2000 年《大气污染防治法》修改的经验，对大气污染防治的基本法律制度作了进一步的完善。其一，新增了几项基本法律制度，如政府大气污染防治情况考核制度[⑧]、编制城市大气环境质量限期达

---

① 《中华人民共和国大气污染防治法》(1995 年修订版)第 15 条。

② 《中华人民共和国大气污染防治法》(1995 年修订版)第 27 条。

③ 《中华人民共和国大气污染防治法》(2000 年修订版)第 15 条第 1 款。

④ 《中华人民共和国大气污染防治法》(2000 年修订版)第 15 条第 2 款、第 3 款。

⑤ 《中华人民共和国大气污染防治法》(2000 年修订版)第 17 条。

⑥ 《中华人民共和国大气污染防治法》(2000 年修订版)第 18 条。

⑦ 《中华人民共和国大气污染防治法》(2000 年修订版)第 23 条。

⑧ 《中华人民共和国大气污染防治法》(2015 年修订版)第 4 条。

标规划制度[①]、约谈制度[②]、重点排污单位自动监测制度[③]、机动车排放检验制度[④]、机动车环境保护召回制度[⑤]、重点区域大气污染联合防治制度[⑥]和重污染天气应对制度[⑦]等。其二,对原有的某些基本法律制度作了调整。例如,关于环境标准制度,2015 年《大气污染防治法》要求,人民政府制定大气环境质量标准,应当以保障公众健康和保护生态环境为宗旨,与经济社会发展相适应;制定大气环境质量标准和大气污染物排放标准,应当组织专家进行审查和论证。再如,关于排污许可证制度,要求排放工业废气或者列入有毒有害大气污染物名录中的有毒有害大气污染的企业事业单位、集中供热设施的燃煤热源生产运营单位以及其他依法实行排污许可的单位,均应取得排污许可证。[⑧]

1996 年 5 月 15 日,第八届全国人民代表大会常务委员会第十九次会议对 1984 年《水污染防治法》进行了修改,通过了新的《中华人民共和国水污染防治法》(以下简称 1996 年《水污染防治法》)。2008 年 2 月 28 日,第十届全国人民代表大会常务委员会第三十二次会议对 1996 年《水污染防治法》进行了修改,通过了升级版的《中华人民共和国水污染防治法》(以下简称 2008 年《水污染防治法》)。2017 年 6 月 27 日,第十二届全国人民代表大会常务委员会第二十八次会议通过了新修订的《中华人民共和国水污染防治法》(以下简称 2017 年《水污染防治法》)。

从 1984 年《水污染防治法》的制定实施到 2017 年新《水污染防治法》的出台,《中华人民共和国水污染防治法》也经历了三次修改。在完善水污染防治基本法律制度方面,改革的步伐一次比一次大。

1996 年《水污染防治法》对 1984 年《水污染防治法》确立的水污染防治基本法律制度基本保留,同时对其中几项法律制度作了适当的修改。其一,关于"三同时"制度,不但要求建设项目的水污染防治设施必须执行"三同时",而且要求"防治水污染的设施必须经过环境保护部的检验。达不到规定要求的,该建设项目不准投入生产或者使用"。[⑨] 其二,关于环境影响报告书制度,要求"环境影响报告书中,应当有该建设项目所在地单位和居民的意见"。[⑩] 其三,关于排污费制度,规定凡

---

① 《中华人民共和国大气污染防治法》(2015 年修订版)第 14 条至第 17 条。

② 《中华人民共和国大气污染防治法》(2015 年修订版)第 22 条。

③ 《中华人民共和国大气污染防治法》(2015 年修订版)第 24 条至第 27 条。

④ 《中华人民共和国大气污染防治法》(2015 年修订版)第 52 条至第 55 条。

⑤ 《中华人民共和国大气污染防治法》(2015 年修订版)第 58 条。

⑥ 《中华人民共和国大气污染防治法》(2015 年修订版)第 5 章。

⑦ 《中华人民共和国大气污染防治法》(2015 年修订版)第 6 章。

⑧ 《中华人民共和国大气污染防治法》(2015 年修订版)第 19 条。

⑨ 《中华人民共和国水污染防治法》(1996 年修订版)第 13 条第 3 款。

⑩ 《中华人民共和国水污染防治法》(1996 年修订版)第 13 条第 4 款。

企业事业单位，只要向水体排放污染物的，均应按照国家规定缴纳排污费。超过国家或地方污染物排放标准的，还应当按照国家规定缴纳超标准排污费。并且，排污费和超标准排污费必须用于污染的防治，不得挪作他用。[①] 向城市污水集中处理设施排放污水并缴纳污水处理费用的，不再缴纳污水排放费。[②]

2008年《水污染防治法》较之1996年《水污染防治法》，在水污染防治基本法律制度方面又有新的发展，新增了水环境保护目标责任制和考核评价制度[③]、水环境生态保护补偿制度[④]、重点水污染物排放总量控制制度[⑤]、废水污水排放许可证制度[⑥]、水环境质量监测和水污染物排放监测制度[⑦]、落后工艺和设备淘汰制度[⑧]、饮用水水源保护区制度[⑨]等。

2017年《水污染防治法》在总结2008年《水污染防治法》实施情况的基础上，进一步完善和发展了水污染防治的基本法律制度：第一，建立了河长制[⑩]；第二，排放水污染物，既不得超过国家或者地方规定的水污染物排放标准，也不得超过重点水污染物排放总量控制指标[⑪]；第三，约谈政府主要负责人制度[⑫]。

1999年12月25日，第九届全国人民代表大会常务委员会第十三次会议对1982年《海洋环境保护法》进行了第一次修改，通过了新的《中华人民共和国海洋环境保护法》(以下简称1999年《海洋环境保护法》)。该法在总结近20年海洋环境保护经验的基础上，初步完善了海洋环境保护的基本法律制度。新增制度主要包括重点海域排污总量控制制度[⑬]、海洋环境质量标准制度[⑭]、海洋排污、倾废收费制度[⑮]、落后生产工艺和设备淘汰制度[⑯]、重大海上污染事故应急计划制度[⑰]、现场

① 《中华人民共和国水污染防治法》(1996年修订版)第15条第1款。
② 《中华人民共和国水污染防治法》(1996年修订版)第19条第2款。
③ 《中华人民共和国水污染防治法》(2008年修订版)第5条。
④ 《中华人民共和国水污染防治法》(2008年修订版)第7条。
⑤ 《中华人民共和国水污染防治法》(2008年修订版)第18条。
⑥ 《中华人民共和国水污染防治法》(2008年修订版)第20条。
⑦ 《中华人民共和国水污染防治法》(2008年修订版)第25条。
⑧ 《中华人民共和国水污染防治法》(2008年修订版)第41条。
⑨ 《中华人民共和国水污染防治法》(2008年修订版)第56条。
⑩ 《中华人民共和国水污染防治法》(2017年修订版)第5条。
⑪ 《中华人民共和国水污染防治法》(2017年修订版)第10条。
⑫ 《中华人民共和国水污染防治法》(2017年修订版)第20条第5款。
⑬ 《中华人民共和国海洋环境保护法》(1999年修订版)第3条。
⑭ 《中华人民共和国海洋环境保护法》(1999年修订版)第9条。
⑮ 《中华人民共和国海洋环境保护法》(1999年修订版)第11条。
⑯ 《中华人民共和国海洋环境保护法》(1999年修订版)第13条。
⑰ 《中华人民共和国海洋环境保护法》(1999年修订版)第18条。

检查制度[①]、陆源污染物排放申报制度[②]、“三同时”制度[③]、海洋倾废许可证制度[④]、海洋倾废名录制度[⑤]、海洋倾倒区制度[⑥]、船舶油污保险、油污损害赔偿基金制度[⑦]等。

2013年12月28日，第十二届全国人民代表大会常务委员会第六次会议对1999年《海洋环境保护法》作了修改，通过了修改后的《中华人民共和国海洋环境保护法》(以下简称2013年《海洋环境保护法》)。但这次修改，在海洋环境保护基本法律制度方面没有明显的变化。

2016年11月2日，第十二届全国人民代表大会常务委员会第二十四次会议对2013年《海洋环境保护法》又作了修改。本次修改，在海洋环境保护基本法律制度的完善方面，又有新的发展，增设了生态保护红线制度[⑧]、海洋环境相关信息公开制度[⑨]和海洋生态保护补偿制度[⑩]。同时，对原有的某些基本法律制度也作了充实或完善。例如，关于环境影响报告书制度，新规定强调，对超过主要污染物排放总量控制指标的重点海域和未完成海洋环境保护目标、任务的海域，有关政府管理部门，根据职责分工暂停审批新增相应种类污染物排放总量的建设项目环境影响报告书(表)[⑪]。关于排污收费制度，新规定指出，依照法律规定缴纳环境保护税的，不再缴纳排污费[⑫]。关于环境影响报告书制度，新规定要求，新建、改建、扩建海水养殖场，也应当进行环境影响评价。

一年以后，即2017年11月4日，第十二届全国人民代表大会常务委员会第十三次会议对2016年《海洋环境保护法》作了第四次修改。本次修改因距前一次修改仅隔一年，故在海洋环境保护基本法律制度方面没有变化。

除了对《中华人民共和国大气污染防治法》《中华人民共和国水污染防治法》《中华人民共和国海洋环境保护法》等几部污染防治方面的主要法律进行适时修改，不断完善其基本法律制度之外，对1989年《环境保护法》颁布实施之前制定的自然资源保护管理的法律也全部作了修改，其中，《中华人民共和国森林法》历经

---

① 《中华人民共和国海洋环境保护法》(1999年修订版)第19条。

② 《中华人民共和国海洋环境保护法》(1999年修订版)第32条。

③ 《中华人民共和国海洋环境保护法》(1999年修订版)第44条至第48条。

④ 《中华人民共和国海洋环境保护法》(1999年修订版)第55条。

⑤ 《中华人民共和国海洋环境保护法》(1999年修订版)第56条。

⑥ 《中华人民共和国海洋环境保护法》(1999年修订版)第57、58条。

⑦ 《中华人民共和国海洋环境保护法》(1999年修订版)第66条。

⑧ 《中华人民共和国海洋环境保护法》(2016年修订版)第3条。

⑨ 《中华人民共和国海洋环境保护法》(2016年修订版)第6条。

⑩ 《中华人民共和国海洋环境保护法》(2016年修订版)第24条。

⑪ 《中华人民共和国海洋环境保护法》(2016年修订版)第11条第3款。

⑫ 《中华人民共和国海洋环境保护法》(2016年修订版)第12条第2款。

1984年、1998年和2009年三次修改;《中华人民共和国草原法》历经2002年、2009年和2013年三次修改;《中华人民共和国矿产资源法》历经1996年和2009年两次修改;《中华人民共和国土地管理法》历经1998年和2004年两次修改;《中华人民共和国水法》历经2002年、2009年和2016年三次修改;《中华人民共和国野生动物保护法》历经2004年、2009年和2016年三次修改,从而逐步充实或完善了自然资源保护管理方面的基本法律制度。这些制度包括森林资源权属制度[①]、森林生态效益补偿基金制度[②],森林、林木、林地使用权转让制度[③],森林植被恢复费制度[④],森林自然保护区制度[⑤],林木采伐许可证制度[⑥],草原承包经营制度[⑦],草原保护建设、利用规划制度[⑧],草原调查制度[⑨],草原统计制度[⑩],草原植被恢复费制度[⑪],基本草原保护制度[⑫],草原自然保护区制度[⑬],草畜平衡制度[⑭],禁牧休牧制度[⑮],矿产资源权属制度[⑯],探矿权采矿权有偿取得制度[⑰],矿产资源勘查登记制度[⑱],土地用途管制制度[⑲],土地登记发证制度[⑳],集体土地承包经营制度[㉑],土地利用总体规划制度[㉒],占用耕地补偿制度[㉓],基本农田保护制度[㉔],征地补偿制度[㉕],水

---

① 《中华人民共和国森林法》(2009年8月27日)第3条。
② 《中华人民共和国森林法》(2009年8月27日)第8条第2款。
③ 《中华人民共和国森林法》(2009年8月27日)第15条。
④ 《中华人民共和国森林法》(2009年8月27日)第18条。
⑤ 《中华人民共和国森林法》(2009年8月27日)第24条。
⑥ 《中华人民共和国森林法》(2009年8月27日)第32条至第35条。
⑦ 《中华人民共和国草原法》(2013年6月29日)第13条至第15条。
⑧ 《中华人民共和国草原法》(2013年6月29日)第17条至第20条。
⑨ 《中华人民共和国草原法》(2013年6月29日)第22条。
⑩ 《中华人民共和国草原法》(2013年6月29日)第24条。
⑪ 《中华人民共和国草原法》(2013年6月29日)第39条。
⑫ 《中华人民共和国草原法》(2013年6月29日)第42条。
⑬ 《中华人民共和国草原法》(2013年6月29日)第43条。
⑭ 《中华人民共和国草原法》(2013年6月29日)第45条。
⑮ 《中华人民共和国草原法》(2013年6月29日)第47条至第48条。
⑯ 《中华人民共和国矿产资源法》(2009年8月27日)第3条。
⑰ 《中华人民共和国矿产资源法》(2009年8月27日)第5条。
⑱ 《中华人民共和国矿产资源法》(2009年8月27日)第12条。
⑲ 《中华人民共和国土地管理法》(2004年8月28日)第4条。
⑳ 《中华人民共和国土地管理法》(2004年8月28日)第11条至第13条。
㉑ 《中华人民共和国土地管理法》(2004年8月28日)第14条至第15条。
㉒ 《中华人民共和国土地管理法》(2004年8月28日)第17条至第23条。
㉓ 《中华人民共和国土地管理法》(2004年8月28日)第31条。
㉔ 《中华人民共和国土地管理法》(2004年8月28日)第34条。
㉕ 《中华人民共和国土地管理法》(2004年8月28日)第47条。

功能区划制度[①]，饮用水水源保护区制度[②]，河道采砂许可制度[③]，用水总量控制和定额管理制度[④]，淘汰落后工艺、设备和产品制度[⑤]，"三同时"制度[⑥]，野生动物档案制度[⑦]，野生动物保护补偿制度[⑧]等。

二、不断出台新的环境资源法律、法规，健全环境资源基本法律制度体系

1989年《环境保护法》颁布实施以后，此前制定的其他环境资源单行法律全部作了相应的修改，并且又有多部环境资源法律陆续出台，环境资源基本法律制度体系逐步趋于完善。

1989年《环境保护法》颁布实施后，新制定的环境资源法律主要有：

1.《中华人民共和国水土保持法》(1991年6月29日第七届全国人民代表大会常务委员会第二十次会议通过，2010年12月25日第十一届全国人民代表大会常务委员会第十八次会议修订)；

2.《中华人民共和国固体废物污染环境防治法》(1995年10月30日第八届全国人民代表大会常务委员会第十六次会议通过，2004年12月29日第十届全国人民代表大会常务委员会第十三次会议修订，2013年6月29日第十二届全国人民代表大会常务委员会第三次会议修正，2015年4月24日全国人民代表大会常务委员会第十四次会议修正，2016年11月7日第十二届全国人民代表大会常务委员会第二十四次会议修正)；

3.《中华人民共和国环境噪声污染防治法》(1996年10月29日第八届全国人民代表大会常务委员会第二十二次会议通过)；

4.《中华人民共和国清洁生产促进法》(2002年6月29日第九届全国人民代表大会常务委员会第二十八次会议通过，2012年2月29日第十一届全国人民代表大会常务委员会第二十五次会议修订)；

5.《中华人民共和国环境影响评价法》(2002年10月28日第九届全国人民代表大会常务委员会第三十次会议通过，2016年7月2日第十二届全国人民代表大会常务委员会第二十一次会议修订)；

6.《中华人民共和国放射性污染防治法》(2003年6月28日第十届全国人民代

---

① 《中华人民共和国水法》(2016年7月2日)第32条。

② 《中华人民共和国水法》(2016年7月2日)第33条。

③ 《中华人民共和国水法》(2016年7月2日)第39条。

④ 《中华人民共和国水法》(2016年7月2日)第47条。

⑤ 《中华人民共和国水法》(2016年7月2日)第51条。

⑥ 《中华人民共和国水法》(2016年7月2日)第53条。

⑦ 《中华人民共和国野生动物保护法》(2016年7月2日)第11条。

⑧ 《中华人民共和国野生动物保护法》(2016年7月2日)第19条。

表大会常务委员会第三次会议通过）；

7.《中华人民共和国循环经济促进法》（2008年8月29日第十一届全国人民代表大会常务委员会第四次会议通过）；

8.《中华人民共和国环境保护税法》（2016年12月25日第十二届全国人民代表大会常务委员会第二十五次会议通过）；

9.《中华人民共和国核安全法》（2017年9月1日第十二届全国人民代表大会常务委员会第二十九次会议通过）。

上述法律中设置的基本法律制度主要包括：水土保持规划制度[①]、建设项目水土保持方案制度[②]、水土保持设施"三同时"制度[③]、水土保持生态效益补偿制度[④]、水土保持补偿费制度[⑤]、水土保持现场检查制度[⑥]、固体废物污染环境监测制度[⑦]、工业固体废物申报登记制度[⑧]、危险废物名录制度[⑨]、危险废物管理计划及申报制度[⑩]、缴纳危险废物排污费制度[⑪]、危险废物经营许可证制度[⑫]、危险废物转移联单制度[⑬]、危险废物突发事件报告制度[⑭]、声环境标准制度[⑮]、超标排污收费制度[⑯]、环境噪声监测制度[⑰]、环境噪声污染设备申报制度[⑱]、清洁生产推行规划制度[⑲]、清洁生产审核制度[⑳]、清洁生产表彰奖励制度[㉑]、规划环境影响评价制度[㉒]、放射性污染

① 《中华人民共和国水土保持法》（2010年12月25日）第10条至第15条。
② 《中华人民共和国水土保持法》（2010年12月25日）第25条至第26条。
③ 《中华人民共和国水土保持法》（2010年12月25日）第27条。
④ 《中华人民共和国水土保持法》（2010年12月25日）第31条。
⑤ 《中华人民共和国水土保持法》（2010年12月25日）第32条。
⑥ 《中华人民共和国水土保持法》（2010年12月25日）第44条。
⑦ 《中华人民共和国固体废物污染环境防治法》（2016年11月7日）第12条。
⑧ 《中华人民共和国固体废物污染环境防治法》（2016年11月7日）第32条。
⑨ 《中华人民共和国固体废物污染环境防治法》（2016年11月7日）第51条、第52条。
⑩ 《中华人民共和国固体废物污染环境防治法》（2016年11月7日）第53条。
⑪ 《中华人民共和国固体废物污染环境防治法》（2016年11月7日）第56条。
⑫ 《中华人民共和国固体废物污染环境防治法》（2016年11月7日）第57条。
⑬ 《中华人民共和国固体废物污染环境防治法》（2016年11月7日）第59条。
⑭ 《中华人民共和国固体废物污染环境防治法》（2016年11月7日）第63条、第64条。
⑮ 《中华人民共和国环境噪声污染防治法》（1996年10月29日）第10、11条。
⑯ 《中华人民共和国环境噪声污染防治法》（1996年10月29日）第16条。
⑰ 《中华人民共和国环境噪声污染防治法》（1996年10月29日）第20条。
⑱ 《中华人民共和国环境噪声污染防治法》（1996年10月29日）第24条。
⑲ 《中华人民共和国清洁生产促进法》（2012年2月29日）第8条。
⑳ 《中华人民共和国清洁生产促进法》（2012年2月29日）第27条。
㉑ 《中华人民共和国清洁生产促进法》（2012年2月29日）第30条。
㉒ 《中华人民共和国环境影响评价法》（2016年7月2日）第3条。

监测制度[①]、放射性污染监督检查制度[②]、核设施建设、运营许可证制度[③]、规划限制区制度[④]、核事故应急制度[⑤]、放射性同位素和射线装置许可证制度[⑥]、循环经济发展规划制度[⑦]、废弃产品或包装物回收利用制度[⑧]、循环经济统计制度[⑨]、资源消耗标识制度[⑩]、税收优惠制度[⑪]等。

这些环境资源法律制度的设立，使我国奠基于 1979 年《环境保护法(试行)》，成型于 1989 年《环境保护法》，完善于 2014 年新《环境保护法》的环境资源基本法律制度不断变革和发展，逐渐形成为一个相对完整的体系。

三、改革、完善环境资源基本法律制度，为环境法治提供充分的法律制度保障

我国环境资源基本法律制度的建立和发展，大致可分为三个阶段。第一个阶段为 1979 年至 1989 年，具体是指从 1979 年《环境保护法(试行)》的制定实施到 1989 年《环境保护法》出台之前，这是环境资源基本法律制度的初创阶段。国家通过制定实施 1979 年《环境保护法(试行)》、1982 年《海洋环境保护法》、1984 年《水污染防治法》、1984 年《森林法》、1987 年《大气污染防治法》等环境资源法律、法规，建立了环境影响报告书、"三同时"、限期治理、排污收费、环境标准、许可证、现场检查、污染物排放登记、自然资源权属、自然资源利用收费等环境资源基本法律制度，为我国环境保护事业的发展提供了基本的法律制度保障。

这一阶段的环境资源基本法律制度具有一个显著的特点，即重环境污染的防治，轻生态环境的保护。撇开环境立法的目的和任务不谈，仅就基本法律制度的建构来看，这一阶段绝大部分的环境资源基本法律制度，如环境影响报告书制度、"三同时"制度、限期治理制度、许可证制度、排污收费制度、污染物排放登记制度等都是针对污染物的排放控制和污染治理而设立的，对自然资源合理开发、利用以及自然环境的保护关照较少，仅仅只关注自然资源的权属问题。这与改革开放初期我国的工作重点转移到社会主义现代化建设上来的战略决策密切相关。工作重点转

---

① 《中华人民共和国放射性污染防治法》(2003 年 6 月 28 日)第 10 条。
② 《中华人民共和国放射性污染防治法》(2003 年 6 月 28 日)第 11 条。
③ 《中华人民共和国放射性污染防治法》(2003 年 6 月 28 日)第 19 条。
④ 《中华人民共和国放射性污染防治法》(2003 年 6 月 28 日)第 23 条。
⑤ 《中华人民共和国放射性污染防治法》(2003 年 6 月 28 日)第 26 条。
⑥ 《中华人民共和国放射性污染防治法》(2003 年 6 月 28 日)第 28 条。
⑦ 《中华人民共和国循环经济促进法》(2008 年 8 月 29 日)第 12 条。
⑧ 《中华人民共和国循环经济促进法》(2008 年 8 月 29 日)第 15 条。
⑨ 《中华人民共和国循环经济促进法》(2008 年 8 月 29 日)第 17 条。
⑩ 《中华人民共和国循环经济促进法》(2008 年 8 月 29 日)第 17 条。
⑪ 《中华人民共和国循环经济促进法》(2008 年 8 月 29 日)第 44 条。

移到经济建设上来，加快社会主义现代化建设的步伐，这是民心所向，是党和国家顺应民心所作的英明抉择。不过，党中央和国务院也意识到，大规模的经济建设活动，必然会带来相应的环境问题，特别是环境污染问题。而保护环境又是社会主义现代化建设的一个重要组成部分，是我国宪法的要求，1978 年的《中华人民共和国宪法》第 11 条明确规定："国家保护环境和自然资源，防治污染和其他公害。"因此，在工作重点转移到经济建设上来的同时，应当重视环境保护，重视环境污染的预防和治理。这一认识，反映在相关的环境立法和基本法律制度的创设上，就产生了重环境污染防治，轻生态环境保护的客观效果。不过，尽管如此，然瑕不掩瑜，这一阶段环境立法所创设的环境资源基本法律制度，基本满足了这一时期环境保护事业发展的需求，保护和推动了我国环境保护事业的发展。

第二阶段为 1989 年至 2014 年，具体是指 1989 年《环境保护法》的颁布实施到 2014 年新《环境保护法》出台之前。这是环境资源基本法律制度的逐步健全和改革完善阶段。其主要标志有二：一是对第一阶段我国的所有环境法律、法规均适时作了相应修改，以适应已经变化了的改革开放形势的需要；二是频繁出台新的环境资源法律、法规，以满足已经变化了的改革开放形势对环境资源法律制度供给的需求。

对原有法律、法规适时修改和制定新的法律、法规，其主要目的之一就是根据已经变化了的形势，即新的社会生活需求对法律制度供给的新要求，修改、完善基本法律制度。

第二阶段环境资源基本法律制度的特点在于两个字：变和新。所谓变，就是对原有环境资源基本法律制度根据客观社会生活需求进行相应改革；所谓新，即根据形势发展的需要创设新的环境资源基本法律制度。

关于变。总的来看，第一阶段环境立法所创设的环境资源基本法律制度均不同程度地发生了改变。其中，变化较大的环境资源基本法律制度有环境影响报告书制度、限期治理制度、排污收费制度等。

一是环境影响报告书制度。环境影响报告书制度，现称环境影响评价制度。该制度最早仅仅只是为了防止建设项目的环境污染而设立的，其评价对象仅指建设项目，所以也称项目环境影响评价制度。并且，立法只是要求项目的环境影响报告书须经环境保护部门和其他有关部门的审查批准后才能进行项目设计，其他方面并无要求。而现今的环境影响评价制度，首先，扩大了评价对象范围，不但包括建设项目，而且包括各种规划，如土地利用规划，区域、流域、海域建设的开发利用综合规划，以及工业、农业、畜牧业、林业、能源、水利、交通、城市建设、旅游和自然资源开发的有关专项规划。其次，明确规定，建设项目的环境影响评价文件未依法经审批部门审查批准或者审查后未予批准的，建设单位不得开工建设。而规划编制机关违反法律规定，对规划草案未组织环境影响评价的，审批机关不予审批，并且由有关机关依法追究直接负责的主管人员和其他直接责任人员的责任。最后，最初在有关法律中仅仅由一个条文表述的环境影响报告书制度现已改革完善为一部专门的法律——《中华人民共和国环境影响评价法》，对环评的目的、任务、基本原则、评价对象范围、规划的环境影响评价、建设项目的环境影响评价以及违反环境影响评价法所应承担的法律责任均作了明确而具体的规定。

二是限期治理制度。限期治理制度在第二阶段的改革完善主要体现为，从 2000 年《大气污染防治法》和 2008 年《水污染防治法》的有关规定来看[①]，限期治理已由原设立这一制度时的一种环境保护行政管理措施或手段转变为行政处罚的一种形式。关于这一点，虽然环境法学界存在不同的看法[②]，但有一点是肯定的，即限期治理制度已发生了较大的变化。变化的重点在于，限期治理已不再是一种一般的环境保护行政管理措施，而是一种特殊的环境行政处罚方式或者环境保护行政强制措施，抑或行政命令。这一变化是与第二阶段强化环境管理和加强环境法治的时代大背景分不开的。

三是排污收费制度。排污收费制度在第二阶段也发生了显著的变化，其改革完善分为两步：第一步，在水污染防治方面扩大了排污收费的范围，规定凡企业事业单位，只要向水体排放污染物，均应按照国家规定缴纳排污费。超过国家或者地方规定的污染物排放标准的，还应按照国家规定缴纳超标准排污费。[③] 第二步，在水污染防治和大气污染防治领域全面实行按照向大气和水体排放污染物的种类和数量征收排污费。超标向大气排放污染物和水污染物，已被规定为违法行为。这是我国排污收费制度的重大改革，也是顺应环境保护事业发展需求所作的改革。

关于新制定的环境资源法律，如《中华人民共和国固体废物污染环境防治法》《中华人民共和国环境噪声污染防治法》《中华人民共和国环境影响评价法》《中华人民共和国放射性污染防治法》《中华人民共和国清洁生产促进法》《中华人民共和国循环经济促进法》《中华人民共和国水土保持法》等，极大地丰富或完善了环境资源基本法律制度。丰富是指增加了先前所没有的环境资源基本法律制度，如规划制度、环境监测制度、名录制度、应急制度、生态效益补偿制度等。完善是指将原有的基本法律制度，如“三同时”制度、申报登记制度、现场检查制度、环境影响报告书制度、环境标准制度、排污收费制度、许可证制度等适用于环境保护的各个具体方面，如固体废物污染环境防治、环境噪声污染防治、放射性污染防治、清洁生产、水

---

① 2000 年《大气污染防治法》第 48 条和 2008 年《水污染防治法》第 74 条。

② 关于限期治理的法律属性问题，自 2000 年《大气污染防治法》第 48 条和 2008 年《水污染防治法》第 74 条的规定出来以后，争论一直存在。有人认为限期治理已演变为行政处罚的一种方式；有人认为，限期治理不是一种行政处罚方式，而是一种行政命令；还有的人认为限期治理既不是一种行政处罚，也非行政命令，而是一种行政强制措施。

③ 1996 年《水污染防治法》第 15 条第 1 款。

土保持等方面，并结合各自的具体情况将制度细化。

第三阶段为2014年至今，具体是指2014年新《环境保护法》出台至今。这是环境资源基本法律制度系统完善，形成体系的阶段。

《中华人民共和国环境保护法》是我国环境保护领域里的"基本法"或"母法"，是环境保护单行法律、法规制定的基本依据之一。我国的环境资源基本法律制度主要就是在这部法律中规定的。因此，它的每一次修改，实质上就是对我国环境资源基本法律制度的改革完善。

2014年4月24日，第十二届全国人民代表大会常务委员会第八次会议对1989年《环境保护法》作了修改，通过了修订后的新《环境保护法》。这是一次全面的修改，它是在对1989年《环境保护法》25年实践进行系统分析、对我国环境资源法制发展进行全面总结的基础上进行的。根据党的十八大和十八届三中全会的精神，从我国新时期的环境国情和环境保护的实际需要出发，着重解决环境保护领域里的共性问题和突出问题，更新了环境保护理念，系统完善了环境资源基本法律制度，使之形成一个相对完整的体系，为环境资源单行法律、法规的进一步修改完善提供了新的依据。

归纳起来，我国现行的环境资源基本法律制度主要包括环境保护规划制度[①]，环境标准制度[②]，环境监测制度[③]，环境影响评价制度[④]，现场检查制度[⑤]，环境保护目标责任制和考核评价制度[⑥]，生态保护红线制度[⑦]，生态保护补偿制度[⑧]，"三同时"制度[⑨]，排污收费制度[⑩]，重点污染物排放总量控制制度[⑪]，排污许可制度[⑫]，严重污染环境的工艺、设备及产品淘汰制度[⑬]，突出环境事件应急制度[⑭]，环境信息公

---

① 2014年《环境保护法》第13条。

② 2014年《环境保护法》第15条、第16条。

③ 2014年《环境保护法》第17条。

④ 2014年《环境保护法》第19条。

⑤ 2014年《环境保护法》第24条。

⑥ 2014年《环境保护法》第26条。

⑦ 2014年《环境保护法》第29条。

⑧ 2014年《环境保护法》第31条。

⑨ 2014年《环境保护法》第41条。

⑩ 2014年《环境保护法》第43条。

⑪ 2014年《环境保护法》第44条。

⑫ 2014年《环境保护法》第45条。

⑬ 2014年《环境保护法》第46条。

⑭ 2014年《环境保护法》第47条。

开制度[①],公众参与制度[②],环境公益诉讼制度[③]和按日计罚制度[④]。这些环境资源基本法律制度相互联系,互为补充,构成了一个相对完整的体系,为我国环境保护事业的发展提供了最严格的环境资源基本法律制度保障。

具体而言,我国现行的环境资源基本法律制度体系由五类功能各异的环境资源基本法律制度构成:第一类为预防环境污染和生态环境损害的基本法律制度,具体包括环境保护规划制度、环境标准制度、环境影响评价制度和生态保护红线制度;第二类为管控环境污染及生态环境损害的基本法律制度,具体包括"三同时"制度,排污收费制度,重点污染物排放总量控制制度,排污许可制度和严重污染环境的工艺、设备及产品淘汰制度;第三类为监督环境污染及生态环境损害的基本法律制度,具体包括环境监测制度、现场检查制度、信息公开制度、公众参与制度以及环境保护目标责任制和考核评价制度;第四类为应急处理环境污染及生态环境损害的基本法律制度,具体是指突发环境事件应急制度;第五类为救济环境污染及生态环境损害的基本法律制度,具体包括环境公益诉讼制度和按日计罚制度。

这五类环境资源基本法律制度,是我国整个环境保护领域里最基本的、起骨干作用的法律制度。它们不仅适用于环境污染防治领域,同时也适用于自然资源和整体生态系统的保护管理领域。以它们为基础,结合各个具体领域的实际需要,从而构成了相对独立的环境污染防治基本法律制度、自然资源保护管理基本法律制度、整体生态环境保护管理基本法律制度和综合性环境保护基本法律制度。当然,还可以作更细的划分和组合。例如,环境污染防治基本法律制度可细分为大气污染防治基本法律制度、水污染防治基本法律制度、固体废物污染环境防治基本法律制度、环境噪声污染防治基本法律制度、土壤污染防治基本法律制度等。自然资源保护管理基本法律制度可再分为水资源保护管理基本法律制度、森林资源保护管理基本法律制度、矿产资源保护管理基本法律制度、草原资源保护管理基本法律制度等,依此类推。

诚如前面所言,我国的环境资源法律制度基本上是随着我国改革开放战略的实施而逐步建立和发展起来的。因此,它每一阶段的发展,无不打上那个阶段时代背景和改革开放形势的烙印。

第一阶段,即 1979 年至 1989 年,是我国改革开放最为关键的头 10 年。这 10 年党和国家的中心工作是实行改革开放,以经济建设为中心,大力推进社会主义现代化建设,不断满足人民群众日益增长的物质和文化需要。这一时代背景反映在

---

① 2014 年《环境保护法》第 54 条、第 55 条。

② 2014 年《环境保护法》第 56 条。

③ 2014 年《环境保护法》第 58 条。

④ 2014 年《环境保护法》第 59 条。

环境立法上，即环境立法的最终目的也是为实现社会主义现代化建设服务的。因此，在环境资源基本法律制度的建构上，秉承的实际上就是边污染边治理的理念。在这种理念的指导下建构了环境影响评价、“三同时”、排污收费、许可证等环境资源基本法律制度。

第二阶段，即1989年至2014年，是我国改革开放克难攻坚的20余年，也是环境保护受到前所未有重视的20余年。这20余年中，改革开放迅速发展，人们的思想、观念不断更新。在这一阶段，我国改革开放的总设计师邓小平同志到南方视察，发表重要谈话，强调坚持以经济建设为中心不动摇，但要重视解决发展过程中出现的各种矛盾和问题，其中也包括影响经济发展的环境问题。1995年，党和国家提出“两个根本性转变”的目标：一是经济体制从传统的计划经济体制向社会主义市场经济体制转变，二是经济增长方式从粗放型向集约型转变。1997年，党的十五大报告提出建设小康社会，其中包括环境优美、生活和生产环境良好。1999年国家实施西部大开发战略，提出要“切实加强生态环境保护和建设”，实施大规模退耕还林以保护生态。2002年，党的十六大确定了全面建设小康社会的奋斗目标。2007年，科学发展观被写入党章。党的十七大首次提出要“建设生态文明，基本形成节约能源资源和保护生态环境的产业结构、增长方式、消费模式，循环经济形成较大规模，可再生能源比重显著上升。主要污染物排放得到有效控制，生态环境质量明显改善。生态文明观在全社会牢固树立”。2012年，党的十八大再次提出生态文明建设问题。认为，建设生态文明是关系人民福祉、关乎民族未来的长远大计。要求大力推进生态文明建设，优化国土空间开发格局，全面促进资源节约，加大自然生态系统和环境保护力度，加强生态文明制度建设，更加自觉地珍爱自然，更加积极地保护生态，努力走向社会主义生态文明新时代。同时，十八大首次提出“美丽中国”建设。2013年，党的十八届三中全会出台《关于全面深化改革若干重大问题的决定》，要求紧紧围绕建设美丽中国、深化生态文明体制改革，加快建立生态文明制度。

另外，20世纪80年代末90年代初，受联合国环境规划署的委托，荷兰原首相布伦特兰领导的专家组正式提出了可持续发展理论，认为当代人的发展不应对后代人的发展能力构成威胁，只有这样人类经济社会才可能持续发展。意即当代人应当为后代人的发展留下足够满足其发展需要的物质条件。该理论的提出在全球产生了广泛的影响，很快得到了国际社会的一致认可和支持。1992年联合国环境与发展大会通过了《21世纪议程》，我国政府迅即响应，于1994年通过了《中国21世纪议程》，庄严承诺采取措施保障经济社会的可持续发展，保障资源的合理利用和环境保护。

第二阶段中我国环境资源基本法律制度的逐步健全、改革完善，正是在这种令人耳目一新的时代背景和迅猛发展的改革开放形势下进行的，因此出现了与改革开放形势相符合的环境资源基本法律制度的设计。

第三阶段，即2014年至今，是我国改革开放总结沉淀的几年，主基调是全面推进依法治国。2014年，中共中央出台了《关于全面推进依法治国若干重大问题的决定》，提出建设中国特色社会主义法治体系，建设社会主义法治国家。2015年召开了党的十八届五中全会，提出全面推进经济建设、政治建设、社会建设、文化建设和生态文明建设。2017年召开了党的十九大，确立了习近平新时代中国特色社会主义思想，提出构建人类命运共同体，强调生态文明建设是中华民族伟大复兴的千年大计，坚持人与自然和谐共生。

这一时代背景和改革开放的形势反映在环境法治上，就是要努力构建环境资源法治体系，其中包括完备的环境资源法律规范体系，意即完备的环境资源法律制度体系、环境资源法律实施体系、环境资源法律监督体系、环境资源法律保障体系和环境资源党内法规体系，以全面的环境资源法治助力生态文明建设。适应这一改革开放形势的需要，排污总量控制制度、生态保护红线制度、环境信息公开制度、公众参与制度、环境公益诉讼制度等环境资源基本法律制度应运而生。

第四节　加强环境法治：用最严格的法律制度保护生态环境

党的十九大报告明确指出，我国特色社会主义进入新时代，这是我国发展新的历史定位。当前，我国的社会主要矛盾已经转化为人民群众日益增长的美好生活需要与不平衡不充分的发展之间的矛盾。人民美好生活需要日益广泛，不但对物质文化生活提出了更高要求，而且在民主、法治、公平、正义、安全、环境等方面的要求日益增长。因此，必须树立和践行"绿水青山就是金山银山"的理念，坚持节约资源和保护环境的基本国策，像对待生命一样对待生态环境，统筹山水林田湖草系统治理，实行最严格的生态保护制度，形成绿色发展方式和生活方式，坚定走生产发展、生活富裕、生态良好的文明发展道路，建设美丽中国，为人民创造良好的生产生活环境，为全球生态安全做出贡献。

习近平总书记强调，生态文明建设是政治。不能把加强生态文明建设、加强生态环境保护等仅仅作为经济问题。这里面有很大的政治。因为，生态文明建设是民意，也是民生。建设生态文明是关系人民福祉，关乎民族未来的大计。一定要认清加强生态文明建设的重要性和必要性。

2018年，我国的改革开放进入"不惑之年"。不惑而心定，心定则应按照十九大的方向，围绕美丽中国、生态文明建设开启新时代新的征程。

美丽中国、生态文明建设的主战场在于环境保护。环境保护就是建设美丽中国和生态文明的主要抓手。因此，对于环境法治而言，就是要用最严密的法治、最严格的环境资源法律制度来推动和保障美丽中国和生态文明建设。

具体到环境资源法律制度的进一步改革完善而言，主要应当做好以下两个方面的工作：

第一，根据新时代生态环境保护的新要求，以全面提升生态环境质量为基本目标，对现行环境资源基本法律制度进一步深入改革。例如"三同时"制度。"三同时"制度是我国环境资源基本法律制度中"资历"最老的几项法律制度之一，为我国环境保护事业的发展立下了汗马功劳。但是，这一制度的最初设计显然受到了"末端治理"思想的影响，并且主要针对的是点源治理。它与现在推行的清洁生产、发展循环经济的要求不甚协调，与环境影响评价制度和许可证制度的衔接亦有可进一步改进的地方。再如环境影响评价制度。该制度亦为我国环境资源基本法律制度中的"元老"。然时至今日，我国的环境影响评价制度还停留在对项目建设和规划的环评。我国台湾地区和国外如俄罗斯则早已开始了对政策草案和法律草案的环境影响评价。一项不当的政策或一部未合理考虑环境保护要求的法律可能对自然环境产生的不良影响，要远远大于数个建设项目对环境所造成的不良影响。因此，我国应当开展对政策和法律草案的环境影响评价。

第二，创设新的适合新时代生态环境保护要求的环境资源基本法律制度。这些法律制度主要包括生态环境损害赔偿的基本法律制度、湿地保护管理的基本法律制度、土壤环境保护的基本法律制度、气候变化应对的基本法律制度、长江经济带建设中自然资源保护管理的基本法律制度、国家公园基本法律制度以及环境诉讼的程序规则等法律制度。

第二章

大气污染防治法律制度的变迁

大气环境保护事关人民群众根本利益,事关经济持续健康发展,事关全面建成小康社会,事关实现中华民族伟大复兴的中国梦。[①] 改革开放40年,为保护和改善大气环境,我国以保障人民群众身体健康为出发点,大力推进生态文明建设,坚持政府调控与市场调节相结合、全面推进与重点突破相配合、区域协作与属地管理相协调、总量减排与质量改善相同步,政府监督管理、企业施治、公众参与的大气污染防治新机制,实现环境效益、经济效益与社会效益多赢为目的,不断加强大气污染防治法律制度建立和完善。

第一节 大气污染防治的立法演变

自1973年我国环境保护事业伊始,我国开始了大气污染防治的规制,其制度建立和发展主要是改革开放开始以后,随着我国环境法制建设的发展,大气污染防治制度从无到有,逐步走向成熟。改革开放40年,以大气污染单行法的制定和修改为标志,主要分为三个时期:(1)制度初创期(1978—1999),建立了以防治煤烟型

① 《大气污染防治行动计划》,由《国务院印发的关于印发大气污染防治行动计划的通知》(国发〔2013〕37号)印发。

污染为主要内容的制度;(2)制度完善期(2000—2014),在加强工业废气、机动车船排放污染防治的同时,强化总量控制、区域污染防治的大气污染防治制度;(3)制度全面深化期(2015年以后),建立以改善大气环境质量、"留住蓝天"为目标的大气污染防治法律制度,大气污染防治制度进入新的发展时期。

一、制度初创期(1978—1999)

我国关注到大气污染问题并予以规制,始于对厂矿企业作业人员安全和健康的保护。1956年5月31日,为消除厂、矿企业中矽尘的危害,保护工人、职员的安全和健康,国务院发布了《防止厂、矿企业中矽尘危害的决定》[①]。虽然该决定是防止厂矿企业空气中矽尘对职工危害的劳动法规,但其中关于确定标准,从原料、工艺、生产设备、污染物治理、落后设备改造淘汰等多方面进行空气污染控制的污染防治策略,为我国建立环境污染防治制度提供了借鉴。20世纪70年代,我国制定了《工业"三废"排放试行标准》(1973年)[②]、《工业企业设计卫生标准》(1979年)[③]。我国以发布决定、制定标准为形式,开始建立以防治工业废气、粉尘污染为主要内容的大气污染防治的法律制度。

1979年9月13日公布施行的《中华人民共和国环境保护法(试行)》[④]对大气污染防治的原则、制度和措施作了基本的规定,将防治大气污染的范围由工矿企业扩大到工矿企业和城市生活,控制的污染源从排烟装置、工业窑炉扩大到排烟装置、工业窑炉、机动车辆、船舶等,增加了征收超标排污费的规定以及改变城市的能源结构和煤炭的加工利用方面的要求。随后,有关部委先后发布了《大气环境质量

---

① 《国务院关于防止厂、矿企业中矽尘危害的决定》(1956年5月25日国务院全体会议第二十九次会议通过,1956年5月31日发布)。该决定要求厂、矿企业的车间或者工作地点每立方米所含游离二氧化矽10%以上的粉尘,在1956年内基本上应该降低2毫克,在1957年内必须降低到2毫克以下。http://v5.pkulaw.cn/fulltext_form.aspx? Db=chl&Gid=120。

② 《工业"三废"排放试行标准》(GBJ 4-73)是我国第一次环境保护会议筹备小组办公室主持制定的,于1973年颁布,1974年1月1日试行。该标准第2部分(废气)第10条规定:根据对人体的危害程度,并考虑到我国现实情况,暂定十三类有害物质的排放标准。凡排放上述有害物质,其排出口处的排放量(或浓度)不得超过此标准。十三类有害物质主要为:二氧化硫、二硫化碳、硫化氢、氟化物、氮氧化物、氯、氯化氢、一氧化碳、硫酸(雾)、铅、汞、铍化物、烟尘及生产性粉尘等。

③ 《工业企业设计卫生标准》(TJ 36-79)。

④ 《中华人民共和国环境保护法(试行)》,1979年9月13日第五届全国人民代表大会常务委员会第十一次会议原则通过,1979年9月13日全国人民代表大会常务委员会令第二号公布试行。该法第16条规定,积极防治工矿企业的和城市生活的废气、粉尘……对环境的污染和危害。第19条规定,一切排烟装置、工业窑炉、机动车辆、船舶等,都要采取有效的消烟除尘措施,有害气体的排放,必须符合国家规定的标准。大力发展和利用煤气、液化石油气、天然气、沼气、太阳能、地热和其他无污染或者少污染的能源。在城市要积极推广区域供热。

标准》(GB 3095-1982)[①]、《锅炉烟尘排放标准》、《汽油车怠速污染物排放标准》、《钢铁工业污染物排放标准》、《水泥工业污染物排放标准》、《沥青工业污染物排放标准》等。但是,《中华人民共和国环境保护法(试行)》有关防治大气污染的规定比较原则,也难以满足我国大气污染防治的要求。

随着经济建设和社会发展,我国大气污染仍然相当严重,甚至还有继续发展的趋势。根据20世纪80年代中期对部分城市大气环境质量的监测,大气中总悬浮微粒为600微克/立方米左右,相当于发达国家20世纪50—60年代大气污染最严重的程度。除了粉尘和二氧化硫等主要大气污染物质外,还含有氟、氯、汞、砷、铅和硫化氢等有毒物质的废气,虽发生在局部地区,但这些物质毒害性较大,对人民群众的生产、生活和身体健康危害严重。所以,大气污染开始成为我国环境保护中的一个突出问题,特别是我国能源结构以煤炭为主,防治因燃煤引起的烟尘、二氧化硫等污染,成为我国大气污染防治的重点。[②]

为加强大气环境监督管理,防治大气污染,第六届全国人大常委会第二十二次会议于1987年9月5日制定了《中华人民共和国大气污染防治法》(以下简称《大气污染防治法》),并于1988年6月1日起施行。该法是我国大气污染防治的单行法,分为总则,大气污染防治的监督管理,防治烟尘污染,防治废气、粉尘和恶臭污染,法律责任,附则等6章,共41条。《大气污染防治法》(1987年)专章规定了烟尘污染的防治措施。该法以"防治大气污染,保护和改善生活环境和生态环境"为立法目的,开始建立以防治煤烟型污染[③]和其他大气污染[④]的大气污染防治制度。主要包括:大气质量标准和排放标准、排污申报登记、大气污染监测、建设项目环境影响评价制度和"三同时"制度、超标排污收费制度、限期治理制度、排污申报登记、突发事件应急、现场检查等制度。

针对逐渐增多的交通运输引起的大气污染,1990年8月15日,为加强对汽车排气污染的监督管理,原国家环境保护局、公安部、国家进出口商品检验局、中国人民解放军总后勤部、交通部和中国汽车工业总公司联合发布《汽车排气污染监督管

---

① 《大气环境质量标准》(GB 3095-1982),1982年4月6日国务院环境保护领导小组颁布。1996年该标准被修订为《环境空气质量标准》(GB 3095-1996)。

② 叶如棠(城乡建设环境保护部部长):《关于〈中华人民共和国大气污染防治法(草案)〉的说明——1987年6月11日在第六届全国人民代表大会常务委员会第二十一次会议上》。

③ 《大气污染防治法》(1987年)专章规定了"防治烟尘污染",1995年、2000年修订该章为"防治燃煤产生的大气污染",2015年修订为专节"燃煤和其他能源污染防治"。

④ 主要有防治有毒物质的废气和粉尘,可燃性气体,含有硫化物气体,含放射性的物质的气体和气溶胶,含恶臭气体,有毒有害烟尘、粉尘,机动车船排气等的污染。

理办法》[①]，规定一切生产、改装、使用、维修、进口汽车及其发动机的单位和个人，必须执行该办法。该办法对汽车及其发动机产品、在用汽车、汽车维修、进口汽车、汽车排气污染检测等的监督管理作出了规定，该办法也适用于摩托车排气污染监督管理。

为实施《大气污染防治法》，根据该法第40条的规定，1991年5月8日国务院批准，1991年5月24日，原国家环境保护局发布了《中华人民共和国大气污染防治法实施细则》(以下简称《大气污染防治法实施细则》)，[②]自1991年7月1日起施行。该实施细则明确了地方各级人民政府应当对本辖区的大气环境质量负责，并采取措施防治大气污染，保护和改善大气环境。

1987年制定的《大气污染防治法》对防治我国的大气污染，保护和改善生活环境和生态环境，保障人体健康，促进社会与经济的持续发展，发挥了重要作用。主要表现在：(1)促进了各级人民政府加强对大气污染防治的领导；(2)强化了大气污染防治的监督管理；(3)推动了大气污染防治技术的研究与开发应用；(4)大气污染的防治取得一定成效。1986年全国32个环境保护重点城市大气中总悬浮微粒浓度平均为560微克/立方米，1992年降为345微克/立方米，降低了38%。钢铁、水泥、电力等排尘大户在产量翻番的情况下，排尘量不仅没有增加，反而还有所降低。[③]

20世纪90年代，随着经济高速增长及煤炭等矿物燃料的使用不断增加，尤其是燃煤排放的二氧化硫和机动车排气污染加剧，必须扩大《大气污染防治法》的适用范围、突出污染防治的重点对象；而且，在我国经济持续高速增长和经济体制改革不断深化，我国参加了保护臭氧层、保护全球大气环境的国际条约新形势下，现行的大气法逐渐暴露出自身存在的问题和不足，需要作出修改和补充；同时为加强法律的规范性、强制性，应在立法目标、行为规范、法律实施程序、法律责任等方面，作出比较明确、比较具体的规定，制定更为严格的法律约束条款，并保证得以实施。为此，第八届全国人大常委会第十五次会议于1995年8月29日通过了关于修改

---

① 2010年12月，原环境保护部公布的《关于废止、修改部分环保部门规章和规范性文件的决定》部分修改了《汽车排气污染监督管理办法》。

② 《中华人民共和国大气污染防治法实施细则》(1991年5月24日国家环境保护局令第5号发布)，已被《国务院关于废止2000年底以前发布的部分行政法规的决定》(2001年10月6日发布)废止，原因是已被2000年4月29日全国人大常委会修订并公布的《中华人民共和国大气污染防治法》代替。

③ 林宗棠(全国人民代表大会环境与资源保护委员会副主任委员)：《全国人民代表大会环境与资源保护委员会关于〈中华人民共和国大气污染防治法(修改草案)〉的说明——1994年10月21日在第八届全国人民代表大会常务委员会第十次会议上》。

《大气污染防治法》的决定[1]，并同日公布实施。这是对该法进行第一次修改。

1995年修改的《大气污染防治法》，从原来6章41条增加到6章50条。新增的内容首先是扩大了对大气污染物的治理范围，将原法第三章的标题由“防治烟尘污染”修改为“防治燃煤产生的大气污染”，即从控制燃煤烟尘扩大到燃煤产生的烟尘、二氧化硫和氮氧化物等污染物。为此，增加了清洁能源的规定，如推行煤炭洗选加工，限制高硫分、高灰分煤炭的开采。大中城市的民用煤灶限制实现燃用固硫型煤或者其他清洁燃料，逐步代替直接燃烧散煤；针对酸雨和二氧化硫污染日趋严重的情势，规定了划定酸雨控制区和二氧化硫污染控制区制度；新设了对严重污染大气环境的落后生产工艺和落后生产设备实行淘汰制度；加强了对机动车排气污染的监督管理，增设了限制生产和使用含铅汽油的条款，禁止制造、销售或者进口污染物排放超过规定标准的机动车船；对城市饮食服务行业规定必须采取措施防治油烟对周围居民生活环境的污染。此外，还规定各级政府应当加强植树造林、城市绿化工作，防沙治沙，改善大气环境质量。

1995年修改的《大气污染防治法》在推动了煤炭的清洁利用，加快了淘汰严重污染大气的落后生产工艺和设备的步伐，一些重点地区开始了对酸雨和二氧化硫污染的控制等方面发挥了作用。[2]

二、制度完善期(2000—2014)

20世纪末，我国大气污染仍然十分严重，大气污染物排放总量居高不下，1998年全国二氧化硫排放量高达2100万吨，烟尘排放量1400万吨，工业粉尘排放量1300万吨，是世界上大气污染物排放量最大的国家之一。区域性、城市型大气污染特点明显，据世界卫生组织1998年公布的54个国家272个城市大气污染评价结果，大气污染最严重的10个城市中，中国占了7个。随着机动车数量的迅速增加，城市中机动车排放的碳氢化合物、一氧化碳、氮氧化物占大气同类污染物的比重越来越大，在一些特大城市氮氧化物甚至成为影响大气质量的首要污染物。这些反映出1995年修改《大气污染防治法》时对大气污染严重状况和发展趋势认识不足，所规定的防治措施不够有力，特别是区域性污染防治措施比较缺乏，而且该法法律责任部分内容偏少，力度不够，致使一些违法行为得不到追究。日趋严重的大气污染，影响人民身体健康和社会经济的发展，加上经济社会发展的一些新的变

---

① 《全国人民代表大会常务委员会关于修改〈中华人民共和国大气污染防治法〉的决定》，1995年8月29日第八届全国人民代表大会常务委员会第十五次会议通过，1995年8月29日中华人民共和国主席令第54号公布。

② 曲格平(全国人大环境与资源保护委员会主任委员)：《关于〈中华人民共和国大气污染防治法(修订草案)〉的说明——1999年8月24日在第九届全国人民代表大会常务委员会第十一次会议上》。

化，修改后的《大气污染防治法》已不能适应形势的需要，群众对此反应强烈，呼吁采取更加严格的防治措施，尽快改变当时的大气污染状况。

2000年4月29日，第九届全国人大常委会第十五次会议修改《大气污染防治法》，并于同年9月1日起施行。这是该法的第二次修改。第二次修改的《大气污染防治法》从原来6章50条增加到7章66条；增设了“防治机动车船排放污染”一章；条文修改不仅增加了16条，还对原条文作了重大的修改，增补和修改了53条，只有13条未作修改。第二次修改的《大气污染防治法》强化了总量控制、区域大气污染防治制度，包括大气污染物排放总量控制，划定酸雨控制区、二氧化硫污染控制区、大气污染防治重点城市、主要大气污染物排放总量控制区、禁止销售和使用高污染燃料区域等，要求建立环境质量改善与达标责任。《大气污染防治法》(2000年)还增设了一些大气污染防治制度和措施，包括：排污收费，排污许可，加强对机动车制造、在用车使用和维修、燃油质量等的监督管理，控制二氧化硫、烟尘排放措施，防治城市扬尘污染措施，逐步减少生产和使用破坏臭氧层物质措施等；还强化了法律责任，有关条款由原来的10条增至20条，增设了“超标处罚”等条款，改变了原法仅设义务性规范而缺少惩罚性条款的不足。

为切实改善空气质量，2013年9月10日，国务院印发《大气污染防治行动计划》①，确定了大气污染防治的目标和主要措施，具体目标为到2017年，全国地级及以上城市可吸入颗粒物浓度比2012年下降10%以上，优良天数逐年提高；京津冀、长三角、珠三角等区域细颗粒物浓度分别下降25%、20%、15%左右，其中北京市细颗粒物年均浓度控制在60微克/立方米左右。《大气污染防治行动计划》第7条“健全法律法规体系，严格依法监督管理”中规定：加快大气污染防治法修订步伐，重点健全总量控制、排污许可、应急预警、法律责任等方面的制度，研究增加对恶意排污、造成重大污染危害的企业及其相关负责人追究刑事责任的内容，加大对违法行为的处罚力度；尽快出台机动车污染防治条例和排污许可证管理条例。各地区可结合实际，出台地方性大气污染防治法规、规章。

三、制度全面深化期(2015年以后)

党的十八大以来，在以习近平同志为核心的党中央领导下，我国加快推进生态文明建设、全面推进依法治国，不断推进国家治理体系和治理能力现代化。中共中央、国务院印发的《生态文明体制改革总体方案》明确提出：“以建设美丽中国为目标，以正确处理人与自然关系为核心，以解决生态环境领域突出问题为导向，保障国家生态安全，改善环境质量，提高资源利用效率，推动形成人与自然和谐发展的

① 《国务院关于印发大气污染防治行动计划的通知》(国发〔2013〕37号)。

现代化建设新格局。"[①]党的十九大提出将污染防治攻坚战作为决胜全面建成小康社会的三大攻坚战之一，习近平总书记强调，打好污染防治攻坚战是关系近14亿中国人民切身利益的大事，也是建设美丽中国的必然选择。然而，近年来我国在传统煤烟型污染尚未得到完全控制的情况下，以臭氧、细颗粒物和酸雨为特征的区域性复合型大气污染日益突出，区域内空气重污染现象大范围同时出现的频次日益增多；[②]机动车保有量急剧增加，我国大气污染正向煤烟与机动车尾气复合型过渡，严重制约社会经济的可持续发展，威胁人民群众身体健康。

区域性复合型的大气环境问题给现行环境污染防治管理模式带来了巨大的挑战，现行大气污染防治法已经不能适应加快推进生态文明建设、留住美丽蓝天的新形势需要：一是源头治理薄弱，管控对象单一。现行法缺乏能源结构、产业结构和布局等前端源头治理方面的要求，也缺乏对氮氧化物、挥发性有机物、颗粒物等多种大气污染物实施协同控制。二是总量控制范围较小，重点难点针对不够。根据现行法规定实行总量控制和排污许可的"酸雨控制区和二氧化硫控制区"，不能适应全国总量减排的需要。同时，针对燃煤、工业、机动车、扬尘等重点领域的污染防治措施不够完善，污染严重的重点区域缺乏联合防治机制，重污染天气应对机制也不够健全。三是问责机制不严，处罚力度不够。对地方政府的责任规定较为原则，需要加强责任考核，完善对不达标地区的约束性措施；同时，企业违法成本低的问题突出，需要强化法律责任。[③] 因此，我国亟待探索创新、深化大气污染防治法律制度。

为积极应对大气环境污染的严峻形势，适应中国特色社会主义新时代的发展要求，贯彻落实中央提出的加快推进生态文明建设的精神，以保护和改善大气环境质量为目标，2015年8月29日，第十二届全国人民代表大会常务委员会第十六次会议修订《大气污染防治法》，于2016年1月1日起施行。这是该法的第三次修改，是2014年《环境保护法》修改通过后，修改的第一部环境保护单行法。2015年修改的《大气污染防治法》从2000年的7章66条扩展为8章129条，不仅在法条数量上翻了几乎一倍，内容上也基本对所有现行法条作出了修改，大气污染防治法律制度建设进入深化期。2015年修改的《大气污染防治法》从结构上，增设了"大

---

① 中共中央国务院印发《生态文明体制改革总体方案》，中国政府网，http://www.gov.cn/guowuyuan/2015-09/21/content_2936327.htm。

② 我国78.4%的城市空气质量未达标，公众反映强烈的重度及以上污染天数比例占3.2%，部分地区冬季空气重污染频发高发。参见《国务院关于印发"十三五"生态环境保护规划的通知》(国发〔2016〕65号)，中国政府网，http://www.gov.cn/zhengce/content/2016-12/05/content_5143290.htm。

③ 《关于〈中华人民共和国大气污染防治法(修订草案)〉的说明》，全国人大网，http://www.npc.gov.cn/npc/lfzt/rlys/2014-12/29/content_1892028.htm。

气污染防治标准和限期达标规划”“重点区域大气污染联合防治”“重污染天气应对”等3章，合并原法“防治燃煤产生的大气污染”“防治机动车船排放污染”“防治废气、尘和恶臭污染”等3章为“大气污染防治措施”1章，并分为“燃煤和其他能源污染防治”“工业污染防治”“机动车船等污染防治”“扬尘污染防治”“农业和其他污染防治”等5节。2015年修改的《大气污染防治法》从内容上，不仅与2014年修订的《环境保护法》衔接，也将2013年制定的《大气污染防治行动计划》中的有效政策转化为法律制度；明确防治大气污染，应当以改善大气环境质量为目标，坚持源头治理，规划先行，转变经济发展方式，优化产业结构和布局，调整能源结构；重点对大气污染防治标准和限期达标规划、大气污染防治的监督管理、大气污染防治措施、燃煤和其他能源污染防治、扬尘污染防治、重点区域大气污染联合防治、重污染天气应对等内容作了规定。

党的十九大提出将污染防治攻坚战作为决胜全面建成小康社会的三大攻坚战之一，要求坚持全民共治、源头防治，持续实施大气污染防治行动，打赢蓝天保卫战。为实现大气污染防治的目标，加快改善环境空气质量，打赢蓝天保卫战，2018年6月27日国务院印发《打赢蓝天保卫战三年行动计划》，计划经过3年努力，大幅减少主要大气污染物排放总量，协同减少温室气体排放，进一步明显降低细颗粒物（PM 2.5）浓度，明显减少重污染天数，明显改善环境空气质量，明显增强人民的蓝天幸福感。[①]

从1978年至2018年，中国的改革开放已走过40年的历程。40年来，我国的经济社会发生了巨大的变化，我国大气污染防治法律制度与时俱进，为实现社会经济的可持续发展提供了制度保障。

第二节　大气污染防治主要法律制度及其变迁

改革开放40年，我国大气污染防治法律制度不断建立和完善，对烟尘，有毒废气和粉尘，可燃性气体，含有硫化物气体，含放射性的物质的气体和气溶胶，含恶臭气体，有毒有害烟尘、粉尘，机动车船排气等的污染防治作出了规定，已经建立和完善了大气污染防治规划制度、大气污染防治标准制度、大气污染物总量控制制度、区域大气污染防治制度、大气污染监测等主要的法律制度，形成了以行政监督制度为主、激励和参与制度为辅的制度体系。

---

① 《国务院关于印发打赢蓝天保卫战三年行动计划的通知》（国发〔2018〕22号），中国政府网，http://www.gov.cn/zhengce/content/2018-07/03/content_5303158.htm。

一、大气污染防治规划制度

我国《大气污染防治法》在1987年作出了将大气环境保护工作纳入国民经济和社会发展计划的规定，发展到现在，我国大气污染防治领域的规划已经成为以国民经济和社会发展计划中大气环境保护目标和措施为基本要求，制定和实施重点区域大气污染防治规划、大气环境质量限期达标规划、大气污染物的排放总量计划等多种大气污染防治规划的法律规范体系。

1987年制定的《大气污染防治法》规定了国务院和地方各级人民政府，必须将大气环境保护工作纳入国民经济和社会发展计划，这对于实现环境保护与经济社会发展相协调具有重要意义。

从20世纪末，我国开始加强规划制度对于保护和改善环境质量的重要作用，特别是重点区域、未达到国家大气环境质量标准城市的大气环境质量的改善。1995年、2000年修改的《大气污染防治法》在大气环境质量达标、主要污染物总量控制、区域污染治理等方面加强了规划在大气污染防治方面的作用，建立和完善了大气污染防治的规划制度。主要有：(1)国家采取措施，有计划地控制或者逐步削减各地方主要大气污染物的排放总量；地方各级人民政府制定规划，采取措施，使本辖区的大气环境质量达到规定的标准。(2)未达到大气环境质量标准的大气污染防治重点城市人民政府应当制定限期达标规划。(3)城市建设应当统筹规划，在燃煤供热地区，统一解决热源，发展集中供热。(4)大、中城市人民政府应当制定规划，对饮食服务企业限期使用天然气、液化石油气、电或者其他清洁能源。

2012年9月27日，国务院批复《重点区域大气污染防治"十二五"规划》，划定了13个大气污染防治重点区域。这是我国第一部综合性大气污染防治的规划，标志着我国大气污染防治工作逐步由污染物总量控制为目标导向向以改善环境质量为目标导向转变，由主要防治一次污染向既防治一次污染又注重二次污染转变；[①]我国许多省市也制定有专项的大气污染防治规划。[②]

2013年9月，国务院印发了《大气污染防治行动计划》[③]，要求经过5年努力，全国空气质量总体改善，重污染天气较大幅度减少；京津冀、长三角、珠三角等区域空气质量明显好转。力争再用5年或更长时间，逐步消除重污染天气，全国空气质量明显改善。此外，明确了加大综合治理力度，减少多污染物排放等10个方面的措施。

---

① 《我国首部综合性大气污染防治规划出台》，新华网，http://www.xinhuanet.com/politics/2012-12/05/c_124051002.htm。

② 例如《北京市"十三五"时期大气污染防治规划》《山东省2013—2020年大气污染防治规划一期行动计划2013—2015年》《浙江省大气污染防治"十三五"规划》等。

③ 《国务院关于印发大气污染防治行动计划的通知》(国发〔2013〕37号)。

2015年修订的《大气污染防治法》将原法中"未达到大气环境质量标准的大气污染防治重点城市人民政府应当制定限期达标规划"要求扩大了适用范围，规定"未达到国家大气环境质量标准城市的人民政府应当及时编制大气环境质量限期达标规划，采取措施，按照国务院或者省级人民政府规定的期限达到大气环境质量标准"。并对限期达标规划制定的程序和公众参与、信息公开、备案、执行情况的报告和公开、规划的评估与修订等作出了规定，要求在规划编制过程中应征求有关方面意见，规划应向社会公开，每年报告规划执行情况，适时进行评估、修订。

党的十九大以后，中央经济工作会议、中央财经委员会第一次会议、全国生态环境保护大会先后强调，打好打胜污染防治攻坚战，坚决打赢蓝天保卫战是重中之重，要求制定打赢蓝天保卫战3年行动计划，确保3年取得更大成效。2018年6月27日国务院印发的《打赢蓝天保卫战三年行动计划》确定了未来3年的大气污染防治目标的具体指标，计划到2020年，二氧化硫、氮氧化物排放总量分别比2015年下降15％以上；PM2.5未达标地级及以上城市浓度比2015年下降18％以上，地级及以上城市空气质量优良天数比率达到80％，重度及以上污染天数比率比2015年下降25％以上。要求以京津冀及周边地区、长三角地区、汾渭平原等区域为重点①，持续实施大气污染防治行动，综合运用经济、法律、技术和必要的行政手段，大力调整优化产业结构、能源结构、运输结构和用地结构，强化区域联防联控，狠抓秋冬季污染防治，统筹兼顾、系统谋划、精准施策，坚决打赢蓝天保卫战，实现环境效益、经济效益和社会效益的多赢。

二、大气污染防治标准制度

1973年我国环境保护事业伊始，我国就开始了大气污染防治标准建设，发展到现在，我国已经制定了国家环境空气质量标准和75项大气污染物排放标准，控制项目达到120项，总体而言，我国大气排放标准中控制的污染物项目数量和严格程度与主要发达国家和地区相当。② 大气污染防治标准制度的建立和发展，提高了我国大气污染防治工作的科学性、统筹性、有效性。

20世纪70年代，我国制定了《工业"三废"排放试行标准》(1973年)、《工业企

---

① 重点区域根据具体情况，就大气污染防治有关行动制定了专门的计划。例如，2017年8月，环境保护部、国家发展和改革委员会、工业和信息化部、公安部、财政部、住房城乡建设部、交通运输部、工商总局、质检总局、能源局、北京市人民政府、天津市人民政府、河北省人民政府、山西省人民政府、山东省人民政府、河南省人民政府联合印发通知(环大气〔2017〕110号)，发布了《京津冀及周边地区2017—2018年秋冬季大气污染综合治理攻坚行动方案》。生态环境部网站，http://www.mep.gov.cn/gkml/hbb/bwj/201708/t20170824_420330.htm。

② 《环保部：我国两级五类环保标准体系已形成》，央视网2017年5月23日，http://news.cctv.com/2017/05/23/ARTIBqZsYBXjAQ2LLs4raWkS170523.shtml。

业设计卫生标准》(1979 年),规定了十三类有害物质的排放标准,要求在设计工业企业时,积极采用行之有效的先进技术,将粉尘、毒物及其他有害因素和“废水、废气、废渣”等,消除在生产过程中,使其少产生或不产生;对于生产过程中尚不能完全消除的部分,亦应采取必要的综合预防、治理措施,使工业企业设计符合本标准的有关规定。1982 年 4 月 6 日国务院环境保护领导小组颁布大气环境质量标准(GB 3095-1982),该标准规定的污染物项目有总悬浮微粒、飘尘、二氧化硫、氮氧化物、一氧化碳、光化学氧化剂等共 6 项。

《大气污染防治法》(1987 年)明确了大气污染防治的标准在大气污染防治中的基础性地位,明确了大气环境质量标准的概念,规定了大气污染防治的标准的主要种类、分级、制定机关、制定依据等,建立了我国大气环境标准制度。根据《大气污染防治法》(1987 年)的规定,大气污染防治的标准主要有大气环境质量标准、大气污染物排放标准等两类;分为国家标准和地方标准等两级。大气污染物排放标准应当根据国家大气环境质量标准和国家经济、技术条件制定。这一原则一直是我国制定大气污染物排放标准的原则。①

《大气污染防治法》(2000 年)作出了地方人民政府对大气质量负责,并使大气环境质量达标的原则规定。该法第 3 条第 2 款规定:地方各级人民政府对本辖区的大气环境质量负责,制定规划,采取措施,使本辖区的大气环境质量达到规定的标准。这对于加强大气污染防治具有重要的意义。

《大气污染防治法》(2000 年)确立了“禁止超标排放污染物”的原则,规定“向大气排放污染物的,其污染物排放浓度不得超过国家和地方规定的排放标准”,并明确了相应的法律责任,规定违法向大气超标排放污染物的,应当限期治理,并处以罚款。

《大气污染防治行动计划》(2013 年)要求加快制(修)订重点行业排放标准以及汽车燃料消耗量标准、油品标准、供热计量标准等,完善行业污染防治技术政策和清洁生产评价指标体系。

《大气污染防治法》(2015 年)对大气环境质量和污染物排放标准的制定原则和依据、程序、评估和修订以及信息公开、制定中的公众参与等作出了规定。明确制定大气环境质量标准的原则和依据,要求制定大气环境质量标准,应当以保障公众健康和保护生态环境为宗旨,与经济社会发展相适应,做到科学合理。

根据大气污染防治立法的要求,我国对《大气环境质量标准》(GB 3095-1982)进行了一次补充、三次修订。1988 年,作为《大气环境质量标准》(GB 3095-1982)

---

① 《大气污染防治法》(1987 年)对大气质量标准制定未作出原则依据的规定。直到 2015 修改的《大气污染防治法》第 8 条作出了有关的规定:制定大气环境质量标准,应当以保障公众健康和保护生态环境为宗旨,与经济社会发展相适应,做到科学合理。

的补充，我国制定了《保护农作物的大气污染物最高允许浓度》(GB 9137-88)[①]，规定了二氧化硫、氟化物在保护蔬菜、果树、桑茶、牧草以及具有重要经济价值的作物时的最高允许浓度值。1996 年，我国对大气环境质量标准进行了第一次修订，发布《环境空气质量标准》(GB 3095-1996)，对标准的名称进行了修改，调整了分区和分级的有关内容，补充和调整了污染物项目、取值时间和浓度限值。[②] 2000 年，原国家环境保护总局发布《〈环境空气质量标准〉(GB 3095-1996)修改单》(环发〔2000〕1 号)[③]，对大气环境质量标准进行了第二次修订，取消了氮氧化物指标，提高了二氧化氮、臭氧的部分浓度限值。[④] 2012 年 2 月，我国对大气环境质量标准进行了第三次修订[⑤]，发布《环境空气质量标准》(GB 3095-2012)[⑥]，该标准在不同地区分阶段实施，自 2016 年 1 月 1 日起在全国实施。《环境空气质量标准》(GB 3095-2012)规定了环境空气功能区分类、标准分级、污染物项目、平均时间及浓度限值、监测方法、数据统计的有效性规定及实施与监督等内容，更加突出保护公众健康的首要目标，强调空气质量监测和评价规范及标准在执行中的法律效力。

机动车船在使用过程中，会向环境排放氮氧化物、二氧化硫、一氧化碳、铅化物等污染物，《大气污染防治法》(1987 年)原则规定了机动车船应达标排放，要求机动车船向大气排放污染物不得超过规定的排放标准，对超过规定的排放标准的机动车船，应当采取治理措施；污染物排放超过国家规定的排放标准的汽车，不得制造、销售或者进口。近年来，我国不断提高了机动车污染物排放标准，并允许地方提前执行标准中相应阶段排放限值。2013 年 9 月 17 日，原环境保护部和国家质

① 《保护农作物的大气污染物最高允许浓度》(GB 9137-88)，被《环境空气质量标准》[GB 3095-2012)的实施所废止(自 2016 年 1 月 1 日起废止)]。生态环境部网站，http://kjs.mep.gov.cn/hjbhbz/bzwb/dqhjbh/dqhjzlbz/198810/t19881001_67590.htm。

② 《环境空气质量标准》(GB 3095-1996)，自 1996 年 10 月 1 日起实施(同时代替 1982 年发布的《大气环境质量标准》(GB 3095-1982))。GB 3095-1996 标准将环境空气质量功能区分为三类，环境空气质量标准分为三级，规定了二氧化硫、总悬浮物、可吸入颗粒物(PM10)、氮氧化物、二氧化氮、一氧化碳、臭氧、铅、苯并[a]芘、氟化物等 10 项污染物的浓度限值。

③ 《关于发布〈环境空气质量标准〉(GB 3095-1996)修改单的通知》(环发〔2000〕1 号)，衡南县环境保护局网站，http://www.hengnan.gov.cn/hbj/zcfg/hbbz/a3fa4c44-ad7a-4a03-a59e-536c1b770721.shtml。

④ 《环境空气质量标准》(GB 3095-1996)、《〈环境空气质量标准〉(GB 3095-1996)修改单》(环发〔2000〕1 号)，被《环境空气质量标准》(GB 3095-2012)的实施所废止(自 2016 年 1 月 1 日起废止)。生态环境部网站，http://kjs.mep.gov.cn/hjbhbz/bzwb/dqhjbh/dqhjzlbz/201203/t20120302_224165.htm。

⑤ 自《环境空气质量标准》(GB 3095-2012)实施之日起，《环境空气质量标准》(GB 3095-1996)、《〈环境空气质量标准〉(GB 3095-1996)修改单》(环发〔2000〕1 号)和《保护农作物的大气污染物最高允许浓度》(GB 9137-88)废止。

⑥ 《环境空气质量标准》(GB 3095-2012)，生态环境部网站，http://kjs.mep.gov.cn/hjbhbz/bzwb/dqhjbh/dqhjzlbz/201203/t20120302_224165.shtml。

量监督检验检疫总局联合发布《轻型汽车污染物排放限值及测量方法(中国第五阶段)》(GB 18352.5-2013,简称“国五标准”)[①];2016 年 12 月 17 日,原环境保护部和国家质量监督检验检疫总局联合发布《轻型汽车污染物排放限值及测量方法(中国第六阶段)》(GB 18352.6-2016,简称“国六标准”)[②],代替 GB 18352.5-2013)。该标准自发布之日起生效,可依据该标准进行新车型式核准。根据《大气污染防治法》(2015 年)的规定:省、自治区、直辖市人民政府可以在条件具备的地区,提前执行国家机动车大气污染物排放标准中相应阶段排放限值。

三、产品质量标准中的大气污染防治限制制度

为贯彻落实环境保护的经济发展与环境保护相协调、预防为主原则,减少或者避免,产品使用过程中污染物的产生和排放,以减轻或者消除对公众健康和环境的危害,我国大气污染防治立法建立了有关在产品标准及其生产过程中的大气污染防治限制制度,明确了产品的环境责任。

《大气污染防治法》(1987 年)规定,国务院有关主管部门应当根据国家规定的锅炉烟尘排放标准,在锅炉产品质量标准中规定相应的要求,达不到规定要求的锅炉,不得制造、销售或者进口。传统的锅炉产品质量标准主要是规定锅炉压力、温度、水质等产品性能、安全等要求,《大气污染防治法》(1987 年)首次提出产品质量标准中要规定环境保护要求,对于防治大气污染具有十分重要的意义。

《大气污染防治法》(1995 年、2000 年)增加了对煤炭产品标准及其生产过程中的大气污染防治限制,规定新建的所采煤炭属于高硫分、高灰分的煤矿,必须建设配套的煤炭洗选设施,使煤炭中的含硫份、含灰分达到规定的标准;禁止开采含放射性和砷等有毒有害物质超过规定标准的煤炭;限期实现燃用固硫型煤或者其他清洁燃料,逐步替代直接燃用原煤。

《大气污染防治法》(2015 年)体现新发展理念,坚持源头防治、标本兼治,增加了多项产品及其生产过程中的大气污染防治限制。主要规定有:(1)在对严重污染

① 关于发布国家环保标准《轻型汽车污染物排放限值及测量方法(中国第五阶段)》的公告(环境保护部公告 2013 年第 37 号)。该标准替代《轻型汽车污染物排放限值及测量方法(中国第Ⅲ、Ⅳ阶段)》(GB 18352.3-2005),自发布之日起生效,可依据本标准进行新车型式核准;自 2018 年 1 月 1 日起,所有销售和注册登记的轻型汽车应符合本标准要求。http://www.zhb.gov.cn/gkml/hbb/bgg/201309/t20130917_260326.htm。

② 关于发布国家污染物排放标准《轻型汽车污染物排放限值及测量方法(中国第六阶段)》的公告(环境保护部公告 2016 年第 79 号),轻型汽车污染物排放限值及测量方法(中国第六阶段)GB 18352.6-2016 代替 GB 18352.5-2013),自发布之日起生效,可依据该标准进行新车型式检验;自 2020 年 7 月 1 日起,所有销售和注册登记的轻型汽车应符合该标准要求。http://www.zhb.gov.cn/gkml/hbb/bgg/201612/t20161223_369497.htm。

大气环境的工艺、设备实行淘汰制度的基础上，增加了对严重污染大气环境的产品实行淘汰，规定国家对严重污染大气环境的工艺、设备和产品实行淘汰制度。(2)制定燃煤、石油焦、生物质燃料、涂料等含挥发性有机物的产品、烟花爆竹以及锅炉等产品的质量标准，应当明确大气环境保护要求。(3)制定燃油质量标准，应当符合国家大气污染物控制要求，并与国家机动车船、非道路移动机械大气污染物排放标准相互衔接，同步实施。(4)对煤炭的开采、销售、进口、使用等作出全过程的关于大气污染防治标准要求，增加规定从事煤层气开采利用的，煤层气排放应当符合有关标准规范；禁止销售不符合民用散煤质量标准的煤炭；禁止进口、销售和燃用不符合质量标准的煤炭、石油焦等。(5)生产、进口、销售和使用含挥发性有机物的原材料和产品的，其挥发性有机物含量应当符合质量标准或者要求。(6)内河和江海直达船舶应当使用符合标准的普通柴油。(7)发动机油、氮氧化物还原剂、燃料和润滑油添加剂以及其他添加剂的有害物质含量和其他大气环境保护指标，应当符合有关标准的要求等。

《大气污染防治法》还规定了对消耗臭氧层物质的控制。《大气污染防治法》(1987年)制定后，我国加入了《保护臭氧层维也纳公约》和《关于消耗臭氧层物质的蒙特利尔议定书》[①]，为履行国家义务，《大气污染防治法》(2000年)对生产、使用和进口消耗臭氧层物质作出了限制，规定国家鼓励、支持消耗臭氧层物质替代品的生产和使用，逐步减少消耗臭氧层物质的产量，直至停止消耗臭氧层物质的生产和使用；在国家规定的期限内，生产、进口消耗臭氧层物质的单位必须按照国务院有关行政主管部门核定的配额进行生产、进口。2010年国务院制定了《消耗臭氧层物质管理条例》[②]，目前，除特殊用途外，我国已淘汰受控用途的哈龙、全氯氟烃、四氯化碳、甲基氯仿和甲基溴等消耗臭氧层物质的生产和使用，正在逐步削减受控用途的含氢氯氟烃的生产和使用。[③]

四、大气污染物总量控制制度

1987年制定、1995年修订的《大气污染防治法》是以污染物排放浓度达标为基础的。然而到20世纪末，我国许多人口和工业集中的地区，由于大气质量已经很差，即使污染源实现浓度达标排放，也不能控制大气质量的继续恶化，推行总量控

---

① 我国于1989年9月11日加入《保护臭氧层维也纳公约》(并于1989年12月10日生效)，于1991年6月14日加入《关于消耗臭氧层物质的蒙特利尔议定书》。

② 《消耗臭氧层物质管理条例》2010年3月24日国务院第104次常务会议通过，自2010年6月1日起施行。中国政府网，http://www.gov.cn/zwgk/2010-04/16/content_1583769.htm。

③ 《关于生产和使用消耗臭氧层物质建设项目管理有关工作的通知》(环境保护部文件环大气〔2018〕5号)，生态环境部网，http://www.zhb.gov.cn/gkml/hbb/bwj/201801/t20180126_430333.htm。

制势在必行。国务院批准的《国家环境保护“九五”计划和2010年远景目标》中提出的对全国12项主要污染物实行总量控制方案[①]，一些地方也已开始采取措施推行污染物排放的总量控制。

2000年修订的《大气污染防治法》建立了主要大气污染物排放总量控制制度，规定国务院和省、自治区、直辖市人民政府对尚未达到规定的大气环境质量标准的区域和国务院批准划定的酸雨控制区、二氧化硫污染控制区，可以划定为主要大气污染物排放总量控制区。大气污染物总量控制区内有关地方人民政府依照国务院规定[②]的条件和程序，按照公开、公平、公正的原则，核定企业事业单位的主要大气污染物排放总量，核发主要大气污染物排放许可证；要求有大气污染物总量控制任务的企业事业单位，必须按照核定的主要大气污染物排放总量和许可证规定的排放条件排放污染物。

《大气污染防治法》(2015年)将重点大气污染物排放总量控制制度的适用范围从主要大气污染物排放总量控制区扩大到全国，规定国家对重点大气污染物排放实行总量控制；向大气排放污染物的，应当遵守重点大气污染物排放总量控制要求。而且，省级人民政府可以确定地方实行总量控制的其他污染物[③]。该法还明确了超过总量控制指标的地区和排放行为的责任。规定：对于对超过国家重点大气污染物排放总量控制指标的地区，约谈该地区人民政府的主要负责人，并暂停审批该地区新增重点大气污染物排放总量的建设项目环境影响评价文件；对超过重点大气污染物排放总量控制指标排放大气污染物的，予以处罚。

根据《“十三五”生态环境保护规划》[④]，全国总量控制的重点大气污染物为二氧化硫、氮氧化物，约束性控制指标为到2020年累计应减少15%；作为区域性污染物排放总量控制的大气污染物为重点地区重点行业挥发性有机物，预期性控制指标为到2020年累计应减少10%。

《大气污染防治法》(2015年)还规定逐步推行重点大气污染物排污权交易，旨在进一步发挥市场机制推进大气污染物减排和环境保护。排污权交易制度是我国

---

① 1996年由国务院批准的《国家环境保护“九五”计划和2010年远景目标》中提出的对全国12项主要污染物实行总量控制方案。主要内容有：控制12项主要污染物(烟尘、工业粉尘、二氧化硫、化学耗氧量、石油类、氰化物、砷、汞、铅、镉、六价铬、工业固体废物)的排放；以1995年为目标基准，将主要污染物排放总量分解下达到各省、自治区、直辖市；同时下达到各工业部门，实施行业总量控制；分阶段削减和检查考核制度。1997年原国家环境保护总局发布了《“九五”期间全国主要污染物排放总量控制实施方案(试行)》(环控〔1997〕383号)。

② 《大气污染防治法》(2000年)规定，主要大气污染物排放总量控制的具体办法由国务院规定。

③ 《大气污染防治法》第21条第4款：省、自治区、直辖市人民政府可以根据本行政区域大气污染防治的需要，对国家重点大气污染物之外的其他大气污染物排放实行总量控制。

④ 《国务院关于印发“十三五”生态环境保护规划的通知》(国发〔2016〕65号)，中国政府网，http://www.gov.cn/zhengce/content/2016-12/05/content_5143290.htm。

环境资源领域一项重大的、基础性的机制创新和制度改革，也是生态文明制度建设的重要内容。我国从2007年开始推进排污权有偿使用和交易试点，已有十多个省份作为国家级试点单位，一些省份也自行选择部分市（县）开展试点。2014年8月，国务院办公厅印发《关于进一步推进排污权有偿使用和交易试点工作的指导意见》①，提出到2015年年底前试点地区全面完成现有排污单位排污权核定，到2017年底基本建立排污权有偿使用和交易制度，为全面推行排污权有偿使用和交易制度奠定基础。2015年修订的《大气污染防治法》对大气污染物排污权交易作出的原则规定，是适应大气污染防治工作要求的，将对更好地发挥大气污染物总量控制制度作用，在全社会树立环境资源有价的理念，促进经济社会协调持续发展产生积极作用。

五、大气污染监测与大气环境质量状况公报、预报制度

大气污染监测与大气环境质量状况公报、预报是大气污染防治监督管理工作的重要组成，通过对大气中的主要污染物进行定期的或连续的监测，在大量数据基础上评价大气环境质量现状及其发展趋势，为大气污染防治监督管理提供信息。大气污染监测与大气环境质量状况公报、预报制度，在推进环境管理转型、提升公众环境意识、推动环境质量改善等方面具有重要作用。1987年制定的《大气污染防治法》规定了建立大气污染监测制度；该法2000年修订时适应大气环境质量保护的有关要求，规定了大气环境质量状况公报和大气质量预报制度。

《大气污染防治法》(1987年)规定，国务院环境保护部门应当建立大气污染监测制度，组织监测网络，制定统一的监测方法。2013年国务院发布的《大气污染防治行动计划》提出加大环境监测等能力建设力度，达到标准化建设要求。该计划要求建设城市站、背景站、区域站统一布局的国家空气质量监测网络，加强监测数据质量管理，客观反映空气质量状况；加强重点污染源在线监控体系建设，推进环境卫星应用；建设国家、省、市三级机动车排污监管平台；到2015年，地级及以上城市全部建成细颗粒物监测点和国家直管的监测点。

《大气污染防治法》(2000年)第23条建立了定期发布大气环境质量状况公报和逐步开展大气环境质量工作的制度，规定大、中城市人民政府环境保护行政主管部门应当定期发布大气环境质量状况公报，并逐步开展大气环境质量预报工作；并明确了大气环境质量状况公报的主要内容，应当包括城市大气环境污染特征、主要污染物的种类及污染危害程度等。该规定推动了我国大气质量的信息公开和科学预测，对于及时采取措施改善大气环境质量，保障公众健康，发挥了重要作用。

---

① 《国务院办公厅关于进一步推进排污权有偿使用和交易试点工作的指导意见》(国办发〔2014〕38号)。

根据《大气污染防治法》和《大气污染防治行动计划》的规定，原环境保护部发布了《全国环境空气质量预报预警实施方案》（环办函〔2015〕330号），对开展大气环境质量预报工作作出了部署，要求发布各省（自治区、直辖市）、省会城市和计划单列市环境空气质量预报预警信息。目前，我国已经建立了全国空气质量预报信息发布系统[①]，各省市也先后制定了环境空气质量预报预警实施方案，逐步建立了空气质量预报信息发布系统。

六、区域大气污染防治制度

大气具有流动性强的特点，大气污染往往呈现区域性特征，需要进行区域大气污染防治，应当从区域环境整体出发，充分考虑区域的环境特征，对影响大气质量的多种因素进行综合系统分析，综合并优化运用各种防治大气污染的技术对策、方法和措施，以期达到区域大气环境质量控制目标。为此，我国《大气污染防治法》不断加强了区域大区污染防治的制度建设，《大气污染防治法》1995年的修订，规定了酸雨控制区和二氧化硫污染控制区、主要大气污染物排放总量控制区；2000年的修订，规定了大气污染防治重点城市；2015年的修订，规定了大气污染防治重点区域。已建立了制定和实施大气污染防治重点城市、酸雨控制区和二氧化硫污染控制区、大气污染防治重点区域等多种区域大气污染防治的法律规范体系。

划定酸雨控制区和二氧化硫污染控制区（简称“两控区”）的目的是控制我国日益严重的酸雨污染和二氧化硫污染。根据《大气污染防治法》（1995年）第27条的规定，酸雨控制区和二氧化硫污染控制区是国务院环境保护主管部门会同国务院有关部门，根据气象、地形、土壤等自然条件，对已经产生、可能产生酸雨的地区或者其他二氧化硫污染严重的地区，经国务院批准后，划定的酸雨控制区或者二氧化硫污染控制区。根据《大气污染防治法》（1995年）有关划定“两控区”的规定，原国家环境保护总局会同有关部门制定了“两控区”划分方案及控制目标和措施，并于1998年1月由国务院批复下发《酸雨控制区和二氧化硫污染控制区划分方案》[②]。“两控区”包括全国省、自治区、直辖市的175个城市地区，总面积为109万平方公里，占国土面积的11.4%，其二氧化硫排放量约占全国排放总量的60%。

大气污染防治重点城市是指国务院按照城市总体规划、环境保护规划目标城市大气环境质量状况所划定的大气污染防治重点城市。根据《大气污染防治法》

---

① 全国空气质量预报信息发布系统网址为http://106.37.208.228:8082/。该系统分为全国及重点区域空气质量形势预报、省域空气质量形势预报、城市空气质量预报等子系统。城市空气质量预报时间分为24小时、48小时、72小时预报；发布内容包括空气质量指数范围、空气质量等级、首要污染物等预报信息。

② 关于印发《酸雨控制区和二氧化硫污染控制区划分方案》的通知（国家环境保护总局文件环发〔1998〕86号），http://www.zhb.gov.cn/gkml/zj/wj/200910/t20091022_172231.htm。

(2000年)第17条第2款的规定,直辖市、省会城市、沿海开放城市和重点旅游城市应当列入大气污染防治重点城市。未达到大气环境质量标准的大气污染防治重点城市,应当按照国务院或者国务院环境保护行政主管部门规定的期限,达到大气环境质量标准。该城市人民政府应当制定限期达标规划,并可以根据国务院的授权或者规定,采取更加严格的措施,按期实现达标规划。2002年12月,经国务院批准,原国家环境保护总局印发《大气污染防治重点城市划定方案》①,划定了113个大气污染防治重点城市,其中43个属于直辖市、省会城市、沿海开放城市和重点旅游城市;其他70个城市划定是通过对全国有大气环境质量监测数据的338个城市综合经济能力及环境污染现状的分析和有关省级人民政府同意2005年大气环境质量达标的承诺,重点选择经济特区城市、《酸雨和二氧化硫污染防治"十五"计划》中要求2005年达标的地级城市、目前大气环境质量超标但有望在2005年达标的城市和一些急需加强保护的文化、旅游城市。13个大气污染防治重点城市中,在划定时,有39个城市的大气环境质量已经达到国家环境大气质量标准,有74个城市尚未达到标准。

大气污染防治重点区域是实施更严格的大气污染防治措施的区域。我国在大气污染防治领域,依据地理特征、社会经济发展水平、大气污染程度、城市空间分布以及大气染物在区域内的输送规律,将规划区域划分为重点控制区和一般控制区,实施差异化的控制要求,制定有针对性的污染防治策略。对重点控制区,实施更严格的环境准入条件,执行重点行业污染物特别排放限值,采取更有力的污染治理措施②。日益严重的区域性、复合型大气污染表明仅从行政区划的角度考虑单个城市大气污染防治的管理模式已经难以有效解决当前愈加严重的大气污染问题,在"两控区"、主要大气污染物排放总量控制区等区域大气污染防治的基础上,2012年9月27日,国务院批复了《重点区域大气污染防治"十二五"规划》③。《大气污染防治法》(2015年)设专章对"重点区域大气污染联合防治"作出了规定,要求国务院环境保护主管部门根据主体功能区划、区域大气环境质量状况和大气污染传输扩散规律,划定国家大气污染防治重点区域,建立重点区域大气污染联防联控机制,统筹协调重点区域内大气污染防治工作。

---

① 关于印发《大气污染防治重点城市划定方案》的通知(国家环境保护总局文件环发〔2002〕164号)。

② 《重点区域大气污染防治"十二五"规划》,生态环境部网站,http://www.zhb.gov.cn/gkml/hbb/bwj/201212/t20121205_243271.htm。

③ 关于印发《重点区域大气污染防治"十二五"规划》的通知(环境保护部、国家发展和改革委员会、财政部文件环发〔2012〕130号)。《重点区域大气污染防治"十二五"规划》是我国第一部综合性大气污染防治的规划,规划了13个大气污染防治重点区域。生态环境部网站,http://www.zhb.gov.cn/gkml/hbb/bwj/201212/t20121205_243271.htm。

《大气污染防治法》(2015 年)对大气污染重点区域的管理体制上进行了改革，规定国家建立重点区域大气污染联防联控机制，统筹协调重点区域内大气污染防治工作。国家大气污染防治重点区域由国务院环境保护主管部门划定，报国务院批准。重点区域内，有关省级人民政府应当确定牵头的地方人民政府，定期召开联席会议，按照统一规划、统一标准、统一监测、统一的防治措施的要求，开展大气污染联合防治，落实大气污染防治目标责任。国务院环境保护主管部门和国家大气污染防治重点区域内有关省级人民政府可以组织有关部门开展联合执法、跨区域执法、交叉执法等。重点区域大气污染联防联控机制以共识、共治、共赢为基础，落实“协商统筹、责任共担、信息共享、联防联控”的区域协作机制，在推动区域大气污染防治整体进步，在区域经济、社会、环境协调发展中正发挥出越来越重要的作用。

2018 年 7 月，为推动完善京津冀及周边地区大气污染联防联控协作机制，经党中央、国务院同意，将京津冀及周边地区大气污染防治协作小组①调整为京津冀及周边地区大气污染防治领导小组(以下简称领导小组)，由国务院领导担任组长。国务院办公厅印发了通知②，明确了该领导小组的组成、主要职责、工作机构、工作规则等有关事项。其主要职责为：贯彻落实党中央、国务院关于京津冀及周边地区(以下称区域)大气污染防治的方针政策和决策部署；组织推进区域大气污染联防联控工作，统筹研究解决区域大气环境突出问题；研究确定区域大气环境质量改善目标和重点任务，指导、督促、监督有关部门和地方落实，组织实施考评奖惩；组织制定有利于区域大气环境质量改善的重大政策措施，研究审议区域大气污染防治相关规划等文件；研究确定区域重污染天气应急联动相关政策措施，组织实施重污染天气联合应对工作等。2014 年，我国在长三角地区探索建立区域大气污染联防联控机制。2014 年 4 月 21 日，长三角区域大气污染防治协作小组办公室会议在江苏省南京市召开，“三省一市”和国家八部委③开始建立长三角区域大气污染联防联控机制，以全面落实《大气污染防治行动计划》(2013 年)。通过该机制，制定并落实了长三角区域大气污染防治联合行动计划、年度工作重点，聚焦能源、产业、交通、建设、农业、生活等领域，加快推进重点治理工作，并积极在预测预报、应急联动、重大科研合作等方面协作。

---

① 京津冀及周边地区大气污染防治协作小组成立于 2013 年 10 月。依据“大气十条”的规定，小组成员主要包括京津冀及周边地区的省级政府和国务院有关部门。

② 《国务院办公厅关于成立京津冀及周边地区大气污染防治领导小组的通知》(国办发〔2018〕54 号)，中国政府网，http://www.gov.cn/zhengce/content/2018-07/11/content_5305678.htm。

③ “三省一市”为上海市、江苏省、浙江省、安徽省，“八部委”为国家发展改革委、工业和信息化部、财政部、环境保护部、住房城乡建设部、交通运输部、中国气象局、国家能源局。《三省一市和国家八部委会商长三角区域大气污染防治联合行动计划、年度工作重点和青奥会环境质量保障工作》，生态环境部网站，http://www.zhb.gov.cn/hjzli/dqwrfz/qylflk/201605/t20160525_346154.shtml。

七、建设项目环境影响评价制度和“三同时”制度

建设项目环境影响评价制度和“三同时”制度是贯彻预防为主原则、落实污染者责任的重要制度。

《大气污染防治法》(1987 年)规定,新建、扩建、改建向大气排放污染物的项目,必须遵守国家有关建设项目环境保护管理的规定;建设项目投入生产或者使用之前,其大气污染防治设施必须经过环境保护部门检验,达不到国家有关建设项目环境保护管理规定的要求的建设项目,不得投入生产或者使用;拆除或者闲置污染物处理设施的,应当征得所在地的环境保护部门同意;对建设项目的大气污染防治设施没有建成或者没有达到国家有关建设项目环境保护管理规定的要求,投入生产或者使用的,责令停止生产或者使用,可以并处罚款。《大气污染防治法实施细则》(1991 年)规定,建设项目中大气污染防治所需资金、材料和设备,应当与主体工程统筹安排,并细化了大气污染防治设施验收的条件、对违反建设项目环境保护管理规定的要求的罚款额度等。

八、大气污染物排放许可证制度

《大气污染防治法》(2000 年)建立了基于大气污染物排放的排放许可证制度,规定大气污染物总量控制区内有关地方人民政府依照国务院规定的条件和程序,按照公开、公平、公正的原则,核定企业事业单位的主要大气污染物排放总量,核发主要大气污染物排放许可证;有大气污染物总量控制任务的企业事业单位,必须按照核定的主要大气污染物排放总量和许可证规定的排放条件排放污染物。我国大气污染防治领域,开始有限地实施排放许可证制度。

《环境保护法》(2014 年)第 45 条规定国家依照法律规定实行排污许可管理制度。据此,在《大气污染防治法》(2000 年)规定的总量控制排污许可这种特殊的排污许可管理的基础上,2015 年修改的《大气污染防治法》建立一般的排污许可证制度,规定排放工业废气或者有毒有害大气污染物名录[①]中所列有毒有害大气污染物的企业事业单位、集中供热设施的燃煤热源生产运营单位以及其他依法实行排污许可管理的单位,应当取得排污许可证。排污许可的具体办法和实施步骤由国务院规定。

2016 年 11 月,国务院办公厅印发《控制污染物排放许可制实施方案》的通

① 《大气污染防治法》(2015 年)第 78 条第 1 款规定:国务院环境保护主管部门应当会同国务院卫生行政部门,根据大气污染物对公众健康和生态环境的危害和影响程度,公布有毒有害大气污染物名录,实行风险管理。

知[1]，明确我国排污许可证制度是综合的控制污染物排放许可证制度。该实施方案确立了“到2020年，完成覆盖所有固定污染源的排污许可证核发工作，全国排污许可证管理信息平台有效运转”的目标任务；原则要求排污许可制衔接环境影响评价管理制度，融合总量控制制度，为排污收费、环境统计、排污权交易等工作提供统一的污染物排放数据；明确实行“一企一证”的原则，向企事业单位核发排污许可证，作为生产运营期排污行为的唯一行政许可，并明确其排污行为依法应当遵守的环境管理要求和承担的法律责任义务。

九、排污收费制度与环境保护税制度

1987年制定的《大气污染防治法》建立了超标排污收费制度。规定向大气排放污染物的单位，超过规定的排放标准的，应当采取有效措施进行治理，并按照国家规定缴纳超标准排污费。征收的超标准排污费必须用于污染防治。

《大气污染防治法》(2000年)改革超标收费，建立排污收费制度，[2]规定国家实行按照向大气排放污染物的种类和数量征收排污费的制度。此外，明确根据加强大气污染防治的要求和国家的经济、技术条件合理制定排污费的征收标准；征收的排污费一律上缴财政，按照国务院的规定用于大气污染防治，不得挪作他用，并由审计机关依法实施审计监督。

《大气污染防治法》(2015年)根据修改的《环境保护法》[3]和制定的《环境保护税法》[4]的有关规定，取消了排污收费制度；《环境保护税法》(2016年)建立了排放大气污染物缴纳环境保护税制度。根据《环境保护税法》的规定，直接向环境排放应税污染物的企业事业单位和其他生产经营者应当依法缴纳环境保护税，该法所附《环境保护税税目税额表》《应税污染物和当量值表》规定了应税的大气污染物，包括二氧化硫、氮氧化物等44种，税额为每污染当量1.2元至12元。

十、重污染天气应对制度

2013年以后，我国不同地区出现了长时间、大范围、高浓度的重污染天气，造成了不利社会影响。重污染天气成为全社会最关注、也是最迫切希望解决的环境

---

① 《国务院办公厅关于印发控制污染物排放许可制实施方案的通知》(国办发〔2016〕81号)，中国政府网，http://www.gov.cn/zhengce/content/2016-11/21/content_5135510.htm。

② 这是继水污染防治法和海洋环境保护法陆地水体和海洋环境保护法之后，我国又在单行环境法中规定排污收费制度。

③ 《中华人民共和国环境保护法》(2014年)第43条第2款规定：依照法律规定征收环境保护税的，不再征收排污费。

④ 《中华人民共和国环境保护税法》由第十二届全国人大第二十五次会议于2016年12月25日通过，自2018年1月1日起施行。

问题之一，特别是在秋冬季，重污染天气应对是大气污染防治工作的重中之重。①《大气污染防治行动计划》提出经过5年努力，全国空气质量总体改善，重污染天气大幅度减少，京津冀、长三角、珠三角等区域空气质量明显好转。2013年11月。原环境保护部印发《关于加强重污染天气应急管理工作的指导意见》，要求采取强有力的应急管理措施，减缓重污染程度，保护公众身体健康。该指导意见要求将重污染天气应急响应纳入地方政府突发事件应急管理体系，实行政府主要负责人负责制；规定地方各级人民政府要通过完善体制、健全机制，加强能力建设，形成政府组织实施、有关部门和单位具体落实、全民共同参与的重污染天气应急管理体系；并从加强组织领导，强化应急准备，做好预警和响应，依法信息公开和加强舆论引导，以及严格责任追究等五方面对重污染天气应急管理工作进行了规定。目前，我国许多省市已经制定和完善了重污染天气应急预案。

《大气污染防治法》(2015年)设专章对"重污染天气应对"作出了规定，要求建立重污染天气监测预警体系，建立重点区域重污染天气监测预警机制，统一预警分级标准。2017年7月，原环境保护部印发《重污染天气预警分级标准和应急减排措施修订工作方案》②，规定重污染天气预警分级标准统一采用空气质量指数(AQI)指标，AQI日均值按连续24小时(可以跨自然日)均值计算；根据不同地区环境空气质量状况、大气污染和气候气象特征，不同地区可根据当地实际情况采用更严格的预警启动条件。

第三节　面向未来的大气污染防治法律制度

党的十九大回顾和总结了党和国家事业的历史性变革和历史性成就，作出了中国特色社会主义进入了新时代、我国社会主要矛盾发生转化等重大政治判断，深刻阐述新时代中国共产党的历史使命，确定新时代的奋斗目标和战略安排，对新时代推进中国特色社会主义伟大事业和党的建设新的伟大工程作出全面部署。当前，我国全面深化改革已进入新阶段，改革的复杂性、敏感性、艰巨性更加突出。新时代大气污染防治法律制度正在改革、创新和完善，从制度的基本原理和原则、目标和策略到其功能、内容、实施机制、程序等正全面深化发展。

① 《关于加强重污染天气应急管理工作的指导意见》(环境保护部办公厅文件环办〔2013〕106号)，生态环境部网站，http://www.zhb.gov.cn/gkml/hbb/bgt/201401/t20140123_266836.htm。

② 《关于印发〈重污染天气预警分级标准和应急减排措施修订工作方案〉的通知》(环境保护部环大气〔2017〕86号)。

一、从行政管制型向国家治理型发展

“推进国家治理体系和治理能力现代化”是我国进一步改革开放的目标，深化“放管服”改革[①]是党中央、国务院重要决策部署，是当前和今后一段时期生态环境部门必须做好的重要工作。2017年的政府工作报告中，李克强总理再次强调要持续推进政府职能转变，深化简政放权，放管结合，优化服务改革。2018年6月28日，国务院召开全国深化“放管服”改革转变政府职能电视电话会议。国务院总理李克强发表重要讲话，提出了未来5年深化“放管服”改革的新目标、新要求：一是以简政放权，放出活力和动力；二是以创新监管，管出公平和秩序；三是以优化服务，服出便利和品质。国务院办公厅发布《关于成立国务院推进政府职能转变和“放管服”改革协调小组的通知》（国办发〔2018〕65号）[②]，强调贯彻落实党的十九大和十九届二中、三中全会精神，深入推进简政放权、放管结合、优化服务改革，加快政府职能深刻转变。

在新形势下，大气污染防治单纯地依靠政府为主的行政管制并不足够，要达至良治的效果，需要转变思路，大气污染防治法律制度正从行政管制型转变为国家治理型。2018年8月28日，生态环境部部长李干杰主持召开生态环境部常务会议，审议并原则通过《关于生态环境领域进一步深化“放管服”改革推动经济高质量发展的指导意见》。会议要求，以加快审批制度改革、加强生态环境监管执法、优化生态环境公共服务、推进生态环保产业发展、创新生态环境经济政策为重点，深化生态环境领域“放管服”改革，推动生态环境治理体系和治理能力现代化，激发发展活力和动力，支撑经济高质量发展和生态环境高水平保护，为打好污染防治攻坚战、实现经济社会持续健康发展提供坚强保障。[③]

为适应推进国家治理体系和治理能力现代化的要求，大气污染防治法律制度在政府职能方面，落实政府大气环境质量责任，加强权力的规范，对政府在环境保护规划和计划、环境质量、污染总体控制、清洁生产、环境许可、环境监测、环境信息公开等方面的责任和权力不断加强规范，并细化了法律责任条款。同时，注重各方的主动性、积极性、参与性，规范和督促排污者履行责任，促进环保产业发展，便利公民和社会组织参与和监督环境保护。大气污染防治法律制度模式应从单一的“命令—控制”模式向多种机制协同控制模式发展。

---

① 放管服，是简政放权、放管结合、优化服务的简称。

② 《国务院办公厅关于成立国务院推进政府职能转变和“放管服”改革协调小组的通知》（国办发〔2018〕65号），http://www.gov.cn/zhengce/content/2018-07/25/content_5309035.htm。

③ 《生态环境部常务会审议并原则通过〈关于生态环境领域进一步深化“放管服”改革推动经济高质量发展的指导意见〉等》，https://baijiahao.baidu.com/s?id=1610060047642778088&wfr=spider&for=pc。

二、从污染治理型向发展模式、产业结构转变型发展

生态环境问题，归根到底是经济发展方式问题。防治大气污染需要对生产过程和产品持续运用整体预防的环境保护战略，在污染前采取积极的防治对策，实行生产和产品生命周期全过程控制，将污染预防上溯到源头和扩展到发展规划、生产过程、消费环节及相关服务活动，彻底改变过去被动、滞后的污染防治策略。将环境与发展有机地结合起来，综合考虑并追求最佳的经济、社会和环境效益的统一。2015 年修订的《大气污染防治法》原则要求，防治大气污染应当以改善大气环境质量为目标，坚持源头治理，规划先行，转变经济发展方式，优化产业结构和布局，调整能源结构。①

根据这一原则，大气污染防治法律制度将"末端控制"战略下的预防为主发展为源头治理战略下的预防为主，从单一项目的控制推进到对行业、生产技术、设备、产品的控制，将大气污染防治要求转化为对行业、企业生产的具体法律要求。要求明确禁止和限制发展的行业、生产工艺和产业目录；修订完善高耗能、高污染和资源型行业准入条件，环境空气质量未达标城市应制定更严格的产业准入门槛；积极推行区域、规划环境影响评价，新、改、扩建钢铁、石化、化工、焦化、建材、有色等项目的环境影响评价，应满足区域、规划环评要求；修改和完善原料、能源和产品设计、生产、销售、使用及回收利用、循环利用、再利用的大气环境保护要求与标准；对达不到大气环境保护要求和标准的，应采取限制和禁止措施。

《国务院关于印发打赢蓝天保卫战三年行动计划的通知》②规定了调整优化产业结构、能源结构，推进产业绿色发展、构建清洁低碳高效能源体系方面的具体要求，包括优化产业布局，严控"两高"行业产能，强化"散乱污"企业综合整治，深化工业污染治理，大力培育绿色环保产业，重点区域继续实施煤炭消费总量控制，有效推进北方地区清洁取暖，开展燃煤锅炉综合整治，提高能源利用效率，加快发展清洁能源和新能源等方面。

三、从单项治理、点源控制向综合防治、协同防治型发展

大气环境是由各个区域和各种环境因素而成的整体，各个区域和各种环境因素、不是孤立存在的，其中任何一部分都是环境整体的一部分，并且与其他区域和因素有着密不可分的联系，同时，大气环境还具有流动性强的特点，使这种联系更加紧密。因而应当对大气环境及其污染进行综合考虑，实施整体、综合大气环境保

---

① 《中华人民共和国大气污染防治法》(2015 年)第 2 条第 1 款。

② 《国务院关于印发打赢蓝天保卫战三年行动计划的通知》(国发〔2018〕22 号)，生态环境部网，http://www.gov.cn/zhengce/content/2018-07/03/content_5303158.htm。

护和管理。大气污染防治的实践表明只靠单项治理、点源控制措施解决不了区域性的大气污染问题;只有从整个区域大气污染状况出发,并综合运用各种防治措施、协同防治才可能有效地防治大气污染,实现大气环境质量保护目标。2015 年修订的《大气污染防治法》原则要求,加强对燃煤、工业、机动车船、扬尘、农业等大气污染的综合防治,推行区域大气污染联合防治,对颗粒物、二氧化硫、氮氧化物、挥发性有机物、氨等大气污染物和温室气体实施协同控制。[①]

根据这一原则,大气污染防治法律制度规定了生态保护红线、环境质量底线、资源利用上线、环境准入清单编制等方面的要求,并将大气污染防治应从单项污染物的点源控制转变为区域综合防治,从重浓度控制转变为浓度控制与总量控制相结合,从以污染物的末端治理为重点转变为实行预防原则和全过程防治,推行清洁生产;实行整体保护与重点保护相结合,既加强综合性、一体化的环境保护,又针对实际问题,对重点区域、重点因素进行特殊法律保护,以按照持续性原则要求充分保护环境的整体性、连续性。

在 2018 年 5 月召开的全国生态环境保护大会上,习近平总书记强调,坚决打赢蓝天保卫战是重中之重,还老百姓蓝天白云、繁星闪烁。新时代我国大气污染防治法律制度正不断创新,正在深化发展。

① 《中华人民共和国大气污染防治法》(2015 年)第 2 条第 2 款。

第三章

水污染防治法律制度的变迁

实行改革开放的40年，是我国经济高速发展的40年，也是我国环境保护事业蓬勃发展的40年，水污染防治的法律制度也随着经济、社会和环境保护的发展而发展。迄今，水污染防治的法规体系已经建立，一系列的制度已经在防治水污染中发挥重要作用，成为我国环境法治建设的重要内容。本章通过回顾改革开放40年水污染防治法制建设的发展历程，对若干防治水污染的管理制度的变迁进行分析，以期对我国环境法治建设有所裨益。

第一节　水污染防治法律制度的建立

如果从1973年的《关于保护和改善环境的若干规定（试行草案）》算起，我国水污染防治的制度建设至今走过了45年的历程，比1978年开始实行的改革开放还早了5年。下面按照时间线索，对体现水污染防治法律制度的主要法律、法规及政策文件进行一个简略的回顾。

一、起步（1973—1978）

我国的环境保护工作起步于水污染的防治。1971年，北京市官厅水库发生了大面积死鱼情况，沿岸居民因吃了水库有异味的鱼，出现恶心、呕吐等症状。这一事件引起了各方面的极大关注，北京市成立“三废”办公室、中科院成立了课题组，全面展开了官厅水库污染调查。调查结果表明，官厅水库水质恶化是水库上游工业废水排放造成的。当时的国家计委、建委向国务院提交了《关于官厅水库污染情况和解决意见的报告》，该报告得到了中央的重视，要求各地尽快组织力量，对关系人民群众身体健康的水源和城市空气污染问题进行检查，作出规划，认真治理。1972年，成立了由北京市、天津市、山西省有关负责同志组成，由原国家计委、燃化部、冶金部、轻工部、卫生部、农林部、中科院派人参加的“官厅水库水源保护领导小组”，开始了中国第一个流域水污染的治理，由此拉开了中国环境保护工作的序幕。[①]《关于官厅水库污染情况和解决意见的报告》提出了“三同时”原则，即“新建、扩建工厂的工厂建设和‘三废’综合利用工程要同时设计，同时建设，同时投产”。这是官厅水库水源保护工作对中国环境法律制度建设的一大贡献。[②]

1973年8月5日至20日，第一次全国环境保护会议在北京召开。会后，国务院批转了原国家计委《关于全国环境保护会议情况的报告》及其附件《关于保护和改善环境的若干规定（试行草案）》。《关于保护和改善环境的若干规定（试行草案）》提出了“全面规划，合理布局，综合利用，化害为利，依靠群众，大家动手，保护环境，造福人民”的32字环境保护工作方针。要求做好全面规划，国民经济计划要把生产和环境保护的要求统一起来，统筹兼顾，全面安排；各地要制定保护和改善环境的规划，排放有毒废水的企业，不得设立在水源上游。要求国家环境保护部门会同卫生等部门，拟定和修订污染物排放标准，工业“三废”排出物不超过国家颁发的排放标准。对污染特别严重的单位和产品，在没有有效的解决办法以前，可以暂时停产。一切新建、扩建和改建的企业，防治污染项目，必须和主体工程同时设计，同时施工，同时投产。同时要求，全国主要江河湖泊，都要设立以流域为单位的环境保护管理机构。跨越行政区域的水系，管理机构由各有关地区联合组成。

1973年，第一次全国环境保护会议筹备小组办公室主持制定了《工业“三废”排放试行标准》（1974年1月1日起试行）。该标准对工业污染源排出的废气、废水和废渣的容许排放量、排放浓度等作出了规定。总则部分要求各地区根据本标准原则制定地区性工业“三废”排放标准。废水排放标准对工业废水的排放，提出了不同的要求。对饮用水水源和风景游览区的水质要求严禁污染；对渔业和农业用水，要求保证动植物的生长条件，使动植物体内的有害物质残毒量不得超过食用标准；对工业水源，要求不得影响生产用水。工业废水最高容许排放浓度分为两类

① 王景华：《“官厅水库污染调查”开启环境保护研究之门》，http://www.igsnrr.ac.cn/sq70/hyhg/kyjl/201007/t20100702_2891323.html，最后访问时间：2010年7月2日。

② 《国家计委、国家建委关于官厅水库水污染情况和解决意见的报告》，湖南省黔阳地区卫生防疫站编：《环境保护资料汇编》，1976年，第4～5页。转引自徐轶杰：《新中国环境保护区域协作的先导：官厅水库水源保护工作初探（1972～1975）》，载《第十五届国史学术年会论文集》，2017年。

19项有害物质指标：第一类包括能在环境或动物体内蓄积、对人体健康产生长远影响的汞、镉、六价铬、砷、铅5种有害物质，规定了比较严格的指标；第二类包括长远影响较小的14项有害物质指标。

1974年1月30日，国务院颁布了《防止沿海水域污染暂行规定》，主要目的在于防止沿海水域被油类或油性混合物，以及其他有害物质污染，确保沿海水域和港口的清洁安全。

这一时期，水污染防治工作引起了中央政府的重视，但由于缺乏系统性制度建设，还有许多问题未能解决。如污染治理缺乏有效的财政资金安排，治理污染的计划受到资金来源不足的掣肘；"三同时"、环境标准制度缺乏强有力的立法保障和有效的处罚措施，未执行"三同时"制度的现象普遍，形成了"一边治理一边污染"局面。①

二、法制化，制度体系形成（1978—1991）

1978年12月，十一届三中全会决定把党和国家的工作重点转移到社会主义现代化建设上来，全面实行改革开放。这一转折推动了中国社会各界突破思想藩篱，创造性地建立了具有中国特色的社会主义市场经济体系，极大地调动了亿万群众的积极性，包括环境保护在内的各项事业开创了蓬勃发展的良好局面。水污染防治进入到法制阶段，制定了一系列水环境管理的制度。

1978年3月5日，第五届全国人民代表大会第一次会议通过了经重新修订的《中华人民共和国宪法》，第11条明确规定："国家保护环境和自然资源，防治污染和其他公害。"这是新中国成立以来第一次在宪法中对环境保护作出规定，为我国环境保护法制建设奠定了基础。

1979年9月13日，第五届全国人民代表大会常务委员会第十一次会议通过了《中华人民共和国环境保护法（试行）》，标志着环境保护工作进入法制阶段。该法规定，一切新建、改建和扩建工程，必须提出对环境影响的报告书，其中防治污染和其他公害的设施，必须与主体工程同时设计、同时施工、同时投产（第6条）。对于建立在城镇生活居住区、水源保护区、名胜古迹、风景游览区、温泉、疗养区和自然保护区的污染环境的企业事业单位，实行限期治理、调整或者搬迁（第17条）；企业废水排放必须遵守国家规定的标准，一时达不到国家标准的要限期治理；逾期达不到国家标准的，要限制企业的生产规模。超过国家规定的标准排放污染物，要按照排放污染物的数量和浓度，根据规定收取排污费（第18条）。排放污水必须符合

① 万里：《造福人类的一项战略任务：论中国的环境保护和城市规划》，中国环境科学出版社1992年版，第72页。转引自徐轶杰：《新中国环境保护区域协作的先导：官厅水库水源保护工作初探（1972～1975）》，载《第十五届国史学术年会论文集》，2017年。

国家规定的标准(第20条)。

1981年2月24日,国务院发布了《关于在国民经济调整时期加强环境保护工作的决定》,要求在国民经济调整时期,根据中央关于在经济上实行进一步的调整、在政治上实现进一步的安定的重大方针,结合经济调整的各项政策措施,认真贯彻执行《中华人民共和国环境保护法(试行)》。要求严格执行"三同时"制度和环境影响报告书制度,对超过国家标准排放污染物的工厂企业要征收排污费。同时要求,各级环境保护部门和统计部门要做好环境统计工作,逐步实行统计监督;环境保护部门要抓紧各级环境监测站的建设,形成全国环境监测网络,并在一部分地区和城市试行环境监测报告制度,定期提出环境质量报告书。

为了进一步消除污染,保护环境,促进生产,提高经济效益,把三废治理、综合利用和技术改造有机地结合起来进行,1983年2月6日,国务院发布了《关于结合技术改造防治工业污染的几项规定》(国发〔1983〕20号)。这是我国有关清洁生产、循环经济、污染集中协作处理的雏形。1983年12月31日,在第二次全国环境保护会议召开,时任国务院副总理李鹏在会上庄重宣布:保护环境是我国必须长期坚持的一项基本国策。

1984年5月8日,《国务院关于环境保护工作的决定》(国发〔1984〕64号)发布,进一步明确保护和改善生活环境和生态环境,防治污染和自然环境破坏,是我国社会主义现代化建设中的一项基本国策。重点是加强机构建设,成立国务院环境保护委员会,各级政府和部门都要求建立环境保护管理机构,大中型企业和有关事业单位,也应根据需要设置环境保护机构或指定专人做环境保护工作。

1984年5月21日,第六届全国人民代表大会常务委员会第五次会议通过《中华人民共和国水污染防治法》,是我国第一部水污染防治的专门法律。该法规定了水污染防治的基本管理制度,包括划定重要用水保护区制度,水环境标准制度,环境影响报告制度,排污申报登记制度,排污费与超标排污费制度,限期治理制度,以及强制应急措施和现场检查制度。至此,水污染防治的基本制度得以建立。

1988年,国家环境保护局发布《水污染物排放许可证管理暂行办法》(〔88〕环水字第111号),排污许可证制度被引入。1989年7月12日,国务院批准了国家环境保护局制定的《水污染防治法实施细则》,进一步规定了总量控制和排污许可证制度。

1989年,第三次全国环境保护会议上提出"三大环境政策"(预防为主、谁污染谁治理和强化环境管理)和"八项管理制度"(环境影响评价制度、"三同时"制度、排污收费制度、环境保护目标责任制、城市环境综合整治定量考核、排污许可证制度、污染集中控制制度、污染限期治理制度),把不同的管理目标、不同的控制层面和不同的操作方式组成为一个比较完整的环境管理体系。这些环境管理制度在我国水污染防治领域一直沿用至今。1989年12月26日,第七届全国人民代表大会常务委员会第十一次会议通过《中华人民共和国环境保护法》，将上述制度法定化。同时规定，地方各级人民政府应当对本辖区的环境质量负责，采取措施改善环境质量（第16条）。

1990年12月5日，国务院发布了《关于进一步加强环境保护工作的决定》（国发〔1990〕65号），重申环境保护是一项基本国策，要求在改革开放中进一步搞好环境保护工作。建立环境保护目标责任制度和考核制度。将保护环境作为考核企业升级和评选先进文明单位的必备条件之一；环境保护目标的完成情况作为评定政府工作成绩的依据之一，并向同级人民代表大会和上一级政府报告。逐步推行污染物排放总量控制和排污许可证制度。建立环境状况报告制度，省级以上政府环境保护部门必须定期发布环境状况公报。

三、流域管理、集中整治——制度发展时期（1992—2004）

1995年8月8日，国务院颁布了《淮河流域水污染防治暂行条例》，建立淮河流域水资源保护领导小组（第4条），要求河南、安徽、江苏、山东四省人民政府各对本省淮河流域水环境质量负责，必须采取措施确保本省淮河流域水污染防治目标的实现（第5条）。该条例规定，对淮河流域实行水污染物排放总量控制制度（第9条）和排污许可证制度（第14条）。淮河流域水资源保护局负责监测四省省界水质，并将监测结果及时报领导小组（第16条）。并规定自1988年1月1日起，禁止一切工业企业向淮河流域水体超标排放水污染物（第18条）。工业企业仍然超标排污的，由有关县级以上人民政府责令关闭或者停业（第30条）。

1996年5月15日，第八届全国人民代表大会常务委员会第十九次会议对《中华人民共和国水污染防治法》进行了修正，实现了水污染防治工作的第一次战略转向——加强水污染防治的流域管理。这次修订规定的新制度包括：防治水污染应当按流域或者按区域进行统一规划（第10条）；在环境影响报告书中，应当有该建设项目所在地单位和居民的意见（第13条）；确定该重要江河流域的省界水体适用的水环境质量标准（第17条），并对流域省界水体的水环境质量状况进行监测（第18条）；对严重污染水环境的落后生产工艺和严重污染水环境的落后设备实行淘汰制度（第22条）。

1996年8月3日，国务院颁发《关于环境保护若干问题的决定》（国发〔1996〕31号），进一步要求加强流域水污染防治工作。对实现水污染物达标排放仍不能达到国家规定的水环境质量标准的水体，应依法实施重点污染物排放的总量控制制度和核定制度。重点治理淮河、海河、辽河和太湖、巢湖、滇池的水污染。

2000年3月20日，中华人民共和国国务院令第284号颁布了《中华人民共和国水污染防治法实施细则》。对实现水污染物达标排放仍不能达到国家规定的水环境质量标准的水体，实施重点污染物排放总量控制制度和排污许可证制度（第6

条至第11条)。并要求城市建设管理部门应当根据城市总体规划,组织编制城市排水和污水处理专业规划,按照规划的要求组织建设城市污水集中处理设施(第14条)。

2000年11月7日,国务发布发《关于加强城市供水节水和水污染防治工作的通知》(国发〔2000〕36号)。要求"十五"期间,所有设市城市都要制定改善水质的计划,建设污水处理设施,实施跨地区河流水质达标管理制度,要使工业企业由主要污染物达标排放转向全面达标排放。

2004年12月28日,国务院办公厅发布了《关于加强淮河流域水污染防治工作的通知》(国办发〔2004〕93号)。指出由于存在经济增长方式粗放,治污体制和机制不顺,污水处理设施建设滞后,水资源开发利用过度等问题,淮河治污尚未达到预期目标,人民群众还不满意。为此,要求对排放水污染物超标的企业一律实行停产整治;沿淮四省所有城镇污水处理单位全部改制成独立企业法人,实行市场化运营。实行排污总量控制和许可证制度,完成所有排污单位和城镇污水处理厂排污许可证的发放工作,自2006年起实行持证排污。落实领导责任制。淮河治污的主要责任在地方人民政府,沿淮各地要切实加强对淮河治污工作的领导,坚持一把手亲自抓、负总责。上游省份排污对下游省份造成污染事故的,上游省级人民政府应当承担赔付补偿责任。

四、转变观念,制度深入发展时期(2005—2012)

2005年12月3日,《国务院关于落实科学发展观加强环境保护的决定》(国发〔2005〕39号)发布,首次提出倡导生态文明,加快构建社会主义和谐社会,把环境保护摆在更加重要的战略位置,经济社会发展必须与环境保护相协调。要求积极推进经济结构调整和经济增长方式的根本性转变,切实改变"先污染后治理、边治理边破坏"的状况。这标志着环境保护理念迈上了新台阶。该《决定》还要求,地方人民政府主要领导和有关部门主要负责人是本行政区域和本系统环境保护的第一责任人,实行评优创先活动环保一票否决;各地应按照环境容量分别选择实行环境优先、重点开发和保护优先的发展方向。

2008年2月28日,第十届全国人民代表大会常务委员会第三十二次会议再次修订《中华人民共和国水污染防治法》。着重突出了"强化地方政府水污染防治的责任、完善水污染防治的管理制度体系、拓展水污染防治工作的范围、突出饮用水水源保护、强化环保部门的执法权限和对环境违法行为的处罚力度"等内容。首次在法律中规定了水环境生态保护补偿机制(第7条)、超标排污违法(第9条)、

"区域限批"(第18条)[①]等制度。

2011年8月24日,国务院颁布《太湖流域管理条例》,规定太湖流域实行流域管理与行政区域管理相结合的管理体制(第4条),实行重点水污染物排放总量控制制度(第25条),制定并执行水污染物特别排放限值(第27条)。

2011年10月17日,国务院颁布《关于加强环境保护重点工作的意见》(国发〔2011〕35号),要求加快推动经济发展方式转变,提高生态文明建设水平;编制环境功能区划,在重要生态功能区、陆地和海洋生态环境敏感区、脆弱区等区域划定生态红线,对各类主体功能区分别制定相应的环境标准和环境政策;制定生态文明建设的目标指标体系,纳入地方各级人民政府绩效考核,考核结果作为领导班子和领导干部综合考核评价的重要内容,作为干部选拔任用、管理监督的重要依据,实行环境保护一票否决制。对未完成目标任务考核的地方实施区域限批,暂停审批该地区除民生工程、节能减排、生态环境保护和基础设施建设以外的项目,并追究有关领导责任。

2012年1月12日,为贯彻落实中央水利工作会议和《中共中央国务院关于加快水利改革发展的决定》(中发〔2011〕1号)的要求,国务院发布了《关于实行最严格水资源管理制度的意见》(国发〔2012〕3号),要求进一步完善流域管理与行政区域管理相结合的水资源管理体制,切实加强流域水资源的统一规划、统一管理和统一调度;建立水资源管理责任和考核制度;提出三条控制红线:水资源开发利用控制红线、用水效率控制红线、水功能区限制纳污红线。

五、建设生态文明,水环境质量目标管理(2013—2018)

2012年11月十八大报告将生态文明建设放在突出地位,融入经济建设、政治建设、文化建设、社会建设各方面和全过程。2016年4月,时任环境保护部部长陈吉宁在全国水环境综合整治现场会上的讲话,明确提出了"以改善水环境质量为核心"的号召,在战略上从抓主要污染物减排向抓环境质量转变。[②]

2015年4月2日,国务院印发了《水污染防治行动计划》(国发〔2015〕17号),强调实行环境质量目标管理。要求明确各类水体水质保护目标,逐一排查达标状况。未达到水质目标要求的地区要制定达标方案,将治污任务逐一落实到汇水范围内的排污单位,明确防治措施及达标时限,方案报上一级人民政府备案。对水质不达标的区域实施挂牌督办,必要时采取区域限批等措施。《水污染防治行动计

---

① 《水污染防治法》第18条第4款:对超过重点水污染物排放总量控制指标的地区,有关人民政府环境保护主管部门应当暂停审批新增重点水污染物排放总量的建设项目的环境影响评价文件。

② 全国水环境综合整治现场会在浦江召开,http://www.jhnews.com.cn/2016/0421/633469.shtml,最后访问时间:2018年7月3日。

划》不再停留在减排量、排放标准等旧手段上，而直接将河流等水体的改善程度作为考核标准，标志着以环境质量和环境效果为核心的环保时代的到来。[①]

2017 年 6 月 27 日，第十二届全国人民代表大会常务委员会第二十八次会议再次修订《中华人民共和国水污染防治法》，将以上政策法定化。该法第 17 条规定，有关市、县级人民政府应当按照水污染防治规划确定的水环境质量改善目标的要求，制定限期达标规划，采取措施按期达标。限期达标规划应当报上一级人民政府备案，并向社会公开。第 18 条规定，市、县级人民政府每年在向本级人民代表大会或者其常务委员会报告环境状况和环境保护目标完成情况时，应当报告水环境质量限期达标规划执行情况，并向社会公开。第 20 条规定，对未完成水环境质量改善目标的地区，省级以上人民政府环境保护主管部门应当会同有关部门约谈该地区人民政府的主要负责人，并暂停审批新增重点水污染物排放总量的建设项目的环境影响评价文件，约谈情况应当向社会公开。同时规定建立河长制（第 5 条）。

第二节　水污染防治主要法律制度及其变迁

污染防治法一般表现为管制法的特征，有关的制度多以行政管理制度为核心来建构，水污染防治法也不例外。综观国内外水污染防治法的管理制度，无外乎规划、标准、监测、环境影响评价、许可、排污收费、事故应急、流域协作等等。下面结合我国现行法规政策的规定，就与水污染防治联系紧密的几个主要管理制度的发展变化进行简要分析。

一、水污染防治规划制度

改革开放政策的核心是从计划经济向市场经济过渡。但无论是计划经济还是市场经济，计划都是必不可少的。我国有计划经济的传统，一直坚持制定国民经济和社会发展的五年计划，在水污染防治中也都有计划手段的运用。

《关于保护和改善环境的若干规定（试行草案）》（1973 年）就提出做好全面规划，要求国民经济计划要把生产和环境保护的要求统一起来，统筹兼顾，全面安排；各地要制定保护和改善环境的规划，排放有毒废水的企业，不得设立在水源上游。1975 年 5 月，国务院环境保护领导小组印发了《关于环境保护的 10 年规划意见》，要求各地区、各部门把环境保护纳入长远规划和年度计划中去，作为国民经济计划的一个组成部分，改变环境保护纳不进计划、排不上队的状况。1976 年 5 月，国家

① 马新萍：《解读“水十条”：为何以改善水环境质量为核心？》，载《中国环境报》2015 年 4 月 26 日，http://env.people.com.cn/n/2015/0426/c1010-26905026.html，最后访问时间：2018 年 7 月 3 日。

计委和国务院环境保护领导小组联合发布《关于编制环境保护长远规划的通知》，明确要求从1977年起，切实把环境保护纳入国民经济的长远规划和年度计划。[①]《环境保护法(试行)》(1979年)在第5条中规定，国务院和所属各部门、地方各级人民政府在制定发展国民经济计划的时候，必须对环境的保护和改善统筹安排，并认真组织实施；对已经造成的环境污染和其他公害，必须作出规划，有计划有步骤地加以解决。《国务院关于在国民经济调整时期加强环境保护工作的决定》(1981年)明确提出"加强国家对环境保护的计划指导"，要求"各级人民政府在制订国民经济和社会发展计划、规划时，必须把保护环境和自然资源作为综合平衡的重要内容，把环境保护的目标、要求和措施，切实纳入计划和规划，加强计划管理。工交、农林、科研、卫生等企事业单位及其主管部门，都要制订具体的环境保护目标和指标，在年度计划中作出安排"。

然而，尽管政策法规早就提出将环境保护纳入国民经济发展计划，但一直未能付诸实践。有关规划的规定一直停留在理念或号召层面，水污染防治工作的规划保障是欠缺的。官厅水库水污染防治的资金短缺问题就是集中表现。

水污染防治真正纳入规划开始于"六五"计划期间。1982年12月，环境保护作为一个独立篇章首次纳入《国民经济和社会发展第六个五年计划(1981—1985)》。该计划提出的环境保护具体要求是：建设项目必须提出对环境影响的报告书，经环保部门和其他有关部门审查批准后才能建设；新建工程防止污染的设施，必须与主体工程同时设计、同时施工、同时投入运行；分期分批地抓好老企业污染的治理，"三废"排放要符合国家规定的标准；控制长江、黄河、松花江、淮河、渤海、黄海等主要江(河)段、主要港湾水质恶化的趋势，保护好各城市的主要饮用水源和漓江、滇池、西湖、太湖等风景游览区水域的水质。

1984年《水污染防治法》明确规定，国务院有关部门和地方各级人民政府，必须将水环境保护工作纳入计划，采取防治水污染的对策和措施(第3条)。《国务院关于环境保护工作的决定》(1984年)要求，环境保护部门为建设监测系统、科研院所和学校以及环境保护示范工程所需要的基本建设投资，按计划管理体制，分别纳入中央和地方的投资计划。各级环境保护部门需要的科技三项费用和环境保护事业费，要根据需要和可能，适当予以增加。这一时期的规划以保障环境保护组织机构建设和基本事业投资为主，很难说是水污染防治型的规划。

《国民经济和社会发展第七个五年计划(1986—1990)》期间，环境保护计划的编制工作全面展开。"七五"环境保护计划的主要目标、基本任务和一些可量化的指标作为一个独立篇章纳入了国民经济和社会总体规划。该计划突出城市环境综

---

① 张连辉、赵凌云：《1953—2013年间中国环境保护政策的历史演变》，载《中国经济史研究》2007年第4期。

合整治和工业污染防治工作，强调不同地区和行业要有针对性地提出各自的环保目标，确定 51 个环境保护重点城市，并提出 19 项城市污染控制和生态保护及相关计划指标。《水污染防治法实施细则》(1989 年) 第 2 条规定，国务院有关部门和地方各级人民政府，应当将水环境保护工作纳入国民经济和社会发展计划。各级人民政府的经济建设部门，应当根据同级人民政府提出的水环境保护的要求，把水污染防治工作纳入本部门生产建设计划。同时规定，建设项目中水污染防治所需资金、材料和设备，应当与主体工程统筹安排(第 3 条)。《国务院关于进一步加强环境保护工作的决定》(1990 年)要求，地方各级人民政府根据国家制定的环境保护目标和当地的实际情况，制定本地区的环境保护目标和实施措施，并在年度计划中予以落实。同时要求国务院各有关部门要做好国民经济和社会发展计划中环境保护方面的综合平衡工作，制定有利于环境保护的经济、技术政策及能源政策；加强宏观指导，根据经济发展水平，逐步增加环境保护投入，使环境保护工作同经济建设和社会发展相协调。原有环境保护资金渠道应根据新情况予以落实，并应抓好对重点污染项目的治理和重点环境保护示范工程的建设。强调企业治理污染、开展综合利用的资金，有关部门应优先给予保证。可以说，这一阶段的计划基本属于水污染防治型规划。

《淮河流域水污染防治暂行条例》(1995 年)的颁布，标志着水污染防治从点源治理向点源与区域、流域治理并重的重大转变。水污染防治按流域规划提上了制度层面。该暂行条例规定，国务院环境保护行政主管部门会同国务院计划部门、水行政主管部门商四省人民政府，根据淮河流域水污染防治目标，拟订淮河流域水污染防治规划和排污总量控制计划，经由领导小组报国务院批准后执行(第 10 条)。淮河流域县级以上地方人民政府，根据上级人民政府制定的淮河流域水污染防治规划和排污总量控制计划，组织制定本行政区域内淮河流域水污染防治规划和排污总量控制计划，并纳入本行政区域的国民经济和社会发展中长期规划和年度计划(第 11 条)。随后，《水污染防治法》(1996 年)首次提出，防治水污染应当按流域或者按区域进行统一规划(第 10 条)。《国务院关于环境保护若干问题的决定》(1996 年)进一步强调要加强流域水污染防治工作，对实现水污染物达标排放仍不能达到国家规定的水环境质量标准的水体，应依法实施重点污染物排放的总量控制制度和核定制度。《太湖流域管理条例》(2011 年)也规定，太湖流域实行流域管理与行政区域管理相结合的管理体制(第 4 条)。2015 年，国务院颁发《水污染防治行动计划》，要求深化重点流域污染防治，编制实施七大重点流域水污染防治规划。

2008 年修订的《水污染防治法》将水污染防治标准和规划单独设章(第二章)，进一步凸显规划制度对水污染防治的重要性。2017 年再次修订的《水污染防治法》保留了单独设章的规定，同时增加了限期达标规划的内容，即有关市、县级人民政府应当按照水污染防治规划确定的水环境质量改善目标的要求，制定限期达标规划，采取措施按期达标(第17条)，增强了规划的约束性。

回顾水污染防治规划制度的发展过程，可以看出，水污染防治规划制度经历了由基本建设规划向污染治理型规划转变、由宏观指导性的规划向可分解、可操作、可考核的约束型规划发展的过程；实现了由具体项目规划、行政区域规划向与流域规划相结合的转变。从现实情况来看，规划对改善环境质量的定位还不够突出，规划制度实施的监督管理与约束机制还不够健全，评估考核机制还有待完善。①

二、水环境标准制度

(一)水环境质量标准

《地表水环境质量标准》自1983年首次颁布，经历了1988年、1999年和2002年三次修订。

《地表水环境质量标准》(GB 3838-83)将水质分为良好、较好、尚可3级，1988年修订后的标准按水域功能分为5类，实现了从单纯水质达标到水域按功能类别达标的转变。现行版本为GB 3838-2002，共有指标109项，其中基本项目24项，集中式生活饮用水地表水源地项目85项。基本项目指标适用于全国江河、湖泊、运河、渠道、水库等具有实用功能的地表水水域，依据环境功能和保护目标，水域功能从高到低划分为五类(Ⅰ～Ⅴ)，标准限值根据水体功能制订，五类水域分别执行五个标准限值，且水域功能类别高的标准严于水域功能类别低的标准值。集中式生活饮用水地表水源地项目适用于Ⅱ类水域和Ⅲ类水域中的集中式生活饮用水地表水源地一级保护区和二级保护区，标准限值依据人体健康标准制定，执行一个标准限值。

对比现行标准和以前的标准，标准限值的调整并非一味严格化。85项水源地项目中除四氯化碳变严外，其他项目标准限值均放宽[与《生活饮用水卫生规范(卫法监发〔2001〕161)号》接轨]。24个基本项目标准限制的修订过程本着Ⅰ、Ⅱ、Ⅲ类水域从严，其余放宽的原则，少数几项指标变严，总体呈放宽趋势，如除铅(Ⅱ类)、高锰酸钾指数(Ⅲ类)、氨氮(Ⅰ类)标准值加严外，与生活污水密切相关的氮、磷、大肠杆菌的标准限值均放宽。②

关于水环境质量标准的制定权限，历次颁布的《水污染防治法》均规定，国务院环境保护部门制定国家水环境质量标准，省、自治区、直辖市人民政府可以对国家

---

① 孙荣庆：《环保五年规划发展历程》，http://gongyi.sina.com.cn/greenlife/2012-08-09/100536596.html，最后访问时间：2018年7月10日。

② 吕占禄、王先良、王菲菲等：《国内外地表水环境质量标准修订工作现状》，载《环境安全与生态学基准/标准国际研讨会论文集》2013年6月1日。

水环境质量标准中未规定的项目，制定地方补充标准，并报国务院环境保护部门备案。值得注意的是，2014 年修订的《环境保护法》对环境质量标准的有关规定有了新的变化。该法赋予省、自治区、直辖市人民政府新的权力，即对国家环境质量标准中已作规定的项目，可以制定严于国家环境质量标准的地方环境质量标准，同时规定"国家鼓励开展环境基准研究"。这意味着，地方政府也可以制定更加严格的水环境质量标准。

关于水环境质量标准的效力，根据《中华人民共和国标准化法》(1989 年)的规定，《地表水环境质量标准》属于强制性标准，具有法律约束力。但是，长期以来，水环境质量标准的约束力大打折扣，基本上属于行政指导计划的性质。

早期，只是实行环境质量监测与报告制度。《国务院关于在国民经济调整时期加强环境保护工作的决定》(1981 年)要求，在一部分地区和城市试行环境监测报告制度，定期提出环境质量报告书。《国务院关于进一步加强环境保护工作的决定》(1990 年)，明确提出建立环境状况报告制度，省级以上政府环境保护部门必须定期发布环境状况公报。《国务院关于落实科学发展观加强环境保护的决定》(2005 年)要求，实行环境质量公告制度，定期公布各省(区、市)有关环境保护指标，发布饮用水水源水质、流域水质、近岸海域水质和生态状况评价等环境信息，并公布环境质量不达标的城市。

后来，实行水环境保护目标责任制和考核评价制度。《环境保护法》(1989 年)、《水污染防治法》(2008 年)明确规定，地方各级人民政府对本辖区的水环境质量负责，采取措施改善环境质量。《水污染防治法》还建立了水环境保护目标责任制和考核评价制度，将水环境保护目标完成情况作为对地方人民政府及其负责人考核评价的内容(第 5 条)。但对于超标后如何处置，语焉不详。

中国共产党第十八次全国代表大会以后，这种状况有所改观。2012 年 11 月十八大报告将生态文明建设放在突出地位，确立了经济建设、政治建设、文化建设、社会建设和生态建设五位一体的战略，加大了对环境保护目标管理的问责力度。2015 年 4 月，国务院发布《水污染防治行动计划》，进一步强调环境质量目标管理。要求明确各类水体水质保护目标，逐一排查达标状况。对水质不达标的区域实施挂牌督办。2015 年 8 月 17 日，中共中央办公厅、国务院办公厅印发《党政领导干部生态环境损害责任追究办法(试行)》，规定党政领导干部生态环境损害责任追究形式有：诫勉、责令公开道歉；组织处理，包括调离岗位、引咎辞职、责令辞职、免职、降职等；党纪政纪处分。从 2015 年起，启动领导干部自然资源资产离任审计。2016 年 12 月 2 日，中共中央办公厅、国务院办公厅又制定了《生态文明建设目标评价考核办法》，将考核结果作为各省、自治区、直辖市党政领导班子和领导干部综合考核评价、干部奖惩任免的重要依据。

以上政策转向在 2017 年修订的《水污染防治法》中被法定化。该法第 17 条规定，有关市、县级人民政府应当按照水污染防治规划确定的水环境质量改善目标的要求，制定限期达标规划，采取措施按期达标。限期达标规划应当报上一级人民政府备案，并向社会公开。第18条进一步规定，市、县级人民政府每年在向本级人民代表大会或者其常务委员会报告环境状况和环境保护目标完成情况时，应当报告水环境质量限期达标规划执行情况，并向社会公开。第20条规定，对未完成水环境质量改善目标的地区，省级以上人民政府环境保护主管部门应当会同有关部门约谈该地区人民政府的主要负责人，并暂停审批新增重点水污染物排放总量的建设项目的环境影响评价文件；约谈情况应当向社会公开。县级以上地方人民政府有关部门应当至少每季度向社会公开一次饮用水安全状况信息（第72条）。

（二）水污染物排放标准

改革开放之前，排放标准只有1973年的《工业“三废”排放试行标准》（GBJ4-73）。该标准采用了统一浓度限值，对工业污染源排出废水中污染物的排放浓度作出了规定。在环境保护立法尚未展开的情况下，这一标准为我国当时刚刚起步的环境保护事业提供了管理和执法依据。

改革开放后的40年，我国的水污染物排放标准体系逐步建立。从发展历程来看，经历了由综合到以行业为重点，再到综合，再逐步形成综合型排放标准和行业型排放标准并行的结构体系。[①] 1979年《境保护法（试行）》明确规定：“国务院环境保护部门根据国家水环境质量标准和国家经济、技术条件，制定国家污染物排放标准。”这奠定了我国的污染物排放标准制订工作的法律依据。1983年至1985年，原国环办组织当时的轻工部、石油部、冶金部、化工部等13个工业部的科研院所环保科技人员先后制订发布了30项行业型水污染物排放标准。行业型污染物排放标准综合采用了浓度指标、绩效指标等控制限值，如单位产品排污负荷、平均排水量等指标。1984年制定的《水污染防治法》，以专章规定了水环境质量标准和污染物排放标准的制定机构、技术依据原则等内容。随后，为了贯彻实施《水污染防治法》，结合GBJ4-73和30项行业污染物排放标准的制定与实施经验，1988年发布了《污水综合排放标准》（GB 8978-88），替代了《工业“三废”排放试行标准》（GBJ4-73）中的废水部分。《污水综合排放标准》（GB 8978-88）实际上是统一排放限值与行业排放限值相结合的标准。1991年12月，原国家环保局在广州召开了环境标准工作座谈会，开始了新阶段行业排放标准和综合排放标准的制修订工作。1992年至1995年间，我国陆续制修订发布了一系列重点行业的污染物排放标准，包括钢铁、肉类加工、纺织染整、合成氨、造纸、磷肥、烧碱及聚氯乙烯、军工业、航天推进

① 周羽化、武雪芳：《中国水污染物排放标准40余年发展思考》，载《化学物质环境风险评估与基准/标准国际学术研讨会论文集》2015年7月1日，http://www.wanfangdata.com.cn/details/detail.do? _type=conference&id=8723469，最后访问时间：2018年6月20日。

器等行业，共11项标准。1996年发布了新修订的《污水综合排放标准》(GB 8978-1996)，在我国的水污染物排放标准体系上具有里程碑式的意义。该标准在1973年我国第一个环保标准《工业“三废”排放试行标准》的基础上，形成了综合排放标准和行业排放标准并行的水污染物排放标准体系。

2007年，原国家环保总局发布了《加强国家污染物排放标准制修订工作的指导意见》(2007年第17号公告)，对国家污染物排放标准体系的设置原则、技术内容要求等作出了详细的规定，我国的污染物排放标准的制修订走向创新提高的阶段。此后，先后制修订发布了42项水污染物排放标准。特别是在2007年太湖蓝藻事件爆发后，更是加强了水污染物排放标准体系的建设和完善，首次在国家污染物排放标准中设置了适用于环境敏感区域的水污染物特别排放限值，加大了对环境敏感地区污染物排放的控制力度，提高了相关行业的环境准入和退出门槛；制定间接排放限值，明确了废水排入公共污水处理系统的预处理要求。

与《地表水环境质量标准》一样，国家制定的水污染物排放标准也是强制标准，对排污者具有法律约束力。但从1979年的《环境保护法(试行)》，到1984年、1996年的《水污染防治法》，只是要求排放污水必须符合国家规定的标准，超标的交纳超标准排污费，并负责治理或限期治理(1989年的《水污染防治法实施细则》规定，超标排放水污染物的，限期治理)。1995年的《淮河流域水污染防治暂行条例》规定，禁止一切工业企业向淮河流域水体超标排放水污染物(第18条)；仍然超标的，由有关县级以上人民政府责令关闭或者停业(第30条)。但从执行情况来看，并不理想。

2000年，我国修订颁布了《中华人民共和国大气污染防治法》，“超标即违法”的思想被法律确认。但对排放水污染物，直到2008年修订的《水污染防治法》颁布，才明确这一理念。该法规定，排放水污染物，不得超过国家或者地方规定的水污染物排放标准和重点水污染物排放总量控制指标(第9条)。

2015年《水污染防治行动计划》要求，所有排污单位必须依法实现全面达标排放。对超标和超总量的企业予以“黄牌”警示，一律限制生产或停产整治；对整治仍不能达到要求且情节严重的企业予以“红牌”处罚，一律停业、关闭。自2016年起，定期公布环保“黄牌”“红牌”企业名单。定期抽查排污单位达标排放情况，结果向社会公布。2017年修订的《水污染防治法》对接2014年修订的《环境保护法》，对超标排污不改正的，实行按日连续处罚(第95条)。

三、总量控制制度

1986年，原国家环境保护委员会颁布《关于防治水污染技术政策的规定》，明确指出：“对流域、区域、城市、地区以及工厂企业污染物的排放要实行总量控制。”这是总量控制第一次出现在国家层面的规范性文件中。

1989年7月12日，国务院批准了国家环境保护局制定的《水污染防治法实施细则》，新建、改建、扩建的企业事业单位污染物排放总量指标，应当根据环境影响报告书确定；已建企业事业单位污染物排放总量指标，应当根据环境质量标准、当地污染物排放现状和经济、技术条件确定。超过国家规定规定的企事业单位污染物排放总量的，应当限期治理。

1995年，《淮河流域水污染防治暂行条例》规定，国家对淮河流域实行水污染物排放总量控制制度(第9条)。第10条至第14条规定了总量控制计划的制定、内容、具体实施的有关问题和超标排污的责任。

1996年修订的《水污染防治法》第16条规定，省级以上人民政府对实现水污染物达标排放仍不能达到国家规定的水环境质量标准的水体，可以实施重点污染物的总量控制制度，并对有排污量削减任务的企业实施该重点污染物排放量的核定制度。具体办法由国务院规定。随后，国务院颁发的《关于环境保护若干问题的决定》(国发〔1996〕31号)，要求建立全国主要污染物排放总量指标体系和定期公布的制度。

结合现有的规定及实际做法，可以将我国水污染物总量控制制度的具体程序归纳如下：(1)国家环境保护部门拟定全国的重要江河流域的水污染物排放总量控制计划和分配方案，报国务院批准。(2)其他水体的排污总量控制计划，由省、自治区、直辖市人民政府环境保护部门会同同级有关部门商有关地方人民政府编制，报省、自治区、直辖市人民政府批准；其中，跨省、自治区、直辖市的水体的总量控制计划，由有关省、自治区、直辖市人民政府协商确定。确定实行排污总量控制的重点污染物名单和适用区域，具体包括：排污总量控制区域、排污总量、排污削减量、削减时限。(3)县级以上地方人民政府，根据上级人民政府制定的排污总量控制计划，组织制定本行政区域内的排污总量控制设施方案。(4)由环境保护行政主管部门商同同级有关行业主管部门，根据排污总量控制计划、建设项目环境影响报告书和排污申报制表，确定被纳入排污总量控制的排污者的排污总量控制指标以及排污总量控制指标的削减量和削减时限要求。(5)由县级以上环境保护部门负责对排污单位和排污行为进行监管，排污单位超过排污总量控制指标排污的，由有关县级以上人民政府责令限期治理。

我国现行的是目标总量控制，即以污染源排放限制为出发点，人为设定一个污染物排污总量及削减量的目标，按照行政区域进行总量控制负荷分配。根据法律规定，该制度的适用对象是实施水污染物浓度控制标准仍不能达标的水体，但实际是按行政区域分配排污总量及削减量指标，具体承担削减排污量任务的企业，是从污染源的可控性入手有选择性地考量确定。只有被确定为实施总量控制任务的企业，才对其核定排污总量控制指标、削减量及削减时限。

由此可见，总量控制制度只是点源浓度控制的一种补充手段。现行制度既没有体现按流域管理水环境的原则，也没有与水体环境质量改善目标挂钩。这正是该制度亟须解决的问题。

四、环境影响评价制度

1978 年 12 月 31 日，在中共中央批转国务院环境保护领导小组《环境保护工作汇报要点》中，首次提出开展环境影响评价工作。1979 年《环境保护法(试行)》将环境影响评价作为制度确定下来，是与“三同时”和排污收费一起最早被确定的环境管理制度之一。1981 年《基本建设项目环境保护管理办法》明确将环境影响评价制度纳入基本建设项目审批程序。此后颁布的《水污染防治法》(1984 年)也规定了环境影响评价制度。1998 年，国务院颁布《建设项目环境保护管理条例》(2017 年修订)，对环境影响评价的内容、程序、基本要求、法律责任等作出了详细规定。1990 年，国务院发布了《关于进一步加强环境保护工作的决定》(国发〔1990〕65 号)，要求在资源开发利用中重视生态环境的保护，对开发利用自然资源影响自然环境的建设项目，实行环境影响报告书制度，将环境影响评价制度的适用范围从建设项目扩展大到资源开发活动。2002 年，第九届全国人大常委会通过《环境影响评价法》，增加了规划“环评”的内容，这是我国环境影响评价制度发展历史上的一个新的里程碑，是我国环境影响评价走向完善的标志。2009 年，国务院颁布了《规划环境影响评价条例》，进一步充实了环境影响评价制度。2016 年，环境保护部在其印发的《“十三五”环境影响评价改革实施方案》(环环评〔2016〕95 号)中，提出了开展战略环评工作和政策环境评价试点的要求。

环境影响评价制度在发展的过程中有两个重大的变化值得一提：一个是增加公众参与的内容，一个是实行“区域限批”。

公众参与本是环境影响评价制度的应有之意，但该项制度实施后很长一段时期，一直都是环保部门的单纯管理手段。直到 1996 年修订的《水污染防治法》规定，环境影响报告书中应当有该建设项目所在地单位和居民的意见(第 13 条)，才提供了公众参与的制度保障。随后，环境保护总局于 2006 年颁布《环境影响评价公众参与暂行办法》(环发〔2006〕28 号)，对公众参与环境影响评价制度进行了细化。

“区域限批”最先提出是 2005 年《国务院关于落实科学发展观加强环境保护的决定》。该决定第 21 条要求，严格执行环境影响评价和“三同时”制度，对超过污染物总量控制指标、生态破坏严重或者尚未完成生态恢复任务的地区，暂停审批新增污染物排放总量和对生态有较大影响的建设项目。2007 年年初，国家环保总局首次动用了“区域限批”政策，对 4 个行政区域(唐山市、吕梁市、六盘水市、莱芜市)、4 个电力集团(华能、华电、国电、大唐国际)实行停批、限批，停止审批其境内或所属的除循环经济类项目外的所有项目。2008 年修订《污染防治法》将“区域限批”政策法定化，第18条规定，对超过重点水污染物排放总量控制指标的地区，有关人民政府环境保护主管部门应当暂停审批新增重点水污染物排放总量的建设项目的环境影响评价文件。"区域限批"的实施，提高了环境影响评价制度的约束力。

为了适应进一步改革开放和严格法制的要求，《环境影响评价法》2016年进行了修订，取消水土保持审查和部门预审等前置条件；对环境影响登记表实行备案管理；对未批先建的项目，处以罚款，并可责令恢复原状，取消了限期补办的内容。

五、流域管理制度

上文已述，我国的水污染防治正是从流域性的问题发轫的。1972年成立的官厅水库水源保护领导小组，开始了中国第一个流域水污染的治理。1973年《关于保护和改善环境的若干规定（试行草案）》就提出，全国主要江河湖泊，都要设立以流域为单位的环境保护管理机构；跨越行政区域的水系，管理机构由各有关地区联合组成。1974年，原国家计委、水电部向国务院呈交《关于加强江河水系管理，防止水源污染的报告》，建议成立主要江河湖泊保护领导小组及其办事机构。当年成立的国务院环境保护领导小组办公室颁发了《环境保护规划要点和主要措施》，要求全国主要江河湖海，包括渤海、长江、黄河、松花江、鸭绿江、辽河、珠江、淮河、海河、漓江、太湖、官厅水库、滇池等水系的污染，要在3年至5年内基本上得到控制，10年内做到根治。为此各主要水系都要建立管理机构，会同有关地区和部门制订防治污染的规划，分别纳入各省、市、区和部门的长远规划和年度计划，并组织流域有关工矿企业进行治理，使"三废"的排放，在3年至5年内都达到国家规定的标准，10年内全部水域的水质都要达到国家规定的地面水水质标准，恢复到良好状态。同年，国务院颁布《中华人民共和国防治沿海水域污染暂行规定》，这是我国第一部污染防治的行政法规。

但是，遗憾的是，此后的水污染防治工作并没有坚持流域管理的原则，实行的是行政区域主导下的点源控制模式。

直到1994年，淮河流域污染事件爆发，促成了《淮河流域水污染防治暂行条例》（1995年）的颁布；成立了淮河流域水资源保护领导小组，负责流域水污染防治规划、量调度，组织开展水污染联合防治、协调处理省际水污染纠纷。1996年修订《水污染防治法》，首次规定防治水污染应当按流域或者按区域进行统一规划（第10条）；要求加强水污染防治的流域管理，在一些类似淮河的重污染水体和重点保护区域的水体，实施水污染物排放总量控制；并对流域省界水体的水环境质量状况进行监测（第18条）。这标志着流域污染防治法制化的开始。同年，国务院颁发《关于环境保护若干问题的决定》（国发〔1996〕31号），要求加强流域水污染防治工作，对实现水污染物达标排放仍不能达到国家规定的水环境质量标准的水体，应依法实施重点污染物排放的总量控制制度和核定制度。重点治理淮河、海河、辽河和太湖、巢湖、滇池的水污染。

"九五"期间开始推动的流域水污染防治工作，在以后的三个五年规划期间在全国各地全面展开。1990年广东江门市政府组织潭江流域恩平、开平、台山和新会四市政府联合签订《潭江水资源保护责任书》，开创了跨行政区域联合保护水资源的"潭江模式"。此后，《海河流域水协作宣言》(2003年)、《泛珠江三角区域环境保护合作协议》(2004年)、辽宁省7个城市人大常委会联合制定《依法推进辽河流域水污染治理协调行动计划》(2008年)、浙江省的《杭湖嘉绍边界环境联合执法工作制度》(2008年)、广东的《界河及跨界河综合治理计划》和《珠中江环境保护区域合作协议》(2009年)、中西部11省市的《十一省(市区)环保厅(局)共同应对区域环境问题高层会商框架协议》(2009)、《粤港环保合作协议》(2009年)、安徽、浙江两省首开先河建立了全国第一个跨省流域水环境补偿机制——新安江跨省流域水环境补偿机制(2011年)等，跨区域、流域性的水污染防治模式在探索中不断发展。[①]

此后，一系列的法规政策陆续颁布，流域管理的总量控制、排污许可、生态补偿、水质考核、信息共享、联防联治等制度得以建立。2004年12月28日，国务院办公厅发布了《关于加强淮河流域水污染防治工作的通知》(国办发〔2004〕93号)，明确上游省份排污对下游省份造成污染事故的，上游省级人民政府应当承担赔付补偿责任。2005年12月3日，《国务院关于落实科学发展观加强环境保护的决定》(国发〔2005〕39号)，要求建立跨省界河流断面水质考核制度，上游省份排污对下游省份造成污染事故的，上游省级人民政府应当承担赔付补偿责任，并依法追究相关单位和人员的责任。2008年，环境保护部发布《关于预防与处置跨省界水污染纠纷的指导意见》(环发〔2008〕64号)，要求建立预防与处置跨省界水污染纠纷长效工作机制，包括定期联席会商、信息互通共享、联合采样监测、联合执法监督、敏感时期预警、协同应急处置、协调处理纠纷、开展后督查工作等等。2011年，国务院颁布《太湖流域管理条例》，规定太湖流域实行流域管理与行政区域管理相结合的管理体制，国家建立健全太湖流域管理协调机制，统筹协调太湖流域管理中的重大事项；按照统一规划布局、统一标准方法、统一信息发布的要求，建立太湖流域监测体系和信息共享机制。2012年，《关于实行最严格水资源管理制度的意见》(国发〔2012〕3号)发布，要求进一步完善流域管理与行政区域管理相结合的水资源管理体制，切实加强流域水资源的统一规划、统一管理和统一调度，建立水资源管理责任和考核制度。2014年修订的《环境保护法》第20条规定，国家建立跨行政区域的重点区域、流域环境污染和生态破坏联合防治协调机制，实行统一规划、

---

① 李广兵:《跨行政区环境管理的再思考——兼评〈环境保护法〉修订案第二十条之规定》，载《南京工业大学学报(社会科学版)》2014年第4期。

统一标准、统一监测、统一的防治措施。

当前,在《长江经济带发展规划纲要》(2016 年)中提出了坚持生态优先、绿色发展的战略,要求"共抓大保护、不搞大开发",为流域水污染防治注入了更加强劲的动力。需要指出的是,流域水污染防治需要建立决策机制、执行机制、监督机制和补偿机制,其中的关键是规则的执行问题。要使上述思想及规则得以贯彻执行,不仅需要完善政府系统内部的监督机制,也需要建立政府外部的权力制衡机制与公民权利的监督机制。①

六、排污许可证制度

(一)发展过程

早在 1985 年,上海市就开始在黄浦江上游地区试行排污许可证制度。1987 年 7 月,原国家环保局在烟台召开了"实行排污申报登记和排污许可证制度座谈会",此次会议从思想上解决了"我国要不要实行许可证制度"和"能不能实行许可证制度"两个问题。随后,国家环境保护局开展了历时 3 年的排污许可证制度试点工作(1987—1989)。1989 年第三次全国环境保护会议上,我国正式将排污许可证制度确立为环境管理八项基本制度之一。1990 年,国务院发布了《关于进一步加强环境保护工作的决定》(国发〔1990〕65 号),要求逐步推行污染物排放总量控制和排污许可证制度。1995 年 8 月 8 日,国务院颁布了《淮河流域水污染防治暂行条例》,在淮河流域排污总量控制计划确定的重点排污控制区域内的排污单位和重点排污控制区域外的重点排污单位,必须按照国家有关规定申请领取排污许可证,并在排污口安装污水排放计量器具(第 14 条)。

1996 年发布的《国民经济和社会发展"九五"计划和 2010 年远景目标纲要》中,提出采取以发放排污许可证为手段的环境污染总量控制措施,开始将这一政策转化为具体的法律制度。2001 年 3 月,国家环境保护总局令第 9 号颁布《畜禽养殖污染防治管理办法》,第 10 条规定,在依法实施污染物排放总量控制的区域内,畜禽养殖场必须按规定取得《排污许可证》,并按照《排污许可证》的规定排放污染物。2001 年 7 月 2 日,国家环境保护总局颁布了《淮河和太湖流域排放重点水污染物许可证管理办法(试行)》(总局令第 11 号),对两个流域排放重点污染物的许可证申请、发放与管理作了规定。2004 年 12 月 28 日,国务院办公厅发布了《关于加强淮河流域水污染防治工作的通知》(国办发〔2004〕93 号),要求实行排污总量控制和许可证制度,完成所有排污单位和城镇污水处理厂排污许可证的发放工作,自 2006 年起实行持证排污。2013 年 10 月 2 日,国务院颁布《城镇排水与污水处理

---

① 李广兵:《跨行政区环境管理的再思考——兼评〈环境保护法〉修订案第二十条之规定》,载《南京工业大学学报(社会科学版)》2014 年第 4 期。

条例》(国务院令第641号),规定从事工业、建筑、餐饮、医疗等活动的企业事业单位、个体工商户向城镇排水设施排放污水的,应当向城镇排水主管部门申请领取污水排入排水管网许可证(第21条)。2015年4月2日,国务院印发了《水污染防治行动计划》(国发〔2015〕17号),明确提出全面推行排污许可,依法核发排污许可证。2008年修订《水污染防治法》,首次在法律中确定"国家实行排污许可制度"(第20条)。

(二)制度建设

1988年,国家环境保护局发布《水污染物排放许可证管理暂行办法》(〔88〕环水字第111号,2007年失效),第2条规定,在污染物排放浓度控制管理的基础上,通过排污申报登记,发放水污染物《排放许可证》,逐步实施污染物排放总量控制。同时规定,各地环境保护行政主管部门结合本地区的实际情况,在申报登记的基础上,分期分批对重点污染源和重点污染物实行排放许可证制度(第9条)。

1989年7月12日,国务院批准了国家环境保护局制定的《水污染防治法实施细则》,第9条规定,企业事业单位向水体排放污染物的,必须向所在地环境保护部门提交《排污申报登记表》。环境保护部门收到《排污申报登记表》后,经调查核实,对不超过国家和地方规定的污染物排放标准及国家规定的企业事业单位污染物排放总量指标的,发给排污许可证。对超过国家或者地方规定的污染物排放标准,或者超过国家规定的企业事业单位污染物排放总量指标的,应当限期治理,限期治理期间发给临时排污许可证。

2003年,第十届全国人民代表大会常务委员会第四次会议通过《中华人民共和国行政许可法》,确立了许可法定原则,客观上限制了上述部门规章的适用。直到2008年修订《水污染防治法》确立了排污许可制度,才再一次重启了这一制度的推行。

2018年1月10日,环境保护部颁布了《排污许可管理办法(试行)》(部令第48号),制定并公布固定污染源排污许可分类管理名录,明确纳入排污许可管理的范围和申领时限(第3条)。对污染物产生量大、排放量大或者环境危害程度高的排污单位实行排污许可重点管理,对其他排污单位实行排污许可简化管理(第5条)。规定排污单位应当按照排污许可证规定的关于执行报告内容和频次的要求,编制排污许可证执行报告。排污许可证执行报告包括年度执行报告、季度执行报告和月执行报告(第37条)。

排污许可制度被认为是污染控制法的支柱。遗憾的是,时至今日我国还是在试行或逐步开展阶段。最初,只是要求排污单位执行排污申报登记制度(这一制度在行政审批制度改革要求下,在2017年修订的《水污染防治法》中被许可证制度取代)。后来,在排污申报基础上试行的排污许可证制度只是作为总量控制的手段,即执行许可证管理的对象只是那些有排污总量控制任务的企业事业单位。随着十八大后生态文明建设战略的确立，排污许可证制度才开始全面推行，依然是分期分批地逐步发放排放许可证。

七、保护区制度

（一）发展过程

对重点水体划定保护区，是水污染控制的重要手段。1979年《环境保护法（试行）》提到了水源保护区的概念。该法第17条规定，在城镇生活居住区、水源保护区、名胜古迹、风景游览区、温泉、疗养区和自然保护区，不准建立污染环境的企业、事业单位。已建成的，要限期治理、调整或者搬迁。

1984年的《水污染防治法》第一次提出了对重要水体建立保护区制度，“县级以上人民政府可以对生活饮用水源地、风景名胜区水体、重要渔业水体和其他具有特殊经济文化价值的水体，划定保护区，并采取措施，保证保护区的水质符合规定用途的水质标准”。该法对保护区制度的规定十分的笼统，仅仅规定了不得新建排污口，对于已经存在的排污口也仅仅要求达标排放。

饮用水源保护区历来都是水污染防治制度建设的重点。1989年7月10日，国家环，境保护局、卫生部、建设部、水利部、地矿部颁布《饮用水水源保护区污染防治管理规定》（〔89〕环管字第201号），将饮用水水源保护区划分为一级保护区和二级保护区，必要时可增设准保护区。各级保护区应有明确的地理界线（第3条）。饮用水水源各级保护区及准保护区均应规定明确的水质标准并限期达标（第4条）。2010年进行了修订，禁止保护区内网箱养殖，保护区划定由县政府审批提升为省政府审批。1996年《水污染防治法》进行修订，在立法原则上确定了优先保护饮用水水源的原则，确立了对于饮用水水源地予以特殊保护的饮用水水源保护区制度。2008年修订的《水污染防治法》，专章规定饮用水水源和其他特殊水体保护，进一步完善饮用水水源保护区的管理制度，提出优先保护饮用水的原则。在制度设计上，确定了对饮用水水源保护区建立生态补偿机制。与1996年《水污染防治法》相比，2008年《水污染防治法》扩大了禁止设置排污口的范围，规定整个保护区都不得设置排污口，对已存在的排污口必须拆除。

《水污染防治法》对其他特殊水体也规定建立保护区制度。如对重要渔业水体建立保护区。农业部要求自2007年建立水产种质资源保护区，对具有较高的经济价值和遗传育种价值的水产种质资源的主要生长繁育区进行保护。随后，制定了《水产种质资源保护区划定工作规范（试行）》，对保护区的划分作出了规定，保护区按功能划分为核心区和实验区，并提出对核心区设置保护期。2011年，《水产种质资源保护区管理暂行办法》正式实施，对水产种质资源保护区的管理制度进行了完善。[①]

（二）制度建设

以饮用水水源保护区为例说明如下：

1.规划制度

依据现有规定，饮用水水源保护区的设置和污染防治应纳入当地的经济和社会发展规划和水污染防治规划。跨地区的饮用水水源保护区的设置和污染治理应纳入有关流域、区域、城市的经济和社会发展规划以及水污染防治规划。为此，2006年5月，国家环境保护总局制定了《全国饮用水水源地环境保护规划》编制技术大纲。2010年6月，环境保护部会同国家发展和改革委员会、住房和城乡建设部、水利部和卫生部五部门联合印发了《全国城市饮用水水源地环境保护规划（2008—2020年）》，2012年3月，环境保护部又发布了《集中式饮用水水源环境保护指南（试行）》（环办〔2012〕50号）。

2.保护区的划定制度

饮用水水源保护区一般划分为一级保护区和二级保护区，必要时可增设准保护区。各级保护区应有明确的地理界线。有关地方人民政府应当在饮用水水源保护区的边界设立明确的地理界标和明显的警示标志。

关于划定权限，早期由地方环境部门会同水利、地质矿产、卫生、建设等有关部门共同划定，报经县级以上人民政府批准。跨省、市、县的饮用水水源保护区，其位置划定和管理办法，由保护区范围内的各级人民政府共同商定，并报经上一级人民政府批准。2008年修订《水污染防治法》后，将划定权限上移。饮用水水源保护区的划定，由有关市、县人民政府提出划定方案，报省、自治区、直辖市人民政府批准；跨市、县饮用水水源保护区的划定，由有关市、县人民政府协商提出划定方案，报省、自治区、直辖市人民政府批准；协商不成的，由省、自治区、直辖市人民政府环境保护主管部门会同同级水行政、国土资源、卫生、建设等部门提出划定方案，征求同级有关部门的意见后，报省、自治区、直辖市人民政府批准。跨省、自治区、直辖市的饮用水水源保护区，由有关省、自治区、直辖市人民政府商有关流域管理机构划定；协商不成的，由国务院环境保护主管部门会同同级水行政、国土资源、卫生、建设等部门提出划定方案，征求国务院有关部门的意见后，报国务院批准。国务院和省、自治区、直辖市人民政府可以根据保护饮用水水源的实际需要，调整饮用水水源保护区的范围，确保饮用水安全。

① 徐建利：《水污染防治中的保护区制度》，中国海洋大学2012年硕士学位论文。

3.水质标准制度

饮用水水源各级保护区及准保护区均应规定明确的水质标准并限期达标。《饮用水源划分技术规范》(HJ/T338-2007)规定:饮用水地表水源一级保护区的水质基本项目限值不得低于国家规定的《地面水环境质量标准》Ⅱ类标准,二级保护区的水质基本项目限值不得低于国家规定的《地面水环境质量标准》Ⅲ类标准,并且要保证流入一级保护区的水质满足一级保护区水质标准的要求;准保护区内的水质标准应保证流入二级保护区的水质满足二级保护区水质标准的要求。集中式饮用水地下水源保护区(包括一级、二级)水质各项指标不低于国家规定的《地下水质量标准》(GB/T14848)Ⅲ类水水质标准的要求。

4.水质监测报告制度

2000年11月7日,国务院颁发《关于加强城市供水节水和水污染防治工作的通知》(国发〔2000〕36号),要求20万人口以上城市应在2002年底前,建立实施供水水源地水质旬报制度,并在北京、上海等47个环保重点城市实施生活饮用水水源水环境质量公报制度。2017年修订《水污染防治法》规定,饮用水供水单位应当做好取水口和出水口的水质检测工作(第71条)。县级以上地方人民政府应当组织有关部门监测、评估本行政区域内饮用水水源、供水单位供水和用户水龙头出水的水质等饮用水安全状况。县级以上地方人民政府有关部门应当至少每季度向社会公开一次饮用水安全状况信息(第72条)。

5.保护区的应急制度

2012年《国务院关于实行最严格水资源管理制度的意见》(国发〔2012〕3号)第14条要求,强化饮用水水源应急管理,完善饮用水水源地突发事件应急预案,建立备用水源。

2017年修订的《水污染防治法》规定了饮用水源保护区应急制度。该法在第79条规定,市、县级人民政府应当组织编制饮用水安全突发事件应急预案;饮用水供水单位应当根据所在地饮用水安全突发事件应急预案,制定相应的突发事件应急方案,报所在地市、县级人民政府备案,并定期进行演练;饮用水水源发生水污染事故,或者发生其他可能影响饮用水安全的突发性事件,饮用水供水单位应当采取应急处理措施,向所在地市、县级人民政府报告,并向社会公开。有关人民政府应当根据情况及时启动应急预案,采取有效措施,保障供水安全。

第三节 面向未来的主要法律制度

改革开放40年,水污染防治伴随着经济的发展也取得了一些积极的进展。据生态环境部2018年5月22日公布的2017年《中国生态环境状况公报》,全国地表水1940个水质断面(点位)中，Ⅰ～Ⅲ类水体比例占67.9%，Ⅳ、Ⅴ类占23.8%，劣Ⅴ类水体占8.3%。与2016年相比，Ⅰ～Ⅲ类水质断面(点位)比例上升0.1个百分点，劣Ⅴ类下降0.3个百分点。大江大河干流水质稳步改善。西北诸河和西南诸河水质为优，浙闽片河流、长江和珠江流域水质为良好，黄河、松花江、淮河和辽河流域为轻度污染，海河流域为中度污染。可以说，我国水环境质量的形势依然不容乐观，水环境治理的成就并没有经济增长的那么耀眼和明显。

一、从经济发展看40年的水污染防治制度变迁

依据经济增长速度，改革开放40年的经济发展大经历了平缓、快速再到平缓的过程。与此相对应，环境保护工作也大致可以划分为三个阶段。①

1.1978年至1992年的第一阶段。环境保护工作基本上与经济增长相持平，某种程度上，这一阶段的环境保护制度建设甚至是超越经济发展的。主要体现在各类环境管理制度体系的完善上，目前水污染防治的诸多制度的源头，都可以追溯到这个阶段。比如1984年的《水污染防治法》建立了如下制度：规划、标准、保护区、环境影响评价、“三同时”、排污申报登记、排污和超标排污收费、限期治理、事故应急、现场检查等。

2.1992年至2012年的第二阶段。这20年是中国经济增长的黄金时期，中国加入了世界贸易组织，具有中国特色的社会主义市场经济体制的基本框架形成。在经济发展高歌猛进的同时，前述建立的水污染防治制度在侧重经济增长的市场经济发展面前失去刚性约束，在执行上变得富有弹性。此消彼长，本来相对平衡的环境与经济的关系，开始变得失衡。可以说，这是环境保护与经济发展关系逐渐失衡的20年。这一阶段水污染防治制度建设并没有停滞不前。1996年修订《水污染防治法》增加了流域管理、公众参与、总量控制、污水集中处理、落后工艺及设备淘汰等制度；2008年再次修订的《水污染防治法》，又规定了：目标责任制和考核评价制度、生态补偿、禁止超标排污、“区域限批”、排污许可等制度。制度清单越来越长，水环境质量并没有让人民感受到同步提高。国务院在《关于加强淮河流域水污染防治工作的通知》(国办发〔2004〕93号)中，也曾经指出：“由于存在经济增长方式粗放，治污体制和机制不顺，污水处理设施建设滞后，水资源开发利用过度等问题，淮河治污尚未达到预期目标，人民群众还不满意。”理论界认为，主要原因是制度执行不力，尤其是政府没有严格守法和执法。

3.2012年至2018年的第三阶段。这个阶段经济发展的最大特征在于增速放缓，新一轮的改革开放启动，经济发展进入新常态，中国特色社会主义进入新时代。经济发展依然是第一要务，但要求经济由高速增长阶段转向高质量发展阶段，以满

① 李志青：《从经济发展的视角看环境保护40年》，载《检查风云》2018年13期。

足人民日益增长的美好生活需要作为发展的出发点和归宿，确立创新、协调、绿色、开放、共享发展理念。与此同时，生态环境保护作为生态文明建设的主战场重新提到更加重要的议事日程。2014年修订《环境保护法》增加了公益诉讼、按日连续处罚等新的执法手段；2017年修订《水污染防治法》，建立河长制、制定限期达标规划、联防联治、对有毒有害水污染物实行风险管理、饮用水安全状况信息公开等新的制度和措施。针对执法不力的顽疾，加大了环保督查的力度，环境法治出现了新气象。

二、从治污方略上看40年的水污染防治制度变迁

从前述水污染防治制度建设的发展历程来看，我国水污染防治在治污方略上有如下四个特点。

1.从点源治理到区域、流域治理

早期的立法与制度重点都是针对单个工业企业的排污行为，要求各个排污者达标排放，超标的缴纳超标排污费，并负责治理，这就是所谓的“谁污染、谁治理”的政策。这里的治理只是治理污染源，要求排污口的污染物达到排放标准即可，对于被污染的水环境，排污者并没有负责治理的法定义务。

后来，城市和重点区域的水污染防治工作逐步开展。1988年9月，国务院环境保护委员会发布《关于城市环境综合整治定量考核的决定》，规定从1989年起，国家对北京、天津、上海等32个重点城市进行定量考核。1990年，国务院发布《关于进一步加强环境保护工作的决定》（国发〔1990〕）65号，要求城市人民政府应当组织各方面的力量继续开展环境综合整治工作，积极推进污染的集中控制，提高治理投资效益和污染防治能力。1991年，建设部、国家环境保护局联合发布《关于加快城市污水集中处理工程建设的若干规定》（建城字第594号），提出城市人民政府应当把城市污水处理工程建设工作作为重点职责。1996年，国务院发布《关于环境保护若干问题的决定》（国发〔1996〕31号），要求认真解决区域环境问题，重点治理淮河、海河、辽河和太湖、巢湖、滇池的水污染，加强其他河流、湖泊、水库和近海海域的水污染防治工作。2008年修订《水污染防治法》第44条规定，城市污水应当集中处理。2013年，国务院颁布《城镇排水与污水处理条例》。

至于流域治理，则推迟到1995年《淮河流域水污染防治暂行条例》的颁布。

2.从浓度控制到总量控制

总量控制是为了弥补浓度控制的不足。一个水体能够容纳的污染物的数量是有限的，即使每个污染源排向某个水体的污染物浓度都是达标的，它们的总量可能超过该水体的纳污能力，进而导致水质恶化。为此，需要根据水体的纳污能力确定排污总量，并分配到各个污染源。

尽管20世纪80年代就已经提出排污总量控制，但真正实施还是到了20世纪

90年代，与流域治理同时开展。代表性表述为1996年修订的《水污染防治法》：对实现水污染物达标排放仍不能达到国家规定的水环境质量标准的水体，可以实施重点污染物的总量控制制度，并对有排污量削减任务的企业实施该重点污染物排放量的核定制度。

从现实情况来看，总量控制以目标总量控制为主，只是有选择性的重点排污单位执行。浓度控制依然是水污染控制的主要手段。

3.从单纯减排到重视环境质量和生态修复

我国的水污染防治的主要政策工具经历了从点源浓度达标到区域总量减排，再到改善水体环境质量的过程。

总量减排的初级形式是总量控制下的排放主要污染物的削减指标的分配。"十一五"期间正式提出"节能减排"的指标。《国民经济和社会发展第十一个五年规划纲要》提出，"十一五"期间单位国内生产总值能耗降低20%左右，主要污染物排放总量减少10%的约束性指标。"十二五" 的目标是主要污染物排放总量减少8%～10%。此外，"十二五"规划中还明确了主要污染物控制总类，在"十一五"化学需氧量、二氧化硫这两个类别基础上，增加了氨氮和氮氧化物两个类别的污染物控制指标。

从减排到以改善环境质量为中心的转变发生于党的十六大。2003年10月，中共十六届三中全会提出科学发展观，即以人为本的全面、协调、可持续的发展。2005年，国务院发布《关于落实科学发展观加强环境保护的决定》(国发〔2005〕39号)，要求切实改变"先污染后治理、边治理边破坏"的状况，努力让人民群众喝上干净的水、呼吸清洁的空气、吃上放心的食物，在良好的环境中生产生活。2009年，以第13届世界湖泊大会在我国的召开为契机，提出了让江河湖泊修养生息的理念。2011年，国务院发布《关于加强环境保护重点工作的意见》(国发〔2011〕35号)提出，在重要的生态功能区、生态敏感或脆弱区等区域划定生态红线。2012年，《国务院关于实行最严格水资源管理制度的意见》(国发〔2012〕3号)，提出了加强水资源开发利用控制的红线管理。

2012年，十八大将生态文明建设提到新高度，环保部门正式提出了"以改善水环境质量为核心"的号召。2017年修订《水污染防治法》，将有关政策法定化，规定保障饮用水安全，维护公众健康(第1条)；市、县级人民政府应当按照水污染防治规划确定的水环境质量改善目标的要求，制定限期达标规划，采取措施按期达标(第17条)；县级以上地方人民政府应当根据流域生态环境功能需要，组织开展江河、湖泊、湿地保护与修复，因地制宜建设人工湿地、水源涵养林、沿河沿湖植被缓冲带和隔离带等生态环境治理与保护工程，整治黑臭水体，提高流域环境资源承载能力。从事开发建设活动，应当采取有效措施，维护流域生态环境功能，严守生态保护红线(第29条)。

4.从污染者治理到社会共治

《国务院关于在国民经济调整时期加强环境保护工作的决定》(国发〔1981〕)提出了"谁污染、谁治理"的原则,要求工厂企业必须切实负起治理污染的责任。随后在1990年《国务院关于进一步加强环境保护工作的决定国发》(〔1990〕65号)中,提出"谁开发谁保护,谁破坏谁恢复,谁利用谁补偿",1996年《国务院关于环境保护若干问题的决定》(国发〔1996〕31号),再一次肯定了"污染者付费、利用者补偿、开发者保护、破坏者恢复"的原则。[①] 这些原则都属于"污染者负担"原则,总的来说,都是要求排污者负责治理。

2005年《关于落实科学发展观加强环境保护的决定》,突出了以人为本的思想,明确地方人民政府主要领导和有关部门主要负责人是本行政区域和本系统环境保护的第一责任人,坚持和完善地方各级人民政府环境目标责任制。2008年修订《水污染防治法》,将地方各级人民政府对本辖区的水环境质量负责法定化。从而确定政府是环境公共物品的提供者,政府也是水污染治理的主体。2015年、2017年中共中央办公厅、国务院办公厅相继印发《生态环境损害赔偿制度改革试点方案》和《生态环境损害赔偿制度改革方案》,赋权省、市人民政府作为权利人,对损害水生态环境的责任人索赔。

1996年修订的《水污染防治法》要求环境影响报告书中应当有该建设项目所在地单位和居民的意见,公众正式加入水环境治理的行列。公众参与的主要方式是参与决策、信息获取和监督执法。2014年修订的《环境保护法》建立环境公益诉讼制度,社会组织也成为水环境治理的重要角色。

随着环境公益诉讼的推行,法院和检察院通过加强环境司法,日益成为水环境治理的重要力量。

环境污染第三方治理,即利用市场机制,引入私营企业或者民营企业等社会资金投入环境污染治理。我国环境污染第三方治理总体上可分为探索形成和逐步深化两个阶段。2014年《国务院办公厅关于推行环境污染第三方治理的意见》(国办发〔2014〕69号),是我国真正意义上的第一部关于第三方污染治理的规范性文件。2015年的《水污染法防治行动计划》也提出,充分发挥市场机制作用,采取环境绩效合同服务、授予开发经营权益等方式,鼓励社会资本加大水环境保护投入。为贯彻国务院的意见,环境保护部于2017年发布《关于推进环境污染第三方治理的实施意见》(环规财函〔2017〕172号),明确提出,鼓励第三方治理单位提供包括环境污染问题诊断、污染治理方案编制、污染物排放监测、环境污染治理设施建设、运营及维护等活动在内的环境综合服务。近年来,我国在城镇污水、工业企业废水处

---

① 叶汝求:《改革开放30年环保事业发展历程——解读历次国务院关于环境保护工作的决定》,载《环境保护》2008年21期。

理、污染源在线监测等领域引入第三方运营，其专业化社会化的治污效果凸显。

三、从具体制度上看四十年的水污染防治制度变迁

从最初的"老三项"制度："三同时"、环境影响评价、排污收费（1979 年），到后来的"新八项"（1989 年）制度：环境影响评价、"三同时"、排污收费、环境保护目标责任制、城市环境综合整治定量考核、排污许可证、污染集中控制、限期治理，再到后来的十几项制度，水污染防治的法律制度清单越来越长。

从管制的角度来看，核心的制度应该是规划、标准和许可。一些所谓的新制度也可以归入这三类。如生态红线可以归入规划，总量控制可归为标准，环境影响评价可以归为许可。（1）关于规划制度，可分解、可操作、可考核的约束型规划已经在逐渐形成，主要的问题是对规划的法律性质认识不足，管理与约束机制还不健全。（2）关于标准制度，体系已经建立，主要的问题是标准的制定。一是标准的制定依据，需要加强环境基准研究，在人体健康、环境质量和技术可达性等多种目标指标间如何选择，将是标准制度发展的难点。二是标准的制定程序，需要引入管制对象和公众的广泛参与。（3）关于许可制度。环境影响评价制度需要再"放管服"改革的大背景下进一步厘清该制度的本质，明确功能及其管制的要点。至于排污许可，应该全面推行，加强规范化、简便化、透明化。

其他需要说明的制度包括：（1）"三同时"制度，还是现行法律规定的监督管理制度，只是取消了竣工验收手续。按照市场经济的逻辑，可以进一步将之改革为行政指导性制度。（2）排污收费制度。水污染物排放的收费，经历了从超标排污收费到超标排污与排污收费并行，再到排污收费的发展过程。随着 2016 年《中华人民共和国环境保护税法》的颁布，自 2018 年 1 月 1 日起，排污收费已经被排污税取代。（3）排污申报登记制度，已由排污许可制度吸收。（4）生态补偿制度，依然停留在试行阶段，需要进一步加强制度化建设。（5）流域管理制度，还是水污染防治的薄弱环节。主要制约因素及需要解决的是体制机制问题，需要将顶层制度设计和基层自发的合作治理模式结合起来，探索流域治理的多元社会共治模式。

四、主要问题与发展方向

回顾改革开放 40 年水污染防治的制度变迁，可以看出变迁的动力有两个：一个是事故驱动，一个是政策理念驱动。前者如淮河流域污染事件爆发促成了《淮河流域水污染防治暂行条例》、太湖蓝藻事件爆发推动制定《太湖流域管理条例》等等。后者如污染者负担原则指导下的排污收费（税）、流域治理理念指导下的流域管理、科学发展观指导下的政府负责制、生态文明理念指导下的生态修复与环境质量导向制度等。制度变迁的方向，有阶段性的，如从管制排污企业为主向重点督政转变；也有趋势性的，如从管制向治理的发展，早期都是管理者采用命令—控制型

手段直接管制排污者，逐渐向排污者自我控制、社会监督、市场参与、政府督导、司法保障的多元共治发展。

主要存在的问题表现为，保护环境的意识滞后于发展经济的意识；过度依赖行政手段，经济和市场手段运用不足；点源治理过犹不及，面源和流域治理缺乏有效手段；有法不依、执法不严、违法不究的现象依然普遍；公众在环境保护中的作用远未得到发挥。[①]

总之，制度的作用是希望促进人的集体行动，最好是人们自愿的行动，让环境保护自动发生，而不是总是被动地应付。要建立良性的制度激励，水污染防治的制度建设依然任重道远。

---

① 周宏春、季曦：《改革开放三十年中国环境保护政策演变》，载《南京大学学报（哲学人文科学社会科学版）》2009年第1期。

第四章

土壤污染防治法律制度的变迁

第一节　改革开放以来土壤污染防治法制的发展

一、土壤污染防治法制的探索

我国的污染防治起步于三废(即废气、废水、废渣)治理,在污染防治立法方面,也是以三废为重点先行展开。土壤污染是一种综合的污染形态,因此,在改革开放前以及改革开放后的40年的环境立法中,土壤污染防治立法没有独立的位置。但是并不意味着没有相应的立法对策和措施。中国人多地少,无论是建设用地还是农业用地都非常稀缺,保护土地资源、维持土壤质量显得非常重要,在《环境保护法》《土地管理法》《农业法》《固体废物污染环境防治法》《农产品质量安全法》《基本农田保护条例》《水污染防治实施细则》《农药管理条例》《危险化学品安全管理条例》《矿产资源法》《草原法》等法律法规中都有保护土壤环境、防止土壤污染的条款。但是土壤作为一种环境要素,社会更关注的是其资源价值,即作为土地资源看待。在管理体制上,农业用地的管理主要在农业部门,建设用地的管理主要在国土及建设部门。环保部门对土地管理介入不多。因此,有关土壤环境保护的立法,多属于原则性、附属性立法。分处于环境保护法、污染防治法、自然资源立法、土地管理立法、农业农村立法当中。

1.环境保护综合性立法中的相关规定

土壤作为一种重要的环境要素，在整个环境系统中有非常重要的位置，从1979年我国诞生的第一部环境保护基本法到现行的环境基本法都有关注到土壤污染问题。1979年的《环境保护法（试行）》第10条规定："因地制宜地合理使用土地，改良土壤，增加植被，防止土壤侵蚀、板结、盐碱化、沙漠化和水土流失。"第21条规定："积极发展高效、低毒、低残留农药。推广综合防治和生物防治，合理利用污水灌溉，防止土壤和作物的污染。"1989年的《环境保护法》第20条规定："各级人民政府应当加强对农业环境的保护，防治土壤污染、土地沙化、盐渍化、贫瘠化、沼泽化、地面沉降和防治植被破坏、水土流失、水源枯竭、种源灭绝以及其他生态失调现象的发生和发展，推广植物病虫害的综合防治，合理使用化肥、农药及植物生长激素。"2014年的《环境保护法》第32条规定："国家加强对大气、水、土壤等的保护，建立和完善相应的调查、监测、评估和修复制度。"第33条规定："各级人民政府应当加强对农业环境的保护，促进农业环境保护新技术的使用，加强对农业污染源的监测预警，统筹有关部门采取措施，防治土壤污染和土地沙化、盐渍化、贫瘠化、石漠化、地面沉降以及防治植被破坏、水土流失、水体富营养化、水源枯竭、种源灭绝等生态失调现象，推广植物病虫害的综合防治。"从以上规定可看出，有关土壤污染防治的规定多属原则性、抽象性的规定，土壤污染防治作为土壤环境、土壤资源整体保护的一环加以列举；更为注重土壤污染对农业生产的影响，对于土壤污染对人体健康和生态安全的风险关注不够。

2.污染防治立法中的相关规定

土壤是污染物的载体，所有的污染物最终沉淀于土壤，所谓的土壤污染防治是防治大气污染物、水污染物、固体废弃物、放射性污染物等对土壤的污染，因此，各种防治污染物的法律规定直接或者间接都对防范、减轻、治理土壤污染产生影响。由于现有的污染防治立法主要以污染物的形态为中心展开，因此，我国的污染防治立法比较碎片化，直接针对土壤污染防治的规定不但少，而且分散，不成系统。2008年《水污染防治法》第51条明确规定"向农田灌溉渠道排放工业废水和城镇污水，应当保证其下游最近的灌溉取水点的水质符合农田灌溉水质标准。利用工业废水和城镇污水进行灌溉，应当防止污染土壤、地下水和农产品"。这一条主要目的是保护灌溉水质的安全，防止因灌溉水质恶化而污染土壤，进而导致农产品不安全。2000年的《大气污染防治法》第18条规定："国务院环境保护行政主管部门会同国务院有关部门，根据气象、地形、土壤等自然条件，可以对已经产生、可能产生酸雨的地区或者其他二氧化硫污染严重的地区，经国务院批准后，划定为酸雨控制区或者二氧化硫污染控制区。"这是关于设立酸雨控制区或者二氧化硫污染控制区的规定，主要目的是防治二氧化硫和酸雨对各种环境要素，包括土壤的污染。

由于固体废弃物的处置方式主要是堆放和填埋，对土壤污染影响较直接，固体废弃物污染防治立法与土壤污染防治的关系联系更为紧密。2004 年的《固体废物污染环境防治法》第 19 条规定“国家鼓励科研、生产单位研究、生产易回收利用、易处置或者在环境中可降解的薄膜覆盖物和商品包装物。使用农用薄膜的单位和个人，应当采取回收利用等措施，防止或者减少农用薄膜对环境的污染”。这一条主要应对农业生产过程中由于使用薄膜覆盖物和商品包装物造成的土壤污染。第 33 条规定：“企业事业单位应当根据经济、技术条件对其产生的工业固体废物加以利用；对暂时不利用或者不能利用的，必须按照国务院环境保护行政主管部门的规定建设贮存设施、场所，安全分类存放，或者采取无害化处置措施。”第 35 条规定：“产生工业固体废物的单位需要终止的，应当事先对工业固体废物的贮存、处置的设施、场所采取污染防治措施，并对未处置的工业固体废物作出妥善处置，防止污染环境。”这两条包含了防治固体废物对土壤污染的一般性要求。第 41 条规定：“清扫、收集、运输、处置城市生活垃圾，应当遵守国家有关环境保护和环境卫生管理的规定，防止污染环境。”第 55 条规定：“产生危险废物的单位，必须按照国家有关规定处置危险废物，不得擅自倾倒、堆放；不处置的，由所在地县级以上地方人民政府环境保护行政主管部门责令限期改正；逾期不处置或者处置不符合国家有关规定的，由所在地县级以上地方人民政府环境保护行政主管部门指定单位按照国家有关规定代为处置，处置费用由产生危险废物的单位承担。”这两条主要防治垃圾及危险废弃物合理处置过程对土壤的污染。

3.自然资源立法中的相关规定

土地资源是人类于赖以生存和发展的极为重要的资源，为促进社会经济的可持续发展，必须合理利用和保护土地资源。2004 年《土地管理法》在促进土地资源合理利用的同时，也概括性作出了保护土壤环境质量的要求。其第 35 条规定：“各级人民政府应当采取措施，维护排灌工程设施，改良土壤，提高地力，防止土地荒漠化、盐渍化、水土流失和污染土地。”采矿过程对土壤造成污染和破坏的问题在我国非常突出，为此 1996 年修订后的《矿产资源法》第 32 条规定：“开采矿产资源，必须遵守有关环境保护的法律规定，防止污染环境。开采矿产资源，应当节约用地。耕地、草原、林地因采矿受到破坏的，矿山企业应当因地制宜地采取复垦利用、植树种草或者其他利用措施。开采矿产资源给他人生产、生活造成损失的，应当负责赔偿，并采取必要的补救措施。”2002 年的《草原法》对土壤环境保护也作出了若干要求。其第 46 条规定：“禁止开垦草原。对水土流失严重、有沙化趋势、需要改善生态环境的已垦草原，应当有计划、有步骤地退耕还草；已造成沙化、盐碱化、石漠化的，应当限期治理。”第 47 条规定：“对严重退化、沙化、盐碱化、石漠化的草原和生态脆弱区的草原，实行禁牧、休牧制度。”第 49 条规定：“禁止在荒漠、半荒漠和严重退化、沙化、盐碱化、石漠化、水土流失的草原以及生态脆弱区的草原上采挖植物和从事破坏草原植被的其他活动。”从以上规定可看出自然资源类立法中，资源的开发、利用和保护是主角，污染防治是配角，附属性十分明显。

4.农业及农产品安全立法中的相关规定

由于土壤环境质量状况与农业生产直接相关，中国人多地少的矛盾极为突出，长期以来土壤资源作为农业生产的基础，土壤环境保护主要由农业部门负责。因此，农业相关立法中也有不少土壤污染防治的规定。在农业生产过程中，因不合理使用农药、化肥，或者不合理处置农用薄膜和农业畜禽粪便等造成的土壤污染已成为农业活动污染土壤的主要原因。为此，2002年修订后的《农业法》第58条要求："农民和农业生产经营组织应当保养耕地，合理使用化肥、农药、农用薄膜，增加使用有机肥料，采用先进技术，保护和提高地力，防止农用地的污染、破坏和地力衰退。县级以上人民政府农业行政主管部门应当采取措施，支持农民和农业生产经营组织加强耕地质量建设，并对耕地质量进行定期监测。”为保障农产品质量安全，维护公众健康，促进农业和农村经济发展，《农产品质量安全法》对农产品质量安全标准、农产品产地、农产品生产、农产品包装和标识、监督检查等进行规范的同时，在“农产品产地”专章中就农用土壤污染的预防与治理进行了明确规定，即第18条规定：“禁止违反法律、法规的规定向农产品产地排放或者倾倒废水、废气、固体废物或者其他有毒有害物质。农业生产用水和用作肥料的固体废物，应当符合国家规定的标准。”第19条规定：“农产品生产者应当合理使用化肥、农药、兽药、农用薄膜等化工产品，防止对农产品产地造成污染。”2006年的《农产品产地安全管理办法》在第4章“产地保护”中对《农产品质量安全法》中有关产地污染防治的规定作出了进一步细化。即“禁止任何单位和个人向农产品产地排放或者倾倒废气、废水、固体废物或者其他有毒有害物质。禁止在农产品产地堆放、贮存、处置工业固体废物。在农产品产地周围堆放、贮存、处置工业固体废物的，应当采取有效措施，防止对农产品产地安全造成危害”；“任何单位和个人提供或者使用农业用水和用作肥料的城镇垃圾、污泥等固体废物，应当经过无害化处理并符合国家有关标准”；“农产品生产者应当合理使用肥料、农药、兽药、饲料和饲料添加剂、农用薄膜等农业投入品。禁止使用国家明令禁止、淘汰的或者未经许可的农业投入品。农产品生产者应当及时清除、回收农用薄膜、农业投入品包装物等，防止污染农产品产地环境”。

1998年国务院颁布了以基本农田为特殊保护对象，以促进农业生产和社会经济的可持续发展为目的的《基本农田保护条例》，该条例在第三章对基本农田的土壤环境质量保护设立了一系列的措施，第19条规定：“国家提倡和鼓励农业生产者对其经营的基本农田施用有机肥料，合理施用化肥和农药。利用基本农田从事农业生产的单位和个人应当保持和培肥地力。”第22条规定：“县级以上人民政府农业行政主管部门应当会同同级环境保护行政主管部门对基本农田环境污染进行监测和评价，并定期向本级人民政府提出环境质量与发展趋势的报告”；第 26 条规定“因发生事故或者其他突然性事件，造成或者可能造成基本农田环境污染事故的，当事人必须立即采取措施处理，并向当地环境保护行政主管部门和农业行政主管部门报告，接受调查处理”。为了加强对农药生产、经营和使用的监督管理，保证农药质量，保护农业、林业生产和生态环境，保护人畜安全，2001 年的《农药管理条例》在对农药登记、农药生产、农药经营、农药使用等进行系统规范的同时，也对防止使用农药污染环境进行了规定，其第 39 条明确规定：“处理假农药、劣质农药、过期报废农药、禁用农药、废弃农药包装和其他含农药的废弃物，必须严格遵守环境保护法律、法规的有关规定，防止污染环境。”

5.其他立法中的相关规定

2011 年《危险化学品安全管理条例》对危险化学品事故污染土壤的防范措施进行了规定。其第 72 条规定：“发生危险化学品事故，有关地方人民政府应当立即组织安全生产监督管理、环境保护、公安、卫生、交通运输等有关部门，按照本地区危险化学品事故应急预案组织实施救援，不得拖延、推诿。有关地方人民政府及其有关部门应当按照下列规定，采取必要的应急处置措施，减少事故损失，防止事故蔓延、扩大……(三)针对事故对人体、动植物、土壤、水源、大气造成的现实危害和可能产生的危害，迅速采取封闭、隔离、洗消等措施；(四)对危险化学品事故造成的环境污染和生态破坏状况进行监测、评估，并采取相应的环境污染治理和生态修复措施。”2013 年国务院颁布的《城镇排水与污水处理条例》第 30 条明确规定：“城镇污水处理设施维护运营单位或者污泥处理处置单位应当安全处理处置污泥，保证处理处置后的污泥符合国家有关标准，对产生的污泥以及处理处置后的污泥去向、用途、用量等进行跟踪、记录，并向城镇排水主管部门、环境保护主管部门报告。任何单位和个人不得擅自倾倒、堆放、丢弃、遗撒污泥。”

以上这些立法为土壤环境保护提供了原则性的规定，突出关注了土壤污染防治重点领域，如农业用地安全、固体废弃物对土壤的影响、污水灌溉农田、农用品对土壤的污染等。初步建立起土壤污染防治与其他污染防治领域的关系。但是这些立法明显存在以下问题[①]：

(一)法律规定零散，缺乏系统的制度安排

我国有关土壤污染防治的法律规定散见于各种法律法规中，无整合过的统一、专门适用于土壤污染防治领域的土壤污染防治法律法规。此外，这些法律法规的相关规定内容狭窄，从目标定位和表述上多有重复，以农业用地保护为中心，反复强调农业投入品、其他废弃物对农业用地的污染，缺乏关于商住用地的安全保障，

① 李挚萍、陈春生等编：《农村环境管制与农民环境权保护》，北京大学出版社 2009 年版，第 92～93 页。

更无土壤污染防治、风险管控系统的制度安排；同时各个法律法规都规定了相应的土地主管部门，环保部门、农业部门、土地管理部门等都有权对土地污染防治进行管理，这就造成了令出多门、多头管理的局面。

（二）法律规定过于原则，缺乏可操作性

2014 年的《环境保护法》第 32 条规定“国家加强对大气、水、土壤等的保护，建立和完善相应的调查、监测、评估和修复制度”。但是该法没有就如何对大气、水、土壤进行调查、监测、评估和修复作具体规定，也无其他法律进行跟进，导致该条款目前还只停留在纸面上；我国其他土壤污染防治的法律规定了具体行政部门“应当采取措施，维护排灌工程设施，改良土壤，提高地力，防止土地荒漠化、盐渍化、水土流失和污染土地”①、“应该采取措施，预防土地沙化，治理沙化土地”②或“县级以上人民政府农业行政主管部门应当会同同级环境保护行政主管部门对基本农田环境污染进行监测和评价，并定期向本级人民政府提出环境质量与发展趋势的报告”③等内容，但没有明确具体的规定规范行政主体具体应该采取哪些措施来实现其职责，也没有规定违反该职责可能承担的法律后果，缺乏可操作性。

（三）缺乏相应的责任制度

我国只在《环境保护法》中有少数的适用于所有污染类型的法律责任规范，没有专门针对土壤污染的责任制度，更少有关于不履行土壤污染调查、评估、修复责任的法律责任；已有这些责任制度主要是针对排污者的，少有涉及土地所有者和使用者的责任，也没有规定政府不履行其环境保护职责应承担的责任。因此，法律责任体系是不完善的。

（四）重视土地的资源价值，忽视其环境价值

现有的法律法规，特别是《土地管理法》《基本农田保护条例》《农业法》《草原法》等资源类立法，都着重强调了土地的资源价值，只有少数关于保护土地环境质量的规定，此外，这些法律都没有任何具体保护土壤环境质量的规定。因此，现有土壤环境保护的法律法规的目标定位与现实的需要相差太远。

二、土壤污染防治法制规则的完善

中国土壤污染问题从 20 世纪末、21 世纪初逐渐凸显，农产品污染及安全事件以及企业搬迁引发的污染场地事件频频曝光，引发社会对土壤污染问题的严重关切。2006 年 7 月 18 日，国家环保总局局长周生贤在全国土壤污染状况调查及污

---

① 1998 年修订的《中华人民共和国土地管理法》第 35 条。

② 2002 年修订的《中华人民共和国农业法》第 59 条第 2 款。

③ 《基本农田保护条例》第 23 条。

染防治专项工作视频会议上指出，由于各方面的原因，我国一些地区的土壤受到不同程度的污染，对生态环境、食品安全和农业可持续发展构成威胁，土壤污染的总体形势相当严峻。主要表现在以下方面：一是土壤污染程度加剧。据不完全调查，全国受污染的耕地约有1.5亿亩，污水灌溉污染耕地3250万亩，固体废弃物堆存占地和毁田200万亩，合计约占耕地总面积的1/10以上，其中多数集中在经济较发达的地区。二是土壤污染危害巨大。据估算，全国每年因重金属污染的粮食达1200万吨，造成的直接经济损失超过200亿元。土壤污染造成有害物质在农作物中积累，并通过食物链进入人体，引发各种疾病，最终危害人体健康。土壤污染直接影响土壤生态系统的结构和功能，最终将对生态安全构成威胁。三是土壤污染防治基础薄弱。全国土壤污染的面积、分布和程度不清，导致防治措施缺乏针对性。防治土壤污染的专门法律还是空白，土壤环境标准体系也未形成。资金投入有限，土壤科学研究难以深入进行。有相当部分的干部群众和企业界对土壤污染的严重性和危害性缺乏认识，土壤污染日趋严重。[①]

由于相关立法不足以应对严峻的污染形势，政府开始颁布大量的政策、行政规定、技术规范来解决迫在眉睫的问题。

1.政策文件

2004年国家环境保护总局发布了《关于切实做好企业搬迁过程中环境污染防治工作的通知》，要求所有产生危险废物的工业企业、实验室和生产经营危险废物的单位，在结束原有生产经营活动，改变原土地使用性质时，必须经具有省级以上质量认证资格的环境监测部门对原址土地进行监测分析，报送省级以上环境保护部门审查，并依据监测评价报告确定土壤功能修复实施方案。当地政府环境保护部门负责土壤功能修复工作的监督管理。对于已经开发和正在开发的外迁工业区域，要尽快制定土壤环境状况调查、勘探、监测方案，对施工范围内的污染源进行调查，确定清理工作计划和土壤功能恢复实施方案，尽快消除土壤环境污染。对遗留污染物造成的环境污染问题，由原生产经营单位负责治理并恢复土壤使用功能。推进土壤污染防治立法 奠定生态环境安全基石。

2008年环境保护部发布了《关于加强土壤污染防治工作的意见》，该意见指出，我国土壤污染的总体形势不容乐观，部分地区土壤污染严重，在重污染企业或工业密集区、工矿开采区及周边地区、城市和城郊地区出现了土壤重污染区和高风险区；土壤污染类型多样，呈现出新老污染物并存、无机有机复合污染的局面；土壤污染途径多，原因复杂，控制难度大；土壤环境监督管理体系不健全，土壤污染防治

① 《全国土壤污染状况调查及污染防治专项工作》，2006年7月25日发布于国家环保总局网站，http://www.zhb.gov.cn/natu/yjsp/qgtrxzdc/200607/t20060725_91295.htm，最后访问时间：2018年6月13日。

投入不足，全社会土壤污染防治的意识不强；由土壤污染引发的农产品质量安全问题和群体性事件逐年增多，成为影响群众身体健康和社会稳定的重要因素。提出要以科学发展观为指导，以改善土壤环境质量、保障农产品质量安全和建设良好人居环境为总体目标，以农用土壤环境保护和污染场地环境保护监管为重点，建立健全土壤污染防治法律法规及各项制度措施。确立了到2010年，全面完成土壤污染状况调查，基本摸清全国土壤环境质量状况，初步建立土壤环境监测网络；到2015年，基本建立土壤污染防治监督管理体系，出台一批有关土壤污染防治的政策法律法规，土壤污染防治标准体系进一步完善；建立土壤污染事故应急预案，土壤环境监测网络进一步完善等目标。此外，环境保护部还颁布了《关于加强重金属污染防治工作的指导意见》《重金属污染综合防治"十二五"规划》《湘江流域重金属污染治理实施方案》《关于保障工业企业场地再开发利用环境安全的通知》等政策法规。

2013年1月国务院办公厅发布《关于印发近期土壤环境保护和综合治理工作安排的通知》，同年6月环境保护部发布《中国土壤环境保护政策》；2014年5月环境保护部发布《关于加强工业企业关停、搬迁及原址场地再开发利用过程中污染防治工作的通知》，同年11月环境保护部发布《工业企业场地环境调查评估及修复工作指南（试行）》。后两份文件主要对污染企业关停、搬迁及原址场地再开发利用过程污染场地的调查评估、修复、再利用提出指引。

2016年，国务院颁布了对土壤污染防治工作有重要历史意义的《土壤污染防治行动计划》（以下简称《土十条》）。《土十条》是迄今为止在土壤污染防治和土壤环境保护领域最为系统的政策文件，其确定的基本原则是坚持预防为主、保护优先、风险管控、分类别、分用途、分阶段地进行管控和治理。《土十条》设定的土壤环境保护目标是到2020年，全国土壤污染加重趋势得到初步遏制，土壤环境质量总体保持稳定，农用地和建设用地土壤环境安全得到基本保障，土壤环境风险得到基本管控。到2030年，全国土壤环境质量稳中向好，农用地和建设用地土壤环境安全得到有效保障，土壤环境风险得到全面管控。到21世纪中叶，土壤环境质量全面改善，生态系统实现良性循环。《土十条》确定了一系列具体土壤环境保护的指标，到2020年，受污染耕地安全利用率达到90%左右，污染地块安全利用率达到90%以上。到2030年，受污染耕地安全利用率达到95%以上，污染地块安全利用率达到95%以上。为确保实现上述目标，《土十条》提出了10条35款，共231项具体措施。除总体要求、工作目标和主要指标外，可分为四个方面。第一方面措施侧重于摸清土壤环境状况基础情况、建立健全法规标准体系，夯实这两大基础；第二方面措施突出农用地分类管理、建设用地准入管理两大重点；第三方面措施推进未污染土壤保护、控制污染来源、土壤污染治理与修复三大任务；第四方面措施强化科技支撑、治理体系建设、目标责任考核三大保障。为了便于贯彻落实，每项工作都明确了牵头单位和参与部门。《土十条》为土壤污染立法和标准制定奠定了基础。

2.标准及技术规范

为了解决土壤环境调查及修复实践中标准及规则不足的问题，2014 年 2 月，环境保护部发布了《场地环境调查技术导则》《场地环境监测技术导则》《污染场地风险评估技术导则》《污染场地土壤修复技术导则》和《污染场地术语》等 5 项污染场地系列环保标准，旨在为各地开展场地环境状况调查、风险评估、修复治理提供技术指导和支持，为推进土壤和地下水污染防治法律法规体系建设提供基础支撑。2018 年 6 月生态环境部发布了《土壤环境质量　农用地土壤污染风险管控标准(试行)》《土壤环境质量　建设用地土壤污染风险管控标准(试行)》两项国家环境质量标准，以上标准自 2018 年 8 月 1 日起实施，与此同时 1995 年的《土壤环境质量标准》废止。

目前，我国已初步成形的土壤污染防治技术标准框架主要包括:《土壤环境质量　农用地土壤污染风险管控标准(试行)》《土壤环境质量　建设用地土壤污染风险管控标准(试行)》《地下水环境质量标准》《食用农产品产地环境质量评价标准》《温室蔬菜产地环境质量评价标准》《展览会用地土壤环境质量评价标准(暂行)》《地下水环境监测技术规范》《土壤环境监测技术规范》《铬渣污染治理环境保护技术规范(暂行)》《场地环境调查技术导则》《场地环境监测技术导则》《污染场地风险评估技术导则》《污染场地土壤修复技术导则》《污染场地术语》等。

3. 部门规章

为了加强污染地块、工矿用地和地下水以及农用地土壤环境保护监督管理，管控土壤污染环境风险，保护农用地土壤环境，保障农产品质量安全，防治工矿用地土壤和地下水污染，环境保护部于 2016 年 12 月发布了《污染地块土壤环境管理办法(试行)》，环境保护部、农业部于 2017 年 9 月发布了《农用地土壤环境管理办法(试行)》，新成立的生态环境部于 2018 年 4 月发布了《工矿用地土壤环境管理办法(试行)》。

《污染地块土壤环境管理办法(试行)》适用于拟收回土地使用权的，已收回土地使用权的，以及用途拟变更为居住用地和商业、学校、医疗、养老机构等公共设施用地的疑似污染地块和污染地块相关活动及其环境保护监督管理。该办法的主要目的:一是明确监管重点。将拟收回、已收回土地使用权的有色金属冶炼、石油加工、化工、焦化、电镀、制革等行业企业用地，以及土地用途拟变更为居住和商业、学校、医疗、养老机构等公共设施的上述用地作为重点监管对象。二是突出风险管控。对用途变更为居住用地和商业、学校、医疗、养老机构等公共设施的污染地块用地，重点开展人体健康风险评估和风险管控；对暂不开发的污染地块，开展以防治污染扩散为目的的环境风险评估和风险管控。三是明确了土地使用权人、土壤污染责任人、专业机构及第三方机构的责任。四是强化信息公开。借鉴国际通行做法，建立污染地块管理流程，规定了全过程各个环节的主要信息应当向社会公开。该办法规定的具体管理措施主要有以下五个方面：一是开展土壤环境调查；二是开展土壤环境风险评估；三是开展风险管控；四是开展污染地块治理与修复；五是开展治理与修复效果评估。①

《农用地土壤环境管理办法（试行）》适用于以耕地为主的农用地开展的土壤污染预防、土壤污染状况调查、环境监测、环境质量类别划分、分类管理等活动。该办法建立了以下农用地土壤环境管理制度：(1)调查和监测制度。环境保护部会同农业部等部门每10年开展一次农用地土壤污染状况调查；统一规划农用地土壤环境质量国控监测点位，组织实施全国农用地土壤环境监测工作。(2)污染预防制度。环保部门确定土壤环境重点监管企业名单并加强监管。农业部门要引导农业生产者合理使用肥料、农药、兽药、农用薄膜等农业投入品，防止农业生产对农用地的污染。(3)分类管理制度。省级农业主管部门会同环境保护主管部门，按照国家有关技术规范，根据土壤污染程度、农产品质量情况，将耕地划分为优先保护类、安全利用类和严格管控类，划分结果报省政府审定。为了防止工业污染源污染周边农用地，办法规定，首先，强化空间布局管控。严格控制在优先保护类耕地集中区域新建有色金属冶炼、石油加工、化工、焦化、电镀、制革等行业企业，有关环境保护主管部门依法不予审批可能造成耕地土壤污染的建设项目环境影响报告书或者报告表。其次，加强环境监测预警。加强对农用地土壤污染风险较大的区域，特别是重点监管企业和工业园区周边农用地土壤的监测，作为环境执法和风险预警的依据。最后，强化执法监管。加强对企业事业单位和其他生产经营者排污行为的监管，将土壤污染防治作为环境执法的重要内容。以有色金属矿采选、有色金属冶炼、电镀、制革等行业为重点，严格执行镉、汞、砷、铅、铬等重金属污染物排放标准，落实相关总量控制指标，并切断污染物进入农田的链条。继续淘汰涉重金属重点行业落后产能，禁止新建落后产能或产能严重过剩行业的建设项目。该《办法》规定分类管理的具体做法是，将符合条件的优先保护类耕地划为永久基本农田，纳入粮食生产功能区和重要农产品生产保护区建设，实行严格保护，确保其面积不减少，土壤环境质量不下降。对安全利用类耕地，农业部门组织制定农用地安全利用方案，报所在地人民政府批准后实施。优先采取农艺调控、替代种植、轮作、间作等措施，阻断或减少污染物和其他有毒有害物质进入农作物可食部分，降低农产品污染超标风险。对严格管控类耕地，农业部门依法提出划定特定农产品禁止生产区域的建议，会同有关部门按照国家退耕还林还草计划，组织制定种植结构调整或者退耕

---

① 《环保部解读〈污染地块土壤环境管理办法（试行）〉》，中华人民共和国中央人民政府网，http://www.gov.cn/zhengce/2017-01/23/content_5162701.htm，最后访问时间：2018年5月25日。

还林还草计划，报所在地人民政府批准后组织实施。[①]

《工矿用地土壤环境管理办法（试行）》适用于从事工业、矿业生产经营活动的土壤环境污染重点监管单位用地土壤和地下水的环境现状调查、环境影响评价、污染防治设施的建设和运行管理、污染隐患排查、环境监测和风险评估、污染应急、风险管控和治理与修复等活动，以及相关环境保护监督管理。该《办法》所指的土壤环境污染重点监管单位包括：有色金属冶炼、石油加工、化工、焦化、电镀、制革等行业中应当纳入排污许可重点管理的企业；有色金属矿采选、石油开采行业规模以上企业；其他根据有关规定纳入土壤环境污染重点监管单位名录的企事业单位。工矿企业是工矿用地土壤和地下水环境保护的责任主体，应当按照办法的规定开展相关活动。造成工矿用地土壤和地下水污染的企业应当承担治理与修复的主体责任。办法对工矿用地涉及土壤和地下水污染的现状调查、环境准入、设施防渗漏、隐患排查、企业自行监测、风险管控和修复等都作了具体的规定。

以上三个部门规章对于我国土壤污染重点领域的污染防治和监督管理起到填补空白的作用，体现土壤污染防治中保护优先、分类管理、风险控制的原则，为下一步的国家土壤污染防治立法奠定了良好的基础。但是，这些立法位阶低，强制性弱，法律责任不全，各自针对土壤污染防治工作不同的领域，又造成了土壤污染防治立法的分割状态。因此，制定全国统一立法势在必行。

三、土壤污染防治法治体系的形成

随着中国土壤污染问题的日益严重，全国人大环资委从 1994 年起开始关注土壤污染防治的立法问题。2005 年 12 月发布的《国务院关于落实科学发展观加强环境保护的决定》也明确提出："要抓紧拟订有关土壤污染……方面的法律法规草案。"[②]2005 年 11 月国家环保局制定的《"十一五"全国环境保护法规建设规划》更是明确将《土壤污染防治法》纳入了"十一五"的立法规划之中。2006 年，全国开展土壤污染普查。与此同时，原国家环境保护总局启动了土壤污染防治方面的立法

① 《环境保护部及农业部有关负责人就〈农用地土壤环境管理办法（试行）〉有关问题答记者问》，载于"环境部发布"微信公众号 2017 年 11 月 27 日。

② 《国务院关于落实科学发展观加强环境保护的决定》（国发〔2005〕39 号）。

研究工作。[①]

由于土壤污染事件频频发生，防治土壤污染，直接关系到农产品质量安全和人民群众身体健康。土壤污染防治作为重大环境保护和民生工程，已经纳入国家环境治理体系。2005—2013年我国首次开展的土壤污染状况调查结果表明，全国土壤环境状况总体不容乐观，部分地区土壤污染较重。全国土壤总的点位超标率为16.1%，耕地超标点位为19.4%，土壤污染已成为亟须解决的重大环境问题和全面建成小康社会的突出问题。2012年9月，国务院原总理温家宝在22位院士提交的《关于我国土壤污染防治的几点建议》上批示指出，"我国土壤污染严重，防治工作紧迫……关系当代人而且关系子孙后代的健康"，要求环境保护部会同有关部门"制定规划，推进立法，使土壤防治工作真正得以落实，取得成效"。为此，2012年9月成立了由环境保护部牵头，国家发改委、国土资源部、工信部、农业部、住建部、科技部、国家卫计委（原卫生部）等部门参加的土壤环境保护法规起草工作领导小组、工作组，以及由环境法和土壤环境专家组成的专家组[②]，正式启动《土壤环境保护法》研究和起草工作。起草工作从2012年10月到2015年4月持续了2年多，专家组先后完成十几稿《土壤环境保护法（立法建议稿）》并多次向国务院法制办、国务院各部委、各省级地方人民政府征求意见。2015年4月，经土壤环境保护法规起草工作领导小组同意，草案草稿提交给全国人大环境与资源保护委员会[③]。全国人大环资委根据立法计划已确定的名称，将草案草稿更名为《中华人民共和国土壤污染防治法（草案）》。

2017年6月召开的第十二届全国人大常委会第二十八次会议第一次审议了全国人大环境与资源保护委员会提交的《中华人民共和国土壤污染防治法（草案）》（以下简称一审稿草案）。一审稿草案以提高环境质量为核心，实行最严格的环境保护制度，将立法作为解决土壤污染问题的根本性措施，立足于我国发展阶段的现

---

① 2006年，原国家环境保护总局启动了土壤污染防治方面的立法研究工作。成立了立法起草研究小组。小组由部分高等院校和专门科研机构的专家组成，开展土壤污染防治立法起草的研究工作。组织立法起草研究小组的专家先后到江西、江苏、上海、广东、湖南等地开展与立法起草相关的调研工作。组织编译了日本、德国、瑞士、加拿大、比利时、美国等十几个国家和地区土壤污染防治方面的法律、法规，为立法起草工作提供参考或借鉴。组织召开土壤污染防治立法专题研讨会、专家讨论会和国际研讨会。见李干杰：《推进土壤污染防治立法　奠定生态环境安全基石》，载《中国环境管理》2015年第2期。

② 专家组由武汉大学环境法研究所王树义教授担任组长，成员包括北京大学法学院汪劲教授、中山大学法学院李挚萍教授、北京理工大学法学院罗丽教授、武汉大学法学院罗吉副教授、中国政法大学民商经济法学院胡静副教授、环境保护部南京环境科学研究所林玉锁所长、中国环境科学研究院李发生总工程师、中国科学院地理科学与资源研究所陈同斌研究员等。

③ 2015年环境保护部牵头完成的《土壤环境保护法》的起草草案没有经过国务院法制办的立法协调，直接提交给全国人大，由全国人大环境与资源保护委员会主导下一阶段的立法工作。

实，着眼于国家的长远利益，使土壤污染防治工作有法可依、有序进行。一是对土壤污染防治主要制度进行总体设计。在预防为主、保护优先、防治结合、风险管控等总体思路下，根据土壤污染防治的实际工作需要，设计法律制度的总体框架。二是有针对性地制定具体措施。根据土壤污染及其防治的特殊性采取了分类管理、风险管控等有针对性的措施，并规定了具体内容。三是解决实践中存在的突出问题。一审稿草案以问题为导向，总结土壤污染防治工作中存在的主要问题和实践中的有效经验，着力解决突出问题。

一审稿草案的主要内容包括：

(1)明确土壤污染防治的政府责任。土壤污染防治需要各级政府按照中央统一部署，不断加大依法推进工作的力度。一审稿草案规定各级人民政府应当加强对土壤污染防治工作的指导、协调，督促各有关部门依法履行土壤污染防治管理职责，规定地方人民政府对本行政区域内土壤污染防治和安全利用负责，将土壤污染防治目标、任务完成情况，纳入生态文明建设目标评价考核体系以及环境保护目标责任制度和考核评价制度，作为考核人民政府主要负责人、直接负责的主管人员工作业绩的内容，并作为任职、奖惩的依据。一审稿草案确立了环境保护主管部门对土壤污染防治工作实施统一监督管理，农业、国土资源、住房城乡建设、林业等其他主管部门在各自职责范围内对土壤污染防治工作实施监督管理的部门管理体制。

(2)建立土壤污染责任人制度。"污染者担责"是污染防治法律的主要原则，一审稿草案首先规定了一切单位和个人都有防止土壤污染的义务，应当对可能污染土壤的行为采取有效预防措施，防止或者减少对土壤的污染，对所造成的土壤污染依法承担责任。鉴于土壤污染防治的特殊性，"草案"特别规定了土地使用权人有保护土壤的义务，应当对可能污染土壤的行为采取有效预防措施，防止或者减少对土壤的污染。"草案"针对农用地确立了以政府责任为主的制度设计，对建设用地确立了由土壤污染责任人、土地使用权人和政府顺序承担防治责任的制度框架。

(3)构建土壤污染防治主要管理制度。土壤污染防治制度是土壤环境保护制度的基础性制度。一是标准制度。一审稿草案明确要求建立和完善国家土壤污染防治标准体系，根据土壤污染的特殊性还要求制定土壤污染风险管控的国家标准，支持对土壤环境背景值和环境基准的研究。二是调查和监测制度。规定每十年组织一次土壤环境状况普查。为了弥补普查时间跨度较大的不足，还规定了国务院有关部门、地方人民政府可以择期开展部分地区土壤污染状况调查，以及国家实行土壤污染状况监测制度，建立土壤污染状况监测网络，统一规划国家土壤污染状况监测站(点)的设置。三是规划制度。规定在制定和修改土地利用规划和城乡规划时，应当充分考虑土壤污染防治要求，合理确定土地用途，规定将国家和地方的土壤污染防治工作纳入环境保护规划，有的地方还需制定专项规划。

(4)建立土壤有毒有害物质的防控制度。为了从源头上预防土壤污染的产生，一审稿草案建立了土壤有毒有害物质的防控制度，规定国家应当根据可能影响公众健康和造成生态环境危害的程度，对有毒有害物质进行筛查评估，公布重点控制的土壤有毒有害物质名录，此名录应当作为制定土壤污染防治相关标准和国家鼓励的有毒有害原料（产品）替代品目录的依据。同时，根据土壤有毒有害物质名录和其他有关情况确定并发布土壤污染重点监管行业名录和土壤污染重点监管企业名单，并对重点监管行业制定相应的管理办法，对重点监管企业提出了防控要求。

（5）建立土壤污染的风险管控和修复制度。一审稿草案根据不同类型土地的特点，分设专章规定了农用地和建设用地的土壤污染风险管控和修复，设置了不同的制度和措施。一是对农用地土壤建立了分类管理制度。规定按照污染程度和相关标准，将农用地划分为优先保护类、安全利用类和严格管控类。规定优先保护未污染的耕地、林地、园地、草地和饮用水水源地，将符合条件的优先保护的耕地划为永久基本农田，实行严格保护；安全利用类耕地集中地区应当制定安全利用方案，进行农艺调控、替代种植，开展协同监测，加强技术指导和培训等风险管控措施；严格管控类农用地应当采取划定特定农产品禁止生产区、调整种植结构、轮作休耕、退耕还林还草、退耕还湿、禁牧休牧等措施。二是对建设用地土壤建立了土壤污染风险管控和修复名录制度，确定国家和省级土壤污染风险管控和修复名录，列入名录的污染地块进行用途限制，规定了需要进行的风险管控和修复措施，以及修复的实施程序和修复过程中的污染防治要求。

（6）建立土壤污染防治基金制度。为了通过多种渠道、多种方式解决土壤污染资金问题。减轻政府责任，同时体现“污染者担责”的原则，一审稿草案规定，国家建立土壤污染防治基金制度，设立中央和省级土壤污染防治基金，主要用于农用地土壤污染治理和土壤污染责任人或者土地使用权人无法认定或者消亡的土壤污染治理以及政府规定的其他事项。规定对本法实施之前产生的，并且土壤污染责任人无法认定或者消亡的污染地块，土地使用权人实际承担风险管控和修复的，可以申请土壤污染防治基金，集中用于土壤污染治理。

2017年12月22日第十二届全国人大常委会第三十一次会议第二次审议了全国人大环境与资源保护委员会提交的《中华人民共和国土壤污染防治法（草案）》（以下简称二审稿草案）。在一审稿草案的基础上，二审稿草案进一步提出：

第一，加强监测土壤污染重点地块。对于土壤污染的监测工作，二审稿草案中提出了明确要求，并列出五类重点监测名单，包括对产出的农产品污染物含量超标的，曾发生过重大污染事故的，用于或者曾用于规模化养殖、固体废物堆放、填埋的，有毒有害物质生产、贮存、利用和处置设施周边的，以及国务院农业、林业、国土资源、环境保护主管部门规定的其他情形。

第二，规定土壤污染重点监管企业。二审稿草案规定，土壤污染重点监管企业应当对自行监测数据的真实性和准确性负责；环保主管部门发现土壤污染重点监管企业自行监测数据异常，应当及时进行调查。

第三，污染问题突出将约谈地方政府。二审稿草案规定，省级以上人民政府环境保护主管部门应当会同有关部门对土壤污染问题突出、防治工作不力、群众反应强烈的地区，约谈设区的市级以上地方人民政府及其有关部门主要负责人，且约谈情况应当向社会公开。

第四，加强未利用地保护。针对向沙漠等土地排污的行为，此次二审稿草案中也进行了明确的规定：县级以上地方人民政府及其有关部门应当依法加强对向沙漠、滩涂、盐碱地、沼泽地等未利用地非法排污、倾倒有毒有害物质等行为的监督检查。

2018年8月27日第十三届全国人民代表大会常务委员会第五次会议审议了全国人大宪法与法律委员会提交的《中华人民共和国土壤污染防治法(草案三审稿)》(以下简称三审稿草案)。三审稿草案主要修改了以下内容：

第一，加强对地下水污染的防治，体现水土一体防治。明确超标地块的土壤污染状况调查报告应当包括地下水是否受到污染的内容；规定农用地地块的土壤污染影响或者可能影响地下水、饮用水水源安全的，生态环境主管部门应当会同农业农村、林业草原等主管部门制定防治污染的方案，并采取相应的措施；增加规定农用地地块的修复方案、建设用地地块的风险管控措施应当包括地下水污染防治的内容；明确对建设用地土壤污染风险管控和修复名录中的地块，生态环境主管部门根据实际情况进行地下水污染状况监测。

第二，突出强调污染者责任。明确土壤污染责任人负有实施土壤污染风险管控和修复的义务；增加规定土壤污染责任人变更的，由变更后承继其债权、债务的单位或者个人履行相关土壤污染风险管控和修复义务并承担相关费用。鼓励和支持有关当事人自愿实施土壤污染风险管控和修复。要求农村集体经济组织及其成员、农民专业合作社及其他农业经营主体等负有协助实施农用地土壤污染风险管控和修复的义务。

第三，加大对土壤污染防治违法行为的处罚力度，提高违法成本，严惩重罚，形成震慑。一是加重对造假行为的处罚，规定土壤污染重点监管单位篡改、伪造监测数据造成严重后果的，处20万元以上100万元以下的罚款；规定对专门从事土壤污染状况调查、风险评估、效果评估活动的单位出具虚假报告的违法行为，情节严重的，永久性禁止从事相关业务；并增加规定对直接负责的主管人员和其他直接责任人员处以罚款，情节严重的十年内禁止从事相关业务，构成犯罪的终身禁止从事相关业务；同时规定这些单位与委托人恶意串通，出具虚假报告，造成他人人身或者财产损害的，应当与委托人承担连带责任。二是增加规定对农业投入品使用者未按照规定及时回收肥料等农业投入品的包装废弃物或者农用薄膜，农药使用者未按照规定及时回收农药包装废弃物交由专门的机构或者组织进行无害化处理的违法行为的处罚。三是强化个人责任，对实施风险管控或者修复活动造成新的污染、拒不配合检查、未按照规定采取风险管控措施等违法行为，增加规定对直接负责的主管人员和其他直接责任人员处以罚款。四是加重对土壤污染责任人或者土地使用权人未按照规定实施后期管理的违法行为的处罚。

2018年8月31日第十三届全国人民代表大会常务委员会第五次会议通过了《土壤污染防治法》，并于2019年1月1日起施行。土壤污染防治专门立法的颁布和实施，使得我国土壤污染防治的法律制度基本完善，法治体系基本形成，推动我国土壤污染防治进入全面法治时期。

第二节　土壤污染防治法的基本理念与制度构建

一、土壤污染防治专门立法的基本定位

土壤污染防治专门法立法过程中，主要存在以下争议点：

1.立法规制的范围

专门土壤环境立法是以土壤污染防治为主呢？还是以保护系统、保护土壤环境为主？起草伊始，环境保护部的基本定位是，我国的土壤环境立法应该强调保护优先，土壤环境是一个生态系统，土壤环境保护是一个系统工程，应进行整体的立法。因此，土壤环境立法最初名称为《中华人民共和国土壤环境保护法》。但是，立法草案进入全国人大后，名称改为《中华人民共和国土壤污染防治法》，其主要理由是全国人大通过的立法计划中，所采用的名称是《中华人民共和国土壤污染防治法》，其他理由则是为了与我国现有的其他污染防治法的名称和体例保持一致。对此，学者和实务部门的人士也持不同意见。部分学者建议将目前立法程序中所制定的《土壤污染防治法》修改为制定《土壤环境保护法》。从国外土壤立法的经验结合中国具体的国情来看，制定《土壤污染防治法》并不能完全满足中国土壤保护的实际需要。中国应当制定一部全面的、综合性的《土壤环境保护法》。《土壤环境保护法》与《土壤污染防治法》相比，其调整对象的范围更宽，全面涉及土壤环境的保护和改善、土壤资源的合理利用、土壤污染的预防、污染土壤的治理或修复、污染土壤的环境风险管控以及污染场地的再开发利用等一系列问题。制定综合性的《土壤环境保护法》是第二代土壤立法的趋势，体现源头保护的思想。要实现对土壤的有效保护，仅仅关注土壤污染防治是不够的，必须从分割式的保护方法向综合性的保护方法转变。[①] 部分实务部门和学者则认为，土壤环境立法应该与目前已有的

① 王树义等：《土壤污染管理研究》，载《中国环境报》2015年11月11日第2版。

其他污染防治单行立法的体例保持一致，其定位就是一部污染防治单行法，不是一部综合立法。土壤环境保护的概念太泛，而且管理职能分散在不同的部门，试图通过一部立法统一去解决污染防治与生态保护的问题不太现实。

我国的环境管理模式已经从污染控制为核心，转移到以环境质量改善为核心，并且开始向着更加关注人体健康和生态安全，以风险预警、预测和应对为主要标志的管理模式发展。自2014年以来，我国修订了《环境保护法》《大气污染防治法》《水污染防治法》等重要环境法律，其中的重要修改方向之一是强调环境质量目标的核心地位，确立环境质量目标的强制约束性，完善实现环境质量目标的制度保障措施。此外，综合环境管制也是立法的重要走向。针对我国环境管理制度长期存在碎片化的问题，习近平总书记反复强调环境保护要体现山水林田湖草一体化的思路。2016年10月，环境保护部印发《全国生态保护"十三五"规划纲要》提出"按照山水林田湖系统保护的要求，以改善环境质量为核心……大力推进生态文明建设"。新时期的环境立法应该理顺提高环境质量的核心目标与环境管理手段的关系，采取整体的、系统的和综合的管理手段和措施对环境实施整体保护和监管。因此，推动土壤环境立法向着更为综合化、系统化的方向发展才符合客观规律和现实需要。

2.管制目标及对策措施的选择

土壤污染问题日益显现后，对于我国土壤环境保护的重点是放在污染土壤的治理修复上，还是清洁土壤的保护上；对于受到污染的土壤，是以修复为主，还是风险管控为主？这一争议在立法的前期阶段一直存在。其中包含着不同利益集团的博弈。公众担心食品安全及居住安全问题，当然希望法律能彻底清除可能损害健康安全的所有土壤污染隐患，土壤修复企业期待着土壤环境立法规定严格的土壤污染治理修复制度，进而可以催生一个巨大的土壤修复市场；污染企业则担心土壤治理修复成本太大导致他们无法承担；土壤治理修复需要巨大的资金支持，如果要求对受污染的土壤都进行修复，各级政府则苦恼于土壤修复所需要的巨额资金从哪里来。这些现实问题是立法者必须去面对及解决的。我国的环境立法自2014年开始，逐步由过去的污染控制为主向着以环境质量改善为主的方向发展。在土壤环境立法过程中，最终确立了坚持预防为主、保护优先、分类管理、风险管控、污染担责、公众参与的基本原则。其中源头控制、保护优先是首要原则，强调优先保护清洁土壤，使其环境质量不下降，防止土壤污染出现；然后，对于可能产生的土壤污染进行预防，将污染危害降到最低；最后，一旦出现土壤污染，必须进行风险管控，土壤修复是风险管控的一个环节，受到污染的土壤并非都必须进行修复，部分受到污染的土壤环境修复不可行，有的是因其损害具有不可逆转性，有的是因为当前技术不成熟，经济上过于不合理，土壤环境修复只能暂时搁置。所以，修复必须根据实际情况来确定，但是风险管控措施必须要采取，确保将土壤污染危害控制在最小的范围和程度。

3.土壤环境专门立法与其他的关系

在土壤环境立法中还存在着应否规定防止污染的内容，如果有污染预防条款，那么它与其他污染防治立法是什么关系的争议。几乎各种形态的污染物最终都会沉淀在土壤里，土壤污染基本上是由大气污染物、水污染物、固体废弃物及其他污染物质引起，不存在一种所谓的土壤污染物。防治土壤污染，实际上就是阻隔、切断来自大气、水体，以及相关设施设备的污染源，相关的预防措施与大气、水、固体废弃物污染防治立法以及农药、化肥等农业投入品管理中的相关规定没有什么区别，是否需要将其他污染防治法已经规定的防治措施重复规定？如果是，那么，土壤环境保护法就会与其他污染防治立法高度重复；如果否，那么土壤污染预防没有多少实质性的内容，所谓预防为主的原则就会很空。目前通过的《土壤污染防治法》的第三章为"预防与保护"，这一章中共有17个条款，其中至少10个条款存在与其他立法重复的问题，而且重复的规定只能是原则性，远远不如其他专门立法详尽，更不可能替代其他立法的规定，很有可能成为鸡肋性条款。土壤污染防治的内容必须与其他污染防治立法错位发展，相互补充，重点规定其他法律没有规定，但是对于土壤污染防治必不可少，或者其他立法已经有规定，但是没有考虑土壤环境保护的需要的内容。对于其他法律已规定的可适用于土壤污染防治的内容用一个转引性的条款来提及，这样既可保障体系的完整性，也可避免不必要的重复。

二、土壤污染防治法的立法目的和原则

（一）立法的目的

《土壤污染防治法》第1条规定："为了保护和改善生态环境，防治土壤污染，保障公众健康，推动土壤资源永续利用，推进生态文明建设，促进经济社会可持续发展，制定本法。"

立法目的条款体现出我国土壤污染防治的三个层次的目的：第一层次的目的是保护和改善环境，防治土壤污染。这是立法的直接目的，也是首要任务，所有土壤环境保护目标必须通过保护和改善土壤环境来实现。第二层次的目的是保障公众健康，推动土壤资源的永续利用。这是立法的间接目的，也是法律的价值体现。所有对土壤保护所做的努力都应当立足于保障公众健康、生态安全和经济福祉，保障土壤资源为未来世代的发展提供良好的服务。[①] 第三层次的目的是推进生态文明建设，促进经济社会可持续发展，这是立法的长远目的，也是根本目的。最终推动本法目的与国家总体目标融合在一起。

---

① 王树义等：《土壤污染管理研究》，载《中国环境报》2015年11月11日第2版。

(二)法律的基本原则

《土壤污染防治法》第 3 条规定:“防治土壤污染应当坚持预防为主、保护优先、分类管理、风险管控、污染担责、公众参与。”《土壤污染防治法》的基本原则是对土壤污染防治工作具有普遍指导意义的规则,它们与《环境保护法》所规定的基本原则相比,既具有总分的关系,也体现土壤污染防治的特殊性。

“预防为主”强调的是源头控制,防止土壤污染的产生。由于土壤既是污染物的汇,也是污染的源,所以相对于污染土壤的修复,土壤环境保护工作更重要的是污染源控制和风险管控,以不再形成新的污染为首要目标。

“保护优先”强调的是保护清洁土壤,使其环境质量不下降。从我国 2005—2013 年我国首次开展的土壤污染状况调查结果来看,尽管污染土壤的面积在增加,特别是大城市、大型工矿企业周边区域,但是总体而言,污染物未超标的清洁土壤仍然占多数,参照国际上相关经验,土壤环境保护与土壤污染治理、修复的资金投入比大约是 1∶100。土壤污染治理、修复的财力投入远远高于土壤环境保护。土壤环境保护是治本,事前预防,事半而功倍。土壤污染治理、修复是治标,事后补救,事倍功半。标本兼顾,固然好,但那只是一种理想的状态。在国家以及全社会的土壤环境保护资源有限的情况下,将资源优先配置于清洁土壤的保护可以达事半功倍的效果。

“分类管理”强调应该根据土地的类别、土地的用途采取不同的土壤环境管理和风险管控措施。我国国土面积辽阔,土地类型多样,各地的土壤状况差别大,土壤污染防治立法必须因地制宜,有针对性;此外,土地用途不同,对土壤环境质量有不同的要求,其中与公众身体健康及安全关系最为密切的是农业用地以及居住用地,这两类土地是土壤环境保护的重点,应该实行最严格的保护制度。农业用地和建设用地是基于用途而划分的两个最大的土地类型,它们在产权形态、开发利用方式、经营管理模式、管理体制机制、环境质量要求、主要环境问题等方面存在很大的差别,相关的环境管制、污染防治措施和责任救济机制的设计应该遵循不同的逻辑。《土壤污染防治法》在整个制度设计中,特别是“污染土壤的治理与修复”一章对两类土壤环境分别进行规定,而在农业用地和建议用地内,也根据土壤的污染状况和具体用途规定分类更为细致的管控措施,这是分类管理原则的体现。

“风险管控”是对已经形成的污染采取迅速和有效地加以风险控制,不再任其迁移和转移,并严格管控在修复过程中产生二次污染。对于确认受污染较严重的农村耕地,禁止种植任何可能进入食物链的农作物;对于拟开发利用的污染场地,未经开展环境调查及风险评估的、未明确治理修复责任主体的,禁止进行土地流转;对于污染场地未经治理修复的,禁止开工建设与场地修复无关的任何项目。风险管控的内涵很广,其指向的“风险”包括已经存在或者可能存在的土壤污染损害,也包括不确定的土壤污染危害后果,管控措施则包括所有管理和控制土壤污染风险所需要的手段和措施。

“污染担责”是污染者负担原则的另一种表述，指造成土壤污染破坏的责任人应该承担由此产生的法律后果。近年来，土壤环境保护责任制度有了进一步的发展，首先是责任主体的扩大，从过去只指向污染者，扩大到对于危害后果的发生也有过错的其他责任者，特定情况甚至包括关联主体（如污染物的最初产生者、污染物的运输者、污染场地的所有者、管理者和承包者、污染设施的所有人、出租人、污染治理的分包者、环境服务单位等）；其次是责任内涵的延伸，从关注到对“人”的损害到关注对“环境”的损害；再次是责任的形式增加，生态环境损害赔偿、生态环境修复等纳入责任的范畴；最后是责任的构成要件等也在发生变化。因此，对于“污染担责”原则的理解也应该与时俱进。

“公众参与”是鼓励公众参与到土壤污染防治、污染土壤治理修复过程。公民、法人和其他组织享有依法获取土壤污染防治信息、参与和监督土壤污染防治的权利。政府有关部门应当依法公开土壤污染相关信息。各级人民政府及其有关部门和新闻媒体应当加强土壤污染防治宣传教育和科学普及，增强公众土壤污染防治意识，引导公众依法参与土壤污染防治工作。

三、土壤污染防治的基本制度

（一）土壤污染防治的制度框架

《土壤污染防治法》中的基本制度可以分为四大类：(1)土壤环境监管制度。长期以来，由于环境管理基础性制度的缺乏，我国土壤环境状况家底不清，管理无法到位。因此，我国的土壤污染防治立法首先建立了土壤环境管理的基础性制度，这类制度包括土壤环境污染防治规划制度、土壤污染状况调查、监测、评估制度、土壤环境标准制度、土壤环境信息共享制度等。(2)土壤污染防控制度。为了从源头上预防土壤污染的产生，法律建立了土壤有毒有害物质的防控制度，包括重点控制的土壤有毒有害物质名录制度，土壤污染重点监管行业名录和土壤污染重点监管企业名单制度，并对重点监管行业制定和重点监管企业提出了防控要求。(3)土壤污染风险管控和治理修复制度。土壤污染风险管控和修复包括土壤污染状况调查和土壤污染风险评估、风险管控、修复、修复效果评估、土壤污染防治基金保障等制度和措施。在规定了一般性要求之后，立法根据不同类型土地的特点，分别规定了农用地和建设用地的土壤污染风险管控和修复的制度和措施：对农用地土壤建立了分类管理制度；对建设用地土壤建立了土壤污染风险管控和修复名录制度，列入名录的污染地块进行用途限制，根据名录实施不同的管制措施等。(4)土壤污染责任制度。鉴于土壤污染防治的特殊性，除了规定污染者的责任，法律特别规定了土地使用权人有保护土壤的义务，应当对可能污染土壤的行为采取有效预防措施，防止或者减少对土壤的污染。针对农用地确立了以政府责任为主的制度设计，对建设用地确立了由土壤污染责任人、土地使用权人和政府顺序承担防治责任的制度框架。对于历史遗留问题也规定了特殊的责任机制。

(二)土壤污染防治的重点制度

1.土壤环境标准制度。

土壤环境标准是土壤污染管理的基础以及不可或缺的重要手段。中国长期以来缺乏应有的土壤环境标准,导致现实的土壤污染管理缺乏抓手,缺乏尺度。构建一个完整科学的土壤环境标准体系,也就成为当前中国加强或改善土壤污染管理的重中之重。土壤环境标准体系的构建,要从中国土壤污染管理的现实需要出发,从中国具体的土壤环境国情出发,以保障人体健康,保障生态安全为基本目的。土壤环境标准体系应当由土壤环境质量标准、土壤污染风险管控标准、区域土壤环境背景值标准、土壤污染调查、监测、评估、修复等技术标准以及土壤环境基础标准等构成。土壤环境标准可以分为国家土壤环境标准和地方土壤环境标准。

《土壤污染防治法》第 12 条规定:“国务院生态环境主管部门根据土壤污染状况、公众健康风险、生态风险和科学技术水平,并按照土地用途,制定国家土壤污染风险管控标准,加强土壤污染防治标准体系建设。”“省级人民政府对国家土壤污染风险管控标准中未作规定的项目,可以制定地方土壤污染风险管控标准;对国家土壤污染风险管控标准中已作规定的项目,可以制定严于国家土壤污染风险管控标准的地方土壤污染风险管控标准。地方土壤污染风险管控标准应当报国务院生态环境主管部门备案。”立法只要求制定土壤污染风险管控标准,土壤环境质量标准与土壤污染风险管控标准是什么关系?这是科技界和法学界一直未能明确说明的问题。2018 年 6 月生态环境部发布了《土壤环境质量　农用地土壤污染风险管控标准(试行)》《土壤环境质量　建设用地土壤污染风险管控标准(试行)》两项标准,以上标准生效后,1995 年的《土壤环境质量标准》同时废止。从标题及其效力来看,土壤污染风险管控标准是土壤环境质量标准的组成部分,而土壤环境质量标准将被一系列的土壤污染风险管控标准所替代。与即将废止的《土壤环境质量标准》相比,新的环境质量标准最大的变化在于确立了风险管控思路,设立了土壤污染风险筛选值和管制值两个限制。

除了土壤污染风险管控标准,我国还制定了《地下水环境质量标准》《食用农产品产地环境质量评价标准》《温室蔬菜产地环境质量评价标准》《展览会用地土壤环境质量评价标准(暂行)》《地下[illegible]壤环境监测技术规范》《铬渣污染治理环境保护技术规[illegible]则》《场地环境监测技术导则》《污染场地风险评[illegible]》《污染场地术语》等环境质量标准[illegible]工作的开展奠定了良好的基础。

2.土壤污染调查制度

土壤污染状况不清是我国目前实行土壤环境监管最大的难题，土壤调查制度是摸清土壤状况的基本手段。《土壤污染防治法》规定了完善的土壤污染调查制度，调查包括三个层面：(1)定期的土壤污染普查。《土壤污染防治法》第 14 条规定，国务院环境保护主管部门应当会同国务院农业、国土资源、住房城乡建设、林业等主管部门，每 10 年至少组织一次全国土壤污染状况普查。国务院有关部门、设区的市级以上地方人民政府可以根据本行业、本行政区域实际情况组织开展土壤污染状况详查。(2)发现土壤污染后的调查。《土壤污染防治法》第 44 条规定，发生突发事件可能造成土壤污染的，地方人民政府及其有关部门和相关企业事业单位以及其他生产经营者应当立即采取应急措施，防止土壤污染，并依照本法规定做好土壤污染状况监测、调查和土壤污染风险评估、风险管控、修复等工作。《土壤污染防治法》第 52 条和第 59 条则规定对土壤污染状况普查、详查和监测、现场检查表明有土壤污染风险的农用地地块和建设用地场地，涉及农用地的地方人民政府农业农村、林业草原主管部门应当会同生态环境、自然资源主管部门进行土壤污染状况调查。对土壤污染状况调查表明污染物含量超过土壤污染风险管控标准的农用地地块，地方人民政府农业农村、林业草原主管部门应当会同生态环境、自然资源主管部门组织进行土壤污染风险评估，并按照农用地分类管理制度管理。涉及建设用地的由地方人民政府生态环境主管部门应当要求土地使用权人按照规定进行土壤污染状况调查。(3)土地用途变更时的调查。建设用地用途变更为住宅、公共管理与公共服务用地的，变更前应当按照规定进行土壤污染状况调查。

3.农用地分类管理制度

农业用地(特别是耕地)和工矿业场地，在遭受污染方式、污染特征、对人体危害的暴露方式和危害机理等方面不同，土地的所有制形式、治理修复的方式、开发利用的模式、基金来源等也有极大差异，因此，有必要针对农业土壤保护和工业场地环境风险管制适当分开立法，根据两者的特征分别规定管控方式和目标、责任主任、资金来源、监督管理等，以增强土壤立法的实用性和针对性。国外土壤环境立法很少有农业用地修复这种提法，因为修复往往指将污染清除，农业用地受到污染后，一般受影响面积大，由于成本太高无法进行快速的污染清除，此外，为了保护及恢复用地生产力，一般不适宜采取物理、化学等修复方法，宜更多地采用种植结构调整、农艺结合、生物萃取等方法进行，这些方法被认为是一种环境整治，而不是环境修复。[①]

我国目前的立法也区分农业用地和建设用地规定了不同的管控措施。对农用地土壤建立了分类管理制度。规定按照污染程度和相关标准，将农用地划分为优

① 李挚萍：《土壤修复制度立法探讨》，载《环境保护》2015 年第 15 期。

先保护类、安全利用类和严格管控类。优先保护未污染的耕地、林地、园地、草地和饮用水水源地，将符合条件的优先保护的耕地划为永久基本农田，实行严格保护。在永久基本农田集中区域，不得新建可能造成土壤污染的建设项目。已经建成的相关建设项目，县级以上地方人民政府应当限期关闭拆除；安全利用类耕地集中地区应当采取制定安全利用方案，进行农艺调控、替代种植，开展协同监测，加强技术指导和培训等风险管控措施；严格管控类农用地应当采取划定特定农产品禁止生产区、调整种植结构、轮作休耕、退耕还林还草、退耕还湿、禁牧休牧等措施。

4.土壤污染修复制度

土壤环境保护是一项复杂的系统工程，相关的制度有很多，土壤修复制度是其中一项，该制度与其他制度紧密相连，甚至需要以其他制度为前提。由于中国受到污染的土壤很多，不可能也没有必要都进行修复，一般情况下只有经过污染土壤的环境风险评估，确认有修复的必要和可能时，才进行修复。土壤修复制度只是管制污染土壤环境风险的措施之一，所以，土壤修复制度的设计必须放在土壤环境管理的总体框架下考虑，与其他制度和措施相协调。①

目前我国立法对土壤污染修复活动的管理环节包括：(1)土壤污染调查、评估。在上文提到的各类调查评估的基础上，制定土壤污染修复规划、计划。(2)确立土壤污染风险管控和修复名录，并对污染地块实行名录管理。名录制度主要针对建设用地。建设用地土壤污染风险管控和修复名录由省级人民政府环境保护主管部门会同国土资源等主管部门确定，并根据风险管控和修复情况适时修订。(3)编制污染土壤修复方案。对建设用地土壤污染风险管控和修复名录中需要实施修复的地块，由土壤污染责任人负责修复。土壤污染责任人应当结合土地利用总体规划和城乡规划编制修复方案，报当地人民政府环境保护主管部门备案；地下水受到污染的，修复方案中应当包括对地下水修复的内容，并征求地方人民政府水行政主管部门意见。(4)修复过程中的约束及监管。土壤修复工程技术复杂、隐蔽性强、时间跨度长，监管难度大。为了防止修复过程产生二次污染，法律规定土壤修复过程中产生的废水、废气和固体废物，应当依照国家和地方有关规定进行处理、处置，并达到国家或者地方规定的环境保护标准。土壤修复过程中产生的固体废物以及拆除的设备、设施、构筑物等属于危险废物的，应当依照国家有关法律法规和标准的要求进行处置。修复施工期间，应当设立公告牌，公开修复工程基本情况和环境保护措施。修复施工单位转运污染土壤应当按照修复方案制定转运计划，将运输时间、方式、线路和污染土壤数量、去向、最终处置措施等，提前报告所在地和接收地环境保护主管部门。转运的污染土壤属于危险废物的，修复施工单位应当依照国家有关法律法规和标准的要求进行处置。(5)修复工程完成后的评估验收。土壤

① 李挚萍：《土壤修复制度立法探讨》，载《环境保护》2015 年第 15 期。

污染修复活动完成后，土壤污染责任人应当另行委托有关单位对修复效果进行评估，并将评估结果报地方人民政府环境保护主管部门备案。土壤污染修复活动完成后，仍需采取后期管理措施的，土壤污染责任人应当按照修复方案的相应要求，实施后期管理。对达到风险评估报告确定的风险管控、修复目标的建设用地地块，土壤污染责任人可以申请省级人民政府环境保护主管部门移出建设用地土壤污染风险管控和修复名录。未达到风险评估报告确定的风险管控、修复目标的建设用地地块，禁止开工建设任何与风险管控、修复无关的项目。

5.土壤污染防治资金保障制度。土壤治理修复所需要的资金巨大，任何国家都难以通过责任人单一的资金来源来解决这个问题。建立社会化的多元资金途径是国际趋势。土壤污染防治资金首先根据“污染担责”的原则，由污染责任人负责筹措。同时，土壤环境的改善属于公共利益的范畴，政府作为公共利益的当然代表，承担投入部分资金的义务亦属理所当然。因此，应当通过政府财政投入和转移支付、政府可以通过各种财源建立的修复基金、企业缴纳生态环境补偿费和生态修复保证金、社会捐助、银行贷款等方式建立土壤污染治理修复资金支撑机制。《土壤污染防治法》的特色之一是规定国家建立土壤污染防治基金制度，设立中央和省级土壤污染防治基金，主要用于农用地土壤污染治理和土壤污染责任人或者土地使用权人无法认定或者消亡的土壤污染治理以及政府规定的其他事项。规定对本法实施之前产生的，并且土壤污染责任人无法认定或者消亡的污染地块，土地使用权人实际承担风险管控和修复的，可以申请土壤污染防治基金，集中用于土壤污染治理。当然，目前《土壤污染防治法》中的基金制度是粗线条的，其具体规则有待国务院有关部门制定。

第三节　土壤污染防治法治发展的展望

一、建立以政府为主，多元参与的污染治理架构

发达国家的土壤污染治理从以政府为主，到以多元主体的参与为主。私人主体已经成为主要的治理主体。在实施治理计划时，强制手段和自愿手段相结合。前期强调强制性手段，后来越来越多地重视与地方政府、私人机构建立伙伴关系来解决问题。我国土壤污染防治的中期目标是：“到2020年，法规和标准体系初步建立，土壤污染修复基本实现市场化，农业土壤环境得到有效保护，工业污染场地开发依法有序，大部分地区土壤污染恶化趋势得到遏制，部分地区土壤环境质量得到改善，全国土壤环境总体状况稳中向好。”而要实现这个中期目标，当前我们需要做的是，在明确责任主体和质量标准的前提下，按照“谁污染，谁付费”“谁投资，谁受

益”“环境污染第三方治理”等基本原则，尽快建立起社会参与机制，广泛动员吸引全社会的参与，政府发挥主导作用，企业是防治的主体，鼓励公众参与污染治理修复计划的制定、实施监督，鼓励社会各界参与土壤修复机制的科学研究、技术开发和奉献财力、物力等。建立起新型的商业模式，鼓励与引导社会资本投入土壤环境保护事业中，切实改变当前土壤污染防治主要由中央财政投入的单一局面。

土壤污染防治和治理修复关系到许多人的利益，土壤污染防治法应当建立相应的渠道，保障各个利益相关方可以参与到土壤环境保护的过程之中，有效的公众参与可以保障公众的环境权，缓解污染场地周边的紧张关系，帮助寻求合适的风险管控和修复方案，监督风险管控和修复过程，补充政府执法力量的不足。土壤环境信息的交流与公开，对于形成土壤环境保护政府、企业和社会共赢的合作模式是十分重要的，是合作的基础。同时，有利于清理、解决土壤污染防治中公众关心的问题，使预期的土地利用更加符合社会的需求。应当建立透明的土壤信息系统，采取多种方式，便利公众和相关利益方查阅有关土壤环境信息，包括政府和企业信息。应当认真收集公众意见，鼓励企业与公众，特别是受土壤污染影响的单位和个人，进行沟通交流。

在制定污染土壤管理政策、风险控制措施直至具体修复治理、资金筹措工作等不同决策层面上，全面开展利益相关各方的对话与磋商，促进形成共识的互动过程。目前污染土壤污染防治过程中的公众参与严重不足，主要原因是缺少相关法律依据、缺乏公众参与意识及相关渠道。建议在土壤环境保护法中进一步明确规定公众参与制度，要求政府及污染土壤相关管理部门在土壤修复方案制定、修复验收等环节组织公众参与，设立专门的公众交流机构，建立良好的沟通机制；加强对公众的风险教育及参与能力建设；当公众参与权受到侵犯时进行提供法律救济。

二、土壤环境保护与经济振兴相结合

在过去，土壤受到危险物质污染意味着这块土地将永远被废弃，尽管它被清理、治理后也可能是安全的，但是一旦被贴上污染土壤的标签，它往往会被隔离起来，成为经济上永远的瑕疵。多国法律创设了相应制度将污染治理与在污染地块的再利用结合起来。其污染地块恢复计划不但鼓励了更多的人参与污染土地的治理，而且促进了土地的再开发利用，取得了良好的环境效益和经济、社会效益。

美国 1980 年颁布的《超级基金法》实施一段时间后，美国产生了棕色土地问题。棕色土地，即“由于已经存在或者潜在的危险物质、污染物质的污染而难以扩展、再开发或者再利用的地块"①。具体地说,棕色地块包括那些废弃加油站、干洗店、照相馆、工业用地以及可能含有有毒有害物质的建筑物等。棕色地块产生的根本原因是美国20世纪70年代以来经济结构和产业结构大调整,投资和产业活动向偏远欠发达地区、城市郊区和国外扩张及转移。棕色地块产生的直接原因还可以归结于《超级基金法》的实施,由于该法对环境污染规定了非常严厉的赔偿责任和责任追究机制,使得一些潜在的投资者和商务活动不敢到这些有污染的地方投资,而是选择安全的绿色地块,即位于城市边缘或者郊区的未开发地区。② 于是,一方面,在城市中心出现大量的被废弃的土地,产生无数的棕色地块;另一方面,城市边缘和郊区的良田被大量开发,导致绿色土地迅速消失。这一现象不但导致了土地的浪费,而且还产生了严重的社会问题,一些旧的社区因此沦落、就业机会大大减少、贫困加剧、犯罪增加等。为了从整体上、长远地解决这一问题,1993年联邦环保局启动了棕色地块再开发计划(Brownfield's Initiative),授权州、社区和其他发展商共同对棕色地块进行治理和再利用。1997年联邦环保局还出台了一个"棕色地带全国伙伴行动议程",2002年美国国会通过了《棕色地带法》,以鼓励中小企业参与棕色地带的再开发计划。③

棕色地块再开发计划的主要内容包括:(1)为棕色地块的评估和清理示范项目提供资金。(2)分清责任和清理事项。清晰地确定联邦环保局在实施强制治理权时的权限,分清州和地方政府合作开发这些地块时各自承担的责任和义务。(3)建立伙伴关系。在联邦机构、州、城市和社区之间建立伙伴关系,以促进在棕色地块清理和再开发决定中的公众参与和社区参与。(4)增进就业和培训。通过环境教育项目提升劳动力水平,从地处棕色区域的社区招收学生、提供工人培训,为靠近棕色地块的居民创造就业机会。自棕色地块再开发计划启动以后,到2000年已为全国500多个项目发放了总数达到1.6亿美元的资金,这些项目产生了7000多个就业机会,带动了23亿美元的私人投资。④ 这项计划是一项成功的商业计划,也是一项成功的社会政策,经过棕色地块的再开发利用,将希望重新带回这些已经被

---

① Environmental Protection Agency of US, "Superfund's 25th Anniversary: Capturing the Past, Charting the Future", http://www.epa.gov/superfund/25anniversary/,最后访问时间:2015年9月4日。

② 王旭:《美国"棕色地带"再开发计划和城市社区的可持续发展》,载《东南学术》2003年第3期。

③ 李挚萍、陈春生等编:《农村环境管制与农民环境权保护》,北京大学出版社2009年版,第127~129页。

④ Environmental Protection Agency of US, "Superfund's 25th Anniversary: Capturing the Past", Charting the Future, http://www.epa.gov/superfund/25anniversary/,最后访问时间:2015年9月4日。

废弃的地区，带动了这些地区的就业、治安、环境质量的好转。

加拿大土地开发利用和土壤环境保护的主要职责在地方政府，市级政府负责修复所有权归其所有的棕色地块、权利归还给城市的地块和一些无主地块。它们也对公共机构所有和私人所有的棕色地块的相关活动进行管制和规划。市级政府在棕色地块的修复和再开发发展积累了不少的经验，包括：(1)提供税收奖励和免除部分市政费用来鼓励发展。(2)为环境和可行性研究提供补助。(3)通过过程管理及审批来指导开发者。(4)对棕色地块进行重新分类来提高它们的价值。(5)制作一份未利用的不动产清单并将它们纳入城市计划中。(6)采用团队方法使开发商和公众参与规划制定过程。(7)与其他城市、省级政府和联邦政府合作使规章合理化、明确化，并且分享成功的经验。(8)成立一个保护基金来支持城市棕色地块修复及开发方案。(9)运用明智发展原则再开发棕色地块和三重底线方法来融合经济、环境和社会利益。(10)使用可持续的拆除和清除方法，包括自然生态修复和建筑材料的重新利用。

我国人口众多，土地资源极为稀缺，珍惜、利用好每一寸土地是我国的国策。立法在强调污染担责的同时，也要制定相关的激励政策和措施，鼓励社会力量参与污染土壤的治理修复，在特定领域实现“谁投资，谁受益”的原则，使得土壤污染治理可以成为土地资源再开发利用、经济转型和城乡可持续发展的助推器。

第五章

固体废物污染环境防治法律制度的变迁

我国固废污染环境防治法律制度的发展分为五个阶段。前环保阶段从1949年新中国成立至1972年，起步阶段从1972年至1978年，初创阶段从1979年至1995年，成型阶段从1979年至1995年，拓展阶段从2002年至今。划分节点基于如下事实：1972年我国环境保护的意识形成，1979年《环境保护法（试行）》颁布，1995年《固体废物污染环境防治法》（以下简称《固废法》）颁布，2002年重点贯彻减量化的《清洁生产促进法》颁布。

固废处置方法包括海洋处置和陆地处置。陆地处置包括土地耕作、工程库或贮留池贮存、土地填埋以及深井灌注，其中土地填埋法最常用。海洋处置主要分为海洋倾倒和远洋焚烧。[①] 鉴于海洋倾废规定在《海洋环境保护法》之中，根据本书体例，海洋环境保护法律制度单独成章，本章不梳理海洋倾废制度。

第一节　固体废物污染环境防治法律制度的起步

新中国成立初期，我国面临着迅速发展工农业生产的紧迫任务。经过3年恢复时期和实施以工业化为主体的第一个五年计划，到20世纪50年代末，我国工业

① 陈英旭主编：《环境学》，中国环境科学出版社2001年版，第265页。

化基础初步奠定，但农业经济仍然是国民经济的主要组成部分，工业生产带来的环境污染开始出现但并不严重。[①] 该时期固废的控制主要体现在《矿产资源保护试行条例》和《工厂安全卫生规程》两个文件中。

1965年颁布的《矿产资源保护试行条例》(已失效)首次对矿产资源实行综合勘探、综合开发和综合利用的方针和措施作出了规定。第2条要求"地质勘探、矿山设计、开采、选矿、冶炼、矿产加工和使用等各个环节的各有关部门，应当主动配合、密切协作，把保护矿产资源的工作视为一个整体，正确处理当前与长远之间、局部与整体之间、用矿与保矿之间的关系，切实贯彻执行综合勘探、综合开发和综合利用的方针，以促进生产的发展"。该条例专设第五章"选矿、冶炼、矿产加工和使用"，规定："选矿、冶炼企业在选矿、冶炼过程中，应当综合回收矿产资源，努力提高回收率，尽量回收一切有用部分。对某些限于当前经济技术条件暂时不能回收的，应当妥善保存，以便将来利用。""有关的生产单位和科学研究单位，应当密切协作，加强对矿石冶炼性能的科学研究工作，设法回收一切有用的矿产资源。""选矿、冶炼企业为了充分回收和综合利用矿产资源，应当积极采取技术措施，改进现有不合理的工艺流程。对于必须改建或扩建的工程(如粉矿加工、筛分分级、多金属回收车间等)，主管部门应当给以积极的帮助。"该文件虽名曰"条例"，并未专门明确规定具体的法律责任，仅仅规定"对于违犯本条例致使矿产资源遭受破坏或损失的，应当及时进行批评教育，情节严重的应当进行适当处理"。

1956年颁布的《工厂安全卫生规程》(已失效)。该规程规定"原材料、成品、半成品和废料的堆放，应该不妨碍通行和装卸时候的便利和安全"，"垃圾应该收集于有盖的垃圾箱内，并且定期清除"，"废料应该及时清除"，"废料和废水应该妥善处理，不要使它危害工人和附近居民"。该规程本来是以劳动保护为主要任务的，但也规定了工厂应对所产生的废弃物加以管理和控制，对各种废料应当妥善处理，不使它危害工人和附近居民。这是我国第一个对防止工业污染作出规定的法律文件[②]。该《规程》也未规定具体的法律责任。

该阶段呈现如下特点：第一，有关固废的文件数量很少，只有《矿产资源保护试行条例》中的综合利用规定和《工厂安全卫生规程》。第二，未规定相应的具体的法律责任。这与我国当时的计划经济体制和整体法治状况有关。计划经济体制下，计划经济条件下，社会生产什么，生产多少，怎样生产，如何分配等经济决策的大权高度集中于政府，尤其是中央政府，政府通过制定一个无所不包的计划，来安排上述事情，来配置资源。中央政府有权对按照计划生产的企业提出要求，这种要求即便并非有严格意义的法律依据和以法律责任为威慑，也是有效的。第三，这些零星

① 金瑞林主编：《环境与资源保护法学》，北京大学出版社2006年版，第48页。

② 金瑞林主编：《环境与资源保护法学》，北京大学出版社2006年版，第49页。

规定并非出于环境保护的自觉。该时期出现了一些朴素的固废管理的规定，综合利用是在国家“增产节约、勤俭建国”号召下进行的，尚未体现出明确的环境保护意识。[①] 综合利用虽然客观上有防治固废污染的效果，但当时主要是出于勤俭节约的考虑，工业化原材料的缺少是综合利用的主要原因；《工厂安全卫生规程》也是以保护工人健康为目的，而非从自觉的环境保护角度出发。事实上环境保护意识的觉醒是在20世纪70年代。该时期缺乏环境保护的自觉和目标，自然也不存在实现环境保护目标的清晰的制度安排，零星的要求在实现其他目标过程中顺带产生防治固废污染的客观效果，可称为前环保阶段。

进入20世纪70年代，环境保护尤其是污染防治问题在我国得到关注。随着工业的发展、城市的增大及人口的增多，我国环境破坏问题逐渐显现且环境污染日趋严重。1970年，周恩来总理提出环境保护问题并多次作重要指示。1971年，由于官厅水库水质污染，影响北京的生活用水和生产用水，我国开始了官厅水库污染调查和北京西郊污染情况调查。[②] 国际上一些发达的资本主义国家发生一系列震惊世界的公害事件，这些国家采取了各种防治环境问题的措施，包括环境立法。1972年6月5日，联合国人类环境会议在瑞典斯德哥尔摩召开。国内国际形势的发展导致我国开始意识到环境保护的重要性和紧迫性，主动的有意识的环境保护工作在我国得以开展。标志性事件是1973年召开的第一次全国环境保护工作会议，中国环境保护事业的序幕由此揭开。

在以下每个阶段制度展开上，大体按照如下体例：(1)一般性制度，适用于包括水污染、大气污染、固废污染等在内的污染防治的；(2)固废的一般规定，适用于所有固废或一般固废；(3)工业固废的规定；(4)生活垃圾和农业固废等的规定；(5)某些环境风险较高的特别类型的固废如危险废物、医疗废物、放射性废物等的规定；(6)固废的转移规定，包括境内转移和越境转移[③]。

一、一般性制度

(一)“三同时”

国家在一系列文件中提出并反复重申“三同时”的要求。1972年6月8日，国家计委、建委向国务院提出了《关于官厅水库污染情况和解决意见的报告》。国务院进行批转。该报告首次提出“工厂建设和三废利用工程要同时设计、同时施工、同时投产”的要求。[④] 这里的“三同时”在内容上是三废利用工程和工厂建设的“三

① 胡保林等主编：《环境法新论》，中国政法大学出版社1992年版，第452页。

② 程正康：《环境法概要》，光明日报出版社1986年版，第162页。

③ 在第四个阶段部分，由于《固体废物污染环境防治法》的出台，增设固废防治的原则。

④ 韩德培主编：《环境保护法教程》，法律出版社1998年版，第87页。

同时”,虽然和后来的污染防治设施及主体工程的“三同时”并不完全相同,但制度设计思路是一以贯之的,都从设计开始就考虑环境保护的要求。

1973 年召开的第一次全国环境保护工作会议由国务院委托国家计委于 1973 年 8 月 5 日至 20 日在北京组织召开,会议通过了《关于保护和改善环境的若干规定(试行草案)》。1973 年 11 月 13 日,国务院转发了国家计划委员会《关于全国环境保护工作会议情况的报告》,报告的附件是《关于保护和改善环境的若干规定(试行草案)》。[①] 国务院批转施行《关于保护和改善环境的若干规定》的批文除强调环境保护的重要性、提出做好环境保护规划工作等内容外,还要求“新建工业、科研等项目,必须把‘三废’治理设施与主体工程同时设计、同时施工、同时投产,否则,不准建设”[②]。1974 年 12 月 15 日国务院环境保护领导小组办公室颁发的《环境保护规划要点和主要措施》要求在措施上把住建设关,一切新建、改建、扩建的工业、交通、科研等项目,须认真执行“三废”治理设施与主体工程同时设计、同时施工、同时投产的规定,否则,不准建设。1977 年 4 月 14 日由国家计委、建委、财政部、国务院环境保护领导小组颁布的《关于治理工业“三废”开展综合利用的几项规定》也规定:“凡是排放‘三废’和污染环境的,必须严格执行治理‘三废’措施与主体工程同时设计、同时施工、同时投产的规定。”

(二)环境保护达标

1974 年 12 月 15 日国务院环境保护领导小组办公室颁发的《环境保护规划要点和主要措施》对环境保护符合标准提出要求:新建、扩建、改建的企业,应符合国家规定的《工业企业设计卫生标准》《工业“三废”排放试行标准》《放射防护规定》;现有污染危害的大、中型企业要在 3 年至 5 年内,使有害物质的排放符合国家规定的标准;在 10 年内,所有企业都要符合国家规定的各项环境标准,成为不危害职工健康、不污染周围环境的清洁工厂。1977 年 4 月 14 日由国家计委、建委、财政部、国务院环境保护领导小组颁布的《关于治理工业“三废”开展综合利用的几项规定》规定:“必须排放的工业‘三废’要按国家规定标准排放。”

(三)排污收费

1978 年 12 月,国务院原环境保护领导小组颁布的《环境保护工作汇报要点》首次提出了在我国实行“排放污染物收费制度”,同年试点实施。[③]

---

① 胡保林等主编:《环境法新论》,中国政法大学出版社 1992 年版,第 453 页。

② 程正康:《环境法概要》,光明日报出版社 1986 年版,第 163 页。

③ 金璇:《论排污收费制度的发展与完善》,载《中国环境科学学会学术年会优秀论文集(2006年)》。

二、固废的一般规定

《关于保护和改善环境的若干规定》(试行草案)有不少内容涉及固废的管理。其中,第三部分"逐步改善老城市的环境"(共6条)规定:"保护水源、特别是地下水源。禁止采用渗井、渗坑排放有害废水、废渣。""各种废渣、废品、垃圾和粪便要及时清除,分类处理,充分利用。"

三、工业固废的规定

(一)减量化

固体废物污染防治贯彻"三化原则",即减量化、资源化和无害化。该原则的形成也非一日之功,历经过长期的发展,目前也处在发展变迁之中。我国在《固废法》的起步阶段对减量化、资源化和无害化都予以不同程度的贯彻。

1974年颁布的《环境保护规划要点和主要措施》的规划要点要求工矿企业,特别是大、中型企业积极开展综合利用、改革工艺、消除污染危害等活动。

1977年颁布的《关于治理工业"三废"开展综合利用的几项规定》对治理工业"三废"以及开展综合利用提出了明确的要求,规定"企业要依靠群众加强经营管理,改革生产工艺,大搞综合利用,尽力把'三废'消灭在生产过程之中"。有关改革生产工艺的规定体现决策者在一定程度上意识到末端控制的局限和在生产过程中消灭'三废'的必要性,这事实上形成我国清洁生产思想的萌芽。

(二)资源化

《关于保护和改善环境的若干规定(试行草案)》确定了"全面规划,合理布局,综合利用,化害为利,依靠群众,大家动手,保护环境,造福人民"的环境保护工作方针,推动了环境保护工作的开展。这里的"综合利用"和"化害为利"针对的主要是固体废物。第一次全国环境保护工作会议明确规定钢渣、高炉渣、硫铁矿渣、铬渣、粉煤灰等废渣是综合利用的重点,要优先安排并纳入环境保护范畴。[①]《关于保护和改善环境的若干规定(试行草案)》第四部分为"综合利用,除害兴利",规定了不产生或少产生废渣的要求如净化达标、污染严重者的暂时停产、三同时和产品设计环境保护等,此外,其还规定"改革阻碍综合利用开展的规章制度。要打破行业界限,实行一业为主,多种经营;有些产品,国家要在税收和价格政策上适当照顾"。第十部分"环境保护所必需的投资、设备、材料要安排落实"规定:"保护环境、治理'三废'的基本建设、科研和建设计划,要根据不同情况,分别纳入省、市、自治区或国家的技术措施、科学研究和基本建设计划。新建、改建和扩建项目的投资,要包

① 胡保林等主编:《环境法新论》,中国政法大学出版社1992年版,第452页。

括'三废'治理的费用。老企业的综合利用措施,要优先安排。另外,国家每年拿出一笔投资,用于其他方面的环境保护。"

1973 年 11 月 17 日,国家计划委员会、国家基本建设委员会、卫生部共同批准《工业"三废"排放试行标准》(GBJ 4-73)(已废止),第四部分为"废渣",规定:凡已有综合利用经验的废渣,如高炉矿渣、钢渣、粉煤灰、硫铁灰、电石渣、赤泥、白泥、洗煤泥、硅锰渣、铬渣等,实行"一业为主,多种经营",不得任意丢弃。

1977 年颁布的《关于治理工业"三废"开展综合利用的几项规定》规定:"对矿山、森林、江河、湖海等国家重要资源,要打破行业界限,大搞综合利用。""增加工业生产要充分利用'三废'资源。凡是现有企业能通过'三废'综合利用生产的产品,要优先发展。""在勘探、开采新矿山时,要一矿多用,搞好综合利用。"除此之外,该规定还区分产生单位自身综合利用和其他单位综合利用两种情形并提出要求:①对于产生单位自身综合利用的,新建、扩建附属企业或独立车间、工段或对全厂、全车间进行整体技术改造所需的资金在基本建设规划中解决;为治理"三废"开展综合利用而进行的一般技术措施,以及与原有固定资产的更新、改造结合进行的治理"三废"措施,所需资金一般应在企业留用的更新改造资金或上级集中的更新改造资金中解决;中小型工业企业中,有些项目符合规定的,可以申请小型技措贷款;城市污水处理等设施的建设费用及维护费用在城市基本建设投资和城市维护费中解决;集体企业治理"三废"的资金,应在企业"公积金""合作事业基金"或更新改造资金中开支。②对于自身在没有利用和治理以前,其他单位可以利用的,提出一般应免费供应的要求。该文件为支持综合利用制定了税收减免、资金或经费保障、物质分配等激励政策。

(三)无害化

关于固废处置场所的选址,《工业"三废"排放试行标准》(GBJ 4-73)要求"废渣"堆放场所的选址,要尽量少占农田,不占良田,不得选址在地方城建、卫生部门划定的卫生防护区内。

关于存放场所的建设,《工业"三废"排放试行标准》(GBJ 4-73)规定了一些技术性要求,要求对含汞、镉、砷、六价铬、铅、氰化物、黄磷及其他可溶性剧毒废渣,必须专设具有防水、防渗措施的存放场所,并禁止埋入地下和排入地面水体。

四、特别类型固废的规定

该阶段对放射性废物污染防治加以规定。1979 年 2 月颁布的《放射性同位素工作卫生防护管理办法》(已被 1989 年颁布的《放射性同位素与射线装置放射防护条例》废止)规定:"甲、乙级放射性同位素工作场所的初步设计及施工设计应分别审查,丙级放射性同位素工作场所只审查施工设计。有关'三废'处理的设计应同时审查。""从事放射性同位素工作的单位,必须按现行放射卫生防护有关的规定和要求，制定'三废'的技术处理、排放、运输和贮存等方案，并报卫生、公安、环保部门审查同意。""放射性'三废'的贮存和处理应有专人负责。贮存、处理的情况应分别记录，并建立档案长期保存。""放射性同位素工作单位较集中，产生放射性废物、废水量较大的城市，应逐步建立集中统一的储存处理场所。排放应符合现行放射防护规定。"该办法并未规定法律责任。

该阶段呈现如下特点：第一，从形式上看，有关环境保护和固废污染防治的文件数量激增，但在渊源上基本上以政策和规范性文件为主。多数文件名称为报告、规定、要点、措施等，主要提出工作要求，并未规定相应的法律责任；即便在名称上最接近规章的《放射性同位素工作卫生防护管理办法》也没有规定法律责任，实质上也是提出工作要求。这体现了时代局限，当时的计划经济体制决定当时的企业不是真正意义的市场主体，国家可以通过提工作要求来实现环境保护的目的，因而，设置法律责任的必要性也有限。第二，虽然在内容上覆盖了减量化、资源化和无害化，但综合利用（资源化）占据重要乃至主要位置，并对综合利用实行诸多正向激励如税收减免、资金或经费保障、物质分配等激励政策，呈现较强的技术经济政策面向。第三，出现了一些后来成为法律制度的措施，但完整的制度尚未成型。该阶段，已经出现适用于包括废渣在内的工业污染物的防治的"三同时"、达标排放、排污收费等规定，但因为缺乏制度的完整设计，此时仅仅是零星措施，并没有形成一整套的措施体系，尚未上升到真正意义的制度层面。虽然对"废渣"堆放场所的选址加以规定，但成型的环评制度尚未出现。第四，出现了改革生产工艺、产品设计环境保护的要求，初步体现了清洁生产思想萌芽，但离落实到可操作性层面尚有很长距离。第五，虽然较之前一阶段，覆盖领域大大拓展，但还在很多方面还是空白，例如，对于固废的转移缺乏规定，虽然对于放射性废物的贮存、处理进行专门性的规定，但对其他种类的、需要加以专门规范的特别类型的固废并未有更多的规定。

第二节　固体废物污染环境防治法律制度的初创

1978年党的十一届三中全会召开，我国政治、经济形势发生重大变化，环境法包括固废立法也进入一个蓬勃发展的阶段。在该阶段，虽然没有出台专门的固废立法，但许多重要的制度已经开始出现。1978年《宪法》第11条第3款规定："国家保护环境和自然资源，防治污染和其他公害。"这是我国环境保护入宪的开端。

1979年9月13日，《环境保护法（试行）》出台，这部环境保护基本法包含固废污染防治等基本制度；1995年《固废法》这部固废领域的基本法律出台。

一、一般性制度

一般性的环境法律制度适用于大气、水、固废、噪声和海洋等污染防治领域，属于通用的制度，当然具体到各领域的立法或规范性文件时，可能在细节上兼顾各领域的特殊性。

（一）环境影响评价

环境影响评价制度要求对可能产生环境影响的活动进行预断性评价，并根据评价作出有关决定。美国的《国家环境政策法》首先将其法制化，后来各国立法都加以效仿。我国1979年颁布的《环境保护法（试行）》确认该项制度。根据该法，一切企业、事业单位的选址、设计、建设和生产，都必须充分注意防止对环境的污染和破坏。在进行新建、改建和扩建工程时，必须提出对环境影响的报告书，经环境保护部门和其他有关部门审查批准后才能进行设计。1989年颁布的《环境保护法》也规定：建设项目的环境影响报告书，必须对建设项目产生的污染和对环境的影响作出评价，规定防治措施，经项目主管部门预审并依照规定的程序报环境保护行政主管部门批准。环境影响报告书经批准后，计划部门方可批准建设项目设计任务书。1986年颁布的《建设项目环境保护管理办法》对环评和“三同时”的具体制度适用范围和程序等内容加以规定。

鉴于放射性同位素和射线装置所具有的极为特殊的放射性风险，1989年颁布的《放射性同位素与射线装置放射防护条例》（已被2005年颁布的《放射性同位素与射线装置安全和防护条例》取代）在规定环评审批时需要经过卫生和公安部门批准，具体规定如下：涉及放射性废水、废气、固体废物治理的工程项目，必须在申请审查的同时，提交经环境保护部门批准的环境影响评价文件，竣工后必须经卫生、公安、环境保护等部门验收同意。涉及放射性废水、废气、固体废物排放的，还必须先向省、自治区、直辖市的环境保护部门递交环境影响报告表（书），经批准后方可申请许可登记，领得许可登记证后方可从事许可登记范围内的放射工作。凡从事含有放射性的来料加工工作的单位和个人，涉及放射性为水、废气、固体废物排放的，必须事先向所在省、自治区、直辖市的环境保护部门递交环境影响报告表（书），经批准后，到所在县以上卫生行政部门申请办理许可证，并向公安部门登记。

选址属于环评的重要内容。有关选址，1979年9月颁布的《工业企业设计卫生标准》规定：“工业企业的生产区、居住区、废渣堆放场和废水处理场等用地及生活饮用水水源、工业废水和生活污水排放地点，应同时选择，并应符合当地建设规划的要求。选择厂址时，必须防止因工业废气的扩散、工业废水的排放和工业废渣的堆置污染大气、水源和土壤。”1981年颁布的《基本建设项目环境保护管理办法》规定：“在现有的大城市和环境污染已经严重的地区，一般不新建、扩建大型的工业项目。在城镇生活居住区、水源保护区、名胜古迹、风景游览区、温泉、疗养区和自然保护区，不准建设污染环境的企业，事业单位。”1992年5月颁布的《关于防治铬化合物生产建设中环境污染的若干规定》则规定：“在国务院、国务院有关主管部门和省级人民政府划定的风景名胜区、自然保护区和其他需要特别保护的区域内，严格禁止新建铬化合物生产装置。”

（二）“三同时”

1979年《环境保护法（试行）》规定：“防止污染和其他公害的设施，必须与主体工程同时设计、同时施工、同时投产。”1989年《环境保护法》规定：“建设项目中防治污染的设施，必须与主体工程同时设计、同时施工、同时投产使用。防治污染的设施必须经原审批环境影响报告书的环境保护行政主管部门验收合格后，该建设项目方可投入生产或者使用。”《建设项目环境保护管理办法》对环评和“三同时”的具体制度适用范围和程序等内容加以规定。

（三）达标排放

《环境保护法（试行）》规定：“各项有害物质的排放必须遵守国家规定的标准。”《环境保护法》规定：“国务院环境保护行政主管部门根据国家环境质量标准和国家经济、技术条件，制定国家污染物排放标准。”“省、自治区、直辖市人民政府对国家污染物排放标准中未作规定的项目，可以制定地方污染物排放标准；对国家污染物排放标准中已做规定的项目，可以制定严于国家污染物排放标准的地方污染物排放标准。地方污染物排放标准须报国务院环境保护行政主管部门备案。”“凡是向已有地方污染物排放标准的区域排放污染物的，应当执行地方污染物排放标准。”从而勾勒环境质量标准和排放标准、国家标准和地方标准等组成的环境标准体系。

（四）排污收费

《环境保护法（试行）》规定：“超过国家规定的标准排放污染物，要按照排放污染物的数量和浓度，根据规定收取排污费。”《环境保护法》规定：“排放污染物超过国家或者地方规定的污染物排放标准的企业事业单位，依照国家规定缴纳超标准排污费，并负责治理。水污染防治法另有规定的，依照水污染防治法的规定执行。”1982年颁布的《征收排污费暂行办法》对包括废渣在内的污染物征收排污费的范围、程序、标准、使用等加以具体规定。

（五）申报登记

《环境保护法》规定：“排放污染物的企业事业单位，必须依照国务院环境保护行政主管部门的规定申报登记。”1992年颁布的《排放污染物申报登记管理规定》（已废止）规定直接或者间接向环境排放污染物、工业和建筑施工噪声或者产生固体废物的企业事业单位，应依法进行申报登记，并规定了申报登记的程序。

二、固废的一般规定

(一)固废倾倒、排放和存放的一般要求

《环境保护法(试行)》规定:“禁止向一切水域倾倒垃圾、废渣。禁止船舶向国家规定保护的水域排放含油、含毒物质和其他有害废弃物。”1984 年《水污染防治法》规定:“禁止将含有汞、镉、砷、铬、铅、氰化物、黄磷等的可溶性剧毒废渣向水体排放、倾倒或者直接埋入地下。存放可溶性剧毒废渣的场所,必须采取防水、防渗漏、防流失的措施。”“禁止向水体排放、倾倒工业废渣、城市垃圾和其他废弃物。”

(二)固废的存放和处理设施要求

关于固废存放场所,1987 年《大气污染防治法》规定:“在人口集中地区存放煤炭、煤矸石、煤渣、煤渣、煤灰、石灰,必须采取防燃、防尘措施,防止污染大气。”1988 年《水法》规定:“在江河、湖泊、水库、渠道内,不得弃置、堆放阻碍行洪、航运的物体,不得种植阻碍行洪的林木和高秆作物。在航道内不得弃置沉船,不得设置碍航渔具,不得种植水生植物。”

关于处理设施选址,1982 年《城市市容环境卫生管理条例(试行)》规定:“城郊农村设置的积肥场,应当远离生活居住区、公共场所、交通要道、水源地、食品厂等,并采取封闭措施。废弃物的填埋场地,应当远离水源防护地,并采取必要的措施,防止污染环境。”

三、工业固废的规定

(一)减量化

《环境保护法(试行)》规定:“积极试验和采用无污染或少污染的新工艺、新技术、新产品。”《环境保护法》规定:“新建工业企业和现有工业企业的技术改造,应当采取资源利用率高、污染物排放量少的设备和工艺,采用经济合理的废弃物综合利用技术和污染物处理技术。”

1979 年颁布的《工业企业设计卫生标准》规定:“将粉尘、毒物及其他有害因素和‘废水、废气、废渣’等,消除在生产过程中,使其少产生或不产生。”1987 年颁布的《建设项目环境保护设计规定》规定:“工艺设计应积极采用无毒无害或低毒低害的原料,采用不产生或少产生污染的新技术、新工艺、新设备,最大限度地提高资源、能源利用率,尽可能在生产过程中把污染物减少到最低限度。”

该阶段的法律文件对减少污染的工艺、技术的采用作出原则性要求,并颁布符合条件的工艺或技术名录,但不具备很强的可操作性。

(二)资源化(综合利用)

1.原则性要求

《环境保护法(试行)》规定:“开发矿藏资源,必须实行综合勘探、综合评价、综合利用,严禁乱挖乱采,妥善处理尾矿矿渣,防止破坏资源和恶化自然环境。加强企业管理,实行文明生产,对于污染环境的废气、废水、废渣,要实行综合利用、化害为利。”1989年《环境保护法》规定:“新建工业企业和现有工业企业的技术改造,应当采取资源利用率高、污染物排放量少的设备和工艺,采用经济合理的废弃物综合利用技术和污染物处理技术。”

2.将资源化的要求纳入环境影响报告书的基本内容

1981年颁布的《基本建设项目环境保护管理办法》的附件“大中型基本建设项目环境影响报告书提要”要求环境影响报告书的基本内容包含废弃物回收利用,综合利用和污染物处理方案、设施和主要工艺原则。

3.将资源化纳入矿山企业综合利用方案审批制度

1986年《矿产资源法》规定:“国务院和国务院有关主管部门批准开办的国营矿山企业,由国务院地质矿产主管部门在批准前对其开采范围、综合利用方案进行复核并签署意见,在批准后根据批准文件颁发采矿许可证;特定矿种的采矿许可证,可以由国务院授权的有关主管部门颁发。省、自治区、直辖市人民政府批准开办的国营矿山企业,由省、自治区、直辖市人民政府地质矿产主管部门在批准前对其开采范围、综合利用方案进行复核并签署意见,在批准后根据批准文件颁发采矿许可证。”

4.有关综合利用的环境标准

综合利用的前提是无害化,有关环境标准对综合利用的前提提出了要求。《农用污泥中污染物控制标准》(GB 4284-84,1985年3月1日实施)规定了适用于在农田中施用的城市污水处理厂污泥、城市下水沉淀池的污泥,某些有机物生产的下水污泥以及江、河、湖、库、塘、沟、渠的沉淀底泥中污染物[如镉、汞、铝、铬、砷、硼、铜、锌、镍、矿物油、苯并(a)芘]的控制标准。《城镇垃圾农用控制标准》(GB 8172—87,1988年2月1日实施)适用于供农田施用的各种腐熟的城镇生活垃圾和城镇垃圾堆肥工厂的产品,不准混入工业垃圾及其他废物,共规定了15项指标,如杂物、粒度、蛔虫卵死亡率、大肠菌值、总镉、总汞、总铅、总铬、总砷等。《农用粉煤灰中污染物控制标准》(GB 8173-87,1988年2月1日实施)适用于火力发电厂湿法排出的、经过1年以上风化的用于改良土壤的粉煤灰。共规定了11项指标。在酸性土壤、中性和碱性土壤上的最高允许含量。

5.奖励综合利用

《环境保护法(试行)》秉承重视综合利用的一贯原则,规定“国家对企业利用废气、废水、废渣作主要原料生产的产品,给予减税、免税和价格政策上的照顾,盈利所得不上交，由企业用于治理污染和改善环境”。相对于此前综合利用由仅有一系列经济技术政策规定而言，从而将其综合利用的奖励纳入法律轨道。

1979 年颁布的《关于工矿企业治理“三废”污染，开展综合利用产品利润提留办法的通知》规定了较为具体的奖励综合利用“三废”的经济政策。该通知界定了“开展综合利用的产品”，是指除设计规定的产品外，企业利用废水、废气、废渣等废弃物作为主要原料生产和回收利用的产品；规定“企业为消除污染，治理‘三废’，开展综合利用外销和自用的产品，应单独核算成本，单独计算盈亏”。此外还规定，这些产品，除由国家基本建设投资在新建、改建、扩建的同时进行治理“三废”污染项目的产品利润，应当上交国家，企业和主管部门不得留用，无论资金来源，规模大小，盈利多少，按企业计算盈亏相抵后，如有盈余，可以利润提留。该通知还规定了利润提留办法。

1981 颁布的《关于在国民经济调整时期加强环境保护工作的决定》规定对“三废”综合利用的产品，要采取奖励的政策，按照有关规定，实行减、免税和留用利润。对进行“以税代利、独立核算、自负盈亏”试点的企业环境保护设施，要给予减、免固定资产占用费的照顾。

1985 国务院批转国家经委《关于开展资源综合利用若干问题的暂行规定》规定供需双方签订合同。[①] 该规定共 17 条，对开展资源综合利用给予优惠等重要问题作了比较具体、全面的规定。享受优惠待遇的范围，按照该规定所附《资源综合利用目录》执行。对企业开展综合利用，实行“谁投资、谁受益”的原则。

(三)无害化

1.固废的存放

《工业企业设计卫生标准》规定：“废渣堆放或填注时，应有防止扬散、流失、淤塞河道等措施，以免污染大气、水源和土壤。含汞、镉、砷、六价铬、铅、氰化物、有机磷及其他毒性大的可溶性工业废渣，必须专设具有防水、防渗措施的存放场所，并严禁埋入地下与排入地面水体。”《建设项目环境保护设计规定》规定：“废渣(液)的临时贮存，应根据排出量运输方式、利用或处理能力等情况，妥善设置堆场、贮罐等缓冲设施，不得任意堆放。不同的废渣(液)宜分别单独贮存，以便管理和利用。两种或两种以上废渣(液)混合贮存时，应符合下列要求：一、不产生有毒有害物质及其他有害化学反应；二、有利于堆贮存或综合处理。”

2.收集和处理

关于收集和指定地点处理，《城市市容环境卫生管理条例(试行)》规定：“工业、建筑、市政、商业、服务业和科研单位产生的工业废渣、工程渣土和经营性垃圾等固

---

① 胡保林等主编：《环境法新论》，中国政法大学出版社 1992 年版，第 499 页。

体废弃物，应当自行收集，并运往指定地点处理。”

在处理方法方面，《建设项目环境保护设计规定》规定：“废渣（液）的处理设计应根据废渣液的数量、性质、并结合地区特点等，进行综合比较，确定其处理方法。对有利用价值的，应考虑采取回收或综合利用措施；对没有利用价值的，可采取无害化堆置或焚烧等处理措施。”《建设项目环境保护设计规定》规定：“可燃质废渣（液）的焚烧处理，应符合下列要求：一、焚烧所产生的有害气体必须有相应的净化处理设施；二、焚烧后的残渣应有妥善的处理设施。含有可溶性剧毒废渣禁止直接埋入地下或排入地面水体。设计此类废渣的堆埋场时，必须设有防水，防渗漏或防止扬散的措施；还须设置堆场雨水或渗出液的收集处理和采样监测设施。一般工业废渣、废矿石、尾矿等，可设置堆场或尾矿坝进行堆存。但应设置防止粉尘飞扬、淋沥水与溢流水、自燃等各种危害的有效措施。含有贵重金属的废渣宜视具体情况采取回收处理措施。”

3.输送

《建设项目环境保护设计规定》规定：“废渣（液）的输送设计，应有防止污染环境的措施。一、输送含水量大的废渣和高浓液时，应采取措施避免沿途滴洒；二、有毒有害废渣、易扬尘废渣的装卸和运输，应采取密闭和增湿等措施，防止发生污染和中毒事故。有关收集、处理，生产装置及辅助设施、作业场所、污水处理设施等排出的各种废渣（液），必须收集并进行处理，不得采取任何方式排入自然水体或任意抛弃。”

4.尾矿设施的规定

按照《防治尾矿污染环境管理规定》（1992 年 8 月颁布，后于 1999 年修改）的规定，产生尾矿的企业必须按规定向当地环境保护行政主管部门进行排污申报登记。企业产生的尾矿必须排入尾矿设施[①]，不得随意排放。无尾矿设施，或尾矿设施不完善并严重污染环境的企业，由环境保护行政主管部门依照法律规定报同级人民政府批准，限期建成或完善。尾矿贮存设施停止使用后必须进行处置，保证坝体安全，不污染环境，消除污染事故隐患。关闭尾矿设施必须经企业主管部门报当地省环境保护行政主管部门验收，批准。

四、生活垃圾等的规定

根据 1982 年颁布的《城市市容环境卫生管理条例（试行）》的规定，城市生活垃圾和粪便的收集、运输、处理，由市容环境卫生部门实行统一管理，努力做到垃圾日

---

① 根据《防治尾矿污染环境管理规定》，尾矿设施是指尾矿的贮存设施（尾矿库、赤泥库、灰渣库等）、浆体输送系统、澄清水回收系统、渗透水截流及回收系统、排洪工程、尾矿综合利用及其他污染防治设施。

产日清，粪便及时清运；城市居民和有关单位，应当按照规定的时间、地点倾倒垃圾和粪便，并保持专用车辆经过道路的畅通；城市垃圾、粪便无害化处理场，应当采取先进技术和科学管理办法，消灭垃圾和粪便中的病毒、病菌、寄生虫卵，综合利用其中的废旧物资、有机肥料和能源。

按照 1992 年颁布的《城市市容和环境卫生管理条例》的规定，城市人民政府市容环境卫生行政主管部门对城市生活废弃物的收集、运输和处理实施监督管理。一切单位和个人，都应当依照城市人民政府市容环境卫生行政主管部门规定的时间、地点、方式，倾倒垃圾、粪便。对垃圾、粪便应当及时清运，并逐步做到垃圾、粪便的无害化处理和综合利用。城市人民政府应当鼓励和支持有关部门回收利用废旧物资，减少城市垃圾。对城市生活废弃物应当逐步做到分类收集、运输和处理。医院、疗养院、屠宰场、生物制品厂产生的废弃物，必须依照有关规定处理。

根据 1993 年颁布的《城市生活垃圾管理办法》(已被 2007 年的《城市生活垃圾管理办法》代替)的规定，城市居民必须按当地规定的地点、时间和其他要求，将生活垃圾倒入垃圾容器或者指定的生活垃圾场所。单位处理产生的生活垃圾，必须向城市市容环境卫生行政主管部门申报，按批准指定的地点存放、处理，不得任意倾倒。无力运输、处理的，可以委托城市市容环境卫生管理单位运输、处理。凡从事城市生活垃圾经营性收集、运输服务的单位和个人，必须将生活垃圾运往城市市容环境卫生行政主管部门指定的生活垃圾转运站、处理场，不得任意倾倒。国家对城市生活垃圾的清扫、收集、运输和处理的服务实行收费制度。城市市容环境卫生行政主管部门对委托其清扫、收集、运输和处理生活垃圾的单位和个人收取服务费；并逐步向居民征收生活垃圾管理费用。

五、特别类型固废的规定

(一)特殊行业的垃圾

1982 年的《城市市容环境卫生管理条例(试行)》规定："各医院、屠宰场、生物制品厂等单位产生的含有病毒、病菌或放射性物质的垃圾，应当采取封闭措施单独存放，自行消毒处理。各种动物的尸体应当实行深埋、高温或火化处理，不得任意遗弃。"

(二)含多氯联苯电力装置及其废物

1991 年颁布的《防止含多氯联苯电力装置及其废物污染环境的规定》规定的内容相对较为全面，从内容上看，该规定体现了 1995 年出台的《固废法》的雏形。

1.全过程负责原则

拥有含多氯联苯电力装置及多氯联苯废物的营运单位和个人对多氯联苯污染环境的全过程负责，承担相应责任。

2.申报登记制度

拥有含多氯联苯电力装置的营运单位和个人必须在市级环境保护部门规定的时间内向当地人民政府环境保护部门进行申报登记。

3.转移、运输和处理、处置、贮存的批准制度

任何单位和个人转移、运输含多氯联苯废电力装置及含多氯联苯废物,必须经市级以上人民政府环境保护部门批准后方可进行。跨行政区转移和运输的,须经共同的上级人民政府环境保护部门批准。转移和运输过程中,必须有防止泄漏的有效措施和应急措施,并符合国家危险物品运输规定。处理、处置含多氯联苯废物的活动,必须经市级主管部门和市级环境保护部门审查并经省级人民政府环境保护部门批准后方可进行。含多氯联苯废电力装置,多氯联苯废液和受多氯联苯污染的物质,应进行集中封存管理。集中封存或在暂时贮存场所暂存的活动必须经省级人民政府环境保护部门批准,并在市级以上人民政府环境保护部门的监督下进行。1991年颁布的《含多氯联苯废物污染控制标准》(GB 13015-91,1992年3月1日实施)还规定了含多氯联苯废物污染控制标准值以及含多氯联苯废物的处置方法。本标准适用于含多氯联苯废物的收集、贮存、运输、回收、处理和处置等。

4.有关设施的选址和设计

暂存库和集中封存库的选址和设计必须符合《含多氯联苯(PCB s)废物的暂存库和集中封存库设计规范》。建设集中封存库必须进行环境影响评价。集中封存和暂存场所必须建立管理制度,采取有效的安全保卫措施,设置明显的毒害标志,定期对存放场所及可能影响的范围进行监测。

5.进出境

严禁我国管辖区外的含多氯联苯废电力装置、废液及受多氯联苯污染的物质入境。严格控制进口含多氯联苯介质的电力设备,特殊情况确须进口的,须经能源部和国家环境保护局审批。

(三)含铬废渣

根据后来制定的《国家危险废物名录》,含铬废物属于危险废物。1992年颁布的《关于防治铬化合物生产建设中环境污染的若干规定》除规定环评(含生产企业选址)、"三同时"、排放污染物申报登记制度等制度外,还规定如下内容:

1.全过程管理原则

对含铬废渣的产生、贮存、运输、利用、处理和处置,实行全过程管理。

2.堆放贮存

对含铬废渣应当综合利用,暂时不能利用的应进行无害化处理或采取防雨、防渗、防流失、防飞扬的有控堆放贮存措施,防止造成环境污染,创造条件进行最终处置或利用。

3.转移

需将副产的含铬芒硝、含铬铝泥、含铬硫酸氢钠以及含铬废渣转移给外单位综合利用或处理、处置的，应向运出地和运达地环境保护行政主管部门提出申请，经两地环境保护行政主管部门批准后方可进行。在本省、自治区、直辖市内的转移，由两地市级环境保护行政主管部门批准，并报省、自治区、直辖市环境保护行政主管部门备案；跨省、自治区、直辖市间的转移由两省级环境保护行政主管部门批准并报国家环境保护局备案。在运输前，应通知途经的有关省、市环境保护行政主管部门，在运输过程中，应采取有效措施防止造成二次污染。

4.关停并转前的最终处置

关、停、并、转前的铬化合物生产企业，必须消除生产现场及渣场的铬污染，含铬废渣必须按环境保护的要求进行最终处置。

该规定第 14 条共 4 项，规定了 4 种违法行为的法律责任。

(四)放射性废物

1987 年颁布的《城市放射性废物管理办法》(已废止)是第一个专门规定放射性废物的法律文件。根据该办法，含人工放射性核素、比活度大于 2×14Bq/kg (5×10Ci/kg)，或含天然放射性核素、比活度大于 7.4×10(上标)4Bq/kg[2×10(上标)－6Ci/kg]的污染物，应作为放射性废物看待。该办法规定：放射性废物和废放射源在本单位暂存期间，应严格管理，有效控制，保证人员安全和环境不受污染。产生放射性废物的单位不得自行在环境中处置放射性废物和废放射源，必须由城市放射性废物管理单位集中收处。产生放射性废物的单位，应到所在省、自治区、直辖市的环境保护部门或其授权单位办理登记手续，对本单位的废物进行收集、包装和送贮(处)前的暂存。该办法对放射性废物的收集、包装、送贮(处)、收运提出要求。放射性废物一般由废物库管理单位定期派专人和专用车辆到产生单位去收运。各省、自治区、直辖市的放射性废物库，原则上只贮存本辖区范围内的城市放射性废物。对于外辖区的废物，由管理单位与产生单位协商，并报管理一方人民政府批准。

为规范包装，1991 年颁布《低、中水平放射性固体废物包装安全标准》(GB 12711-91)。

1991 年颁布的《核电厂放射性废物管理安全规定》(已废止)规定了热中子反应堆核电厂放射性废物管理中有重要影响的构筑物、系统和部件的设计及运行的基本要求。

1992 年出台的《关于我国中、低水平放射性废物处置的环境政策》要求尽快固化暂存的放射性废液，限制中、低水平放射性废液固化体和中、低水平放射性固体废物的暂存年限核电站产生的中、低水平放射性废液固化体和中、低水平放射性固体废物的暂存年限暂定为 5 年，建造区域性中、低水平放射性废物处置场等。

1993年颁布的《放射性废物管理规定》(GB 14500-93,1994年4月1日实施)规定了放射性废物的产生、收集、处理、运输、贮存及处置等各个环节在设计和运行中的管理目标和基本要求。该标准适用于核燃料循环各阶段所产生的放射性废物的管理,也适用于同位素生产和应用中所产生的放射性废物的管理。其他核设施及实践所产生的放射性废物的管理亦应参照执行。《放射性废物管理规定》(GB 14500-2002)是1993年版的修订版本。

(五)有色金属工业固体废物

1985年出台《有色金属工业固体废物污染控制标准》(GB 5085-85),该标准适用于全国有色金属工业的选矿、冶炼、加工生产过程及其环境保护实施中排出的固体废物。该标准将有色金属工业固废分为有色金属工业有害固体废物和一般固体废物。有色金属工业有害固体废物是指具有浸出毒性、腐蚀性、放射性和急性毒性四种中的一种或一种以上的固体废物及列入该标准中表2的固体废物。凡不具有上述特性的固体废物称为一般固体废物。该标准规定有色金属工业固体废物浸出毒性、腐蚀性、放射性和急性毒性鉴别,在产生、处理和处置过程中应进行登记,处置场应设立标志以及综合利用,并规定有害固体废物经无害化处理鉴别合格者可以作为一般固体废物处置。

六、固废的转移规定

1991年颁布的《防止含多氯联苯电力装置及其废物污染环境的规定》规定:"严禁我国管辖区外的含多氯联苯废电力装置、废液及受多氯联苯污染的物质入境。严格控制进口含多氯联苯介质的电力设备,特殊情况确须进口的,须经能源部和国家环境保护局审批。"

国际上于1989年3月通过了控制废物越境转移及其处置的《巴塞尔公约》,我国于1990年签署了该公约。为了控制有害废物和垃圾进入我国境内,1991年我国出台《关于严格控制境外有害废物转移到我国的通知》。根据该通知的规定,不允许将境外的在通知附件一所列废物进入我国境内倾倒、处置。对于附件一(有害废物和垃圾类别)所列废物作为原料、能源或再利用的,必须经环境保护部门审批。废物的进口者和利用者必须对所进废物进行环境风险评价,报环境保护部门。环境保护部门组织专家论证,评审。所需费用由申请废物进口者和利用者承担。进口废物审批程序是:废物进口单位和废物利用单位,通过当地行业主管部门向地、市级环境保护部门进行申请,登记。进口废物运抵口岸后,废物进口单位和废物利用单位应立即向有关环保部门申请报验,海关凭环保部门在进口货物报关单上加盖的"已接受报验"的印章验放。对违反该规定将附件一所列的境外废物转移到我国境内者,环保部门应当责令进口单位将废物退运出境,并将有关情况书面通知口岸海关。

该阶段固废污染防治立法具有如下特点。第一,《环境保护法(试行)》《环境保护法》《水污染防治法》《大气污染防治法》等法律陆续出台,形成法律和政策、规范性文件作为规范依据的立法格局,向环境法治方向迈出重要步伐,但缺乏固废领域的牵头法律。《水污染防治法》和《大气污染防治法》属于环境要素保护法,是从固体废物对环境污染后果方面加以规定,但缺乏从固体废物本身的控制视角的规定,多数具有可操作性的文件效力不高,难以对防治固体废物污染环境的基本制度、重大问题等作出相应的规定。第二,环评、"三同时"、排污费等制度被确立,对于固废的污染防治尤其是预防起着基础性作用。随着《环境保护法(试行)》和 1989 年《环境保护法》的出台,以及有关专项制度立法如 1982 年《征收排污费暂行规定》、1986 年《建设项目环境保护管理办法》等的颁布,一般性的环境法律制度大体建立。这些制度侧重事前预防,对于固体废物污染防治具有基础性作用。第三,固废污染防治立法主要领域大体显现。固废的一般性规定、工业固废、生活垃圾、特别类型固废、固废转移等规定均已出现,搭建了固废立法的基本框架,为将来固废专门立法出台奠定良好基础,具体领域中规定不够具体。第四,部分领域覆盖不够全面,如没有覆盖农业和农村污染物,固废转移中仅有越境转移而对于境内跨行政区域的转移缺乏规定;在特别类型的固废方面,对多氯联苯、含铬废渣、放射性废物进行专门和有针对性的规定,有挂一漏万之虞,尚没有出现"危险废物"的概念。第五,固废的资源化主要限制在工业固废领域,而且对资源化还是正向激励为主,呈现更多技术经济政策的面向,减量化基本停留在原则层面,缺乏可操作性。第六,包括无害化在内的多数法律规定可操作性欠缺,资源化和减量化尤其突出。例如,相关的环境标准体系尚未建立,从而对于环境保护的要求缺乏相关的技术指引和支撑,不产生或少产生污染的新技术、新工艺、新设备的名录未出台,导致减量化难以真正实施。

第三节　固体废物污染环境防治法律制度的成型

1995 年前的法律、法规、规章和规范性文件虽然为固体废物污染环境防治及监督管理提供了一些依据,但还远不能满足防治固体废物污染环境的实际需要。有些法律虽然对防治固体废物污染环境作了一些规定,但很零散、不全面、不系统,有些仅适用于某些种类的固体废物,有些仅适用于固体废物污染环境防治的某些方面;规章的效力不高,难于对防治固体废物污染环境的基本制度、重大问题等作出相应的规定。随着固体废物污染环境防治及监督管理工作的开展,许多方面还缺乏相应的法律依据,亟待制定专门的法律加以明确。因此,加强我国环境法制建设,制定一部固体废物污染环境防治的法律,全面、系统地规定防治固体废物污染环境的基本原则、制度、政策和措施及监督管理体制、法律责任，将固体废物污染环境防治进一步纳入法制化的轨道，是十分必要和非常迫切的。[①]

1995年9月，十四届五中全会通过的《中共中央关于制定国民经济和社会发展"九五"计划和2010年远景目标的建议》明确提出："经济增长方式从粗放型向集约型转变"。江泽民总书记在该全会闭幕式的讲话中强调："在现代化建设中，必须把实现可持续发展作为一个重大战略。要把控制人口、节约资源、保护环境放到重要位置，使人口增长与社会生产力的发展相适应，使经济建设与资源、环境相协调，实现良性循环。"该文件正式把可持续发展作为我国的重大发展战略提了出来。

在上述背景下，《中华人民共和国固体废物污染环境防治法》于1995年10月30日由全国人大常委会通过，1996年4月1日起施行。该法的酝酿从1984年开始。这是我国有关固体废物管理的第一部专门性法律，它标志着我国的固体废物管理事业揭开了新的一页，我国对固体废物污染环境的认识及对其监督管理的实际能力都达到了新的水平。[②] 固体废物作为一种污染因素，它与大气、水体等可能被污染的环境因素不同，不存在被污染的问题，因此，该法没有沿用《大气污染防治法》和《水污染防治法》名称的模式，用"固体废物污染防治法"，而采用"固体废物污染环境防治法"。[③]

该法将固体废物定义为：在生产建设、日常生活和其他活动中产生的污染环境的固态、半固态废弃物质。在立法过程中，关于是用"固体废物"还是"固体废弃物"的问题，考虑到废物不能"弃"，最后使用"固体废物"[④]。关于其适用范围，综合该法有关条文可以确定如下：固体废物污染海洋环境的防治和放射性固体废物[⑤]污染环境的防治，排入水体的废水和排入大气的废气的污染防治不适用该法；固态、半固态、液态废物和置于容器中的气态废物的污染防治，适用该法。《固废法》也对环评、"三同时"和排污费等一般性制度作了原则性规定。

一、《固废法》的基本原则

《固废法》作为该领域的基本法，确立了如下基本原则：

（一）"三化"原则

"三化"是指固废减量化、资源化和无害化。减量化指减少固废的产生，努力控制固废产生，不仅减少或减轻污染危害，还能提高资源能源的利用率。资源化，也

① 解振华：《关于〈中华人民共和国固体废物污染环境防治法（草案）〉的说明》，载北大法宝。

② 钟伟青：《〈固体废物污染环境防治法〉的制定背景与实施意义》，载《环境》1996年第4期。

③ 金瑞林主编：《环境与资源保护法学》，北京大学出版社2006年版，第276页。

④ 来自参与当时《固体废物污染环境防治法》起草的武汉大学环境法研究所李启家教授口述。

⑤ 放射性固体废物内容上属于固废法的实质内容，本章内容加以涵盖。

称综合利用，指通过回收、加工、循环利用、交换等方式，使之转化为可以利用的二次原料或再生资源，不仅可以创造新财富，还可以减少固废排放，一直以来也是我国一项重大的技术经济政策。无害化是对不能利用或暂时不能进行综合利用的固废，必须按照环保要求，进行安全贮存、处置，以防止或减轻其对环境和人体健康的危害。[①] “三化”原则在该法第 3 条明确规定：“国家对固体废物污染环境的防治，实行减少固体废物的产生、充分合理利用固定废物和无害化处置固体废物的原则。”

“减量化”主要体现在第 4 条(国家鼓励、支持开展清洁生产，减少固体废物产生)，第 27 条(国家经济综合部门和有关部门组织研究、开发和推广减少工业固体废物产生量的生产工艺和设备)，第 28 条(县级以上政府推广能减少产生量的先进工艺和设备)，第 30 条(企事业单位合理选择和利用原材料、能源、资源，采用先进工艺、设备减少工业固体废物产生量)，第 38 条(政府组织净菜进城，减少城市生活垃圾，发展清洁能源)；“资源化”体现在第 4 条(国家采取有利于固体废物综合利用的经济政策措施)，第 17 条(产品应采用易回收利用的包装物，并对产品的生产者、销售者、使用者规定了回收内容)，第 18 条(国家鼓励研究、生产易回收利用的农膜，使用者采取回收利用措施)，第 25 条(在限制、审批情况下，可进口作原料利用的固体废物)，第 38 条(城市政府安排收购网点，促进废弃物回收利用)；在“无害化”方面规定的更多，而且强制性条款也比较多，如第 12 条和第 13 条(三同时)，第 16 条(三防措施)，第 17 条(产品采用易处置或在环境中易消纳的包装物)，第 32 条、第 33 条、第 34 条、第 40 条(按环保规定建设固体废物贮存、处置设施、场所)，第 37 条(积极开展城市生活垃圾的无害化处置)等。强制性条款意味这些条款被违反将承担相应的法律责任。该法对于无害化规定的法律责任相对完善。

无害化是 1995 年《固废法》的重点，通过诸多制度和措施加以贯彻，下面行文将对相关制度和措施展开，不再设置“无害化”标题。

(二)全过程控制的原则

固废污染防治全过程是指产生、收集、贮存、运输、利用、处置固废的全过程。通常称为“从产生到最终处置”的全过程或“从摇篮(产生)到坟墓(处置)”的全过程。这一全过程的各个环节，固废都有造成环境污染的可能。因此，固废污染防治必须贯穿于全过程各个环节。《固废法》对固体废物的流向，即从产生到收集、贮存、运输、利用、处置各个环节都作了规定，特别是对危险废物实行“从摇篮到坟墓”的环境管理，更体现了“全过程控制”的管理方式。

(三)分类管理的原则

由于固废来源广泛，不同固废的环境风险差异巨大，在管理上必须分别具体情

① 韩德培主编：《环境保护法教程》，法律出版社 1998 年版，第 246 页。

况采取分类管理的方法，针对不同固废制定不同的对策或措施。该法分为：工业固废、城市生活垃圾和危险废物[①]。其中对工业固废和城市生活垃圾适用一般管理措施，对危害性大的危险废物作了专章规定（第4章），专章中未规定的还适用其他章的有关规定，体现了对危险废物“严格、严密、严厉”的从严方针，即管理思想和行为规范上严格，管理程序和防治手段上严密，法律制裁上严厉。

二、固废的一般规定

1995年《固废法》规定：“收集、贮存、运输、利用、处置固体废物的单位和个人，必须采取防扬散、防流失、防渗漏或者其他防止污染环境的措施。不得在运输过程中沿途丢弃、遗撒固体废物。”

有关资源化的要求，从工业固废扩大到一般固废。1995年《固废法》规定：“产品生产者、销售者、使用者应当按照国家有关规定对可以回收利用的产品包装物和容器等回收利用。”“使用农用薄膜的单位和个人，应当采取回收利用等措施，防止或者减少农用薄膜对环境的污染。”需要指出的是，工业固废领域仍然是重点。1996年出台的《国务院批转国家经贸委等部门关于进一步开展资源综合利用意见的通知》规定了资源综合利用的范围[包括对生产过程中产生的废渣、废水（液）、废气]、综合利用的优惠政策、资源综合利用和开发（矿产、建筑垃圾、生产废物）、废物回收利用等。为更好地贯彻落实国家对资源综合利用的优惠政策，根据《国务院批转国家经贸委等部门关于进一步开展资源综合利用的意见》，1996年11月制定《资源综合利用目录》。

1995年《固废法》规定：“对收集、贮存、运输、处置固体废物的设施、设备和场所，应当加强管理和维护，保证其正常运行和使用。”1995年颁布了环境标准《环境保护图形标志　固体废物贮存（处置）场》（GB 15562.2-1995，1996年7月1日实施），该标准规定了一般固体废物和危险废物贮存、处置场环境保护图形标志及其功能。

三、工业固废的规定

（一）减量化

1995年《固废法》规定：“县级以上人民政府有关部门应当制定工业固体废物污染环境防治工作规划，推广能够减少工业固体废物产生量的先进生产工艺和设备，推动工业固体废物污染环境防治工作。企业事业单位应当合理选择和利用原材料、能源和其他资源，采用先进的生产工艺和设备，减少工业固体废物产生量。”

---

① 2004年修改《固废法》时，分类变成：工业固废、生活垃圾、危险废物。

"国务院经济综合主管部门应当会同国务院有关部门组织研究、开发和推广减少工业固体废物产生量的生产工艺和设备,公布限期淘汰产生严重污染环境的工业固体废物的落后生产工艺、落后设备的名录。"2000 年和 2003 年发布了《国家重点行业清洁生产技术导向目录》(第一批、第二批)。1999 年 1 月、12 月和 2002 年 6 月,发布了《淘汰落后生产能力、工艺和产品的目录》。[①] 根据该法,一旦列入相关名录,产生如下法律后果:生产者、销售者、进口者或者使用者必须在国务院经济综合主管部门会同国务院有关部门规定的期限内分别停止生产、销售、进口或者使用列入规定的名录中的设备;生产工艺的采用者必须在国务院经济综合主管部门会同国务院有关部门规定的期限内停止采用列入前款规定的名录中的工艺;依照法律规定被淘汰的设备,不得转让给他人使用。这些目录的颁布促进了减量化原则的具体化,大大提升法律规定的可操作性。

(二)申报登记制度

申报登记是环境保护行政主管部门对工业固体废物和危险废物实施监督管理的基本制度,实施这一制度可以使环境保护行政主管部门准确、全面地掌握和控制工业固体废物和危险废物的基本情况,为实施固体废物和危险废物的环境管理和污染环境的防治提供可靠的客观依据。依照《环境保护法》有关污染物排放申报登记的原则规定,国家环境保护局于 1992 年发布了《排放污染物申报登记管理规定》。申报登记可以强化固体废物污染环境防治监督管理。1995 年《固废法》规定:"国家实行工业固体废物申报登记制度。""产生工业固体废物的单位必须按照国务院环境保护行政主管部门的规定,向所在地县级以上地方人民政府环境保护行政主管部门提供工业固体废物的产生量、流向、贮存、处置等有关资料。"

(三)贮存、处置设施、场所的建设和管理

由于经济技术水平的限制,人类至今还不可能将固体废物完全消灭在生产过程中或者将产生的固体废物全部回收利用。对无法用尽的固体废物进行最终处理、处置,是对固体废物实施无害于环境管理的最后措施。根据"谁污染,谁治理"的原则,由企业事业单位负责处理、处置其产生的工业固体废物和危险废物,是国外废物管理立法的通例。1949 年以来,我国一直没有通过法律、法规明确规定企业事业单位负有处理、处置其产生的工业固体废物和危险废物的责任,这是导致当前工业固体废物和危险废物乱倾倒、乱堆放以及工业固体废物大量堆存的直接原因。为了有效控制工业固体废物和危险废物污染环境,我国必须规定企业事业单

① 黄建初主编:《〈中华人民共和国固体废物污染环境防治法〉释义》,法律出版社 2005 年版,第 84~85 页。

位处理、处置工业固体废物和危险废物的责任。[①]

1.建设贮存或者处置的设施、场所的义务

1995年《固废法》规定:"企业事业单位对其产生的不能利用或者暂时不利用的工业固体废物,必须按照国务院环境保护行政主管部门的规定建设贮存或者处置的设施、场所。"从而将建设贮存或者处置的设施、场所确立为法定义务。而且还规定:"露天贮存冶炼渣、化工渣、燃煤灰渣、废矿石、尾矿和其他工业固体废物的,应当设置专用的贮存设施、场所。"1992年制定的《防治尾矿污染环境管理规定》于1999年修改。

2.设施、场所应达标

建设工业固体废物贮存、处置的设施、场所,必须符合国务院环境保护行政主管部门规定的环境保护标准。

3.暂未建设达标设施、场所的缴纳排污费

1995年《固废法》施行前产生工业固体废物的单位,没有建设工业固体废物贮存或者处置的设施、场所,或者工业固体废物贮存、处置的设施、场所不符合环境保护标准的,必须限期建成或者改造;在限期内,对新产生的污染环境的工业固体废物,应当缴纳排污费或者采取其他措施。采取缴纳排污费措施的单位在限期内提前建成工业固体废物贮存或者处置的设施、场所或者经改造使其符合环境保护标准的,自建成或者改造完成之日起,不再缴纳排污费;在限期内未建成或者经改造仍不符合环境保护标准的,继续缴纳排污费,直至建成或者经改造符合环境保护标准为止。

按照该法规定,缴纳排污费并非目的,而是督促设施、场所建设的手段,是过渡性的措施。

4.设施不得擅自关闭、闲置或者拆除

禁止擅自关闭、闲置或者拆除工业固体废物污染环境防治设施、场所;确有必要关闭、闲置或者拆除的,必须经所在地县级以上地方人民政府环境保护行政主管部门核准,并采取措施,防止污染环境。

5.处理设施的选址

在国务院和国务院有关主管部门及省、自治区、直辖市人民政府划定的自然保护区、风景名胜区、生活饮用水源地和其他需要特别保护的区域内,禁止建设工业固体废物集中贮存、处置设施、场所和生活垃圾填埋场。

在该阶段,为防治一般工业固体废物贮存、处置场的二次污染,2001年颁布《一般工业固体废物贮存、处置场污染控制标准》(GB 18599-2001,2002年7月1日实施),该标准规定了一般工业固体废物贮存、处置场的选址、设计、运行管理、关闭

---

① 解振华:《关于〈中华人民共和国固体废物污染环境防治法(草案)〉的说明》,载北大法宝。

与封场，以及污染控制与监测等内容，后在2013年6月8日进行了修改。

四、城市生活垃圾、农业固废等的规定

1995年《固废法》设专节规定“城市生活垃圾污染环境的防治”。

（一）单位和个人的义务

1995年《固废法》规定：任何单位和个人应当遵守城市人民政府环境卫生行政主管部门的规定，在指定的地点倾倒、堆放城市生活垃圾，不得随意扔撒或者堆放。城市生活垃圾应当及时清运，并积极开展合理利用和无害化处置。城市生活垃圾应当逐步做到分类收集、贮存、运输和处置。施工单位应当及时清运、处置建筑施工过程中产生的垃圾，并采取措施，防止污染环境。

（二）城市人民政府的责任

城市生活垃圾和市民生活息息相关，对其的管控也是城市人民政府的重要职责。1995年《固废法》规定：城市人民政府应当配套建设城市生活垃圾清扫、收集、贮存、运输、处置设施。城市人民政府应当有计划地改进燃料结构，发展城市煤气、天然气、液化气和其他清洁能源。城市人民政府有关部门应当组织净菜进城，减少城市生活垃圾。城市人民政府有关部门应当统筹规划，合理安排收购网点，促进废弃物的回收利用工作。

（三）城市生活垃圾处置设施、场所管理要求

建设城市生活垃圾处置设施、场所，必须符合国务院环境保护行政主管部门和国务院建设行政主管部门规定的环境保护和城市环境卫生标准。禁止擅自关闭、闲置或者拆除城市生活垃圾处置设施、场所；确有必要关闭、闲置或者拆除的，必须经所在地县级以上地方人民政府环境卫生行政主管部门和环境保护行政主管部门核准，并采取措施，防止污染环境。

为减少生活垃圾焚烧造成的二次污染，2001年颁布《生活垃圾焚烧污染控制标准》（GB 18485-2001，2002年1月1日实施），标准内容（包括实施时间）等同于2000年2月29日国家环境保护总局发布的《生活垃圾焚烧污染控制标准》（GWKB 3—2000），该标准实施之日起，代替GWKB 3—2000。城市建筑垃圾属于城市生活垃圾，1996年建设部出台了《城市建筑垃圾管理规定》（已失效）。

此外，对于农业固废也有相关立法。畜禽废渣和秸秆都属于农业固废。2001年颁布的《畜禽养殖污染防治管理办法》（已失效）适用于畜禽养殖场产生的固废污染防治。该办法规定“畜禽养殖污染防治实行综合利用优先，资源化、无害化和减量化的原则”，规定了畜禽养殖场的环评、三同时、排污申报、达标排放、排污收费等制度，还规定畜禽养殖场必须设置畜禽废渣的储存设施和场所，并对储存场所提出要求，对畜禽废渣的综合利用和运输的要求作出规定。1999年颁布的《秸秆禁烧

和综合利用管理办法》规定了秸秆焚烧的禁烧区制度，并规定“各地应大力推广机械化秸秆还田、秸秆饲料开发、秸秆气化、秸秆微生物高温快速沤肥和秸秆工业原料开发等多种形式的综合利用成果”。

五、特别类型固废的规定

1995年《固废法》设专章“危险废物污染环境防治的特别规定”。危险废物污染环境的防治，适用该章规定；该章未作规定的，适用该法其他有关规定。“危险废物”的概念在该法中出现。

（一）危险废物鉴别和识别制度

根据《固废法》的规定，危险废物是指列入国家危险废物名录或者根据国家规定的危险废物鉴别标准和鉴别方法认定的具有危险特性的固体废物。对某物质是否属于危险废物的判断是是否纳入危废管理的前提，为此，1998年出台《国家危险废物名录》，后来于2008年和2016年被修订。1996年颁布《危险废物鉴别标准　腐蚀性鉴别》（GB 5085.1-1996）、《危险废物鉴别标准　急性毒性初筛》（GB 5085.2-1996）、《危险废物鉴别标准　浸出毒性鉴别》（GB 5085.3-1996）等危废鉴别标准。

1995年《固废法》规定：“国务院环境保护行政主管部门应当会同国务院有关部门制定国家危险废物名录，规定统一的危险废物鉴别标准、鉴别方法和识别标志。对危险废物的容器和包装物以及收集、贮存、运输、处置危险废物的设施、场所，必须设置危险废物识别标志。”1995年颁布了环境标准《环境保护图形标志　固体废物贮存（处置）场》（GB 15562.2-1995，1996年7月1日实施），该标准规定了危险废物贮存、处置场环境保护图形标志及其功能。

（二）代履行制度

行政代执行是一种间接的行政强制执行措施，是保证法定义务人履行义务的一种有效手段，在国外立法中被广泛采用。我国环境立法中也有过行政代执行的规定（如《水土保持法》）。为了保证“产生危险废物的，应当负责处理、处置”的规定得到切实遵守，使所有危险废物均能得到妥善处理、处置，借鉴法制较完善国家的经验，1995年《固废法》引入了行政代执行制度。[①] 1995年《固废法》规定：“产生危险废物的单位，必须按照国家有关规定处置；不处置的，由所在地县级以上地方人民政府环境保护行政主管部门责令限期改正；逾期不处置或者处置不符合国家有关规定的，由所在地县级以上地方人民政府环境保护行政主管部门指定单位按照国家有关规定代为处置，处置费用由产生危险废物的单位承担。”

---

① 解振华：《关于〈中华人民共和国固体废物污染环境防治法（草案）〉的说明》，载北大法宝。

(三)危废排污费

以填埋方式处置危险废物不符合国务院环境保护行政主管部门的规定的,应当缴纳危险废物排污费。

(四)经营许可证制度

危险废物的危险特性决定,并非任何单位和个人都能从事危险废物的收集、贮存、处理、处置等经营活动。从事危险废物的收集、贮存、处理、处置活动,必须既具备达到一定要求的设备、设施,又要有相应的专业技术能力。许多国家,特别是发达国家,都把实行许可证管理作为控制危险废物、防治污染环境的一种重要手段。如美国《资源保护和回收法》规定,贮存、处理、处置危险废物,必须持有环保局颁发的许可证。日本《废弃物处理和清扫法》规定,凡以收集、运输、处理产业固体废弃物为业者,应当向都道府县知事领取许可证。意大利、澳大利亚、英国等也都有关于危险废物许可证管理的法律规定。[①] 1995 年《固废法》也规定了危险废物许可证制度。根据该法规定,从事收集、贮存、处置危险废物经营活动的单位,必须向县级以上人民政府环境保护行政主管部门申请领取经营许可证。禁止无经营许可证或者不按照经营许可证规定从事危险废物收集、贮存、处置的经营活动。禁止将危险废物提供或者委托给无经营许可证的单位从事收集、贮存、处置的经营活动。该法授权国务院制定危险废物经营许可证具体管理办法,但在该阶段尚未出台,而是在 2004 年制定的。

(五)收集、贮存、运输和处置要求

收集、贮存危险废物,必须按照危险废物特性分类进行。禁止混合收集、贮存、运输、处置性质不相容而未经安全性处置的危险废物。禁止将危险废物混入非危险废物中贮存;运输危险废物,必须采取防止污染环境的措施,并遵守国家有关危险货物运输管理的规定;禁止将危险废物与旅客在同一运输工具上载运;收集、贮存、运输、处置危险废物的场所、设施、设备和容器、包装物及其他物品转作他用时,必须经过消除污染的处理,方可使用。

2001 年颁布《危险废物焚烧污染控制标准》(GB 18484-2001,2002 年 1 月 1 日实施),该标准从我国的实际情况出发,以集中连续型焚烧设施为基础,涵盖了危险废物焚烧全过程的污染控制;对具备热能回收条件的焚烧设施要考虑热能的综合利用,标准内容(包括实施时间)等同于 1999 年 12 月 3 日国家环境保护总局发布的《危险废物焚烧污染控制标准》(GWKB 2—1999),自该标准实施之日起,代替 GWKB 2—1999。为防止危险废物填埋处置对环境造成的污染,2001 年颁布《危险废物填埋污染控制标准》(GB 18598-2001,2002 年 7 月 1 日实施),标准对危险废

---

① 解振华:《关于〈中华人民共和国固体废物污染环境防治法(草案)〉的说明》,载北大法宝。

物安全填埋场在建造和运行过程中涉及的环境保护要求，包括填埋物入场条件、填埋场选址、设计、施工、运行、封场及监测等方面作了规定，后在2013年6月8日进行修改。为防止危险废物贮存过程造成的环境污染，加强对危险废物贮存的监督管理，2001年颁布《危险废物贮存污染控制标准》(GB 18597-2001，2002年7月1日实施)，标准规定了对危险废物贮存的一般要求，对危险废物包装、贮存设施的选址、设计、运行、安全防护、监测和关闭等要求，后在2013年6月8日进行修改。

此外，2002年颁布《放射性废物管理规定》(GB 14500-2002)，这是1993年的修订版本。1995年出台《放射性废物分类》(GB 9133-1995)。

六、固废转移的规定

(一)跨省转移固废

转移固体废物出省、自治区、直辖市行政区域贮存、处置的，应当向固体废物移出地的省级人民政府环境保护行政主管部门报告，并经固体废物接受地的省级人民政府环境保护行政主管部门许可。

(二)危废转移联单

危险废物的转移实行联单制度。1995年《固废法》规定："转移危险废物的，必须按照国家有关规定填写危险废物转移联单，并向危险废物移出地和接受地的县级以上地方人民政府环境保护行政主管部门报告。"1999年颁布《危险废物转移联单管理办法》规定具体程序。

(三)越境转移

1995年《固废法》禁止中国境外的固体废物进境倾倒、堆放、处置，禁止经中华人民共和国过境转移危险废物。

在进出口方面，一方面，国家禁止进口不能用作原料的固体废物，另一方面，限制进口可以用作原料的固体废物。国务院环境保护行政主管部门会同国务院对外经济贸易主管部门制定、调整并公布可以用作原料进口的固体废物的目录，未列入该目录的固体废物禁止进口。确有必要进口的、可用作原料的固体废物，必须经国务院环境保护行政主管部门会同国务院对外经济贸易主管部门审查许可，方可进口。

1996年颁布的《废物进口环境保护管理暂行规定》(已失效)规定，列入附件一的任何废物，必须经国家环境保护局审查批准，才可进口，而且规定了进口废物的申请和审批程序以及申请进口废物必须符合的条件。1998年国家环境保护总局发布的《关于严格控制从欧共体进口废物的暂行规定》规定了5份名单：可按正常商业贸易进行，不需要审批的绿色废物类名单；必须预先通知，经过审批，方能进口的绿色废物类名单；禁止进口的绿色废物类名单；禁止进口的琥珀色废物类名单；

禁止进口的红色废物名单。1996年我国出台了进口固体废物环境保护系列控制标准，适用于可用作原料的固体废物的进口管理，包括骨废料、废汽车压件、冶炼渣、木和木制品废料、废纸或纸板、废纤维、废钢铁、废有色金属、废电机、废电线电缆、废五金电器、供拆卸的船舶及其他浮动结构体、废塑料等。上述标准在2005年和2017年被修改。

该阶段具有如下特点。第一，牵头法《固废法》出台，搭建固废领域立法的基本原则和制度，涵盖主要立法领域。固废立法的"三化"原则被确立，资源化也扩展到工业固废之外，贯彻原则的制度初步搭建，工业固废、城市生活垃圾、畜禽废渣、危险废物等都有涵盖。《固废法》出台标志我国固废污染环境防治法律制度的成型，从而形成一部基础法牵头的、包括若干规章、环境标准等组成的固废法体系。但《固废法》之下仅有《防治尾矿污染环境管理规定》《畜禽养殖污染防治管理办法》《秸秆禁烧和综合利用管理办法》《危险废物转移联单管理办法》《废物进口环境保护管理暂行规定》等少量立法和规范性文件、环境标准加以配套，并不足以有效实施《固废法》。第二，"三化"原则贯彻并不平衡，无害化原则主要是通过强制性规范贯彻，相应的法律责任相对具体和全面，减量化和资源化原则的可操作性虽有一定提升，但其强制性上远远不及无害化原则。第三，固废种类涵盖尚不全面，生活垃圾尚未覆盖农村生活垃圾，农业固废也局限在畜禽废渣和秸秆，尚未涵盖医疗废物和电子废物等，放射性废物的规定也很有限，即便在有限的范围内，规定的措施较为笼统。第四，专门设立一章规范危险废物，通过危废名录界定管理对象，改变了此前仅对个别特别废物管理的挂一漏万的弊端，但对作为核心制度的危险废物经营许可的管理规定尚未出台，令其可操作性大打折扣。第五，作为技术支撑的环境标准已经出台一部分，但环境体系尚未完全建立，在相当程度上弱化规范的可操作性，即便是无害化原则的贯彻方面也是如此。

第四节 固体废物污染环境防治法律制度的拓展

在固体废物污染环境防治法律制度的拓展阶段，有三个标志性事件。《中华人民共和国清洁生产促进法》由中华人民共和国第九届全国人民代表大会常务委员会第二十八次会议于2002年6月29日通过，自2003年1月1日起施行。《中华人民共和国固体废物污染环境防治法》由中华人民共和国第十届全国人民代表大会常务委员会第十三次会议于2004年12月29日修订通过，自2005年4月1日起施行。《中华人民共和国循环经济促进法》由中华人民共和国第十一届全国人民代表大会常务委员会第四次会议于2008年8月29日通过，自2009年1月1日起施行。

固废立法在几年之内的迅速拓展应该结合科学发展观加以解释。党的十六大以来，以胡锦涛同志为总书记的党中央，提出了科学发展观这一重大战略思想。胡锦涛在2003年7月28日的讲话中提出“坚持以人为本，树立全面、协调、可持续的发展观，促进经济社会和人的全面发展”，按照“统筹城乡发展、统筹区域发展、统筹经济社会发展、统筹人与自然和谐发展、统筹国内发展和对外开放”的要求推进各项事业的改革和发展的方法论，即科学发展观。

从“三化”原则角度看，虽然《固废法》在总则和分则中都提出了减量化、资源化和无害化的要求，但其基本内容还是如何防治废物产生之后造成的污染问题，如工业固体废物、生活垃圾、危险废物的无害化处置等。[①] 在2002年前，我国固废立法基本上还是体现为末端治理模式。清洁生产的理念是在反思末端治理模式的基础上产生的。根据“末端治理”模式，按照排放标准对产生的污染物进行处理后再向环境排放。这种模式虽然取得了一定的环境效果，但也存在着明显的缺陷和不足：一是治理代价高，影响企业竞争力和经济效益，致使企业界缺乏治理污染的主动性和积极性；二是治理技术难度大，并存在污染转移的风险；三是无助于减少生产过程中的资源浪费；四是政府行政监督管理的成本过高。西方工业国家为了促使保护环境与经济发展取得双赢的效果，曾作了多年的探索，逐步形成了废物最小量化、源头削减、无废和少废工艺、污染预防等新的生产和污染防治战略。联合国环境规划署在总结上述经验的基础上，于1989年提出了“清洁生产”的战略及推广计划，一经推广，就得到许多国家政府和企业界的响应，以后人们又将清洁生产的要求逐步扩展到服务等领域，并开始探索发展“循环经济”，建立“循环社会”。[②]《清洁生产促进法》虽然在2002年出台，1977年颁布的《关于治理工业“三废”开展综合利用的几项规定》的规定“企业要依靠群众加强经营管理，改革生产工艺，大搞综合利用，尽力把‘三废’消灭在生产过程之中”事实上形成我国清洁生产思想的萌芽。1993年以来，我国开始推行清洁生产。全国开展清洁生产站点的省、自治区、直辖市已有24个。据1998年不完全统计，全国和一些地方通过项目已设立的清洁生产示范、试点400多个，分属化工、轻工、建材、国防、冶金、石化、铁路、电子、航空、医药、矿、电力、烟草、机械、仪器仪表纺织印染、交通等十几个行业。[③]《清洁生产促进法》的出台是对末端控制模式反思、顺应国际社会固废立法趋势以及对我国长期试点和探索总结的结果。

《循环经济促进法》的出台也经历了一个漫长过程。1987—1988年，国务院有关部门开始研究资源综合利用的立法问题，并开始起草草案，拟由国务院向全国人

---

① 孙佑海：《关于起草〈中华人民共和国循环经济法〉的若干思考》，载《中州学刊》2007年第4期。

② 李蒙：《关于〈中华人民共和国清洁生产促进法(草案)〉的说明》，载北大法宝。

③ 李蒙：《关于〈中华人民共和国清洁生产促进法(草案)〉的说明》，载北大法宝。

大常委会提案。1991 年,有学者鉴于综合利用政策、立法体系基本形成但立法规格低、凌乱和分散,主张出台《资源综合利用法》或《资源综合利用促进法》,或者由国务院制定专门条例,在综合利用法规中起到基干作用,使我国的资源综合利用工作全民走上法制的轨道。[①] 1996 年,国务院原计委将《资源综合利用法(草案)》报送国务院,但因各方存在不同观点而被搁置。在《清洁生产促进法》面世后,资源综合利用和循环经济受到立法机关重视。[②] 2005 年颁布《国务院关于加快发展循环经济的若干意见》(国发〔2005〕22 号),2008 年出台《循环经济促进法》。循环经济,是指在生产、流通和消费等过程中进行的减量化、再利用、资源化活动的总称,也就是资源节约和循环利用活动的总称。循环经济是推进可持续发展战略的一种优选模式,它强调以循环发展模式替代传统的线性增长模式,表现为以"资源—产品—再生资源"和"生产—消费—再循环"的模式有效地利用资源和保护环境,最终达到以较小发展成本获取较大的经济效益、社会效益和环境效益。[③]

污染者负担原则是环境法的基本原则,自然也适用于《固废法》。在法律中全面落实这一原则,有助于从根本上解决固体废物污染问题。2004 年修订的《固废法》规定"国家对固体废物污染环境防治实行污染者依法负责的原则"。同时进一步,明确"产品的生产者、销售者、进口者、使用者对其产生的固体废物依法承担污染防治责任"(第 5 条)。[④] 这是对 1995 年《固废法》的重要补充。

一、一般性制度

(一)环境影响评价

建设产业园区是建设区域循环经济的重要举措,对其也要进行环境影响评价。《循环经济促进法》规定:"新建和改造各类产业园区应当依法进行环境影响评价,并采取生态保护和污染控制措施,确保本区域的环境质量达到规定的标准。"

(二)环境信息公开

2004 年《固废法》要求"大、中城市人民政府环境保护行政主管部门应当定期发布固体废物的种类、产生量、处置状况等信息"。2006 年原国家环保总局也据此出台了《大中城市固体废物污染环境防治信息发布导则》。2007 年颁布的《环境信息公开办法(试行)》第 11 条规定环保部门应当在职责权限范围内向社会主动公开政府环境信息,就包括大、中城市固体废物的种类、产生量、处置状况等信息。2014

① 陈明义、李启家主编:《固体废弃物的法律控制》,陕西人民出版社 1991 年版,第 297~298 页。

② 翟勇:《〈中华人民共和国循环经济〉立法的相关问题试解》,载《印刷技术》2010 年第 2 期。

③ 冯之浚:《关于〈中华人民共和国循环经济法(草案)〉的说明》,载北大法宝。

④ 毛如柏:《关于〈中华人民共和国固体废物污染环境防治法(修订草案)〉的说明》,载《中华人民共和国全国人民代表大会常务委员会公报》2005 年第 1 期。

年修订的《环境保护法》专设第五章“信息公开和公众参与”，规定：“公民、法人和其他组织依法享有获取环境信息、参与和监督环境保护的权利。”“各级人民政府环境保护主管部门和其他负有环境保护监督管理职责的部门，应当依法公开环境信息、完善公众参与程序，为公民、法人和其他组织参与和监督环境保护提供便利。”从而确认公民环境知情权和行政机关公开环境信息的义务，还规定“重点排污单位应当如实向社会公开其主要污染物的名称、排放方式、排放浓度和总量、超标排放情况，以及防治污染设施的建设和运行情况，接受社会监督”，设立了重点排污的单位的环境信息公开义务，而且为规范该项制度的具体执行，2014年12月颁布了《企业事业单位环境信息公开办法》。

二、固废的一般规定

（一）固体废物的鉴别

固体废物的鉴别关乎是否适用有关固废的法律规定，是纳入固废管理的首要环节。《固废法》将固体废物定义为：在生产、生活和其他活动中产生的丧失原有利用价值或者虽未丧失利用价值但被抛弃或者放弃的固态、半固态和置于容器中的气态的物品、物质以及法律、行政法规规定纳入固体废物管理的物品、物质。但实践中如何加以鉴别，仍然需要统一规范。2006年原国家环保总局等五部委出台《固体废物鉴别导则（试行）》（已失效），2017年出台《固体废物鉴别标准通则》（GB 34330-2017）规定了依据产生来源的固体废物鉴别准则、在利用和处置过程中的固体废物鉴别准则、不作为固体废物管理的物质、不作为液态废物管理的物质以及监督管理要求。

（二）《固废法》和《清洁生产促进法》中的资源化

为了减少固体废物产生量和危害性，目前有很多国家已经开始对电器产品、包装等实行生产者延伸责任，即生产者不仅要对生产过程中的环境污染承担责任，还需要对报废后的产品或使用过的包装物承担回收利用或者处置的责任。一些国家的实践表明，这种责任机制可以比较有效地解决生产、消费与废物处置责任割裂带来的问题，控制固体废物的过快增长。[①] 1995年《固废法》对生产过程中的污染防治责任规定得比较全面，而对使用后的产品和包装的回收利用基本没有涉及。

2002年《清洁生产促进法》则规定，产品和包装物的设计，应当考虑其在生命周期中对人类健康和环境的影响，优先选择无毒、无害、易于降解或者便于回收利用的方案；企业应当对产品进行合理包装，减少包装材料的过度使用和包装性废物的产生；生产、销售被列入强制回收目录的产品和包装物的企业，必须在产品报废

① 《固废法修订凸现诸多亮点 生产者延伸责任有法可依》，载《中国环境报》2004年12月31日。

和包装物使用后对该产品和包装物进行回收。该法将强制回收义务限定在生产和销售环节。2004 年《固废法》将进口也纳入，规定：生产、销售、进口依法被列入强制回收目录的产品和包装物的企业，必须按照国家有关规定对该产品和包装物进行回收。

2004 年《固废法》一方面规定了对部分包装实行强制回收制度，另一方面，又针对我国目前对过度包装尚未作限制的情况，规定“产品和包装物的设计、制造，应当遵守国家有关清洁生产的规定。国务院标准化行政主管部门应当根据国家经济和技术条件、固体废物污染环境防治状况以及产品的技术要求，组织制定有关标准，防止过度包装造成环境污染”。不过，强制回收目录一直未出台。

(三)《循环经济促进法》中的资源化

《循环经济促进法》从生产、流通、消费等方面规定了再利用和资源化的主要领域。在该法中，再利用是指将废物直接作为产品或者经修复、翻新、再制造后继续作为产品使用，或者将废物的全部或者部分作为其他产品的部件予以使用；资源化，是指将废物直接作为原料进行利用或者对废物进行再生利用。这里的“再利用”和“资源化”属于三化原则中广义的“资源化”的不同体现。该法第四章名为“再利用和资源化”，以下是有关固废资源化的内容，侧重有关各类废物的综合利用。

1.工业废物综合利用

企业应当按照国家规定，对生产过程中产生的粉煤灰、煤矸石、尾矿、废石、废料、废气等工业废物进行综合利用。

2.建筑废物综合利用

建设单位应当对工程施工中产生的建筑废物进行综合利用；不具备综合利用条件的，应当委托具备条件的生产经营者进行综合利用或者无害化处置。

3.农业废物综合利用

国家鼓励和支持农业生产者和相关企业采用先进或者适用技术，对农作物秸秆、畜禽粪便、农产品加工业副产品、废农用薄膜等进行综合利用，开发利用沼气等生物质能源。

4.林业再利用和资源化

县级以上人民政府及其林业主管部门在推进林业再利用和资源化方面职责包括：积极发展生态林业，鼓励和支持林业生产者和相关企业采用木材节约和代用技术，开展林业废弃物和次小薪材、沙生灌木等综合利用，提高木材综合利用率。

5.产业废物交换

国家支持生产经营者建立产业废物交换信息系统，促进企业交流产业废物信息。企业对生产过程中产生的废物不具备综合利用条件的，应当提供给具备条件的生产经营者进行综合利用。

6.废物回收体系建设

国家鼓励和推进废物回收体系建设。地方人民政府应当按照城乡规划,合理布局废物回收网点和交易市场,支持废物回收企业和其他组织开展废物的收集、储存、运输及信息交流。废物回收交易市场应当符合国家环境保护、安全和消防等规定。

7.电器电子产品再利用和资源化

可以回收的电器电子产品,经过修复后销售的,必须符合再利用产品标准,并在显著位置标识为再利用产品;回收的电器电子产品,需要拆解和再生利用的,应当交售给具备条件的拆解企业。2009年国务院发布《废弃电器电子产品回收处理管理条例》,适用于列入《废弃电器电子产品处理目录》的废弃电器电子产品的回收处理及相关活动。该目录已经出台。国家对废弃电器电子产品处理实行资格许可制度。设区的市级人民政府环境保护主管部门审批废弃电器电子产品处理企业资格。国家建立废弃电器电子产品处理基金,用于废弃电器电子产品回收处理费用的补贴。电器电子产品生产者、进口电器电子产品的收货人或者其代理人应当按照规定履行废弃电器电子产品处理基金的缴纳义务。

8.机动车零部件等产品的再制造和轮胎翻新

国家支持企业开展机动车零部件、工程机械、机床等产品的再制造和轮胎翻新。销售的再制造产品和翻新产品的质量必须符合国家规定的标准,并在显著位置标识为再制造产品或者翻新产品。

9.生活垃圾和污泥的资源化

县级以上人民政府应当统筹规划建设城乡生活垃圾分类收集和资源化利用设施,建立和完善分类收集和资源化利用体系,提高生活垃圾资源化率。县级以上人民政府应当支持企业建设污泥资源化利用和处置设施,提高污泥综合利用水平,防止产生再次污染。

为促进我国资源化产业的健康有序发展,2007年出台了《再生资源回收管理办法》,其将再生资源定义为"在社会生产和生活消费过程中产生的,已经失去原有全部或部分使用价值,经过回收、加工处理,能够使其重新获得使用价值的各种废弃物"。该办法规范了从事再生资源回收经营活动的企业和个体工商户。

《水泥窑协同处置固体废物污染防治技术政策》(2016年)作为指导性文件,主要包括源头控制、清洁生产、末端治理、二次污染防治以及鼓励研发新技术等内容,为环境保护相关规划、污染物排放标准、环境影响评价、总量控制、排污许可等环境管理和企业污染防治工作提供指导。水泥窑协同处置固体废物是指将满足或经过预处理后满足入窑要求的固体废物投入水泥窑,在进行水泥熟料生产的同时实现对固体废物的无害化处置过程。可见水泥窑协同处置固体废物,不仅是无害化也是资源化的形式。

三、工业固废的规定

(一)减量化

1.《清洁生产促进法》中的减量化

减量化在《固废法》中体现并不充分。但2002年出台的《清洁生产促进法》主要贯彻了减量化原则。《清洁生产促进法》的第1条规定其立法目的:促进清洁生产,提高资源利用效率,减少和避免污染物的产生,保护和改善环境,保障人体健康,促进经济与社会可持续发展。清洁生产,是指不断采取改进设计、使用清洁的能源和原料、采用先进的工艺技术与设备、改善管理、综合利用等措施,从源头削减污染,提高资源利用效率,减少或者避免生产、服务和产品使用过程中污染物的产生和排放,以减轻或者消除对人类健康和环境的危害。显然该法以资源的减量化作为主要目标,贯彻减量化原则。

该法有关减量化的主要内容如下:

(1)关于政府及其有关主管部门推行清洁生产的责任

第二章"清洁生产的推行",对政府及有关部门明确规定了要支持、促进清洁生产的具体要求,包括制定有利于清洁生产的政策、制定清洁生产推行规划、发展区域性清洁生产、为企业提供清洁生产的技术信息和技术支持、组织清洁生产的技术研究和技术示范、组织开展清洁生产教育和宣传、优先采购清洁产品等。这样规定,有利于政府为生产经营者自愿实施清洁生产提供支持和服务,创造适宜的外部环境。

(2)关于对生产经营者的清洁生产要求

第三章"清洁生产的实施",规定了对生产经营者的清洁生产要求。该法对生产经营者的清洁生产要求分为指导性要求、强制性要求和自愿性规定三种类型。[①]指导性的要求不附带法律责任,属于此类要求的法律规定包括有关建设和设计活动优先考虑采用清洁生产方式;按照清洁生产要求进行技术改造;普通企业的清洁生产审核等。自愿性的规定主要是鼓励企业自愿实施清洁生产,改善企业及其产品的形象,相应可以依照有关规定得到奖励和享受政策优惠。属于此类的规定包括企业自愿和行政部门签订进一步节约资源、削减污染物排放量的协议、自愿申请环境管理体系认证等。

强制性的要求规定了生产经营者必须履行的义务。其中包括对部分产品和包装物要进行标识;强制回收;部分企业要进行强制性的清洁生产审核;对污染严重的企业要求定期公布主要污染物排放情况等。具体条文是:"生产大型机电设备、

---

① 李蒙:《关于〈中华人民共和国清洁生产促进法(草案)〉的说明》,载北大法宝。

机动运输工具以及国务院经济贸易行政主管部门指定的其他产品的企业，应当按照国务院标准化行政主管部门或者其授权机构制定的技术规范，在产品的主体构件上注明材料成分的标准牌号。"（第21条）"建筑和装修材料必须符合国家标准。禁止生产、销售和使用有毒、有害物质超过国家标准的建筑和装修材料。"（第24条第2款）"生产、销售被列入强制回收目录的产品和包装物的企业，必须在产品报废和包装物使用后对该产品和包装物进行回收。"（第27条第1款）"污染物排放超过国家和地方规定的排放标准或者超过经有关地方人民政府核定的污染物排放总量控制指标的企业，应当实施清洁生产审核。""使用有毒、有害原料进行生产或者在生产中排放有毒、有害物质的企业，应当定期实施清洁生产审核，并将审核结果报告所在地的县级以上地方人民政府环境保护行政主管部门和经济贸易行政主管部门。"（第28条第2款、第3款）"根据本法第17条规定，列入污染严重企业名单的企业，应当按照国务院环境保护行政主管部门的规定公布主要污染物的排放情况，接受公众监督。"（第31条）违反上述条文，须承担法律责任。

（3）关于清洁生产的鼓励措施

该法将"鼓励措施"作为专门一章，对实施清洁生产的企业规定了奖励、资金补助、优惠贷款、减免增值税等措施，明确实施清洁生产者可以从多方面获益。

关于指导性的要求比重较大，强制性规范比重较小，这样设计突出了"促进法"的特点，淡化了行政强制性色彩，以利于引导、规范生产经营者实施清洁生产。

《中华人民共和国清洁生产促进法》2012年进行修改，其中较有实质意义的修改如下：强化了清洁生产规划条文，规定了国家清洁生产规划、有关行业专项清洁生产推行规划、地方政府推行清洁生产的实施规划；新增清洁生产促进工作的资金保障规定；将"超过单位产品能源消耗限额标准构成高耗能的"企业纳入强制清洁生产审核的范围；新增实施强制性清洁生产审核的企业将审核结果向有关部门通告并向社会公开的义务等。

2004年8月国家环境保护总局出台《清洁生产审核暂行办法》（失效，2016年被《清洁生产审核办法》取代），清洁生产审核分为自愿性审核和强制性审核。清洁生产审核程序原则上包括审核准备、预审核、审核、方案的产生和筛选、方案的确定、方案的实施、持续清洁生产等。清洁生产审核以企业自行组织开展为主。实施强制性清洁生产审核的企业，如果自行独立组织开展清洁生产审核，应具备两个条件：具备开展清洁生产审核物料平衡测试、能量和水平衡测试的基本检测分析器具、设备或手段；拥有熟悉相关行业生产工艺、技术规程和节能、节水、污染防治管理要求的技术人员。不具备独立开展清洁生产审核能力的企业，可以聘请外部专家或委托具备相应能力的咨询服务机构协助开展清洁生产审核。

2.《循环经济促进法》中的减量化

《循环经济促进法》设专章规定"减量化"，规定企业应当降低资源消耗，减少废物产品量和排放量。和固废减量化有直接和密切联系的规定如下：

(1)名录制度

国务院循环经济发展综合管理部门会同国务院环境保护等有关主管部门，定期发布鼓励、限制和淘汰的技术、工艺、设备、材料和产品名录。禁止生产、进口、销售列入淘汰名录的设备、材料和产品，禁止使用列入淘汰名录的技术、工艺、设备和材料。

(2)生态设计

生态设计的基本内涵是在工艺、设备、产品及包装物等的设计中综合考虑资源和环境要素，减少资源消耗和环境影响，增加废物再利用和资源化的可能性。具体要求如下：从事工艺、设备、产品及包装物设计，应当按照减少资源消耗和废物产生的要求，优先选择采用易回收、易拆解、易降解、无毒无害或者低毒低害的材料和设计方案，并应当符合有关国家标准的强制性要求；对在拆解和处置过程中可能造成环境污染的电器电子等产品，不得设计使用国家禁止使用的有毒有害物质；设计产品包装物应当执行产品包装标准，防止过度包装造成资源浪费和环境污染。

(3)节约矿产资源措施

开采矿产资源，应当统筹规划，制定合理的开发利用方案，采用合理的开采顺序、方法和选矿工艺。采矿许可证颁发机关应当对申请人提交的开发利用方案中的开采回采率、采矿贫化率、选矿回收率、矿山水循环利用率和土地复垦率等指标依法进行审查；审查不合格的，不予颁发采矿许可证。采矿许可证颁发机关应当依法加强对开采矿产资源的监督管理。

矿山企业在开采主要矿种的同时，应当对具有工业价值的共生和伴生矿实行综合开采、合理利用；对必须同时采出而暂时不能利用的矿产以及含有有用组分的尾矿，应当采取保护措施，防止资源损失和生态破坏。

(4)建筑领域节约资源的措施

建筑设计、建设、施工等单位应当按照国家有关规定和标准，对其设计、建设、施工的建筑物及构筑物采用节能、节水、节地、节材的技术工艺和小型、轻型、再生产品。有条件的地区，应当充分利用太阳能、地热能、风能等可再生能源。

国家鼓励利用无毒无害的固体废物生产建筑材料，鼓励使用散装水泥，推广使用预拌混凝土和预拌砂浆。

禁止损毁耕地烧砖。在国务院或者省、自治区、直辖市人民政府规定的期限和区域内，禁止生产、销售和使用黏土砖。

(5)限制一次性消费品生产和销售的措施

国家在保障产品安全和卫生的前提下，限制一次性消费品的生产和销售。具体名录由国务院循环经济发展综合管理部门会同国务院财政、环境保护等有关主管部门制定。对列入规定名录中的一次性消费品的生产和销售，由国务院财政、税务和对外贸易等主管部门制定限制性的税收和出口等措施。

（二）产生工业固废单位变更、终止时相关义务

产生固体废物的单位发生分立、合并、转让、撤销、解散或者破产时，由谁继续履行污染防治责任，1995年《固废法》没有明确，这是大量固体废物污染问题长期得不到解决的原因之一。[①] 2004年《固废法》对此规定："产生工业固体废物的单位需要终止的，应当事先对工业固体废物的贮存、处置的设施、场所采取污染防治措施，并对未处置的工业固体废物作出妥善处置，防止污染环境。""产生工业固体废物的单位发生变更的，变更后的单位应当按照国家有关环境保护的规定对未处置的工业固体废物及其贮存、处置的设施、场所进行安全处置或者采取措施保证该设施、场所安全运行。变更前当事人对工业固体废物及其贮存、处置的设施、场所的污染防治责任另有约定的，从其约定；但是，不得免除当事人的污染防治义务。"此外，历史遗留废物的处置是固体废物污染防治工作中的一大问题。2004年《固废法》规定："对本法施行前已经终止的单位未处置的工业固体废物及其贮存、处置的设施、场所进行安全处置的费用，由有关人民政府承担；但是，该单位享有的土地使用权依法转让的，应当由土地使用权受让人承担处置费用。当事人另有约定的，从其约定；但是，不得免除当事人的污染防治义务。"

四、农业固体废物、生活垃圾等的规定

（一）农业固废

针对农村固体废物污染日益严重的问题，应当将农村固体废物纳入整个城乡固体废物管理体系。但考虑到我国农村经济发展水平不高、基础设施薄弱等实际情况，对农村固体废物的管理还是应当先提出原则要求，逐步实现合理利用和安全处置。为此，2004年《固废法》规定："从事畜禽规模养殖应当按照国家有关规定收集、贮存、利用或者处置养殖过程中产生的畜禽粪便，防止污染环境。""禁止在人口集中地区、机场周围、交通干线附近以及当地人民政府划定的区域露天焚烧秸秆。"（第20条）。国务院于2013年出台《畜禽规模养殖污染防治条例》，自2014年1月1日起施行。该条例是对《畜禽养殖污染防治管理办法》的替代，适用于畜禽养殖场、养殖小区的养殖污染防治。在"预防"和"综合利用与治理"方面进行了充实。《农业固体废物污染控制技术导则（2010）》（HJ 588—2010，2011年1月1日）规定了农业植物性废物、畜禽养殖废物和农用薄膜等三种农业固体废物污染控制的原则、技术措施和管理措施等相关内容。本标准适用于指导农业种植、畜禽养殖等产生的固体废物污染控制管理，实现农业固体废物资源化、减量化、无害化。

---

① 孙佑海：《固体废物污染环境防治法的新变化》，载《中国人大》2005年第1期。

(二)生活垃圾

2004年《固废法》将“城市生活垃圾污染环境的防治”改为“生活垃圾污染环境的防治”,并在内容上做相应调整,重要体现是将“城市生活垃圾”改为“生活垃圾”,将“城市人民政府”改为“人民政府”,将覆盖范围加以扩展,不过考虑到不同地区农村差别巨大,规定“农村生活垃圾污染环境防治的具体办法,由地方性法规规定”。(第49条),因而2004年《固废法》并没有针对农村生活垃圾规定处罚条款。

2004年《固废法》此后经过2013年、2015年和2016年三次修改。2013年修改将第44条第2款“禁止擅自关闭、闲置或者拆除生活垃圾处置的设施、场所;确有必要关闭、闲置或者拆除的,必须经环境卫生行政主管部门和环境保护行政主管部门核准,并采取措施,防止污染环境”。“所在地县级以上地方人民政府”改为“所在地的市、县人民政府”,系在管理权限层级上划分所做调整,体现管理重心下沉的指导思想。2016年也对该款进行修改为:“禁止擅自关闭、闲置或者拆除生活垃圾处置的设施、场所;确有必要关闭、闲置或者拆除的,必须经所在地的市、县级人民政府环境卫生行政主管部门商所在地环境保护行政主管部门同意后核准,并采取措施,防止污染环境。”这确立在关闭、闲置或者拆除生活垃圾处置的设施方面,环卫部门为主的管理体制。

为管理城市生活垃圾,2007年建设部出台《城市生活垃圾管理办法》,确立“城市生活垃圾的治理,实行减量化、资源化、无害化和谁产生、谁依法负责的原则”,规定产生城市生活垃圾的单位和个人缴纳城市生活垃圾处理费;城市生活垃圾收集、处置设施建设;城市生活垃圾的清扫、收集、运输,从事城市生活垃圾经营性清扫、收集、运输的企业,应当取得城市生活垃圾经营性清扫、收集、运输服务许可证等。建设部出台2005年出台的《城市建筑垃圾管理规定》规定“建筑垃圾处置实行减量化、资源化、无害化和谁产生、谁承担处置责任的原则”;处置建筑垃圾的单位获得城市建筑垃圾处置核准后,方可处置;建筑垃圾处置实行收费制度;施工单位不得将建筑垃圾交给个人或者未经核准从事建筑垃圾运输的单位运输。此外,还规定了单位和个人的相关义务。

2008年颁布《生活垃圾填埋场污染控制标准》(GB 16889-2008)代替GB 16889-1997,2014年颁布《生活垃圾焚烧污染控制标准》(GB 18485-2014)代替GB 18485-2001。

五、特别类型固废的规定

(一)危险废物

1.危险废物的鉴别

1998年出台《国家危险废物名录》,后来于2008年和2016年被修订,在2007

年出台系列鉴别标准如下:《危险废物鉴别标准—通则》(GB 5085.7-2007)、《危险废物鉴别标准—腐蚀性鉴别》(GB 5085.1-2007)、《危险废物鉴别标准—急性毒性初筛》(GB 5085.2-2007)、《危险废物鉴别标准—浸出毒性鉴别》(GB 5085.3-2007)、《危险废物鉴别标准—易燃性鉴别》(GB 5085.4-2007)、《危险废物鉴别标准—反应性鉴别》(GB 5085.5-2007)、《危险废物鉴别标准—毒性物质含量鉴别》(GB 5085.6-2007),并废止《危险废物鉴别标准—腐蚀性鉴别》(GB 5085.1-1996)、《危险废物鉴别标准—急性毒性初筛》(GB 5085.2-1996)、《危险废物鉴别标准—浸出毒性鉴别》(GB 5085.3-1996)。

2.危废处置设施建设

针对危险废物处置工作中面临的处置设施不足,2004年《固废法》规定:国务院环境保护行政主管部门会同国务院经济综合宏观调控部门组织编制危险废物集中处置设施、场所的建设规划,报国务院批准后实施。县级以上地方人民政府应当依据危险废物集中处置设施、场所的建设规划组织建设危险废物集中处置设施、场所。针对长期贮存不处置,2004年《固废法》对危险废物贮存时间予以限制,规定:贮存危险废物必须采取符合国家环境保护标准的防护措施,并不得超过一年;确需延长期限的,必须报经原批准经营许可证的环境保护行政主管部门批准;法律、行政法规另有规定的除外。针对应急措施力度不够等问题,对重点危险废物集中处置设施、场所的退役费用预提加以原则规定,即重点危险废物集中处置设施、场所的退役费用应当预提,列入投资概算或者经营成本。具体提取和管理办法,由国务院财政部门、价格主管部门会同国务院环境保护行政主管部门规定。不过,这项工作一直没有实质性展开。

3.经营许可证

1995年《固废法》要求从事危险废物收集、贮存、处置的单位都必须向环境保护行政主管部门申请领取经营许可证。近年来,从事危险废物利用的单位明显增多,其中很多是不具备条件的小型企业,还有一些是为了规避管理打着"利用"旗号处置危险废物的单位,其在利用和处置危险废物的过程中造成了严重的污染和安全隐患。[①] 为了堵塞管理漏洞,2004年《固废法》增加如下规定:从事利用危险废物经营活动的单位,必须向国务院环境保护行政主管部门或者省、自治区、直辖市人民政府环境保护行政主管部门申请领取经营许可证。国务院于2004年制定《危险废物经营许可证管理办法》,规定危险废物经营许可证按照经营方式,分为危险废物收集、贮存、处置综合经营许可证和危险废物收集经营许可证;领取危险废物综合经营许可证的单位,可以从事各类别危险废物的收集、贮存、处置经营活动;领取

① 毛如柏:《关于〈中华人民共和国固体废物污染环境防治法(修订草案)〉的说明》,载《中华人民共和国全国人民代表大会常务委员会公报》2005年第1期。

危险废物收集经营许可证的单位，只能从事机动车维修活动中产生的废矿物油和居民日常生活中产生的废镉镍电池的危险废物收集经营活动；并对申请领取危险废物经营许可证的条件、申请领取危险废物经营许可证的程序及其监督管理进行规定。该办法于 2013 年和 2016 年进行修订。2013 年修改是关于分级审批的内容，2016 年删除"申请单位凭危险废物经营许可证向工商管理部门办理登记注册手续"。《固废法》第 57 条规定"从事利用危险废物经营活动的单位，必须向国务院环境保护行政主管部门或者省、自治区、直辖市人民政府环境保护行政主管部门申请领取经营许可证"，但该办法仅对从事收集、贮存、处置经营活动的单位规定领取许可证，未对从事利用危险废物经营活动的单位作出任何规定。这必然将遗留巨大漏洞：利用危险废物的单位和将危险废物转让给利用危险废物的单位缺乏具体法律规则的规范。事实上，不少危险废物产生者将危险废物出售给利用危险废物的单位，而利用危险废物的单位并不需要资质，因此，难以保证危险废物的利用不发生环境风险。更恶劣的情形是，危险废物产生者借利用危险废物之名行处置危险废物之实，从而逃避许可证制度的约束。

根据《国家危险废物名录》，多氯联苯属于危险废物。2017 年颁布《含多氯联苯废物污染控制标准》(GB 13015-2017)代替 GB 13015-91，该标准规定了含多氯联苯废物的类别，以及含多氯联苯废物的清理、收集、包装、运输、暂存、贮存及无害化处理处置的全过程的环境保护要求。

(二)医疗废物

2003 年颁布《医疗废物管理条例》(于 2011 年修订)，适用于医疗废物的收集、运送、贮存、处置以及监督管理等活动。医疗废物，是指医疗卫生机构在医疗、预防、保健以及其他相关活动中产生的具有直接或者间接感染性、毒性以及其他危害性的废物。医疗卫生机构收治的传染病病人或者疑似传染病病人产生的生活垃圾，按照医疗废物进行管理和处置。根据《国家危险废物名录》，医疗废物属于危险废物。

根据该条例，县级以上地方人民政府负责组织建设医疗废物集中处置设施，并限期有关政府建成医疗废物集中处置设施。医疗卫生机构和医疗废物集中处置单位，执行危险废物转移联单管理制度，对医疗废物进行登记，防止医疗废物流失、泄漏、扩散，并对医疗废物的堆放、倾倒和运输规定了若干禁止和限制性要求。从事医疗废物集中处置活动的单位，应当向县级以上人民政府环境保护行政主管部门申请领取经营许可证。此外，规定了医疗废物集中处置单位的贮存、处置设施的选址，收集、运送和处置要求。该条例在 2011 年修订，并无实质性修改。

2003 年制定《医疗废物分类目录》和《医疗卫生机构医疗废物管理办法》，针对有关技术要求，还出台《医疗废物集中处置技术规范(试行)》(环发〔2003〕206 号)、《医疗废物焚烧炉技术要求(试行)》(GB 19218-2003)、《医疗废物转运车技术要求

(试行)》(GB 19217-2003)。

(三)电子废物

电子废物,是指废弃的电子电器产品、电子电气设备及其废弃零部件、元器件和国家环境保护总局会同有关部门规定纳入电子废物管理的物品、物质。《电子废物污染环境防治管理办法》于2007年颁布,适用于拆解、利用、处置电子废物污染环境的防治。电子类危险废物相关活动污染环境的防治,适用《固废法》有关危险废物管理的规定。新建、改建、扩建拆解、利用、处置电子废物的项目应当履行环境影响评价。该办法对从事拆解、利用、处置电子废物活动的单位(包括个体工商户)规定了若干禁止或限制性义务。

(四)放射性废物

放射性废物,是指含有放射性核素或者被放射性核素污染,其浓度或者比活度大于国家确定的清洁解控水平,预期不再使用的废弃物。2003年颁布《放射性污染防治法》的第六章名为"放射性废物管理"。2011年颁布的《放射性废物安全管理条例》适用于放射性废物的处理、贮存和处置及其监督管理等活动。放射性废物的安全管理,应当坚持减量化、无害化和妥善处置、永久安全的原则。国家对放射性废物实行分类管理。根据放射性废物的特性及其对人体健康和环境的潜在危害程度,将放射性废物分为高水平放射性废物、中水平放射性废物和低水平放射性废物。《放射性污染防治法》等有关立法规定如下:

1.产废单位达标排放和申报报告制度

产生放射性废气、废液的单位向环境排放符合国家放射性污染防治标准的放射性废气、废液,应当向审批环境影响评价文件的环境保护行政主管部门申请放射性核素排放量,并定期报告排放计量结果。

2.处理、贮存、排放要求

产生放射性废液的单位,必须按照国家放射性污染防治标准的要求,对不得向环境排放的放射性废液进行处理或者贮存;向环境排放符合国家放射性污染防治标准的放射性废液,必须采用符合国务院环境保护行政主管部门规定的排放方式。禁止利用渗井、渗坑、天然裂隙、溶洞或者国家禁止的其他方式排放放射性废液。

3.处置方式要求

低、中水平放射性固体废物在符合国家规定的区域实行近地表处置。高水平放射性固体废物和α放射性固体废物实行集中的深地质处置。禁止在内河水域和海洋上处置放射性固体废物。

4.处置设施选址

国务院核设施主管部门会同国务院环境保护行政主管部门根据地质条件和放射性固体废物处置的需要,在环境影响评价的基础上编制放射性固体废物处置场所选址规划，报国务院批准后实施。

5.委托处置

产生放射性固体废物的单位，应当按照国务院环境保护行政主管部门的规定，对其产生的放射性固体废物进行处理后，送交放射性固体废物处置单位处置，并承担处置费用。2017年制定的《核安全法》也规定：核设施营运单位应当对其产生的放射性固体废物和不能经净化排放的放射性废液进行处理，使其转变为稳定的、标准化的固体废物后，及时送交放射性废物处置单位处置。

6.贮存、处置单位许可证制度

设立专门从事放射性固体废物贮存、处置的单位，必须经国务院环境保护行政主管部门审查批准，取得许可证。2011年颁布的《放射性废物安全管理条例》规定了放射性废物的处理和贮存以及处置，重点规定了贮存许可证、处置许可证制度。2013年制定的《放射性固体废物贮存和处置许可管理办法》规定了放射性固体废物贮存和处置许可证的申请和审批管理，许可证包括贮存许可证和处置许可证。

7.处置情况如实记录

《核安全法》规定：放射性废物处置单位应当建立放射性废物处置情况记录档案，如实记录处置的放射性废物的来源、数量、特征、存放位置等与处置活动有关的事项。记录档案应当永久保存。

8.放射性废物处置设施关闭制度。

《核安全法》规定：放射性废物处置设施有下列情形之一的，应当依法办理关闭手续，并在划定的区域设置永久性标记：(1)设计服役期届满；(2)处置的放射性废物已经达到设计容量；(3)所在地区的地质构造或者水文地质等条件发生重大变化，不适宜继续处置放射性废物；(4)法律、行政法规规定的其他需要关闭的情形。放射性废物处置设施关闭前，放射性废物处置单位应当编制放射性废物处置设施关闭安全监护计划，报国务院核安全监督管理部门批准。

9.越境转移禁止

禁止将放射性废物和被放射性污染的物品输入中华人民共和国境内或者经中华人民共和国境内转移。

六、固废转移的规定

(一)危险废物联单转移

2016年对《固废法》的修改将第59条第1款修改为“转移危险废物的，必须按照国家有关规定填写危险废物转移联单。跨省、自治区、直辖市转移危险废物的，应当向危险废物移出地省、自治区、直辖市人民政府环境保护行政主管部门申请。移出地省、自治区、直辖市人民政府环境保护行政主管部门应当商经接受地省、自治区、直辖市人民政府环境保护行政主管部门同意后，方可批准转移该危险废物。

未经批准的，不得转移”。将跨省转移危险废物的审批权限级别由“设区的市级以上地方人民政府环境保护行政主管部门”修改为“省、自治区、直辖市人民政府环境保护行政主管部门”。这一修改表明省内危险废物转移审批的正式取消，该举措有利于加快危险废物的市场化运作和危险废物的区域竞争。[①]

（二）进出口管理

有关出口管理，我国立法着墨不多，《固废法》对出口完全没有规定，仅在2007年制定了《危险废物出口核准管理办法》。

2004年《固废法》修改了固体废物的进口管理方式。1995年《固废法》对固体废物进口只规定了两类：禁止进口和限制进口。我国加入世贸组织后，货物进口管理方式发生了很大变化，对外贸易法为此已经进行了较大的修改，因此，现行固体废物污染环境防治法规定的废物进口管理方式也应当作相应的调整。根据我国加入世贸组织时所作的承诺，针对近年来固体废物进口管理存在的实际问题，2004年《固废法》对固体废物进口管理作了以下修改[②]：

1.根据对外贸易法的要求，将固体废物按照资源化程度和环境风险高低分为禁止进口类、限制进口类和自动许可类，分别制定目录，实行分类管理（第25条第2款）。

2.禁止进口列入禁止进口目录的固体废物。进口列入限制进口目录的固体废物，应当经国务院环境保护行政主管部门会同国务院对外贸易主管部门审查许可。进口列入自动许可进口目录的固体废物，应当依法办理自动许可手续。（第25条第3款）

3.针对当前普遍存在的以进口旧货为名大量进口废物、而进口者与管理部门又经常对进口的货物是否属于固体废物发生争议的情况，增加了争议的解决程序：进口者对海关将其所进口的货物纳入固体废物管理范围不服的，可以依法申请行政复议，也可以向人民法院提起行政诉讼。（第26条）

4.按照修改后的刑法规定，对非法进口固体废物增加了追究刑事责任的规定。同时，针对进口者逃避、无人承担固体废物退运责任的情况，追加承运人作为固体废物退运的共同责任人。（第78条）

2015年我国对《固废法》进行修改，将第25条第1款和第2款中的“自动许可进口”修改为“非限制进口”，删去第3款中的“进口列入自动许可进口目录的固体废物，应当依法办理自动许可手续”，明确取消“列入自动许可进口类固体废物进口

---

① 《〈中华人民共和国固体废物污染环境防治法〉已修改，省内危险废物转移审批正式取消》，http://news.feijiu.net/infocontent/html/201611/15/15379154.html。

② 毛如柏：《关于〈中华人民共和国固体废物污染环境防治法（修订草案）〉的说明》，载《中华人民共和国全国人民代表大会常务委员会公报》2005年第1期。

许可”审批制度，进一步简化行政审批工作，理顺了《固废法》与《对外贸易法》的关系，解决实践中进口限制性废物仅需要一个《限制进口类可用作原料的固体废物进口许可证》，在进口自动许可废物反而需要提交《自动进口许可进口类可用作原料的固体废物进口许可证》以及商务部门签发的《自动进口许可证》两个证件的反常现象。非限制进口不再需要许可证，根据《进口办法(修订草案)》对非限制进口类固废的利用不再局限于现行法上许可证载明的企业，只要具有相应加工能力的企业均可，这进一步提高资源利用的效率。但更加重要的是，该修订消除了《刑法》第339条第2款擅自进口固体废物罪的歧义，区分了罪与非罪的界限，因为非限制进口不属于许可，不会触犯该罪名。

2011年制定的《固体废物进口管理办法》规定了固体废物进口一般规定、许可管理、检验检疫与海关手续、监督管理以及海关特殊监管区域和场所的特别规定。2015年制定《限制进口类可用作原料的固体废物环境保护管理规定》，2017年制定《限制进口类可作用原料的固体废物环境保护管理规定》代替2015年的规定。

2017年国务院办公厅印发的《禁止洋垃圾入境推进固体废物进口管理制度改革实施方案》。该方案在“完善堵住洋垃圾进口的监管制度”方面要求：禁止进口环境危害大、群众反映强烈的固体废物，逐步有序减少固体废物进口种类和数量，提高固体废物进口门槛，完善法律法规和相关制度，保障政策平稳过渡。

1996年我国出台了进口固体废物环境保护系列控制标准，适用于进口可用作原料的固体废物的进口管理，包括骨废料、废汽车压件、冶炼渣、木和木制品废料、废纸或纸板、废纤维、废钢铁、废有色金属、废电机、废电线电缆、废五金电器、供拆卸的船舶及其他浮动结构体、废塑料等。上述标准在2005年和2017年被替代。2017年的标准修订背景是《禁止洋垃圾入境推进固体废物进口管理制度改革实施方案》要求“进一步加严标准，修订《进口可用作原料的固体废物环境保护控制标准》，加严夹带物控制指标”。2017年也出台了《进口废纸环境保护管理规定》，也是贯彻落实《禁止洋垃圾入境推进固体废物进口管理制度改革实施方案》的要求。

该阶段特点如下。第一，落实《固废法》的立法、规范性文件以及环境标准大量出台，形式上形成较为完备的立法体系。该阶段不但制定《清洁生产促进法》《循环经济促进法》《核安全法》等相关法律，而且大量落实法律制度的《危险废物经营许可证管理办法》《医疗废物管理条例》《电子废物污染环境防治管理办法》《废弃电器电子产品回收处理管理条例》《放射性污染防治法》《再生资源回收管理办法》《放射性废物安全管理条例》《放射性固体废物贮存和处置许可管理办法》《危险废物出口核准管理办法》《固体废物进口管理办法》《限制进口类可作用原料的固体废物环境保护管理规定》《畜禽规模养殖污染防治条例》《清洁生产审核办法》《城市生活垃圾管理办法》《城市建筑垃圾管理规定》等文件以及相应的环境标准大量、密集出台，大大增进了固体废物污染环境防治法律制度的可操作性。第二，减量化和资源化的法制化出现较大进步，在很大程度上改变了“无害化”一枝独秀的格局，大大拓展固废污染防治法律制度的范围。2002年颁布《清洁生产促进法》、2004年修改修改《固废法》和2008年颁布的《循环经济促进法》都体现这个特点。减量化和资源化原则开始经由具体制度或措施获得贯彻，但呈现以正向激励为主、制裁为辅的特点。《清洁生产促进法》设“鼓励措施”一章，《循环经济促进法》设“激励措施”一章。而且，此前的激励措施尚停留在政策文件中，该阶段纳入法律层面，其权威性和稳定性得到加强。第三，涵盖的固废种类更为全面，将农村生活垃圾、城市建筑垃圾、医疗废物、电子废物、放射性废物等纳入管理，并为此制定多部专门立法文件。第四，适应新形势需要，改革固体废物的进口管理方式，呈现严控进口的趋势。第五，相关环境标准逐步完善，通过制定或者修改，初步形成固废污染防治的环境标准体系，提高了执法的可操作性。

第五节 面向未来的固体废物污染环境防治法律制度

我国固废分类制度经过数十年发展，已经有了长足的进步。在立法体系方面，形成较为错落有致的立法结构。法律层面有3部，即《固废法》《清洁生产促进法》《循环经济促进法》。其中，《固废法》是本领域的牵头法，为支撑固废法律制度，出台大量条例、规章、规范性文件以及环境标准。在立法内容上，已经构建基本的制度，并涵盖主要的领域。我国固废污染防治法律制度的变迁总体呈现出如下趋势：在形式上从不完备到相对完备；在立法领域上从不全面到相对全面；制度的强制性和可操作性从弱到强；制度内容更趋合理。但仍存在不少问题，期待在将来的立法中加以完善。这也是对我国固体废物污染环境防治法律制度的展望。对制度发展的展望应当置于当前宏观背景下进行。

根据党的十九大报告的定位，中国特色社会主义进入新时代，我国社会主要矛盾已经转化为人民日益增长的美好生活需要和不平衡不充分的发展之间的矛盾。十九大报告进而指出，我国社会主要矛盾的变化对党和国家工作提出了许多新要求，这些新要求包括更好满足人民在经济、政治、文化、社会、生态等方面日益增长的需要。十八大报告提出“美丽中国”，十九大报告中指出，加快生态文明体制改革，建设美丽中国。2015年5月5日，《中共中央国务院关于加快推进生态文明建设的意见》发布。十三届全国人大第一次会议表决通过《中华人民共和国宪法修正案》，生态文明写入了宪法。2018年5月，习近平在全国生态环境保护大会上指出：“用最严格制度最严密法治保护生态环境，加快制度创新，强化制度执行，让制度成为刚性的约束和不可触碰的高压线。”这是新时代推进生态文明建设的一项重要原则。

在新时代背景下，作为环境法治的重要内容，固体废物污染环境法律制度需要适应新时代的要求进行发展和完善，其中最重要的特点是包括固废污染防治在内的环境保护要适用最严格的制度。在固废法方面最严格的制度主要体现在分类管理原则、“三化”原则、全过程控制原则贯彻上。

一、固废分类更科学和更周延

《固废法》将固体废物分为工业固废、生活垃圾和危险废物，结合了固废的来源和环境风险程度，有其科学性和合理性，但遗漏了农用膜、秸秆、畜禽养殖粪便等农业固废，该法仅在第三章的“一般规定”对规模养殖产生的畜禽粪便作出规定。农业固废有其特殊性，有必要作为单独的一类固废规范。

二、“三化”原则贯彻更趋均衡

减量化和资源化主要由《循环经济促进法》和《清洁生产促进法》贯彻，但这两部“促进法”多规定倡导性义务。《固废法》主要落实无害化，其虽然在减量化和资源化方面规定了一些法律义务，但因缺乏相应的执法依据，导致执法的条件不具备，如第 18 条第 2 款规定的产品和包装物的强制回收目录等未出台。

有必要采取如下对策：第一，强化减量化和资源化原则的约束。一方面，根据实际情况将《循环经济促进法》和《清洁生产促进法》中的部分倡导性义务转化为强制性义务；另一方面，推动完成《固废法》的授权立法，如制定强制回收目录。第二，修改“固体废物”的定义，将有利用价值的废物纳入固废范围。现行“固体废物”的定义将价值灭失作为废物的内涵，这导致对实践中再借利用之名行处置之实的行为规制时缺乏规范依据。对废物再利用（资源化）的严格管理必然影响资源化产业的发展，这凸显无害化和资源化相互矛盾的一面。立法应当在无害化和资源化之间实行谨慎平衡，应先将资源化的废物纳入固废范畴，然后区别资源化的具体情形，分别采用宽严不同的管理尺度。

三、全过程控制原则下的相关主体权利义务配置更趋合理和明晰

固体废物从产生到最终的处置必须纳入监管，监管必须实现所有环节的全覆盖。固体废物在不同主体如运输者、贮存者、利用者、处置者等之间进行的转移过程中，如何通过合同约定机制和法律规定的机制对各方义务加以确定，以避免在转移环节出现监管缺位就不可忽视。《固废法》对以转移过程中固废的监管并不严密，尤其是在第三方治理模式下如何确保全过程控制原则的贯彻是立法面临的重要课题。关于第三方治理模式之下固废的产生者和受委托的处置者的权利和义务，《固废法》中尚付之阙如。对处置者造成的污染，执法实践中环保部门往往也会追责固废产生者，这不仅对守法的固废产生者不公平，也会削弱固废产生者委托专

业单位处置的积极性,不利于第三方治理模式的健康发展。

产生者和处置者的权利义务安排应区分具体情况。第三方治理分为"托管运营"和"委托治理"两种模式。在"托管运营"中,固废处在产生者和处置者的共同管理之下,双方应承担连带责任。在"委托治理"中,固废完全在处置者管理之下,原则上由处置者负责。但需要设置例外情形,如产生者委托没有专业能力的处置者,因其存在过错,应当承担连带责任;或者产生者虽然委托有专业能力的处置者,但支付价格明显低于处置成本的,可以认定为双方对违法处置形成故意的意思联络,应当承担连带责任。

四、危险废物监管制度更趋完善

危险废物是最具环境风险的固废,对其监管尤其不能留下大的疏漏。这也是贯彻全过程控制原则的需要。

第一,《危险废物经营许可证管理办法》仅将许可证管理适用于收集、贮存、处置经营活动,未涵盖危险废物的利用。因而该办法存在产生者将危险废物转移给并不需要获得许可证的利用危险废物的单位的管理漏洞。有必要将危险废物利用经营活动纳入许可证管理范围。

第二,《固废法》和《危险废物经营许可证管理办法》没有对产生单位使用自建处置设施是否需要许可证作出规定。实践中,自行处置并不需要许可。目前全国每年有超过一半以上的危险废物由产生单位自行利用处置,大部分游离于监管之外。有必要将产生单位使用自建处置设施纳入许可证管理。

第三,《固废法》中有关危险废物代为处置的制度规定过于原则,缺乏可操作性,导致代为处置形同虚设。有必要制定《环境保护代履行管理办法》,其应规定包括危废代为处置在内的环保代履行的适用条件、程序、救济等内容,最重要的是要确认环保部门和代为处置单位之间为政府购买服务的关系,环保部门和产生单位之间为行政管理关系,避免代为处置单位和产生单位之间发生直接关系。

五、提升生活垃圾污染监管的强制性

《固废法》对大部分生活垃圾污染防治的法律义务没有规定相应的法律后果。这些义务,如建设城乡生活垃圾收集、运输、处置设施,组织对城市生活垃圾进行清扫、收集、运输和处置等,都属于政府的服务职能。但因《固废法》未规定相应法律后果,造成环境污染的政府机关实际上并未纳入监管。从环保的角度,任何造成环境污染的单位的行为都应当同等地接受监管,违法就得接受制裁,政府履行服务职能也不能例外。政府管理职能有权监管政府服务职能本也是政府管理职能的题中之义。有必要对生活垃圾污染环境防治的政府义务设置相应的法律后果。

第六章

海洋环境保护法律制度的变迁

第一节　我国海洋环境保护的法律框架

一、我国海洋环境保护立法的发展

改革开放40年来，我国海洋事业取得了长足的进步，与海洋事业相关的经济发展、社会民生、环境生态、科技创新、国际事务与合作等方面都得到了较为快速的发展。海洋产业结构持续优化，海洋经济产出效率日益提高；沿海社会经济快速发展，人民生活质量持续改善；海洋生态环境建设如火如荼，公民海洋环境保护意识不断增强；海洋科技创新能力稳步提升，海洋科研实力日益增强；海洋国际事务与合作不断深化。[①] 这些成就的取得都离不开海洋环境法治建设的有力支持和保障。

我国拥有18000多公里的大陆海岸线，有6500多个沿海岛屿，根据1982年《联合国海洋法公约》，我国可拥有约300万平方公里的管辖海域。在我国有超过4亿的人口生活在沿海地区，沿海地区工农业总产值占全国总产值的60%左右。

① 赵宁：《我国海洋事业发展呈现八大特点》，载《中国海洋报》2018年1月10日。

作为一个发展中的沿海大国，我国一贯重视海洋资源的开发和保护，不断建立和完善相关法律制度，包括海洋环境保护方面的法律制度。我国海洋环境保护立法是伴随着世界海洋环境保护立法而同步发展的。国际海洋环境保护立法肇始于20世纪中期，时至今日已经建立起比较完善的海洋环境保护国际法律框架。纵观半个多世纪国际海洋环境保护的法律发展历史，可以大致将其划分为四个阶段：①

第一个阶段是从1954年《国际防止油类污染海洋公约》通过到1972年联合国在瑞典首都斯德哥尔摩召开人类环境会议。这一阶段是国际海洋环境保护立法活动的萌芽时期。20世纪中叶，工业化国家面临的环境问题日益严峻，环境保护运动也日益壮大，国际社会开始关注到海洋环境保护问题。但在这一阶段，国际社会对于海洋环境保护的认识还比较浅显，重点关注防止海洋油污损害，而对于海洋环境保护的其他方面则未予关注和探讨。1954年，40多个国家和联合国粮农组织的代表在伦敦召开外交会议，通过了《国际防止油类污染海洋公约》。

成立于1959年的国际海事组织，其宗旨之一就是防止船舶造成海洋污染。在该组织的主导推动下，国际社会在这一时期通过了1969年《国际干预公海油污事件公约》，1969年《国际油污损害民事责任公约》及其1976年议定书和1996年议定书，1971年《关于设立国际油污损害赔偿基金的国际公约》及其1976年议定书和1996年议定书。而我国在这一时期尚未开始重视海洋环境问题。

第二个阶段是从1972年人类环境会议到1982年《联合国海洋法公约》通过。这一阶段是国际海洋环境保护立法活动开始活跃的时期。1972年联合国人类环境会议所发表的《人类环境宣言》和《人类环境行动计划》，第一次将海洋环境保护引入人们的视野。《人类环境宣言》要求，各国应采取一切措施，防止有害物质对海洋造成污染。这些物质危及人类健康、损害生物资源和海洋生物、破坏环境舒适或干扰海洋的其他合法利用。这一时期签署的海洋环境相关国际条约的数量越来越多，所涉及的内容也越来越广泛，例如国际海事组织主导通过的1972年《防止倾倒废料及其他物质污染海洋公约》和1973年《国际防止船舶污染公约》(1978年修订)。

《人类环境宣言》发表以后，各国开始在海洋环境保护领域开展国内立法工作。在这一阶段，我国政府也开始重视海洋环境保护工作，于1974年颁布了《防止沿海水域污染暂行规定》，1979年颁布了《环境保护法(试行)》。1982年颁布的《海洋环境保护法》则标志着我国海洋环境保护法律体系的正式确立。

第三阶段是从1982年《联合国海洋法公约》通过到1992年里约热内卢环境与发展大会。这一阶段是国际海洋环境保护立法的繁荣时期。1982年《联合国海洋法公约》作为一部国际层面的海洋宪章，对国际海洋法问题作了最为详尽的规定。

① 刘中民等:《国际海洋环境制度导论》，海洋出版社2007年版，第76页。

该公约第十二部分用了一章的篇幅对海洋污染的种类、环境监测和评价、防止、减少和控制海洋污染的措施以及全球和区域合作、国家责任和赔偿等进行了全面系统的规定。

《联合国海洋法公约》的通过和生效推动着海洋环境保护国际法在此后的迅速发展。国际海事组织在1990年制定了《国际油污防备、反应和合作公约》。各沿海国家的海洋环境保护国内立法活动开始活跃。我国海洋环境保护立法也在这一阶段形成了基本的框架和体系。

1982年8月23日第五届全国人大会常委会通过了《海洋环境保护法》。该法自1983年3月1日起开始施行，共有8章48条，分为总则和分则两大部分。该法的颁布标志着我国海洋环境保护工作走上了法制化轨道。这部海洋环境保护综合性法律明确了我国海洋环境保护的管理体制，对防止海岸工程、海洋石油勘探开发、陆源污染物、船舶倾废等对海洋的污染损害都作出了规定。在《海洋环境保护法》施行后，国务院陆续颁布了多部相关行政法规，进一步细化海洋环境保护法律制度，其中包括1983年《海洋石油勘探开发环境保护管理条例》和《防止船舶污染海域管理条例》、1985年《防治海岸工程建设项目污染损害海洋环境管理条例》和《防治陆源污染物污染损害海洋环境管理条例》。在这10年间所颁布的法律法规，基本建立起了我国的海洋环境保护法律框架。

第四阶段是从1992年联合国环境与发展大会至今。这一时期是海洋环境保护国际、国内立法的成熟时期。[①] 1992年联合国里约环境与发展大会通过了《21世纪议程》和《里约宣言》等一系列重要文件。《21世纪议程》是促进社会经济可持续发展和保护环境的全球性行动纲领。其在第十七章"大洋和各种海域包括封闭和半封闭海域以及沿海地区的保护、海洋生物资源的保护、合理利用和开发"专门阐述了海洋环境保护和海洋资源可持续利用问题。该章强调，海洋环境，包括大洋和各种海洋以及邻接的沿海区域，是一个整体，是全球生命支持系统的一个基本组成部分，也是一种有助于实现可持续发展的宝贵财富。在这次大会之后，联合国系统内与海洋有关的机构、全球和区域性组织以及沿海主要国家都采取了相应的措施和行动，保护海洋环境，促进海洋资源的可持续利用。我国海洋环境保护立法在这一时期也进入了一个快速发展的阶段。《海洋环境保护法》经历了多次修订，《水污染防治法》《环境影响评价法》等与海洋环境保护密切相关的法律也相继被修订更新。

二、海洋环境保护法律体系

改革开放40年来，我国逐步建立了具有中国特色的海洋环境保护法律体系，

① 范晓莉：《海洋环境保护的法律制度与国际合作》，中国政法大学2003年博士学位论文。

这一法律体系可以大致分为国内法和国际法两部分。

(一)国内法

海洋污染治理是一项复杂而广泛的系统工程,单独依靠某一专项立法不可能调整所有与海洋污染治理相关的社会关系,这就需要行政法规、地方性法规、海洋环境标准、实施细则等加以补充和细化。[①] 40年间,我国制定和修订了相当数量的有关海洋环境保护的国内法。从适用范围上划分,可以分为全国性和地方性两类;从法律文件形式上划分,可以分为法律、行政法规和部门规章等;从具体内容上来划分,可以分为专门针对海洋环境保护的立法和涉及海洋环境保护的其他立法。

第一,海洋环境保护的国家立法。1989年正式实施的《环境保护法》是我国环境保护的基本法,该法于2014年进行了修订。《环境保护法》在海洋环境保护法律体系中处于重要的地位,其基本原则适用于海洋环境污染防治和生态保护。

1982年的《海洋环境保护法》确立了保护和改善海洋环境,保护海洋资源,防治污染损害,维护生态平衡,保障人体健康,促进经济和社会的可持续发展的基本方针。为了适应发展的需要,同时对今后的海洋开发活动也提出了更高的要求。这些制度措施对海洋环境治理和保护工作具有重要意义。

《海洋环境保护法》于1999年12月25日经第九届全国人大常务委员会第十三次会议修订,自2000年4月1日起施行。根据2013年12月28日第十二届全国人大常委会第六次会议《关于修改〈中华人民共和国海洋环境保护法〉等七部法律的决定》,《海洋环境保护法》再一次修正,同日施行。2016年11月7日第十二届全国人大常委会第二十四次会议表决通过了新《海洋环境保护法》,新法于当日起施行。2017年11月4日第十二届全国人民代表大会常务委员会第三十次会议又一次修改《海洋环境保护法》。修订后的《海洋环境保护法》在加强对污染源控制的同时,突出了对海洋污染的治理和对海洋生态环境的保护,对于促进海洋资源的合理开发利用,保障海洋经济的可持续发展具有重要意义。

除了《海洋环境保护法》之外,全国人大常委会还颁布了以下和海洋环境保护相关的立法,主要有《海上交通安全法》(1983年通过,2016年11月修订)、《渔业法》(1986年通过,2000年、2004年、2009年和2013年四次修正)、《海域使用管理法》(2001年通过)、《港口法》(2003年通过,2015年和2017年两次修正)和《海岛保护法》(2009年通过),等等。

此外,一些环境立法中也涉及对海洋环境保护的内容,如《水污染防治法》(1984年通过,1996年第一次修正,2008年修订,2017年第二次修订)、《固体废物污染环境防治法》(1995年通过,2004年修订,2013年、2015年和2016年三次修

① 马英杰:《海洋环境保护法概论》,海洋出版社2012年版,第17页。

正)和《清洁生产促进法》(2002 年通过,2012 年修正),等等。

第二,海洋环境保护的行政法规。与海洋环境保护相关的行政法规主要有:《海洋石油勘探开发环境保护管理条例》(1983 年颁布)、《海洋倾废管理条例》(1985 年颁布,2011 年和 2017 年两次修订)、《防治陆源污染物污染损害海洋环境管理条例》(1990 年颁布)、《防止拆船污染环境管理条例》(1988 年颁布,2016 年和 2017 年两次修订)、《防治海岸工程建设项目污染损害海洋环境管理条例》(1990 年颁布,2007 年和 2017 年两次修订)、《防治海洋工程建设项目污染损害海洋环境管理条例》(2006 年颁布,2017 年和 2018 年两次修订)、《防治船舶污染海洋环境管理条例》(2009 年颁布,2013 年、2014 年、2016 年和 2017 年五次修订,2018 年修正)、《水生野生动物保护实施条例》(1993 年颁布,2011 年和 2013 年两次修订)和《自然保护区管理条例》(1994 年颁布,2011 年和 2017 年两次修订),等等。

第三,部门规章和其他规范性文件。与海洋环境保护相关的部门规章,主要有原国家海洋局发布的《海洋自然保护区管理办法》(1995 年)、《海洋石油平台弃置暂行管理办法》(2002 年)、《倾倒区管理暂行规定》(2003 年)、《海洋特别保护区管理办法》(2010 年)等;还有交通运输部发布的《船舶载运危险货物安全监督管理规定》(2003 年)、《沿海海域船舶排污设备铅封管理规定》(2007 年)、《船舶及其有关作业活动污染海洋环境防治管理规定》(2013 年)等。

此外,环境标准也是海洋环境保护法律体系中一个重要的组成部分。我国制定实施了一系列和海洋环境保护相关的标准,主要有《船舶污染物排放标准》(GB 3552-83)、《海洋石油开发工业含油污水排放标准》(GB 4914-85)、《船舶工业污染物排放标准》(GB 4914-85)、《渔业水质标准》(GB 11607-89)、《海水水质标准》(GB 3097-1997)、《污水综合排放标准》(GB 8978-1996)、《海洋生物质量标准》(GB 18421-2001)、《污水海洋处置工程综合排放标准》(GB 18486-2001)、《海洋沉积物质量标准》(GB 18668-2002)等。

第四,地方规范性文件。有关海洋环境保护的地方性法规、地方政府规章以及其他规范性文件,从涉及的具体内容来看,主要有以下几类:第一类是直接针对海洋环境保护的,如各省市通过的海洋环境保护条例或办法;第二类是针对海域使用的,如各省市通过的海域使用管理条例或办法;第三类是海洋自然保护区的,如广西、海南针对红树林保护区的管理规定或办法等;第四类是关于渔业资源保护的;第五类是关于海岛保护的。

第五,其他部门法中关于海洋环境保护的法律规范。由于海洋环境保护是一个复杂的系统工程,单靠专门的立法不可能顾及海洋生态环境保护所涉及的全部社会关系,需要其他的法律法规加以补充,如《矿产资源法》等。

(二)国际法

除了上述国内法以外,我国缔结或者参加的与海洋环境保护有关的国际条约也是我国海洋环境保护法律体系的重要组成部分。根据海洋环境保护涉及领域的不同，这些国际条约可以分为以下几类：第一类，综合性的公约，主要指1982年《联合国海洋法公约》。该公约在第十二部分专门规定了有关海洋环境保护与保全的一般性问题；第二类，船舶污染，如1973年《国际防止船舶造成污染公约》及其1978年议定书；第三类，废物转移，如1989年《控制危险废物越境转移及其处置的巴塞尔公约》；第四类，海洋倾废，如1972年《防止倾倒废物及其他物质污染海洋的公约》及其1996年议定书；第五类，事故反应，如1969年《国际干预公海油污事故公约》、1973年《国际干预公海非油类物质污染议定书》、1990年《国际油污设备、反应和合作公约》；第六类，污染损害赔偿，如1969年《国际油污损害民事责任公约》及其议定书等。

（三）存在问题

随着海洋环境保护事业的发展和海洋环境保护法制的逐步健全，我国目前已经形成了以《环境保护法》为基础，以《海洋环境保护法》等法律为主体，以海洋环境保护行政法规、地方性法规、规章和标准为补充，与国际法相协调的海洋环境保护法律体系。

尽管我国海洋环境保护相关法律法规在不断地增加与完善，但是我们也应该清醒地认识到：改革开放40年后，我国海洋生态环境仍然存在一些突出的环境问题。2018年3月原国家海洋局发布了《2017年中国海洋生态环境状况公报》。《公报》显示，入海河流水质状况仍不容乐观，近岸局部海域污染依然严重，海洋环境风险依然突出。[①] 看似庞大复杂的海洋环境保护法律体系，还存在如下有待完善之处：

其一，条块分割问题比较严重。这些法律法规往往由相关的行政主管部门负责起草修订，受其分管职责及专业知识所限，这些单项规定往往过分强调所管理的某种海洋资源或是海洋活动的重要性和特殊性，而对其他的利益需要考虑不足，造成我国海洋管理的法律法规虽然数量不少，但由于缺乏统筹，政出多门，在实践中保护海洋环境的效果并不理想。[②]

其二，陆海统筹原则尚未得到充分重视。海洋环境保护的现有立法将本为一体的陆地与海洋、海洋和海洋分割开来，没有建立起有机的联系，尚不能适应海洋综合管理的现实需要。

其三，对海洋生态环境保护的重视不够。例如对外来物种引进问题，现有的法律法规主要从关注人类健康和农业安全生产的角度出发，并未有效控制入侵物种

---

① 赵婧：《海洋生态环境稳中向好，陆源入海污染依然严重》，载《中国海洋报》2018年4月3日A3版。

② 朱建庚：《中国海洋环境保护法律制度》，中国政法大学出版社2016年版，第15页。

对生物多样性和生态环境造成的破坏。再比如海岛环境保护问题，海岛及其附近海域的环境保护是海岛保护的一个重要方面，但《海岛保护法》对于无居民海岛更强调合理利用，而对其生态环境的保护并未给予足够的重视。

第二节　海洋环境保护法律制度的形成和发展

十八大报告中提出，提高海洋资源开发能力，发展海洋经济，保护海洋生态环境，坚决维护国家海洋权益，建设海洋强国。随着我国开发、利用、保护、管控海洋的能力增强，我国正一步步地从海洋大国向海洋强国迈进。与此同时，海洋环境保护相关的法律制度也在不断地发展完善之中，为我国的海洋强国建设提供了有力的制度保障。

我国海洋环境保护法律制度可以分为两大类，一类是海洋环境保护基本制度，另外一类是海洋环境保护特别制度。海洋环境保护基本制度是指环境保护基本制度在海洋环境保护领域的具体适用，包括海洋环境保护特别制度、排污收费制度、环境标准制度、现场检查制度、落后工艺淘汰制度以及海上污染事故应急和报告处理制度。海洋环境保护特别制度是指海洋环境保护领域特有的一些法律制度，或者是环境保护基本制度在海洋环境保护领域的特别适用，包括海洋功能区划制度、海洋环境保护规划制度、海洋环境影响评价制度、重点海域排污总量控制制度、海洋倾废管理制度、海洋生态保护补偿制度、海洋生态保护红线制度以及海上联合执法制度。

一、海洋环境保护基本制度的形成和发展

（一）“三同时”制度

原 1982 年《海洋环境保护法》并没有关于“三同时”制度的规定。1999 年 12 月修订的《海洋环境保护法》增加了“三同时”制度的规定，根据海岸工程建设项目和海洋工程建设项目的特点，对其环境保护设施的检查批准和验收，规定了不同的管理部门。该法第 44 条规定，海岸工程建设项目的环境保护设施，必须与主体工程同时设计、同时施工、同时投产使用。环境保护设施未经环境保护行政主管部门检查批准，建设项目不得试运行；环境保护设施未经环境保护行政主管部门验收，或者经验收不合格的，建设项目不得投入生产或者使用。该法第 48 条规定，海洋工程建设项目的环境保护设施，必须与主体工程同时设计、同时施工、同时投产使用。环境保护设施未经海洋行政主管部门检查批准，建设项目不得试运行；环境保护设施未经海洋行政主管部门验收，或者经验收不合格的，建设项目不得投入生产或者使用。

2016年11月修改的《海洋环境保护法》对“三同时”制度取消了“试运行”的规定，将原第44条修改为：海岸工程建设项目的环境保护设施，必须与主体工程同时设计、同时施工、同时投产使用。环境保护设施应当符合经批准的环境影响评价报告书（表）的要求。将原第48条第1款修改为：海洋工程建设项目的环境保护设施，必须与主体工程同时设计、同时施工、同时投产使用。环境保护设施未经海洋行政主管部门验收，或者经验收不合格的，建设项目不得投入生产或者使用。

（二）排污收费制度

排污收费制度，是指对向环境排放污染物的单位和个人征收一定费用的制度。我国排污收费制度体现了污染者付费原则，符合环境资源价值等环境经济学理论，又结合中国具体实际，实行强制征收，将排污费与排放污染物的种类、数量、浓度挂钩，征收的排污费专款专用，交纳排污费并不免除治理污染的责任、赔偿损害的责任和法定的其他责任。通过征收排污费，运用经济手段把外部不经济性内在化，使排污情况与单位的经济效益、社会效益、社会形象直接挂钩，从外部给排污单位一定的经济压力和经济刺激，因而对海洋环境保护事业的发展具有重要的意义。

原1982年《海洋环境保护法》没有关于排污收费制度的规定。1999年修订的《海洋环境保护法》第11条规定，直接向海洋排放污染物的单位和个人，必须按照国家规定缴纳排污费。向海洋倾倒废弃物，必须按照国家规定缴纳倾倒费。根据本法规定征收的排污费、倾倒费，必须用于海洋环境污染的整治，不得挪作他用。

2016年修正的《海洋环境保护法》将原第11条改为第12条，将该条第1款修改为：直接向海洋排放污染物的单位和个人，必须按照国家规定缴纳排污费。依照法律规定缴纳环境保护税的，不再缴纳排污费。[①] 此项修正意在使排污收费制度与2018年1月1日生效的《环境保护税法》相衔接。

（三）环境标准制度

海洋环境标准是海洋环境监督管理工作的基础之一。海洋环境标准管理制度，是指关于海洋环境标准的制定、管理和实施的各种规定的综合。

早在1999年修订的《海洋环境保护法》第9条就规定，国家根据海洋环境质量状况和国家经济、技术条件，制定国家海洋环境质量标准。沿海省、自治区、直辖市人民政府对国家海洋环境质量标准中未作规定的项目，可以制定地方海洋环境质量标准。沿海地方各级人民政府根据国家和地方海洋环境质量标准的规定和本行政区近岸海域环境质量状况，确定海洋环境保护的目标和任务，并纳入人民政府工作计划，按相应的海洋环境质量标准实施管理。第10条第1款规定，国家和地方

---

① 2017年11月修改的《海洋环境保护法》第12条。

水污染物排放标准的制定，应当将国家和地方海洋环境质量标准作为重要依据之一。[①] 此后在《海洋环境保护法》的历次修改中，这些规定没有发生变化。

(四)现场检查制度

现场检查制度，是指法律规定的职能部门对管辖范围内排污单位的排污等情况进行现场执法检查的制度。这项制度可以督促排污单位遵守环境保护法律规定，采取措施防治污染，促使排污单位加强环境管理，减少污染物的排放和消除污染事故隐患，还可以促使海洋环境监督管理部门深入管辖范围内的排污单位，对其执行国家海洋环境保护法律、法规和标准的情况进行监督检查，以便及时发现问题，有效地控制海洋环境污染。

在早期的《海洋环境保护法》并没有关于现场检查制度的规定。直到 2013 年 12 月修改《海洋环境保护法》，才在第 19 条第 2 款和第 3 款增加规定，依照该法规定行使海洋环境监督管理权的部门，有权对管辖范围内排放污染物的单位和个人进行现场检查。被检查者应当如实反映情况，提供必要的资料。检查机关应当为被检查者保守技术秘密和业务秘密。[②]

(五)落后工艺淘汰制度

落后工艺设备淘汰制度是指对严重污染环境的落后生产工艺和设备，由国务院经济综合主管部门会同有关部门公布名录和淘汰期限，由县级以上人民政府的经济综合主管部门监督各生产者、销售者、进口者和使用者在规定的期限内停止生产、销售、进口和使用的法律制度。为了从源头上预防和减少海洋环境污染，1999 年修订的《海洋环境保护法》引进了落后工艺设备淘汰制度，在第 13 条规定，国家加强防治海洋环境污染损害的科学技术的研究和开发，对严重污染海洋环境的落后生产工艺和落后设备，实行淘汰制度。企业应当优先使用清洁能源，采用资源利用率高、污染物排放量少的清洁生产工艺，防止对海洋环境的污染。[③]

(六)海上污染事故应急和报告处理制度

海上污染事故应急制度，是指防范重大海上污染事故，加强事故应急管理工作，按照应急计划解除或者减轻事故危害的制度。其内容主要包括应急组织指挥系统，应急防治队伍和防治设备，通信、监视、监测系统，应急反应及其支持系统等。

海上污染事故报告处理制度，是指因发生事故或者其他突发性事件，在海洋环境受到或者可能受到严重污染，威胁居民生命财产安全时，依照法律、法规进行通报和报告有关情况并及时采取措施的制度。引入这些制度的目的：一是保护海洋

---

① 《海洋环境保护法》第 9 条和第 10 条第 1 款。

② 《海洋环境保护法》第 19 条第 2 款、第 3 款。

③ 《海洋环境保护法》第 13 条。

环境和自然资源，防治海上重大污染事故的污染危害，维护海洋生态平衡，保障人体健康和社会公众利益；二是履行我国作为1990年《国际油污防备、反应和合作公约》等国际公约缔约国的义务。

《海洋环境保护法》规定："因发生事故或者其他突发性事件，造成或者可能造成海洋环境污染事故的单位和个人，必须立即采取有效措施，及时向可能受到危害者通报，并向依照本法规定行使海洋环境监督管理权的部门报告，接受调查处理。"[①]"所有船舶均有监视海上污染的义务，在发现海上污染事故或者违反本法规定的行为时，必须立即向就近的依照本法规定行使海洋环境监督管理权的部门报告。民用航空器发现海上排污或者污染事件，必须及时向就近的民用航空空中交通管制单位报告。接到报告的单位，应当立即向依照本法规定行使海洋环境监督管理权的部门通报。"[②]

1999年修订的《海洋环境保护法》第18条对各管理部门就海上污染事故应急负有的相应职责作出具体规定。其中包括，国家根据防止海洋环境污染的需要，制定国家重大海上污染事故应急计划。国家海洋行政主管部门负责制定全国海洋石油勘探开发重大海上溢油应急计划，报国务院环境保护行政主管部门备案。国家海事行政主管部门负责制定全国船舶重大海上溢油污染事故应急计划，报国务院环境保护行政主管部门备案。沿海可能发生重大海洋环境污染事故的单位，应当依照国家的规定，制定污染事故应急计划，并向当地环境保护行政主管部门、海洋行政主管部门备案。沿海县级以上地方人民政府及其有关部门在发生重大海上污染事故时，必须按照应急计划解除或者减轻危害。[③]

1999年修订的《海洋环境保护法》第17条就海上污染事故发生后的报告处理制度作出明确规定，要求，因发生事故或者其他突发性事件，造成或者可能造成海洋环境污染事故的单位和个人，必须立即采取有效措施，及时向可能受到危害者通报，并向依照该法规定行使海洋环境监督管理权的部门报告，接受调查处理。沿海县级以上地方人民政府在本行政区域近岸海域的环境受到严重污染时，必须采取有效措施，解除或者减轻危害。[④]

二、海洋环境保护特别制度的形成和发展

（一）海洋功能区划制度

海洋功能区划，是指依据海洋自然属性和社会属性，以及自然资源和环境特定

---

① 《海洋环境保护法》第17条。
② 《海洋环境保护法》第72条。
③ 《海洋环境保护法》第18条。
④ 《海洋环境保护法》第17条。

条件，界定海洋利用的主导功能和适用范围。它是结合海洋开发利用现状和社会经济发展需要，划分出具有特定主导功能，适应不同开发方式，并能取得最佳综合效益区域的一项基础性工作，是海洋环境管理的基础。

海洋功能区划的范围包括我国享有主权和管辖权的全部海域、岛屿和所依托的陆域。我国实行海洋功能区划的目的：一是为制定全国海洋开发战略、政策和规划创造条件；二是宏观指导全国的海洋开发活动，建立良好的开发秩序，充分利用海洋资源和空间，发挥其综合效益，形成合理的产业结构和生产布局；三是协调各海洋产业、沿海各地区之间在海洋开发利用活动中的关系，为加强和实施海洋综合管理提供客观依据；四是为保护海洋环境，确定海洋水质类型，维持良好的海洋生态系统提供依据；五是为实行海域有偿使用制度提供客观依据。全国海洋功能区划由国家海洋行政主管部门会同国务院有关部门和沿海省、自治区、直辖市人民政府拟定，并报国务院批准执行。① 沿海地方各级人民政府要依据全国海洋功能区划制定大比例尺的地方海洋功能区划；在使用海域时，必须严格遵守海洋功能区划的规定，不得违反海洋功能区划的规定，乱占、滥用海域。

海洋功能区划按其性质的不同分为开发利用区、整治利用区、海洋保护区、综合功能区和保留区等不同类型；按其主导功能的不同，又分为港口航运区、海水养殖区、海洋捕捞区、油气区、固体矿产区、旅游资源利用区、盐田区、地下卤水区、再生资源利用区、增殖区、禁渔区、污染治理区、防灾区、海洋自然保护区、重要经济鱼类保护区、科学实验区、海底管线区、海上工程区、海洋倾倒区、泄洪区、禁航区等次级功能区。

海洋功能区划是科学用海、科技兴海的关键。各级人民政府在海洋功能区划的基础上制定海洋环境保护目标和实施方案，是各级政府和海洋环境监督管理部门开展海洋环境保护工作的基本依据。海域使用必须符合海洋功能区划。养殖、盐业、交通、旅游等行业规划涉及海域使用的，应当符合海洋功能区划。沿海土地利用总体规划、城市规划、港口规划涉及海域使用的，应当与海洋功能区划相衔接。海洋功能区划经批准后，应当向社会公布。

1999 年修订的《海洋环境保护法》第 6 条在原 1993 年《国家海域使用管理暂行规定》的基础上，就海洋功能区划制度作出规定，要求国家海洋行政主管部门会同国务院有关部门和沿海省、自治区、直辖市人民政府拟定全国海洋功能区划，报国务院批准。沿海地方各级人民政府应当根据全国和地方海洋功能区划，科学合理地使用海域。

2016 年 11 月《海洋环境保护法》修改时将原第 6 条改为第 7 条，明确了拟定全国海洋功能区划的依据是全国海洋主体功能区规划，并且强调对海域的保护。新

① 《海洋环境保护法》第 7 条。

法第7条规定，国家海洋行政主管部门会同国务院有关部门和沿海省、自治区、直辖市人民政府根据全国海洋主体功能区规划，拟定全国海洋功能区划，报国务院批准。沿海地方各级人民政府应当根据全国和地方海洋功能区划，保护和科学合理地使用海域。

（二）海洋环境保护规划制度

海洋环境保护规划是海洋环境保护工作的基础和行动方案，制定海洋环境保护规划，有利于海洋环境保护工作有计划、有目的地进行。海洋环境保护规划的内容主要包括：海洋环境保护目标、海洋环境保护的主要任务、具体方案、海洋环境保护主要措施、对各部门和沿海各地区的要求、海洋环境保护投资等。

1999年《海洋环境保护法》第7条规定，国家根据海洋功能区划制定全国海洋环境保护规划和重点海域区域性海洋环境保护规划。海洋环境保护规划的确立，是以海洋功能区划为基础，即根据不同海域的功能来确定海洋环境保护的整体规划。重点海域区域性海洋环境保护规划，是国家海洋环境保护规划的组成部分，根据重点海域区域性海洋环境的特殊性，制定一些特殊的、专门的内容，但其内容的确立，也必须以海洋功能区划为基础。这里的区域性，是相对于我国全部管辖海域而言的局部海域，有时也指传统意义上的海区划分，即国家为管理的需要把管辖的海域划分为不同的海区，如渤海区、黄渤海区、东海区等。

2018年2月原国家海洋局印发《全国海洋生态环境保护规划（2017—2020年）》，系统谋划今后一段时期海洋生态环境保护工作的时间表和路线图。该《规划》明确了“绿色发展、源头护海”“顺应自然、生态管海”“质量改善、协力净海”“改革创新、依法治海”“广泛动员、聚力兴海”的原则，确立了海洋生态文明制度体系基本完善、海洋生态环境质量稳中向好、海洋经济绿色发展水平有效提升、海洋环境监测和风险防范处置能力显著提升4个方面的目标，提出了近岸海域优良水质面积比例、大陆自然岸线保有率等8项指标以及加强组织领导、保障资金投入、加大支撑力度、加强国际交流、增强公众参与、加大宣传力度6项保障措施。[①]

（三）海洋环境影响评价制度

对海洋环境产生影响的建设项目主要有海岸工程建设项目和海洋工程建设项目两大类。海洋环境影响评价制度的管理方法和程序与陆地并不完全相同。在数次修订或者修正的《海洋环境保护法》中，都对海洋环境影响评价制度作出了相应修改。

第一，海岸工程建设项目。原1982年《海洋环境保护法》第6条规定，海岸工

---

① 赵婧：《国家海洋局印发〈全国海洋生态环境保护规划〉》，载《中国海洋报》2018年2月13日A1版。

程建设项目的主管单位，必须在编报计划任务书前，对海洋环境进行科学调查，根据自然条件和社会条件，合理选址，并按照国家有关规定，编报环境影响报告书。1999年12月修订的《海洋环境保护法》第43条规定，海岸工程建设项目的单位，必须在建设项目可行性研究阶段，对海洋环境进行科学调查，根据自然条件和社会条件，合理选址，编报环境影响报告书。环境影响报告书经海洋行政主管部门提出审核意见后，报环境保护行政主管部门审查批准。环境保护行政主管部门在批准环境影响报告书之前，必须征求海事、渔业行政主管部门和军队环境保护部门的意见。

2013年12月修正的《海洋环境保护法》将原第43条作了修改，规定海岸工程建设项目的环境影响报告书直接报环境保护行政主管部门审查批准，无须事先经过海洋行政主管部门提出审核意见。而环境保护行政主管部门在批准环境影响报告书之前，必须征求海洋、海事、渔业行政主管部门和军队环境保护部门的意见。

2016年11月修改的《海洋环境保护法》再一次对该第43条作了修改，规定海岸工程建设项目单位，必须对海洋环境进行科学调查，根据自然条件和社会条件，合理选址，编制环境影响报告书(表)。在建设项目开工前，将环境影响报告书(表)报环境保护行政主管部门审查批准。环境保护行政主管部门在批准环境影响报告书(表)之前，必须征求海洋、海事、渔业行政主管部门和军队环境保护部门的意见。这就把海岸工程建设项目单位准备和报批环境影响报告书(表)的时间从原来的"建设项目可行性研究阶段"改变为"在建设项目开工前"。

第二，海洋工程建设项目。原1982年《海洋环境保护法》第10条规定，开发海洋石油的企业或其主管单位，在编报计划任务书前，应当提出海洋环境影响报告书，包括防止污染损害海洋环境的有效措施，并报国务院环境保护部门审批。1999年12月修订的《海洋环境保护法》第47条规定，海洋工程建设项目必须符合海洋功能区划、海洋环境保护规划和国家有关环境保护标准，在可行性研究阶段，编报海洋环境影响报告书，由海洋行政主管部门核准，并报环境保护行政主管部门备案，接受环境保护行政主管部门监督。海洋行政主管部门在核准海洋环境影响报告书之前，必须征求海事、渔业行政主管部门和军队环境保护部门的意见。

2016年11月修改的《海洋环境保护法》将该第47条修改为：海洋工程建设项目必须符合全国海洋主体功能区规划、海洋功能区划、海洋环境保护规划和国家有关环境保护标准。海洋工程建设项目单位应当对海洋环境进行科学调查，编制《海洋环境影响报告书(表)》，并在建设项目开工前，报海洋行政主管部门审查批准。海洋行政主管部门在批准《海洋环境影响报告书(表)》之前，必须征求海事、渔业行政主管部门和军队环境保护部门的意见。这同样是把海洋工程建设项目单位准备和报批《环境影响报告书(表)》的时间从原来的"建设项目可行性研究阶段"改变为"在建设项目开工前"。

（四）重点海域排污总量控制制度

1999年修订的《海洋环境保护法》正式确立了重点海域排污总量控制制度。该法第3条规定，国家建立并实施重点海域排污总量控制制度，确定主要污染物排海总量控制指标，并对主要污染源分配排放控制数量。具体办法由国务院制定。2015年4月原环境保护部印发的《水污染防治行动计划》在“加强近岸海域环境保护”部分要求“研究建立重点海域排污总量控制制度”。2015年5月印发的《中共中央国务院关于加快推进生态文明建设的意见》强调要严格控制陆源污染物排海总量，建立并实施重点海域排污总量控制制度。十九大报告也作出了“实施流域环境和近岸海域综合治理”的重要部署。

从20个世纪90年代末以来，国家海洋局先后在宁波象山港、福建九龙江—厦门湾、天津等地开展总量控制研究试点，取得了一些经验。2018年1月，国家海洋局印发了《关于率先在渤海等重点海域建立实施排污总量控制制度的意见》和《重点海域排污总量控制技术指南》，标志着重点海域排污总量控制制度在我国开始正式实施。

这些文件的总体精神是进一步突出以政府为主体推进总量控制，强调改善海洋生态环境质量的目标。根据这些文件，海洋污染总量控制主要是通过以质定量和以海定陆的方式来确定。首先是按照近岸海域水质考核指标确定污染物总量控制指标，然后是根据海洋环境质量改善目标和管理要求确定陆域海域减排控制要求，并进一步将减排控制要求上溯至流域。

考虑到总量控制制度的实施需要开展较多的基础性工作，计划在全国分步予以推进实施。2018年将率先在大连湾、胶州湾、象山港、罗源湾、泉州湾、九龙江—厦门湾、大亚湾等重点海湾，以及天津市、秦皇岛市、连云港市、海口市、浙江全省等地区，全面建立实施总量控制制度；2019年渤海沿海地市全面建立实施总量控制制度；到2020年，全国沿海地市将全面建立实施重点海域排污总量控制制度。[①]

此外，2016年11月全国人大常委会在修改《海洋环境保护法》时，对排污总量控制制度作了细化规定，将其与“区域限批”措施联系起来。新法第11条第2款和第3款分别规定，排污单位在执行国家和地方水污染物排放标准的同时，应当遵守分解落实到本单位的主要污染物排海总量控制指标。对超过主要污染物排海总量控制指标的重点海域和未完成海洋环境保护目标、任务的海域，省级以上人民政府环境保护行政主管部门、海洋行政主管部门，根据职责分工暂停审批新增相应种类污染物排放总量的建设项目环境影响报告书（表）。

（五）海洋倾废管理制度

原1982年《海洋环境保护法》第38条、第39条和第40条确立了我国海洋倾

---

① 赵婧：《率先在渤海等重点海域实施排污总量控制》，载《中国海洋报》2018年1月4日A1版。

废管理制度。1999 年修订的《海洋环境保护法》在第 7 章对“防治倾倒废弃物对海洋环境的污染损害”作了专门规定。国务院《海洋倾废管理条例》于 1985 年颁布后经 2011 年、2017 年两次修订。原国家海洋局于 1990 年 6 月颁布了《海洋倾废管理条例实施办法》，后经 1990 年 9 月和 2017 年 12 月两次修正。2003 年 11 月原国家海洋局还专门印发了《倾倒区管理暂行规定》。根据这些法律文件的规定，海洋倾废相关的管理制度主要有：

第一，倾倒区的选划与管理。为了更好地利用海洋，加强海洋倾倒区的管理工作，尽量降低倾倒活动对海洋生态环境的影响及对其他海洋利用功能的干扰，2009 年原国家海洋局颁布了《海洋倾倒区选划技术导则》，对我国海洋倾倒区的选划原则及程序等问题进行了较为具体的规定。该《导则》规定，选划海洋倾倒区和临时性海洋倾倒区应不影响海洋功能区主导功能的利用。

第二，倾倒物质的分类管理制度。1999 年修订的《海洋环境保护法》第 56 条规定，国家海洋行政主管部门根据废弃物的毒性、有毒物质含量和对海洋环境影响程度，制定海洋倾倒废弃物评价程序和标准。向海洋倾倒废弃物，应当按照废弃物的类别和数量实行分级管理。可以向海洋倾倒的废弃物名录，由国家海洋行政主管部门拟定，经国务院环境保护行政主管部门提出审核意见后，报国务院批准。[①]《海洋倾废管理条例》根据毒性、有害物质含量和对海洋环境的影响等因素，将废弃物分为三类，规定禁止倾倒附件一所列的废弃物及其他物质；倾倒附件二所列的废弃物，应当事先获得特别许可证；倾倒未列入附件一和附件二的低毒或无毒的废弃物，应当事先获得普通许可证。

（六）海洋生态保护补偿制度

2015 年 1 月 1 日生效的《环境保护法》修订案确立了生态保护补偿制度。建立健全海洋生态保护补偿制度是应对海洋生态环境恶化，保护海洋生态环境，开展海洋生态文明建设的重要举措。2016 年 11 月全国人大常委会在修改《海洋环境保护法》时，将第 24 条修改为：国家建立健全海洋生态保护补偿制度。开发利用海洋资源，应当根据海洋功能区划合理布局，严格遵守生态保护红线，不得造成海洋生态环境破坏。

国家海洋局在 2015 年 7 月印发了《国家海洋局海洋生态文明建设实施方案（2015—2020 年）》，2017 年 11 月出台了《海洋生态损害评估技术导则》。一些沿海地方积极探索海洋生态补偿。山东省、海南省制定了海洋生态补偿的相关管理规定和技术标准，并开展了实质性的生态补偿工作。但在国家层面，尚缺乏配套完善的法规文件，难免掣肘海洋生态补偿工作的全面铺开。

---

① 《海洋环境保护法》第 56 条。

（七）海洋生态保护红线制度

海洋生态红线制度是指为维护海洋生态健康与生态安全，将重要海洋生态功能区、生态敏感区和生态脆弱区划定为重点管控区域并实施严格分类管控的制度安排。2016年11月修改的《海洋环境保护法》在第3条增加1款，作为第1款，规定，国家在重点海洋生态功能区、生态环境敏感区和脆弱区等海域划定生态保护红线，实行严格保护。

为贯彻落实《中共中央办公厅国务院办公厅关于划定并严守生态保护红线的若干意见》《关于全面建立实施海洋生态红线制度的意见》，加强海洋生态保护红线监督管理，原国家海洋局生态环境保护司组织起草了《海洋生态保护红线监督管理办法（征求意见稿）》，于2018年2月向社会公开征求意见。该《征求意见稿》指出，国家海洋局按照各区域主体功能定位的不同，制定海洋生态保护红线分类管控清单制度，实施差别化管控。海洋生态保护红线区原则上按禁止开发区域的要求进行管理，严禁任何不符合主体功能定位的各类开发活动，严禁任意改变用途，严禁围填海。[①] 据报道，目前我国已经全面建立起海洋生态保护红线制度，将全国30%的近岸海域和35%的大陆岸线纳入红线管控范围，实行严格保护。[②]

（八）海上联合执法制度

海上联合执法制度，是指法律规定行使海洋环境监督管理权的部门可以在海上实行联合执法的制度。《海洋环境保护法》规定："依照本法规定行使海洋环境监督管理权的部门可以在海上实行联合执法，在巡航监视中发现海上污染事故或者违反本法规定的行为时，应当予以制止并调查取证，必要时有权采取有效措施，防止污染事态的扩大，并报告有关主管部门处理。"[③]

1999年修订的《海洋环境保护法》第19条引入了海上联合执法制度，规定依法行使海洋环境监督管理权的部门可以在海上实行联合执法，在巡航监视中发现海上污染事故或者违反本法规定的行为时，应当予以制止并调查取证，必要时有权采取有效措施，防止污染事态的扩大，并报告有关主管部门处理。

为了细化完善海上联合执法制度，一些沿海省市出台了地方性文件。例如，为规范和推进海上联合执法，更好地服务于海湾型城市发展战略，厦门市人民政府于2005年2月印发了《厦门市海上联合执法工作制度》。这份文件的指导思想是，根据海上交通安全、港口以及海洋与渔业等相关法律、法规、规章，依照各涉海行政执法部门"三定"方案的职责分工，发挥各涉海行政执法部门法定职能，建立统一协

---

① 赵建东：《加强海洋生态红线监管，实行滨海湿地名录管理》，载《中国海洋报》2018年2月6日A1版。

② 乔思伟：《我国海洋生态文明建设成效显著》，载《中国国土资源报》2018年1月22日。

③ 《海洋环境保护法》第19条。

调、相互协作的海上联合执法协调机制。

这份文件明确了海上联合执法的实施机制,包括:第一,实行"海上执法一起抓,问题处理再分家"的机制;对海上违法行为的处罚,要坚持各职能部门依法履行法定职责的原则,各专业执法单位根据职责分别进行立案、调查,并依法进行处理。违法行为涉及两个或两个以上涉海管理部门职能范围,需要进行行政处罚时,可由协调小组办公室协调确定。第二,实施海上联合执法互动机制。涉海执法部门或执法参与单位发现海上违法行为超出自己的查处职能范围时,应立即与相关执法部门取得联系。相关执法部门在接到通知后,应及时赶到违法现场,办理交接手续,并依法进行处理。[①]

三、海洋环境保护法律制度发展展望

党的十八大作出"建设海洋强国"的重大部署以来,我国海洋生态文明建设成效显著,海洋生态环境呈现出局部明显改善、整体趋稳向好的积极态势,从严管海、生态用海、系统护海、着力净海的工作格局已经基本形成。[②] 但是,在海洋生态文明建设领域,仍然存在一些突出的问题,例如,海洋领域发展不平衡、不充分的问题仍然较为突出,围填海失序失度失衡、环境污染、生态破坏等问题依然存在,重开发轻保护、重审批轻监管的倾向还没有得到根本扭转。[③] 这些突出的环境问题是未来进一步发展完善海洋生态环境保护法律制度所要着力解决的重要问题。

2015年5月中共中央、国务院印发的《关于加快推进生态文明建设的意见》中突出强调了"加强海洋资源科学开发和生态环境保护"的重要性,明确要求,根据海洋资源环境承载力,科学编制海洋功能区划,确定不同海域主体功能。坚持"点上开发、面上保护",控制海洋开发强度,在适宜开发的海洋区域,加快调整经济结构和产业布局,积极发展海洋战略性新兴产业,严格生态环境评价,提高资源集约节约利用和综合开发水平,最大限度地减少对海域生态环境的影响。严格控制陆源污染物排海总量,建立并实施重点海域排污总量控制制度,加强海洋环境治理、海域海岛综合整治、生态保护修复,有效保护重要、敏感和脆弱海洋生态系统。加强船舶港口污染控制,积极治理船舶污染,增强港口码头污染防治能力。控制发展海水养殖,科学养护海洋渔业资源。开展海洋资源和生态环境综合评估。实施严格的围填海总量控制制度、自然岸线控制制度,建立陆海统筹、区域联动的海洋生态环境保护修复机制。[④] 这就为我国海洋环境保护法律制度的进一步发展指明了方

① 2005年2月4日厦门市人民政府办公厅发布《关于印发厦门市海上联合执行工作的通知》,http://www.xm.gov.cn,最后访问时间:2018年8月20日。

② 乔思伟:《我国海洋生态文明建设成效显著》,载《中国国土资源报》2018年1月22日。

③ 乔思伟:《我国海洋生态文明建设成效显著》,载《中国国土资源报》2018年1月22日。

④ 2015年5月5日《中共中央国务院关于加快推进生态文明建设的意见》,http://www.gov.cn。

向。党的十九大报告再一次强调要“建设海洋强国”。建设海洋强国离不开完善的海洋环境保护法律制度的有力保障。

由于海洋环境问题具有区域的跨界性、时间的跨度性、损害的累积性和不可逆转性等特点，海洋环境治理不可能单靠某一部法律或某一项制度来完成，而是应当遵循自然生态规律，以海洋生态系统为基础实现综合治理。在法律规制方面，首先应当及时修订和完善海洋环境保护法律法规，将实践证明行之有效的新举措新经验以法律制度的形式予以固化。近年来，《海洋环境保护法》历经多次修订，将海洋生态保护红线、海洋生态补偿等一系列新的重要制度和实践写进法律条文。其次应当探讨相关制度措施的精细化构建，增强其在实践中的可操作性，以回应现实需要。

第三节　海域使用管理法律制度的变迁

一、海域使用管理立法的发展

（一）海域使用管理法律体系

海洋综合利用与管理和海洋生态环境保护，两者是相辅相成的。科学合理的海洋综合利用与管理会促进海洋生态环境保护。例如，海洋功能区划制度就是立足于海域的自然属性对海域资源进行合理利用，进而促进对海洋生态环境的保护。而海洋生态环境的保护反过来也会扩充海洋生态环境的承载能力，进一步提升对海洋资源的综合利用与管理水平。

海域使用管理是指国家海洋行政主管部门和法律、法规授权的组织，依照国家有关法律法规，行使国家法定权力，为维护国家海域所有权和海域使用权人的合法权益，促进海域的合理开发和可持续利用，对在一国所管辖的海域从事生产经营活动或开展公益事业使用海域的行为实施行政管理的活动。

广义上的海域使用管理法是指调整在海域的分配、使用、整治和保护等过程中所产生的社会关系的法律规范的统称，其范围相对广泛，具体包括已经废止的《国家海域使用管理暂行规定》《海域使用金使用管理暂行办法》《海域使用许可证管理办法》，以及现行有效的《海域使用管理法》《海域使用权证书管理办法》《临时海域使用管理暂行办法》《海域使用权管理规定》《海域使用金减免管理办法》《中央海岛和海域保护资金使用管理办法》《海域使用权登记办法》《海洋功能区划管理规定》《海域使用统计管理暂行办法》等有关海域使用管理的法律、法规和规章；除此之外还包括沿海各省市在上述文件的基础上结合自身实际情况出台的地方海域使用管理办法或条例。如今我国的海域使用管理法律体系已基本建立并日趋健全，在提升海域的综合利用管理、保护海洋生态环境领域方面发挥重要作用。

(二)法治建设进程

1978年改革开放之前,我国的海域使用管理立法基本上处于空白状态,海域使用类型较少、使用面积较小、使用程度不高、使用秩序混乱。究其原因:一是当时并未确立自然资源权属制度,无法区分自然资源所有权和自然资源使用权,也没有用益物权的概念,无法从法律制度上确认沿海地区人民有序开发利用海域资源的权利,更谈不上对沿海地区人民开发利用海域资源权利的实际保护;二是当时实行计划经济体制,盛行集体主义之风,沿海地区人民使用海域所获得的劳动成果归属于集体,无法调动个人开发利用海域资源的积极性,这就造成对海域的开发与利用停滞不前,无法促进海域使用管理方面的法律法规产生;三是十年"文革"使国家的各项工作,包括立法工作,基本上处于停滞状态,许多急需制定的法律还未来得及制定,更何况海域使用管理立法。

1978年十一届三中全会的召开拉开了我国改革开放的序幕,开启了我国经济社会发展和法制建设的新时代,为海洋的综合利用与管理、海洋生态环境保护提供了重大的历史机遇。1978年《中华人民共和国宪法》修正,基本确立了新时期自然资源产权制度,为海域使用管理法律制度的创建提供了宪法依据。1986年出台的《民法通则》对自然资源国家所有权和自然资源集体所有权进行了区分。

改革开放初期,在沿海地区人民大规模开发利用海域资源的同时,海洋资源保护与开发利用之间的矛盾也随之而来,其中最重要的一个问题就是海域开发秩序十分混乱。"由于没有关于海域使用权的法规,人们对海域的所有权认识模糊不清,误认为谁先开发就属于谁,为争占海域发生纠纷乃至械斗的事件时有发生",[①]这是时任国家海洋局管理监测司司长鹿守本先生对改革开放初期海域资源使用状况的回忆。由于海域使用长期处于"无序、无度、无偿"的"三无"状态,沿海地区持续进行大规模的"圈海运动",对海域的国家所有权构成了侵犯;过度开发也破坏了海洋生态环境,各种海洋生态环境问题也随之而来。因此,出台国家海域使用管理规定,明确国家海域所有权与使用权的法律地位,是当时合理开发与利用海域资源、发展海洋经济的当务之急。

1989年,来自各部委、地方的代表共20人开始起草海域使用管理法规。由于国家海洋局没有管理收缴上来的海域使用金的职能,国家海洋局与财政部协调,联合草拟了《国家海域使用管理暂行规定》(以下简称《暂行规定》),1993年5月该规定经国务院批复予以实施。

《暂行规定》结束了我国海域使用管理无法可依的局面,开启了海域使用管理

① 孙安然:《忆〈国家海域使用管理暂行规定〉的出台》,载《中国海洋报》2017年8月16日第4版。

的历史性时代。虽然只有4章34个条文,但它为我国海域使用管理法律制度的日后发展打下了坚实的基础。该《暂行规定》第1条明确其目标是:加强国家海域的综合管理,保证海域的合理利用和持续开发,提高海域使用的社会、经济和生态环境的整体效益。《暂行规定》确立了海洋功能区划、海域使用权、海域使用证和海域有偿使用制度,为我国海洋产业的发展提供了基本的制度保障,大体满足了当时我国海洋法制建设的需要,促进了海域资源的合理开发与利用。

二、海域使用管理法律制度的形成

1993年《暂行规定》首次明确了海域属于国家所有,确立了海洋功能区划、海域使用权、海域使用证和海域有偿使用4项制度,我国的海域使用管理法律制度基本形成。

(一)海洋功能区划制度

《暂行规定》第4条第2款规定,国家鼓励海域的合理利用和持续开发,根据海洋政策、海洋功能区划和海洋开发规划,统一安排海域的各种使用。但事实上海洋功能区划制度并不是最早见于该规定,而是随着改革开放的进程经历了一个较长时间的发展历程。

1979年8月,国务院批准国家海洋局、国家水产总局等有关部门共同启动全国海岸带和海涂资源综合调查工作。1980年2月,在国家海洋局主持召开的全国海岸带和海涂资源综合调查领导小组扩大会议上,最早提出了开展海域区划工作,当时叫"中国海涂资源合理利用区划",这也是海洋功能区划制度最早的雏形。随后,国务院在1988年批准的《国家海洋局"三定"方案》中,首次赋予了国家海洋局"组织拟定海洋发展规划和重要海区综合利用区划,会同沿海省、自治区、直辖市划定海洋功能区"的职责。1989年国家海洋局正式启动了我国第一次海洋功能区划编制工作。[①] 由于海洋功能区划工作在实践中取得了良好效果,终于在1993年颁布的《暂行规定》中被确定为一项海域使用管理的基本法律制度。但是《暂行规定》第4条第2款仅为原则性的规定,其内容过于简单,可操作性不强,亟待细化完善。为此,此后颁布实施的《海洋环境保护法》和《海域使用管理法》都对海洋功能区划制度作了进一步的明确,甚至《海域使用管理法》以专门一章对海洋功能区划制度进行规定,同时国家也出台了关于海洋功能区划制度的专项管理规定——《海洋功能区划管理规定》。从以上对海洋功能区划制度的种种立法,足以反映该制度在海域使用管理工作中的重要地位。

---

① 曹英志、崔晓健、孙梅等:《海洋功能区划制度对我国海域资源配置的指导价值分析》,载《中国渔业经济》2014年第5期。

(二)海域使用权制度

海域使用权制度,是指民事主体基于县级以上人民政府海洋行政主管部门的批准和颁发的海域使用权证书,依法有权在一定期限内使用一定海域的法律制度。[①] 根据《暂行规定》第 3 条,该《暂行规定》适用于转移海域使用权的我国境内外的部门、企事业单位、公司、其他组织和个人。转移海域使用权的行为,包括海域使用权的出让、转让和出租。海域使用权的出让,系指国家将海域使用权在一定时限内让与使用者,并由使用者向国家缴纳海域使用金的行为。海域使用权的转让,系指海域使用者将其海域使用权再有偿让与其他使用者的行为。海域使用权的出租,系指海域使用者作为出租人,将其海域使用权租赁给承租人使用,由承租人向出租人支付租金的行为。

该条文首次确立了我国的海域使用权制度,赋予海域使用权人依法开发、利用海域的权利,并允许海域使用权依法出让、转让和出租,切实保障了海域使用权人开发、利用海域的权利,极大地调动了沿海地区人民开发、利用海域资源的积极性,促进了我国海洋产业的快速发展。2007 年出台的《物权法》就以《暂行规定》中关于"海域使用权"的规定为依据,在第三编"用益物权"项下规定了海域使用权,其第 122 条规定,依法取得的海域使用权受法律保护。上述条款进一步确立并完善了海域使用权制度,明确将海域使用权纳入用益物权的范畴。

(三)海域使用证制度

海域使用证制度,是指海域使用权人依法取得海域使用权证书的法律制度,调整的是国家作为海域所有者与海域使用者之间以及海域使用者相互之间所产生的法律关系。《暂行规定》第 8 条规定,使用海域从事生产经营活动的,在向沿海县以上地方人民政府海洋行政主管部门提交海域使用申请时,应附具其向行业或项目主管部门申请立项的有关文书,并按要求提供相关文件、材料。该规定生效前,已经使用海域从事生产经营活动的,须于该规定发布之日起 3 个月内,向沿海县以上地方人民政府海洋行政主管部门进行登记,由该部门核发海域使用证。这一条文确立了海域使用证制度,将海域使用证作为海域使用权人依法有权开发、利用海域的法律凭证,有利于明确海域资源的产权,保障海域使用权不被侵犯,能够有效预防因海域权属不明确而产生的争议。此后的《海域使用权证书管理办法》第 2 条规定,海域使用权证书是海域使用权人享有海域使用权的证明,由海域使用权人持有。

(四)海域有偿使用制度

海域有偿使用制度是指国家作为海域的所有者,对经批准使用海域的单位或

① 崔建远:《海域使用权制度及其反思》,载《政法论坛》2004 年第 6 期。

个人收取海域使用金的制度。《暂行规定》第15条规定，凡按该规定在我国有偿转移海域使用权的，必须向国家缴纳海域使用金。海域使用金包括：(1)海域出让金；(2)海域转让金；(3)海域租金。该条款确立了海域有偿使用制度，即后来的“海域使用金制度”。

海域有偿使用制度以海洋功能区划制度为基础，以海域使用权制度为支柱，将市场机制引入海域使用权制度中，能够促进海域使用者合理开发、可持续利用海域资源，保护海洋生态环境，兼顾海域的经济价值与生态价值。同时，海域有偿使用制度也体现了海域国有的原则，建立了一种对国有自然资源开发利用的经济补偿机制，实现国有海域资源性资产的保值增值，既增加了国家财政收入，也实现了资源的价值补偿，从而避免了国有资源性资产的流失。[①] 此后的《海域使用管理法》和《临时海域使用管理暂行办法》也都进一步规定了海域有偿使用制度。同时国家海洋局、财政部也联合出台了《海域使用金减免管理办法》《海域使用金使用管理暂行办法》《中央海岛和海域保护资金使用管理办法》等文件，对海域使用金的征收、使用进行了专门规定，是对海域有偿使用制度的进一步细化。

三、海域使用管理法律制度的发展

(一)《海域使用管理法》出台

《暂行规定》的出台，不但初步改变了因海域使用权属不清造成的海域开发“无序、无度、无偿”的混乱局面，而且有力地推动了海域使用管理地方法制的建设。部分沿海省、自治区和有立法权的城市，也相继出台了相应的海域使用管理规定。[②]

基于《暂行规定》在实施过程中所取得的成效明显，对实践中存在的一些问题进行了研究论证后，原国家海洋局于1996年决定正式启动海域使用管理立法工作。《海域使用管理法》于2001年10月27日在全国人大常委会第24次会议上审议通过。这标志着我国海域使用管理工作步入新时期，也是海洋综合管理真正走向法制化管理时期的重要标志。[③]

《海域使用管理法》在原《暂行规定》确定的四项法律制度基础上进一步明确细化，形成了如今的海洋功能区划制度、海域使用权登记制度、海域使用统计制度、海域有偿使用制度这四项基本法律制度，并逐步发展形成了以海洋功能区划制度为核心，以海域使用权登记制度、海域使用统计制度、海域有偿使用制度为支撑的比较完善的海域使用管理体系。

---

① 梅宏：《海域有偿使用制度的法理分析》，载《中国海洋法学评论》2009年第1期。

② 孙安然：《忆〈国家海域使用管理暂行规定〉的出台》，载《中国海洋报》2017年8月16日第004版。

③ 吕彩霞：《〈海域使用管理法〉的形成及意义》，载《海洋开发与管理》2006年第5期。

(二)海洋功能区划制度

当前实施海洋功能区划制度具有极其重要的现实意义。一是有利于宏观指导全国海域资源开发利用活动,建立良好的海域资源开发利用秩序,提高海域开发利用的综合效益;二是有利于协调各海洋产业、沿海各地区之间在海域资源开发利用活动中的关系,为加强和实施海域资源开发利用的行政管理提供科学依据;三是有利于保护海洋环境,为维护良好的海洋生态环境提供法律和科学依据的支持。①

为了解决海洋功能区划工作在实践中存在的操作性、针对性不强等问题,《海域使用管理法》在原《暂行规定》的基础上,在第二章"海洋功能区划"以专门一章的形式进一步规定了海洋功能区划制度,对编制海洋功能区划的主管机关、编制原则、审批及修改程序、公布等事项进行了规定,以完善的法律条文正式将海洋功能区划法律化、制度化,使其成为海域使用管理工作中的一项基础法律制度。2007年颁布的《海洋功能区划管理规定》全篇 6 章 33 个条文对海洋功能区划制度加以进一步明确和细化。总则对海洋功能区划管理作了一般性的规定,将海洋功能区划分为国家、省、市、县四级,明确海洋功能区划编制和修改应当遵循公众参与、科学决策的原则,分则具体规定了海洋功能区划的编制、审批和备案、评估和修改、实施四个方面的相关要求。

(三)海域使用权登记制度

海域使用权登记制度,是在《暂行规定》所规定的海域使用权制度、海域使用证制度基础上发展而来的,是指依法对海域的权属、面积、用途、位置、使用期限等情况以及海域使用权派生的他项权利作出登记的一种法律制度。

《海域使用管理法》第 6 条第 1 款规定,国家建立海域使用权登记制度,依法登记的海域使用权受法律保护。原国家海洋局于 2007 年出台的《海域使用权登记办法》第 2 条第 1 款明确了海域使用权的 3 种登记类型——初始登记、变更登记和注销登记。该办法第 3 条规定,海域使用权及他项权利的取得、变更、终止应当依照该办法进行登记。依法登记的海域使用权及他项权利受法律保护,任何单位和个人不得侵犯。海域使用权登记册是海域使用权及他项权利的法律依据。

海域使用权登记制度同时也明确了登记公示在海域使用权取得、变更、消灭中的作用,即依法登记的海域使用权受法律保护,这也是《物权法》第 9 条所规定的不动产物权登记生效制度在海域使用权设立、变更、转让、消灭上的体现。

海域使用权登记制度的发展演变不仅体现在上述具体的登记制度之中,也体现在海域权属制度的重大创新上。2007 年出台的《物权法》第 46 条明确了矿藏、水流、海域的国家所有权,这是海域作为一项重要的自然资源首次在我国重要法律

① 叶知年:《海洋功能区划法律制度探析》,载《重庆科技学院学报(社会科学版)》2011 年第 22 期。

中予以确定；同时，《物权法》第122条和第117条明确了海域使用权的法律属性，即归属于用益物权，海域使用权人对国家所拥有的海域依法享有占有、使用、收益的权利。以上法律规定创立了海域物权制度，也构成了对海域使用权登记制度的有益补充和完善。

（四）海域使用统计制度

海域使用统计制度是为准确、及时和全面反映海域使用现状及动态变化，提供和发布海域使用统计资料，开展海域使用统计分析以解决海域使用管理中存在的问题，由各级海洋行政主管部门对反映海域使用权属管理、海域有偿使用等情况的资料进行收集、整理和分析研究的一项法律制度。《海域使用管理法》第6条第2款规定，国家建立海域使用统计制度，定期发布海域使用统计资料；同时《海域使用统计管理暂行办法》第3条明确，海域使用统计的任务是建立和完善海域使用统计指标体系，准确、及时和全面反映海域使用现状及动态变化，提供和发布海域使用统计资料，开展海域使用统计分析，研究海域使用管理中存在的问题，发挥海域使用统计的决策参考和监督作用。

《海域使用统计管理暂行办法》其他条文又对其配套制度——海域使用统计报表制度进行了规定，对海域使用统计制度进行了有益补充和完善。海域使用统计制度是以海域使用权登记制度、海域有偿使用制度为基础发展而来的，同时也是《海域使用管理法》新创设的一项海域使用管理法律制度，其创新之处就在于可以及时、准确、全面地掌握海域动态变化，并进行科学合理预测，对于海域使用的宏观管理具有重要作用。

（五）海域有偿使用制度

海域有偿使用制度是在原《暂行规定》第15条的基础上进一步发展而来的。《海域使用管理法》第33条规定，国家实行海域有偿使用制度。单位和个人使用海域，应当按照国务院的规定缴纳海域使用金。海域使用金应当按照国务院的规定上缴财政。对渔民使用海域从事养殖活动收取海域使用金的具体实施步骤和办法，由国务院另行规定。国家海洋局2003年发布的《临时海域使用管理暂行办法》第10条也对海域有偿使用制度作了更进一步的规定，即经营性临时海域使用应当缴纳海域使用金，计证方法为：用海面积×海域使用金征收标准×25%。

国家海洋局、财政部还联合出台了《海域使用金减免管理办法》《海域使用金使用管理暂行办法》《加强海域使用金征收管理的通知》《中央海岛和海域保护资金使用管理办法》等专项规范性文件对海域有偿使用制度进行了完善和细化。

《海域使用管理法》第五章“海域使用金”以专门一章的形式对海域使用金的收缴机关、缴纳方式、减免缴纳情形进行了规定；《海域使用金减免管理办法》对依法减免缴纳海域使用金的情形进行了细化，对减免缴纳的申请与审批程序也作出了相应的规定;《加强海域使用金征收管理的通知》对海域使用金的征收管理工作进行了细化,明确统一海域使用金征收标准、依法推进海域使用权配置市场化、规范海域使用金的缴库管理。同时,《中央海岛和海域保护资金使用管理办法》也对上缴中央的海域使用金用途作了规定,明确将其用于支持海洋生态环境整治、保护和建设,促进海洋经济发展的工作,专款专用,任何单位和个人不得截留、挤占和挪用。

上述关于海域有偿使用管理的规范性文件以"一般规定+专项规定"的形式对海域有偿使用制度作了全面的规定,这对当前的海洋环境保护、海域综合治理具有十分重要的作用。

40多年来,我国的海域使用管理法律制度从无到有,从少到多,在立法理念上也经历了明显的变化,从早期只侧重对海洋资源的开发与利用发展到注重海洋资源可持续开发与综合利用和海洋生态环境保护并重,从对海域使用的有限管理发展到对海域使用的全方位管理。海洋功能区划制度和海域有偿使用制度进一步细化完善,海域使用权登记制度和海域使用统计制度相继实施,国家对海域资源管理的范围更加全面,全方位覆盖海域的分配、使用、整治和保护全过程,有效促进了海域资源的合理开发与综合利用。

改革开放以来,我国海洋环境保护法律制度的发展取得了显著成果,但也应认识到海洋环境保护法律制度的完善是一个漫长的过程,还需要不断的、更为艰辛的探索和努力,才能有效应对当前突出的海洋环境问题,建设水清、岸绿、滩净、湾美、物丰的美丽海洋,为中华民族的海洋强国梦想提供坚实的法治保障。

第七章

土地、矿产资源、森林法律制度的变迁

第一节　我国土地管理法律制度的变迁

中华人民共和国成立后，1950 年中央人民政府颁布的《中华人民共和国土地改革法》提出：废除封建剥削的土地所有制，实行农民的土地所有制。1953 年 10 月，中央发布《关于发展农业生产合作社的决议》，引导个体农民经过具有社会主义性质萌芽的互助组，到半社会主义性质的初级社，再到完全社会主义性质的高级社，把土地等农业生产资料由私有制变为社会主义公有制，实行集体经营。1950 年发布的《城市郊区土地的改革条例》和 1953 年颁布的《关于国家建设征用土地办法》规定，征收和没收的土地归国家所有，用地单位只有使用权，不得转让。[①] 1954 年宪法规定："国家为了公共利益的需要，可以依照法律规定的条件，对城乡土地和其他生产资料实行征购、征用或者收归国有。"

社会主义改造时期我国禁止土地买卖。1954 年宪法规定："任何组织或者个

① 1958 年 1 月 6 日国务院对《国家建设征用土地办法》（以下简称《办法》）进行了修改，修改后的《办法》明确了取得农民集体土地所有权为"征用"，取得国有、公有土地使用权为"拨用"，补偿办法也有所不同，针对 1953 年《办法》中央集权过多、划分不合理等情况，对征用的审批权限也作了变动。

人不得侵占、买卖、出租或者以其他形式非法转让土地。”1962 年中央发布的《农村人民公社工作条例(修正草案)》规定“生产队所有的土地,一律不准出租和买卖”。这一时期土地使用制度的主要特征:一是行政划拨,二是土地无偿使用,三是无限期使用,四是不准转让。[①] 这种土地制度的弊病日益显现,严重制约了我国的经济发展。1978 年党的十一届三中全会召开,改革开放成为中国经济发展的主旋律,土地管理制度改革成为改革开放的先声,我国土地管理制度围绕土地权属、土地流转、土地开发利用以及土地资源的保护等方面进行改革,发生了巨大而深刻的变化。

一、改革开放初期土地管理走上法制轨道时期(1979—1986)

(一)修订宪法,确认土地公有制

1978 年宪法没有关于城市土地国有化的规定,我国土地权属制度继续维持十一届三中全会之前的状况。国务院于 1982 年 5 月 14 日公布施行的《国家建设征用土地条例》[②]明确“征用的土地,所有权属于国家,用地单位只有使用权”。

1982 年 12 月 4 日,第五届全国人大第五次会议通过的修订后的《宪法》规定:“城市的土地属于国家所有。农村和城市郊区的土地,除由法律规定属于国家所有的以外,属于集体所有;宅基地和自留地、自留山,也属于集体所有。”“任何组织和个人不得侵占、买卖或者以其他形式非法转让土地。一切使用土地的人必须合理利用土地。国家为了公共利益的需要,可以对土地实行征用。”这明确宣示实行土地公有制,规定禁止买卖和非法转让土地,确认了国家征收土地制度,我国土地管理制度有了较大发展。

(二)实行家庭联产承包责任制,开展农村土地改革

十一届三中全会后,随着我国农村经济体制和生产关系的调整,农村土地制度发生了重大嬗变,由人民公社时期的土地集体所有、集体经营,变为土地集体所有、农户家庭承包经营的基本制度。[③]

1980 年 5 月,邓小平同志对“包产到户”作出重要指示。同年 9 月,中央发布

---

① 崔霁:《改革开放以来我国土地制度演变与发展趋势》,载《上海房地》2008 年第 4 期。

② 该《条例》于 1987 年 1 月 1 日随着《土地管理法》的生效而失效。

③ 1978 年 12 月中共中央出台的《农村人民公社工作条例》,强调继续和维持 1959 年以来“三级所有”的体制;1978 年 12 月的《加快农业发展若干问题的决定(草案)》指出社员自留地是社会主义经济的必要补充部分;经营方式上肯定了“包工到作业组,联系产量计算劳动报酬”的责任制,但仍规定“不许包产到户,不许分田单干”。1979 年 9 月党的十一届四中全会通过的《中共中央关于加快农业发展若干问题的决定》初步肯定了“包产到户”,允许某些副业生产的特殊需要和边远地区、交通不便的单家独户可以包产到户,但仍规定“不许分田单干”。

《关于进一步加强和完善农业生产责任制的几个问题》,这个文件是肯定包产到户的第一个中央文件,由此农村土地政策家庭联产承包责任制阶段的改革正式拉开序幕。1982年中央一号文件、1983年中央一号文件、1984年中央一号文件均强调要稳定和完善家庭联产承包责任制。1986年中央一号文件进一步肯定了农村改革的方针政策是正确的,必须继续贯彻执行。上述中共中央文件以党的政策的形式肯定了土地的农民家庭承包经营制度,标志着农村土地家庭联产承包责任制作为一项正式制度安排的确立。

(三)加强耕地保护

产权制度变革引发经济的快速发展,但是有不少地方对农村建房缺乏全面的规划和必要的管理,农村建房和兴办社队企业乱占滥用耕地的现象相当严重。1981年4月,国务院下发《关于制止农村建房侵占耕地的紧急通知》,强调保护耕地,节约用地,决不允许任何个人和单位乱占滥用耕地。1982年,国务院颁布《国家建设用土地条例》和《村镇建房用地管理条例》[①],对国家建设用地和农村建房用地中占用耕地的问题进行调整,明确提出节约土地是我国的国策,一切建设工程,都必须遵循经济合理的原则,提高土地利用率。1983年11月,国务院下发《关于制止买卖、租赁土地的通知》,要求必须十分珍惜每寸土地,切实保护现有耕地,坚决制止买卖、租赁土地的行为。1984年国务院发布的《城市规划条例》规定:"城市建设应当节约土地,尽量利用荒地、劣地,少占耕地、菜地、园地和林地。"1986年,我国耕地流失总量达到一个顶峰,国家对土地利用制度进行了调整,党中央、国务院发出《关于加强土地管理、制止乱占耕地的通知》,明确提出"十分珍惜和合理利用每寸土地,切实保护耕地"。

(四)组建国家土地管理局,建立健全土地管理机构

1985年以前,我国没有专门管理土地资源的政府部门。[②] 1986年2月,国务院第100次常务会议决定组建中华人民共和国国家土地管理局。1986年3月,中共中央、国务院发布的《关于加强土地管理、制止乱占耕地的通知》要求组建国家土地管理局。该《通知》奠定了我国土地管理体制:国家土地管理局集中统一管理全国土地资源的开发、利用,县以上人民政府建立健全土地管理机构,土地资源所有权变更由土地管理部门审批。[③]

---

① 由于仅依靠行政手段无法控制大量占用耕地问题、条例本身缺乏可操作性以及条例本身无法可依等原因,《村镇建房用地管理条例》和《国家建设征用土地条例》基本上没有达到目的,且两条例存续时间也很短,在1986年颁布《土地管理法》的同时即被废除。参见齐援军:《我国土地管理制度改革的回顾与前瞻》,载《经济研究参考》2004年第13期。

② 1982年,国务院确定在农牧渔业部设立土地管理局统一管理土地资源。

③ 齐援军:《我国土地管理制度改革的回顾与前瞻》,载《经济研究参考》2004年第13期。

（五）制定《土地管理法》，土地管理工作走上法制轨道

20世纪80年代初期，随着我国经济建设的发展，建设占用土地的规模迅速扩大，人多地少的矛盾日益突出。在土地管理城乡分立、部门分管的多头体制下，我国城市土地管理机构不健全，职责不清，政出多门，没有形成完整的管理体系；城市土地资源家底不清，土地权属混乱，纠纷频繁；城乡非农业建设乱占、滥用土地以及土地浪费等问题相当严重，耕地锐减。1986年3月，中共中央、国务院发布的《关于加强土地管理、制止乱占耕地的通知》提出迅速制定《中华人民共和国土地法》的立法任务。1986年6月25日，第六届全国人大常委会第十六次会议通过了《中华人民共和国土地管理法》。这是新中国成立后颁布的第一部关于土地资源管理、全面调整土地关系的法律，它的颁布是我国土地管理工作的重大转折和管理体制的根本性改革，标志着我国土地管理工作开始纳入依法管理的轨道。

1986年《土地管理法》共7章57条，分别是第1章"总则"、第2章"土地的所有权和使用权"、第3章"土地的利用和保护"、第4章"国家建设用地"、第5章"乡(镇)村建设用地"、第6章"法律责任"和第7章"附则"。其主要内容：

一是明确规定《土地管理法》的任务是维护土地的社会主义公有制，保护、开发土地资源，合理利用土地，切实保护耕地，以适应社会主义现代化建设的需要。

二是明确了我国土地管理体制。国务院土地管理部门主管全国土地的统一管理工作。县级以上地方人民政府土地管理部门主管本行政区域内的土地统一管理工作，乡级人民政府负责本行政区域内的土地管理工作。

三是确定了我国土地的所有权和使用权，规定城市市区的土地属全民所有即国家所有。农村和城市郊区的土地，除法律规定属于国家所有的以外，属于集体所有。

四是规定了土地管理的基本原则。(1)保护社会主义土地所有权和使用权原则。凡依法确认的土地所有权和使用权，受国家法律保护。国家因建设需要征用集体土地，须依法办理征地手续；征用后的土地归国家所有，用地单位和个人只有使用权。(2)合理使用和保护土地的原则。使用土地的单位和个人，有保护、管理和合理利用土地的义务；各级人民政府采取措施，保护耕地，防治土地沙化、盐渍化、水土流失和荒废，对不合理使用土地的单位，土地管理部门有权收回使用权；开发土地，造成土地破坏的，责令限期治理，并处罚款。(3)节约用地原则。国家建设和乡(镇)村建设必须节约使用土地。可以利用荒地的，不占耕地；可以利用劣地的，不占好地。严格控制居民住宅和乡(镇)村企业建设用地，不得超过国家或省、自治区、直辖市规定的用地标准。

五是规定了土地管理的基本制度。(1)土地利用规划制度。要求各级人民政府编制土地利用总体规划，乡(镇)村建设也应当按照合理布局、节约用地的原则，制定乡(镇)村建设规划。(2)土地核准登记制度。集体所有的土地，由县级人民政

府登记造册，核发证书，确认所有权；全民所有制单位、集体所有制单位和个人依法使用的国有土地由县以上人民政府登记造册，核发证书，确认所有权。(3)土地调查统计制度。国家建立土地调查统计制度。县级以上人民政府土地管理部门会同有关部门进行土地调查统计。(4)用地审批制度。建设单位用地必须持国务院主管部门或者县级以上地方人民政府批准的设计任务书和其他批准文件向土地管理部门提出申请，经县级以上人民政府审查批准后，由土地管理部门划拨土地。对各级人民政府批准用地的权限也作了严格的规定。(5)土地有偿使用制度。国家建设征用土地由用地单位支付土地补偿费和安置补偿费；即使工程项目施工架设地上线路、铺设地下管线、建设其他地下工程、进行地质勘探等所需的临时用地，经有关机关批准后也要支付土地补偿费；征用城市郊区的菜地，用地单位应当缴纳新菜地开发建设基金。(6)土地承包经营制度。土地的承包经营权受法律保护。允许土地承包经营。集体所有的土地、全民所有制单位集体所有制单位使用的国有土地可以由集体或个人承包经营，从事农、林、牧、渔业生产。

六是规定了建设用地的审批程序。《土地管理法》对1982年《建设征用土地条例》规定的征收土地批准权[①]进行了修改：征用耕地1000亩以上其他土地2000亩以上由国务院批准；征用省、自治区、直辖市行政区域内的土地，由省、自治区、直辖市人民政府批准。征用耕地3亩以下、其他用地10亩以下的，由县级人民政府批准。乡(镇)村建设用地按建设规划进行。农村居民建住宅使用土地应当使用原有的宅基地和村内空闲地，严格控制使用耕地。

1986年《土地管理法》从酝酿至颁布只有短短3个多月的时间，创下我国立法时间最短之纪录。其颁布实施，结束了我国长期以来土地管理无法可依的局面，使中国的土地管理实现了由多头分散管理向集中统一管理的历史性转变，土地管理法律法规体系的框架初步形成，土地利用开始走向有序轨道，其具有的划时代价值毋庸置疑。[②]

与《土地管理法》同时生效施行的《民法通则》[③]对土地的国家所有权和集体所有权、土地承包经营权和禁止土地买卖等问题作了明确规定：国家所有的土地，可以依法由全民所有制单位使用，也可以依法确定由集体所有制单位使用，国家保护

---

① 1982年《建设征用土地条例》规定：征收耕地、园地1000亩以上，其他土地10000亩以上的，由国务院审批；征收直辖市市郊的土地，由直辖市人民政府批准；征收50万人口以上城市市郊的土地，由所在市人民政府审查，报省级人民政府批准；征收其他地区的耕地、园地3亩以上，林地、草地10亩以上，其他土地20亩以上，由所在县、市人民政府审查，报省级人民政府批准，在这些限额以下的由县、市人民政府批准。

② 陈小君：《我国〈土地管理法〉修订：历史、原则和制度》，载《政治与法律》2012年第5期。

③ 1986年4月12日，第六届全国人民代表大会第四次会议通过和公布了《中华人民共和国民法通则》。

它的使用、收益的权利;使用单位有管理、保护、合理利用的义务。公民、集体依法对集体所有的或者国家所有由集体使用的土地的承包经营权,受法律保护。承包双方的权利和义务,依照法律由承包合同规定。集体所有的土地依照法律属于村农民集体所有,由村农业生产合作社等农业集体经济组织或者村民委员会经营、管理。

二、适应市场经济发展土地管理制度不断完善时期(1987—2011)

1984 年 10 月,党的十二届三中全会通过的《中共中央关于经济体制改革的决定》指出,社会主义经济是公有制基础上的有计划的商品经济。1992 年 10 月,党的十四大提出了我国经济体制改革的目标是建立社会主义市场经济体制。1993 年 11 月,党的十四届三中全会通过了《中共中央关于建立社会主义市场经济体制若干问题的决议》,提出了社会主义市场经济体制的基本框架。1997 年 9 月,党的十五大提出建立比较完善的社会主义市场经济体制。社会主义市场经济体制目标的确立,标志着我国改革开放和社会主义现代化建设事业进入了一个新的发展阶段。随着市场经济体制改革的进一步深化和我国经济的快速发展,我国土地管理法律制度有了快速发展。

(一)《土地管理法》的三次重要修订

1.1988 年《土地管理法》第一次修订,推动我国城市土地有偿使用制度改革

20 世纪 80 年代末,我国土地使用制度改革步伐加快,深圳、上海等地在土地有偿使用制度方面迈出了重要一步,土地有偿使用成为我国土地制度改革中不可回避的核心问题。1987 年 12 月 1 日,深圳市首次公开拍卖了一幅面积 8588 平方米地块 50 年的使用权,敲响了中华人民共和国历史上土地拍卖的"第一槌"。[①] 1988 年,经国务院批准,深圳、广州、厦门、天津、上海等城市相继进行城市国有土地使用权有偿出让、转让试点。

为了适应土地使用权改革发展的需要,1988 年 4 月第七届全国人大一次会议通过的《宪法修正案》删除了关于"禁止土地出租"的规定,增加了"土地的使用权可以依照法律的规定转让"的规定。同年 12 月,七届全国人大常委会五次会议通过了《关于修改〈中华人民共和国土地管理法〉的决定》,对《土地管理法》进行了第一次修改。修改的内容包括:(1)删除"禁止出租土地"的内容,规定"任何单位和个人不得侵占、买卖或者以其他形式非法转让土地",增加"国有土地和集体所有的土地的使用权可以依法转让""国家依法实行国有土地有偿使用制度"的规定。(2)将农村集体建设用地审批的规定修改为:"乡(镇)村公共设施、公益事业建设,需要使用

① 何广怀、蒋顺章:《深圳市首次拍卖土地使用权》,载《瞭望周刊》1987 年第 50 期。

土地的，经乡级人民政府审核，向县级人民政府土地管理部门提出申请，按照省、自治区、直辖市规定的批准权限，由县级以上地方人民政府批准。”(3)对非法转让土地和破坏耕地的违法行为处罚等内容进行修改，规定：“买卖或者以其他形式非法转让土地的，没收非法所得，限期拆除或者没收在买卖或者以其他形式非法转让的土地上新建的建筑物和其他设施，并可以对当事人处以罚款；对主管人员由其所在单位或者上级机关给予行政处分。”“违反法律规定，在耕地上挖土、挖沙、采石、采矿等，严重毁坏种植条件的，或者因开发土地，造成土地沙化、盐渍化、水土流失的，责令限期治理，可以并处罚款。”

1988年《土地管理法》的修改，推动了我国城市土地有偿使用制度改革。为了贯彻执行修改后的《土地管理法》，国务院及国家土地管理局颁布了一系列配套法规和规章。1989年7月，国家土地管理局颁发《关于确定土地权属问题的若干意见》[①]，对在确定国家土地所有权、集体土地所有权、国家土地使用权、农村集体土地建设用地使用权中的具体问题作出规定。国务院颁发了《关于出让国有土地使用权批准权限的通知》，强调政府对有偿出让国有土地使用权的批准权限，应与行政划拨国有土地使用权的批准权限相同，要求各地必须严格执行《土地管理法》对批准权限的规定，对一次出让国有土地使用权的土地不得“化整为零”，变相扩大批准权限。1991年1月4日，国务院颁发《中华人民共和国土地管理法实施条例》，对实施《土地管理法》中的土地的所有权和使用权、土地的利用和保护、国家建设用地、乡(镇)村建设用地以及法律责任等作出具体规定。

2.1998年《土地管理法》第二次修订，促进土地管理和利用方式全面重大变革

随着改革的深化和形势的发展，各地违法批地、乱占耕地问题严重，造成耕地面积锐减，土地资产流失；城镇外延扩张、村庄分散建设占用耕地严重，人地矛盾已经十分尖锐；城市规模扩张过大，土地利用率低；土地闲置、浪费严重。为了从根本上解决造成耕地大量减少和建设用地过快增长的机制和体制问题，中央提出修订《土地管理法》的要求。[②] 根据中央的指示，我国开展了《土地管理法》的第二次修订工作。国土资源部[③]负责修订草案的起草，草案经全国人大常委会三次审议，1998年8月29日，九届全国人大常委会四次会议表决通过了修订草案。修订后的《土地管理法》从原来的7章57条增加到8章86条，从以下几个方面作了重大

---

① 1995年3月11日，国家土地管理局颁发《确定土地所有权和使用权的若干规定》(〔1995〕国土〔籍〕字第26号)，对1989年颁发的《关于确定土地权属问题的若干意见》进行了修改。

② 1997年4月，中共中央、国务院发布了《关于进一步加强土地管理切实保护耕地的通知》(中发〔1997〕11号)，确定了我国土地管理特别是耕地保护的一系列重大方针和政策，明确提出修订《土地管理法》的重要原则，对我国土地管理的体制、机制和法制提出了新的要求。

③ 1998年3月10日，九届全国人大一次会议通过关于国务院机构改革方案，决定由地质矿产部、国家土地管理局、国家海洋局和国家测绘局共同组建国土资源部。

修改：

第一、建立土地用途管制制度，这是1998年《土地管理法》修订的最大亮点。修订后的《土地管理法》规定实行土地用途管制制度。国家编制土地利用总体规划，对耕地实行特殊保护，严格限制农用地转为建设用地，控制建设用地总量。各级人民政府应当依据国民经济和社会发展规划、国土整治和资源环境保护的要求、土地供给能力以及各项建设对土地的需求，组织编制土地利用总体规划。土地利用总体规划的编制应遵循严格保护基本农田，控制非农业建设占用农用地，提高土地利用率，统筹安排各类、各区域用地，保护和改善生态环境，保障土地的可持续利用、占用耕地与开发复垦耕地相平衡的原则。

第二、建立耕地占补平衡制度①，这是1998年《土地管理法》的又一项制度创新。国家保护耕地，严格控制耕地转为非耕地。国家实行占用耕地补偿制度。非农业建设经批准占用耕地的，按照"占一补一"的原则，由占用耕地的单位负责开垦与所占用耕地的数量和质量相当的耕地；没有条件开垦或者开垦的耕地不符合要求的，应当按照规定缴纳耕地开垦费，专款用于开垦新的耕地。

第三、改革征地补偿制度。征用土地的，按照被征用土地的原用途给予补偿。征用耕地的补偿费用包括土地补偿费、安置补助费以及地上附着物和青苗的补偿费。征用耕地的土地补偿费，为该耕地被征用前3年平均年产值的6倍至10倍。每一个需要安置的农业人口的安置补助费标准，该耕地被征用前3年平均年产值的4倍至6倍。但是，每公顷被征用耕地的安置补助费，最高不得超过被征用前3年平均年产值的15倍。征用城市郊区的菜地，用地单位应当按照规定缴纳新菜地开发建设基金。支付土地补偿费和安置补助费尚不能使需要安置的农民保持原有生活水平的，经省、自治区、直辖市人民政府批准，可以增加安置补助费。但是，土地补偿费和安置补助费的总和不得超过土地被征用前3年平均年产值的30倍。

第四、明确规定了农用地转为建设用地的严格审批权限。建设占用土地涉及农用地转为建设用地的，应当办理农用地转用审批手续。省、自治区、直辖市人民

---

① 1996年6月19日全国土地管理厅、局长会议上首次正式提出"实现耕地总量动态平衡"。耕地占补平衡制度是国家从宏观层面作出的如何确保耕地总量不减少的一系列规定，相对于具体的占地单位而言，适用的是耕地占用补偿制度。耕地占用补偿制度是耕地占补平衡制度在微观层面的具体化。耕地占用补偿制度针对的对象是占用耕地从事非农建设的单位。我国实行严格控制耕地转为非耕地的政策，在一般情况下，耕地不允许被占用进行非农业建设。依法经国家有关部门批准的建设项目，确需占用耕地的，负有补充耕地的责任。占用耕地进行农业建设的单位，不属于耕地占补平衡制度的适用范围。从事非农业建设的单位占用耕地后，应当负责开垦与所占用耕地的数量和质量相当的耕地。按照法律规定的"占多少，垦多少"原则，用以补偿所占用耕地的，必须是与其数量和质量均相当的耕地。参见孙佑海：《〈土地管理法〉1998年修订之回顾》，载李恒远、常纪文主编：《中国环境法治》(2008年卷)，法律出版社2009年版。

政府批准的道路、管线工程和大型基础设施建设项目、国务院批准的建设项目占用土地，涉及农用地转为建设用地的，由国务院批准。在土地利用总体规划确定的城市和村庄、集镇建设用地规模范围内，为实施该规划而将农用地转为建设用地的，按土地利用年度计划分批次由原批准土地利用总体规划的机关批准。修订后的《土地管理法》上收了征地审批权，规定征用基本农田、基本农田以外的耕地超过35公顷的、其他土地超过70公顷的，由国务院批准；征用其他土地的，由省、自治区、直辖市人民政府批准，并报国务院备案；征用农用地的，应当依照规定先行办理农用地转用审批。农村集体经济组织使用乡(镇)土地利用总体规划确定的建设用地兴办企业或者与其他单位、个人以土地使用权入股、联营等形式共同举办企业的，应当持有关批准文件，向县级以上地方人民政府土地行政主管部门提出申请，按照规定的批准权限，由县级以上地方人民政府批准；严格控制兴办企业的建设用地。乡(镇)村公共设施、公益事业建设，需要使用土地的，经乡(镇)人民政府审核，向县级以上地方人民政府土地行政主管部门提出申请，按照批准权限由县级以上地方人民政府批准。农村居民一户只能拥有一处宅基地。农村居民住宅用地，经乡(镇)人民政府审核，由县级人民政府批准。

1998年12月，国务院发布256号令对《中华人民共和国土地管理法实施条例》进行修改。修改后的《实施条例》，对实施《土地管理法》中的土地的所有权和使用权、土地利用总体规划、耕地保护、建设用地、监督检查和法律责任等作了具体规定。[①] 1999年9月，国土资源部发布《关于贯彻执行〈中华人民共和国土地管理法〉和〈中华人民共和国土地管理法实施条例〉若干问题的意见》，对土地登记、城市建设用地范围内现有建设用地的审批、城市和村庄、集镇建设用地范围内分批次办理农用地转用的报批、在已批准的农用地转用范围内具体建设项目用地的审批、征用土地的安置补助费标准的确定等具体问题作出解释。

1998年修订的《土地管理法》以中央关于进一步加强土地管理切实保护耕地的通知为指导，以建立土地用途管制制度为核心，突出切实保护耕地这一主题，第一次在法律中明确“十分珍惜、合理利用土地和切实保护耕地是我国的基本国策”。[②] 实现了从保障建设用地供应为主到切实保护耕地为主的根本性转变，将耕地总量动态平衡目标和基本农田保护制度上升为法律；实现了从分级限额审批制度到用途管制制度的根本性转变，明确规定对耕地实行特殊保护等，从法律上确立了土地用途管制制度；实现了各级政府职权合理划分的根本性转变，有利于调动中

---

① 2014年7月29日，国务院对《土地管理法实施条例》进行第2次修订，将《实施条例》第17条第2款修改为：“在土地利用总体规划确定的土地开垦区内，开发未确定土地使用权的国有荒山、荒地、荒滩从事种植业、林业、畜牧业、渔业生产的，应当向土地所在地的县级以上地方人民政府土地行政主管部门提出申请，按照省、自治区、直辖市规定的权限，由县级以上地方人民政府批准。”

② 甘藏春：《一部关系中华民族可持续发展的重要法律》，载《人大工作通讯》1998年第19期。

央与地方的两个积极性;实现了从单纯调整行政管理关系到既调整行政管理关系又调整财产关系的根本性转变,特别注重对农民土地财产权的保护,规定农民土地承包经营权受法律保护,将党的政策上升为法律;实现了从传统的土地监察到建立现代土地执法监察体系的根本性转变,完善了执法监督制度,赋予土地行政主管部门在履行监督检查职责时的调查权、制止权、行政处分建议权以及直接行政处分等权力,与《刑法》的有关规定相衔接,加大了土地违法的刑事处罚力度。[①]

但是,1998 年修订的《土地管理法》仍存在一些不足,一是在追求耕地面积保有的同时,忽视了新开垦土地可能给森林、草原、湿地等生态系统带来的破坏性影响;二是在如何确保既做到数量不减少,又做到质量不降低上,缺乏相关的制度约束,以致实践当中很多地方只是简单地追求"总量平衡",重视了耕地的数量,却忽视了对耕地质量的保护;三是土地利用总体规划的地位没有得到应有的强化,土地利用总体规划在一些地方形同虚设;四是关于征地补偿规定与实际情况并不相符,在实际执行中也很容易产生不公平的结果,导致各地因征地引发的社会矛盾。[②]

3.2004 年《土地管理法》第 3 次修订,进一步完善征地制度

1998 年修订的《土地管理法》颁布实施后,我国加快了土地征用制度和农村建设用地制度改革。2004 年中央一号文件要求"加快土地征用制度改革",切实落实最严格的耕地保护制度,按照保障农民权益、控制征地规模的原则,严格遵守对非农占地的审批权限和审批程序,严格执行土地利用总体规划;严格区分公益性用地和经营性用地,明确界定政府土地征用权和征用范围;完善土地征用程序和补偿机制,提高补偿标准,改进分配办法,妥善安置失地农民,并为他们提供社会保障。

2004 年 3 月 14 日,第十届全国人大二次会议通过的宪法修正案将第 10 条第 3 款"国家为了公共利益的需要,可以依照法律规定对土地实行征用"修改为"国家为了公共利益的需要,可以依照法律规定对土地实行征收或征用并给予补偿"。同年 8 月 28 日,第十届全国人大常委会十一次会议根据宪法修正案的规定对《土地管理法》作出修改,将《土地管理法》第 2 条第 4 款修改为"国家为了公共利益的需要,可以依法对土地实行征收或者征用并给予补偿",并将其他条款中的"征用"修改为"征收"。

(二)深化国有土地有偿使用制度改革,加快土地市场化建设

为了改革城镇国有土地使用制度,合理开发、利用、经营土地,加强土地管理,国务院于 1990 年 5 月 19 日颁发了《城镇国有土地使用权出让和转让暂行条例》,

---

① 甘藏春、魏莉华、李炜:《〈土地管理法〉的修订与自然资源立法的发展趋势》,载《中国法学》1999 年第 1 期。

② 孙佑海:《〈土地管理法〉1998 年修订之回顾》,载李恒远、常纪文主编:《中国环境法治(2008 年卷)》,法律出版社 2009 年版。

对城镇国有土地使用权的出让和转让作出全面规定。该《条例》的主要内容：

1.关于土地使用权出让。该《条例》规定，土地使用权出让合同应当按照平等、自愿、有偿的原则，由市、县人民政府土地管理部门与土地使用者签订；土地使用权出让最高年限按居住用地70年、工业用地50年、教育、科技、文化、卫生、体育用地50年、商业、旅游、娱乐用地40年、综合或者其他用地50年确定；土地使用权出让可以采取协议、招标、拍卖的方式；土地使用者应当按照土地使用权出让合同的规定和城市规划的要求，开发、利用、经营土地；土地使用权人需要改变土地用途的，应当征得出让方同意并经土地管理部门和城市规划部门批准，重新签订土地使用权出让合同，调整土地使用权出让金，并办理登记。

2.关于土地使用权转让。该《条例》规定，未按土地使用权出让合同规定的期限和条件投资开发、利用土地的，土地使用权不得转让。土地使用权转让时，土地使用权出让合同和登记文件中所载明的权利、义务随之转移，其地上建筑物、其他附着物所有权随之转让。地上建筑物、其他附着物的所有人或者共有人，享有该建筑物、附着物使用范围内的土地使用权。土地使用者转让地上建筑物、其他附着物所有权时，其使用范围内的土地使用权随之转让。土地使用权和地上建筑物、其他附着物所有权转让，应当办理过户登记。

3.关于土地使用权出租。该《条例》规定，未按土地使用权出让合同规定的期限和条件投资开发、利用土地的，土地使用权不得出租。土地使用权出租，出租人与承租人应当签订租赁合同。土地使用权出租后，出租人必须继续履行土地使用权出让合同。土地使用权和地上建筑物、其他附着物出租，出租人应当办理登记。

4.关于土地使用权抵押。该《条例》规定，土地使用权可以抵押。土地使用权抵押时，其地上建筑物、其他附着物随之抵押。地上建筑物、其他附着物抵押时，其使用范围内的土地使用权随之抵押。土地使用权和地上建筑物、其他附着物抵押，应当办理抵押登记。抵押人到期未能履行债务或者在抵押合同期间宣告解散、破产的，抵押权人有权依照法律、法规和抵押合同的规定处分抵押财产。因处分抵押财产而取得土地使用权和地上建筑物、其他附着物所有权的，应当办理过户登记。

5.关于土地使用权终止。该《条例》规定，土地使用权因土地使用权出让合同规定的使用年限届满、提前收回及土地灭失等原因而终止。土地使用权期满，土地使用权及其地上建筑物、其他附着物所有权由国家无偿取得。土地使用权期满，土地使用者可以申请续期。需要续期的，应当依照规定重新签订合同，支付土地使用权出让金，并办理登记。根据社会公共利益的需要，国家可以依照法律程序提前收回土地使用者依法取得的土地使用权，并根据土地使用者已使用的年限和开发、利用土地的实际情况给予相应的补偿。

6.关于划拨土地使用权。该《条例》规定，划拨土地使用权不得转让、出租、抵押。划拨土地使用权的土地使用者因迁移、解散、撤销、破产或者其他原因而停止使用土地的，应当无偿收回其划拨土地使用权，并可依照规定予以出让。根据城市建设发展需要和城市规划的要求，可以无偿收回划拨土地使用权，并可依照规定予以出让。无偿收回划拨土地使用权时，对其地上建筑物、其他附着物，应当根据实际情况给予适当补偿。

为加强对划拨土地使用权的管理，国家土地管理局于 1992 年 3 月颁发《划拨土地使用权管理暂行办法》，对划拨土地使用权的转让、出租和抵押作出规定，明确"未经市、县人民政府土地管理部门批准并办理土地使用权出让手续，交付土地使用权出让金的土地使用者，不得转让、出租、抵押土地使用权"。

1994 年 7 月 5 日，八届全国人大常委会八次会议通过了《房地产管理法》，规定"国家依法实行国有土地有偿、有限期使用制度"，城市规划区内的集体所有土地，经依法征用转为国有土地后方可有偿出让。土地使用权出让，必须符合土地利用总体规划、城市规划和年度建设用地计划。土地使用权出让，可以采取拍卖、招标或者双方协议的方式。商业、旅游、娱乐和豪华住宅用地，有条件的，必须采取拍卖、招标方式；没有条件，不能采取拍卖、招标方式的，可以采取双方协议的方式。采取双方协议方式出让土地使用权的出让金不得低于按国家规定所确定的最低价。土地使用者必须按照出让合同约定，支付土地使用权出让金；未按照出让合同约定支付土地使用权出让金的，土地管理部门有权解除合同，并可以请求违约赔偿。还对以出让方式取得土地使用权后转让房地产应当具备的条件作了规定。

尽管城镇国有土地有偿使用制度得以确立，但采用的仍是行政划拨与有偿出让并存的双轨制，没有充分体现公开、公平、公正法则的市场配置制度，导致各地竞相压低地价。2001 年 4 月，国务院下发《关于加强国有土地资产管理的通知》，要求各地大力推行土地使用权招标、拍卖。商业性房地产开发用地和其他土地供应计划公布后同一地块有两个以上意向用地者的，必须由市、县土地行政主管部门依法以招标、拍卖方式提供，国有土地使用权招标、拍卖必须公开进行。该《通知》第一次明确具体提出了国有土地招标拍卖的范围和界限，第一次为经营性用地协议出让亮起了"红灯"，是国有土地实行市场配置的第一个国家政策，成为经营性土地由非市场配置到市场配置的分水岭，对土地资源市场配置制度的确立具有重要历史意义。

2001 年 6 月，国土资源部提出建立健全土地市场规范运行的基本制度。2002 年 5 月，国土资源部发布《招标拍卖挂牌出让国有土地使用权规定》[①]，明确规定：

---

① 2007 年 9 月 28 日，国土资源部对《招标拍卖挂牌出让国有建设用地使用权规定》进行了修订，并以国土资源部第 39 号令重新公布。修订后的《规定》扩大了建设用地使用权的设立范围，规定了应当招标拍卖挂牌出让的范围六类情形和一个认定机制，增加了不得对竞买申请人设定限制条件的规定。

商业、旅游、娱乐和商品住宅等各类经营性用地，必须以招标、拍卖或者挂牌方式出让；其他用途的土地的供地计划公布后，同一宗地有两个以上意向用地者的，也应当采用招标、拍卖或者挂牌方式出让。第一次对招拍挂出让的原则、范围、程序、法律责任进行了系统规定，确立了市场配置土地资源制度，这一既具有实体性内容又有程序性规定的部门规章在社会上产生了强烈反响，被称为“第二次土地革命”。[①]

随着土地使用制度改革不断深入和土地资源市场化程度不断提高，招拍挂制度在实践中逐渐暴露出一些局限性。如在招拍挂出让范围上，只规定了商业、旅游、娱乐和商品住宅四类经营性用地必须实行招拍挂，各地对招拍挂出让的个别实施环节在理解上尚不够一致，操作上尚有不规范之处。[②] 2003年6月，国土资源部下发《协议出让国有土地使用权规定》，规定不符合招拍挂出让条件的国有土地方可协议出让。2004年4月，国务院办公厅下发《关于深入开展土地市场治理整顿严格土地管理的紧急通知》，在全国继续深入开展土地市场治理整顿，清理整顿经营性土地使用权招标、拍卖、挂牌出让中存在的问题。10月21日，国务院发布《关于深化改革严格土地管理的决定》，明确提出要推进土地资源的市场化配置，严格控制划拨用地范围，经营性基础设施用地要逐步实行有偿使用。除按现行规定必须实行招标、拍卖、挂牌出让的用地外，工业用地也要创造条件逐步实行招标、拍卖、挂牌出让。2006年6月，国土资源部下发《招标拍卖挂牌出让国有土地使用权规范（试行）》和《协议出让国有土地使用权规范（试行）》，进一步细化了招拍挂出让操作程序，建立了国有土地协议出让公示制度。

2007年3月16日，第十届全国人大第五次会议通过的《中华人民共和国物权法》全面肯定了经营性土地使用权的招标拍卖挂牌出让制度，对土地使用权出让提出了新要求，扩大了土地使用权招拍挂出让的范围，这是深入推进土地资源市场化的重大成果，标志着我国公开、公平、公正的土地市场的建立，对于促进土地资源的市场化配置，遏制工业用地低成本盲目扩张具有重要意义。

（三）依法保护土地承包关系，推进农地使用权流转改革

进入20世纪90年代以后，中央提出对农村土地经营权的流转进行规定。1992年9月，国务院批转农业部《关于加强农业承包合同管理意见》的通知指出，要使家庭承包经营为主的责任制长期稳定，并不断深化，必须将其纳入法制的轨道；依法管理农村承包合同，这是稳定和完善家庭联产承包经营制度的重要保证。1993年《宪法修正案》将“家庭承包经营”明确写入《宪法》，使其成为一项国家基本

---

① 岳晓武、雷爱先等：《〈招标拍卖挂牌出让国有建设用地使用权规定〉详解》，载《资源与人居环境》2008年第1期（上）。

② 岳晓武、雷爱先等：《〈招标拍卖挂牌出让国有建设用地使用权规定〉详解》，载《资源与人居环境》2008年第1期（上）。

经济制度。

1993年11月，中共中央、国务院下发《关于当前农业和农村经济发展的若干政策与措施》，明确"以家庭联产承包为主的责任制和统分结合的双层经营体制，是我国农村经济的一项基本制度，要长期稳定，并不断完善"，"在原定的耕地承包期到期之后，再延长三十年不变"。1995年3月，国务院批转农业部《关于稳定和完善土地承包关系的意见》明确要求，切实维护农业承包合同的严肃性，把土地承包期再延长30年；建立土地承包经营权流转机制，在坚持土地集体所有和不改变土地农业用途的前提下，允许承包方在承包期内，对承包标的依法转包、转让、互换、入股。集体土地家庭承包经营制度的基本框架已经形成。1997年8月27日，中共中央办公厅、国务院办公厅发出《关于进一步稳定和完善农村土地承包关系的通知》，进一步强调延长土地承包期30年和农村土地流转的问题。1998年《土地管理法》将"土地承包经营期限为30年"的土地政策上升为法律，为稳定承包关系提供了法律保障。

1998年10月，党的十五届三中全会指出，实行土地集体所有、家庭承包经营，使用权同所有权分离，建立统分结合的双层经营体制，理顺了农村最基本的生产关系。必须长期坚持家庭承包经营制度，稳定完善土地承包关系；要坚定不移地贯彻土地承包期再延长30年的政策，抓紧制定确保农村土地承包关系长期稳定的法律法规，赋予农民长期而有保障的土地使用权。

截至2000年年底，全国已有98%左右的村组基本完成延包工作。但是，由于土地承包关系缺乏法律的规范和保护，一些基层干部和农民群众对"承包期30年不变"的政策仍心存疑虑。同时，土地承包经营管理过程中如何维护承包方和发包方的权益，承包合同纠纷如何及时、公正地解决，土地承包经营权如何适应农业产业化发展的要求有序地流转等，都需要通过法律加以规范。[①] 2001年12月，中央下发的《关于做好农户承包地使用权流转工作的通知》指出，要认真落实中央关于土地承包再延长30年不变的政策，确保家庭承包经营制度长期稳定，这是土地使用权流转的基本前提，农户承包地使用权流转必须坚持依法、自愿、有偿的原则。这是最完整提出农村土地流转的规范性文件。

2002年8月29日，九届全国人大常委会二十九次会议通过了《农村土地承包法》，规定通过家庭承包取得的土地承包经营权可以依法采取转包、出租、互换、转让或者其他方式流转。通过招标、拍卖、公开协商等方式承包农村土地，经依法登记取得土地承包经营权证或者林权证等证书的，其土地承包经营权可以依法采取转让、出租、入股、抵押或者其他方式流转。《农村土地承包法》以单行法的形式进

① 柳随年：《关于〈中华人民共和国农村土地承包法(草案)〉的说明》，2001年6月26日在第九届全国人民代表大会常务委员会第二十二次会议上提出。

一步健全和完善了农村土地法律制度，规定“保护承包方的土地承包经营权，任何组织和个人不得侵犯”，“任何组织和个人侵害承包方的土地承包经营权的，应当承担民事责任”，这是对土地承包经营权排他性法律效力的确认，[①]土地承包经营权具有了独立性和排他性。它的颁布实施，标志着“农村土地集体所有、家庭承包经营、长期稳定承包权、鼓励合法流转”的新型土地制度正式确立。

2005年1月7日，农业部发布《农村土地承包经营权流转管理办法》，规定承包方依法采取转包、出租、入股方式将农村土地承包经营权部分或者全部流转的，承包方与发包方的承包关系不变，双方享有的权利和承担的义务不变，承包方之间可以自愿将承包土地入股发展农业合作生产，但股份合作解散时入股土地应当退回原承包农户。2007年颁布实施的《物权法》进一步明确了土地承包经营权与土地承包经营合同的关系，规定土地承包经营权人有权将土地承包经营权采取转包、互换、转让等方式流转，明确了土地承包经营权的用益物权法律性质。

2008年10月，党的十七届三中全会提出，按照产权明晰、用途管制、节约集约、严格管理的原则，进一步完善农村土地管理制度；保持土地承包关系稳定并长久不变，规范土地承包经营权流转；允许农民以转包、出租、互换、转让、股份合作等形式流转土地承包经营权。对依法取得的农村集体经营性建设用地，必须通过统一有形的土地市场、以公开规范的方式转让土地使用权，在符合规划的前提下与国有土地享有平等权益；依法保障农户宅基地用益物权。

(四)实行最严格保护耕地制度，依法打击破坏耕地犯罪

1992年颁布实施的《农业法》规定，县级以上各级地方人民政府应当划定基本农田保护区，对基本农田保护区内的耕地实行特殊保护。1994年8月，国务院发布《基本农田保护条例》[②]，对基本农田划定、保护和监督管理等作出规定。《条例》规定“国家实行基本农田保护制度”，“基本农田保护实行全面规划、合理利用、用养结合、严格保护的方针”。基本农田保护制度正式确立，标志着我国基本农田保护步入法制轨道。

1997年4月15日《关于进一步加强土地管理特别是耕地保护工作的通知》提出了一系列加强土地管理和耕地保护的措施。1997年4月，中共中央、国务院发布《关于进一步加强土地管理切实保护耕地的通知》，提出保持耕地总量动态平衡的要求，确定了实行占用耕地与开发、复垦挂钩的政策。

为依法处理和充分利用闲置土地，切实保护耕地，国土资源部于1999年4月

---

① 孙宪忠：《中物权法总论》，法律出版2003年版，第62页。

② 1998年12月27日国务院对《基本农田保护条例》进行了修订并重新发布。

颁布《闲置土地处置办法》[①]，明确界定闲置土地范围，规定了闲置土地处置程序，有效地促进了闲置土地的盘活利用，避免了新的闲置土地产生，成为落实最严格保护耕地制度的重要举措。

1997 年 3 月 14 日，第八届全国人大常委会第五次会议通过了修改后的《刑法》，第一次设立了 3 项土地犯罪条款，这是我国土地管理立法的重大突破，为落实最严格耕地保护制度提供了法律保障。1997 年《刑法》设立的 3 个土地犯罪是：

1.非法转让、倒卖土地使用权罪。第 228 条规定："以牟利为目的，违反土地管理法规，非法转让、倒卖土地使用权，情节严重的，处三年以下有期徒刑或者拘役，并处或者单处非法转让、倒卖土地使用权价额百分之五以上百分之二十以下罚金；情节特别严重的，处三年以上七年以下有期徒刑，并处非法转让、倒卖土地使用权价额百分之五以上百分之二十以下罚金。"

2.非法占用耕地罪。第 342 条规定："违反土地管理法规，非法占用耕地改作他用，数量较大，造成耕地大量毁坏的，处五年以下有期徒刑或者拘役，并处或者单处罚金。"

3.非法批准征用、占用土地罪[②]，非法低价出让国有土地使用权罪。第 410 条规定："国家机关工作人员徇私舞弊，违反土地管理法规，滥用职权，非法批准征用、占用土地，或者非法低价出让国有土地使用权，情节严重的，处三年以下有期徒刑或者拘役；致使国家或者集体利益遭受特别重大损失的，处三年以上七年以下有期徒刑。"

2000 年 6 月，最高人民法院发布《关于审理破坏土地资源刑事案件具体应用法律若干问题的解释》，对 1997 年《刑法》设立的 3 个土地犯罪的适用法律问题作出司法解释。2001 年 8 月 31 日，第九届全国人大常委会第 23 次会议通过了关于《〈中华人民共和国刑法〉第二百二十八条、第三百四十二条、第四百一十条的解释》[③]，对刑法第二百二十八条、第三百四十二条、第四百一十条规定的"违反土地

① 2012 年 6 月 1 日，国土资源部对《闲置土地处置办法》进行了修订并重新公布实施。这次修改后的《办法》结合土地市场化建设，将制定的目的修改为"为有效处置和充分利用闲置土地，规范土地市场行为，促进节约集约用地"，并将"闲置土地"的范围重新界定为"国有建设用地使用权人超过国有建设用地使用权有偿使用合同或者划拨决定书约定、规定的动工开发日期满一年未动工开发的国有建设用地"。"已动工开发但开发建设用地面积占应动工开发建设用地总面积不足三分之一或者已投资额占总投资额不足百分之二十五，中止开发建设满一年的国有建设用地，也可以认定为闲置土地"。修订后的《办法》还增加了闲置土地处置的原则。

② 全国人民代表大会常务委员会关于《中华人民共和国刑法》第 228 条、第 342 条、第 410 条的解释(2001 年 8 月 31 日)将这一罪名修改为"非法批准征用、征收、占用土地罪"，并对《刑法》第 410 条的相关内容作了相应修改。

③ 2009 年 8 月 27 日第十一届全国人大常委会第十次会议对《关于〈中华人民共和国刑法〉第二百二十八条、第三百四十二条、第四百一十条的解释》进行了修正。

管理法规”和“非法批准征收、征用、占用土地”作出立法解释。

2003年9月，国土资源部发出《关于严禁非农业建设违法占用基本农田的通知》，就进一步加强基本农田保护，坚决遏止各类非农业建设违法占用基本农田现象作出规定。随后，中央连续以三个“中央一号文件”[①]强调，严格遵守对非农占地的审批权限和审批程序，严格执行土地利用总体规划；坚决落实最严格的耕地保护制度，切实保护基本农田，保护农民的土地承包经营权；加强宅基地规划和管理，大力节约村庄建设用地。

2007年12月，国务院办公厅出台《关于严格执行有关农村集体建设用地法律和政策的通知》，从严格执行土地用途管制制度、严格规范使用农民集体所有土地进行建设、严格控制农村集体建设用地规模、严格禁止和严肃查处“以租代征”违法违规行为和严格土地执法监管等作出要求，成为新时期严格保护耕地、调控土地利用的基本政策依据，对于贯彻落实最严格的耕地保护制度，减少占用耕地具有重要意义。

(五)建立健全土地纠纷解决机制

随着城市化进程加快，土地需求的扩大化与土地资源的有限性之间的矛盾愈发突出，农民土地权利意识增强，土地纠纷呈多发趋势。2004年至2008年3月，仅224个农村土地承包经营纠纷仲裁试点县受理仲裁的纠纷就达5万余件。[②] 党的十七大和十七届三中全会相继提出，要通过立法建立健全农村土地承包经营纠纷解决机制，及时、有效化解农村土地承包经营纠纷，制止、纠正侵害农民土地承包经营权的违法行为，保障农民对承包土地的占有、使用、收益等权利，进一步落实农村土地承包经营制度。

2003年1月，国土资源部发布《土地权属争议调查处理办法》，废止了原国家土地管理局1995年发布的《土地权属争议处理暂行办法》。该《办法》对土地权属争议的范围、调查处理的原则、权限、程序和当事人不服处理决定的救济等作出规定。

2005年7月，最高人民法院公布《关于审理涉及农村土地承包纠纷案件适用法律问题的解释》，对人民法院审理涉及农村土地承包纠纷案件中的案件受理与诉讼主体、其他方式承包纠纷的处理、土地征收补偿费用分配及土地承包经营权继承纠纷的处理等适用法律问题进行解释。2009年6月，最高人民法院印发《关于当

---

① 2004年1月《中共中央、国务院关于促进农民增加收入若干政策的意见》，2005年1月《中共中央、国务院关于进一步加强农村工作提高农业综合生产能力若干政策的意见》，2006年1月《中共中央、国务院关于推进社会主义新农村建设的若干意见》。

② 《关于〈中华人民共和国农村土地承包经营纠纷仲裁法(草案)〉的说明》，载《中华人民共和国全国人民代表大会常务委员会公报》2009年5期。

前形势下进一步做好涉农民事案件审判工作的指导意见》，要求严格执行《物权法》《农村土地承包法》《关于审理涉及农村土地承包纠纷案件适用法律问题的解释》等法律、司法解释的规定，加大对违法收回、调整承包地等侵害土地承包经营权，尤其是侵害农民工土地承包经营权各项权益纠纷案件的审判力度，切实维护农民土地承包经营各项权益。

2009 年 6 月 27 日，第十一届全国人大常委会第九次会议通过了《农村土地承包经营纠纷调解仲裁法》，明确了“农村土地承包经营纠纷”的范围，规定发生农村土地承包经营纠纷的，当事人可以自行和解，也可以请求村民委员会、乡(镇)人民政府调解。当事人和解、调解不成或者不愿和解、调解的，可以向农村土地承包仲裁委员会申请仲裁，也可以直接向人民法院起诉；农村土地承包经营纠纷调解和仲裁，应当公开、公平、公正，根据事实，符合法律，尊重社会公德。此外，还对农村土地承包经营纠纷的调节和仲裁程序作了规定。

《农村土地承包经营纠纷调解仲裁法》建立了符合我国实际的农村土地承包经营纠纷调解仲裁制度，重视运用调解、仲裁双渠道化解纠纷，切实保护农民土地承包经营权。在仲裁受案范围的确定上最大限度为农民解决纠纷提供便利，不要求当事人订立书面仲裁协议，仲裁程序上适当简化，允许当事人口头申请、答辩等。[①]

三、深化土地改革，创新土地管理制度(十八大以后至今)

党的十八大以来，以习近平同志为核心的党中央紧紧围绕统筹推进“五位一体”总体布局和协调推进“四个全面”战略布局，牢固树立新发展理念，对稳定和完善农村基本经营制度、深化农村集体土地制度改革提出一系列创新性的方针政策。十八大报告提出“改革征地制度，提高农民在土地增值收益中的分配比例”，将征地制度改革内容首次写进党代会报告，并强调要坚持和完善农村基本经营制度，依法维护农民土地承包经营权、宅基地使用权、集体收益分配权。十九大报告进一步提出，巩固和完善农村基本经营制度，深化农村土地制度改革，完善承包地“三权分置”制度。这一时期，我国的土地管理法律制度围绕正确处理农民和土地关系这一改革主线，科学界定“三权分置”内涵，逐步健全归属清晰、权能完整、流转顺畅、保护严格的农村土地产权制度，优化土地资源配置，促进适度规模经营发展，为建设社会主义新农村提供坚实保障。

(一)稳定农村土地承包关系，放活农村土地经营权

2013 年 11 月，党的十八届三中全会指出，依法维护农民土地承包经营权。稳

① 2014 年 1 月 9 日，最高人民法院公布了《关于审理涉及农村土地承包经营纠纷调解仲裁案件适用法律若干问题的解释》，就审理涉及农村土地承包经营纠纷调解仲裁案件适用法律问题作出解释。

定农村土地承包关系并保持长久不变，在坚持和完善最严格的耕地保护制度前提下，赋予农民对承包地占有、使用、收益、流转及承包经营权抵押、担保权能，允许农民以承包经营权入股发展农业产业化经营。保障农户宅基地用益物权，改革完善农村宅基地制度。2014年中共一号文件对深化农村改革进行全面部署：一是完善农村土地承包政策。稳定农村土地承包关系并保持长久不变，在坚持和完善最严格的耕地保护制度前提下，赋予农民对承包地占有、使用、收益、流转及承包经营权抵押、担保权能。抓紧农村土地承包经营权确权登记颁证工作。二是引导和规范农村集体经营性建设用地入市。在符合规划和用途管制的前提下，允许农村集体经营性建设用地出让、租赁、入股，实行与国有土地同等入市、同权同价，加快建立农村集体经营性建设用地产权流转和增值收益分配制度。三是改革农村宅基地制度，完善宅基地分配政策，慎重稳妥推进农民住房财产权抵押、担保、转让。四是加快推进征地制度改革。缩小征地范围，规范征地程序，完善对被征地农民合理、规范、多元保障机制。

2014年11月，中共中央办公厅、国务院办公厅印发的《关于引导农村土地经营权有序流转发展农业适度规模经营的意见》指出，健全土地承包经营权登记制度，规范引导农村土地经营权有序流转。稳步推进土地经营权抵押、担保试点，探索建立抵押资产处置机制。严格规范土地流转行为。加强农村土地承包经营纠纷调解仲裁体系建设，健全纠纷调处机制，妥善化解土地承包经营流转纠纷。

2014年12月，中共中央办公厅、国务院办公厅印发了《关于农村土地征收、集体经营性建设用地入市、宅基地制度改革试点工作的意见》，标志着我国农村土地征收、集体经营性建设用地入市、宅基地制度改革[①]进入试点阶段。该《意见》提出，要探索缩小土地征收范围，全面公开土地征收信息，完善对被征地农民合理、规范、多元保障机制；要完善集体经营性建设用地产权制度，赋予农村集体经营性建设用地出让、租赁、入股权能，明确农村集体经营性建设用地入市范围和途径，建立健全市场交易规则和服务监管制度；要完善宅基地权益保障和取得方式，探索农民住房保障在不同区域户有所居的多种实现形式，探索实行有偿使用和进城落户农民在本集体经济组织内部自愿有偿退出或转让宅基地，改革宅基地审批制度，建立兼顾国家、集体、个人的土地增值收益分配机制。

2016年6月，农业部印发了《农村土地经营权流转交易市场运行规范（试

① 在新一轮农村土地制度改革试点中，农村土地征收、集体经营性建设用地入市、宅基地制度改革这三项改革被简称为农村“三块地”改革。十八届三中全会通过的《中共中央关于全面深化改革若干重大问题的决定》提出，宅基地和集体建设用地使用权是农民及农民集体重要的财产权利，关系到每个农户的切身利益。农村“三块地”改革必须坚持土地公有制性质不改变、耕地红线不突破、农民利益不受损三条底线不动摇。参见高云才：《土地制度改革试点大幕开启》，载《人民日报》2014年12月15日第17版。

行)》,对农村土地经营权流转交易应具备的条件、交易市场的交易品种、交易主体资格、土地经营权流转交易合同的主要内容、土地经营权抵押登记以及农村土地经营权流转交易纠纷的处理进行了规定。

(二)完善土地登记制度,开展土地确权登记

为规范土地登记行为,保护土地权利人的合法权益,2007 年 12 月,国土资源部颁布《土地登记办法》①,但《办法》规定的集体土地使用权,只包括集体建设用地使用权、宅基地使用权和集体农用地使用权,不含土地承包经营权。2008 年中央一号文件要求加快建立土地承包经营权登记制度,强化对农民承包地的物权保护。为落实中央要求,农业部会同财政部、国土资源部、中农办、国务院法制办、国家档案局等 6 部门成立了全国农村土地承包经营权登记试点工作领导小组,确定了 50 个农村土地承包经营权登记试点,农业部办公厅还印发了《农村土地承包经营权登记试点工作规程(试行)》。

2013 年中央一号文件要求健全农村土地承包经营权登记制度,强化对农村耕地、林地等各类土地承包经营权的物权保护,要用 5 年时间基本完成农村土地承包经营权确权登记颁证工作。2014 年和 2015 年的中央一号文件都要求加强农村土地承包经营权登记工作,尽快完成确权登记。

2014 年 8 月,国土资源部、财政部、住房和城乡建设部、农业部、国家林业局联合发布《关于进一步加快推进宅基地和集体建设用地使用权确权登记发证工作的通知》,要求全面加快推进宅基地和集体建设用地使用权确权登记发证工作,建立健全不动产统一登记制度,实现统一调查、统一确权登记、统一发证,尽快完成全国农村宅基地和集体建设用地使用权确权登记发证工作。

2014 年 11 月 24 日,国务院出台《不动产登记暂行条例》,明确"国家实行不动产统一登记制度",将"集体土地所有权""房屋等建筑物、构筑物所有权""耕地、林地、草地等土地承包经营权""建设用地使用权""宅基地使用权""抵押权"等列入不动产统一登记的范围。该《条例》通过立法规范登记行为,明确登记程序,界定查询权限,整合土地、房屋、林地、草原、海域等登记职责,实现不动产登记机构、登记簿册、登记依据和信息平台"四统一",对完善社会主义市场经济体制,建设现代市场体系,保护不动产权利人合法财产权,提高政府治理效率和水平,尤其是方便企业和群众,具有重要意义。

(三)构建农村土地"三权分置"制度,引导农村土地经营权有序流转

随着工业化、城镇化深入推进,农村劳动力大量转移进城到二、三产业就业,相

---

① 2017 年 12 月 29 日,国土资源部公布《关于修改和废止部分规章的决定》(国土资源部第 78 号令),决定废止《土地登记办法》。

当一部分农户将土地流转给他人经营，承包主体与经营主体分离。为顺应发展的趋势和农户保留承包权、流转经营权的需要，中央提出了农村土地所有权、承包权、经营权“三权分置”的制度创新，并制定了一系列政策。

2013年7月，习近平总书记视察武汉农村综合产权交易所时提出土地承包权和经营权分置的设想。2014年11月，中共中央办公厅、国务院办公厅印发的《关于引导农村土地经营权有序流转发展农业适度规模经营的意见》指出，坚持农村土地集体所有，实现所有权、承包权、经营权三权分置，引导土地经营权有序流转。2015年8月，国务院印发《关于开展农村承包土地的经营权和农民住房财产权抵押贷款试点的指导意见》，明确提出要引导农村土地经营权有序流转，慎重稳妥推进农民住房财产权抵押、担保、转让试点，赋予土地承包经营权抵押融资功能，落实农村承包土地的经营权和农民住房财产权抵押贷款试点工作，落实农村土地用益物权，盘活农民土地用益物权的财产属性。

2016年10月30日，中共中央办公厅、国务院办公厅印发《关于完善农村土地所有权承包权经营权分置办法的意见》，这是中央全面布置完善农村土地“三权分置”制度的政策文件。该《意见》指出，将土地承包经营权分为承包权和经营权，实行所有权、承包权、经营权“三权分置”并行。要始终坚持农村土地集体所有权的根本地位，严格保护农户承包权，加快放活土地经营权，逐步完善农村土地集体所有权、土地承包权、承包经营权“三权”关系，坚持统筹谋划、稳步推进，确保“三权分置”有序实施。

“三权分置”是继家庭联产承包责任制后农村改革又一重大制度创新。党的十八大以来，农村承包地“三权分置”取得重大进展，截至2017年，中国农村已有30%以上的承包农户在流转承包地，流转面积4.79亿亩。[①]

在全面深化改革的背景下，农村集体土地制度改革的理论和实践逐渐走向深入，“三权分置”制度从农村土地承包制度延伸到宅基地制度。2018年中央农村工作会议提出，要完善农民闲置宅基地和闲置农房政策。2018年中央一号文件进一步提出要完善农民闲置宅基地和闲置农房政策，探索宅基地所有权、资格权、使用权“三权分置”，落实宅基地集体所有权，保障宅基地农户资格权，适度放活宅基地使用权。

农村宅基地“三权分置”是继承包地“三权分置”之后，我国农村土地制度改革的又一重大创新。它把重塑城乡土地权利关系摆上日程，是宅基地制度最具实质意义的改革行动。强调落实宅基地集体所有权和保障宅基地农户资格权，同时又提出适度放活宅基地使用权，顺应了部分农民想流转宅基地使用权的意愿，有利于

---

① 魏婧：《中国拟修法明确耕地承包期届满后再延长三十年》，新华网，http://www.xinhuanet.com/politics/2017-10/31/c_1121884685.htm，最后访问时间：2017年7月15日。

盘活农村闲置和低效宅基地，增加农民财产性收入；突破了“流转范围”的制度障碍，有利于走出农村宅基地制度改革的困局。同时，将宅基地自发流转纳入规范化轨道，有利于促进农村土地市场有序发展，推动城乡统一建设用地市场建设，为城乡要素平等交换和优化配置奠定基础。[①]

(四)落实土地改革政策，着手土地管理法律法规的修改完善

1.启动新时期《土地管理法》的修改和完善

随着工业化、城镇化的推进和农村的改革发展，现行土地管理制度的问题日益显现，土地征收制度不完善，农村集体经营性建设用地不能与国有建设用地同等入市、同权同价，宅基地用益物权尚未得到完整的落实，土地增值收益分配机制不健全，土地资源要素利用效率仍然较为低下。[②] 2004 年以来，中央出台了一系列土地管理重要文件，对严格土地管理、加强土地调控、推进土地节约集约利用、划定永久基本农田、深化土地有偿使用制度等作出新部署。党的十八大特别是十八届三中全会以来，中央就坚持土地公有制，实行最严格耕地保护和占补平衡制度以及节约集约用地制度，审慎稳妥推进农村土地制度改革等提出了新要求。

2008 年，十一届全国人大常委会将修改《土地管理法》列入立法规划。2009 年 6 月，国土资源部将《土地管理法(修订草案)》(送审稿)上报国务院审议，国务院常务会议于 2012 年 11 月通过了该修正草案，并提请全国人大审议。2012 年 12 月，十一届全国人大常委会三十次会议进行了初审。2014 年，考虑到形势发生很大的变化，全国人大常委会决定终止这次对土地管理法修改。[③]

农村土地征收、集体经营性建设用地入市、宅基地制度(“三块地”)改革在全国 33 个县开展试点。[④] 为解决改革与现行法律规定不一致的问题，十二届全国人大常委会 2015 年 2 月授权国务院在北京市大兴区等 33 个试点县(市、区)行政区域，暂停实施《土地管理法》5 个条款、《城市房地产管理法》1 个条款关于农村土地征收、集体经营性建设用地入市、宅基地管理的有关规定。

2017 年 5 月 23 日，国土资源部发出公告，公开征求《土地管理法(修正案)》

---

① 董祚继：《“三权分置”——农村宅基地制度的重大创新》，载《中国土地》2018 年第 3 期。

② 《国土资源部关于〈中华人民共和国土地管理法(修正案)〉(征求意见稿)公开征求意见的公告》，自然资源部门户网站，http://www.mlr.gov.cn/zwgk/zytz/201705/t20170523_1508459.htm，最后访问时间：2018 年 7 月 20 日。

③ 魏莉华：《〈土地管理法〉的修订背景和特点》，载《农村经营管理》2017 年第 9 期。

④ 截至 2018 年 6 月底，我国农村土地制度改革 33 个试点地区已按新办法实施征地共 1101 宗、16.6 万亩；集体经营性建设用地入市地块 970 宗、2 万余亩，总价款约 193 亿元，收取土地增值收益调节金 15 亿元；各地共腾退零星、闲置宅基地 9.7 万户、7.2 万亩，办理农房抵押贷款 4.9 万宗、98 亿元。参见焦思颖：《我国农村土地制度改革完成阶段性目标任务》，载《中国自然资源报》2018 年 8 月 17 日第 001 版。

(征求意见稿)的意见。[①]《土地管理法(修正案)》(征求意见稿)以落实党中央、国务院确定的农村土地征收、集体经营性建设用地入市和宅基地制度改革政策为重点,配套修改与3项改革相关的内容,将10多年来土地改革实践经验上升到法律,对现行法中的36个条文作了修正。修改的主要内容有:一是完善土地征收制度。重点是平衡好保障国家发展与维护农民权益的关系,完善征地补偿安置措施,确保被征地农民利益。明确界定土地征收的公共利益,规范征地程序,完善被征地农民合理、规范、多元保障机制。二是建立农村集体经营性建设用地入市制度。衔接集体经营性建设用地与国有建设用地市场交易制度,实现同地同权。三是改革完善农村宅基地制度。保障和落实农民宅基地用益物权。改革宅基地审批制度,探索宅基地自愿有偿退出机制。鼓励进城居住的农村村民依法自愿有偿转让宅基地使用权,实现宅基地的财产权,完善宅基地违法法律责任。四是完善与农村土地制度改革相配套的重点制度。耕地保护、用途管制、用地审批、不动产登记、土地督察等制度是落实党中央确定的土地管理制度改革,推进生态文明和城乡一体建设等方面的重要配套制度,在这次法律修改中均根据中央政策予以配套修改。[②]

2.启动新时期《农村土地承包法》的修改和完善

《农村土地承包法》自2003年施行以来,对稳定农村基本经营制度,赋予农民长期而有保障的土地承包经营权发挥了重大作用。随着富余劳动力转移到城镇就业,各类合作社、农业产业化龙头企业等新型经营主体大量涌现,土地流转面积不断扩大,规模化、集约化经营水平不断提升。党的十八大以来,以中央对稳定和完善农村基本经营制度、深化农村集体土地制度改革提出一系列方针政策。为了适应农村改革发展的新要求,稳定和完善适合国情的农村基本经营制度,我国启动了对农村土地承包法的修改。[③] 2015年,十二届全国人大常委会将修改农村土地承包法列入立法规划。全国人大农业与农村委员会通过广泛深入的调查,在反复研究论证的基础上,形成了《农村土地承包法修正案(草案)》。2017年10月31日,十二届全国人大常委会第三十次会议对草案进行了审议。

《农村土地承包法修正案(草案)》坚持稳定农村土地承包关系并保持长久不变的原则,坚持完善农村基本经营制度,坚持农村土地集体所有和家庭经营基础性地

---

① 《国土资源部关于〈中华人民共和国土地管理法(修正案)〉(征求意见稿)公开征求意见的公告》,自然资源部门户网站,http://www.mlr.gov.cn/zwgk/zytz/201705/t20170523_1508459.htm,最后访问时间:2018年7月20日。

② 《国土资源部关于〈中华人民共和国土地管理法(修正案)〉(征求意见稿)公开征求意见的公告》,自然资源部门户网站,http://www.mlr.gov.cn/zwgk/zytz/201705/t20170523_1508459.htm,最后访问时间:2018年7月20日。

③ 全国人大农委法案室:《农村土地承包法修正案草案解读》,中国人大网,http://www.npc.gov.cn/npc/xinwen/lfgz/2017-11/02/content_2031279.htm,最后访问时间:2018年7月10日。

位，以维护农民土地权益为核心。修改的主要内容包括：一是将“三权分置”写进法律。规定以家庭承包方式取得的土地承包经营权在流转中分为土地承包权和土地经营权。承包土地的经营权流转后，承包方与发包方的承包关系不变，承包方的土地承包权不变。二是规定国家依法保护农村土地承包关系稳定并长久不变。草案规定，耕地承包期届满后再延长 30 年。三是对耕地和草地的承包划定了红线：必须坚持土地承包关系稳定、不得打乱重分的原则；必须经本集体经济组织成员的村民会议三分之二以上成员或者三分之二以上村民代表的同意，并报乡（镇）人民政府和县级人民政府农业等行政主管部门批准。四是规定土地经营权可以依法采取出租（转包）、入股或者其他方式流转。五是增加了土地经营权可以入股从事农业产业化经营的规定。六是删除了现行法律中关于承包方全家迁入设区的市，转为非农业户口的，应将承包地交回发包方的规定。七是规定土地承包经营权证或者林权证等证书应当将具有土地承包权的全部家庭成员列入，明确了妇女的土地承包权益。[①]

第二节　矿产资源法律制度的变迁

中华人民共和国成立后，我国废止了国民党政府的《矿业法》。1950 年 8 月成立中国地质工作指导委员会，负责统一规划和领导全国地质工作。1952 年 8 月成立了地质部，为我国矿产资源勘查工作的相对集中统一管理奠定了基础。1951 年 4 月 18 日政务院公布了《中华人民共和国矿业暂行条例》，规定矿产资源属国家所有，探矿、采矿均需申请，发给执照后方能经营。1965 年 12 月 17 日国务院批转了地质部制定的《矿产资源保护试行条例》，明确提出矿产资源的保护和合理利用在社会主义建设中具有战略意义，是国家一项重要的经济技术政策，对地质勘查、资源评价、矿山设计和开采、选冶、矿产品加工利用、地下水资源管理、环境保护等提出了要求。但是，由于“文革”的原因，该《条例》没有实际实施，我国矿业法制建设基本停滞。直至党的十一届三中全会以后，我国才恢复矿产资源法律制度。

一、矿产资源法律制度恢复时期(1978—1986)

党的十一届三中全会后，我国经济建设全面恢复并快速发展。随着改革开放的不断深入，多年来矿业实行的计划经济、国有国营的管理体制开始发生变化，特别是乡镇集体矿山企业和个体采矿异军突起。面对这些新情况、新问题，单靠原有

① 全国人大农委法案室：《农村土地承包法修正案草案解读》，中国人大网，http://www.npc.gov.cn/npc/xinwen/lfgz/2017-11/02/content_2031279.htm，最后访问时间：2018 年 7 月 10 日。

的行政管理手段已难以对矿业进行规范和有效的管理。我国矿产资源的立法工作及时提到议事日程上，进入了矿产资源法律制度的恢复时期。

(一)开展矿产资源法起草工作，发布有关法规规章

1979年9月，由地质部牵头，联合冶金、煤炭、石油、化工、建材等部门共同组成《矿产资源法》起草办公室，开始了《矿产资源法》的起草工作。同时，相关部门制定了部分矿产资源管理的相关规定。1980年4月24日，国务院批准地质部等部门发布了《群众报矿奖励办法》。1982年2月13日，国务院发布了《矿山安全条例》和《矿山安全监察条例》。①

随着经济体制改革逐步深入，外商投资开始进入我国矿业市场。1982年1月，国务院发布《对外合作开采海洋石油资源条例》，规定在维护国家主权和经济利益的前提下允许外国企业参与合作开采我国的海洋石油资源。该《条例》规定，在中华人民共和国内海、领海、大陆架及其他属于中华人民共和国行使管辖权的海域内依法从事开采海洋石油资源的中国企业和外国企业，在中华人民共和国境内从事合作开采陆上石油资源的中国企业和外国企业，均应当依照规定缴纳矿区使用费。这也是我国矿产资源有偿使用制度的体现。1983年12月，国务院发布《中华人民共和国海洋石油勘探开发环境保护管理条例》，规定在中华人民共和国管辖海域从事石油勘探开发的企业、事业单位、作业者和个人，必须减少海洋石油勘探开发对海洋环境造成的污染损害。1984年10月，国家建立石油、天然气和煤炭的企业资源税制度，调解级差收益，维护了国家对矿产资源的部分权益。

(二)建立统一的矿产资源管理体制

1982年5月，国务院决定将地质部更名为地质矿产部，赋予"对矿产资源的合理开发利用进行监督管理，对地质勘查全行业的活动进行协调"的职能，即地质矿产部不仅要负责找矿，还要负责对矿产资源开发与保护管理工作，这标志着我国统一的矿产资源管理开始起步。

(三)修订《宪法》，确定矿产资源国家所有

1982年修订的《宪法》规定："矿藏、水流、森林、山岭、草原、荒地、滩涂等自然资源，都属于国家所有，即全民所有；由法律规定属于集体所有的森林和山岭、草原、荒地、滩涂除外。国家保障自然资源的合理利用，保护珍贵的动物和植物。禁止任何组织或者个人用任何手段侵占或者破坏自然资源。"《宪法》作为国家的根本

---

① 由于《矿山安全条例》和《矿山安全监察条例》的相关内容已被1992年11月7日公布的《矿山安全法》、2001年10月27日公布的《职业病防治法》和1996年10月11日国务院批准公布的《中华人民共和国矿山安全法实施条例》代替，国务院2008年1月15日发布《关于废止部分行政法规的决定》废止了《矿山安全条例》。

大法，对矿产资源的权利归属和开发利用作了根本的制度性规定。

(四)制定《矿产资源法》

1984年10月，中国共产党十二届三中全会召开，通过了《中共中央关于经济体制改革的决定》，改革开放逐步深入到各个领域，从对内搞活到对外开放，推动经济建设迅速发展，为制定《矿产资源法》提供了立法的方向。1985年，第六届全国人大常委会第十一次和第十二次会议对《矿产资源法(草案)》进行了讨论。经国务院组织有关部门进行全面研究和修改后，再次提请全国人大常委会审议。

1986年3月19日，第六届全国人大常委会第十五次会议通过了《中华人民共和国矿产资源法》。《矿产资源法》包括总则、矿产资源勘查的登记和开采的审批、矿产资源的勘查、矿产资源的开采、乡镇集体矿山企业和个体采矿、法律责任以及附则等共7章50条。主要内容是：

一是明确了制定《矿产资源法》的指导思想。为了做到"放开、搞活"，充分发挥国营、集体、个体这三种经济在一定范围内的优势和积极性，《矿产资源法》规定，国营矿山企业是开采矿产资源的主体，国家保障国营矿山企业的巩固和发展；国家鼓励、指导和帮助乡镇集体矿山企业的发展，国家通过行政管理，指导、帮助和监督个人依法采矿。

二是明确矿产资源归国家所有。规定"矿产资源属于国家所有。地表或者地下的矿产资源的国家所有权，不因其所依附的土地的所有权或者使用权的不同而改变"，并"禁止买卖、出租或者以其他形式转让矿产资源"。同时规定"国家对矿产资源的勘查、开发实行统一规划、合理布局、综合勘查、合理开采和综合利用的方针"。

三是规定了国家实行矿产资源有偿使用制度。"国家对矿产资源实行有偿开采。开采矿产资源，必须按照国家有关规定缴纳资源税和资源补偿费。"

四是规定了矿产资源勘查登记制度。《矿产资源法》规定，勘查矿产资源，必须依法登记。由国务院地质矿产部负责。但是，特定矿种，经国务院授权，也可以由有关主管部门负责登记。矿产资源勘查登记的范围和办法由国务院制定。

五是规定了开采矿产资源的审批和管理制度。《矿产资源法》规定，开采矿产资源必须依法经过审批，取得采矿权。开办国营矿山企业，根据不同情况，分别由国务院、国务院有关主管部门和省级人民政府审批。开办矿山企业，必须要求矿山企业具备必要的生产技术条件、安全生产设施和环境保护设施。

六是对乡镇集体矿山企业和个体采矿作了专章规定。《矿产资源法》规定，国家对乡镇集体矿山企业和个体采矿实行积极扶持、合理规划、正确引导、加强管理的方针，鼓励乡镇集体矿山企业开采国家指定范围内的矿产资源，允许个人采挖零星分散资源和只能用作普通建筑材料的砂、石、黏土以及为生活自用采挖少量矿产。所有的乡镇集体矿山企业和个体采矿都要按照《矿产资源法》的规定，改善经营管理，改进生产技术，加强安全生产，提高经济效益。

七是规定了矿产资源违法行为和法律责任。禁止没有依法取得采矿许可证擅自采矿。对擅自进入国家规划矿区、对国民经济具有重要价值的矿区采矿的，擅自开采国家规定实行保护性开采的矿种的，擅自进入他人的矿区范围采矿的，责令停止开采、赔偿损失，没收采出的矿产品和非法所得，还可处以罚款；拒不停止开采，造成矿产资源破坏的，依法追究刑事责任。禁止破坏矿山企业的正常生产。对盗窃、抢夺矿山企业和勘查单位的矿产品和其他财物、破坏采矿、勘查设施、扰乱矿区和勘查作业区的生产秩序、工作秩序的，依法追究刑事责任，情节显著轻微的，按治安管理处罚条例给予处罚。此外，《矿产资源法》还对越界采矿的、买卖、出租或者以其他形式转让矿产资源、买卖、出租或者抵押采矿权，违反规定收购和销售国家规定统一收购的矿产品、采取破坏性的方法采矿致使矿产资源遭受严重破坏等行为，分别规定了法律责任。

1986年《矿产资源法》的施行，标志着我国矿产资源管理开始步入有法可依的轨道，促进了在全社会建立矿产资源国有意识、依法办矿意识、有偿开采意识以及节约利用矿产资源的意识，建立了矿产资源管理制度体系，推动了矿产资源勘查、开采产业的发展和矿业经济的增长，基本适应了改革开放初期矿业经济发展的要求。

但是，由于受历史局限，1986年《矿产资源法》是改革开放之初按照计划经济模式制定的，它强调的是在国家统一计划下的地质勘查、矿山开采，所以它的一些基本原则、适用范围、调整手段等都不能适应市场经济体制下的新型矿业经济的运行。① 未明确规范管辖矿种详细名录，规定的对各类矿产资源实行的同一管理制度，不适应不同矿种勘查、开发利用的特点，对不同所有制企业设计了不同的管理制度，不符合社会主义市场经济体制以公有制为主体，多种所有制共同发展的基本经济制度的要求；对矿山环境保护、矿业用地等方面的管理，缺少切实可行的制度规定；缺乏市县两级地矿主管部门实施监督管理的法律规定，致使市县两级地矿主管部门实施日常监督管理工作没有法律依据。②

二、矿产资源法律制度体系初步形成时期(1986—1996)

1986年《矿产资源法》颁布实施以来，我国社会主义现代化建设快速发展，特别是党的十四大确立建立社会主义市场经济体制后，我国矿业在深化改革、扩大开放的推动下发生了深刻变化。社会主义市场经济发展带动矿业体制开始转型，矿

① 康继田：《改革开放30年矿业法治的进程及其思考》，载《中共陕西省委党校学报》2008年第12期。

② 魏铁军：《矿产资源法律改革初步研究》，中国地质大学2005年博士学位论文。

产资源法制建设全面推进，初步形成了一套相对完整的矿产资源法律制度体系。

(一)实施采矿许可证制度

1987 年 4 月，国务院发布《矿产资源勘查登记管理暂行办法》《全民所有制矿山企业采矿登记管理暂行办法》《矿产资源监督管理暂行办法》，由此开始实行采矿许可证制度。1987 年至 1990 年，国务院批准原石油部、原地质矿产部等部门发布了《石油及天然气勘查、开采登记管理暂行办法》《石油及天然气勘查、开采登记管理暂行办法实施细则》等一系列矿产资源规章。

(二)开始征收矿产资源补偿费

虽然 1986 年《矿产资源法》规定了矿产资源补偿费制度，但我国并没有真正开始征收矿产资源补偿费，矿产资源实际上一直处于无偿开采的状态。为了保障和促进矿产资源的勘查、保护与合理开发，维护国家对矿产资源的财产权益，国务院 1994 年 2 月 27 日发布《矿产资源补偿费征收管理办法》，规定在中华人民共和国领域和其他管辖海域开采矿产资源，应当依法缴纳矿产资源补偿费。该《办法》对矿产资源补偿费的计算方式、收取费率和缴纳主体等作了明确规定，标志着我国结束了无偿开采矿产资源的历史，真正实现了矿产资源开采由无偿到有偿。

(三)制定《矿产资源法实施细则》

1994 年 3 月 26 日，国务院发布《矿产资源法实施细则》，对《矿产资源法》实施中的相关问题作出明确规定：一是明确国务院代表国家行使矿产资源所有权，国务院授权国务院地质矿产主管部门对全国矿产资源分配实施统一管理。二是规定国家对矿产资源的勘查、开采实行许可证制度。勘查矿产资源，必须依法申请登记，领取勘查许可证，取得探矿权；开采矿产资源，必须依法申请登记，领取采矿许可证，取得采矿权。三是对探矿权、采矿权、国家规定实行保护性开采的特定矿种、国家规划矿区、对国民经济具有重要价值的矿区等用语作出解释。四是进一步明确国务院地矿主管部门、省、市、区人民政府地矿主管部门以及设区的市人民政府、自治州人民政府和县级人民政府及其负责管理矿产资源的部门的职责。五是明确矿产资源勘查登记和开采审批权限以及开办国有矿山企业、申请开办集体所有制矿山企业、私营矿山企业及个体采矿的法定条件和审批程序。六是对探矿权人的权利义务、矿产资源勘查报告的审批和有偿使用、探矿过程中给他人造成损失的补偿以及探矿权纠纷的解决作出详细规定。七是对全国矿产资源规划、矿产资源开采规划、采矿权人的权利和义务、矿山关闭和采矿权纠纷的解决作出详细规定。八是规定了集体所有制矿山企业、私营矿山企业及个体采矿的范围。

(四)修订《矿产资源法》，适应市场经济发展

1993 年，党的十四届三中全会作出《关于建立社会主义市场经济体制若干问题的决定》，加速了矿业经济的发展，市场经济与商品经济下形成的矿业体制发生

摩擦，造成资源边界纠纷增多、小型矿山的开发能力不足、市场准入的审批登记职责不明、矿产资源流失等诸多问题。矿产资源勘查、开采活动中多种经济成分和多种经营方式的出现，在新形势下既要维护好矿产资源国家所有权又要调整好各种矿业主体的法律关系；矿业秩序经过十年的治理整顿，取得了明显成效，但问题仍然不少，有的还相当严重，需要加大对非法采矿、破坏资源行为的打击力度，使矿产资源得以合理开发利用和有效保护。《矿产资源法》修改提上了工作日程。[①] 1994年开始，我国加快了对《矿产资源法》的修改工作。

1996年8月29日，第八届全国人大常委会第二十一次会议审议通过了《关于修改〈中华人民共和国矿产资源法〉的决定》，对《矿产资源法》作了修正。这次修改共有18条重要增改，其中修改15条，新增3条。修改后的《矿产资源法》共7章53条，自1997年1月1日起施行。这次修改的主要内容有：

一是明确了代表国家行使矿产资源所有权的主体。在规定"矿产资源属于国家所有"法人基础上，明确规定"由国务院行使国家对矿产资源的所有权"，有利于维护矿产资源国家所有权，强化矿产资源的统一管理。

二是完善了探矿权、采矿权审批登记制度。明确规定"国家对矿产资源勘查实行统一的区块登记管理制度"，使我国的矿产资源勘查登记管理符合国际通行做法。同时，将按经济成分和行政隶属关系审批修改为主要按矿种和矿床规模划分审批权限，确保重要矿产资源的审批权限掌握在中央政府手中，有利于妥善处理中央与地方的利益关系，避免矿产资源的重复审批，减少矿业纠纷，维护矿业秩序。

三是进一步明确了探矿权人、采矿权人的资格和地位。增加了探矿、采矿的资质条件，即探矿权、采矿权的申请者，必须具有与所承担的探矿、采矿工作相适应的资金、技术、设备条件，经审查批准方能取得探矿权或采矿权。这既有利于堵塞漏洞，预防谋取私利、逃避法定义务、扰乱矿业秩序等违法行为的发生，也为实行探矿权、采矿权转让制度提供了条件。同时，进一步规定了采矿权人多种经济成分、多种经营方式并存的制度，规定"国家保障依法设立的矿山企业开采矿产资源的合法权益。国有矿山企业是开采矿产资源的主体。国家保障国有矿业经济的巩固和发展"。

四是规定了探矿权、采矿权有偿取得和依法转让制度，确认了探矿权、采矿权的财产权属性。明确"国家实行探矿权、采矿权有偿取得的制度"，并规定"探矿权人有权在划定的勘查作业区内进行规定的勘查作业，有权优先取得勘查作业区内矿产资源的采矿权。探矿权人在完成规定的最低勘查投入后，经依法批准，可以将探矿权转让他人"，"已取得采矿权的矿山企业，因企业合并、分立，与他人合资、合作经营，或者因企业资产出售以及有其他变更企业资产产权的情形而需要变更采

① 傅鸣珂：《新矿产资源法修改的要义和内涵》，载《中国矿业》1997年第1期。

矿权主体的，经依法批准可以将采矿权转让他人采矿”。

五是建立了矿产资源审批和设立企业审批分开的制度。资源审批按照资源的规模和重要性实行分级审批制度。具体规定了国务院地质矿产主管部门、国务院授权的有关主管部门、省、自治区、直辖市人民政府地质矿产主管部门审批和颁发采矿许可证的权限，明确了按资源条件分级审批采矿权的原则，建立了采矿权审批的备案制度，授权国家储量审批机构确定矿床规模的具体标准。对设立矿山企业的审批则规定，“设立矿山企业，必须符合国家规定的资质条件，并按照法律和国家有关规定，由审批机关对其矿区范围、矿山设计或者开采方案、生产条件、安全措施和环境保护措施等进行审查；审查合格的，方予批准”，明确了企业审批须按照法律和有关规定办理以及审批的主要内容。

六是增加了强化执法力度的规定。修改后的《矿产资源法》进一步强调各级人民政府在维护本行政区内矿业秩序的责任，肯定了县级以上人民政府负责地质矿产管理部门的法律地位，强调了地矿部对地矿行政处罚主体的法律授权权力，补充了地矿行政机关及工作人员违法行政的法律责任，建立了行政机关间的监督机制，规定了上级地矿行政机关对下级违法颁发勘查许可证、采矿许可证有权予以撤销，下级地矿行政机关对违法采矿行为不给予行政处罚的，上级机关有权责令其改正或直接给予行政处罚。对在地矿行政管理工作中渎职的公务人员，规定了行政处分和刑事责任；对拒绝、阻碍地矿行政工作人员依法执行公务的，规定了行政处分和刑事责任，体现了法律的严肃性、威慑性和执法的严格性、公正性。

七是加强了对违法行为的处罚。修改后的《矿产资源法》对采用破坏性方法采矿造成矿产资源严重破坏的，增设了追究刑事责任的规定；强调了进入他人依法设立的国有矿山企业或其他矿山企业矿区范围内采矿行为的行政责任和刑事责任。

这次修改矿产资源法立足于促进矿业发展，加强矿产资源的合理开发利用和保护，更好地保证国民经济对矿产品的需求的立法宗旨，结合我国矿业活动实际和建立社会主义市场经济体制的形势需要，侧重于我国矿业的改革、开放、发展和矿业秩序治理整顿两方面，针对“发展”和“治乱”的突出问题，对 1986 年《矿产资源法》与新的发展形势不行适应的规定作出修改。

三、矿产资源法律制度体系发展完善时期(1996—2003)

1996 年修改后的《矿产资源法》使我国在矿业管理制度改革上取得了突破性的进展，标志着我国矿业资源行政管理逐步纳入社会主义市场经济体制中。与此同时，相关配套法规的颁布实施，更加完善了我国产资源法律制度体系。

(一)组建国土资源部，实现矿政统一管理

1998 年 3 月 10 日，九届全国人大一次会议第三次全体会议通过了关于国务院机构改革方案的决定。决定由地质矿产部、国家土地管理局、国家海洋局和国家

测绘局共同组建国土资源部，原全国矿产资源委员会及其办事机构以及冶金工业部等部门和单位行使的矿产资源行政管理职能划入国土资源部。组建国土资源部，结束了多年来我国矿产资源分割管理的状态，实现了矿政管理的统一。地质矿产资源管理工作有了全新的定位，重点是对矿产资源的保护和合理开发利用。

(二)建立探矿权、采矿权市场发展规范

1998年2月，国务院发布《矿矿产资源勘查区块登记管理办法》《矿产资源开采管理办法》《探矿权采矿权转让管理办法》三个配套法规(以下简称"三办法")，对矿业权的取得、流转、保护等诸多方面都作了详细规定。"三办法"的颁布实施对矿产资源勘查、开采和矿业权流转制度的建立产生了积极影响，加速了探矿权、采矿权市场的规范和发展。

为维护矿产资源的国家所有权，加强探矿权采矿权市场发展，落实矿产资源有偿使用制度，国土资源部于1999年3月印发了《探矿权采矿权评估管理暂行办法》和《探矿权采矿权评估资格管理暂行办法》[①]，对探矿权和采矿权的评估管理作出具体规定。6月，财政部和国土资源部联合印发《探矿权采矿权使用费和价款管理办法》[②]，明确规定了探矿权采矿权使用费和价款的收取标准、收取部门、专项用途等。7月，国土资源部、国家计委、国家经贸委、中国人民银行、中国证监会联合发布《矿产资源储量评审认定办法》[③]，实行对矿产资源储量的评审、认定的统一管理。

为了培育、规范矿业权市场，国土资源部于2000年11月发布《矿业权出让转让管理暂行规定》，首次提出了"矿业权"的法律概念[④]。该《暂行规定》对矿业权出让中的批准申请、招标、拍卖和矿业权转让中的出售、作价合资、合作、出租、抵押[⑤]以及矿业权出让和转让的监督管理作出规定。

---

① 均已被2002年11月《国务院关于取消第一批行政审批项目的决定》(国发〔2002〕24号)取消。

② 1999年11月11日，财政部、国土资源部发布《关于探矿权采矿权使用费和价款管理办法的补充通知》，对执行《探矿权采矿权使用费和价款管理办法》(财综字〔1999〕74号)中的几个具体问题作出解释。

③ 已被2002年11月《国务院关于取消第一批行政审批项目的决定》(国发〔2002〕24号)取消。

④ 《矿业权出让转让管理暂行规定》第3条规定："探矿权、采矿权为财产权，统称为矿业权，适用于不动产法律法规的调整原则。""依法取得矿业权的自然人、法人或其他经济组织称为矿业权人。""矿业权人依法对其矿业权享有占有、使用、收益和处分权。"

⑤ 2014年7月15日，国土资源部发布关于停止执行《矿业权出让转让管理暂行规定》第55条规定的通知。《矿业权出让转让管理暂行规定》第55条："矿业权抵押是指矿业权人依照有关法律作为债务人以其拥有的矿业权在不转移占有的前提下，向债权人提供担保的行为。""以矿业权作抵押的债务人为抵押人，债权人为抵押权人，提供担保的矿业权为抵押物。"

(三)加强矿产资源规划制度建设

为加强对矿产资源的统一规划,1999 年 10 月,国土资源部发布《矿产资源规划管理暂行办法》[①]。2001 年 5 月,第一轮矿产资源规划正式启动。到 2004 年 1 月,全国 31 个省级矿产资源总体规划审批工作全面完成,这标志着 1949 年以来我国第一轮省级矿产资源规划诞生,矿产资源规划工作进入实施阶段。

(四)加强对外合作、地质资料管理等制度建设

2001 年 9 月,国务院对《对外合作开采陆上石油资源条例》和《对外合作开采海洋石油资源条例》进行第一次修订[②],并予以公布实施。修改后的两个条例对对外合作开采陆上、海洋石油资源管理作了适应市场经济要求的修改。

为加强对地质资料的管理,充分发挥地质资料的作用,保护地质资料汇交人的合法权益,2002 年 3 月,国务院公布实施《地质资料管理条例》,对地质资料的汇交、保管和利用全面作了规定。2003 年《地质灾害防治条例》公布实施,对地质灾害的预防、应急和治理进行了规定。

(五)发表《中国的矿产资源政策》白皮书

2003 年 12 月 23 日,中国政府发表《中国的矿产资源政策》白皮书,这是中国首次就矿产资源政策发表白皮书。白皮书分为前言、矿产资源及其勘查开发现状、矿产资源保护与合理利用的目标与原则、提高国内矿产资源的供应能力、扩大矿产资源勘查开发的对外开放与合作、实现矿产资源开发与环境保护的协调发展、加强矿产资源管理等 7 个部分。白皮书指出,中国将主要依靠开发本国的矿产资源来保障现代化建设的需要,强调中国高度重视可持续发展和矿产资源的合理利用,并将扩大矿产资源勘查开发的对外开放与合作。

四、矿产资源法律制度创新发展时期(2004 年至今)

(一)建立矿业权市场交易机制,完善探矿权采矿权有偿取得制度

为完善探矿权采矿权有偿取得制度,规范探矿权采矿权招标拍卖挂牌活动,维护国家对矿产资源的所有权,保护探矿权人、采矿权人合法权益,2003 年 6 月 11 日,国土资源部发布了《探矿权采矿权招标拍卖挂牌管理办法(试行)》,要求按照党中央、国务院关于深化国土资源有偿使用制度改革,充分发挥市场对国土资源优化配置的基础性作用的要求,积极稳妥地推进探矿权采矿权招标拍卖挂牌工作。

---

① 已被国土资源部《关于公布已废止或者失效的规范性文件目录的公告》(2016 年第 10 号)废止。

② 2007 年 9 月,国务院对《对外合作开采陆上石油资源条例》进行第二次修订;2011 年 9 月,国务院对《对外合作开采陆上石油资源条例》和《对外合作开采海洋石油资源条例》同时进行修订;2013 年 7 月,国务院发布《关于废止和修改部分行政法规的决定》,再次对这两个条例进行修订。

2016年10月，财政部、国土资源部联合发布《关于深化探矿权采矿权有偿取得制度改革有关问题的通知》，规定探矿权、采矿权全面实行有偿取得制度，国家出让新设探矿权、采矿权，除按规定允许以申请在先方式或以协议方式出让的以外，一律以招标、拍卖、挂牌等市场竞争方式出让。探矿权、采矿权人应按照国家有关规定及时足额向国家缴纳探矿权、采矿权价款等。同时，国土资源部还发布了《关于加强矿产资源补偿费征收管理的通知》，对矿产资源补偿费的征收、管理、入库和监督作出专门规定。

2006年，国土资源部发布《关于进一步规范矿业权出让管理的通知》，明确矿业权出让分级分类管理的原则，并就完善探矿权采矿权招标拍卖挂牌管理办法的有关事项作出进一步规定。

2007年3月，第十届人大会五次会议通过了《物权法》。《物权法》在"用益物权"中规定依法取得的探矿权、采矿权受法律保护，从国家法律层面上明确了探矿权、采矿权的基本财产权利属性。

2012年5月，国土资源部下发《关于严格控制和规范矿业权协议出让管理有关问题的通知》，要求必须坚持依法依规采取招标拍卖挂牌等市场竞争方式公开出让矿业权的原则，从严控制协议出让范围，严格执行矿业权协议出让的审批权限和程序，逐步减少协议出让数量，积极推进矿业权市场建设。

2015年中共中央、国务院在《生态文明体制改革总体方案》中要求"完善矿产资源有偿使用制度。完善矿业权出让制度，建立符合市场经济要求和矿业规律的探矿权采矿权出让方式，原则上实行市场化出让，国有矿产资源出让收支纳入预算管理","推进实现全国统一的矿业权交易平台建设"。2016年年底国务院出台《关于全民所有自然资源资产有偿使用制度改革的指导意见》，明确要完善矿业权有偿出让、矿业权有偿占有和矿产资源税费制度，健全矿业权分级分类出让制度。2016年12月30日，中央全面深化改革领导小组第三十一次会议审议通过了《矿业权出让制度改革方案》和《矿产资源权益金制度改革方案》。

2017年4月13日，国务院发布了《关于印发矿产资源权益金制度改革方案的通知》，我国正式开始实行矿产资源权益金制度改革。我国矿产资源权益金制度改革坚持维护国家矿产资源权益、落实矿业企业责任、稳定中央和地方财力格局的原则，采取一系列改革措施，包括：在矿业权出让环节，将探矿权采矿权价款调整为矿业权出让收益；在矿业权占有环节将探矿权采矿权使用费整合为矿业权占用费；在矿产开采环节，组织实施资源税改革；在矿山环境治理恢复环节，将矿山环境治理恢复保证金调整为矿山环境治理恢复基金。关于矿产资源权益金制度改革的配套政策，一是将矿业权出让收益、矿业权占用费纳入一般公共预算管理，并按照《矿产资源法》《物权法》《预算法》等有关规定精神，由各级财政统筹用于地质调查和矿山生态保护修复等方面支出；二是取消国有地勘单位探矿权采矿权价款转增国家资本金政策，营造公平竞争的市场环境，维护国家矿产资源权益，推动国有地勘单位加快转型，促进实现市场化运作；三是建立健全矿业权人信用约束机制。

2017 年 6 月 16 日，中共中央办公厅、国务院办公厅印发《矿业权出让制度改革方案》，要求以招标拍卖挂牌方式为主，全面推进矿业权竞争出让，严格限制矿业权协议出让，下放审批权限，强化监管服务；提出用 3 年左右时间，建成“竞争出让更加全面，有偿使用更加完善，事权划分更加合理，监管服务更加到位”的矿业权出让制度。完善矿业权竞争出让制度，除特殊情形外，矿业权一律以招标拍卖挂牌方式出让。严格限制矿业权协议出让。一般不得协议出让矿业权，特殊情形通过试点不断完善。协议出让范围严格控制在国务院确定的特定勘查开采主体和批准的重点建设项目，以及大中型矿山已设采矿权深部。协议出让必须实行集体决策、价格评估、结果公示，建立协议出让基准价制度，完善国家财政出资探矿权管理。下放审批权限、强化监管服务。强化矿产资源规划对矿业权出让的源头管控作用；严格出让交易监管，建立全国联网的矿业权出让信息公开查询系统；改革矿业权人监管方式，全面实行矿业权人勘查开采信息公开制度。该《方案》选取山西、福建、江西、湖北、贵州、新疆 6 个省（区）有序开展试点。2017 年启动试点工作；2018 年在继续试点、总结经验的基础上，出台和修改完善相关规范性文件；在总结评估试点工作的基础上，2019 年在全国推广实施。

为贯彻落实国务院整合建立统一的公共资源交易平台等有关工作要求，进一步规范矿业权交易行为，促进矿业权市场健康发展，国土资源部于 2017 年 9 月 6 日发布了《矿业权交易规则》，对矿业权出让和矿业权转让的行为以及矿业权交易平台进行规制。

为适应矿业权市场发展需求，正确审理矿业权纠纷案件，依法保护当事人的合法权益，最高人民法院审判委员会于 2017 年 2 月 20 日讨论通过了《关于审理矿业权纠纷案件适用法律若干问题的解释》。该《解释》对矿业权纠纷案件的审判理念、矿业权出让合同的效力及解除、矿业权转让合同的效力、强制履行、合同解除及违约责任承担、矿业权抵押的设立、实现和物上代位性、特别区域内矿业权合同效力的司法审查、涉矿环境公益诉讼、司法建议及环境司法与行政执法的协调、无证勘查开采以及矿业权租赁、承包、合作和一矿二卖、越界勘查开采等事项进行了规定，确立了相应的规则。

（二）继续做好矿产资源规划，建立矿产资源保障体系

2008 年 12 月 31 日，国土资源部印发了由国务院批复的《全国矿产资源规划（2008—2015 年）》。该《规划》分为现状与形势、指导原则、规划目标与任务、矿产资源勘查、矿产资源开发利用总量调控、矿产资源开发利用布局与结构、矿山地质环境保护与恢复治理、保障措施 8 个部分。该《规划》以及国务院的批复是指导矿产资源勘查、开发利用与保护的纲领性文件，是依法审批和监督管理矿产资源勘

查、开采活动的重要依据。

2016年11月2日，国务院批复了《全国矿产资源规划（2016—2020年）》。国务院批复意见指出，要通过该《规划》实施，到2020年基本建立安全、稳定、经济的资源保障体系，基本形成节约高效、环境友好、矿地和谐的绿色矿业发展模式，基本建成统一开放、竞争有序、富有活力的现代矿业市场体系，显著提升矿业发展的质量和效益，塑造资源安全与矿业发展新格局。

（三）全面整顿矿产资源开发秩序，开展《矿产资源法》的新一轮修改

2002年，全国人大常委会对《矿产资源法》实施情况进行了执法检查时，提出“要进一步加快《矿产资源法》的修订工作”。国土部于2003年开始进行《矿产资源法》修改的准备工作，2004年年底起草了《〈矿产资源法〉修改研究报告》报国务院办公厅和国务院法制办。

2005年8月，国务院发布《关于全面整顿和规范矿产资源开发秩序的通知》，在全国范围内部署全面整顿和规范矿产资源开发秩序。这次整顿矿产资源开发秩序的主要任务包括严厉打击无证勘查和开采等违法行为，全面查处越界开采等违法行为，坚决关闭破坏环境、污染严重、不具备安全生产条件的矿山企业，全面清查和纠正矿产资源开发管理中的各种违法违规行为，全面开展煤炭资源回采率专项检查，对保护性开采的特定矿种进行专项整治，并要求从严格探矿权、采矿权管理，集中解决矿山布局不合理问题，完善矿产资源有偿使用制度，探索建立矿山生态环境恢复补偿制度，严格矿产资源勘查、开采准入管理，建立矿产资源开发监管责任体系等6个方面进行规范。进一步摸清矿产资源管理存在的突出矛盾和问题，在治理整顿中开展新制度的试验，进行矿产资源管理制度的探索，为《矿产资源法》的进一步修改奠定了基础。

党的十八大以来，《矿产资源法》修改正在有序推进。《中共中央国务院关于加快推进生态文明建设的意见》和《中共中央关于全面推进依法治国若干重大问题的决定》为《矿产资源法》的修改指明了修改方向。2017年5月《矿产资源法》修改小组成立，标志着新一轮《矿产资源法》修改正式启动。

（四）进一步完善矿产资源管理体制

2004年，党中央、国务院针对当前国土资源管理中存在的突出问题，作出了实行省级以下国土资源管理部门垂直管理的重大决策。一是调整省以下国土资源主管部门干部管理体制；二是理顺国土资源行政管理体制，重点是调整市辖区和乡镇国土资源管理体制；三是从规划审批、行政执法等方面完善和强化了国土资源行政管理职能。

2018年3月13日，国务院机构改革方案提交人大审议，方案提出组建自然资源部。2018年3月17日第十三届全国人民代表大会第一次会议通过国务院机构

改革方案,决定组建自然资源部,作为国务院组成部门,国土资源部不再保留,赋予了国土资源管理职能为主的自然资源部更大的责任和空间。

第三节 森林资源法律制度的变迁

一、森林法律制度起步阶段(1979—1997)

中华人民共和国成立伊始,我国即确立了森林保护的基本方针,但对森林资源的立法保护真正重视始于十一届三中全会以后。

1979 年 2 月 23 日,全国人大常委会通过《中华人民共和国森林法(试行)》。这是一部以森林资源开发和保护为主的法律,但它毕竟是当时计划经济的产物,在立法宗旨和技术上有许多尚待改进的地方。进入 20 世纪 80 年中期以后,加快了森林资源立法步伐,并逐步建立起比较完备的森林资源法律体系。[①] 1984 年 9 月 20 日,第六届全国人大常委会第七次会议通过正式的《中华人民共和国森林法》,这是我国制定的第一部正式的森林法,共 7 章,包括总则、森林管理、森林保护、植树造林、森林采伐利用、奖励与惩罚以及附则。这部单行法突破了以前零散的立法,对森林资源进行全面综合的立法。我国《森林法》将森林划分为若干的类型,然后依据森林资源自身的特点与性质制定不同的经营方案,从而真正实现科学的林业经营;对于是将森林资源的权属进一步明确归国家与集体所有,这一规定适应了当时的社会历史条件,有利于保护我国的森林资源,避免权属争议;明确规定了限额采伐制度,要求森林资源的年采伐量不得超过年更新量,从而保障森林资源的永续利用。此外对于植树造林扩大森林面积以及对于破坏森林资源的行为的法律责任也进行了规定。该法突出了对森林的保护和林业资源的可持续利用,加大了制止滥伐盗伐森林资源的惩治力度。同时,它还对林地使用权、林木所有权等敏感问题作了突破性规定,强调对林地使用者和林木所有者权益的保护。

1984 年的《森林法》对于森林资源和生态环境的保护起到了重要作用,但它所具有的计划经济色彩、单纯以资源利用与保护为目标等问题在市场经济条件下暴露了出来。更为重要的是,该法与全球森林立法的发展方向不尽一致。自 20 世纪 90 年代中期以来,森林立法在各国已蓬勃展开,它们几乎都以生态保护、建设为价值取向。例如 1997 年匈牙利实施的新的国家森林法在第二章中把防护与社会公益列为森林的首要功能。

随着《森林法》的颁布实施,相关配套法规也如雨后春笋般大量出现,逐步形成

① 吴兴南、孙月红:《自然资源法学》,中国环境科学出版社 2001 年版,第 230 页。

了比较完善的森林法律制度。1985年6月林业部颁布了《制定森林采伐限额暂行规定》。1986年5月，国务院发布了《森林法实施细则》。1987年9月，林业部发布《森林采伐更新管理办法》，严格执行森林限额采伐制度。

1989年国家物价局《关于审定部分收费项目的通知》第6条规定，建设单位征占用林地交纳森林植被恢复费、林地补偿费、林木补偿费和安置补助费4项费用，既标志着我国的林地管理初步实现了依法有偿使用林地，切实维护了林农和林业经营者的合法权益，又保障了异地恢复森林植被的经费来源，对推动林业又好又快发展发挥了重要作用。[①]《森林法实施细则》规定："占用林地单位应当向森林经营单位补偿实际损失。"据此，各省、自治区、直辖市物价部门应根据本地区实际情况，会同有关部门制定森林植被恢复费和林地、林木补偿费。

1988年1月，国务院发布《森林防火条例》，其制定的目的即为有效预防和扑救森林火灾，保护森林资源，促进林业发展，维护自然生态平衡。该《条例》对于森林防火机构、森林火灾的预防与扑救进行了详尽的规定，其中包括预防、扑救火灾的方针、野外用火、森林防火期的规定以及森林火灾的等级划分。

1996年林业部发布了《林业行政处罚程序规定》。9月发布了《林业部林业行政执法监督办法》，规定了内部监督以及层级监督，保障了林农的合法权益，有利于我国林业的发展。[②]

推进森林、林木和林地使用权合理流转，逐步完善现代林业产权制度，是社会主义市场经济的必然要求。1988年《宪法修正案》第2条规定："土地使用权可以依照法律的规定转让。"时隔10年之久的《森林法》第15条在我国第一次确立了森林、林木和林地使用权流转制度，为推动我国土地使用权流转制度的完善和林权制度改革迈出了重大一步，为商品林林地资源的市场化奠定了法律基础。

森林生态补偿机制作为生态补偿机制的重要组成部分。在我国现有的生态补偿形式中，森林生态补偿是开展得比较早的。随着对森林生态补偿机制认识的逐步加深，森林生态补偿的政策思路与1989年四川乐山的一次学术研讨会议上被正式提出，到1995年，该思路写入了《林业经济体制改革总纲要》，在接下来的两年时间里，在林业部门有关人员的努力下，财政部和林业部向国务院呈报了《森林生态效益补偿基金征收管理暂行办法》。1998年，森林生态效益补偿基金制度正式写入了《森林法》中，为开展森林生态补偿制度奠定了法律基础。[③]

我国最早关于森林生态补偿机制的规定是1953年建立的育林基金制度。这

---

① 钟华友：《改革开放以来我国林地管理八大关键词》，载《中国发展观察》2008年第12期。

② 赵一：《论我国森林法律制度的完善》，石家庄经济学院2012年硕士学位论文。

③ 孙新章、谢高地、张其仔等：《中国生态补偿的实践及其政策取向》，载《资源科学》2006年第4期。

一制度对我国用材林的保护起到非常重要的作用。随后，根据 1981 年发布的《关于保护森林发展林业若干问题的决定》，很多省级林业部门把森林生态补偿的范围扩到的经济林和防护林等生态林。[①] 直到 1985 年，林业基金制度正式作为一项法律条文写入了《中华人民共和国森林法》，[②]这对我国森林生态补偿法律制度的建立具有里程碑式的意义。此后，于 1998 年修改的《森林法》规定：国家设立森林生态效益补偿基金，用于提供生态效益的防护林和特种用途林的森林资源、林木的营造、抚育、保护和管理。森林生态效益补偿基金专款专用，不得挪作他用。这次修改标志着森林生态补偿制度以法律规范的形式确定下来。

1998 年特大洪水灾害发生之后，中共中央和国务院确定了“封山植树、退耕还林”的方针。在此后几年里，国家在长江上游、黄河中上游等较大区域开展退耕护岸林的政策试点。[③] 2001 年财政部发布的《森林生态效益补助资金管理办法（暂行）》，明确规定将森林生态补偿纳入政府年度财政预算即公共财政体系中。2004 年国家财政部和国家林业局联合发布了《中央森林生态效益补偿基金管理办法》，这一行动预示着我国森林生态补偿基金制度在实质意义上已经建立起来了。2007 年财政部和国家林业局对该《管理办法》进行了修改，在确定森林生态补偿中央和地方事权、中央财政补偿范围、补偿对象、补偿者的补偿力度等方面都有了突破性的规定。

二、森林法律制度逐步完善阶段(1998 年至今)

我国 1984 年《森林法》在 20 世纪 90 年代以来经历了两次修改。

1998 年 4 月 29 日，九届全国人大常委会第二次会议对 1984 年的《森林法》作了修改：(1)引入“生态效益原则”，强化森林资源的生态效益功能建设。第 8 条第 2 款规定：“国家设立森林生态效益补偿基金，用于提供生态效益的防护林和特种用途林的森林资源、林木的营造、抚育、保护和管理。森林生态效益补偿基金必须专款专用，不得挪作他用。”(2)平衡森林资源的合理利用与生态建设的关系。第 15 条规定，一些林木、林地的使用权可以合法转让、作价入股；但同时规定，严禁将林地改作非林地。第 18 条更限制各单位和个人征用、占用林地，并对上述行为规定了比较严格的审批程序。加大对破坏森林生态系统行为的打击力度，主要是对非法采伐、毁坏珍贵树木行为的惩罚（第 40 条）。

国务院于 2000 年 1 月发布《中华人民共和国森林法实施条例》（以下简称《条

---

① 徐启权：《对建立生态效益补偿机制的再思考》，载《林业经济问题》2002 年第 5 期。

② 金晶：《我国森林生态补偿法律机制研究》，载《西北民族大学》2007 年第 4 期。

③ 徐正春、王权典：《我国生态公益林补偿的法律制度构造及实施机制创新》，载《北京林业大学学报（社会科学版）》2004 年第 12 期。

例》),不但对《森林法》的规定进行了细化,而且还对该法作了修补:(1)将野生动植物划入森林资源中,使森林资源具有更强的生态色彩。《条例》第2条规定:"森林资源,包括森林、林木、林地以及依托森林、林木、林地生存的野生动物、植物和微生物。"(2)将林地的郁闭度由0.2以上改为0.3以上(《条例》第24条),同时将"竹林地"和"未成林造林地"也划入"林地"之内,扩大了《森林法》的保护范围。(3)强化防护林在各林种中的地位。《条例》第8条第2款要求省级行政区域内的重点防护林和特种用途林的面积不少于本行政区域森林总面积的30%;第46条对擅自将防护林和特种用途林改为其他林种的,要予以经济上的制裁。(4)将森林的经营管理与生态保护结合起来,并以后者为林业经济的根本导向。《条例》在第11条增加了林业部门对森林资源调查的职权,规定:"国务院林业主管部门应当定期监测全国森林资源和森林生态环境变化的情况。"各级林业主管部门对本辖区内的森林生态环境变化也承担监测任务。(5)针对愈发严重的乱砍滥伐行为,《条例》第30条至第44条细化了申请林木采伐许可证的条件、程序和权限,并规定了不得核发林木采伐许可证的情形。(6)加强造林中的单位责任。《条例》第42条对几种未完成造林任务的情形,规定对单位进行罚款,对负责人和直接责任人员予以行政处分。

为了进一步严格执法,《森林法》第2次修正时从法律上新增了必须缴纳森林植被恢复费和有关的使用、监督规定,还明确了森林植被恢复费征收标准由国务院规定。2002年,国家林业局与财政部两部门联合下发了《森林植被恢复费征收使用管理暂行办法》,在全国范围内统一并大幅度提高了森林植被恢复费的征收标准,规范了有关事宜。开征森林植被恢复费的最大意义,就在于利用经济手段控制林地的非法流失,保证森林资源不因占用或者征用林地而减少。

林地是林业最重要的生产要素,是农村最敏感且与农民利益最密切的生产资料和保障资料之一,所以,林权登记发证工作是依法治林的核心问题,是推进现代林业改革的重要内容。1984年《森林法》第一次以法律的形式把林权问题通过"核发证书"确定为法律关系,4年之后修正的《森林法》进一步规定:"国务院可以授权国务院林业主管部门,对国务院确定的国家所有的重点林区的森林、林木和林地登记造册,发放证书,并通知有关地方人民政府。"2000年,国家林业局在重点督促和指导退耕还林地确权发证工作的同时,启用了全国统一式样和编号的林权证。2003年施行的《农村土地承包法》与《森林法》有关条款互相衔接,再一次确认了林权证的法律地位,明确规定对承包林地及其流转权属发放"林权证书",以防止一些地方用土地证代替林权证甚至出现林权证与土地证、草原证等权属证书"交叉盖被"现象的发生。《物权法》第10条则确立了国家对不动产实行统一登记的制度。无疑,这一制度的实施将对林业主管部门承担的林权登记发证职能产生重大影响。

加强林权管理作为集体林权制度改革的核心和基础,2008年《中共中央国务院关于全面推进集体林权制度改革的意见》要求,各级林业主管部门应明确专门的林权管理机构,要“明晰产权”“勘界发证”,要“对有权属争议的林地、林木,要依法调处,纠纷解决后再落实经营主体”。

编制林地保护利用规划,不仅是落实《森林法》及其实施条例要求“各级人民政府应当制定林业长远规划,林地保护利用规划是林业长远规划的内容之一”所赋予各级人民政府的一项依法依规的工作,也是一项事关落实《国务院关于保护森林资源制止毁林开垦和乱占林地的通知》(国发明电〔1998〕8号)提出“要把林地与耕地放在同等重要的位置,高度重视林地保护”基本国策并提高林地利用效率的最重要的基础工作之一。

2006年,根据《国务院批转国家林业局关于各地区“十一五”期间年森林采伐限额审核意见的通知》(国发〔2005〕41号)要依法编制林地保护利用规划的规定,国家林业局决定正式在全国启动有代表性的10个县的县级林地保护利用规划编制试点工作。目前,《全国林地保护利用规划总体纲要(2008—2020年)》已列入国务院2008年审批的专项规划编制计划。

中共中央、国务院《关于加快林业发展的决定》(〔2003〕9号)进一步提出要加快推进森林、林木和林地使用权合理流转。《物权法》则把《农村土地承包法》规定的农村土地承包经营制度明确为国家的基本物权法律制度,流转制度得到了深入和细化。同时,各地尤其是南方集体林区,《福建省森林源流转条例》和《江西省森林资源转让条例》等地方性法规规章进一步规范了林权流转。

加快森林资源流转平台建设,建立集信息发布、市场交易、林权登记、中介服务、法律政策咨询于一体的资源流转的要素市场,建立森林资源流转信息库,完善森林资源资产评估机构,逐步实现流转信息化、网络化,并尽早出台《森林、林木和林地使用权流转条例》,对于促进农村经济乃至整个国民经济的发展,具有重要而深远的意义。

保障林地安全,事关国土生态安全命脉的百年大计。尤其是切实肩负起贯彻落实科学发展观、建设生态文明的历史使命,保障国土生态安全的刚性需求、节能减排以及提高林业应对气候变化能力的客观要求和适应国家推进形成主体功能区划的战略要求,还需要我们进一步思考并不断探索林地管理的长效性机制,为实现人与自然和谐作出更大贡献。

2004年9月召开了全国林业法制工作会议,全面推出了依法治林的目标、任务和各项措施,由此依法治林进入了一个新阶段。[①] 我国在林业发展的过程中还出台了两个政策性文件:2003年《加快林业发展的决定》、2007年《关于全面推行集体林权制度改革的意见》。这两个文件对于促进林业发展、建设生态文明发挥着一

① 吴靓:《论我国森林法的完善——以中外森林法律制度的对比为视角》,石家庄经济学院2013年硕士学位论文。

定的指引作用,但仍不能有效指引森林保护和资源利用的建设。从1998年《森林法》的整体上来看,其主要是一部林业资源法,而不是真正意义上的生态保护法。森林资源作为管理和利用的对象,主要是为了木材生产而服务,不能体现生态保护优先的指导思想。从立法目的上来看,对森林的保护主要是为了永续利用,把森林作为一种经济资源看待。①

2009年国家林业局下发了《关于征求〈中华人民共和国森林法〉修改意见和建议的通知》(林策发〔2009〕70号),正式启动《森林法》修改工作。其后,《森林法》的修改断断续续进行,国家林业局办公室2010年6月公布《中华人民共和国森林法(修改草稿第一次征求意见稿)》,向各地方林业部门征求意见。② 全国人大法工委、农委也曾到黑龙江、陕西、安徽等地进行专项调研,但是《森林法》修改的结果迟迟没有面世。③ 为了适应林业改革发展的需要,2016年国家林业局开展了《森林法》修改工作,形成了《森林法(2016年修改征求意见稿)》,同时向社会征求意见,由此依法保护森林的工作进入了一个新阶段。但至今为止,正式的《森林法》修改仍未通过。

首先,我国森林资源权属体系混乱,现行的森林法律制度只笼统地规定了森林资源属于国家所有、集体所有,而在具体的管理保护过程中问题不断。其次,我国森林法律制度不够完善。我国《森林法》规定了森林规划制度,但缺乏相应的保障措施。在森林生态补偿制度中,存在补偿标准过低,补偿范围过窄的问题。公众参与是现代政府治理环境问题的重要力量,而我国的森林法律制度缺少鼓励公众参与的规定。最后,森林法律规定的法律责任较轻,处罚标准设定也不合理,只考虑到森林的经济价值,而忽视了森林的整体生态价值。

根据《宪法》《森林法》《土地管理法》《农村土地承包法》的规定,以森林为客体的权利类型有所有权、使用权和承包经营权。根据2016年中共中央办公厅、国务院办公厅印发的《关于完善农村土地所有权承包权经营权分置办法的意见》,承包经营权将进一步细化分为承包权和经营权。在权利内容上,所有权体现了主体对森林的占有、使用、收益和处分的权利,使用权体现了主体对森林的占有、使用、收益的权利;承包权体现了主体对森林的占有、使用、收益和一定处分的权利,经营权体现了主体对森林的占有、使用和收益的权利。由此可见,以森林为客体的权利涵盖了占有、使用、收益和处分的各项权能,在内容上极其丰富。

---

① 杨熹通:《生态文明视野下的森林法律制度研究》,载《法制博览》2017年第10期。

② 国家林业局办公室:《国家林业局办公室关于征求〈中华人民共和国森林法(修改草稿第一次征求意见稿)〉意见的通知》。

③ 魏华:《〈森林法〉修改的若干问题思考》,载《生态经济》2014年第10期。

三、新时代可持续发展背景下的森林法的发展

正如《我们共同的未来》第二章"走向可持续发展"的结论中指出,"从广义上来说,可持续发展战略旨在促进人类之间以及人类与自然的和谐"。可持续发展不主张人类中心论和自然中心论,主张"人与自然和谐共处论"。可持续发展承认自然具有价值,既承认自然对于人类而言所具有的各种价值,也承认自然界自身有着内在价值,即它对地球生命支持系统具有的存在价值,对于生命和自然界可持续发展的价值。它体现和追求的正是人与人、人与自然、社会与环境的和谐共处。人与自然和谐的限度,是人的活动或人类社会的发展以环境资源为基础,与环境承载能力相协调,不能超过地球的承载能力或自我调节能力。可持续发展的价值评定不但以人类为尺度,而且以更深层次的人类——自然系统为目标;不仅以人类的利益为目标,还以人类与自然和谐发展为目标。可持续发展"把对生命的尊重和对自然的生态系统的爱护纳入政治、法律和道德体系中,把生命和自然生态系统作为和'人'一样公正、公平对待的'主体',同自然平等相处,崇尚俭朴的生活和有节制的物质消费,人类的需求不能超越地球生态系统的载能力"。可持续发展伦理观将伦理观念的中心从人类社会扩展到整个自然界或生态系统,道德调整的范围从人与人的关系扩展到人类社会与自然界的关系,其核心在于追求人与自然的和谐。[①]

作为一种新型的环境伦理观,可持续发展观对森林法价值理念提出了新的更高要求,《森林法》不仅仅要关注于人类,追求森林资源的经济价值,还要关注自然界,关注森林资源在生态保护和生态建设中的地位,将人与自然的和谐作为终极目标。"低碳"是对人类社会可持续发展中的经济增长方式提出的又一个新的要求。[②] 2009 年 9 月,胡锦涛主席在联合国气候变化峰会上承诺:"中国将进一步把应对气候变化纳入经济社会发展规划,并继续采取强有力的措施。一是加强节能、提高能效工作,争取到 2020 年单位国内生产总值二氧化碳排放比 2005 年有显著下降。二是大力发展可再生能源和核能,争取到 2020 年非化石能源占一次能源消费比重达到 15%左右。三是大力增加森林碳汇,争取到 2020 年森林面积比 2005 年增加 4000 万公顷,森林蓄积量比 2005 年增加 13 亿立方米。四是大力发展绿色经济,积极发展低碳经济和循环经济,研发和推广气候友好技术。"

2010 年 3 月全国政协的"一号提案"就是由九三学社提交的《关于推动我国低碳经济发展的提案》。2010 年的《政府工作报告》在正文后附加了注释的内容,这

---

① 蔡守秋:《可持续发展与环境资源法制建设》,中国法制出版社 2003 年版,第 22~36 页。

② 任勇:《向低碳经济迈进——写在 2008 世界环境日》,http://www.eedu.org.cn,最后访问时间:2008 年 12 月 20 日。

在历史上是第一次。附加的注释中,包括了"森林碳汇"这一条目。[1] 新华社的报道中指出,"森林碳汇"这么专业的名词出现在《政府工作报告》中比较少见,它是全球共同应对气候变化的产物,反映了政府高度重视节能减排和应对气候变化。

新修订的《环境保护法》终于突破了旧有的以经济建设为最终目的的立法模式,其开篇言明整部立法旨在"推进生态文明建设,促进经济社会可持续发展",首次将可持续发展囊括立法之中,并结合了党的十八届三中全会所提出的欲构建系统完整的生态文明体系之目标要义,可谓是该部立法的一大突破性进展。新《环境保护法》的出台从一定程度而言可以为未来《森林法》的修订提供借鉴和参照思路。[2]

2016 年 9 月,国家林业局为了适应林业改革发展的需要,启动了新一轮的《森林法》修改程序并形成了《中华人民共和国森林法(2016 年修改征求意见稿)》(以下简称《意见稿》)。生态为主、经济为辅的永续利用可持续发展原则在《意见稿》中充分体现。[3]

(一)可持续发展是我国森林法修正的价值理念

我国政府依据 1992 年在巴西里约热内卢召开的联合国环境与发展大会通过的《21 世纪议程》编制了《中国 21 世纪人口、资源、环境与发展白皮书》,首次把可持续发展战略纳入我国经济和社会发展的长远规划。1997 年中国共产党第十五次全国代表大会把可持续发展战略确定为我国"现代化建设中必须实施"的战略。2003 年国家林业局"中国可持续发展林业战略研究"项目小组确定 21 世纪上半叶我国林业发展的总体战略思想是确定生态建设为主的林业可持续发展道路,[4]可持续发展正式成为我国林业发展的指导思想。2003 年 6 月 25 日《中共中央国务院关于加快林业发展的决定》指出"在贯彻可持续发展战略中,要赋予林业以重要地位;在生态建设中,要赋予林业以首要地位;在西部大开发中,要赋予林业以基础地位",提出要"坚持生态效益、经济效益和社会效益相统一,生态效益优先"。我国的林业发展要由以木材生产为中心转向兼顾经济、社会、生态效益,以生态效益优先、以生态建设为主的历史性转变,这一转变无疑也对现行森林法的价值追求提出了新的要求。

(二)在造林绿化中实现由重视数量向重视质量转变

由于世界经济的快速发展和对薪炭能源的需求不断扩大,在人类的加速砍伐、

---

① 《政府工作报告——2013 年 3 月 5 日在第十一届全国人民代表大会第三次会议上》,中央政府门户网站,http://www.gov.cn/2010lh/content_1555767.htm。

② 任洋:《我国森林资源立法体系重构之必要性》,载《中外企业家》2015 年第 4 期。

③ 万珂菲,赵英杰:《可持续发展视角下我国森林法的修正》,载《安徽农业科学》2017 年第 20 期。

④ 王涛:《中国可持续发展林业战略研究总论》,载《陕西林业》2003 年第 4 期。

过度开垦及其他生态环境灾难如森林大火、酸雨、水土污染等因素的影响下，全球范围内过去 80 年所破坏的森林总量占过去 10000 年森林损失量的 50%。2002 年 12 月 6 日，国务院第 66 次常务会议以国务院令的形式发布了《退耕还林条例》，标志着我国退耕还林进入法制化。在 1998 年修订的《森林法》中，我国对于植树造林的目标围绕着森林覆盖率展开，以森林面积和植株数量作为规划植树造林的基本准则，带有明显的计划经济色彩，且在退耕还林、植树造林中，由于未进行统筹规划和分类治理，在本不宜林的地区进行盲目的植被恢复乃至造成更加严重的水土流失问题。

在该次的《森林法》修正中，对于造林绿化作出了统筹规划，使我国退耕还林工作实现了由重视数量向重质量的转变。第一，在《意见稿》中首次提出了针对平原、山区、城市造林绿化的不同标准，改变单一的恢复方式，实现整个森林系统的综合治理保护；第二，对退耕还林的目标作出明确规定，限制为“25°以上坡耕地、严重沙化或者石漠化耕地和重要水源地坡度 15°～25°的耕地等”。该规定切合了我国发改委近年来发布的新一轮退耕还林还草任务的要求，在造林绿化的同时兼顾基本农田的保护，巩固目前的植树造林、退耕还林成果，生态可持续的造林绿化。

(三)构建多部门联动的森林保护机制

森林的保护具有长期性、复杂性、专业性，因此仅依靠林业部门进行保护无法实现森林资源可持续发展的最终目的，因此我国在本次《森林法》修正中规范了多部门联动的森林保护体系。首先，作为森林保护的中坚力量，《意见稿》进一步细化和规范了政府林业主管部门在森林资源保护中的责任。政府作为国有重点林区以及其他林权管理和保护的主体，需将工作任期责任目标制引入林业生态建设范畴，在此之外，笔者赞同 2017 年“两会”时全国人大代表王月英关于建立森林保护终生追责制度的提案，将森林资源保护工作的完成状况纳入官员政绩考核和政府评价绩效的范畴，保证各级林业主管部门和其他林区保护主体对森林资源保护的重视程度。其次，《意见稿》规定，国家应建立分级管理的森林资源督察制度，对各级政府的森林资源保护和森林经营状况进行监督，使政府的工作责任目标机制可以落到实处，同时健全我国的林业行政执法队伍并对行政执法人员的职权进行规范和限制，以政策和执法的科学性保证我国生态森林建设的秩序性和可持续性。最后，针对我国国有林区目前高发森林火灾，严重危害国有林区林木安全的现实情况，赋予森林公安机关林业行政处罚权，并强调森林公安机关和武装森林警察部队在防治森林火灾中的联动配合，对有关违反防火规定行为的给予明确处罚权，扩大了森林保护的主体，加强了森林保护力度。

(四)统一对于林权流转形式的规定

林权流转是放活林业经济、实现森林经济可持续发展的重要方式。我国目前关于林权流转的法律规定分散可见于《森林法》《物权法》《土地管理法》《农村土地承包法》《中共中央国务院关于加快林业发展的决定》《关于全面推进集体林权制度改革的意见》。对于林权流转的方式差异和重复并存，2008年《关于全面推进集体林权制度改革的意见》中规定的可作为林权流转形式的有转包、出租、互换、转让。在《关于加快林业发展的决定》中则对承包、租赁、转让、拍卖、协商、划拨等形式予以认定。但在我国现行的《森林法》中，林权流转方式仅包括转让、作价入股或者作为合资、合作造林、经营林木的出资、合作条件，缺乏出租和抵押这两种最主要、最常见的流转形式。而《意见稿》实现了对于林权的出租权和抵押权的放开。林权的出租是指将林木转包给集体经济组织以外的单位或者个人，是有利于集约化森林经营的重要方式，而抵押是林业生产经营者融资的重要方式，也是林业实现规模化经营的重要途径。[①]《森林法》作为规定林地林木用益物权的特殊法，在统一对于林权流转形式的规定后能够进一步加强与有关政策规章的衔接力度，也可扩大法律保护的范围并推动相关政策规章的实施执行，使农村集体林地林木资源的经济功能更大程度地促进农村经济的可持续发展，推动社会主义新农村建设。

（五）社会可持续视角下的森林服务和科技兴林

社会的可持续发展是经济可持续发展和生态可持续发展的最终目的，其包括科技、教育、文化、卫生、体育等各项事业的发展，也包括社会公正、社会秩序、社会就业、社会保障、社会管理和社会和谐等方面。[②] 森林社会效益价值的评价内容是森林提供的就业机会、森林游憩和森林的科学、文化、历史价值。[③] 森林作为社会环境中的重要组成部分，应在森林科技的推广、森林文化的普及等各方面对于社会的可持续发展起到更加重要的作用。

我国对《森林法》的历次修改和具体化活动表明：

第一，我们正逐渐将《森林法》作为一部生态保护法予以对待。以前在评价森林效益时，将其经济效益放在首位的短视行为正在被抛弃，那种砍树换钱，认为森林资源取之不尽、用之不竭的思想也在发生改变。以生态建设为主，保护森林资源，使之能永续利用的原则正成为该法的发展方向。因为森林首先是一个生态系统，其次才是一个木材和其他资源系统。对森林的界定和保护都应从生态的角度入手。“从某种意义上讲，森林法设定的一切法律制度，都首先着眼于提高森林覆

---

① 徐丰果、周训芳：《论集体林权制度改革中的林权流转制度》，载《林业经济问题》2008年第4期。

② 杨淑艳：《从经济—社会—生态三维度看可持续发展战略》，载《思想政治教育研究》2008年第6期。

③ 张颖：《森林社会效益价值评价研究综述》，载《世界林业研究》2004年第3期。

盖率和加强生态建设的目的。”[①]可以说，保护森林资源，健全森林生态系统，是《森林法》修改的主要方向。

第二，突出了公益为立法取向，这也是各国《森林法》的通例。例如德国巴伐利亚州的《森林法》规定：国有林特别应服务于普通的福利。国有林要成为经营的榜样。接受委托经营的官方机构要保持和创建发展良好稳定的和收效明显的森林。[②] 我国的森林资源虽然丰富，但人均占有率低，人均林地面积和蓄积量仅占世界人均水平的15%和20%，且森林资源的增长速度和内在质量已远远不能适应经济和社会的持续发展。如果不以公益为取向，将会导致生态环境的脆弱。

第三，以生态建设为其修改基调。从可持续发展出发，历次《森林法》修改奉行在生态建设、经济效益和社会效益三者中，以生态建设为主，同时又以后两者带动生态建设，实行生态建设“推拉并举”的两手策略。合理利用森林资源的前提是保护和培育森林，发挥森林的功能要以森林蓄水保土、调节气候和改善环境为重。

四、未来我国森林法律制度的完善

(一)完善以保障物质利益为根本的林权制度

1.将林权纳入物权法保护。林权制度的改革是需要法律制度来保障的，我国林权改革主要是指集体林权的改革。目前我国集体林权改革已经取得了巨大成效，但是产权的不够明晰仍是制约其发展的瓶颈因素，然而归属清晰、权责明确、保持严格、流转顺畅是现代产权制度的基本要求。[③] 因此我国应将林权纳入《物权法》保护，使林权作为新的用益物权加以规定。

我国《物权法》旨在建构对物和其他有限资源法律规范秩序，[④]且《物权法》明确规定物权的种类和内容法定，因此林权应当纳入我国《物权法》。前文我们已经分析过林权是一种复合型权利，因此应该根据不同权利内容，将林权分解为不同类型的权利，按照其法律属性将它们规定在不同的篇章中。[⑤] 特别是将森林、林木、林地的使用权规定在用益物权中，一方面可以使林权人的合法权益受到法律的保护，另一方面也为构建有序的林权流转制度奠定了基础。

经林权纳入《物权法》保护，可以通过设定授权性规范和禁止性规范来进行具体的制度设计。其一，通过设定授权性规范，可以明确规定林权人具体享有的对森

---

① 张蕾：《〈森林法〉及〈森林法实施条例〉的特点及执法的几个相关问题》，载《林业经济》2001年第6期。

② 世界林业动态编辑部：《德国巴伐利亚森林法》，载《世界林业研究》2003年第3期。

③ 周湖勇：《〈物权法〉的制定和我国产权制度的创新》，载《哈尔滨学报》2008年第1期。

④ 高富平：《论物权法的私法性》，载《人大法律评论》2001年第2期。

⑤ 刘宏明：《浅释我国林权物权立法框架》，载《国土绿化》2008年第1期。

林资源的使用与收益权利；其二，通过禁止性规范，一方面可以保障林权人的合法权益免受行政机关、其他单位及其他林权主体的侵犯，另一方面也可以为林权人在其权益受到侵犯时，作为寻求司法救济的法律依据。

2.正确处理林权主体之间的利益冲突

林权制度改革的本质是为了让林权人获得经济利益，增加林权人的收入。在我国林权主体主要是国家、集体和个人，因此只有正确处理好这三个主体之间的利益关系才能保障林权人经济利益的实现，进而推动林业的发展。

林权主体之间的冲突主要分为两类：第一类为作为森林资源所有权人的国家、集体与非所有权人的林权个人之间的利益冲突，林权人主要是为了获得经济上的利益，而国家与集体还承担着为林业发展营造良好氛围以及保障林业可持续发展的责任，因此在实现国家和集体的利益的同时充分的兼顾林权人的利益。在一些特殊的情况下，如果对林权人造成了损失应当将损失降到最低并且国家和集体应及时补偿。第二类为非森林资源所有权主体的林权人之间的冲突，随着林业的发展，林权人之间因利益冲突而引发的案件逐年递增，例如因采伐许可证的发放而引发的冲突，林业行政主管部门在处理这些冲突的过程中投入的人力、物力成本比较高，需要正确的处理并协调各方面的利益，从而保障我国林权改革顺利进行，促进我国林业可持续发展。

3.规范林权流转行为。我国迫切需要建立范围合理、主体开放、成价合理、自由自主、监管有力的完善的林权流转机制。[①] 从而才能使林权有序流转，提高山区、林区的林地资源的利用率，促进森林资源总量的增长，进而为林业的发展奠定坚实的基础。应当从如下两个方面规范林权流转行为：

第一，政府应当鼓励林权的市场化流转，鼓励并促进租赁、入股、拍卖、抵押等多种多样的林权流转行使，使林权人最大限度地实现其经济效益。

第二，规范集体林权流转合同文本。针对一些村委会干预林权流转合同的签订，甚至根本不与林农签订合同低价流转的现象普遍存在。由于集体处于强势的地位，而林权人多数为林农，其本身又是弱势群体，对国家的法律和相关政策都不够了解。因此必须规范集体林权流转的合同的相关内容，减少集体组织在与林权人在签订合同过程中的任意性，进而保障林权人的合法权益。

（二）构建以科学林种划分为核心的森林经营管理制度

1.将森林分类经营制度纳入《森林法》。我国《森林法》仅规定了林种的划分，划分为五类林种，但是并没有明确规定森林分类经营法律制度，仅仅是为森林分类经营制度作了铺垫。我国森林分类经营制度规定在中共中央国务院发布的《加快

① 曹祖涛：《论我国林权流转法律制度》，载《绿色中国》2005年第8期。

林业发展的决定》中第 17 项规定："实行林业分类经营管理体制。在充分发挥森林多方面功能的前提下，按照主要用途的不同，将全国林业分为公益林和商品林业两大类，分别采取不同的管理体制、经营体制和政策措施。"由此可见，这才是实行分类经营制度的依据，其与分类经营管理体制对我国林业可持续发展的重要作用及其不符。因此，我国应当提高森林分类经营管理制度的立法位阶，将其纳入森林法，突出法律对其保护的力度，进而使我国林业在此制度的指导下实现由以往的粗放型林业向可持续经营的现代林业。森林分类经营管理制度的科学构建，还应当建立在科学林种划分的基础上。只有科学林种划分指引下，相关配套制度的建构才更能符合林情、林况，我国林业现代化的目标才能得以实现。

2.完善我国林种划分制度。我国《森林法》将森林划分为五类林，林种的规定过细无法与我国森林分类经营规定进行衔接。我国应当将五类林归为两类林，其中将特种用途林和防护林归为公益林，将用材林、经济林、薪炭林归为商品林。这种划分方式既与《关于加快林业发展的决定》中对分类经营的规定相衔接，也利于在大类林种划分思想的指导下进行进一步细化。

为此，我国可以借鉴发达国家的做法，将森林划分为两大类，即公益林和商品林。这种划分方式可以更为有效地使公益林更好地发挥其生态效益，使商品林更好地发挥其经济效益。突破过去我国对于商品林和经济林均采取相同的管理体制和经营政策的单一化管理方式，从而实现科学经营与保护相结合的管理制度。在两大类林种划分的前提下，可以根据其在不同大类林种中所发挥的功能与作用的不同进行细化，如可将公益林划分为生态公益林和社会公益林，生态公益林主要发挥其生态效益，而社会公益林更多的是为了满足人类的生态功能，如为人们提供良好的生活环境、提供休憩与旅游的场所等，可以在根据其功能的不同细化为多个林种。

3.建立商品林经济效益评估制度。目前，我国森林经济效益评估无法可依，仅延续传统的劳动价值观依据价格和价值的关系对森林的经济效益进行评估。但是随着可持续发展观念的深入，对森林经济价值的评估不仅要充分考虑其社会价值，鉴于其作为一种特殊的自然价值还应当充分考虑其生态价值，而经济评估应当将其生态价值和经济价值结合起来，建立我国商品林经济效益评估制度，从而使商品林的经济效益评估有法可依。

我国应当尽快制定《商品林经济效益评估条例》，在评估过程中将商品林的生态效益计算在内，适当提高木材产品的价格，从而使商品林在市场流转中的价格更加科学合理。我国应当建立相应的森林经济效益评估机构，森林经济效益评估机构的设立可以借鉴我国法人设立的条件，如设立资金的数额、有固定的场所和机构、机构人员的资质与资格要求及人数要求等；此外基于森林资源的特殊性，其效益评估机构设立还需经国家林业局的审批，但是为了保证其评估工作的独立进行，应由国家林业局对其日常工作进行指导而不是领导。确森林资源评估的范围，对于商品林的评估应当包括对其经济价值的评估与生态价值的综合评估，对于不同的商品林林种，还应当规定评估的不同内容。

（三）完善森林生态效益补偿基金制度

我国在1998年修改的《森林法》中确立森林生态效益补偿基金制度，在《中华人民共和国森林法》第8条第6款中只简单地规定了大致的内容。近些年我国的森林生态效益补偿基金制度在不断地实施与完善。我国森林生态效益补偿基金来源为三种途径：第一，中央财政拨款，中央每年按照计划对森林生态效益补偿进行财政的统一拨款。第二，通过地方财政预算安排资金。根据调查研究，福建、广西、云南、浙江、江西等省均在省级政府财政预算设立地方补偿基金。第三，通过森林资源的受益者的补偿来征收。主要分别依托森林资源开展旅游的收入、矿产行业、水电行业、其他工业和副业产品中进行征收。

第八章

水、草原、野生动植物、能源法律制度的变迁

第一节　水资源法律制度的变迁

一、我国水资源法律制度概述

(一)我国水资源保护与开发述评

伴随着改革开放的不断深入,我国的经济建设取得了不同凡响的成绩,并以前所未有的速度步入伟大复兴的新时代。社会的发展也带动了制度的不断完善,我国水资源立法经历了从无到有、由简到繁、由片面到综合完善的发展历程。由于水资源保护的重要性,水资源的立法完善进程也在不断加快,并取得了显著成就,有力地引导、规范和保障了水利工程的发展和改革,有效地推动了依法治水、依法行政的进程,为落实依法治国基本方略发挥了重要作用。经过40年的发展,形成了包括《宪法》《环境保护法》《水法》《防洪法》《取水许可和水资源费征收管理条例》等在内的水资源法律体系。

改革开放40年来,国家越来越意识到水资源在经济发展中的重要性。国家不断在水资源的管理和利用方面完善相关制度,使得我国在水利工程建设、用水节水、水资源保护等方面取得了历史性的进步，极大地促进了经济社会的发展和生态文明的建设。改革开放以来我国水资源保护与开发方面的成就主要表现在以下方面：

一是水利水电工程建设不断加强。近年来，长江中下游防汛堤坝已经修好，黄河中下游防汛工程也已基本完工，四川地震后水利工程的建设已经到位，三峡、万家寨、小浪底等水利水电工程已经完工并投入运行。2015年，我国水力发电总量为11302.7亿千瓦·时，[①]约占电力生产总量的19.4%。2016年，我国水电装机容量为33207万千瓦，[②]并处于逐年增长的良好态势。40年来，防汛抗洪体系充分发挥作用，人民群众在灾难面前得到的保障也越来越坚实，极大程度地减轻了水灾带来的损失，同时也保障了国民经济的稳定发展和社会生活的和谐安定，使得人民群众能够安居乐业。

二是水资源配置工程格局初步形成。伴随着改革开放的深入，我国经济建设步伐加快，水资源对于经济发展的重要性也日益凸显，对水资源的开发利用进程也在不断加快。为了满足社会生产生活用水的需要，以及合理开发利用水资源，在水利部门的主导下，全国水资源的配置工程的建设也在快速推进。到目前为止，南水北调工程的东线中线已经全面通水；同时，城市供水和乡村供水相关配置工程取得了极大的完善；抗旱、抗洪、蓄水、排水工程在大规模修建；黄河调水调沙工程也在逐步完备。根据国家统计局数据，截至2016年年底，全国现存有水库98461座，[③]总库容8993亿平方米，[④]相比改革开放初期有了极大的增长。天津、唐山、青岛、大连等地的引水工程也已经建成完毕；同时也建成了引珠江水向澳门和引东江水至深圳等水资源配置工程。这些引水工程的建成，极大地缓解了用水量大的城市的缺水问题。我国的水资源配置工程使得我国的水资源得以充分利用，不仅改善了城市的用水短缺问题，还使经济发展中的用水得到了进一步的保障。

三是节水型社会建设全面推进。我国水资源南北分配不均，而且人均水量较少，这就极容易造成水资源的短缺。特别是改革开放以来，经济的快速发展带来水资源需求的进一步加大，再加上水资源污染严重，进一步造成了水资源短缺现象的日益严重。2000年，《中共中央关于制定国民经济和社会发展第十个五年计划的

---

① 中国国家统计局：《中国统计年鉴》，中国统计出版社2017版（网络电子版），http://www.stats.gov.cn/tjsj/ndsj/2017/indexch.htm，最后访问时间：2018年8月26日。

② 中国国家统计局：《中国统计年鉴》，中国统计出版社2017版（网络电子版），http://www.stats.gov.cn/tjsj/ndsj/2017/indexch.htm，最后访问时间：2018年8月26日。

③ 中国国家统计局：《中国统计年鉴》，中国统计出版社2017版（网络电子版），http://www.stats.gov.cn/tjsj/ndsj/2017/indexch.htm，最后访问时间：2018年8月26日。

④ 中国国家统计局：《中国统计年鉴》，中国统计出版社2017版（网络电子版），http://www.stats.gov.cn/tjsj/ndsj/2017/indexch.htm，最后访问时间：2018年8月26日。

建议》提出建设节水型社会。这体现了我们党和政府对节约用水问题的高度重视。2005年,《中共中央关于制定国民经济和社会发展第十一个五年规划的建议》进一步提出建立资源节约型和环境友好型社会。此后,我国以水权、水市场理论为基础,以提高水资源利用效率和效益为核心,以体制、机制和制度创新为根本,[①]逐步建立了科学可持续的水资源管理系统,并进一步优化水资源配置、高效用水、全民节水,使得水资源的开发利用与生态环境承载能力相适应,稳步推进中国特色的节水型社会的建设,并取得了骄人成绩。

四是生态环境综合治理工程建设不断加强。改革开放40年来,我国的水土保持工作顺利进展,水土流失治理面积也在不断扩大。截至2016年,我国水土流失治理面积为12041.2万公顷。[②] 经过几十年的科学治理,治理区的农业生产条件和生态环境得到了显著的改善。预计到2020年,全国新增水土流失治理面积32万平方公里,年均减少土壤流失量8亿吨,基本建成水土流失防御体系。过去40年,我国不仅在理念上实现了由最初的肆意开发到着重保护的转变,在水土流失防治措施方面也取得了长足发展,并不断积极探索科学的水土保持和自然生态的修复措施。40年来,我国的水土保持工作和水环境改善工作始终昂扬向上:在管理上,不断加大监管力度,不断完善监管制度;在治理上,不断创新治理理念,采用科学治理方法;在保护上,确定保护重点,坚持适度开发与着重保护相结合。经过40年的发展,已经初步形成了水资源保护和生态综合治理相结合的水资源管理体系,并逐步开展了水资源保护管理措施与修复生态环境的实践,为水环境保护和水土流失治理奠定了科学的理念指引与宝贵的经验积累。

(二)我国水资源法律制度发展历程

新中国成立后,一直比较重视水资源的开发利用与保护改善。改革开放以来,我国水资源法律制度开始发展,由最初的“摸着石头过河”“在实践中发展”,到现在的制度基本成熟,我国水资源法律制度经历了从局部到全局逐步发展的过程,概括而言,其发展历程可大致分为以下几个阶段:

一是缓慢起步阶段(1978—1987)。在这一阶段,为了适应行政管理体制改革和加强水行政管理的要求,水资源依法管理的意识逐步增强。20世纪70年代末,水利部展开了以开发利用为主,并兼水土保持、水源保护的制度规划,此时也逐渐开始讨论《水法》的起草工作。至20世纪80年代中期,在水土保持、水利工程的建设和管理方面颁布实施了几部法规,水利部也陆续出台了《长江干流水质监测网工

---

① 水利部发展研究中心调研组:《全国节水型社会建设试点的调研》,载《中国水利》2003年第10期。

② 中国国家统计局:《中国统计年鉴》,中国统计出版社2017版(网络电子版),http://www.stats.gov.cn/tjsj/ndsj/2017/indexch.htm,最后访问时间:2018年8月26日。

作条例》《长江水资源保护工作若干规定》等规章,使相关领域的管理工作初步实现了有法可依。

二是快速发展阶段(1988—2001)。1988年是水资源法制建设历程中具有里程碑意义的一年,以《中华人民共和国水法》的颁布为标志,水资源法制建设进入了快速发展阶段。1988年4月21日,时任水利部部长杨振怀在“流域机构主任和水利厅局长《水法》学习班”指出,《水法》的颁布实施,标志着水利工作进入依法治水的新时期。此后,随着《城市供水条例》等法规规章的颁布和相关法律文件的实施,水资源管理体系初步形成,水资源的开发利用和保护活动基本纳入了法律调整的范围。在执法方面,水行政执法系统也初步建立,与此同时,人民群众关于水资源的法律意识也取得了长足进步。

三是逐步完善阶段(2002—2011)。2002年,我国对《水法》进行了大范围的修订,使得《水法》更加完善,又增加了全新的理念,更凸显了《水法》在水资源法律法规体系中的统领性作用。2002年《水法》的立法目的也完善为:“为了合理开发、利用、节约和保护水资源,防治水害,实现水资源的可持续利用,适应国民经济和社会发展的需要。”这一修订着重突出了水权和水的节约与保护。2002年《水法》的修订,有力推动了相关配套制度建设及水资源法律法规的贯彻落实,水资源法治建设逐步完善。

四是全面繁荣阶段(2012年至今)。在生态文明背景下,我国的水资源法制建设在新发展理念的指引下,水资源法律体系得以进一步的充实与完善。2012年实行了最严格的水资源管理制度,同时国务院在《水法》的基础上颁布了《城镇排水与污水处理条例》《农村饮水安全工程建设管理办法》等一系列的行政法规,以保证《水法》的顺利施行并加强水资源的管理,目前对水资源的开发、利用以及保护基本有法可依,水行政和水产权制度也基本落实。现阶段,我国水资源法治体系已经全面繁荣,全面依法治水得以进一步深化。

二、水资源法律制度的萌芽与起步(1978—1987)

(一)改革开放初期水资源政策述评

早在1973年,国务院召开第一次全国环境保护会议,会议研究讨论了我国的面临的环境问题,制定了新中国成立以来第一部关于环境保护的规范性文件——《关于保护和改善环境的若干规定》,同时也确定了第一个关于环境保护的战略性方针——“全面规划、合理布局、综合利用、化害为利、依靠群众、大家动手、保护环境、造福人民”的“32字方针”。1980年3月26日,水利部联合财政部、地质部等5个部门联合制定了《关于北方地区抗旱打井情况和今后意见的报告》,明确了机井建设和地下水资源开发利用以及保护的相关办法。明确将扩大灌溉面积、促进农村发展和解决部分地区饮水困难作为机井建设的主要目的,其侧重点在于高效开

发地下水、加强机井管理、提高机井质量等方面，虽然提到了合理利用地下水和对生态脆弱地区地下水进行保护，但是没有提出明确的实施办法和对策。1984年6月19日国务院颁布《国务院关于大力开展城市节约用水的通知》，以节约用水为指导理念，对生活用水和工业用水的水费计算方式、取用水方式作了进一步的规定，体现了节水和高效用水政策。

改革开放初期，我国对水资源的开发利用以及保护都是处于起步阶段。在水资源方面的政策主要是为了解决当时面对的实际问题，针对具体问题进行具体应对，主要目的就是实现水资源开发利用的最大化，以提高经济效益。在此阶段，开发利用兼顾保护的思想，是我国水资源政策的雏形，对后来法律制度的建设具有重要的指引作用。在水资源开发利用的前法治时代，无任何法律、行政法规指导的背景下，水资源的相关政策体现出了整体的不完备和遗漏突出的特点，但不可否认的是，这些问题也是水资源保护制度化建设初期不可避免的问题。然而，在探索的过程中也逐步形成了一些重大的思想理念，如实事求是、节约用水、高效利用等，这些理念也为后来的法律法规的出台提供了先鉴。

（二）水资源法律制度的初步探索

1.改革开放初期的水资源法律制度

改革开放以来，对水资源的保护首先体现在1979年的《中华人民共和国环境保护法（试行）》中。我国《环境保护法（试行）》规定了关于水资源的几个方面保护，主要体现在：保护水域防止水污染、禁止灭绝性捕捞、保护饮用水水源和地下水等方面，在改革开放初期制定的部门规章和政策性文件也有此方面的体现。

1980年9月23日，国家城市建设总局制定并颁布了《城市供水工作暂行规定》，明确了城市供水任务、供水调度与供水设施建设办法，并确定了计划用水、节约用水和用水收费等内容，还对水的质量指标和供水服务工作内容作出了规定，这是前法治时代我国对供水用水相对完备的管理办法。1981年6月21日又颁布了《关于城市供水水质管理工作的规定》，对水质标准作出了硬性规定，同时也增加了加强水源卫生保护、加强净水设备管理、提高和健全检测手段、重视网管的水质管理等内容，通过此方面的规定，切实保障了城市饮用水的质量，同时也强化了监管。

1985年2月，国家环境保护总局和水利水电部联合制定并颁布了《长江干流水质监测网工作条例》，同时水利电力部也制定了《长江水资源保护工作若干规定》。二者都是为保护长江水资源而出台的。前者主要提到了建立长江水质监测网，并对检测网运作的领导方式和工作内容进行了详细的部署；后者对长江水资源保护的规定主要建立在长江水质监测网的基础上，以开发利用为主同时又兼顾保护，对控制和改善长江的水污染和重大项目的取用水量都作出了详细的规定。

2.改革开放初期的水资源法律制度特征

在改革开放初期，我国对水资源开发利用的规定主要表现在国务院相关部委的规章和规范性文件中，同时国务院的行政法规也有所涉及。随着改革开放的不断深入，各种水资源缺乏和污染问题也随之暴露，国务院相关部门对于地下水资源的开发利用问题、江河水的利用问题、水污染治理问题以及水质监测管理问题等愈加重视。其原因在于，由于经济的发展，再加上当时社会环保意识普遍不强和制度不完善以及监管跟进不到位，于是造成水资源的过度开发、饮用水质量难以保证、水质监测难以发挥作用、工业废水随意排放等现象频频发生，水资源污染和水资源短缺问题日益严峻。在此背景下，国务院相关部委陆续发布了一系列部门规章，对农村取水用水、城市供水用水、铁路供水用水、长江水资源质量监测和保护以及节约用水等方面作出了规定。

在改革开放初期，国务院相关部委出台的部门规章对水资源的规定，主要是针对具体问题出台的解决问题的制度保障。一方面，表现出来了当时立法的不完善，虽然出台了许多针对不同方面问题的部门规章，但是没有一部综合概括水资源开发利用以及保护方面的法律；另一方面，这也为后来《水法》的出台提供了理论与实践基础，后来出台的《水法》正是以此类部门规章为前提条件的。

在水资源法律制度的萌芽阶段，我国制定法律文件的方式就是针对具体问题进行具体分析，然后出台部门规章解决实际问题，反映了我国改革开放初期立法的“九龙治水”的特点。水资源法律制度的萌芽阶段的立法确实是在“摸着石头过河”，为解决实际问题而立法，这也客观上为后来立法技术的提升和法律制度的改革提供了先鉴。

三、水资源法律制度的确立与发展(1988—2011)

(一)《水法》的颁布

改革开放以来，我国对于水资源的立法主要以国务院的部门规章为主，缺乏一部概括全局、进行全面规划的法律。再加上改革开放经济的快速发展，水资源在经济发展中扮演着重要的角色，水资源的开发利用以及保护缺乏制度的保障，这就使得水资源难以发挥最大的效用。以往颁布的部门规章只是对具体问题的具体分析，无法总揽全局，所以《水法》的颁布既是为了满足水资源开发利用对法律制度的需求，也是为了满足水资源管理活动对法律制度的需求。

1988年，在经历了历次国务院机构改革后，水利部最终与电力工业部分离，成为国务院中专门的水行政主管部门，负责全国水资源的统一管理与开发保护，监管水资源的开发、利用，并负责全国水行政管理。同年，第六届全国人民代表大会常务委员会审议通过了《中华人民共和国水法》。这是我国第一部以水资源为主要调整对象的重要法律，在规范水资源的开发利用行为、水资源的节约与保护，防治水害、促进水利事业的发展等方面做到了有法可依，也标志着我国开始进入全面依法治水的新阶段。[1]《水法》的进步性主要表现在：

1.实现了对水资源的统筹规划和全面管理。1988年《水法》的颁布象征着水资源保护法治时代的开始，结束了以往无法可依的局面，对我国的水资源管理具有跨时代的意义。《水法》体现了对水资源进行全面规划、统一协调管理的思想，打破了以往只针对片面问题的局限，对水资源的开发利用一级管理提供了新思路，具有重要的里程碑意义。

2.确立了水行政执法体制。《水法》的颁布使水行政执法有法可依。自1989年起水利部在全国组织开展了水利执法体系建设，从管理体制入手，明确了水行政主管部门的职责，使水行政执法力度不断加强。逐步形成了流域、省、市、县、乡五级执法网络，初步建立了一支专兼职相结合的水政监察队伍。这就为水资源的监管提供了组织保障。《水法》不仅将水资源的管理纳入执法范围，同时也为水资源的开发利用提供了强有力的保障，使得水行政执法体系得以确立。

3.确立了取水许可制度。将取水许可制度写入《水法》，明确取水许可制度，是国家加强水资源管理的一项重要措施。其不仅有利于调节水资源的供求管理，还有利于水资源的合理开发利用。随着取水许可制度的不断完善，水行政主管部门对水资源的管理逐渐步入正轨，也为后来的制度建设提供了引领作用。

(二)水资源法制体系的确立

1988年《水法》的颁布实施，对建立完备的水法规体系、全面推进水资源管理工作法治化奠定了基础。《水法》颁布实施之后，国务院以及国务院各部门颁布了行政法规和部门规章来对《水法》规定的制度进行进一步细化落实，主要涉及城市供水用水以及地下水的保护、水行政的管理、取水许可监督管理等方面。

行政法规方面主要有1994年7月19日国务院制定的《城市供水条例》。此条例的规定主要针对城市供水的管理方面，涵盖了供水工程建设、城市供水经营方式、城市供水设施维护和管理方面，为保障城市生活、生产用水和其他建设用水的顺利供应作出了相关规定，并确立了处罚规则。

部门规章方面，在城市用水管理方面主要有：1988年12月20日，建设部颁布《城市节约用水管理规定》，以加强城市节约用水管理，保护和合理利用水资源，促进国民经济和社会发展作为主要立法目的，对城市节水方式方法、节约用水的管理作了规定。1993年12月4日建设部颁布《城市地下水开发利用保护管理规定》，主要是为了加强地下水的开发、利用和保护的管理，保证城市供水，控制地面沉降。1999年2月3日，建设部颁布《城市供水水质管理规定》，为了加强供水水质管理，保障供水安全，对城市供水水质标准、抽检办法、处罚办法作了进一步的规定。

---

[1] 王文革：《自然资源法——理论·实务·案例》，法律出版社2015年版，第113页。

在取用水规定以及其他事务的管理方面主要包括：1995年12月6日，水利部颁布《取水许可水质管理规定》，其根据《水法》的规定，为了加强取水许可管理，对取水许可的水质管理作了进一步规定。1996年7月29日，水利部制定了《取水许可监督管理办法》。为了进一步加强取水许可制度实施管理与考察，促进计划用水、节约用水，根据1988年《水法》制定该办法。《取水许可监督管理办法》确立了取水许可证年度审验制度，进一步加强了监管，保证制度的顺利实施。1997年12月26日，为了保障水行政主管部门有效开展水行政管理，水利部颁布《水行政处罚实施办法》，对水行政处罚的实施机关和执法人员、水行政处罚的管辖、处罚程序等作了规定。

(三)水资源法制体系的完善

1992年，在联合国环境发展大会上通过的《21世纪议程》，为世界各国就可持续发展确立了指导原则和行动纲领。我国也于1994年发布了旨在落实"可持续发展"行动的《中国21世纪议程——中国21世起人口、环境与发展白皮书》，明确提出了我国可持续发展建立在资源可持续利用和良好的生态环境基础上，正式把可持续发展理论作为制定经济发展战略的理论基础。此后，与水资源有关的法律法规也逐渐都把可持续发展理论作为立法的指导思想。2002年，新《水法》修订颁布，除了对1988年《水法》法条的修改和立法技术的改进之外，还着重体现了统筹兼顾原则、全面规划原则、节约用水原则以及居民生活用水和生态用水优先原则。①

与1988年《水法》相比2002年《水法》的进步主要表现在：

其一，理顺了水资源管理体制，实现了水资源的统一管理。首先，在管理体制方面进行了创新，摒弃了1988年《水法》中的分级分部门管理体制，同时确立了流域管理结合行政区域管理的新的管理理念。其次，明确了流域管理机构的法律地位和行政地位，是流域管理体制进一步明确，为流域管理机构的合理行使管理权提供了法律依据。最后，全面规定了流域管理机构的职责，主要包括水资源的规划、配置以及水资源保护和执法监督处罚等方面。这些规定明确了流域管理机构的权利和义务，为流域管理机构行使职权提供了法律保障，有利于加强流域内的执法力度，实现科学化、透明化、法治化的流域管理。

其二，在水资源的保护方面确立了水质管理制度。首先，确立了河湖区域的水功能区划制度，结合区域水资源开发利用现状和社会需求，科学合理地在相应水域划定具有特定功能、满足水资源合理开发利用和保护要求并能够发挥最佳效益的区域。同时要求相关部门按照水功能区化的实际情况结合水质要求制定排污总

① 胡德胜:《环境与资源保护法学》,西安交通大学出版社2017年版,第336页。

量。其次,对排污口的建立和改变排污量的行为规定了相关的审批机制,对防止水污染、提高水质具有强有力的保障作用。最后,明确了饮用水水源保护地制度,并对饮用水水源地的管理作了相关规定。通过这些规定,2002年《水法》较好地填补了原先水法体系的漏洞,使水质管理更加明确,对水质监测更加具体,对水资源的保护更加到位。

其三,明确了节约用水的制度。2002年《水法》的修订,增加了节约用水的相关制度,明确了节水的目标和范围,使节约用水真正有法可依。首先,在《水法》的总则方面,将建设节水型社会、发展节水型相关行业写入《水法》总则,明确了节约用水的目标,使节水政策有了指导性的思想。其次,在用水方面,加强用水的管理,提出了一系列的制度和方法,以法律制度约束节水管理。再次,2002年《水法》规定了总量控制和定额管理相结合的制度,这就使水资源的分配和管理有了科学的制度依据。最后,2002年《水法》还明确了违反节水规定的法律责任,并规定了处罚方式和罚款金额。

(四)水资源法律制度的发展

2002年《水法》颁布后,确立了一系列新的制度和新的管理方法,为了保证《水法》的顺利实施,国务院和相关部门颁布了一系列的行政法规和部门规章,对相关问题进行了进一步规定。主要内容包括水资源保护管理、取水许可管理、用水水价管理、相关配套设施的建设以及移民安置等方面,切实起到了创新立法,加强水资源制度建设的作用。

2003年1月21日,为保证水文、水资源调查评价和建设项目水资源论证工作的质量,水利部颁布了《水文水资源调查评价资质和建设项目水资源论证资质管理办法(试行)》,对相应的资质提出了硬性的规定和要求。后来又陆续发布了《长江河道采砂管理条例实施办法》《水库降等与报废管理办法(试行)》等4件部门规章以及《水功能区管理办法》《关于加强地下水超采区水资源管理工作的意见》等与水法配套实施的规范性文件。同时还颁布实施了《水利工程供水价格管理办法》《长江河道砂石资源费征收使用管理办法》等。

2004年1月9日,为了科学、合理利用水利风景资源,保护水资源和生态环境,加强对水利风景区的建设管理和保护,水利部颁布了《水利风景区管理办法》。2004年11月30日国务院颁布《黄河河口管理办法》,主要是为了加强黄河管理,保障黄河防洪、防凌安全。同年,水利部在2003年基础上配合国务院法制办完成了《取水许可制度实施办法》《水资源费征收使用管理办法》的修改、合并工作,同时提出了《取水许可和水资源费征收管理条例(征求意见稿)》。

2005年6月22日,水利部颁布了《水利部关于修改部分水利行政许可规章的决定》,完善了部分行政规章的内容,使行政审批项目和程序更加趋于合理。同年,水利部颁布了《水行政许可实施办法》《水利部关于修改或者废止部分水利行政许可规范性文件的决定》《水利工程建设安全生产管理规定》，在水行政许可和水工程建设方面进一步完善了制度。完成了《黄河水量统一调度条例》第二次征求意见和修改，完成了《中华人民共和国水文条例》《中华人民共和国河道采砂管理条例》的起草工作，参与了《节约用水条例》的起草工作。

2006年，国务院颁布了《取水许可和水资源费征收管理条例》《大中型水利水电工程建设征地补偿和移民安置条例》《黄河水量调度条例》，在取水许可、税费征收、水利工程建设征地补偿以及移民安置补偿方面进行了进一步的完善，明确了严格管理、统一管理的思想。同年，水利部还发布《水行政许可听证规定》《水利工程建设监理规定》《水利工程建设监理单位资质管理办法》《水利工程建设项目验收管理规定》，在听证制度完善、水利工程建设和管理方面作出了较为完善和系统的规定，使管理更加明确化和具体化。

2007年4月25日，国务院颁布了《水文条例》，目的是加强水文管理，规范水文工作，为合理开发、利用、节约、保护水资源和做好防灾减灾的工作。《水文条例》在水文的规划与建设、监测与预报、资料的汇交保管与使用、设施与检测环境保护等方面作了系统性的规定。2008年12月27日，为了加强航道管理，改善通航条件，保证航道的畅行和航行安全，国务院颁布《航道管理条例》，对航道的规划建设以及保护作出了规定，并规定了处罚机制。

自2002年《水法》修订以来，国务院的行政法规和相关部门的部门规章不断出台。在2002年《水法》的基础上，按照水资源可持续发展战略原则，结合我国经济社会发展现状，进一步强化了水资源的管理、配置和保护，突出了节约用水，健全了执法监督机制，进一步确立并完善了水资源的开发利用以及相关监管办法与处罚规则，为我国水资源法制的完善作出了贡献。

2002年《水法》及系列行政法规和部门规章的相继出台，体现了国家关于加强水资源管理、实现水资源可持续利用等方针、政策的法律化。为促进水利发展模式转变、开创水资源管理发展新局面奠定了制度基础。此阶段的制度建设取得了长足发展，理念更先进、制度更完备、针对性和可操作性更强，更加符合科学发展观的本质要求，我国水资源立法也趋近成熟。2002年《水法》颁布实施以来，水资源管理思路发生了深刻转变，水资源管理体制不断完善，使水资源节约和保护制度得到了大力发展，使水资源的开发、利用和节约真正有法可依；与此同时，制度在实施过程中也取得了巨大的成功，在保护和利用水资源方面发挥了重要作用。

四、水资源法律制度的进一步完善(2012—2018)

(一)水资源法治新趋向

2012年11月，党的十八大从新的历史起点出发，作出“大力推进生态文明建设”的战略决策，从十个方面绘出生态文明建设的宏伟蓝图，生态文明建设这一历史性的格局从此展开。在生态文明建设的背景下，水资源法治呈现出以下几方面的新趋向：

第一，在立法方面，科学立法进一步贯彻，立法创新步伐加快。在大力推进生态文明建设的背景下，在立法过程中，一方面要树立法治思维，统筹兼顾科学立法；另一方面要促进立法创新，让法律真正解决实际问题，真正能起到促进生态文明建设的作用。水资源立法也正朝着更加科学、更加新颖、监管更加到位、保护更加有利的方向发展，真正地强化水资源的配置，完善水资源的管理，健全水资源的保护，使水资源法制建设能够促进生态文明的建设。

第二，在执法方面，严格、高效、有力的生态文明建设执法体系不断确立和发展。执法队伍的建设不断加强，执法力度的不断提升，执法监督体系与反馈机制不断强化，问责制度日益完备。与此同时，监督程序日趋完善，相关监督愈加公正公开，行政协议、行政指导等柔性执法措施越来越受到重视。

第三，在司法方面，公正司法进一步凸显。检察机关作为法律监督机关，也要加强对水资源相关诉讼活动的法律监督，依法履行督促起诉、支持起诉等职能，切实将水资源方面的犯罪对国家、集体和个人利益的损害降到最低。结合水资源保护案件特点，在审判机制、方法和程序方面不断进行创新，使之得到合理化配置和科学化构建。制度健全方面，逐步使环境行政执法与刑事司法衔接到位、公益诉讼制度能够发挥作用、环境侵权和生态补偿诉讼程序更加完善，加快环境案例指导制度建设。

第四，在守法方面，不断引导群众知法、守法、用法，自觉保护水资源，推进节水型社会建设的深入发展。更加注重水资源法治教育和相关法律的宣传，使宣传教育规则化、制度化，保证法制宣传程序规范。信息公开制度、救济措施、举报人奖励和保护机制等更加完备。公众知情权、参与权和获得救济权切实得到维护与保障。同时，人民群众的保护和节约水资源的良好生产生活意识进一步提升，尊法守法更加自觉。

（二）水资源法制新作为

2009 年年初，水利部提出实行“最严格的水资源管理制度”。随后，2011 年在《中共中央国务院关于加快水利改革发展的决定》明确提出了要实行最严格水资源管理制度，并明确了最严格水资源管理制度要建立的四项制度——用水总量控制制度、用水效率控制制度、水功能区限制纳污制度以及水资源管理责任与考核制度，并将之作为加快经济发展方式转变的战略举措。2012 年国务院发布《关于实行最严格水资源管理制度的意见》，从制度总体要求、重点任务和主要目标等方面对该制度的实施作出了具体安排和全面部署。[①]

2013年，为了保障城镇排水与污水处理设施安全运行，防治城镇水污染和内涝灾害，从而加强对城镇排水与污水处理的管理，国务院颁布了《城镇排水与污水处理条例》，将规划建设污水处理、排水、设施维护纳入管制范围之内，充分体现了水资源的利用和保护同时并举的制度安排。同年12月31日，水利部颁布了《农村饮水安全工程建设管理办法》，对农村饮水安全工程的建设、维护、管理办法作了进一步的规定，并将以保护水源为主，进行合理的开发利用，加强工程的建设以及将生产维护等方面纳入规制范围内。

2014年2月16日国务院颁布《南水北调工程供用水管理条例》，主要立法目的就是为了加强南水北调工程的供用水管理，充分发挥南水北调工程的经济效益、社会效益和生态效益；该条例对水量调度、水质保障、用水管理和工程的建设和维护方面作了规定，并规定了相关的法律责任。同年2月28日水利部颁布《关于加强河湖管理工作的指导意见》，在分析当前河湖管理存在的突出问题、明确加强河湖管理推进水生态文明建设重要意义的基础上，提出了健全法规制度、建立规划约束、创新管护机制、开展水域岸线登记和确权划界、建立占用补偿制度、规范涉河项目审批、严禁涉河违法活动、落实日常巡查、严厉打击违法行为、加强动态监控等10项河湖管理重点任务。

2016年，为了加快农田水利发展，提高农业综合生产能力，保障国家粮食安全，国务院颁布《农田水利条例》。该条例以完善规划统筹机制、深化产权制度改革、严格实行用水总量控制、健全农业水价形成机制为重点，为加快农田水利发展提供了法制保障，对促进农业现代化、保障国家粮食安全具有重大意义。2017年为了全面加强水功能区监督管理，有效保护水资源，加强水资源的可持续利用，以进一步推进生态文明建设，水利部颁布《水功能区监督管理办法》，其按照水资源的开发利用现状，全面加强水功能保护区、保留区、缓冲区、饮用水源区的管理。

结合实践效果，2012年落实最严格水资源管理制度以来，我国水资源制度体系更加完备。进一步完善了水资源开发利用制度、节约用水制度、水资源保护制度、水资源产权制度、用水总量控制制度和取水许可制度等各项制度的实施细则和管理机制，使各项制度更加切合实际且收到了良好的实践效果，从而形成了完备、科学的水资源管理制度体系。这使得水资源的开发、利用、节约、保护与经济社会发展更加协调适应，同时拥有了制度的保障。

生态文明建设背景下，依法治水得到了有效的贯彻，目前我国水资源立法正处于全面繁荣阶段。随着生态文明建设的深入和法治建设的趋于完备，水资源管理取得了新的成绩。水法规体系得到了进一步完善，部分领域内的重要规则制度趋

---

① 胡德胜：《环境与资源保护法学》，西安交通大学出版社2017年版，第339页。

于完备，对于水资源的保护和监管更加完善，水行政执法队伍的执法效果显著提高，水资源的开发和利用更加科学，水资源立法更加切合实际需求，水法制宣传教育取得新的成效。

五、新时代水资源法律制度建设之展望

（一）水资源法治建设的伟大成就

改革开放40年以来，我国水资源立法经历了从无到有、由简到繁、从片面至全局的制度不断完善过程，随着法治的不断完善和发展，逐渐形成了包括《宪法》《环境保护法》《水法》《防洪法》《取水许可和水资源费征收管理条例》等水资源权属的规定。1997年，"依法治国"写进党的十五大报告，成为"党领导人民治理国家的基本方略"。依法治国，建设社会主义法治国家，不仅是全党的使命，也成为全民、全社会的责任与义务。法治，以其特有的方式改变着中国，水资源是我国重要的战略资源，依法治水是依法治国的必然要求。中国具有悠久治水历史和优秀治水传统，不同的历史时期都产生过顺应其社会发展要求的水法规，它们传承、演绎着丰富的治水精神和优良传统。改革开放40年来，水资源法治建设取得的伟大成就主要有以下方面。

1.全面确立"依法治水"基本方略

1997年9月12日，党的十五大报告中把"依法治国"正式确立为党领导人民治理国家的基本方略。党的十五大报告对依法治国作了深入、全面、精辟的论证和概括，从而把它作为党领导人民治理国家的基本方略正式确立了下来。水资源作为一种重要的战略资源，是与人类的生活和社会运转以及经济发展息息相关的，对水资源的开发、利用以及保护的监管离不开法律，所以"依法治水"是依法治国的必然要求。"依法治水"是新时期对水资源保护和监管的必然要求，只有"依法治水"，才能使水资源得到合理的开发利用，才能做到对水资源的全面保护。

2.以《水法》为核心的水资源法律法规体系得以形成

1988年7月1日，作为规范一切水事活动的基本法——《中华人民共和国水法》开始施行；2002年10月1日，在总结《水法》实施经验的基础上，针对水资源管理、开发、利用、节约和保护中出现的新情况和新问题，为适应国民经济和社会发展的需要，修订后的新《水法》开始施行，为水利发展提供了更好的法律保障。除了《水法》之外，国务院以及各部委颁布了上百部行政法规和部门规章，绝大多数省级行政区域也制定了关于贯彻实施《水法》的地方性法规和规章，以及其他有关或者涉及水资源保护的地方性法规和规章。完整的法律法规系统是实现水资源利用以及保护最大化必要保障。

3.水资源管理与保护制度日趋完善

在水资源的立法中，形成了一系列的水资源管理与保护制度，主要包括：水资

源规划制度、水权制度、饮用水水源保护制度、取水许可制度、用水总量控制制度、水资源有偿使用制度、最严格水资源管理制度等。这些制度是随着水资源法律法规的发展而逐渐形成的。制度的确立和完善并非一朝之功，而是随着社会的发展和立法不断地成熟起来的。制度的成熟与完善代表着法律法规的更健全，由此可以折射出我国在对水资源开发、管理、利用以及保护方面真正做到了有法可依。也正是因为“依法治水”才使得我国在水资源的管理和保护方面的制度日趋成熟。

4.水资源法律制度实施效果显著

法律的生命在于实施。而与法律实施效果密不可分的就是执法力度。严格执法是水资源保护依法行政的关键。《水法》修订实施后，各级水行政主管部门通过严格执法、严格监督来深入贯彻《水法》的施行。主要表现在：加强执法队伍建设、加大执法力度，切实做到有法必依、执法必严、违法必究，为保证《水法》的贯彻实施作出了积极贡献。特别是在建设执法队伍方面，各地、各流域机构坚持依法行政、依法监督、依法管理，采取多种形式提升执法人员的素质，建立完善的考核制度，使执法队伍的执法能力和执法水平进一步提高。在严格的执法体系的保障下，我国水资源法律制度取得了良好的实施效果，水资源的量与质都得到了明显的提升。

（二）新时代水资源法治建设展望

1.在治理理念方面，在新时代，应继续深化“依法治水”的理念，对水资源的管理和保护都应该建立在“依法治水”之上，以法律作为依托，实现制度的创新和治理理念的科学转变。新时代的水资源治理理念应当以节约水资源和水资源的保护为主要目标，提高水资源的利用效率，促进水资源法律制度的法治化水平，完善水资源开发利用和保护改善各类制度的全面完善，提高水资源治理的社会化水平、法治化水平和专业化水平。注重法治治理理念的创新，合理衡平水资源的保护同社会发展之间的矛盾，在治理方面寻求科学化指导与制度创新，将法治治理理念同新时代的实际发展状况相结合，使法律制度更适合水资源的管理和经济社会的发展需要，更加符合生态文明建设的需要，更加符合建设美丽中国的需要。

2.在完善既有制度方面，相对于目前而言，水资源法律制度还需进一步完善，最严格的水资源管理制度要切实施行，使水资源的管理制度能够真正地落实到位。对未来的水资源法律制度应当以新发展理念为指导，以建设生态文明为目标，以加强水资源的开发、利用和保护为出发点和落脚点。要以实现发展和保护相协调为核心理念，以水资源配置、节约保护为工作重心，把握科学方法，进行立法创新，使水资源的利用更加合理，使水资源的保护更加严格，对节约用水的贯彻更加到位。要着力推进水资源管理向着合理开发、深度利用、科学保护的方向转变，使水资源法制建设更加科学化、法治化、体系化。

第二节　草原法律制度的变迁

一、我国草原法律制度概述

在自然科学上，草原可以分为草甸草原、典型草原、荒漠草原、高寒草原等类型。我国《草原法》(2013年修正)中"所称草原，是指天然草原和人工草原"；[①]"天然草原包括草地、草山和草坡，人工草地包括改良草地和退耕还草地，不包括城镇草地"。草原是一种可更新的资源类型，它不但可以自我繁殖，而且适应能力强；只要注意保护，合理利用，就可供人类永续使用。草原作为一种特殊的生态系统，对于保持水土，防风固沙，保护和养育草原动物与植物，保持生物多样性，维持生态健康，有着十分重要的作用，不仅有着巨大的自然、经济价值，同时还有这巨大文化价值。[②] 我国是一个草原资源大国，拥有各类天然草原近4亿公顷，主要分布在内蒙古、新疆、西藏、青海、四川和宁夏等省、自治区，草原总面积仅次于澳大利亚，居世界第二位；但人均占有草原面积只有0.33公顷，仅为世界平均水平的一半。[③] 草原既是牧民的基本生产资料，又是生态保护的屏障。因此，保护、建设和合理利用草原，对国民经济和社会发展具有十分重要的战略意义。于某种程度上，草原生态环境是推进草原法制的动能。1979年以前，我国尚未有关于草原保护的单独立法，主要散见于其他一些环境保护的法律法规当中。

在国家改革与变迁的大历史背景下，遵循邓小平理论、"三个代表"重要思想、科学发展观及习近平新时代中国特色社会主义思想的历史演变，也推进了《草原法》起步、发展与成熟，同时也为《草原法》的未来指引了方向。从1979年开始，我国的草原立法进入了起步阶段，历经30多次修改，方才形成了《草原法》草案，直至1985年10月才出台了第一部《中华人民共和国草原法》。其后，2002年经历了一次较大程度的修订，2009年与2013年分别进行了小范围的修正，逐步形成了现有的《中华人民共和国草原法》。目前，我国已经基本形成了以宪法为最高效力，以《草原法》为核心内容，以其他部门法的相关规范和相关法规规章为补充的草原法律体系。

目前，我国现行草原方面的法律、法规和规章主要有《草原法》(1985年颁布，2002年修订，2009年、2013年修正)、《草原防火条例》(1993年颁布，2008年修

---

① 《中华人民共和国草原法》(2013年)第2条。

② 蔡守秋：《环境与资源保护法学教程》，高等教育出版社2014年版。

③ 《农业部2002年关于〈中华人民共和国草原法(修订草案)〉的说明》。

订)、《草原治虫灭鼠事实规定》(1988年发布,1997年修订)、《草畜平衡管理办法》(2005年)、《草原征占用审核审批管理办法》(2006年发布,2014年修订)等。同时,《环境保护法》等法律、法规也对草原保护、利用等事项作了规定。

二、草原法律制度的萌芽与起步(1978—1985)

中华人民共和国的成立,标志着我国草原原始游牧经济时代的终结,进而向现代的草原集约管理时代转变,而这一转变也带来了一系列草原保护法律规范的出台。1978年年底,十一届三中全会之后,全党将工作重点转移至经济建设,同时在政治、思想、组织等方面的拨乱反正为社会主义法制开辟了道路。就是在这一时期,我国草原立法工作受到了足够的重视。肇始于1978年的《草原法》起草工作,历经30余次修改,方形成最终草案。其中,第一稿是由原农林部畜牧总局所负责起草,名称为《全国草原管理条例》。[①] 在经过全国农牧局长会议讨论并修改之后,即印送有关部门征求意见。历时2年,曾3次在全国农牧厅局长会议进行论证。直至1981年4月,原国家农委和农业部才将《草原法(草案)》上报至国务院审批。其后在国务院再次历经国务院法制办、经济法规研究中心先后组织讨论,并印送有关部门征求意见。历时3年,于1984年6月经国务院常务会议讨论,终将草案提请至全国人大常委会审议,并由1985年10月正式出台。其实,在第一部《草原法》正式出台前,我国首次系统性规定草原保护相关的立法主要是1979年《环境保护法(试行)》,该法第14条规定"保护和发展牧草资源。积极规划和进行草原建设,合理放牧,保持和改善草原的再生能力,防止草原退化,严禁滥垦草原,防止草原火灾"。而正式的《草原法》出台建立起了一套完整的草原法律制度体系:草原权属制度、保护制度、管理制度、开发利用制度等。在一定程度上弥补了《环境保护法(试行)》对草原保护仅有原则性规定的不足,对草原的管理体制、保护措施等作出具体规定。

(一)草原权属制度初步确立

1985版《草原法》第4条、第6条、第7条、第18条分别涉及关于草原权属方面的相关规定。其中,第4条规定的是草原所有制,草原属于国家所有,即全民所有,由法律规定属于集体所有的草原除外,并规定了相应的确权程序。第6条则规定了草原权属纠纷处理机制,明确了草原权属纠纷应秉持协商处理原则,协商不成则由人民政府处理;规定了对人民政府处理决定不服的,可以在接到通知之日起1个月内向人民法院起诉。第7条涉及集体所有草原的征收制度,规定了国家建设使用集体长期固定使用的全民所有的草原,应参照《国家建设征用土地条例》的规定,

① 1984年11月10日在第六届全国人民代表大会常务委员会第八次会议上关于〈中华人民共和国草原法(草案)〉的说明》。

给予适当补偿,并妥善安置牧民的生产和生活。第18条则是草原权属遭受侵犯时的罚则规范。[①]

草原权属制度是1985年《草原法》所要解决的首要问题。溯及以往,在1949年以前我国牧区的社会经济形态主要包括:牧主、农牧主所有制及其封建部落所有制。对于草原的占有形式除去个人所有制以外,有相当一部分属领地、部落或寺庙共有。究其本质而言,实质上为代表封建特权的王公贵族、部落首领和农牧主掌握了草原的支配权能。在1949年后,封建所有制的废除虽然是经济形式的重大变革,然并未就草原权属作出具体的制度设计。仅能依据当时宪法所规定的"国家所有"和"集体所有"的两项原则规定,肯定两种所有制的并存。当然,这也初步对各地已经固定的草原使用权予以肯定。随着《草原法》的出台,为了保护草原所有权及其使用权的不受侵犯,《草原法》明确规定了任何单位和个人都不得侵犯。"国家建设使用集体长期固定使用的全民所有的草原,参照《国家征用土地条例》的规定,给予适当补偿,并妥善安置牧民的生产和生活","国家建设临时使用草原,按照《国家建设征用土地条例》办理。使用期满,用地单位应当恢复草原植被"。同时,还专门规定:"国家建设在民族自治地方征用或者使用草原,应当照顾民族自治地方的利益,作出有利于民族自治地方经济建设的安排。"

(二)草原保护制度初步成型

在《草原法》出台之前,草原的管理与建设并不是我国社会管理之重点,我国的草原生态遗留了诸多问题。如乱垦、滥牧所导致草原资源破坏、植被破坏、自然生态破坏,不合理开发所导致的自然生态系统失调,风沙干旱加剧,沙化、碱化、退化,产草量普遍降低等情况。于是乎,针对上述现实问题,草原保护制度方面主要涉及的法律条文有第10条、第11条、第12条、第13条、第14条、第15条、第16条、第19条、第20条。其中具体措施包括有:严格保护草原植被,禁止开垦破坏;对草原资源的开采利益须经使用者同意,并报人民政府批准;合理使用草原,防止过量放牧;防止草原虫害,保护捕食鼠虫的益鸟益兽;防治草原地区牲畜疫病和人畜共患疾病;机动车辆在草原上行使,应当注意保护草原;加强草原防火工作;违反草原保护规定的相关罚则。

根据上述条文,可以将草原保护制度大至分为:一是禁限制度,即严格保护草原植被,禁止开垦和破坏。草原使用者进行少量开垦,必须经县级以上地方人民政府批准。已经开垦并造成草原沙化或者严重水土流失的,县级以上地方人民政府应当限期封闭,责令恢复植被,退耕还牧。在草原上割灌木、挖药材、挖野生植物、刮碱土、拉肥土等,必须经草原使用者同意,报乡级或者县级人民政府批准,在指定

① 《中华人民共和国草原法》(1985年)第4条、第6条、第7条、第18条。

的范围内进行，并做到随挖随填，保留一部分植物的母株。禁止在荒漠草原、半荒漠草原和沙化地区砍挖灌木、药材及其他固沙植物。未经县级人民政府批准，不得采集草原上的珍稀野生植物。合理使用草原，防止过量放牧。因过量放牧造成草原沙化、退化、水土流失的，草原使用者应当调整放牧强度，补种牧草，恢复植被。对已经建成的人工草场应当加强管理，合理经营，科学利用，防止退化。地方各级人民政府应当采取措施，防治草原鼠虫害，保护捕食鼠虫的益鸟益兽。[①] 二是草原火灾防止制度，即加强草原防火工作，贯彻“预防为主，防消结合”的方针，建立防火责任制，制定草原防火制度和公约，规定草原防火期。在草原防火期间，应当采取安全措施，严格管理。发生草原火灾，应当迅速组织群众扑灭，查明火灾原因和损失情况，及时处理。[②]

（三）草原管理、利用制度初见雏形

1985年《草原法》初步确立了草原管理体制，该法第3条指出：国务院农牧业部门主管全国的草原管理工作，县级以上地方政府农牧业部门主管本行政区域内的草原管理工作；同时，对于草原所有权、使用权受到侵犯的，被侵权人可以请求县级以上地方人民政府农牧业部门处理。[③] 对于草原所有权、使用权的争议全民所有制单位之间、集体所有制单位之间以及全民所有制单位与集体所有制单位之间的草原所有权和使用权的争议，由县级以上人民政府处理。个人之间、个人与全民所有制单位或者集体所有制单位之间的草原使用权的争议，由乡级或者县级人民政府处理。地方人民政府还需负责组织本行政区域内的草原资源普查，制度草原畜牧业发展规划并纳入国民经济发展计划，并负有草原保护、建设和合理利用，提高草原载畜能力的职责。从这一管理体制可以看出，地方人民政府承担了草原管理方方面面的职能。此时的草原管理制度还保有浓重的计划经济色彩。

在草原开发制度方面。1985年《草原法》关于草原的开发利用制度主要重叠在草原保护制度当中，体现为一种“禁止性规定”。如第10条至第12条规定，禁止开垦破坏，禁止采集草原上的珍稀野生植物，防止过度放牧等；第7条有关国家建设征用集体所有草原的相关规定。此时的中国尚处于改革开放初期，市场经济体制尚未发生转变，因此，有关草原开发利用，并非当时立法所需解决的迫切问题。[④]

（四）草原法律责任制度初步建立

1985年《草原法》规定的县级以上地方政府农牧业部门仅有要求侵犯草原所有权、使用的侵权行为人停止侵权，及其对其他行为处以相应罚款的权力。相关法

---

① 《中华人民共和国草原法》(1985年)第10条至第15条。

② 《中华人民共和国草原法》(1985年)第16条。

③ 《中华人民共和国草原法》(1985年)第3条。

④ 《中华人民共和国草原法》(1985年)第7条、第10条至第12条。

律责任的规定较为笼统、缺乏可操作性，同时又具有较大的自由裁量权空间。如违反本法规定开垦草原的，县级以上地方人民政府农牧业部门有权责令停止开垦，恢复植被；情节严重的，还可以处以罚款。又如违反本法规定在草原上砍挖固沙植物和其他野生植物或者采土，致使草原植被遭受破坏的，乡级人民政府或者县级人民政府农牧业部门有权制止，并责令恢复植被，赔偿损失；情节严重的，还可以处以罚款。[①]

（五）小结

1985 年《草原法》是现代意义上具有中国特色的第一部专门草原立法，对草原的保护、建设和合理利用科学地作出了一系列具体、原则的规定。该法的出台标志着我国长期以来草原保护“无法可依”局面的终结。由于当时意识形态、经济体制、社会问题的时代性特征，这一时期的《草原法》可以清晰地看出，其旨在解决草原权属问题、草原保护问题及其草原管理主体等问题。

三、草原法律制度的确立与发展（1985—2002）

这一时期中国的政治、经济体制发生了翻天覆地的变化。计划经济逐渐向有计划的市场经济转变。而大环境的改变必然决定了草原法律制度的变更。从修订的过程来看，九届全国人大常委会第二十九次会议分组审议《草原法（修订草案）》的意见。就修订的必要性来看，我国是草原资源大国，草原沙化、退化、荒漠化的趋势加剧，近些年“沙尘暴”频繁，重要原因是草原植被遭破坏，草原对生态建设和国民经济可持续发展具有十分重要的作用。1985 年制定的《草原法》，已不能适应草原保护管理的需要，为解决草原保护、建设、利用方面存在的突出问题，对现行《草原法》进行修改是必要的。对草原开发利用制度方面，许多委员认为修改《草原法》最重要的问题是必须搞承包，不搞承包的草原是没有前途的，修订草案对此强调的还不够，要使承包者有安全感不能光看牛多、人多、羊多，最主要的问题是草原保护、建设和合理使用，应当提倡有条件的地方搞圈养，没条件的地方搞好牧场，牧民就靠草场，就像农民依靠土地一样。[②] 同时国家要加大对草原建设的投入，我国多数是可利用草原，但我们对草原的投入没有过硬的措施。在草原管理体制方面，有的委员提出，草原保护需要大量投资，各方面要配套，特别是草原比较集中的地区，不由政府领导来解决的话，光靠畜牧业主管部门恐怕很难有所作为。有的委员提出，草原的保护与管理需要综合治理，建议在这一条中明确其他相关部门的职责。有的委员建议将这一条中的“畜牧业行政主管部门”改为“草原行政主管部门”；有

① 《中华人民共和国草原法》(1985 年)第 18 条至第 21 条。

② 2002 年 8 月 23 日第九届全国人民代表大会常务委员会第二十九次会议《关于中华人民共和国草原法(修订草案)的说明》。

的委员建议改为"草地资源主管部门"。最终,2002年《草原法》采用了"草原行政主管部门"这一称谓,可算是草原管理体制的"小修改、大变动"。这次《草原法》修订涉及草原法律制度体系的方方面面,具体表现在以下几个方面。

(一)草原权属转让制度的确立

经济体制的改变催生了土地制度的改革,为保障农民的土地经营权,1982年,我国在宪法中确立土地权属制度,即"农村和城市郊区的土地,除由法律规定属于国家所有的以外,属于集体所有;宅基地和自留地、自留山,也属于集体所有"。同时,在全国范围内,中国的农村集体经济体制开始向以家庭联产承包为主的责任制转变。在这种趋势之下,2002年《草原法》对草原承包经营权及其承包经营权的转让作出了明确规定。集体所有的草原或者依法确定给集体经济组织使用的国家所有的草原,可以由本集体经济组织内的家庭或者联户承包经营。在草原承包经营期内,不得对承包经营者使用的草原进行调整;个别确需适当调整的,必须经本集体经济组织成员的村(牧)民会议2/3以上成员或者2/3以上村(牧)民代表同意,并报乡镇人民政府和县级以上人民政府草原行政主管部门批准。集体所有的草原或者依法确定给本集体经济组织使用的国家所有的草原由本集体经济组织以外的单位或者个人承包经营,必须经本集体经济组织成员的村(牧)民会议2/3以上成员或者2/3以上村(牧)民代表同意,并报乡(镇)人民政府批准。承包经营草原的,发包方和承包方应当签订书面合同。草原承包合同的内容应当包括双方的权力和义务,承包草原四至界限、面积和等级,承包期和起止日期,以及承包草原用途和违约责任等。承包期届满,原承包经营者在同等条件下享有优先承包权。承包经营草原的单位和个人,应当履行保护、建设和按照承包合同约定的用途合理利用草原的义务。2002年《草原法》第15条对草原承包经营转让的原则、条件作了明确规定:草原承包经营权受法律保护,可以按照自愿、有偿的原则依法转让。草原承包经营权转让的受让方必须具有从事畜牧业生产的能力,并应当履行保护、建设和按照承包合同约定的用途合理利用草原的义务。草原承包经营权转让应当经发包方同意。承包方与受让方在转让合同中约定的转让期限,不得超过原承包合同剩余的期限。草原家庭承包制的立法确认是适应当时中国经济体制的一项重大转变。①

(二)草原保护制度的新增与完善

2002年《草原法》设第6章专门规定草原保护制度。同一时期还出台了相应的行政法规和部门规章,分别为:1993年颁布的《草原防火条例》,1988年发布、1997年修订的《草原治虫灭鼠实施规定》。这一时期草原法保护新增及其完善了

① 《中华人民共和国草原法》(2002年)第13条至第15条。

多项制度。

一是第 42 条确立了国家基本草原保护制度，划分了基本草原范围，并实施严格管理：重要放牧场，割草地，用于畜牧业生产的人工草地、退耕还草地以及改良草地、草种基地，具有特殊作用的草地，国家重点保护野生动植物生产环境的草原，草原科研、教学实验基地及其国务院规定应当划为基本草原的其他草原。[①]

二是第 43 条、第 44 条确立了草原自然保护区制度，国务院草原行政主管部门或者省、自治区、直辖市人民政府可以按照自然保护区管理的有关规定在具有代表性的草原类型，珍稀濒危野生动植物分不清，具有重要生态功能和经济科研价值的草原建立草原自然保护区。县级以上人民政府应当依法加强对草原珍稀濒危野生植物和种质资源的保护、管理。[②]

三是第 45 条确立了草定畜、草畜平衡制度。县级以上地方人民政府草原行政主管部门应当按照国务院草原行政主管部门制定的草原载畜量标准，结合当地实际情况，定期核定草原载畜量。各级人民政府应当采取有效措施，防止超载过牧。[③]

四是第 46 条至第 54 条中的相关规定，完善了草原禁限、鼓励制度。禁限制度本身承袭了 1985 年《草原法》的诸多规定，并对其进行了补充。在禁限制度方面，国家禁止开垦草原。对水土流失严重、有沙化趋势、需要改善生态环境的已垦草原，应当有计划、有步骤地退耕还草；已造成沙化、盐碱化、石漠化的，应当限期治理。对严重退化、沙化、盐碱化、石漠化的草原和生态脆弱区的草原，实行禁牧、休牧制度；对严重退化、沙化、盐碱化、石漠化的草原和生态脆弱区的草原，实行禁牧、休牧制度。草原上从事采土、采砂、采石等作业活动，应当报县级人民政府草原行政主管部门批准；开采矿产资源的，并应当依法办理有关手续。经批准在草原上从事《草原法》第 50 条第 1 款所列活动的，应当在规定的时间、区域内，按照准许的采挖方式作业，并采取保护草原植被的措施。在他人使用的草原上从事《草原法》第 50 条第 1 款所列活动的，还应当事先征得草原使用者的同意。在草原上开展经营性旅游活动，不得侵犯草原所有者、使用者和承包经营者的合法权益，不得破坏草原植被。禁止在草原上使用剧毒、高残留以及可能导致二次中毒的农药。除抢险救灾和牧民搬迁的机动车辆外，禁止机动车辆离开道路在草原上行驶，破坏草原植被。鼓励制度方面，国家支持依法实行退耕还草和禁牧、休牧。具体办法由国务院或者省、自治区、直辖市人民政府制定。对在国务院批准规划范围内实施退耕还草的农牧民，按照国家规定给予粮食、现金、草种费补助。退耕还草完成后，由县级以

① 《中华人民共和国草原法》(2002 年)第 42 条。
② 《中华人民共和国草原法》(2002 年)第 43 条至第 44 条。
③ 《中华人民共和国草原法》(2002 年)第 45 条。

上人民政府草原行政主管部门核实登记，依法履行土地用途变更手续，发放草原权属证书。[①]

五是完善了草原灾害防治制度。县级以上地方人民政府应当做好草原鼠害、病虫害和毒害草防治的组织管理工作。县级以上地方人民政府草原行政主管部门应当采取措施，加强草原鼠害、病虫害和毒害草监测预警、调查以及防治工作，组织研究和推广综合防治的办法。同时，除了《草原法》关于治虫灭鼠的相关规定外，农业部还发布了《草原治虫灭鼠实施规定》(1988年发布，1997年修订)，明确了治虫灭鼠的具体措施、方法、标准和经费使用等方面的规定。[②]

六是完善了草原火灾防止制度。删除了应当组织群众灭火的规定，确立政府草原防火责任制。同时，除了《草原法》关于草原防火的原则规定外，国务院还发布了《草原防火条例》(1993年)，对草原防火的措施作了具体的规定，主要内容包括：草原火灾的预防、扑救、善后工作、奖励与惩罚等。

（三）草原规划制度的生成

2002年《草原法》第3章新增了草原规划制度。其主要涉及以下几个方面的内容：一是草原规划的批准与实施。国家对草原保护、建设、利用实行统一规划制度。国务院草原行政主管部门会同国务院有关部门编制全国草原保护、建设、利用规划，报国务院批准后实施。县级以上地方人民政府草原行政主管部门会同同级有关部门依据上一级草原保护、建设、利用规划编制本行政区域的草原保护、建设、利用规划，报本级人民政府批准后实施。经批准的草原保护、建设、利用规划确需调整或者修改时，须经原批准机关批准。二是草原规划的编制原则。编制草原保护、建设、利用规划，应当依据国民经济和社会发展规划并遵循下列原则：改善生态环境，维护生物多样性，促进草原的可持续利用；以现有草原为基础，因地制宜，统筹规划，分类指导；保护为主、加强建设、分批改良、合理利用；生态效益、经济效益、社会效益相结合。三是草原规划的实施机制。其主要包括：草原调查制度、草原分等定级制度、草原统计制度和草原生产、生态监测预警制度。草原调查制度要求县级以上人民政府草原行政主管部门会同同级有关部门定期进行草原调查；草原所有者或者使用者应当支持、配合调查，并提供有关资料。草原分等定级制度是指国务院草原行政主管部门会同国务院有关部门制定全国草原等级评定标准。县级以上人民政府草原行政主管部门根据草原调查结果、草原的质量，依据草原等级评定标准，对草原进行评等定级。草原统计制度是指县级以上人民政府草原行政主管部门和同级统计部门共同制定草原统计调查办法，依法对草原的面积、等级、产草量、载畜量等进行统计，定期发布草原统计资料。国家建立草原生产、生态监测预

---

① 《中华人民共和国草原法》(2002年)第46条至第54条。

② 农业部《草原治虫灭鼠实施规定》(1997年)。

警制度是指县级以上人民政府草原行政主管部门对草原的面积、等级、植被构成、生产能力、自然灾害、生物灾害等草原基本状况实行动态监测，及时为本级政府和有关部门提供动态监测和预警信息服务。[①]

(四)草原建设制度的设立

2002年《草原法》第4章确立了草原建设制度。(1)县级以上人民政府应当增加草原建设的投入，支持草原建设。国家鼓励单位和个人投资建设草原，按照谁投资、谁受益的原则保护草原投资建设者的合法权益。(2)国家鼓励与支持人工草地建设、天然草原改良和饲草饲料基地建设，稳定和提高草原生产能力。(3)县级以上人民政府应当支持、鼓励和引导农牧民开展草原围栏、饲草饲料储备、牲畜圈舍、牧民定居点等生产生活设施的建设。(4)县级以上地方人民政府应当支持草原水利设施建设，发展草原节水灌溉，改善人畜饮水条件。(5)县级以上人民政府应当按照草原保护、建设、利用规划加强草种基地建设，鼓励选育、引进、推广优良草品种。(6)县级以上人民政府应当有计划地进行火情监测、防火物资储备、防火隔离带等草原防火设施的建设。(7)对退化、沙化、盐碱化、石漠化和水土流失的草原，地方各级人民政府应当按照草原保护、建设、利用规划，划定治理区，组织专项治理。(8)有关于建设资金安排的相关规定。[②]

(五)草原利用制度的重构

2002年《草原法》第5章对草原利用制度进行了重构。一是将征用集体所有草原的，改为应当依照《中华人民共和国土地管理法》的规定给予补偿；因建设使用国家所有的草原的，应当依照国务院有关规定对草原承包经营者给予补偿。明确了征用或使用草地应缴纳的费用。二是新增草原的牧业利用制度。针对草原承包经营中生产方式不合理、过度放牧、草原利用失衡等问题。《草原法》规定：(1)草原承包经营者应当合理利用草原，不得超过草原行政主管部门核定的载畜量；草原承包经营者应当采取种植和储备饲草饲料、增加饲草饲料供应量、调剂处理牲畜、优化畜群结构、提高出栏率等措施，保持草畜平衡。(2)牧区的草原承包经营者应当实行划区轮牧，合理配置畜群，均衡利用草原。(3)国家提倡在农区、半农半牧区和有条件的牧区实行牲畜圈养。草原承包经营者应当按照饲养牲畜的种类和数量，调剂、储备饲草饲料，采用青贮和饲草饲料加工等新技术，逐步改变依赖天然草地放牧的生产方式。(4)县级以上地方人民政府草原行政主管部门对割草场和野生草种基地应当规定合理的割草期、采种期以及留茬高度和采割强度，实行轮割轮采。三是新增草原非牧业利用制度。针对非牧业征用、利用草原逐渐增多，畜牧业

① 《中华人民共和国草原法》(2002年)第17条至第25条。

② 《中华人民共和国草原法》(2002年)第26条至第32条。

行政主管部门缺乏必要的管理手段的问题。《草原法》规定：(1)进行矿藏开采和工程建设，应当不占或者少占草原；确需征用或者使用草原的，必须经省级以上人民政府草原行政主管部门审核同意后，依照有关土地管理的法律、行政法规办理建设用地审批手续。(2)需要临时占用草原的，应当经县级以上地方人民政府草原行政主管部门审核同意。临时占用草原的期限不得超过二年，并不得在临时占用的草原上修建永久性建筑物、构筑物；占用期满，用地单位必须恢复草原植被并及时退还。①

(六)草原法律责任制度的完善

2002年《草原法》第8章规定了对破坏草原生态环境行为所应承担的法律责任。其摒除了"停止侵权"的民事责任表述，并逐步形成了以行政法律责任与刑事法律责任为主体的草原法律责任体系。与此前"违法结果—法律责任"的法律责任立法模式不同的是，其采用凯尔森的法律责任结构体系，即"不法行为—规范效果"的立法模式。如《草原法》第65条规定："未经批准或者采取欺骗手段骗取批准，非法使用草原，构成犯罪的，依法追究刑事责任；尚不够刑事处罚的，由县级以上人民政府草原行政主管部门依据职权责令退还非法使用的草原，对违反草原保护、建设、利用规划擅自将草原改为建设用地的，限期拆除在非法使用的草原上新建的建筑物和其他设施，恢复草原植被，并处草原被非法使用前三年平均产值六倍以上十二倍以下的罚款。"这便使得任何主体之不法行为均能得到法律的制裁。同时，明确了罚款的具有数额和处罚标准，赋予了行政机关多样化的行政处罚权，如限期恢复、限期拆除、限期改正、没收违法所得等。②

(七)小结

2002年《草原法》的修订是对现实草原生态环境问题的直接回应，亦是权利意识、经济体制转变的直接体现。通过这次大幅度的修订，我国形成了以草原权属制度、转让制度、草原规划制度、草原建设制度、草原利用制度、草原保护制度、草原法律责任制度为内容的草原法律制度体系，对于扭转当时我国草原沙化、退化、荒漠化和鼠害虫害趋势，草原生态系统服务功能下降趋势，草原抵御各种自然灾害能力减弱趋势，草原生态"局部改善、总体恶化"等负向演化趋势提供了制度保障。

四、草原法律制度的进一步完善(2002—2014)

虽然，我国经济社会发展取得了巨大的成就，但经济体制本身并未再发生根本性的转变。因此，2002年修订《草原法》所确立的草原法律制度体系并不存在根本

① 《中华人民共和国草原法》(2002年)第33条至第41条。

② 《中华人民共和国草原法》(2002年)第61条至第73条。

性变革的必要。然而,为了适应社会主义市场经济和社会发展要求,2002 年所确立草原法律制度体系还是经历了一些小幅度的调整。在法律规范上主要体现为《草原法》2009 年及 2013 年的两次修正,1993 年版《草原防火条例》于 2008 年的一次修订,2005 年《草畜平衡管理办法》办法的出台,2012 年《最高人民法院关于审理破坏草原资源刑事案件应用法律若干问题的解释》的出台,及《草原征占用审核审批管理办法》(2006 年颁布,2014 年修订)的出台。上述制度规范的颁布、修订与修正标志着我国草原法律制度的进一步完善。

(一)草原利用制度更为完善

为了对草原的征占用进行更为有效的监督管理,规范相关审核审批程序,保护相关农牧民的合法权益,农业部于 2006 年出台了《草原征占用审核审批管理办法》。该《办法》适用于矿藏开采和工程建设等需要征用、使用草原,临时占用草原,在草原上修建直接为草原保护和畜牧业生产服务的工程设施使用草原的审核审批事项。同时,明确了征占用不同类型、不同面积草原审批权限。如:矿藏开采和工程建设确需征用或使用草原的,依照下列规定的权限办理:征用、使用草原超过 70 公顷的,由农业部审核;征用、使用草原 70 公顷及其以下的,由省级人民政府草原行政主管部门审核。规定了有关审批审核工作的具体操作细节及其违反相关规定应承担的法律责任。2014 年,根据《农业部关于修订部分规章的决定》(实质上位为小修正),下放了在草原上修建直接为草原保护和畜牧业生产服务的工程设施的审批审核权限,增加审核审批的灵活性。

根据 2009 年 8 月《全国人民代表大会常务委员会关于修改部分法律的决定》,将《草原法》第 38 条、第 39 条、第 63 条中的"征用"修改为"征收、征用"。该项修改主要针对现实中存在对集体所有草原征收现象于法无据的问题。虽然只是一个词语的增加,却有着极为重要的现实意义。这一修改将对集体所有草原征收的补偿纳入法律规定的范围,更为有效地保护了集体草原所有者合法权利。[①]

(二)草原保护制度更加严谨

在有关草原保护制度方面,根据 2013 年全国人大常委会关于修改《中华人民共和国文物保护法》等 12 部法律的决定(含《草原法》),将《草原法》第 55 条修改为:"除抢险救灾和牧民搬迁的机动车辆外,禁止机动车辆离开道路在草原上行驶,破坏草原植被;因从事地质勘探、科学考察等活动确需离开道路在草原上行驶的,应当事先向所在地县级人民政府草原行政主管部门报告行驶区域和行驶路线,并按照报告的行驶区域和行驶路线在草原上行驶。"同时,相应的法律责任部分(第 70 条)也进行修改。此次修改将从事地质勘探、科学考察等活动确需在草原上行

① 2009 年 8 月《全国人民代表大会常务委员会关于修改部分法律的决定》。

驶报告时间确定为“事先报告”，进一步加强了对草原环境的保护。[①]

（三）草原防火制度更加科学合理

2008年11月国务院基于此前经验的积累对《草原防火条例》进行了修订。一是管理体制方面。删除了乡级人民政府负责本行政区域内的草原防火工作，统一由县级以上人民政府草原防火负责。如县级以上地方人民政府确定的草原防火主管部门主管本行政区域内的草原防火工作。增加了草原的经营使用单位和个人，在其经营范围内承担草原防火责任。二是预防措施方面。（1）增加了草原火灾预防的具体措施，明确草原防火规划具体内容，明确了草原火灾应急预案的具体内容。如①根据草原火灾发生的危险程度及其影响范围，国务院草原行政主管部门区分了四个等级的草原火险区，分别为：极高、高、中、低。②建立了以草原防火规划制定的依据，草原防火组织体系建设，基础设施和装备建设，物资储备等为内容的草原防火规划体系。③草原火灾应急预案的具体内容。其中包括应急组织机构及职责，预警预防机制，火灾报告程序，应急处理措施，物资、资金和队伍保障等。（2）明确了草原火灾的信息公开制度。如县级以上地方人民政府应当根据草原火灾发生规律，确定本行政区域的草原防火期，并向社会公布。（3）加强了草原防火期内的防火宣传工作，明确了防火期内有关行为应当经县级以上地方人民政府草原防火主管部门批准，以确保对草原火灾隐患的严格把控。如在草原防火期内，因生产活动需要在草原上野外用火的，应当经县级人民政府草原防火主管部门批准。用火单位或者个人应当采取防火措施，防止失火。三是草原火灾扑救方面。（1）增加了草原扑救的具体措施。如根据扑救草原火灾的需要，有关地方人民政府可以紧急征用物资、交通工具和相关的设施、设备；必要时，可以采取清除障碍物、建设隔离带、应急取水、局部交通管制等应急管理措施。（2）统一了草原火灾信息发布制度。如特别重大草原火灾以及威胁到我国草原安全的境外草原火灾信息，由国务院草原行政主管部门发布；其他草原火灾信息，由省、自治区、直辖市人民政府草原防火主管部门发布。四是灾后处置方面。将灾后工作的重点放置在经济、生态损失的评估上。五是法律责任方面，提升了违法成本。[②]

（四）草畜平衡制度更具可操作性

2002年《草原法》关于草畜平衡制度仅作了原则性规定。2005年农业部根据《草原法》的相关规定出台了《草畜平衡管理办法》，其主要目的在于保护、建设和合理利用草原，维护和改善生态环境，促进畜牧业可持续发展。该《办法》首先确立了

---

① 2013年6月《全国人大常委会关于修改〈中华人民共和国文物保护法〉等12部法律的决定》。

② 《草原防火条例》(2008年)。

草畜平衡制度的基本原则:加强保护,促进发展;以草定畜,增草增畜;因地制宜,分类指导;循序渐进,逐步推行。其次,确立了草畜平衡管理体制。即农业部主管全国草畜平衡监督管理工作。县级以上地方人民政府草原行政主管部门负责本行政区域内的草畜平衡监督管理工作。县级以上人民政府草原行政主管部门设立的草原监督管理机构负责草畜平衡的具体工作。最后,明确草畜平衡制度的具体内容。如加强宣传教育培训,加强草原保护建设,稳定和提高草原生产能力,根据农业部制定的草原载畜量标准(制定的不同草原类型具体载畜量标准),建立草畜平衡管理档案,明确草原使用者或承包经营者于牲畜饲养量超过核定载畜量时应当采取的具体措施,建立草畜平衡抽查制度。[①]

(五)草原刑事法律责任制度更为明确

除上述修改所涉及的法律责任部分外,2012 年 10 月,最高人民法院出台了《关于审理破坏草原资源刑事案件应用法律若干问题的解释》。该《解释》为依法惩处破坏草原资源犯罪活动提供依据。首先,明确了违反《草原法》等土地管理法规,非法占用草原,改变被占用草原用途,数量较大,造成草原大量毁坏的,依照《刑法》第 342 条的规定,以非法占用农用地罪定罪处罚。其次,明确"数量较大""情节严重""致使国家或者集体利益遭受特别重大损失"等量刑标准。再次,明确以暴力、威胁方法阻碍草原监督检查人员依法执行职务,构成犯罪的,依照《刑法》第 277 条的规定,以妨害公务罪追究刑事责任。最后,多次实施破坏草原资源的违法犯罪行为,未经处理,应当依法追究刑事责任的,按照累计的数量、数额定罪处罚。

(六)小结

我国草原法律制度的基本框架并未发生较大的变化。对草原法律制度的完善主要集中于原则性规定的可操作化及其新型草原环境问题的应对。这一时期的草原法律制度修改使得草原利用制度更为完善、草原保护制度更为严谨、草原防火制度更加科学合理、草畜平衡制度更具可操作性、草原刑事法律责任制度更为明确。

五、新时代草原法律制度建设之展望

改革开放 40 年来,我国经济快速发展,取得了举世瞩目的成绩,然而以"三高"为支撑的发展模式导致资源消耗过度、环境污染、生态破坏等一系列严峻的环境问题,已经成为制约我国经济社会可持续发展的"瓶颈"。2013 年,党的十八大首次提出实施生态文明建设战略,十八届三中全会提出"必须建立系统完整的生态文明制度体系,用制度保护生态环境"。十八届四中全会进一步提出"用严格的法律制度保护生态环境"。随后,习近平总书记在党的十九大报告中指出,中国特色社会

---

① 《草畜平衡办法》(2005 年)。

主义进入新时代，我国社会主要矛盾已转化为人民日益增长的美好生活需要和不平衡不充分的发展之间的矛盾。随着新时代的稳步推进，困扰我国十几亿人的温饱问题将渐成历史，小康社会的建成会极大地增进人们的物质财富。然而，人的经济价值的不断提高无可避免地带来物质财富边际效用的降低，其他商品（如良好、适宜的生态环境）的边际效用则会逐渐提高。物质财富与生态环境相对价格的变化将改变人们之间的激励结构，讨价还价能力的提升也为重新缔约创造了条件。此时，有欲求和能力改善自身福利的一方，会用对环境利益的追求部分替代对物质财富的追求，并最终推动环境法律的制度变迁。可见，当整体上的个人的经济利益大于环境利益，人民及其代理人不得不在经济贫困和环境恶化中"两害相权"，最终选择略显疲软的环境法律制度；相反，当无数经济人的经济价值提高到一定临界点时，会产生强化环境利益的制度变迁观念及实践。正是在这样的背景下，"新时代"和"生态文明"相继写入中国共产党章程和宪法，标志着生态文明建设在新时代的背景下日益规范化、制度化和法治化。

新时代生态文明建设是实现中国梦的题中之义，是社会主义建设的本质要求，是关系人民福祉、民族未来的"千年大计"；新时代生态文明建设是坚持人与自然的和谐共生，是坚持保护生态环境与保护生产力的辩证统一，是坚持"绿水青山就是金山银山"的根本理念。同时，新时代生态文明建设要求牢固树立"社会主义生态文明观"，要求建立全方位、多主体的生态环境共治体制机制，要求统筹建立"山水林田湖草"多方面治理体系，建立最为严格的生态环境保护制度。因此，在新时代生态文明建设基础理论的指导下，为因应新时代生态文明建设之基本要求，实现新时代生态文明建设之宏伟目标，有必要对草原法律制度提出进一步的期待和要求。

第一，草原规划、建设、利用制度应坚持"两山论"的根本理念。习近平总书记"两山论"的历史性，使我们能够认识到生态文明是工业文明发展到一定阶段的产物，是人类社会发展的必然，是不以人类意志为转移的客观存在。"两山论"包含了以下三方面内涵：一是既要绿水青山，也要金山银山；二是宁要绿水青山，不要金山银山；三是绿水青山就是金山银山。

第二，草原保护制度应以"山水林田湖草"全方位治理体系为导向。从现实中看，生态文明建设是一项系统工程，但各自为政的属地化、条块化管理体制，致使政出多门、多头治污、九龙治水的现象比较普遍。在中央或地方财政支持或部门利益面前，权力重叠、权力竞争，但在监管或者行政追责方面，又经常出现谁都在管、谁都不担责的监管真空。习近平总书记指出："用途管制和生态修复必须遵循自然规律，如果种树的只管种树、治水的只管治水、护田的单纯护田，很容易顾此失彼，最终造成生态的系统性破坏。"统筹"山水林田湖草"系统治理的实质，是以系统思维推进生态文明建设的系统工程。要自觉打破自家"一亩三分地"的思维定式，加强建立和完善生态保护监管体制，对于自然生态系统（如草原、森林、海洋、河流等）与

各类保护区域(如自然保护区、森林公园等)进行整合,实现更为科学有效的综合治理,保证对资源环境的利用不会超过其承载能力本身。扩大生态环境的绿色空间,做好生态红线的全方位、全系统界定,逐步增强环境容量。

第三,草原法律责任应适应最严格的生态环境保护制度。习近平总书记反复指出:"保护生态环境必须依靠制度、依靠法治。只有实行最严格的制度、最严密的法治,才能为生态文明建设提供可靠保障。"我们要用严格的法律制度保护生态环境,加快建立有效约束开发行为和促进绿色发展、循环发展、低碳发展的生态文明法律制度,强化生产者环境保护的法律责任,大幅度提高违法成本。建立健全自然资源产权法律制度,完善国土空间开发保护方面的法律制度,制定完善生态补偿和土壤、水、大气污染防治及海洋生态环境保护等法律法规,促进生态文明建设。当前,我们应在完善生态立法、规范生态执法、严格生态司法、完善公众参与制度等方面,形成重大突破;在建立系统完整的生态文明制度体系和完善的经济社会发展考核评价体系等方面,形成重大突破。

第三节　野生动植物保护法律制度的变迁

一、我国野生动植物保护法律制度概述

(一)野生动植物保护概况

野生动植物资源具有极强的生态价值、基因价值以及文化价值等多项保护价值,对于维护生态环境健康稳定、建设生态文明社会具有重要意义。我国有着辽阔的国土面积,为我国丰富的野生动植物种群生存繁衍提供了广阔的栖息空间。据统计,我国有脊椎动物 6000 余种,约占据世界脊椎动物的百分之十。我国特有的野生植物有近 17000 种,涵盖约 270 属,水杉、银杉、银杏、水松、白豆杉等"活化石"级别的其他国家或地区已然灭绝的古老植物仍在我国生长。[①] 在工业经济高度发达的今天,自然环境的过度开发使得自然生态系统面临着巨大的压力,对野生动植物生境造成威胁。我国野生动植物保护面临着严峻的形势,野生动植物种群急剧减少。例如,我国 87.7%的野生动物种群因栖息地缩减、割裂、质量下降、人为活动干扰等原因,生存空间不断受挤压,不少濒危物种的栖息地、鸟类集群活动区域及迁飞通道面临着土地开发、农业开垦、环境污染等威胁,其前景令人担忧,保护形式

① Brian Jones, Julian Palmer, Angela Sydeham, *Countryside Law* (*Fourth Edition*), Shaw&Sons Limited,2004,pp.152-159.

依然严峻。[①]

我国虽历来重视野生动植物保护，但保护工作曾一度陷入停滞，直到改革开放，才重拾野生动植物保护工作。我国野生动植物保护法律制度呈现的是单独立法和合并立法相互结合的模式，且以单独立法为主。总体而言，我国以野生动物法律制度为主，其法律体系已经成型，而野生植物保护法律制度仍不够健全，其体系仍未成型。因此，本书将着重对野生动物保护法律制度变迁进行梳理，而辅以野生植物保护法律制度简述。

（二）野生动植物保护法律制度历程

改革开放以前，我国于1950年制定了《稀有生物保护办法》，加强珍稀动植物的保护。然而，该办法的保护范围极为有限。随后，又有《关于积极保护和合理利用野生动物资源的指示》等规定和文件，以合理利用为目的，对野生动物进行适当保护。总体来看，改革开放之前并未形成野生动植物保护制度，但为其萌芽奠定了一定基础。改革开放以来，我国高度重视野生动植物保护工作，不断建立健全并完善野生动植物保护法律制度。在社会主义法治建设的背景之下，野生动植物保护法律制度从无到有，从有到优，一步一个脚印，取得了惊人成果。

1.野生动物保护法律制度发展历程

经过改革开放40年的发展，野生动物保护法律制度内容不断完善，体系不断健全，取得了可喜的成绩。我国于1985年制定了《森林和野生动物类型自然保护区管理办法》，通过自然保护区对野生动物及其栖息地进行保护。1988年，我国制定了第一部专门的法律——《野生动物保护法》，并经多年实施之后于2004年、2009年和2016年进行了两次修正和一次修订。基于《野生动物保护法》，我国野生动物保护法律制度得以初步建立，并逐步加以健全。具体而言，1989年制定了《国家重点保护野生动物名录》；1991年制定了《国家重点保护野生动物驯养繁殖许可证管理办法》（分别于2011年和2015年进行了修订）；1992制定了《陆生野生动物资源保护管理费收费办法》；1994制定了《城市动物园管理规定》；1999制定了《水生野生动物利用特许办法》（2004年修订，2017年发布了修订草案）；2001年制定了《关于森林和陆生野生动物刑事案件管辖及立案标准》；2005年制定了《引进陆生野生动物外来物种种类数量审批管理办法》和《野生动植物类保健食品申报与审评规定（试行）》；2006年制定了《陆生野生动物疫源疫病监测规范（试行）》；2012年制定了正式的《陆生野生动物疫源疫病监测防控管理办法》；2014年制定了《陆生野生动物收容救护管理规定》（2017年失效）和《野生动物及其产品（制品）价格

① 《陈凤学副局长在全国野生动植物保护与自然保护区建设管理工作会议暨自然保护区建立60周年纪念大会上的讲话》，http://bhs.forestry.gov.cn/zrbh/1475/86469/0.html，最后访问时间：2018年5月30日。

认定规则》;2017年制定了《野生动物收容救护管理办法》和《野生动物及其制品价值评估方法》。此外,《环境保护法》《森林法》等法律、法规也对野生动物保护法律制度作了规定。

2.野生植物保护法律制度发展历程

面临我国野生植物锐减的严峻形势,我国制定了一系列法律法规来加强野生植物保护。经过改革开放40年的积累与沉淀,我国初步形成了以《野生植物保护条例》为核心的野生植物保护法律制度。但整体而言,我国野生植物保护法律制度尚未成体系,仍在发展和健全过程中。我国野生植物保护法律制度曾一度陷入停滞。改革开放以来,我国重新认识到野生植物保护的重要性并开始重建。1987年,我国制定了《野生药材资源保护管理条例》;1996年,我国制定了《中华人民共和国野生植物保护条例》;1997年,我国制定了《水生动植物自然保护区管理办法》;1999年,我国制定了《国家重点保护野生植物名录》;2002年,我国制定了《农业野生植物保护办法》。此外,《环境保护法》《森林法》等法律、法规也对野生植物保护法律制度作了规定。

二、野生动植物保护法律制度的萌芽与起步(1978—1995)

改革开放以来,社会生活方式与经济形势产发生着巨大的变化,野生动植物保护形势也急剧变化。同时,改革开放之初,我国野生动植物生境破坏严重,严重影响野生动植物的保护和持续利用。在规范要求与开发利用的现实需求之下,野生动植物保护法律制度萌芽并缓慢起步。在可持续发展的要求下,1979年《环境保护法(试行)》第15条要求:"保护、发展和合理利用野生动物、野生植物资源。"[①]在此基础上,《森林法(试行)》第20条规定了野生动物划区保护制度,即国家和地方革命委员会应当在珍贵、稀有动物和植物的生长繁殖地区,划定自然保护区,建立机构,加强保护管理,开展科学研究。划区保护制度标志着我国野生动植物保护法律制度的萌芽。此外,《森林法(试行)》也对野生动植物保护法律制度的建立和健全提出了要求。

我国野生动物保护法律制度起步于划区保护制度。1985年我国制定了《森林和野生动物类型自然保护区管理办法》。该办法对自然保护区的分级、设立与解除、管理体制和机制等进行了规定,形成了初步的保护区制度雏形,是我国改革开放以来首次的野生动物专项保护制度。这对于我国野生动物保护法律制度的起步和发展有着重要意义。

而我国野生植物保护法律制度起步于野生药材资源的保护。1987年制定的《野生药材资源保护管理条例》标志着我国野生植物保护法律制度的起步。该条例

① 《环境保护法(试行)》(1979年)第15条。

规定了野生药材重点保护制度,对野生药材进行分类分级保护;通过采药、收购计划制度和采药许可制度控制药材的采猎;通过划区保护制度,建立野生药材资源保护区进行保护;此外还规定了相应的行政处罚和刑事处罚制度。尽管野生药材只是野生植物中的较小部分,保护范围和力度极为有限,野生药材保护制度也相当粗略,但野生药材保护制度为野生植物保护法律制度的建立奠定了基础,许多制度被沿袭到野生植物保护法律制度之中。因而,野生药材保护制度是我国野生植物保护法律制度起步阶段的重要制度。

三、野生动植物保护法律制度的确立和发展(1996—2006)

(一)野生动物保护法律制度的确立与发展

改革开放以来,我国高度重视野生动物的保护和利用,并加紧制定相关的法律制度。为保护、发展和合理利用野生动物资源,维护生态平衡,于1988年制定了《野生动物保护法》。该法是首部专门为保护野生动物而制定的法律,对野生动物保护的各项法律制度进行了规定,包括重点保护制度、野生动物许可证制度、名录制度,并对划区保护制度进行了规定。该法的颁布标志着我国野生动物保护法律制度的初步建立。此外,1992年和1993年,我国分别制定了《陆生野生动物保护实施条例》和《水生野生动物保护实施条例》,对陆生和水生野生动物保护法律制度进行具体的规定。

1.野生动物重点保护制度,即国家对珍贵、濒危的野生动物实行重点保护的制度。国家重点保护的野生动物分为一级保护野生动物和二级保护野生动物。而国家重点保护野生动物以外,由省、自治区、直辖市重点保护的野生动物则是地方重点保护野生动物。具体而言,国家、地方重点保护的野生动物品类,国家保护的有益的或者有重要经济、科学研究价值的陆生野生动物的认定都以相应的名录为依据。①

2.野生动物利用许可制度。我国对野生动物的猎捕、驯养繁殖、收购、经营、运输、进出口实施许可证制度,即从事相应的活动之前必须获得有关部门的批准或取得许可证。《野生动物保护法》(1988年)第三章对野生动物许可制度进行了初步地规定。以猎捕许可为例,猎捕国家一级、二级保护野生动物的,必须分别向国务院或省级野生动物行政主管部门申请特许猎捕证。而猎捕非国家重点保护野生动物的,则规定必须取得狩猎证以及限额管理,没有明列许可机构。此外,猎捕者还必须按照特许猎捕证、狩猎证规定的种类、数量、地点和期限进行猎捕。②

驯养繁殖国家重点保护野生动物的,应当持有许可证。1991年,制定了《国家

---

① 《野生动物保护法》(1988年)第9条。

② 《野生动物保护法》(1988年)第16条至第28条。

重点保护野生动物驯养繁殖许可证管理办法》，对国家重点保护野生动物驯养繁殖的许可制度进行了详细的规定。

此外，对于出售、收购、利用、跨县境运输和携带、进出口国家保护野生动物或者其产品的，必须分别经国务院或省级野生动物行政主管部门或者其授权的单位批准，进出口的还需取得国家濒危物种进出口管理机构核发的允许进出口证明书。[①] 此外，2006 年，我国制定了《濒危野生动植物进出口管理条例》，对濒危野生动物的许可制度进行了具体的规定。

3.野生动物保护名录制度。名录制度是野生动物保护的重要制度之一，它是确定国家和地方重点保护野生动物范围、确定野生动物进出口管制范围等野生动物保护的依据。《野生动物保护法》(1988 年)第 9 条规定了三类名录的制定批准与公布主体。1989 年，国家制定了《国家重点保护野生动物名录》。1997 年，濒危办公室制定了《进出口野生动植物种商品目录》，加强对濒危野生动植物的保护。

4.野生动物资源档案制度。野生动物资源档案制度旨在建立野生动物资源的档案，为资源保护发展规划以及名录的制定和调整提供依据。《野生动物保护法》第 15 条规定，野生动物行政主管部门的定期调查、建立野生动物资源档案的职责。这为重点保护野生动物名录的制定、施行等加强野生动物保护提供了基础。[②] 此外，《水生野生动物保护实施条例》(1993 年)第 6 条规定了国务院、省、自治区、直辖市人民政府渔业行政主管部门对水生野生动物资源的定期调查、建立资源档案的职责。[③] 1996 年，我国制定了《森林和野生动物类型自然保护区档案管理办法(试行)》，对野生动物资源档案制度进行了较为具体的规定。

5.野生动物划区保护制度。1985 年根据《森林和野生动物类型自然保护区管理办法》，我国确立了野生动物的划区保护制度，设立自然保护区对野生动物进行保护。《野生动物保护法》(1988 年)第 10 条规定，国务院野生动物行政主管部门和省、自治区、直辖市政府，应当在国家和地方重点保护野生动物的主要生息繁衍的地区和水域，划定自然保护区，加强野生动物保护和管理。[④] 1997 年，《水生动植物自然保护区管理办法》对水生野生动物保护区的设定等进行了规定，是此前野生动物保护区制度的深化。

(二)野生植物保护法律制度的确立与发展

我国野生植物保护法律制度的建设远远落后于野生动物保护法律制度。直到 1996 年，我国才制定了《野生植物保护条例》，标志着我国野生植物保护法律制度

---

① 《野生动物保护法》(1988 年)第 16 条至第 28 条。

② 《野生动物保护法》(1988 年)第 15 条。

③ 《水生野生动物保护实施条例》(1993 年)第 6 条。

④ 《野生动物保护法》(1988 年)第 10 条

的建立。具体而言，初步建立的野生植物保护法律制度主要包括野生植物重点保护法律制度、监测制度、采集制度、划区保护制度和名录制度。对于野生动物保护法律制度一脉相承的野生植物重点保护法律制度、名录制度、划区保护制度、经营许可制度而言，这些制度虽与野生动物保护制度有所差异，但总体而言大同小异。因此，不再赘述，仅就野生植物较为特殊的两项制度进行简述。

1.野生植物监测制度。《野生植物保护条例》(1996年)第12条对野生植物监测制度进行了规定。监管职责主体为野生植物行政主管部门及其他有关部门。监管职责为监视、监测环境对国家重点保护野生植物生长和地方重点保护野生植物生长的影响，并要求采取措施，维护和改善重点保护野生植物的生长条件，并依法查处对其生长造成危害的行为。[①] 严格来讲，要求采取措施的责任并不合理，不属于监测部门的本职工作。

2.野生植物采集制度。《野生植物保护条例》(1996年)第16条对野生植物采集制度进行了规定，采集禁止采集的野生植物的，必须经有关部门批准。其中，采集国家一级保护野生植物只允许用于科学研究、人工培育、文化交流等特殊需要，而且必须经采集地省级政府野生植物行政主管部门签署意见后，向国务院野生植物行政主管部门或者其授权的机构申请采集证。采集国家二级保护野生植物的，则分别由采集地的县级野生植物行政主管部门签署意见和向省级野生植物行政主管部门或者其授权的机构申请采集证。采集城市园林或者风景名胜区内的重点保护野生植物的，还须先征得城市园林或者风景名胜区管理机构同意。发放采集证后，发证主体应抄送环境保护部门备案。[②] 此外，第17条规定，采集国家重点保护野生植物的单位和个人，必须按照采集证规定的种类、数量、地点、期限和方法进行采集。[③]

值得注意的是，2002年，我国制定的《农业野生植物保护办法》，从行业细分的角度对农业野生植物保护法律制度进行细化规定。总体而言，我国基本形成了以《野生植物保护条例》为核心的野生植物保护法律制度。但显然，我国野生植物保护法律制度存在相当的问题，我国野生植物保护法律体系也仍需建设。

四、野生动植物保护法律制度的进一步完善(2006—2018)

自野生动植物保护法律制度确立以来，我国野生动植物保护取得了一定的成绩，野生动植物种群、数量减少得到初步控制。新的形势下，我国野生动植物保护也面临新的问题。随着改革开放地纵深推进、科学发展观的确立、生态文明建设要

---

① 《野生植物保护条例》(1996年)第12条。

② 《野生植物保护条例》(1996年)第16条。

③ 《野生植物保护条例》(1996年)第17条。

求地逐步落实，我国野生动植物保护法律制度进一步完善，并采用最严格的法律制度保护野生动植物资源。一方面，2006年以来，我国制定了新的野生动物保护法律制度，涉及的主要法律文件有：《陆生野生动物疫源疫病监测规范（试行）》（2006年）、《陆生野生动物疫源疫病监测防控管理办法》（2012年）、《野生动物及其产品（制品）价格认定规则》（2014年）、《陆生野生动物收容救护管理规定》（2014年）、《野生动物及其制品价值评估方法》（2017年）、《野生动物收容救护管理办法》（2017年）；我国对不合时宜的野生动物保护法律制度进行了修订，涉及的主要法律文件有：《野生动物保护法》（2016年修订）、《陆生野生动物保护实施条例》（2016年修订）、《濒危野生动植物进出口管理条例》（2018年修订）。另一方面，在野生植物保护法律制度方面，2017年我国对《野生植物保护条例》进行了修订，对野生植物保护法律制度进行修改和完善。

（一）野生动物法律制度的新增与完善

1.野生动物疫源疫病监测制度设立。值得注意的是，《野生动物保护法》并未规定疫源疫病监测制度。野生动物疫源疫病监测制度可以追溯到1991年制定的《进出境动植物检疫法》中的规定。该法第2条规定要求对进出境的动植物、动植物产品实施检疫。[①] 第46条对动物进行了释义，包含“野生的活动物”，即野生动物。这为我国野生动物疫源疫病检疫制度的产生奠定了一定的基础。2006年，我国制定了《陆生野生动物疫源疫病监测规范（试行）》，正式确立野生动物疫源疫病监测制度。第2条对陆生野生动物疫源疫病监测活动进行了定义，即在监测野生动物物种种群中发现行为异常或不正常死亡时，从记录信息到发布疫情的全过程。第3条则规定了陆生野生动物疫源疫病监测的主要任务是，即对疫源疫病的发生及流行动态进行严密监测和及时准确掌握。[②] 此外，该规范对监测管理体制、运行机制等进行了规定，初步确立了野生动物的疫源疫病监测制度。2012年，我国制度了《陆生野生动物疫源疫病监测防控管理办法》，标志着疫源疫病监测制度的正式实施。此外，《野生动物保护法》2016年对野生动物猎捕进行了修订，允许因疫源疫病监测的需要对国家重点保护野生动物进行猎捕。

2.野生动物价值评估制度的设立。2014年，国家发改委价格认证中心制定了《野生动物及其产品（制品）价格认定规则》，对以野生动物及其产品（制品）价值为标准定罪量刑或处罚的案件中价格不明或价格有争议的野生动物及其产品（制品）的价格认定规则进行规定。该《规则》标志着野生动物价值评估制度的初步建立。2017年，国家林业局审议通过了《野生动物及其制品价值评估方法》，对野生动物价值评估制度进行完善。这旨在规范野生动物及其制品价值评估标准和方法，根

---

① 《进出境动植物检疫法》第2条。

② 《陆生野生动物疫源疫病监测规范（试行）》第2条至第3条。

据《陆生野生动物基准价值标准目录》所列价值按照规定的计算方法进行计算。

3.野生动物收容救护制度的完善。野生动物收容救护制度是指当地政府在重点保护野生动物受到自然灾害威胁时及时采取拯救措施的制度规范。随着我国野生动物保护及执法力度的加大，以及公众的野生动物保护意识逐步提高，伴随我国收容救护的野生动物种类和数量的上升，野生动物收容救护中的不科学、不规范的问题逐渐暴露。在此背景下，林业局依据《野生动物保护法》对收容救护管理制度进行具体规定——《陆生野生动物收容救护管理规定》(2017年失效)。该《规定》旨在对陆生野生动物的收容救护管理进行规范，其中明确规定了野生动物收容救护的原则、管理主体的职责、收容救护凭证、救护措施、档案制度等。很明显的是，该《规定》的规范对象限于陆生野生动物，仅是野生动物的一类，须扩大救护管理对象的范围。2016年经修订的《野生动物保护法》第15条规定新增重大环境污染事故等突发事件威胁时，当地人民政府采取应急救助措施的职责，并明确县级以上人民政府野生动物保护主管部门为职责主体。2017年，林业制定了《野生动物收容救护管理办法》，在扩大收容救护管理对象范围的同时，对野生动物收容救护管理制度进行了完善，包括但不限于：(1)收容救护责任的明确，《野生动物收容救护管理办法》第7条明确规定了野生动物收容救护机构应当进行收容救护的情形；(2)收容救护登记制度的完善，要求野生动物收容救护机构接收野生动物时，应当对移送人以及移送动物的信息、时间等进行详细登记，并出具接收凭证；(3)增加了收容检疫的规定，即要求收容救护机构对收容救护的野生动物进行隔离检查、检疫、治疗。此外，还就各级林业主管部门的监督检查职责等进行了规定。①

4.最严格的野生动物保护法律责任制度的实施。2000年，我国发布了《最高人民法院关于审理破坏野生动物资源刑事案件具体应用法律若干问题的解释》，紧接着2001年我国制定了《关于森林和陆生野生动物刑事案件管辖及立案标准》，对破坏野生动物资源行为的刑事责任追究进行规定。然而，实体法关于破坏野生动物资源的违法行为惩处比照《治安管理处罚法》的规定进行惩处，破坏野生动物资源的犯罪惩处条款则散见于《刑法》各个章节，分布不集中，不利于罪名的确认。对破坏野生动物资源行为的法律责任制度不足，导致违法猎捕野生动物行为的猖獗。这一直以来是《野生动物保护法》饱受诟病的缺陷，面对严峻的野生动物保护情势，我国对《野生动物保护法》中相关内容进行了修订，明确了职责主体以及法律责任的内容。主要有：(1)对违法猎捕行为的法律责任进行明确和直接规定。修订后的

① 《野生动物收容救护管理办法》第7条。

《野生动物保护法》新增第 46 条规定了 3 种违法猎捕的情形，并规定了处罚部门、方式。[①] (2)明确规定违法的野生动物生产、经营行为的法律责任。新增第 49 条对生产、经营使用国家重点保护野生动物及其制品或者没有合法来源证明的非国家重点保护野生动物及其制品制作食品等责任进行了规定。[②] (3)明确的进出境管理规定。新增第 52 条违法进出口野生动物或者其制品的处罚主体、责任方式进行了规定。[③]

5.野生动物保护补偿制度的完善。《野生动物保护法》第 14 条规定，因保护国家和地方重点保护野生动物，造成农作物或者其他损失的，由当地政府给予补偿。具体的补偿办法则由省级政府制定。《陆生野生动物保护实施条例》和《水生野生动物保护实施条例》也进行了相应规定。2008 年，林业局发布《国家林业局关于开展野生动物肇事补偿试点工作的通知》，对野生动物肇事补偿进行具体规定。2016 年，《野生动物保护法》修订对野生动物补偿制度进行了完善，扩大了补偿范围，增加对造成人员伤亡和其他财产损失的补偿，并规定了有关地方人民政府可以推动保险机构开展野生动物致害赔偿保险业务。

(二)野生植物保护法律制度的健全与完善

1.野生植物采集制度的健全。为顺应国家机构改革，厘清权责，国家对一级保护野生植物的采集证核发部门进行了修订。将“必须经采集地省级野生植物行政主管部门签署意见后，向国务院野生植物行政主管部门或者其授权的机构申请采集证”修改为“向国务院林业行政主管部门或者其授权的机构，或者向省级农业行政主管部门或者其授权的机构申请采集证”。由此，一方面，将国务院层级的采集

---

① 《野生动物保护法》第 46 条：“违反本法第二十条、第二十二条、第二十三条第一款、第二十四条第一款规定，在相关自然保护区域、禁猎(渔)区、禁猎(渔)期猎捕非国家重点保护野生动物，未取得狩猎证、未按照狩猎证规定猎捕非国家重点保护野生动物，或者使用禁用的工具、方法猎捕非国家重点保护野生动物的，由县级以上地方人民政府野生动物保护主管部门或者有关保护区域管理机构按照职责分工没收猎获物、猎捕工具和违法所得，吊销狩猎证，并处猎获物价值一倍以上五倍以下的罚款；没有猎获物的，并处二千元以上一万元以下的罚款；构成犯罪的，依法追究刑事责任。违反本法第二十三条第二款规定，未取得持枪证持枪猎捕野生动物，构成违反治安管理行为的，由公安机关依法给予治安管理处罚；构成犯罪的，依法追究刑事责任。”

② 《野生动物保护法》第 49 条：“违反本法第三十条规定，生产、经营使用国家重点保护野生动物及其制品或者没有合法来源证明的非国家重点保护野生动物及其制品制作食品，或者为食用非法购买国家重点保护的野生动物及其制品的，由县级以上人民政府野生动物保护主管部门或者工商行政管理部门按照职责分工责令停止违法行为，没收野生动物及其制品和违法所得，并处野生动物及其制品价值二倍以上十倍以下的罚款；构成犯罪的，依法追究刑事责任。”

③ 《野生动物保护法》第 52 条：“违反本法第三十五条规定，进出口野生动物或者其制品的，由海关、检验检疫、公安机关、海洋执法部门依照法律、行政法规和国家有关规定处罚；构成犯罪的，依法追究刑事责任。”

证核发主体明确或限缩为国务院林业行政主管部门；另一方面，放宽了核发权限，即下放了审批权，允许省级农业行政主管部门核发采集证。[①]

2.野生植物经营利用制度的完善。随着对外开放程度的加深和社会现实的需要，国家重点对涉外经营利用制度进行了修订。首先，完善了出口国家重点保护野生植物等的审批制度，即"经国务院林业行政主管部门批准，或者经进出口者所在地的省、自治区、直辖市人民政府农业行政主管部门审核后报国务院农业行政主管部门批准，并取得国家濒危物种进出口管理机构核发的允许进出口证明书或者标签"。其次，完善了外国人对由农业行政主管部门主管的国家重点保护野生植物进行野外考察的审批制度，即须经省级农业行政主管部门批准。[②] 最后，限缩了未经审批考察对象的范围，即将"未经批准对国家重点保护野生植物进行野外考察"修改为"或者未经批准对农业行政主管部门管理的国家重点保护野生植物进行野外考察"。[③]

以上两个制度都旨在适应管理体制的变化，明确了国务院林业行政主管部门的职权和省级人民政府农业行政主管部门对于野生植物保护和利用审批的职权。值得注意的是，野生植物涉外经营利用审批是对外开放改革的一部分，体现出回应和顺应对外开放需求的特征。

五、新时代野生动植物保护法律制度建设之展望

（一）坚持新时代生态文明建设的导向

生态文明是以人与自然、人与人、人与社会和谐共生、良性循环、全面发展、持续繁荣为基本宗旨的社会形态。生态文明是人类为保护和建设美好生态环境而取得的物质成果、精神成果和制度成果的总和，贯穿于经济建设、政治建设、文化建设、社会建设全过程和各方面。党的十七大首次提出实施生态文明建设战略，党的十八大将生态文明融入"五位一体"总体布局。2018年生态文明写入宪法，从宪法层面确立了生态文明建设在新时代社会主义建设中的重要地位。生态文明建设是新时代社会主义建设的历史使命，是关系人民福祉、民族未来的"千年大计"，也是加强野生动植物保护法律制度建设的必然导向。人与野生动植物共处于大自然这一生命共同体，新时代生态文明建设要求人与自然的和谐共生，要求人与野生动植物相处的和谐共生。野生动植物保护法律制度是社会主义法治建设的一部分，必然要遵循并坚持新时代生态文明建设的导向。

在建设生态文明的大战略、大背景下，野生动植物保护以及森林生态安全的地

---

① 《野生植物保护条例》第16条。

② 《野生植物保护条例》第21条。

③ 《野生植物保护条例》第27条。

位作用被提到前所未有的高度，反复提及野生动植物保护、国家公园建设等要求。此前，中央陆续出台了《加快推进生态文明建设的意见》《生态文明体制改革总体方案》《党政领导干部生态环境损害责任追究办法》《领导干部自然资源资产离任审计方案（试行）》等一系列重大举措，将野生动植物保护作为重要内容纳入其中。野生动植物和自然生态保护工作正在迎来难得的发展机遇。野生动植物是大自然的基因库。野生动植物保护更是生物多样性保护的重要内容，关系着生态系统的稳定。因此，在新时代社会主义建设的背景中，在新时代生态文明建设的要求下，野生动物保护法律制度的变迁必须坚持生态文明建设的目标导向，保护生物多样性，实现人与野生动植物的和谐共处，实现人与自然的和谐共生。

（二）野生动植物保护法律制度完善方向

1.扩大野生动植物生境保护范围

生境对于野生动植物而言，有着不同意味。对于野生动物而言，生境是其生存生活繁衍之地，不仅包括栖息地，还包括产卵地、越冬场、巡游地等。当前《野生动物保护法》中栖息地的定义与保护范围过于狭窄，不利于生物多样性的充分保护。[①] 显然，产卵地、越冬场、巡游地等不仅关乎野生动物繁衍，更关乎其自然地生存。对于野生植物而言，生境主要就是其生长环境。但野生植物同样涉及“繁衍”的问题，即其种子传播。因而，野生植物生境的保护，不应该局限于其生长环境或更窄的集中生长环境，应当对野生植物生命周期及其种子传播的环境进行保护。同时，在国家公园体制改革的背景下，应当理顺保护地关系，厘清野生动植物生境保护制度，防止保护区的无谓重复和保护的真空。野生动植物生境保护涉及多种类型的保护制度，包括自然保护区、风景名胜区、森林公园、湿地公园等，理顺这些保护的关系是合理配置、高效利用制度资源的前提。还应当注意野生动植物生境保护制度与生态红线制度的衔接，明确野生动植物资源保护的红线，完善野生动植物生境保护制度。

2.扩大野生动植物保护的范围

首先，“三有”野生植物概念滞后。新修订的《野生动物保护法》将“有益的和有重要经济、科学研究价值的陆生野生动物”更新为“有重要生态、科学、社会价值的陆生野生动物”。“三有”野生动物的概念厘定较以前更为科学，摒弃了以经济利益作为保护标准。[②] 然而，新修订的《野生植物保护条例》保护的野生植物，是指原生地天然生长的珍贵植物和原生地天然生长并具有重要经济、科学研究、文化价值的濒危、稀有植物。从《野生动物保护法》和《野生植物保护条例》对野生动植物的定

---

① 常纪文、吴平、王克颖等：《〈野生动物保护法〉修改的热点问题与建议》，载《中国环境管理》2016 年第 8 期。

② 魏华、刘美辰：《〈野生动物保护法〉修改述评》，载《环境保护》年第 12 期。

义中可以发现，受到保护的野生动植物可以分为两类：一类是珍贵、濒危的野生动植物，另一类是有重要生态、科学、社会价值的陆生野生动物和有重要经济、科学研究、文化价值的濒危、稀有植物。相较“三有”野生动物概念的更新，“三有”野生植物概念仍然滞后，一方面受到经济价值的局限，另一方面其文化价值也远远窄于社会价值的范围。其次，野生动植物保护范围仍相当局限。目前而言，至少以下四类均不在保护范围之内：一者，没有重要价值的陆生野生动物；二者，除珍贵、濒危之外的水生野生动物；三者，无重要价值的濒危、稀有野生植物；四者，非濒危、珍贵野生植物。可见，当前的保护范围仍然相当狭窄。最后，名录局限。[①] 野生动植物重点保护制度将野生动植物保护范围局限于重点保护名录。野生动植物保护范围极大地受限于人的当前认识水平，而自然界仍有许多尚未认识的野生动植物品类。在人类认知之外的野生动植物被忽视，可能会导致极大的生态损失。因此，必须逐步扩大野生动植物的保护范围，维护大自然基因库的稳定，保护生物多样性，防止人力对大自然基因库的破坏。

3.革新野生动植物保护的目的

2016 年《野生动物保护法》修订，取消了开发利用的目的，对野生动物保护的立法目的进行了革新，即“为了保护野生动物，拯救珍贵、濒危野生动物，维护生物多样性和生态平衡，推进生态文明建设”。然而，与之形成鲜明对比的是，2017 年修订的《野生植物保护条例》仍然沿用“为了保护、发展和合理利用野生植物资源，保护生物多样性，维护生态平衡”的立法目的，并未对“合理利用”作出调整。野生植物保护法律制度的目的仍然有所滞后。正如野生动物保护立法目的修改可能的考虑一样，“尊重野生动物的独特存在价值，不将野生动物作为纯粹的资源予以利用，把生态平衡和动物保护作为长期的立法目的。但是立法也得立足于现实，解决现实中存在的经济和社会问题”[②]。野生植物保护法律制度的立法目的需要进行相应的考虑。

4.加强野生植物法律制度建设

以《野生植物保护条例》为核心的野生植物保护法律制度体系，显得十分不足，不能适应新时代生态文明建设的要求，亟须健全和完善。

首先，健全和完善野生植物法律体系。立法效力层次低是我国野生植物保护面临的迫切问题。我国目前还没有一部专门保护野生植物的法律。作为当前制度核心依据的《野生植物保护条例》属于行政法规，其制度效力有明显不足，尤其是与

---

① 常纪文、吴平、王克颖等：《〈野生动物保护法〉修改的热点问题与建议》，载《中国环境管理》2016 年第 8 期。

② 常纪文、郭顺、王鑫等：《〈野生动物保护法〉存在的问题与修改建议》，载《中国环境监察》2015 年第 2 期。

相关法律规定冲突之时，野生植物保护处于弱势地位。[①] 而且由于其法律效力较低，在制度施行的过程中，执法者面对违法行为力不从心、力度不足等情形，严重影响我国野生植物的保护。[②] 野生植物保护法律体系也不健全。[③]《野生植物保护条例》属于行政法规，法律位阶不足，没有专门的法律。其直接影响就是我国野生植物保护法律制度建设远远落后于野生动物保护法律制度建设。在《野生动物保护法》的统摄之下，围绕该法形成了法律、行政法规、部门规章等成体系的野生动物保护法律制度。而野生植物保护法律制度缺少法律核心，仅有《野生植物保护条例》这一行政法规以及《农业野生植物保护办法》等规章，不成体系。因此，我国野生植物法律体系的健全和完善势在必行。

其次，完善野生植物保护法律制度。除前述野生动植物共有的保护范围局限之外，野生植物保护制度还存在以下问题：(1)完善野生植物名录制度。我国野生植物名录制度的缺陷不完全在于制度本身的缺陷，而更多的在于人的认识能力的局限。自 1999 年我国发布第一批《国家重点保护野生植物名录》之后，我国对于野生植物种群的认识肯定是不断深化的，也廓清了以往存在的认识误区。同样，不可避免的是，即使是学富五车的专家也不能穷尽现有野生植物种群的认识，也不敢说完全清楚非重点保护野生植物就是无价值、低价值的。因而，野生植物保护名录从其一开始就已经有其局限性了。所以，野生植物保护名录制度的变革和完善是摆在眼前的工作。(2)完善野生植物权属制度。与野生动物保护法律制度中的保护补偿不同，对于野生植物的补偿并不像野生动物一样对权利主体的人身、财产权造成了损失，野生植物保护的补偿源于采集制度对权利主体权益的限制。其补偿类似于《森林法》上公益林限制林权主体采伐森林对林权主体的补偿。此外，权属制度的缺失还导致我国野生制度偷挖、乱采现象的滋生，导致我国野生植物资源遭受到了严重的破坏。[④] 没有明确的权属，就缺乏有力的保护制度。因此，我国应当加强野生植物权属制度建设。(3)完善野生植物法律责任制度。我国野生植物保护法律责任制度存在责任追究的力度小、责任规定模糊的问题。[⑤] 现行制度对违反野生植物保护法律制度的法律责任规定模糊、不明确。例如，《野生植物保护条例》对破坏野生植物犯罪规定的处罚主要以经济处罚为主，且对于处罚额度缺乏明确

---

① 苏琳：《我国野生植物保护法律制度研究》，石家庄经济学院 2015 年硕士学位论文。

② 林龙：《论我国野生植物资源法律保护存在的不足与对策》，载《西北农林科技大学学报（社会科学版）》2008 年第 1 期。

③ 苏琳：《我国野生植物保护法律制度研究》，石家庄经济学院 2015 年硕士学位论文。

④ 易阳、周训芳：《中国的野生植物所有权制度与野生植物权属管理》，载《林业经济问题》2009 年第 4 期。

⑤ 林龙：《论我国野生植物资源法律保护存在的不足与对策》，载《西北农林科技大学学报（社会科学版）》2008 年第 1 期。

的规定。尤其是改革开放以来,我国经济建设取得巨大成就,人民物质生活水平得到了巨大改善,陈旧的处罚标准对于破坏野生植物资源犯罪而言缺乏应有的威慑力,难以实现应有的制度目的。因此,我国野生植物保护的法律责任制度必须进行相应完善。

上述缺陷极大地制约了我国野生植物保护法律制度的效力和实施效果,造成野生植物资源的损失。因此,必须针对野生植物保护法律体系不健全、制度内容问题进行合乎时宜的完善。

第四节　能源法律制度的变迁

能源的标准定义是“做功的能力”。[①] 改革开放40年以来,我国依靠资源优势获得了巨大的经济成就,而能源正是驱动机器运转、推动我国社会发展最为核心的动力来源。作为环境资源法治的重要方面,能源法治贯穿改革开放始终。现阶段,我国的能源安全水准较之于改革开放初期已有较大幅度的提升,然而总的来看,我国能源安全状况仍然不容乐观。根据《能源发展“十三五”规划(2016—2020)》的数据,能源供给方面,中国公民日益增长的物质财富与环境品质的江河日下形成强烈反差,而加剧气候变暖的火电仍然占我国电源总装机规模的65%;与此同时,非化石电源供给过剩,部分地区出现严重的弃风、弃光、弃水等问题,电力设备利用效率相应减弱,火电利用小时数逐年下滑;能源输送方面,局部地区电网调峰能力不足,冬季采暖调峰出现困难,部分区域输电网稳定运行压力大,安全风险增加;能源市场方面,市场理应在资源配置中起决定性作用,而垄断经营长期是我国能源产业的生存之道;凡此种种,不一而足。从1979年中国第一部环境法律《环境保护法(试行)》的颁布和施行起算,我国迎来环境资源法治40年。在环境资源法治的“不惑之年”,本节拟对能源法律制度变迁做一个粗线条梳理,以期知制度兴替,明法治得失。

一、我国能源法律制度概述

能源法是调整能源领域中能源勘探、开发、生产加工、储存、运输、交易、消费、环境保护等环节中产生的各种社会关系,保障能源安全、有效、持续供给的能源法律规范的总称。[②] 我国的能源法律体系已初具规模,能源法数量的激增也带来能

① [美]约瑟夫·P.托梅因、理查德·D.卡达希:《能源法精要》,万少廷、张利宾、顾伟译,南开大学出版社2016年版,第33页。

② 黄振中、赵秋雁、谭柏平:《中国能源法学》,法律出版社2009年版,第20页。

源法律体系的紊乱。这样的紊乱根源于能源本身的特点，能源形态多样，风能、太阳能、水能、核能、地热能、生物质能，以及传统的化石能源，都是我国最典型的能源形态。对每一种能源都进行法律规制的初衷，势必带来能源法律的庞杂。因此，在论述能源法律制度变迁之前，需要对我国能源法律体系做一个概览。传统的能源法学一般根据法律层级对能源法律体系进行介绍，这一分类的问题在于，由于能源法律本身的复杂性，倘若仅根据法律层级划分，会使能源法律的复杂性在各个层级中衍生和再现，这就使通过分类使能源法律体系明晰的目的落空。为此，笔者拟根据能源利用的不同形态，对能源法律进行体系化梳理。概括而言，可以将能源法律体系区分为能源开发法律体系、能源利用法律体系和能源管理法律体系。

（一）能源开发法律体系

能源开发法律体系是根据能源利用的不同环节做的划分，在能源开发法律体系内部又可以根据能源的不同表现形态进行区分。前已述及，能源可以分为风能、太阳能、水能、核能、地热能、生物质能以及传统的化石能源。这些不同的能源形态又可以区分为一次能源和二次能源，一次能源是指自然界中以原有形式存在的、未经加工转换的能量资源，二次能源是指由一次能源经过加工或转换得到的其他种类和形式的能源。

一次能源内部，可以分为可再生能源和非可再生能源，针对可再生能源，国家制定《可再生能源法》，同时，一些资源型法律如《水法》，也对水能资源有所涉及。相较而言，非可再生能源作为当前的主流能源形态，对其进行规范的法律更加健全。如针对石油和天然气能源，我国制定的法律有《深海海底区域资源勘探开发法》《石油天然气保护法》，与之配套的还有诸多行政法规，如《对外合作开采陆上石油资源条例》《海洋石油勘探开发环境保护管理条例》《开采海洋石油资源缴纳矿区使用费的规定》，部门规章有《海洋石油勘探开发环境保护管理条例实施办法》《海洋石油安全生产规定》《海洋石油安全管理细则》《海洋石油安全生产规定》《石油天然气管道安全监督与管理暂行规定》等。针对煤炭资源，我国制定的法律是《煤炭法》，与之配套的行政法规有《煤矿安全监察条例》《乡镇煤矿管理条例》《煤炭生产许可证管理办法》，部门规章有《煤炭经营监管办法》《煤炭矿区总体规划管理暂行规定》《进出口煤炭检验管理办法》《煤炭出口配额管理办法》《出口煤炭检验管理办法》《生产矿井煤炭资源回采率暂行管理办法》《煤炭经济合同审计实施办法》《煤炭行政执法证管理办法》等。[①] 风能、太阳能、生物质能作为新兴能源，除《可再生能源法》对其进行统摄型规制外，现阶段多由国务院或主管部门出台规范性文件保障其在法治的轨道上运行，例如国务院出台的《关于促进光伏产业健康发展的若干意

① 王文革：《自然资源法——理论·实务·案例》，法律出版社2015年版，第388页。

见》。核能利用方面,《原子能法》尚未出台,但是为保障核能的安全利用,已经存在诸多行政法规或部门规章。当然,能源并非一定要生产于我国,在全球化的背景下,通过购买他国能源亦可实现我国自身的能源安全和能源供给效率,例如规制我国能源购买的部门规章《海关管道运输进口能源监管办法》。

各种化石能源、风能、太阳能、水能、核能等与人类的利用之间存在着一座“绕不过去的桥”,即作为二次能源最典型形态的电力。目前,电力领域的基础性法律是《电力法》,我国目前正在掀起一场能源革命,某种程度上说,能源革命就是电力革命。原因在于:我国能源类型多样,倘若将目光限缩于某类能源形态,势必因为缺乏全局视野而使能源革命失之全面。倘若将视野拓展至所有的能源形态,又可能因为各种能源独具特色的表现形态、管理模式等而使笼统的改革失之针对性。对具体的能源形态和人类利用之间这座“绕不过去的桥”——电力——的规制就成为撬动能源革命的“阿基米德支点”。目前制定的能源开发类行政法规包括《电力设施保护条例》等。

(二)能源利用法律体系

能源法律利用体系是较之于供给侧而言的,具体是指能源开发之后,能源消费者对能源进行利用时应遵守的法律规范。能源利用某种程度上是消费者的自主行为,但基于环境保护、资源节约等公法目的,这一私权行为日益受到公法规制。[①]这也是《民法总则》中对所有权绝对、意思自治、自己责任等私法原则进行优化、妥协和改造的根源所在。

我国的能源利用法律主要集中在能源节约这一议题之上。国家出台的法律是《节约能源法》,在此基础上,还有两部行政法规作为配套,分别是《民用建筑节能条例》《公共机构节能条例》。需要说明的是,《节约能源管理暂行条例》作为行政法规,已于《节约能源法》出台的同时被废止。部门规章针对能源利用这一议题,出台了《重点用能单位节能管理办法》《固定资产投资项目节能审查办法》《工业节能管理办法》《节能监察办法》《节能低碳产品认证管理办法》《中央企业节能减排监督管理暂行办法》《高耗能特种设备节能监督管理办法》《民用建筑节能管理规定》《全国在用车船节能产品(技术)推广应用管理办法》《民用航空企业节能管理考核暂行办法》《航天工业国家级节能企业升级(定级)办法(试行)》《乡镇集体工业企业节能管理暂行规定》《交通行业节能管理实施条例》等。除节能之外,国家还出台了一些推动能源安全、高效利用的部门规章,如《能源效率标识管理办法》《公共机构能源审计管理暂行办法》《能源计量监督管理办法》等。

(三)能源管理法律体系

能源作为基本的生产、生活要素,离不开政府的监管,因此,在能源开发法律体

---

① 赵爽:《能源法律制度生态化研究》,法律出版社2010年版,第49页。

系及能源利用法律体系之外，还存在着能源管理法律体系。能源管理的目标有二：其一，保障能源在“量”上的供应和使用安全；其二，保障能源在“质”上的供应和使用安全。前者是指政府有义务保障能源普遍服务的实现，后者是指政府有义务确保能够利用的能源是清洁的能源。

针对不同的能源形态，实际上分布着不一样的能源管理法律。在核能领域，《原子能法》是能源开发的基础性法律，与之相对，为了保障核能的安全利用，国家制定了《核安全法》作为核能管理的基础性法律。同时配套了《核电厂核事故应急管理条例》《民用核安全设备监督管理条例》《核出口管制条例》《核材料管制条例》等行政法规。与之配套的部门规章包括《核电厂放射性废物管理安全规定》《核电厂质量保证安全规定》《核电厂厂址选择安全规定》《核电厂设计安全规定》《核电厂运行安全规定》等。水能管理类行政法规包括《水库大坝安全管理条例》《长江三峡水利枢纽安全保卫条例》。一次能源石油、天然气的管理类行政法规包括《石油地震勘探损害补偿规定》《城镇燃气管理条例》。电能管理类行政法规包括《电力监管条例》《电网调度管理条例》《电力设施保护条例》《电力供应与使用条例》《电力安全事故应急处置和调查处理条例》等。

二、能源法律制度的萌芽与起步(1978—1985)

改革开放是推动我国能源法治建设的重要转折点。改革开放之前，经济发展相对缓慢，农业社会的中国依靠薪柴、煤炭等满足自身的能源需求，同时由于法治经验和实践的匮乏，能源法治尚未萌芽。改革开放之后，一方面增加了能源需求量，另一方面，能源供给方式、能力也随之改善。法律是调整社会关系的产物，私人之间、法人之间、私人与法人之间基于经济、生活需要对能源的需求，激发了能源法律关系调整的必要性。为此，在依法治国的理念下，能源法治逐渐提上日程。总的来说，各国能源法的调节模式都经历了从国家垄断和所有的传统模式或具有特许权垄断与严格规制的私人所有模式，向能源市场化转换。[①] 检视40年能源法治历程，大体可以分为三个阶段，分别是起步阶段(1978—1985)，发展阶段(1986—1998)和繁荣阶段(1999年至今)，下文将重点论述这三个阶段里能源法律制度变迁的历程。

改革开放初期，我国百废待兴，经济体制仍然是计划经济体制，作为国民经济命脉的能源产业严格遵循计划经济体制，实行高度集中的统一管理，当时的能源产业政企不分、统收统支。这一阶段的能源问题主要表现在：(1)能源基础设施建设严重不足，供给能力弱；(2)能源投资依赖中央政府，能源企业效率低下；(3)煤炭、电力、石油、天然气等基础能源供应严重短缺，日益成为阻碍我国经济发展的瓶颈。

---

① 马俊驹、龚向前：《论能源法的变革》，载《中国法学》2007年第3期。

起步阶段的能源法治不得已采取了“头痛医头、脚痛医脚”立法方略，着手解决能够激发能源资源开发、增加基础设施投资、缓解供需矛盾的法治策略。总的来说，这一时期的能源法治主要从两个方面着手：其一，能源开源；其二，能源节流。前者是指政府出台法律法规和政策，激发能源开发潜力，解决能源供给不足的问题。比较典型的立法有1985年国务院制定的《关于集资办电和实行多种电价的暂行规定》，放开民间资本投资办电的限制，从而激发能源投资热情，缓解能源基础设施投资不足的窘境。同时，为了吸引外资，我国出台了诸多适应海洋石油开采的法律规范，如国务院于1982年制定颁布的《对外开采海洋石油资源条例》，1983年制定颁布的《海洋石油勘探开发环境保护管理条例》。后者是指政府出台法律法规和政策，减少能源利用过程中的浪费情况，通过节流实现能源供给安全。国务院于1983年制定颁布《节约能源管理暂行条例》以及多个节能指令，同时，煤炭工业部、交通部等与能源利用直接相关的部门也出台了具有行业特色的节能指令。①

这一阶段的能源法律制度多是由国务院及其主管部门发布的暂行规定、办法、意见等规范性文件组成，真正意义上的法律、行政法规极少。就条文内容而言，也是基本遵循计划经济体制，由中央政府和主管部门对能源开发、利用和管理进行全方位的事先规定。然而法治实践表明，统治者不可能“拥有全部特定知识并有能力靠指示性命令控制每一个人和每一件事”。② 因此，计划管理色彩明显、层级较低、效率较弱是这一时期能源法律制度的突出表征。

三、能源法律制度的确立与发展(1986—1998)

1987年，党的十三大提出，社会主义计划商品经济应该是计划和市场内在统一的体制。1992年，党的十四大进一步指出，我国经济体制改革的最终目标，是建立社会主义市场经济体制，我国向社会主义市场经济体制改革就发端于此。随着改革开放和中国特色社会主义经济体制目标的确立和实践，我国的经济立法进程显著加快。这一时期，能源作为经济建设的血液，能源立法成为经济立法的重要方面。我国最重要的能源法律基本上颁布于这一时期，例如1995年颁布的《电力法》、1996年颁布的《煤炭法》和1997年颁布的《节约能源法》。具体而言，煤炭方面，国务院出台《乡镇煤矿管理条例》(1994)、《煤炭生产许可证管理办法》(1994)；电力方面，出台的行政法规包括《电力设施保护条例》(1987)、《大中型水利水电工程建设征地补偿和移民安置条例》(1991)、《水库大坝安全管理条例》(1991)、《电网

---

① 叶荣泗：《回顾与展望：改革开放以来的我国能源法制建设》，载《郑州大学学报(哲学社会科学版)》2009年第3期。

② [德]柯武刚、史漫飞：《制度经济学——社会秩序与公共政策》，韩朝华译，商务印书馆2000年版，第77页。

调度管理条例》(1993)、《电力供应与使用条例》(1996)等;核能方面,我国第一座核电站秦山核电站始建于1985年,由此拉开了我国核电站建设运营的序幕。为了让核电站能够在法治的轨道上运营,我国这一阶段出台了诸多规范核电站建设运营的行政法规。这一阶段比较典型的核能利用行政法规包括《民用核设施安全监督管理条例》(1986)、《核材料管制条例》(1987)、《核电厂核事故应急管理条例》(1993)、《核出口管制条例》(1997),同时,为了让核电走出国门,我国还专门制定了核电出口的行政法规《核两用品及相关技术出口管制条例》(1998)。实际上,除了明显的能源法律之外,诸多环境资源法律也涉及能源的开采和使用。这一时期出台的涉能源法律包括《矿产资源法》(1986)、《水法》(1988)等。同时,随着地方立法权的赋予和规范,各地也出台了诸多本辖区的涉能源法规或规章。

这一阶段的能源法治深深打上了计划经济向市场经济转轨的烙印。一方面,这个阶段出台大量的能源法律、法规和规章,内容涉及能源开发、加工、输送、利用、节能、管理等重要制度安排,填补了我国能源领域无法可依的现状。另一方面,由于我国在这一阶段处于经济体制转轨时期,因而能源立法的成果在不少方面计划经济色彩还较为浓厚,对于世界各国普遍推行的能源产业自由化,如能源市场建设、能源财税支持等制度安排鲜有涉及。这些问题成为下一阶段能源法治的核心内容。

四、能源法律制度的进一步完善(1999—2018)

20世纪末21世纪初,我国已经全面建成社会主义市场经济,而且加入世界贸易组织也大大加快了我国经济融入全球化的进程。然而,由于经济发展先天优势不足,我国的经济发展仍然处于粗放型增长阶段,资源能源消耗高,环境污染形势严峻,尤其是能源对外依存度迅速扩大,结构矛盾突出,能源安全成为制约经济、社会进一步发展的核心因素。为此,党和国家提出以科学发展观为统筹,健全能源法治体系。在这一阶段,为响应可持续发展和能源市场化改革,我国先后制定了《可再生能源法》(2005)、《核安全法》(2017),修定了《节约能源法》(2007)。同时,国务院出台了《长江三峡工程建设移民条例》(2001)、《石油天然气管道保护条例》(2001)、《电力监管条例》(2005)等行政法规,用以规范能源领域的可持续发展。尤其需要指出的是,面对21世纪我国能源安全、环境保护以及应对气候变化等议题,国务院于2005年宣布制定综合性的《能源法》。这对于解决能源领域发展、改革和管理等重大问题具有非凡的战略意义和现实意义。[①] 原国家能源领导小组办公室通过2年多的努力,完成了报送国务院的《能源法(送审稿)》,然而该法至今未出台。此外,虽然这一时期能源领域的核心议题是电力行业市场化改革,然而作为电

① 吕振勇:《能源法简论》,中国电力出版社2008年版,第8~10页。

力建设、运营和管理的基础性法律,《电力法》修改至今未能实现。《电力法》修改是一个老生常谈的问题,经笔者统计,2003 年至 2007 年,以及 2015 至 2016 年,国务院或全国人大常委会均将《电力法》修改列入年度立法任务。这两次立法任务的启动,刚好契合中央政府开展的两次电力体制改革。即 2002 年国务院发布的《电力体制改革方案》促成了第一次《电力法》修改议程的形成,2015 年中共中央、国务院发布的《关于进一步深化电力体制改革的若干意见》引发了第二次《电力法》修改议程的形成。《电力法》修改一再难产的原因在于,电力体制改革方向不明。电力基于其传输特性,可以区分为发电、输电、配电和售电四个环节。西方国家既有发输配售四环节截然分立的做法,也有输配环节垄断、其他环节进行市场化改革的先例。我国为了防止事先修订的法律成为事后改革的阻碍,因此一直未对《电力法》进行修改。

总体而言,这一阶段我国基本建成了能源法律体系,除了《电力法》《煤炭法》等直接相关的法律,还有《矿产资源法》《水法》等相关法律出台或修改,加之 30 多部行政法规和 200 多部部门规章,我国能源法律体系已经初步形成。从内容上来看,能源法律仍然夹杂着市场和计划体制,但从总的趋势来看,我国能源产业自由化动向势不可挡,《电力法》修改、《能源法》制定只是时间问题。至此,我国基本实现了能源产业各领域、各环节有法可依,初步实现了从政策治理向法律治理的转变。

五、新时代能源法律制度建设之展望

习近平总书记在党的十九大报告中指出,中国特色社会主义进入新时代,我国社会主要矛盾已经转化为人民日益增长的美好生活需要和不平衡不充分的发展之间的矛盾。能源问题是关系经济发展、社会稳定和国家安全的重大问题,构建新时代中国特色社会主义能源法律体系就成为保障能源安全、实现经济社会可持续发展的重要前提。本节将从能源法律体系建设的角度,探索现阶段能源法律体系存在的问题,并提出出台能源基本法,制定和修改能源单行法的若干建议。

(一)我国能源法律体系存在的问题

结合我国能源法治 40 年的现状,并参照国外能源立法经验,可对我国现行能源立法进行体系化评估。我们认为,我国当前的能源法律体系主要存在两方面的问题:一方面,能源基本法缺失;另一方面,能源单行法欠合理。

1.能源基本法缺失

前已述及,进入 21 世纪以来,我国能源资源和环境形势日趋严峻。能源基本法缺失的问题在于,能源法律基本制度需要在能源单行法中概括、提炼和总结,而各能源单行法在制定之时往往缺乏统筹考虑,使制度之间缺乏必要的联系,进而造成能源单行法单打独斗形同散沙的局面。国外的能源法治经验表明,如果仅仅通

过能源单行法去规范、协调能源开发利用行为，往往效益有限。[①] 为此，我国《能源法》的制定进入立法议程。有学者将我国《能源法》的制定过程概括成 8 个字，即“声势浩大、进展缓慢”。[②] 在 2007 年形成《能源法（征求意见稿）》之后，还通过互联网向公众征求了意见。然而，在国家发改委将《能源法（送审稿）》报送国务院之后，此议题就不了了之，出台时间至今仍不明朗。《能源法》出台难的根本原因在于其定位问题。因为现阶段能源法律体系已经初具雏形，此时出台《能源法》就需要顾忌其他已出台的法律法规和规章，在综合其他法律文件中的优良制度时，要避免法律打架的情形出现。

从世界发达国家环境资源法的发展历程来看，实际上环境问题具有短期性，在经济发展到一定程度时，环境库兹涅茨曲线就会出现拐点。那时，环境问题将随着经济的发展持续保持或改善。然而，能源问题具有持续性，对能源的需求不会随着经济的发展得到缓解，相反，能源利用贯穿人类的过去、现在和未来。从这一角度来看，我国当前的环境资源法过于侧重环境法律，忽视了资源，尤其是能源法律。我国应当构建能源法体系，以《能源法》为主题，以国家颁布的能源法律、法规和部门规章形成不同层级、内容完备、界限明确、结构合理、组织严密、相互协调的能源法律、法规群体。[③] 构建能源法律体系的必要性表现在以下三个方面：其一，建立和完善能源法律体系，是保障社会能源需求，促进能源又好又快发展之前提；其二，建立和完善能源法律体系，是完善政府调控能力，全面提升依法治国的重要内容；其三，建立和完善能源法律体系，是保障国家能源安全，实现能源可持续发展的必然选择。可见，《能源法》的制定具有重要的现实意义和紧迫性。

2.能源单行法欠合理

能源单行法覆盖面不全。不可再生能源中，除典型的煤炭之外，还有石油、天然气、核能等，从理论上讲，应当分别制定与之对应的各能源单行法。考虑到石油和天然气的共生共存特性，国外一般统一制定《石油天然气法》。而我国暂时欠缺《石油天然气法》《原子能法》等单行法，这些领域只能依靠行政法规或者政策性文件进行调整和规范。其弊端在于，效力层级偏低的规制文件往往变动不定，而现代市场经济要求建立稳定的产权关系，能源领域产权的不稳定将影响能源产业发展，进而影响能源供给和使用安全。

可再生能源法有待分类细化。我国针对日益重要的可再生能源，制定了统摄性质的《可再生能源法》，并辅之以配套的政策、法规和规章，实现了可再生能源领

---

① 李涛：《我国能源法律体系现状分析》，载《中国矿业》2010 年第 3 期。

② 张璐：《论我国能源法律体系的应然构建与完善发展》，载《北京理工大学学报（社会科学版）》2011 年第 5 期。

③ 吕振勇：《能源法简论》，中国电力出版社 2008 年版，第 125 页。

域的有法可依。然而,现行《可再生能源法》采用的是将所有的可再生能源进行归纳概括的统一立法模式。这一立法模式固然可以提高法律的普适性,但可再生能源形态多样,其涵盖风能、水能、太阳能、生物质能、潮汐能等,这些新的能源形态往往各具特色,因此也就需要不同的规制手段。现阶段的统一立法模式使《可再生能源法》的法律制度呈现出一种“放之四海而皆准”的特征,当这些法律制度遭遇“地方性知识”,势必出现难以适用的问题。

能源利用法律可实施性不足。以《节约能源法》为代表的能源利用法律使私人行为承担起资源节约、生态保护的公法义务。然而,该法规定过于原则,实际上对违法者的责任追究难以实现。具体而言,《节约能源法》共6章,50条。根据领域的不同,其规制对象包括工业节能、建筑节能、交通运输、公共机构、重点用能单位节能等。根据该法要求,政府机关、用能单位应当履行节能义务,同时部分机构应当承担宏观调控职责。然而,这一公法义务基于行政能力的限制、监控成本的高昂以及制度规定本身的不健全,都导致制度难以落地。实践中被依法追究节能责任的情形少之又少。

能源行业自由化亟待修改现行法律。前已述及,垄断经营长期是我国能源产业的生存之道。在世界各国能源产业自由化的影响下,我国开展了能源产业的市场化改革。由于能源主要以电力的形式展现,因此,电力市场化改革就成为能源行业自由化的风向标。当前我国已经开展两轮电力产业市场化改革,发输配售的拆分已经在实践中得到应用。然而,作为电力产业的基础性法律,《电力法》的修改迟迟不能推进。笔者认为,在依法治国的时代背景下,要求一切行政行为服膺法治。十八届四中全会《关于全面推进依法治国若干重大问题的决定》就明确指出:“做到重大改革于法有据。”电力产业市场化改革完成之后再修改《电力法》的做法违背了这一准则,是故,对违背电力市场化改革的《电力法》进行即刻修改就成为现实之所需。

(二)新时代能源法律制度建设的若干建议

1.出台能源基本法

国际社会针对能源法的立法模式可以分为三类。第一类是“政策式”立法模式,即《能源法》只规定能源战略和规划思想、目标、措施、基本的政策手段与程序等,用来作为国家能源战略和管理的法律基础。采用这种模式最为典型的是日本的《能源政策基本法》。该法的突出特征是法条本身呈现出的宏观和原则性,具体表现在该法共计14条,涉及能源立法目的、能源监管指导思想、能源管理具体措施,以及国家、地方团体和国民的能源义务。这种模式的优势在于,其制定较少涉及实质性的利益冲突,因此出台难度大幅减小。弊端在于,该法的政策性特征使其可操作性减弱,时常被其他具体的规定、政策或法律架空,成为徒有其表的基本法。第二类是“法律兼政策式”立法模式,即立法中既包含能源战略和规划思想、目标、

措施、基本的政策手段和程序等，还涵盖能源法律基本原则、制度和法律责任等内容。典型的如美国的《能源政策法》，其内容极其广泛，例如可再生能源、石油与天然气、煤炭、核能、水电等，都在该法中有所涉及。第三类是"基本法式"立法模式，即《能源法》规定能源基本制度，如市场准入制度、竞争与反垄断制度、能源使用和节约制度等。典型的如韩国的《能源基本法》。该法分别设置立法目的、定义、原则、国家任务、适用范围，以及基本法律制度和法律责任，是典型的大陆法系基本法立法模式。

我国究竟采用何种立法模式，学界的观点暂时不统一，例如肖国兴教授认为应当采取"基本法式"的能源立法模式，①李艳芳教授认为应当采"综合式"的能源立法模式。② 鉴于我国中国特色社会主义立法传统，建议我国采用"基本法式"的立法模式。原因在于：其一，我国既有能源法律体系欠缺基础性质的基本法律。前已述及，我国现有的能源法律包括规制电力的《电力法》，规制清洁能源的《可再生能源法》，规制能源利用的《节约能源法》，规制煤炭的《煤炭法》，然而，各法律之间缺乏协调，形同散沙，尚缺乏一部能够体现不同能源形态的综合性法律，承载能源基本原则、基本制度和法律责任。理论上讲，作为基本法的《能源法》能够担此重任。其二，我国能源政策已经相对成熟，而能源基本的管理制度、市场体系等不同能源形态共通性的、原则性的规定付之阙如。从现有能源政策来看，我国在能源法律体系发展的第三阶段，已经相继出台《中国能源状况与政策》《能源发展重点专项规划》等政策文件，已经具体阐明我国的能源战略、发展目标、改革方向等内容，因此，将立法的重点放到具体的制度构建中更为妥当。

关于《能源法》的主要内容，学者指出，至少应当包含以下三个方面：能源立法目的、能源基本原则、能源基本制度。③ 具体而言，能源立法目的应当有机结合能源"质"与"量"的安全，前者保障所用能源是清洁的，后者保障能源是充足供应的。能源基本原则至少应当包含能源安全原则、节能与效率原则、环保原则、市场机制原则。能源法律应当包括哪些基本制度？肖乾刚、肖国兴认为，构成能源法律基本制度的是能源市场供给制度、能源政府规章制度、能源资源环境制度、能源技术创新制度、能源法律责任制度。④ 也有学者认为，能源法律的基本法律制度应当包括能源规划制度、能源生态补偿制度、能源行业的市场准入制度和能源环境影响评价制度。⑤ 我们认为，具体的制度是可以更改、变换的，但是基本的方向应当是明确

---

① 肖国兴：《我国〈能源法〉起草中应考虑的几个问题》，载《法学》2007年第2期。

② 李艳芳：《论我国〈能源法〉的制定——兼评〈中华人民共和国能源法〉(征求意见稿)》，载《法学家》2008年第2期。

③ 黄振中、赵秋雁、谭柏平：《中国能源法学》，法律出版社2009年版，第20页。

④ 肖乾刚、肖国兴：《能源法》，法律出版社1996年版，第80页。

⑤ 林安薇：《能源安全观助解我国〈能源法〉之结》，载《环境科学与管理》2006年第8期。

的。《能源法》制定的基本方向是通过市场化改革释放能源开发利用效率，通过环保监管实现能源清洁可持续。为此，制定的《能源法》至少应当包含能源市场化制度、能源权属制度、能源普遍服务制度、清洁能源制度等内容。

2.完善能源单行法

能源单行法是在能源基本法的统摄下，就某一能源具体行业或某一具体领域的专门性立法。能源单行法的完善可以分为两个方面：一方面，针对目前能源立法的空白领域，制定能源单行法；另一方面，针对现行能源法律中的滞后条款，修改能源单行法。

(1)制定能源单行法

前已述及，我国能源领域存在立法空白。为此，可以从以下三方面着力：首先，制定《能源公用事业法》。能源产业自由化是世界各国发展的普遍趋势，其优势在于，能源产业自由化可以激发能源生产、利用效率，减少行政干预，增加产出，减少行政扭曲造成的市场发展不均衡。然而，能源市场自由化势必造成能源价格随市场波动，可能对普通公民的正常生活造成不利影响。例如，我国电力产业自由化改革已经逐步展开，当前阶段规定电力使用大户能够直接向电厂购电，电厂的售卖价格往往低于国家电网的售卖价格。然而，倘若将全民的电力使用都划入市场定价，当气候原因、市场原因等造成电价上涨且无政府规制的情况下，势必造成社会动荡。为此，笔者认为，能源产业自由化之改革，应当根据发展型消费和生存型消费进行区分，发展型消费应当遵循市场，保证效率，而生存型消费应当接受政府干预，保证能源价格的公平稳定。为此，可以制定《能源公用事业法》，服务公众日常所需，减少能源市场化改革对公民造成的不利影响。其次，制定《石油天然气法》。现阶段就石油天然气领域，我国仅制定了《石油天然气管道保护条例》，为了促进石油天然气的快速发展，保障能源利用安全，应当制定统摄性质的基本法律。考虑到石油天然气的伴生现象较为普遍，且基于石油天然气的特殊性，《矿产资源法》的调整具有诸多局限性，因此，制定《石油天然气法》就成为现实所需。最后，制定《原子能法》。随着我国核能事业的发展，核能的开发利用日益受到关注。然而，切尔诺贝利核电事故和福岛核事故无时不在提醒，核能利用犹如在头上高悬的达摩克利斯之剑，需要谨慎对待。我国已经制定《核安全法》，但是对于核能开发、利用这一议题尚未实现周全规制。考虑到我国核能发展和核能出口日益频繁，制定《原子能法》正当其时。

(2)修改能源专项法

能源专项法修改应当注重以下方面：首先，修改《煤炭法》。现行《煤炭法》出台于1996年，虽然经历四次修正，但实际上并无实质修改。学者指出，就目前的现实而言，《煤炭法》已经存在立法理念定位不准、调整对象存在偏差、管理体制落后、法律制度滞后、法律责任失衡、与相关法律法规衔接不到位六大弊端。《煤炭法》修改时,应当将其定位为社会法和行业基本法,进而通过调整体例结构、完善立法目的、明确监管机构及其职责、补充完善相关法律制度、健全法律责任和协调相关法律的方式,实现《煤炭法》的重构。

其次,修改《电力法》。《电力法》出台于1995年,出台之后仅根据“先证后照”的政策修正过一次。然而实际上,在2002年和2015年,我国电力行业已经开展两次电力体制改革。现行《电力法》已经无法体现电力体制改革之要旨,其突出问题表现在:非自然垄断业务剥离不足、政府指导电价制度有待调整、电力发展规划制度形同虚设和可再生能源开发有待规范。为此,应当从《电力法》体例结构调整、立法目的重塑和具体制度建构三个方面,实现对《电力法》环保和效率取向的整合嵌套和消纳。

再次,修改《可再生能源法》。我国《可再生能源法》出台于2005年,于2009年进行了修正,此次修正确立了总量目标制度、全额保障性收购制度、分类电价制度、费用补偿制度和可再生能源发展基金制度。然而实践表明,这五项制度都或多或少的存在问题,具体表现在:总量目标未以立法形式明确、并网技术标准缺乏、分类电价制度与费用补偿制度的立法前瞻性不足。① 为此,应当根据我国可再生能源开发利用技术水平和市场规模,适时调整可再生能源的规划与发展目标;同时,制定并网技术标准,完善分类电价和费用补偿制度,优化强制购买制度、招标制度、经济激励制度和技术支持制度,②推动我国的可再生能源良性发展。

最后,修改《节约能源法》。我国《节约能源法》的问题主要表现在理念和制度两个层面。具体而言,理念存在的问题包括两个方面:立法理念上,《节约能源法》仅指出保护环境,满足人民生活需要的要求,而对能源安全、生态安全较少涉及;管理理念上,侧重行政管理,忽视市场手段。制度上存在的问题包括:节能工作管理体制不合理、具体制度不完善、市场化手段较欠缺、公众参与不健全和法律责任难操作等。③ 为此,在修改《节约能源法》时,应当革新立法理念,具体包括,落实建设生态文明的立法思想,并塑造现代行政管理理念;具体制度的革新包括,建立合理顺畅的节能工作管理体制、完善具体制度、引入市场化手段、建立公众参与和健全责任机制。

---

① 孙增芹、刘芳:《完善我国可再生能源法律制度的几点建议》,载《干旱区资源与环境》2013年第2期。

② 王明远:《“看得见的手”为中国可再生能源产业撑起一片亮丽的天空?——基于〈中华人民共和国可再生能源法〉的分析》,载《现代法学》2007年第6期。

③ 张梓太:《我国〈节约能源法〉修订的新思维——在理念与制度层面的生成与展开》,载《法学》2007年第2期。

第九章

自然保护区、风景名胜区法律制度的变迁

第一节　自然保护区、风景名胜区法律制度的建立

1978年至今，40年历程，中国的环境资源法律制度在艰难境遇中负重前行，从无到有，从小到大，由弱到强。作为环境资源法律制度不可或缺的组成部分，自然保护区、风景名胜区法律制度也在40年发展中开拓创新、稳步成长、渐趋完善。

自然保护区法律制度，是调整自然保护区建设、管理和保护等相关社会关系的法律规范的总称。风景名胜区法律制度，是调整风景名胜区设立、规划、保护、利用和管理等社会关系的法律规范的总称。

自然保护区法律制度与风景名胜区法律制度既密切相关，又存在差异。两个制度都以某类特定的生态区域为保护对象，均旨在保护生态资源，维护生物多样性，实现可持续发展。但在具体的规制对象、制度功能、制度运行机制等方面存在较大差异：第一，具体规制对象不同。自然保护区法律制度以自然保护区为规制和保护对象。在我国，自然保护区是对有代表性的自然生态系统、珍稀濒危野生动植物物种的天然集中分布区、有特殊意义的自然遗迹等依法划出的特殊保护区域；由法律制度规制和保护的风景名胜区则是具有观赏、文化或者科学价值，自然景观、人文景观比较集中，环境优美，可供人们游览或者进行科学、文化活动的区域。第二，制度功能不同。鉴于自然保护区与风景名胜区的定位不同，自然保护区法律制度与风景名胜区法律制度在制度功能上也迥然有异。前者的建立，有助于使生物多样性、各类物种资源及自然遗迹在不受人为干扰和破坏的情况下进行自然演替，并得以保存和延续；后者的构建，则有助于对自然生态系统进行长期的监测和保护，为人类提供休闲游憩的场所。简言之，自然保护区法律制度更注重对特殊地理区域、生态系统和自然资源本身的保护，即保护生物资源与自然遗产，保护具有全球或区域、地区代表性的生态系统，濒危及受威胁状态的物种及其生境，及其他各类遗传资源，维护自然的生态承载能力；[①]风景名胜区法律制度则同时关注自然景观与人文景观的美好，更加强调风景名胜资源历史文化、美学、科普价值的发挥，[②]以及生态服务、创造经济利益属性的体现。第三，制度运行机制不同。自然保护区的管理实行国家综合管理与各部门分类管理相结合的管理体制，[③]因此，自然保护区法律制度的推进与协调由国务院环境保护主管部门主导负责，水利、农业、海洋等相关主管部门积极配合；风景名胜区实行中央与地方两级监督管理体制，[④]是故，风景名胜区法律制度的运行主要采取“自上而下”的模式，由中央和地方建设主管部门负责。

1949—1978年，我国的自然保护区法律制度开始萌芽，但发展缓慢。究其原因：一是新中国成立之初，以经济发展为重心。1956年10月，全国人大在第七次林业会议上，提出《狩猎管理办法（草案）》与《天然森林禁伐区（自然保护区）划定草案》两个提案，开启了我国自然保护区法律制度的先河。同年，我国第一个自然保护区——鼎湖山自然保护区成立。尽管如此，在大力发展经济，积极推进粗放式经济发展模式的背景下，不但自然保护区数量有限，而且保护对象也主要是珍稀野生动植物资源和原始森林资源，自然保护区法律制度建设的意义更未得到清晰认识。二是十年“文化大革命”，我国的各项立法基本处于停滞状态，自然保护区事业深受影响，不但新的自然保护区没有建立，而且一些已经规划甚至设立的自然保护区也被破坏或撤销，自然保护区法律制度建设自然也得不到深入推进。

1978—1994年，自然保护区、风景名胜区法律制度体系逐步建立。1978年，中国共产党第十一届三中全会吹响了改革开放的号角，全国范围内大力推行建立健全社会主义法制的重大方针，为自然保护区、风景名胜区法律制度的建立提供了难得的历史契机。这一时期，两大制度的发展状态可以概括为：第一，自然保护区法

① 文同爱：《生态社会的环境法保护对象研究》，中国法制出版社2006年版，第36页。

② 郑玉歆、郑易生：《自然文化遗产管理——中外理论与实践》，社会科学文献出版社2003年版，第18页。

③ 《中华人民共和国自然保护区条例》第8条第1款。

④ 《中华人民共和国风景名胜区条例》第5条。

律制度重新建立。结束了十年"文革",自然保护区法律制度沐浴着改革开放的春风,重焕生机。1979年10月,林业部等八部委联合发布了《关于加强自然保护区管理、区划和科学考察工作通知》,这是我国第一个关于自然保护区工作的综合性文件。文件对自然保护区的建设和管理作出了规划,为自然保护区法律制度的发展指明了方向。伴随着自然保护区数量的增加和规模的扩大,国家的立法力度不断加强:1985年《森林和野生动物类型自然保护区管理办法》和1994年《中华人民共和国自然保护区条例》(以下简称《自然保护区条例》)颁布,标志着我国自然保护区立法从单一性、低层次立法向着综合性的、高层次立法迈进。第二,风景名胜区法律制度初步建立。1978年,国务院在第三次全国城市工作会议上提出加强风景区的保护和管理。同年,"国家建委在全国城市园林绿化工作会议中,建议把一批风景名胜及风景区等列为自然风景区予以重点保护,强调突出保护各种要素的完整性,实行统一管理、统一规划"①。风景名胜区法律制度建设拉开了帷幕。1985年国务院公布《风景名胜区管理暂行条例》,随后,城乡建设环境保护部又根据该条例于1987年发布了《风景名胜区管理暂行条例实施办法》,自此,我国风景名胜区法律制度体系初步形成。

1995—2006年,自然保护区、风景名胜区法律制度获得跨越式发展,成长迅速。1997年中国共产党第十五次全国代表大会明确提出:依照宪法和法律规定,逐步实现社会主义民主的制度化、规范化、程序化。随即,1999年第九届全国人大二次会议将"依法治国,建设社会主义法治国家"写入宪法。治国方略的重大转变极大地影响了中国法制化建设的进程,也推动和促进了自然保护区、风景名胜区法律制度的完善。这一时期,两大制度表现出以下发展状态:第一,较为系统、全面的自然保护区法律制度框架基本形成。1995年,国家海洋局公布施行《海洋自然保护区管理办法》,同年10月,国家土地管理局和国家环境保护局联合发布了《自然保护区土地管理办法》,1997年,农业部下发了《水生动植物自然保护区管理办法》,再加上此前发布的《森林和野生动物类型自然保护区管理办法》(1985年)和《自然保护区条例》(1994年),形成了"一个条例,四个办法"的法律制度体系,为自然保护区的发展提供了重要指导。第二,风景名胜区法律制度继续完善。在依法治国理念的指导下,国家进一步加强风景名胜区的建设、保护和管理工作,强调科学准确地认识风景名胜区的性质,充分发挥风景名胜区的作用,更为重要的是制定高规格的风景名胜区专门法规。在多方努力下,2006年《风景名胜区条例》出台,同时废止了原来的《风景名胜区管理暂行条例》。该专门法规的颁布对风景名胜区法律制度的完善具有至关重要的作用:不仅确立了风景名胜区法律体系的核心,也为相关法律规范的制定引明了方向。第三,地方性自然保护区、风景名胜区立法如

---

① 张振威:《风景名胜区立法浅议》,载《中国风景园林学会2009年会论文集》,第464页。

雨后春笋，发展迅速，如《山西省平遥古城保护条例》(1998年)、《河南省安阳殷墟保护管理条例》(2001年)、《甘肃祁连山国家级自然保护区管理条例》(2002年)等。这些地方立法也是自然保护区、风景名胜区法律制度体系的重要组成部分，对加快全国性自然保护区、风景名胜区立法步伐是一个有力的鞭策和推动。第四，立法发展不平衡，有些类型的自然保护区、风景名胜区的法律调整仍为空白。这一阶段自然保护区、风景名胜区法律制度的不断创新和完善，“既体现了法律的连续性和稳定性，又体现了实施依法治国方略的需要，符合我国国情，具有很强的可操作性”①。

2007年至今，自然保护区、风景名胜区法律制度的发展进入完善期。2012年，中国共产党第十八次全国代表大会以后，我国的环境资源法治建设进入一个新的发展阶段，达到了新的高度。十八大指出“要加大自然生态系统和环境保护力度，加强生态文明制度建设，把生态文明建设放在突出地位，融入经济建设、政治建设、文化建设、社会建设各方面和全过程，努力建设美丽中国”②。党的十八届三中、四中全会进一步要求加强生态文明建设领域的立法工作。十八届三中全会专门把“加快生态文明制度建设”作为重要议题讨论，提出“建立系统、完整的生态文明制度体系，用制度保护生态环境”③。可见，关于生态文明建设的立法工作，已经成为全面推进依法治国的重要内容。以生态文明理念为指导，不断完善自然保护区、风景名胜区法律制度，不但是可能的，而且是现实和必要的，是促使中国特色社会主义法律体系更加充实的重要举措。这一阶段，两大制度建设继续稳步向前推进：第一，自然保护区法律制度内容更加丰富。2011年，国务院修订了《自然保护区条例》，将条例第39条④中的“治安管理处罚条例”修改为“治安管理处罚法”。此后，国家进行了一大批生态工程建设，为自然保护区事业的发展注入了新的活力。“2015年环境保护部发布的环境公报显示，我国不同级别的自然保护区已达2740个，其中陆地面积约占全国陆地面积的14.8%，国家级自然保护区428个，约占全国面积的10%。”⑤这些保护区对保护我国的自然资源和生态环境，维护生物多样性和国家生态安全作出了积极贡献。为进一步提高自然保护区管理水平，2017年国务院再次修订《自然保护区条例》，扩大了自然保护区管理机构的职责和权限。

---

① 孙佑海、陈少云：《制定〈自然保护区法〉的论证》，载《环境保护》2004年第3期。

② 胡锦涛：《坚定不移沿着中国特色社会主义道路前进　为全面建成小康社会而奋斗——在中国共产党第十八次全国代表大会上的报告》，2012年11月8日。

③ 《中国共产党十八届三中全会公报》，2013年11月12日。

④ 《中华人民共和国自然保护区条例》第39条：妨碍自然保护区管理人员执行公务的，由公安机关依照《中华人民共和国治安管理处罚条例》的规定给予处罚；情节严重，构成犯罪的，依法追究刑事责任。

⑤ 中华人民共和国环境保护部：《2015年中国环境状况公报》，2016年5月20日。

第二，风景名胜区法律制度体系更加完备。“2012年年底，国务院共公布了8批、225处国家级风景名胜区，面积达10.36万平方千米；省级风景名胜区737处，面积约9.01万平方千米，两者总面积占我国陆地面积的2.02%。”①随着对风景名胜资源的不断开发利用，在满足人们游览观赏的需要，带动地方经济发展的同时，出现了基于经济利益驱动不合理或过度利用风景名胜资源的现象，致使风景名胜资源持续遭到破坏。为保证风景名胜区事业的健康发展，2016年，国务院对《风景名胜区条例》进行修订，将在国家级风景名胜区内修建缆车、索道等重大建设工程，项目的选址方案的核准权下放给省、自治区人民政府建设主管部门和直辖市人民政府风景名胜区主管部门，增强了风景名胜区立法的可操作性。第三，国家公园法律制度初步发展。中国共产党第十八届三中全会通过的《中共中央关于全面深化改革若干重大问题的决定》指出：“坚定不移实施主体功能区制度，建立国土空间开发保护制度，严格按照主体功能区定位推动发展，建立国家公园体制。”②十九大报告也明确要求，建立以国家公园为主体的自然保护地体系。我国的国家公园是在生态文明建设不断深化，自然保护区、风景名胜区发展渐趋完善的基础上建立的一种新型保护地。2017年9月中共中央办公厅、国务院办公厅印发《建立国家公园体制总体方案》，为国家公园体制的建立提供了政策支持，但目前，我国尚无国家公园的专门立法，只有《自然保护区条例》《风景名胜区条例》《国家城市湿地公园管理办法》《国家级森林公园管理办法》等相关法律文件为国家公园的建设与管理提供一定的法律依据。在“最严格保护”理念的指导下，国家公园立法需要突破传统立法模式的局限，在准确把握国家公园法律制度调整对象及生态需求的基础上，由传统的分散性、区域性立法升格为整体性、层次性立法，才能符合生态文明建设的要求，实现新时期国家公园立法的体系性。

除却专项立法，《环境保护法》《野生动物保护法》《水污染防治法》《大气污染防治法》《森林法》《草原法》《海洋环境保护法》等其他环境保护法律法规也在一定程度上规范和调整着自然保护区、风景名胜区建设、保护、管理等相关社会关系，进而成为自然保护区、风景名胜区法律制度体系的组成部分。

40年风雨兼程，自然保护区、风景名胜区法律制度追随着中国环保发展的浪潮，走过了开创期、成长期和完善期，完成历史性转型，从无到有，从小到大，由弱到强。但不容否认，自然保护区、风景名胜区立法一直面临立法层级低、分散立法，法律规范彼此间不协调甚至相互冲突等诸多现实问题，仍需进一步健全和完善。

---

① 刘芳、刘佳明、付华：《我国风景名胜区与美国国家公园资源保护与利用的对比研究》，载《商业经济》2015年第8期。

② 2013年11月12日，中国共产党第十八届中央委员会第三次全体会议通过《中共中央关于全面深化改革若干重大问题的决定》。

1978年,中国共产党第十一届三中全会胜利召开,完成了党的思想路线、政治路线和组织路线的拨乱反正,拉开了改革开放的大幕,开启了社会主义法制建设的新征程。

同年,全国人民代表大会重新修订了《中华人民共和国宪法》,明确规定:“国家保护环境和自然资源,防治污染和其他公害。”①宪法的修订体现了国家保护环境和自然资源的态度,也为自然保护区、风景名胜区法律制度的建立提供了立法依据。

1979年9月13日,第五届全国人民代表大会常务委员会第十一次会议通过《中华人民共和国环境保护法(试行)》,这是我国第一部环境保护的专门法律。该法第二章“保护自然环境”通过5个条文分别对土地、水、矿藏、森林、草原、野生动植物资源的保护和利用进行了规定,为自然保护区、风景名胜区专项立法奠定了坚实基础。

森林是国家建设和人民生产生活的重要资源。改革开放之初,我国的造林绿化速度不快,但森林破坏十分严重。为进一步提高广大人民群众植树造林的积极性,加强森林的保护和管理,1979年2月23日第五届全国人民代表大会常务委员会第六次会议通过《中华人民共和国森林法(试行)》。其中第20条规定:应当在珍贵、稀有动物和植物的生长繁殖地区,划定自然保护区,建立机构,加强保护管理,开展科学研究。② 这是我国关于自然保护区法律制度的最早规定。1984年9月20日,第六届全国人民代表大会常务委员会第七次会议通过《中华人民共和国森林法》,第20条细化了自然保护区法律制度的规定,将自然保护区的保护范围拓展至典型森林生态地区、珍贵动物和植物生长繁殖的林区、天然热带雨林等具有特殊保护价值的林区,同时规定未经省、自治区、直辖市林业主管部门批准,不得采伐和采集自然保护区以外的珍贵树木和林区内具有特殊价值的植物资源。这一规定已经体现了分区管理的理念,是自然保护区分级、分区管理体制的雏形。

改革开放和社会主义法制建设的不断推进,为自然保护区法律制度的生成和发展提供了宝贵的历史机遇。1985年6月21日经国务院批准,7月6日由林业部发布的《森林和野生动物类型自然保护区管理办法》(以下简称《办法》)是我国第一部自然保护区管理法规。虽然该《办法》只有17个条文,且冠以“森林和野生动物类型”之名,但实际上它主要就是对自然保护区及其管理问题进行的规定。主要内容包括:第一,明确了自然保护区管理机构的主要任务。根据《办法》第3条,自然保护区管理机构的核心任务是“保护和发展珍贵稀有野生动植物资源,进行科学研

① 《中华人民共和国宪法》(1978年)第11条第3款。
② 《中华人民共和国森林法(试行)》第20条。

究，探索自然演变规律和合理利用森林和动植物资源的途径"[①]。第二，明确了自然保护区的设立条件。《办法》规定不同自然地带的典型森林生态系统的地区、珍贵稀有或者有特殊保护价值的动植物种的主要生存繁殖地区和其他有特殊保护价值的林区可以建立自然保护区。[②] 第三，确立了自然保护区分级分类、分区管理的体制。所谓分级分类管理是指将自然保护区分为国家自然保护区和地方自然保护区，前者由林业部或所在省、自治区、直辖市林业主管部门管理；后者由县级以上林业主管部门管理。[③] 所谓分区管理是指将自然保护区分为核心区和实验区，核心区只供进行观测研究；实验区可以进行科学实验、教学实习、参观考察和驯化培育等活动。[④] 第四，《办法》还规定了自然保护区内开展旅游活动的要求、进入自然保护区的审批程序以及人员配备等内容。《办法》的出台填补了我国自然保护区立法的空白，具有重大的创新意义和价值，为自然保护区法律制度的日后发展夯实了根基。

1986 年 3 月 19 日，中华人民共和国第六届全国人民代表大会常务委员会第十五次会议通过《中华人民共和国矿产资源法》，这是为加大矿产资源保护力度，提高国家战略性资源储备，优化矿业产业结构而颁布的专项法律。第 17 条明确规定：非经国务院授权的有关主管部门同意，不得在国家划定的自然保护区、重要风景区，国家重点保护的不能移动的历史文物和名胜古迹所在地，开采矿产资源。此规定通过规范矿产资源的开采行为，保护珍贵、濒危的物种资源和文物古迹，因而也是自然保护区、风景名胜区法律制度体系的重要组成部分。

1988 年 1 月 21 日，《中华人民共和国水法》由第六届全国人民代表大会常务委员会第二十四次会议通过，7 月 1 日起施行。这是我国第一部规范水资源开发、利用、节约、保护、管理等活动的基本法，标志着我国水资源保护和管理活动步入法制化轨道。其中，第 5 条和第 18 条分别对保护自然植被、涵养水源、改善生态环境及渔业资源保护设施建设进行了规定，对丰富自然保护区法律制度的内容发挥了积极作用。

同年 11 月，第七届全国人民代表大会常务委员会第四次会议通过《中华人民共和国野生动物保护法》，其中第 10 条要求："在国家和地方重点保护野生动物的主要生息繁衍的地区和水域，划定自然保护区，加强对国家和地方重点保护野生动物及其生存环境的保护管理。"第 20 条规定："在自然保护区、禁猎区和禁猎期内，禁止猎捕和其他妨碍野生动物生息繁衍的活动。"这些内容为自然保护区内野生动

① 《森林和野生动物类型自然保护区管理办法》第 3 条。
② 《森林和野生动物类型自然保护区管理办法》第 5 条。
③ 《森林和野生动物类型自然保护区管理办法》第 4 条。
④ 《森林和野生动物类型自然保护区管理办法》第 10 条。

物的保护工作提供了法律依据，有利于保护、拯救珍贵、濒危野生动物，维护生态平衡。

改革开放以后，经济发展迅速，环境问题逐渐凸显。此时，西方发达国家已经进入大力治理环境污染的阶段，为避免重蹈西方国家“先污染后治理”的覆辙，1989年12月26日，第七届全国人民代表大会常务委员会第十一次会议通过《中华人民共和国环境保护法》（以下简称旧环保法），标志着我国环境保护工作迈入了新的发展阶段。相比1979年的《环境保护法（试行）》，该法增加了14个条文，共6章47条。其中，第17条、第18条、第23条、第44条分别对特殊区域（包括自然生态系统区域，珍稀、濒危野生动植物自然分布区域，重要的水源涵养区域，自然遗迹，人文遗迹等）的保护，特别保护区域（包括风景名胜区、自然保护区和其他需要特别保护的区域）的设施建设，城乡建设中的资源保护及资源破坏的法律责任等问题作出了规定。作为环境保护领域的基本法，《环境保护法》的这些规定为建立行之有效的自然保护区、风景名胜区法律制度体系提供了直接指导。

1994年9月2日，国务院第二十四次常务会议讨论通过《中华人民共和国自然保护区条例》（以下简称《自然保护区条例》）。这是我国自然保护区立法中的一个重要里程碑，是我国第一个关于自然保护区的正式的综合性法规，结束了我国自然保护区执法工作中的某些无法可依的局面。[①]《自然保护区条例》共5章44条，对自然保护区的建设和管理等问题进行了较为全面、系统的规定。具体内容包括：第一，明确界定了自然保护区的概念。《自然保护区条例》第2条将自然保护区定义为对特殊的陆地、陆地水体或者海域，依法划出一定面积予以特殊保护和管理的区域。这些特殊的陆地、陆地水体或者海域主要包括有代表性的自然生态系统、珍稀濒危野生动植物物种的天然集中分布区和有特殊意义的自然遗迹。此项规定明晰了自然保护区的内涵和外延，明确了自然保护区建设和管理的对象。第二，建立了自然保护区综合管理与分部门管理相结合的管理体制。依《自然保护区条例》第8条的规定，国务院环境保护行政主管部门负责全国自然保护区的综合管理，林业、农业、地质矿产、水利、海洋等有关行政主管部门在各自的职责范围内，主管有关的自然保护区。第三，细化了自然保护区分级分类、分区管理的规定。《自然保护区条例》延续了《森林和野生动物类型自然保护区管理办法》中自然保护区分级分类、分区管理[②]的模式，将自然保护区划分为国家级自然保护区和地方级自然保护区，并明确了两级保护区的设置标准和申请程序。分区管理方面，在《森林和野生动物类型自然保护区管理办法》将自然保护区分为核心区和实验区的基础上，

① 颜士鹏：《论我国自然保护区立法的缺陷与完善》，载《环境法论坛》2005年第3期。

② 《中华人民共和国自然保护区条例》（1994年）第8条、第11条、第12条、第18条、第27条、第28条、第29条。

《自然保护区条例》又增加了一类缓冲区，即将自然保护区分为核心区、缓冲区和实验区三类功能区。核心区禁止任何单位和个人进入，除经特别批准外，也不允许进入从事科学研究活动，其设置的主要目的在于为珍贵、濒危物种提供天然的生存和保护场所，有效防止生物多样性锐减；缓冲区，只准进入从事科学研究观测活动，通过设置这一区域，减少外围人为活动对核心区的干扰和破坏；实验区，则可以进入从事科学试验、教学实习、参观考察、旅游以及驯化、繁殖珍稀、濒危野生动植物等活动。同时，《自然保护区条例》允许原批准建立的自然保护区，可以在自然保护区的外围划定一定面积的外围保护地带，进一步扩展保护范围，加大保护力度。功能分区的细化有利于针对自然保护区不同区域的不同特点实行具体的、有针对性的保护措施，“维护生态系统的结构和功能的完整性，提高生态系统服务功能和改善生态系统健康状况，实现生态安全”①。第四，明晰了自然保护区管理机构的主要职责。《自然保护区条例》将自然保护区管理机构的主要职责概括为6个方面②：(1)贯彻执行有关自然保护的法律、法规和方针、政策；(2)制定各项管理制度，统一管理；(3)调查自然资源并建立档案，组织环境监测，保护自然环境和自然资源；(4)组织或者协助相关科学研究工作；(5)加强宣传教育；(6)在不影响自然环境和自然资源的前提下，组织开展参观、旅游等活动。管理机构职责的明确为相关人员从事具体的管理工作提供了行为准则。第五，规范了自然保护区的经费来源。按照《自然保护区条例》第23条的规定，管理自然保护区所需经费，由自然保护区所在地的县级以上地方人民政府安排。国家对国家级自然保护区的管理，给予适当的资金补助。第六，规定了相关人员违法行为的法律责任。《自然保护区条例》专设“第四章法律责任”对有关单位和个人擅自移动或者破坏自然保护区界标，未经批准在自然保护区开展参观、旅游活动，妨碍自然保护区管理人员执行公务等行为进行处罚。此外，该条例还对自然保护区的命名、撤销、建立条件等问题进行了规定。

随着改革开放的不断深入，风景名胜区在我国社会经济发展中的地位愈加凸显。作为旅游产业发展的重要载体，风景名胜区在为地方发展带来经济效益的同时，也不断满足着人民日益增长的精神需求，同时在弘扬民族文化方面也作出了巨大贡献。据此，1985年6月7日国务院发布《风景名胜区管理暂行条例》(以下简称《暂行条例》)，这是我国第一部专门规范风景名胜区管理的行政法规。全文共17条，基本内容包括：第一，明确了风景名胜区的设立条件。《暂行条例》要求“凡具有观赏、文化或科学价值，自然景物、人文景物比较集中，环境优美，具有一定规

① 罗吉：《维护生态安全与我国自然保护区立法探讨》，载《保护生态安全国学术研讨会论文集》2005年8月，第45页。

② 《中华人民共和国自然保护区条例》(1994年)第22条。

模和范围，可供人们游览、休息或进行科学、文化活动的地区，应当划为风景名胜区”[①]。这一条件的明确为风景名胜区的进一步管理奠定了基础。第二，建立了风景名胜区分级管理的体制。根据《暂行条例》的规定，依照景物的观赏、文化、科学价值和环境质量、规模大小、游览条件等标准，可将风景名胜区划分为市、县级风景名胜区，省级风景名胜区和国家重点风景名胜区三级。[②] 第三，设立了风景名胜区中央和地方两级监督管理体制。[③] 城乡建设环境保护部主管全国风景名胜区工作，地方各级人民政府城乡建设部门主管本地区的风景名胜区工作。第四，建立了风景名胜区规划制度。《暂行条例》要求各级风景名胜区都应当制定包括确定风景名胜区性质，划定风景名胜区范围及其外围保护地带，划分景区和其他功能区等内容的规划。[④] 规划是一切工作的首务，规划制度的建立有助于保证风景名胜区管理的科学性、规范性和有效性。虽然《暂行条例》中原则性条款居多，但不容否认，它依然为保护、利用和开发风景名胜资源提供了法律保障，推动了风景名胜区事业的全面、协调、可持续发展。

为保证《暂行条例》的有效实施，1987 年 6 月 10 日，城乡建设环境保护部发布《风景名胜区管理暂行条例实施办法》(以下简称《实施办法》)。《实施办法》共 6 章 48 条，分别对风景名胜区的保护、规划、建设、管理活动作出了更为详细的规定，具体包括：第一，明确了风景名胜资源和风景名胜区的概念。《实施办法》首次对风景名胜资源进行界定，指出风景名胜资源是具有观赏、文化或科学价值的某些自然景物、人文景物和它们所处环境以及风土人情等；风景名胜区是风景名胜资源集中、自然环境优美、具有一定规模和游览条件，经县级以上人民政府审定命名、划定范围，供人游览、观赏、休息和进行科学文化活动的地域。[⑤] 第二，明确了各级风景名胜区的审定机关和审定条件。《实施办法》规定，县级以上人民政府分别依法对市(县)级风景名胜区、省级风景名胜区和国家重点风景名胜区予以审定。第三，规定了风景名胜区界桩、区界标志制度。《实施办法》要求经规划批准的风景名胜区，应在风景名胜区主要入口建立入口标志并沿划定的范围立桩，标明区界。界桩、区界标志制度进一步规范了风景名胜区的管理，使风景名胜区的保护范围更加清晰、明确。第四，要求对风景名胜区内的林木，尤其是古树名木、水体、动物的栖息环境及文物古迹进行重点保护。第五，要求规范风景名胜区规划的编制、基础资料收集、规划审批等相关工作，设定了风景名胜区的规划原则。第六，要求对风景名胜区内

---

① 《风景名胜区管理暂行条例》第 2 条。
② 《风景名胜区管理暂行条例》第 3 条。
③ 《风景名胜区管理暂行条例》第 4 条。
④ 《风景名胜区管理暂行条例》第 6 条。
⑤ 《风景名胜区管理暂行条例》第 2 条。

各项建设活动予以严格管理。第七，要求加强风景名胜区治安、游览、卫生、宣传教育、建档立案等工作的管理。《实施办法》的出台增强了《暂行条例》的可操作性，优化了实施效果。

1993年12月20日，建设部印发了《风景名胜区建设管理规定》（以下简称《管理规定》）。该《管理规定》主要对风景名胜区内各项建设活动进行规范和管理，重点规定了各项建设活动的审批程序，同时明确了施工场地的环境要求及建设工程竣工验收事项，有助于严格保护风景名胜资源，维护风景名胜区正常建设秩序，加强建设管理工作。

继《管理规定》之后，1994年11月14日，建设部又印发了《风景名胜区管理处罚规定》。全文共16条，主要对擅自改变规划及其用地性质，侵占风景名胜区土地进行违章建设；破坏植被、砍伐林木、毁坏古树名木、滥挖野生植物、捕杀野生动物，破坏生态，导致特有景观损坏或者失去原有科学、观赏价值；污染或者破坏自然环境、妨碍景观；毁损非生物自然景物、文物古迹；破坏游览秩序和安全制度乱设摊点，阻碍交通，破坏公共设施，不听劝阻；建设行政主管部门及风景名胜区管理机构的工作人员玩忽职守、滥用职权、徇私舞弊等行为的处罚措施进行了规定。该处罚规定加大了风景名胜区管理力度，有力地维护了风景名胜区管理秩序。

此外，一些规范性文件如《中国自然保护纲要》（1987年）、《国务院关于公布第二批国家级森林和野生动物类型自然保护区的通知》（1988年5月9日）、《关于加强自然保护区土地管理工作的通知》（1989年8月10日）、《国务院关于建立国家级海洋类型自然保护区的批复》（1990年9月3日）、《关于国家级自然保护区申报审批意见的报告》（1991年3月2日）、《国务院批转城乡建设环境保护部等部门关于审定第一批国家重点风景名胜区的请示的通知》（1982年11月8日）、《国家土地管理局关于加强风景名胜区土地管理工作的通知》（1987年8月14日）、《国务院批转建设部关于审定第二批国家重点风景名胜区报告的通知》（1988年8月1日）、《国务院办公厅转发建设部关于加强风景名胜区工作报告的通知》（1992年9月3日）、《国务院关于发布第三批国家重点风景名胜区名单的通知》（1994年1月10日）等也为实现自然保护区、风景名胜区建设、管理工作的规范化和法制化发挥了独特作用。

综上，在改革开放和大力推进社会主义法制建设的背景下，自然保护区、风景名胜区法律制度体系初步建立，为我国自然保护区和风景名胜区事业的发展提供了坚实的法律保障。这个时期，无论是自然保护区法律制度还是风景名胜区法律制度都呈现出以下特点：第一，以保护自然资源和生态环境为目的；第二，以划定特定空间区域的形式保护自然资源和生态环境；第三，对珍贵、濒危及具有典型意义和价值的自然景观和物种资源予以特别保护；第四，通过法律制度形式建立自然综合体和自然资源整体的长效保护机制；第五，力争实现生态环境和自然资源的整体、全面和合理保护。

第二节　自然保护区、风景名胜区法律制度的发展

随着社会主义法制化建设的深入推进，自然保护区、风景名胜区法律制度迅速发展。

建立海洋自然保护区是维护海洋生物多样性，防止海洋生态环境恶化的重要措施。1989 年至 1991 年短短 3 年时间，国家海洋局携手相关部门，选划了包括昌黎黄金海岸、山口红树林生态、大洲岛海洋生态等在内的 7 个国家级自然保护区。在此背景下，1995 年 5 月 29 日，国家海洋局发布《海洋自然保护区管理办法》(以下简称《海洋管理办法》)，这是专门为加强海洋自然保护区的建设和管理出台的部门规章。全文共 23 条，主要内容包括：第一，明确了海洋自然保护区建设和管理的基本原则。按照统一规划、分工负责、分级管理的原则对海洋自然保护区进行选划、建设和管理。[①] 第二，建立了中央和地方两级管理体制。全国海洋自然保护区工作由国家海洋行政主管部门统一负责；沿海省、自治区、直辖市海洋管理部门主管本行政区域毗邻海域内海洋自然保护区选划、建设、管理工作。[②] 第三，明确了海洋自然保护区的设立条件。《海洋管理办法》要求在典型海洋生态系统所在区域；高度丰富的海洋生物多样性区域或珍稀、濒危海洋生物物种集中分布区域；具有重大科学文化价值的海洋自然遗迹所在区域；具有特殊保护价值的海域、海岸、岛屿、湿地等区域设立海洋自然保护区。[③] 第四，建立分级、分区管理体制。海洋自然保护区分为国家和地方两级管理。根据自然环境、自然资源状况和保护需要的不同，每个自然保护区又分为核心区、缓冲区和实验区三类功能区。同时，根据不同保护对象，设置绝对保护期和相对保护期。[④] 第五，《海洋管理办法》还对海洋自然保护区位置和范围的划定及人员配备等问题进行了规定。该《管理办法》的颁布对保持海洋自然环境的原始风貌，维持海洋生态系统的生产力，保护重要的海洋生物遗传资源具有重要意义。

1995 年 9 月 15 日，国家土地管理局与国家环境保护局联合发布《自然保护区土地管理办法》(以下简称《土地管理办法》)，旨在加强对自然保护区内及其外围保

① 《海洋自然保护区管理办法》第 4 条。
② 《海洋自然保护区管理办法》第 5 条。
③ 《海洋自然保护区管理办法》第 6 条。
④ 见《海洋自然保护区管理办法》第 7 条、第 13 条。

护地带土地的管理。基本内容包括:第一,建立了自然保护区土地地籍制度。该管理办法要求县级以上地方人民政府土地管理行政主管部门对本辖区自然保护区的土地进行调查、统计、登记,建立地籍档案,并明确了自然保护区的土地依法属于国家或者集体所有。[①] 第二,建立了自然保护区土地规划制度。《土地管理办法》要求编制自然保护区及其外围保护地带的土地利用规划,并将其纳入土地利用总体规划和环境保护规划。[②] 第三,设置了多项具体的保护措施。《土地管理办法》第四章对自然保护区范围和界线的划定,界标的设置,设施用地和建设项目的审批等问题作出了规定,有效地防止了自然保护区土地被肆意破坏或侵占。《土地管理办法》为解决自然保护区内土地资源的过度开发利用,与周边社区纠纷不断等诸多现实问题提供了具体对策。

1997年,中国共产党第十五次全国代表大会对建设中国特色社会主义事业的跨世纪发展作出了全面部署,同时把依法治国,建设社会主义法治国家确定为国家发展的基本方略。依法治国的提出,体现了国家治国理念和治国原则的深刻转变。它表明治理国家的基本方法是运用宪法和法律,体现最广大人民群众的意志,维护最广大人民群众的合法权益。依法治国,要求不断加强社会主义民主法治建设,不断完善社会主义法律制度体系。这就为自然保护区、风景名胜区法律制度的发展和完善创造了良好的社会条件。

在建设社会主义法治国家总体目标的要求下,自然保护区法律制度深入发展。1996年9月30日国务院发布《中华人民共和国野生植物保护条例》(以下简称《野生植物保护条例》),1997年1月1日起施行。珍贵、濒危、稀有植物是国家宝贵的自然资源,也是生态环境的重要组成部分。我国的植物物种资源丰富,分布广泛。"高等植物就有3万多种,其中有200种是我国特有的,如世界上十分罕见的珍贵树种——珙桐、银杉等,被誉为'植物界的大熊猫'"[③]。我国历来强调依法保护珍贵、稀有植物,《野生植物保护条例》即重在保护原生地天然生长的珍贵植物和原生地天然生长并具有重要经济、科学研究、文化价值的濒危、稀有植物,保护生物多样性,维护生态平衡。该《条例》明确要求在国家重点保护野生植物物种和地方重点保护野生植物物种的天然集中分布区域,建立自然保护区;[④]采集城市园林或者风景名胜区内的国家一级或者二级保护野生植物的,须先征得城市园林或者风景名胜区管理机构同意,申请采集证;[⑤]药用野生植物和城市园林、自然保护区、风景名

---

① 《自然保护区土地管理办法》第6条、第7条。

② 《自然保护区土地管理办法》第11条。

③ 陈友嘤:《中华人民共和国森林法释义》,法邦网,http://ishare.iask.sina.com.cn/f/iY-bqCN5pJC.html,最后访问时间:2018年3月31日。

④ 《中华人民共和国野生植物保护条例》第11条。

⑤ 《中华人民共和国野生植物保护条例》第16条第3款。

胜区内的野生植物的保护，同时适用有关法律、行政法规。

1997年10月9日，农业部通过了《中华人民共和国水生动植物自然保护区管理办法》(以下简称《水生动植物管理办法》)。《水生动植物管理办法》分总则、水生动植物自然保护区的建设、水生动植物自然保护区的管理、罚则和附则共5章32条，自发布之日起施行。主要内容包括：第一，明确了水生动植物自然保护区的设立条件。《水生动植物管理办法》要求在国家和地方重点保护水生动植物的集中分布区、主要栖息地和繁殖地；代表不同自然地带的典型水生动植物生态系统的区域；国家特别重要的水生经济动植物的主要产地；重要的水生动植物物种多样性的集中分布区；尚未或极少受到人为破坏，自然状态保持良好的水生物种的自然生境等具有特殊保护价值的水生生物生态环境设立自然保护区。第二，建立了水生动植物自然保护区评审委员会制度。水生动植物自然保护区是为保护水生动植物物种，特别是具有科学、经济、文化价值及珍稀濒危物种、重要经济物种及其自然栖息繁衍生境而依法划定的区域。由于对“珍稀濒危物种”“重要经济物种”的判定专业性较强，《水生动植物管理办法》特别设定了评审委员会制度，要求无论是国家级还是地方级水生动植物自然保护区都要进行申报论证和评审工作。第三，明确了水生动植物自然保护区管理人员的工作职责。鉴于水生动植物资源保护的重要性和专业性，该办法明确要求自然保护区内设立管理机构，配备管理和专业技术人员，主要负责制定自然保护区的各项管理制度，统一管理自然保护区；组织或者协助有关部门开展科学研究、人工繁殖及增殖放流；接受、抢救和处置伤病、搁浅或误捕的珍贵、濒危水生野生动物等工作。第四，对相关违法行为设置了具体的处罚措施。《水生动植物管理办法》对造成水生动植物自然保护区重大破坏或污染事故，妨碍水生动植物自然保护区管理人员执行公务等行为设置了相应的处罚措施。水生动植物自然保护区是我国自然保护区的重要组成部分，《水生动植物管理办法》注重对自然保护区内的资源和管理现状进行评估，逐步提高保护区规范化、科学化管理水平；加强保护区管理人员素质培养，不断提升其监测、野外保护、社区教育、执法等工作技能；进行与周边经济协调发展的关系研究，探讨区域发展对保护区资源的压力和保护区对区域发展的支持作用，最终实现水生动植物自然保护区的规范、协调发展。

《海洋自然保护区管理办法》《自然保护区土地管理办法》《水生动植物自然保护区管理办法》，再加上此前发布的《森林和野生动物类型自然保护区管理办法》(1985年)和《自然保护区条例》(1994年)，形成了“一个条例，四个办法”的法律规范体系，标志着我国自然保护区法律制度框架基本形成。

2006年10月18日，国家环境保护总局第六次局务会议通过《国家级自然保护区监督检查办法》。该办法重点规定了：第一，国务院环境保护行政主管部门监督检查的具体措施，包括进入国家级自然保护区进行实地检查；要求国家级自然保护区管理机构汇报建设和管理情况;查阅或者复制有关资料、凭证等。第二,国家级自然保护区建设和管理定期评估制度。国家级自然保护区评估委员会应当对每个国家级自然保护区的建设和管理状况进行定期评估,每五年不少于一次,评估结果由国务院环境保护行政主管部门统一发布。第三,国家级自然保护区执法检查制度。国家级自然保护区的执法检查主要由国务院环境保护行政主管部门负责,检查内容包括国家级自然保护区管理机构是否依法履行职责;国家级自然保护区的建设和管理经费的使用是否符合国家有关规定等。第四,对违法行为人的处罚措施。《国家级自然保护区监督检查办法》旨在加强对国家级自然保护区的监督管理,提高国家级自然保护区的建设和管理水平。

依法治国要求不断完善社会主义法律制度体系,健全社会主义法制,牢固树立法制在国家和社会生活中的权威。风景名胜区法律制度正是在这一难得的历史机遇中得到了充分发展。

2001年4月20日,建设部发布《国家重点风景名胜区规划编制审批管理办法》,集中对国家重点风景名胜区规划的编制和审批事项进行规定。该《管理办法》要求国家重点风景名胜区规划分总体规划和详细规划两个阶段进行,两类规划都应当由具备甲级规划编制资质的单位编制。其中,总体规划编制完成,经专家评审通过后,由省、自治区、直辖市人民政府报国务院审批;详细规划应当依据总体规划,对风景名胜区规划地段的土地使用性质、保护和控制要求、环境与景观要求、开发利用强度、基础设施建设等进行详细规定。经批准的国家重点风景名胜区规划,任何单位和个人不得擅自改变。该《管理办法》的施行体现了国家对重点风景名胜区规划管理工作的高度重视,通过规范规划编制审批事项,提高风景名胜区尤其是国家重点风景名胜区的管理水平和效率。

2002年11月8日,中国共产党第十六次全国代表大会再次强调“依法治国是党领导人民治理国家的基本方略,加强社会主义法制建设。坚持有法可依、有法必依、执法必严、违法必究”,并把依法治国作为全面建设小康社会的重要保障。

中国特色社会主义法治体系建设的浪潮势不可挡,但它必须通过法律制度的逐步完善得以实现。在大力推进依法治国的进程中,风景名胜区法律制度再一次获得飞跃式发展,为社会主义法律制度的完善作出了积极贡献。2006年9月6日国务院第149次常务会议通过《风景名胜区条例》(以下简称新条例),12月1日起施行,同时废止了《暂行条例》。风景名胜资源是极其珍贵的自然和历史文化遗产,具有不可再生性和不可替代性。长期以来,我国对风景名胜资源的保护十分重视。早在1985年国务院就颁布了《暂行条例》加强对风景名胜区的保护。实事求是地说,该《暂行条例》对合理利用风景名胜资源,衡平和协调风景名胜资源的社会效益、经济效益和生态效益发挥了不可替代的作用。但随着我国改革的不断深化和社会主义市场经济的发展,《暂行条例》的一些规定已经难以适应风景名胜区管理的实际需要，出现了一些亟待解决的问题，如风景名胜区管理机构设置混乱、职责不清，风景名胜资源有偿使用费制度不完善等。为了解决这些问题，国务院出台了新条例。与《暂行条例》相比，新条例的内容更加丰富，共7章52条，主要规定了风景名胜区的设立、规划、保护、利用和管理等内容。具体包括：第一，设定了风景名胜区保护和管理的原则。以往风景名胜区治理实践中，普遍存在保护不力、重开发、轻保护的现象，为此，新条例首先明确了风景名胜保护和管理的原则，即国家对风景名胜区实行科学规划、统一管理、严格保护、永续利用的原则。[①] 其中，严格保护的基本要求是“风景名胜区内的景观和自然环境，应当根据可持续发展的原则，严格保护，不得破坏或者随意改变”[②]。第二，明确了风景名胜区与自然保护区的关系。新设立的风景名胜区与自然保护区不得重合或者交叉；已设立的风景名胜区与自然保护区重合或者交叉的，风景名胜区规划与自然保护区规划应当相协调。[③] 此规定将风景名胜区与自然保护区区别开来，有利于避免两类区域因交叉重叠引发的管理混乱问题。第三，确立了风景名胜区分级管理体制。[④] 新条例将风景名胜区划分为国家级风景名胜区和省级风景名胜区，并分别规定了两级风景名胜区的设立条件和程序。第四，明确了风景名胜区内自然资源和房屋等财产的所有权人、使用权人的合法权益受法律保护。[⑤] 第五，细化了风景名胜区规划制度。风景名胜区规划是风景名胜区保护、利用和管理等工作的前提和依据。为规范风景名胜区规划的编制、审批和评估，新条例将风景名胜区规划划分为总体规划和详细规划，明确了两类规划的具体内容；明确了风景名胜区规划的编制、审批机关和权限以及具体的编制、修改和评估程序，使风景名胜区保护、利用和管理有规可循。第六，细化了风景名胜区保护、利用和管理的具体措施。新条例明确要求对风景名胜区内的景观和自然环境实行严格保护，禁止违反风景名胜区规划，在风景名胜区内设立各类开发区和在核心景区内建设宾馆、招待所、培训中心、疗养院以及与风景名胜资源保护无关的其他建筑物；[⑥]已经建设的，应当按照风景名胜区规划，逐步迁出。某些常见的破坏性开发行为，如开山、采石、开矿、开荒等，以及日常的人为破坏行为，如在景物或者设施上刻划、涂污、乱扔垃圾等，都被明确禁止。[⑦] 新条例还要求建立国家风景名胜区管理信息系统和动态监测机制。第七，明确了设立风景名胜区管理机构的主体及管理机构的职责。《暂行条例》第4条、第5条

① 《风景名胜区条例》第3条。
② 《风景名胜区条例》第24条第1款。
③ 《风景名胜区条例》第7条。
④ 《风景名胜区条例》第8条。
⑤ 《风景名胜区条例》第11条。
⑥ 《风景名胜区条例》第27条。
⑦ 《风景名胜区条例》第26条。

曾对风景名胜区管理机构的设置作出规定，但较为宏观、笼统。实际上，当时我国风景名胜区的管理涉及建设、林业、环保、文物、交通、旅游等多个部门，长期存在管理机构设置不统一，权责不清，条块分割、各自为政的问题，阻碍了风景名胜区的健康发展。对此，新条例细化了对风景名胜区管理机构及其职责的规定：风景名胜区所在地县级以上地方人民政府设置的风景名胜区管理机构，负责风景名胜区的保护、利用和统一管理工作。国务院建设主管部门负责全国风景名胜区的监督管理工作。省、自治区人民政府建设主管部门和直辖市人民政府风景名胜区主管部门，负责本行政区域内风景名胜区的监督管理工作。[①] 风景名胜区管理机构的主要职责包括：建立健全风景名胜区各项管理制度；对风景名胜区内的重要景观进行调查、鉴定，并制定相应的保护措施；根据风景名胜区的特点，保护民族民间传统文化，开展健康有益的游览观光和文化娱乐活动，普及历史文化和科学知识；合理利用资源，改善交通、服务设施和游览条件，设置风景名胜区标志、路标、安全警示等标牌；健全安全保障制度；出售门票、招标确定景区经营者等。第八，建立了风景名胜区门票和资源有偿使用费制度。风景名胜区的门票收入和风景名胜资源有偿使用费，实行收支两条线管理。门票收入和资源有偿使用费应当专门用于风景名胜资源的保护和管理以及风景名胜区内财产的所有权人、使用权人损失的补偿。新条例的颁布有助于制止“三化”[②]趋向的破坏性行为，保存文化古迹的历史原貌，妥善处理风景名胜资源有效保护和合理开发利用之间的关系，促进人与自然和谐发展。

这一时期，一大批自然保护区、风景名胜区规范性文件陆续出台，如《关于申报和审批国家级自然保护区有关问题的通知》(1999 年 3 月 22 日)、《关于自然保护区执行噪声标准问题的复函》(1997 年 7 月 6 日)、《关于自然保护区土地确权问题的复函》(2003 年 6 月 30 日)、《关于加强自然保护区管理有关问题的通知》(2004 年 11 月 12 日)、《国家林业局关于加强自然保护区建设管理工作的意见》(2005 年 4 月 14 日)、《国务院办公厅关于加强风景名胜区保护管理工作的通知》(1995 年 3 月 13 日)、《关于向国家重点风景名胜区颁发证书、标牌的通知》(1998 年 7 月 20 日)、《关于加强风景名胜区规划管理工作的通知》(2000 年 4 月 28 日)、《关于开展国家重点风景名胜区综合整治工作的通知》(2003 年 3 月 11 日)、《关于加强风景名胜区防火工作的通知》(2006 年 4 月 12 日)等。这些规范性文件为优化自然保护区、风景名胜区环境质量，保障环境安全，管控环境风险，实现生态系统良性循环

---

① 《风景名胜区条例》第 4 条、第 5 条。

② “三化”是指：商业化，即以营利而非公益为目的对风景名胜区的改造；人工化，即损害风景名胜区自然性特征的改造；城市化，即以城市构成要素破坏风景名胜区独立完整生态系统的改造。如泰山岱顶的城市化，破坏了自然遗产的真实性和完整性；黄山北海景区的人工化，破坏了核心景区的原始生境等。

作出了积极贡献。

综上，在“依法治国，建设社会主义法治国家”的战略布局下，各项法治工作在全国范围内广泛铺开，自然保护区、风景名胜区法律制度也因此获得飞速发展，日趋成熟。这个时期，两大法律制度的特点可以概括为：第一，自然保护区、风景名胜区的设立程序趋于完善和统一，保护和管理的措施、对策也更为丰富和规范化，形成了一套比较全面的自然保护区、风景名胜区法律制度体系。第二，更加注重立法的可操作性。《海洋自然保护区管理办法》《自然保护区土地管理办法》《水生动植物自然保护区管理办法》《关于加强风景名胜区规划管理工作的通知》等部门规章或规范性文件中的很多内容都是针对自然保护区、风景名胜区管理过程中出现的实际问题设置的具体措施和对策，大大提高了法律规范的可操作性，增强了法律规范实施的积极效果，有助于使自然保护区、风景名胜区的管理工作更为顺畅、有序、高效。第三，更加重视国家级自然保护区、风景名胜区的保护和管理。国家级自然保护区、风景名胜区具有极其重要的法律地位和保护价值，因此，《关于向国家重点风景名胜区颁发证书、标牌的通知》《国家级自然保护区监督检查办法》《国家重点风景名胜区规划编制审批管理办法》等规范性文件和部门规章相继出台，根据国家级自然保护区、风景名胜区保护对象、保护功能、保护区结构的特殊性，采取有针对性的手段使其得到更好的管理和保护，体现了国家对这些特殊区域的高度重视。第四，加强了对自然保护区管理部门及其工作人员的规范。这段时期出台的法律文件大多对自然保护区、风景名胜区管理机构的设置，专业技术人员的配备及其工作职责予以明确，有助于改善管理质量，提升管理层次和水平。第五，增加了对自然保护区、风景名胜区内禁止性行为的规定。大部分法律文件都规定了自然保护区、风景名胜区内的禁止性行为，如新条例第 26 条规定：“在风景名胜区内禁止进行下列活动：(一)开山、采石、开矿、开荒、修坟立碑等破坏景观、植被和地形地貌的活动；(二)修建储存爆炸性、易燃性、放射性、毒害性、腐蚀性物品的设施；(三)在景物或者设施上刻划、涂污；(四)乱扔垃圾。”同时，对从事禁止性行为的违法行为人设置了相应的处罚措施。这些规定有利于切实加强对自然资源、风景名胜资源的保护，有效遏制破坏自然资源和风景名胜资源的违法行为。

第三节　国家公园法律制度的勃兴

2007 年 10 月 15 日，中国共产党第十七次全国代表大会召开。会上，《高举中国特色社会主义伟大旗帜 为夺取全面建设小康社会新胜利而奋斗——在中国共产党第十七次全国代表大会上的报告》把“加强能源资源节约和生态环境保护，增强可持续发展能力”作为一项独立内容加以论证，强调“要完善有利于节约能源资源和保护生态环境的法律和政策，加快形成可持续发展体制机制”[①]，并首次把生态文明建设作为全面实现小康社会奋斗目标的新要求。

可持续发展是人类社会发展方式的重大转变，它的出现开启了环境法发展的新纪元。1980年3月5日，世界自然保护联盟、联合国环境规划署和世界野生生物基金会共同起草的《世界自然资源保护大纲》首次提出“可持续发展”的概念。1987年，联合国环境规划署同世界环境与发展委员会发表的《我们共同的未来》研究报告对这一概念作出了经典表述：既满足当代人的需要，又不对后代人满足其需要的能力构成威胁的发展。此后，《里约环境与发展宣言》《21世纪议程》等多部国际法文件确认并深化了可持续发展的理念。可持续发展逐渐成为各国环境法发展的一个战略指针和指导思想，并在环境保护的具体实践中得到了广泛应用。在中国进入全面建设小康社会的关键时期和深化改革开放、加快转变经济发展方式的攻坚时期，可持续发展越来越成为改善环境质量，提高人民生活水平的内在要求和推进社会主义法制建设的重要目标。

党的十七大第一次提出生态文明建设，强调“建设生态文明，生态环境质量明显改善。生态文明观念在全社会牢固树立”。这是党中央坚持以科学发展观统领经济社会发展全局，创造性地回答如何实现我国经济社会与环境资源可持续发展问题所取得的最新理论成果。

可持续发展与生态文明建设一脉相传，不可分割。前者主要关注经济社会发展与环境保护之间的关系，注重两者协调发展；后者则是立足人类社会文明发展的高度，强调人与人、人与自然的和谐。可以说，可持续发展是生态文明建设的基础，生态文明建设是可持续发展的扩展和升华。

2012年11月8日，中国共产党第十八次全国代表大会上的报告——《坚定不移沿着中国特色社会主义道路前进为全面建成小康社会而奋斗》再次提出“把生态文明建设放在突出地位，融入经济建设、政治建设、文化建设、社会建设各方面和全过程，努力建设美丽中国，实现中华民族永续发展”。同时明确要求“保护生态环境必须依靠制度。加大生态文明制度建设”。2013年11月12日中国共产党第十八届中央委员会第三次全体会议通过的《中共中央关于全面深化改革若干重大问题的决定》又进一步要求“建设生态文明，必须建立系统完整的生态文明制度体系，用制度保护生态环境”。从十七大“生态文明建设”的提出，到十八大“把生态文明建设放在突出地位，加大生态文明制度建设”，再到十八届三中全会“建立系统完整的生态文明制度体系”体现了我国贯彻落实科学发展观，进一步加强环境保护，大力推进可持续发展和生态文明建设，完善生态文明制度体系的坚定信心，为健全自然

① 胡锦涛：《高举中国特色社会主义伟大旗帜 为夺取全面建设小康社会新胜利而奋斗——在中国共产党第十七次全国代表大会上的报告》，2007年10月15日。

保护区、风景名胜区法律制度提供了有力支撑。

2013 年 3 月 28 日，国家林业局审议通过《湿地保护管理规定》。针对实践中存在的城镇化建设、气候变化、干旱、工业污染等导致湿地生态功能退化甚至丧失的问题，《湿地保护管理规定》设置了很多具体的保护和管理措施。其中，设立自然保护区就是一项实效性较强的措施。依照该《规定》第 11 条，县级以上人民政府或者林业主管部门可以采取建立湿地自然保护区、湿地公园、湿地保护小区、湿地多用途管理区等方式，健全湿地保护体系，完善湿地保护管理机构，加强湿地保护。其中，具备自然保护区设立条件的湿地，应当依法建立自然保护区。县级以上人民政府林业主管部门应当指导国家重要湿地、国际重要湿地、国家湿地公园、国家级湿地自然保护区保护管理机构建立健全管理制度，并按照相关规定制定专门的法规或者规章，加强保护管理。

在可持续发展和生态文明理念的指导下，第十二届全国人民代表大会常务委员会第八次会议于 2014 年 4 月 24 日修订通过《中华人民共和国环境保护法》，2015 年 1 月 1 日起施行。不容否认，旧环保法为中国环境法治建设作出了杰出贡献。它“为我国环境和资源保护法律体系确立了基本框架，推动了我国环境和资源保护各单行法律法规的全面创建；把国家环境保护的方针、原则和基本制度以法律的形式确定下来；指导和推动了地方环境保护立法工作”[①]。然而由于旧环保法颁布于“我国经济体制转变与社会管理转型的改革开放早期，其具有较强的计划经济体制色彩和封闭式的社会管制印记”[②]。随着我国环境保护法制建设的深入推进，旧环保法的历史局限性越来越凸显。为此，新环保法对旧环保法进行了大修订，而非小修补，被学者们评价为“中国环境立法史上的又一重要里程碑”[③]。新环保法的亮点突出表现在：第一，把“推进生态文明建设，促进经济社会可持续发展”[④]明确写入立法目的。旧环保法将立法目的定位于“促进社会主义现代化建设的发展”已经不能满足时代发展的需要。十七大以后，可持续发展和生态文明理念成为党治国理政的重要战略思想。作为环境保护领域的基本法，《环境保护法》理应坚决推进生态文明建设和可持续发展战略，积极致力于有效解决环境问题，提升环境质量。第二，确立了保护优先原则[⑤]。改革开放以来，中国经济迅猛发展，人民生活水平大幅提升。但经济的高速增长是建立在资源高消耗、环境高污染基础上的，环境问题成为制约社会可持续发展的瓶颈。“2005 年，国务院《关于落实科学发展观加强环境保护的决定》首次提出‘环境优先和保护优先’。2006 年，《风景名胜区条

① 巩固：《政府激励视角下的〈环境保护法〉修改》，载《法学》2013 年第 1 期。

② 柯坚：《我国〈环境保护法〉修订的法治时空观》，载《华东政法大学学报》2014 年第 3 期。

③ 汪劲：《环境立法史上的又一里程碑》，载《人民日报》2014 年 4 月 25 日 B5 版。

④ 《中华人民共和国环境保护法》(2014 年)第 1 条。

⑤ 《中华人民共和国环境保护法》(2014 年)第 5 条。

例》从法律层面肯定了生态保护优先的理念。”[①]保护优先原则在新环保法中的确立，进一步体现了我国对环境保护的高度重视。有助于扭转以往经济发展至上，唯GDP论政绩，重发展速度轻发展质量的局面，从源头上解决环境问题。第三，确立了生态保护红线制度，对特别区域进行严格保护[②]。生态保护红线是为维护国家和地区生态安全，实现可持续发展，对重点生态功能区、生态环境敏感区和脆弱区等依法划定并予以严格保护的空间范围。它是不可逾越的生态安全底线，具有强制性。早在2011年《国务院关于加强环境保护重点工作的意见》(国发〔2011〕35号)中就指出“国家编制环境功能区划，在重要生态功能区、陆地和海洋生态环境敏感区、脆弱区等区域划定生态红线，对各类主体功能区分别制 定相应的环境标准和环境政策”，这是我国关于生态红线的最早政策性规定。2013年5月24日，习近平总书记在中共中央政治局第六次集体学习时特别强调，“要划定并严守生态红线，牢固树立生态红线的观念。在生态环境保护问题上，就是要不能越雷池一步，否则就应受到惩罚”[③]。2013年11月12日，中国共产党第十八届中央委员会第三次全体会议通过的《中共中央关于全面深化改革若干重大问题的决定》更是将划定生态保护红线作为建设生态文明制度体系的重要举措。新《环境保护法》首次以法律的形式将生态红线确定下来，这是立足我国基本国情，在生态文明和可持续发展的框架下，为保护生态系统，维护生物多样性而制定的一项重大生态战略。这些内容极大地推动和促进了自然保护区、风景名胜区法律制度的进步与成熟。

为进一步贯彻落实生态保护红线制度，2014年1月环境保护部印发了《国家生态保护红线——生态功能红线划定技术指南(试行)》，这是我国首个生态保护红线划定的纲领性技术指导文件，标志着生态保护红线划定工作进入全国整体推进阶段。该《指南》明确规定“国家级自然保护区核心区和缓冲区全部纳入生态功能红线”。自然保护区是保护自然资源和自然环境的有效措施，是落实生态保护红线制度的最佳途径，在保护生物多样性方面具有不可替代的作用。将其作为生态保护红线划定的主要载体，有助于加大对自然保护区的保护力度。

2014年10月23日，中国共产党第十八届中央委员会第四次全体会议通过《中共中央关于全面推进依法治国若干重大问题的决定》。在十八届三中全会“建立系统完整的生态文明制度体系”的基础上，四中全会提出“用严格的法律制度保护生态环境，加快建立有效约束开发行为和促进绿色发展、循环发展、低碳发展的生态文明法律制度”。这是对生态文明建设的更高标准和要求，也是自然保护区、

---

① 彭本利、李爱年:《新〈环境保护法〉的亮点、不足与展望》，载《环境污染与防治》2015年第4期。

② 《中华人民共和国环境保护法》(2014年)第29条。

③ 月月:《我国国土空间治理中生态保护红线的划分》，https://wenku.baidu.com/view/2e99803e700abb68a882fb5b.html，最后访问时间:2016年4月23日。

风景名胜区法律制度得以不断完备的指引和方向。

为响应党的十八大和十八届三中、四中全会的号召，加大水污染防治力度，保障国家水安全，2015 年 4 月 2 日，国务院印发了《水污染防治行动计划》（以下简称“水十条”），再次强调：加强河湖水生态保护，科学划定生态保护红线。加大水生野生动植物类自然保护区和水产种质资源保护区保护力度，开展珍稀濒危水生生物和重要水产种质资源的就地和迁地保护，提高水生生物多样性。

2015 年 9 月 14 日，住房和城乡建设部审议通过《国家级风景名胜区规划编制审批办法》（以下简称《规划编制审批办法》），对国家级风景名胜区规划的编制和审批予以规范：第一，明确了国家级风景名胜区规划编制的主要原则。实践中，风景名胜资源被过度开发，城市化、商业化建设破坏自然景观的现象时有发生，对此，《规划编制审批办法》确立了保护优先、开发服从保护的原则，突出风景名胜资源的自然特性、文化内涵和地方特色，实现风景名胜资源的永续利用。第二，将国家级风景名胜区规划分为总体规划和详细规划。明确了总体规划的编制单位、编制期限以及总体规划和详细规划的具体内容等。第三，确立了规划编制评审制度。国家级风景名胜区规划编制完成后，风景名胜区规划组织编制机关应当组织专家进行评审。评审专家应当包括 3 名以上国务院住房城乡建设主管部门的风景园林专家委员会成员。第四，明确了规划的审批、修改和评估程序。《规划编制审批办法》规制了国家级风景名胜区的规划行为，为其后管理、保护等行为的科学化、规范化提供了重要依据和保障。

依照十八届三中全会建立国家公园体制的要求，2015 年 5 月 18 日，国务院批转《发展改革委关于 2015 年深化经济体制改革重点工作意见》提出，在 9 个省份开展“国家公园体制试点”。发改委同中央编办、财政部、国土部、环保部、住建部、水利部、农业部、林业局、旅游局、文物局、海洋局、法制办等 13 个部门联合印发了《建立国家公园体制试点方案》。这是国务院出台的第一个明确国家公园体制试点区域的选择标准和建立方向的专门文件。

国家公园是指由国家批准设立并主导管理，边界清晰，以保护具有国家代表性的大面积自然生态系统为主要目的，实现自然资源科学保护和合理利用的特定陆地或海洋区域。[①] 国家公园起源于美国，1872 年，美国第一个国家公园——黄石公园建成后，加拿大、澳大利亚、英国等国家也相继建立了国家公园。20 世纪初，国家公园已经被作为自然资本属性与生态服务功能共促协调的有效空间组织方式，在世界范围内广泛建立。党的十八届三中全会通过的《中共中央关于全面深化改革若干重大问题的决定》首次正式提出国家公园的概念，并要求建立国家公园体制。早在 1994 年 1 月 22 日，林业部就发布了《森林公园管理办法》对森林公园的

① 中共中央办公厅、国务院办公厅印发的《建立国家公园体制总体方案》。

规划、建设、经营和管理等问题进行了规定。2011年4月12日，国家林业局又审议通过了《国家级森林公园管理办法》，强化了国家级森林公园的监督管理工作。2016年9月22日，《森林公园管理办法》被国家林业局修订。可以说，我国森林公园的发展已较为成熟，相关的法律规范体系已初步形成。此外，2010年2月21日，国家林业局发布《国家湿地公园管理办法（试行）》，2017年12月27日，对该（试行）办法进行了修改，通过了《国家湿地公园管理办法》，建立了我国湿地公园法律规范体系。那么，森林公园、湿地公园与国家公园是什么关系？为什么在森林公园、湿地公园之外又要设立国家公园？根据《森林公园管理办法》的规定，森林公园是指森林景观优美，自然景观和人文景物集中，具有一定规模，可供人们游览、休息或进行科学、文化、教育活动的场所。[①]《国家湿地公园管理办法》规定国家湿地公园是指以保护湿地生态系统、合理利用湿地资源、开展湿地宣传教育和科学研究为目的，经国家林业局批准设立，按照有关规定予以保护和管理的特定区域。[②] 可见，这两类公园的保护对象都比较单一，仅限于某类特定的生态区域（森林、湿地），而国家公园则是以“具有国家代表性的大面积自然生态系统”为保护对象，范围远远大于森林公园和湿地公园；森林公园、湿地公园是以保护某类特定的环境资源为目标，而国家公园的主要任务则是保护园内生态环境和自然资源的完整性和原始性。国家公园也不同于自然保护区和风景名胜区。我国的自然保护区是对有代表性的自然生态系统、珍稀濒危野生动植物物种的天然集中分布区、有特殊意义的自然遗迹等依法划出的特殊保护区域，重在保护自然界的天然“本底”，维护生态系统的平衡和多样性；风景名胜区则是具有观赏、文化或者科学价值，自然景观、人文景观比较集中，环境优美，可供人们游览或者进行科学、文化活动的区域，旨在充分发挥风景名胜资源的美学、观赏价值及其生态服务功能。与之不同，国家公园是以生态环境、自然资源保护和适度向游客开放为基本模式，具有生态环境资源全民共享、国民认同感和幸福感培育等多重功能，既能达到保护生态系统完整性的目的，又为社会公众提供休闲、娱乐的场所，是一种能够妥善处理生态环境保护和居民生态利益同享之间关系的行之有效的管理和保护模式，是催生人与自然协和交融共同体的独特文化景观。这也是我国在森林公园、湿地公园之外独立设立国家公园的重要原因。

目前，我国国家公园尚无专门立法，国家公园的建设和管理工作主要依靠政策支持。《建立国家公园体制试点方案》（以下简称《试点方案》）虽然并非法律法规，但它对国家公园体制试点的设立及运行提供了重要指导。《试点方案》要求试点省份在选择具体试点区域时应充分考虑该区域的代表性、典型性和可操作性，同时规

① 《森林公园管理办法》（2016年）第2条。

② 《国家湿地公园管理办法》第2条。

定了五项具体内容：第一，突出生态保护。国家公园是物种资源、自然遗迹、人文遗迹极为丰富的地区，其首要任务就是保护这些资源的原始性、自然性、完整性和丰富性。因此，《试点方案》强调试点省份要坚持生态保护第一原则，试点工作要最大限度地服务于保护。第二，统一规范管理。针对我国自然保护区、风景名胜区、森林公园、湿地公园等各类保护地存在空间交叉重叠，管理制度各不相同，职责权限混乱不清等诸多现实问题，《试点方案》要求各试点省份要结合实际，对现有各类保护地的管理体制进行整合，实现一个保护地一个牌子、一个管理机构，由省政府统一垂直管理。第三，明晰资源权属。《试点方案》提出试点省份对国家公园内的各类资源进行统一的确权登记，并探索将全民所有的自然资源资产委托给已经明确的管理机构保护和管理。第四，创新经营管理。《试点方案》鼓励试点省份探索所有权与经营权分离，收支两条线管理等经营管理模式，建立多渠道投融资机制，鼓励社会力量的参与和支持。第五，促进社区发展。《试点方案》要求试点省份协调处理好国家公园建设与社区居民利益保护之间的关系，实现社区协调可持续发展。在《试点方案》之外，发改委办公厅还印发了《发改委国家公园体制试点实施方案大纲》和《发改委建立国家公园体制试点 2015 年工作要点》。

2017 年 7 月 19 日，中央全面深化改革领导小组审议通过了《建立国家公园体制总体方案》(以下简称《总体方案》)。该《总体方案》是对《试点方案》的发展和延伸，基本内容包括：第一，明确了建立国家公园体制的基本原则。要求以“科学定位、整体保护，合理布局、稳步推进，国家主导、共同参与”为原则，指导国家公园体制的建立。第二，明确了国家公园理念。强调坚持生态保护第一，国家代表性和全民公益性理念，推进国家公园体制建设。第三，建立统一事权，分级管理体制。通过建立统一管理机构，分级行使所有权，构建协同管理机制，建立健全监管机制，完善国家公园管理体制。第四，建立资金保障制度。鼓励建立财政投入为主的多元化资金保障机制，构建高效的资金使用管理机制。第五，完善自然生态系统保护制度。通过健全严格保护管理制度，实施差别化保护管理方式，完备责任追究制度，完善自然生态系统保护制度。第六，构建社区协调发展制度。通过建立社区共管机制，健全生态保护补偿制度，完善社会参与机制，促进社区管理协调发展。

2018 年 3 月 5 日，为了规范在国家级自然保护区修筑设施审批事项，加强对修筑设施的事中事后监督管理，国家林业局审议通过《在国家级自然保护区修筑设施审批管理暂行办法》。基本内容包括：第一，严格限制在国家级自然保护区修筑设施。必须修筑的，应采取有效措施最大限度减少对国家级自然保护区的不利影响。禁止在国家级自然保护区修筑光伏发电、风力发电、火力发电、高尔夫球场开发、房地产开发、会所建设等项目的设施。第二，确立了专家评审制度。国家林业局作出行政许可决定，需要组织专家评审的，应当将所需时间书面告知申请人。第三，明确了国家级自然保护区修筑设施的监督检查主体及其工作职责。国家林业局负责全国国家级自然保护区修筑设施的监督检查工作；县级以上地方人民政府林业主管部门负责本行政区域内国家级自然保护区修筑设施的监督检查工作。国家级自然保护区管理机构应当对修筑设施情况进行跟踪监督并开展生态监测，检查生态保护或者恢复措施落实情况，发现问题及时处理，并报告所属林业主管部门。

这一时期，大量的自然保护区、风景名胜区相关立法被重新修订，如《自然保护区条例》于2011年、2017年经过两次修订，《风景名胜区条例》于2016年被修订，《野生动物保护法》于2009年、2016年经过两次修订，《水法》于2009年、2016年经过两次修订，《海洋环境保护法》于2013年、2016年、2017年经过三次修订等。不仅如此，自然保护区、风景名胜区有关规范性文件也相继出台，如《关于加强涉及自然保护区、风景名胜区、文物保护单位等环境敏感区影视拍摄和大型实景演艺活动管理的通知》(2007年2月7日)、《关于印发〈中国自然保护区区徽使用管理暂行办法〉的通知》(2007年6月8日)、《农业部关于印发〈水生生物自然保护区管理工作考核暂行办法〉的通知》(2013年1月8日)、《国务院关于印发国家级自然保护区调整管理规定的通知》(2013年12月2日)、《关于进一步加强涉及自然保护区开发建设活动监督管理的通知》(2015年5月6日)《关于印发〈国家级风景名胜区徽志使用管理办法〉的通知》(2007年4月3日)、《关于印发〈国家级风景名胜区综合整治验收考核标准〉的通知》(2007年5月10日)、《关于印发〈国家级风景名胜区监管信息系统建设管理办法(试行)〉的通知》(2007年10月26日)、《关于印发〈国家级风景名胜区和历史文化名城保护补助资金使用管理办法〉的通知》(2009年5月4日)、《关于国家级风景名胜区数字化景区建设工作的指导意见》(2010年8月25日)等。这些法律法规的修订及规范性文件的颁布，表明国家对自然保护区、风景名胜区、国家公园的重视程度逐步提高，相关立法活动十分活跃，自然保护区、风景名胜区法律制度体系愈加完备。尽管如此，自然保护区、风景名胜区立法依然存在法律位阶低、内容缺乏有效协调等问题。十九大报告提出我们要牢固树立社会主义生态文明观，推动形成人与自然和谐发展现代化建设新格局。生态文明建设需要秉持“绿水青山就是金山银山”的理念，加强社会主义法制建设，不断完善自然保护区、风景名胜区法律制度体系，强化对自然资源和风景名胜资源的保护，实现可持续发展。

第十章

环评、排污许可及“三同时”制度的变迁

第一节　环境影响评价制度的变迁

一、环评的性质与功能

环境影响评价，是指“对规划和建设项目实施后可能造成的环境影响进行分析、预测和评估，提出预防或者减轻不良环境影响的对策和措施，进行跟踪监测的方法与制度”。环境影响评价制度是从源头控制环境污染和生态破坏的法律手段，围绕环评所形成的一套法律制度是环境法中独具特色的一种制度。与其他章节的环境法制度不同的是，它不针对某个类型的环境问题（如水污染或土壤污染）或某个具体的环境事件，而是针对一定事项范围内的环境问题做整体的评估。环评制度在性质上是一种预防性的程序设计，即通过一套评估程序防患于未然，在环境问题未爆发前采取方法和措施来避免其爆发，因此，环评为环境法中至为重要的行政程序。[①]

① 傅玲静：《由行政程序法之适用论我国环境影响评估审查之法制》，载《中原财经法学》2009年第23期。

综合学术观念、立法表达与法律实践效果，环评制度的功能大致可以概括为以下方面：

1.预防功能。环评的目的在于预防及减轻人类行为对环境造成不良影响，以达到环境保护的目的。在时间面向上，环评为事前所为的评估，取向于未来。在事物面向上，基于环境破坏往往具有不可逆、不可回复、不可确定的特性，环评着眼于开发行为或政府政策对环境可能产生影响的程度及范围，进行有计划的风险预防。[①] 正是通过法律来保障拟议行动可能造成的环境影响在相关决定作出之前得到揭示、知悉和考量，防范和减少环境污染和生态破坏，因此，环评被公认为环境风险规制的有效工具之一。[②]

2.强化决策正当性的功能。在环评的过程中，透过信息公开和公众参与的方式，贯彻民主的精神，以集思广益的方式强化建设项目或开发政策的成熟度与接纳度，增加审查评估决定的正当性(legitimacy)。[③]

3.整合功能。一方面，环评可以预防因规划和建设项目实施后对环境造成的不良影响，促进经济、社会和环境的协调发展；另一方面，环评借助广泛的公众参与，让各方利益得以表达出来，从而使规划和建设项目的开展能够整合各方利益。

4.权利保障与预防争讼的功能。在评估与审查的过程中，环评既可以事先平衡个别建设行为中开发建设单位与居民权益(权利保障)，也可以预防环境资源的不当分配及利用(预防争诉)。

二、改革开放40年来环评法的变迁

(一)改革开放40年来环评法变迁历程

我国是最早实施建设项目环境影响评价制度的发展中国家之一。[④] 纵览改革开放40年，我国环评法的变迁历程，大致可以分为三个阶段：

1.环评法的雏形阶段。1978年中共中央在批转国务院关于《环境保护工作汇报要点》的报告中首次提出了进行环境影响评价工作的意向。[⑤] 同年，江西永平铜矿开展了我国第一个建设项目的环境影响评价。[⑥] 1979年颁布的《环境保护法(试

---

① 傅玲静：《由行政程序法之适用论我国环境影响评估审查之法制》，载《中原财经法学》2009年第23期。

② 金自宁：《中国大陆与台湾地区环评制度之比较：立法框架、行政执行和司法实践》，载《中国地质大学学报(社会科学版)》2017年第3期。

③ 傅玲静：《由行政程序法之适用论我国环境影响评估审查之法制》，载《中原财经法学》2009年第23期。

④ 蔡守秋：《论健全环境影响评价法律制度的几个问题》，载《环境污染与防治》2009年第12期。

⑤ 蔡守秋：《论健全环境影响评价法律制度的几个问题》，载《环境污染与防治》2009年第12期。

⑥ 包存宽：《环境影响评价制度改革应着力回归环评本质》，载《中国环境管理》2015年第3期。

行)》正式确立了建设项目环境影响评价制度,[①]即"在进行新建、改建和扩建工程中,必须提出对环境影响的报告书,经环境保护部门和其他有关部门审查批准后才能进行设计"(第6条)。1981年的《基本建设项目环境保护管理办法》对环境影响评价的适用范围、评价内容、工作程序及其审批等作了较为明确的规定。1989年《环境保护法》之后,包括环评、"三同时"、排污收费、城市环境综合整治定量考核、环境保护目标责任、排污申报登记和排污许可证、限期治理、污染集中控制在内的环境管理"八项制度"正式建立起来。同时,其他主要单行性环境保护法律均对环境影响评价制度作了规定。针对建设项目环境保护管理中的新问题,国务院于1998年颁布了《建设项目环境管理条例》,在第2章以专章的形式对建设项目的环境影响评价制度进行了详细的规定。[②] 由此,我国环评制度初具雏形。

2.环评法的体系化阶段。2002年10月28日通过的《中华人民共和国环境影响评价法》(以下简称《环境评价法》)将环境影响评价制度从建设项目扩展到各类开发建设规划,第一次明确将"公众参与"列为环境影响报告书编制的必经程序,我国环境影响评价制度发展到一个新阶段。为了更好地实施《环境评价法》,2006年,国家环境保护总局发布了《环境影响评价公众参与暂行办法》。该办法不但明确了公众参与环境影响评价的权利,而且规定了参与环境影响评价的具体范围、程序、方式和期限。2009年8月,《规划环境影响评价条例》通过。规划环境影响评价真正开始实现了从微观到宏观,从尾部到源头,从枝节到主干,从操作到决策的转变和飞跃,是环境影响评价制度的一次根本性改革。有了规划环境影响评价这项法律制度就可以把环境因素纳入国民经济与社会发展的综合决策之中,就可以按照环境资源的承载能力和容量要求对区域、流域、海域的重大开发活动生产力布局、资源配置提出更加科学合理的建议,以保证经济社会健康有序地向前发展。[③]

此外,我国还接连颁布了一系列涉及环境影响评价制度的法规、规章、规划、标准和其他法律规范性文件。例如,《建设项目环境保护管理程序》(1990年)、《环境影响评价技术导则》(1993年)、《建设项目环境影响评价证书管理办法》(1999年)、《建设项目竣工环境保护验收管理办法》(2001年)、《环境影响评价审查专家库管理办法》(2003年)、《建设项目环境影响评价管理工作的通知》(2004年2月18日)、《建设项目环境风险评价技术导则》(2004年12月11日)、《建设项目环境影响评价资质管理办法》(2005年8月15日)、《专项规划环境影响报告书审查办法》(2005年10月8日)、《国家环境保护总局建设项目环境影响评价文件审批程序规定》(2005年11月23日)、《建设项目环境影响评价行为准则与廉政规定》(2005年

---

① 环评与"三同时"、排污收费并称"老三项"环境管理制度。

② 蔡守秋:《论健全环境影响评价法律制度的几个问题》,载《环境污染与防治》2009年第12期。

③ 潘岳:《战略环境影响评价与可持续发展》,载《环境保护》2005年第9期。

11月23日)、《关于进一步加强环境影响评价管理工作的通知》(2006年9月12日)、《建设项目环境保护分类管理目录》(2007年10月8日)、《关于加强公路规划和建设环境影响评价工作的通知》(2007年12月1日)、《关于进一步规范专项规划环境影响报告书审查工作的通知》(2007年12月7日)、《建设项目环境影响评价分类管理名录》(2008年9月2日)、《建设项目环境影响评价文件分级审批规定》(2009年1月16日)、《关于加强城市建设项目环境影响评价监督管理工作的通知》(2008年9月18日)、《关于当前经济形势下做好环境影响评价审批工作的通知》(2008年12月4日)等。①

随着《建设项目环境保护管理条例》《环境评价法》《规划环境影响评价条例》的出台,意味着我国环评"一法两条例"的法律体系基本完善起来。②《环境评价法》确立了规划与建设项目环境影响评价制度的法律地位、功能,再加上国家环境保护行政主管部门发布的环境影响报告书编制的各类技术导则,共同构成了一个较为系统的行政技术体系和行政审批程序。③ 环评法律制度的实施对于推进产业合理布局和企业的优化选址,预防开发建设活动可能产生的环境污染和破坏,发挥了不可替代的积极作用。据统计,截至2005年年底,我国共有146万多个建设项目执行了环境影响评价制度,环境影响评价执行率达到99.3%。通过执行环境影响评价制度,工业类项目实现了"增产不增污"或"增产减污";涉及重要环境敏感问题生态类项目,通过调整选址、选线和工程方案等,有效避免了新的生态破坏。④

3.环评法的大调整阶段。2013年新一届党和国家领导人上任之后,大力推进行政审批制度改革、转变政府职能。在这样的背景下,国务院和环境保护部通过下放环评审批权限、优化审批程序、推进环评审批公众参与和监督、切断环评审批机构与环评机构的利益关联、禁止违规插手环评审批等措施深化环评审批制度改革。⑤

在下放环评审批权限方面:2013年11月,环境保护部发布《关于下放部分建设项目环境影响评价文件审批权限的公告》,下放25项建设项目的环评审批权限,主要是基础设施类和环境影响较小的项目,如分布式燃气发电、城市快速轨道交通、扩建民用机场等项目。2015年3月13日,环境保护部再次调整其审批权限,发布《环境保护部审批环境影响评价文件的建设项目目录》,将火电站、热电站、炼铁炼钢、有色冶炼、国家高速公路、汽车、大型主题公园等项目的环评审批权限下放至省级环保部门。

---

① 蔡守秋:《论健全环境影响评价法律制度的几个问题》,载《环境污染与防治》2009年第12期。

② 包存宽:《环境影响评价制度改革应着力回归环评本质》,载《中国环境管理》2015年第3期。

③ 冉珑、呼世斌:《论环评制度中跟踪监测的法律疏漏与缺失》,载《环境保护》2015年第18期。

④ 蔡守秋:《论健全环境影响评价法律制度的几个问题》,载《环境污染与防治》2009年第12期。

⑤ 晋海:《环评审批制度改革:进展、问题与对策》,载《环境保护》2015年第10期。

在信息公开方面：2013 年 11 月，环境保护部印发《建设项目环境影响评价政府信息公开指南（试行）》，要求在建设项目环评审批过程中，公开环境影响评价文件受理情况、拟作出的审批意见、作出的审批决定等事项，并对信息公开的方式、期限等问题作出了具体规定。2015 年 1 月 1 日施行的新《环境保护法》第 56 条第 2 款规定：“负责审批建设项目环境影响评价文件的部门在收到建设项目环境影响报告书后，除涉及国家秘密和商业秘密的事项外，应当全文公开；发现建设项目未充分征求公众意见的，应当责成建设单位征求公众意见。”

在环评机构脱钩与环评官员的公正廉洁方面：2015 年 3 月 20 日，环保部办公厅印发《全国环保系统环评机构脱钩工作方案》，部直属单位的 8 家环评机构率先在 2015 年 12 月 31 日前脱钩，省级及以下环保系统环评机构分两批分别在 2016 年 6 月 30 日、12 月 31 日前全部脱钩，逾期不脱离的，一律取消环评资质。2015 年 3 月 24 日，环境保护部印发《关于严格廉洁自律、禁止违规插手环评审批的规定》，明确了 6 类明令禁止的违规插手环评的行为，并指出，领导干部违反该规定的，按照干部管理权限，视情节轻重依纪依法依规给予批评教育、党纪政纪处分或者组织处理，涉嫌犯罪的，移送司法机关追究法律责任。

在强化监督与责任方面：2013 年 11 月 15 日，环境保护部下发《关于切实加强环境影响评价监督管理工作的通知》，针对环评审批权限下放后的监管问题，该通知指出在环评审批和建设项目环境管理中违法、违规，造成重大环境污染、生态破坏或者严重损害群众健康的环境问题，上级环保部门要责令其予以纠正，并视情况对下放审批权限予以收回；在对环评审批管理人员的责任方面，规定对违反法定程序、超越法定权限作出的环评审批和竣工验收决定，上级环保部门应依法予以撤销，对编制质量差的环评文件作出审批的，追究相关行政人员责任。2015 年 3 月 18 日，环境保护部发布《关于进一步加强环境影响评价违法项目责任追究的通知》，指出环评审批部门将未按规定追究责任的环评违法项目通过环评审批或竣工环境保护验收的，应追究相关环保部门工作人员的责任。

2016 年 7 月，《环境评价法》首次修订。此次修改是统筹重大行政审批改革任务而做的微调。6 部打包法律的修改具有很强的有针对性，修改内容几乎全都涉及简政放权。[①] 一是简化了项目环评的行政审批要求。项目环评审批不再作为可行性研究报告审批或项目核准的前置条件。二是强化了规划环评。修改后的《环境评价法》规定，专项规划的编制机关需对环境影响报告书结论和审查意见的采纳情况作出说明，不采纳的，应当说明理由。这一修改将增强规划环评的有效性，规划编制机关必须对环评结论和审查意见进行响应。三是加大了处罚力度。新修改

① 彭应登：《〈环境影响评价法〉此次修改仅是微调　大调已经箭在弦上》，载《节能与环保》2016 年第 8 期。

的《环境评价法》大幅提高了未批先建的违法成本，根据违法情节和危害后果，可对建设项目处以总投资额1%以上5%以下的罚款，并可以责令恢复原状。这将对企业产生强大威慑力。

(二)我国现行环评制度的框架

我国现行环评制度包括规划环评与建设项目环评两大类，遵循不同的轨道。

1.规划环评的制度轮廓

(1)应实施环评的对象：综合规划和专项规划。综合规划包括土地利用的有关规划以及区域、流域、海域的建设、开发利用规划；专项规划包括工业、农业、畜牧业、林业、能源、水利、交通、城市建设、旅游、自然资源开发的有关专项规划。

(2)规划编制与环评审查的分离。规划编制机关虽然组织环评，但环评的审查由有关机关组织的审查小组来审查。

(3)规划环评的公众参与。“专项规划的编制机关对可能造成不良环境影响并直接涉及公众环境权益的规划，应当在该规划草案报送审批前，举行论证会、听证会，或者采取其他形式，征求有关单位、专家和公众对环境影响报告书草案的意见。但是，国家规定需要保密的情形除外。”(《环境评价法》第11条)

(4)环评审查结论的效力。按照现行《环境评价法》的规定，环评审查结论只有参考效力，并没有否决效力。

(5)环境影响的跟踪评价。“对环境有重大影响的规划实施后，编制机关应当及时组织环境影响的跟踪评价，并将评价结果报告审批机关；发现有明显不良环境影响的，应当及时提出改进措施。”(《环境评价法》第15条)

2.建设项目环评的制度轮廓

(1)建设项目环评的分类制度。《环境评价法》授权国家中央环保部门制定《建设项目环境保护分类管理名录》，将项目分为三类：环境影响很小的，不需要进行环境影响评价，只需填报环境影响登记表，内容和程序要求最为简略；可能造成重大环境影响的，应当编制环境影响报告书，对产生的环境影响进行全面评价，其程序及内容要求最为详尽；可能造成轻度环境影响的，应当编制环境影响报告表，对产生的环境影响进行分析或者专项评价，其程序与内容的繁简程度介于前两者之间。

(2)环评审查程序与建设项目许可程序的分离。环评文件由开发单位负责制作，并且由开发单位直接向环保机关申报，环评审查全程由环保机关主持。

(3)建设项目环评中的公众参与。对于公众参与的实质性要求，如对公众意见采纳与否作出说明的要求，只存在于环境影响报告书类的项目环评中。环境评价法只规定建设单位“应当在报批建设项目环境影响报告书前，举行论证会、听证会，或者采取其他形式，征求有关单位、专家和公众的意见”。(《环境评价法》第21条)

(4)环评审查结论及其效力。在我国实务中，环评审查结论有同意、不予审批、退回或暂缓等不同处理。其中的“同意”，实务上绝大多数包含各类减轻环境影响的环保措施要求，与我国台湾地区的“有条件通过”，名不同而实相似。[①] 环评审查结论具有否决权效力，即“建设项目的环境影响评价文件未依法经审批部门审查或者审查后未予批准的，建设单位不得开工建设”。（《环境评价法》第25条）

(5)环评审查结论的监督执行。监督执行由环评机关负责。环评文件未经批准（含未报批和未通过审批）即开工建设的，环评机关可以直接责令停止建设，而无须“转请”建设项目许可机关命企业停止开发。

(6)重新报送审批。我国《环境评价法》规定了两种须要“重新报批”环评文件的情形：建设项目有“重大变动”的以及自环评文件批准之日起超过五年，方决定该项目开工建设的。（《环境评价法》第24条）

3.规划环评与建设环评的关系

规划环评重在优化行业的布局、规模、结构，拟定负面清单，指导项目环境准入。项目环评重在落实环境质量目标管理要求，优化环保措施，强化环境风险防控，做好与排污许可的衔接。修改后的《环境评价法》规定，规划环评意见需作为项目环评的重要依据，且后续的项目环评内容的审查意见应予以简化，这也进一步体现出规划和项目之间的有效互动。加强规划环评与项目环评联动。依法将规划环评作为规划所包含项目环评文件审批的刚性约束。对已采纳规划环评要求的规划所包含的建设项目，简化相应环评内容。对高质量完成规划环评、各类管理清单清晰可行的产业园区，试点降低园区内部分行业项目环评文件的类别。项目环评中发现规划实施造成重大不利环境影响的，应及时反馈规划编制机关。

三、环评法变迁的动因

（一）观念的变革

随着社会经济的发展、科学技术水平的进步，人们对环境问题的认识也不断深化，关于环评法的认知也会发生变化。观念的变革也会带来制度的变化。例如，环评制度的确立本身即是环境法学上预防理念的体现。又如，2016年1月开始实行的《建设项目环境影响后评价管理办法》，对一些特别重大、复杂、敏感项目在运行一段时间后，要求建设单位对其实际环境影响及生态环境保护措施有效性，进行分析、验证与评价，采取改进措施，减缓项目实施后的环境影响。这显然是吸纳了适应性管理理念的结果。[②]

---

① 全自宁：《中国大陆与台湾地区环评制度之比较：立法框架、行政执行和司法实践》，载《中国地质大学学报（社会科学版）》2017年第3期。

② 关于适应性管理理念，参见朱立言、孙健：《适应性管理的兴起及其理念》，载《湖南社会科学》2008年第6期。

(二)问题的暴露

法学是实践之学,实践中的问题总会引发制度的回应。例如,2005年"环评风暴"中被叫停的个建设项目都未依法在项目开工建设前进行环境影响评价直到被原国家环境保护总局"叫停"后才补办了环评手续。就连当时具体分管环境影响评价工作的原国家环保总局副局长潘岳也不得不承认:"以往环保行动中被叫停的项目往往补办手续先过关,然后用各种手法拖延或拒绝兑现环保承诺使一次次声势浩大的环评执法效果有限。"①正是由于"限期补办"在实践上表现出的弊端,2014《环境保护法》(第61条)修订时将2002年《环境评价法》中环评未过却先开工建设可以"限期补办"的规定予以废除。而2016年修订《环境评价法》时也删去"限期补办"的规定。

又如,2015年,从3月2日到3月24日22天时间里,环境保护部连续发布6项有关环评的通知、定等,而如此密集的新规发布直接源于中央第三巡视组对环境保护部专项巡视彻底揭开了环评领域中种种黑幕。2015年2月11日,中央第三巡视组公开通报称,环评领域未批先建、擅自变更等环评违法违规现象大量存在,背后隐藏监管失职和腐败问题;有的领导干部及其亲属违规插手环评审批,或者开办公司承揽环评项目牟利;环评技术服务市场"红顶中介"现象突出,容易产生利益冲突和不当利益输送;环评机构资质审批存在"花钱办证"现象,后续监管不到位;把关不严、批而不管、越权审批不但导致污染隐患,而且加大权力寻租空间;地方环保部门环评审批中腐败问题易发。为了解决这些暴露的问题,2月27日,新任环境保护部部长陈吉宁决心彻底整肃环评业界存在的问题。3月2日,环境保护部发布《关于部分建设项目环境影响评价机构和人员处理意见的通报》,点名批评63家机构和22名环境影响评价工程师;3月5日,公开了《建设项目环境影响评价资质管理办法(修订征求意见稿)》;3月16日,发布《环境影响评价机构资质管理廉政规定》;3月18日,发布《关于进一步加强环境影响评价违法项目责任追究的通知》;3月20日,公布《全国环保系统环评机构脱钩工作方案》;3月24日,印发《关于严格廉洁自律、禁止违规插手环评审批的规定》。②

(三)上下游法律的变迁

层级较高的法律被修订,层级较低的法律与之相冲突的,也应该得到修订。同时,有些下游的法律创新规定实践效果良好,也会推动上游法律的变化。

2014年《环境保护法》修订,将第13条建设项目环评的效力由"环境影响报告书经批准后,计划部门方可批准建设项目设计书"修改为"未依法进行环境影响评

---

① 竺效:《论新〈环境保护法〉中的环评区域限批制度》,载《法学》2014年第6期。

② 郄建荣:《环保部连发6项新规封堵环评黑洞》,载《法制日报》2015年4月1日。

价的建设项目,不得开工建设"。由于环境基本法的变化,2016 年《环境评价法》修订时随之跟进,也作了相应的修改。

2015 年年底至 2016 年年初,环境保护部陆续公布了《关于加强规划环境影响评价与建设项目环境影响评价联动工作的意见》《关于开展规划环境影响评价会商的指导意见(试行)》《建设项目环境保护事中事后监督管理办法》《建设项目环境影响后评价管理办法》《关于规划环境影响评价加强空间管制、总量管控和环境准入的指导意见(试行)》等一系列环评制度性文件。时任环境保护部副部长潘岳表示,这些制度是落实《关于加快推进生态文明建设的意见》和生态文明体制改革总体方案的具体举措,环评作为重要的环境管理制度必须率先突破。①

2006 年 7 月通过的《深圳经济特区建设项目环境保护条例》在规定建设单位违法的法律责任时,把罚款数额和建设项目投资总额相对应,投资总额高的,相应的罚款也越多。② 而这种比例罚款制度在 2016 年《环境评价法》修订中得到借鉴。

(四)国际发展的趋势

我国是法制建设的后发展国家,在法律发展的路径上,比较、借鉴、移植国际社会现今法律制度是必要的选择。我国环境法制的发展也是如此。"顺应国际环保浪潮、积极主动与世界接轨的中国环境法,是中国在国际社会化进程中,积极认知全球环境问题和学习、借鉴国际经验,并应用于国内环保实践,政府自上而下建构的产物。"③环评制度率先在美国环保法上创立,然后欧美其他国家跟进,进而在国家社会普遍开花结果。全球超过 80 个国家规定了环评制度,且被 1992 年的联合国环境与发展大会的《里约宣言》所确认,也为世界银行和亚洲发展银行以及其他国际机构所采用,成为全球环境法律中最核心的制度。④

我国也是因为认识到了在环境保护领域"事先预防重于事后补救"的重要性,从而引入环评制度。⑤

四、环评法之展望

《"十三五"环境影响评价改革实施方案》确立了全面环评制度改革的方向。2016 年 7 月 15 日,《"十三五"环境影响评价改革实施方案》正式发布,这标志着如火如荼的环评制度改革正式启程。该方案提出以改善环境质量为核心,以全面提

---

① 张晓航:《一系列环评制度性文件出台》,载《中国质量报》2016 年 3 月 9 日。

② 蔡守秋:《论健全环境影响评价法律制度的几个问题》,载《环境污染与防治》2009 年第 12 期。

③ 张庆彩:《当代中国环境法治的演进及趋势研究——基于国际环境安全视角的分析》,南京大学 2010 年博士学位论文。

④ 赵绘宇、姜琴琴:《美国环境影响评价制度 40 年纵览及评介》,载《当代法学》2010 年第 1 期。

⑤ 金自宁:《中国大陆与台湾地区环评制度之比较:立法框架、行政执行和司法实践》,载《中国地质大学学报(社会科学版)》2017 年第 3 期。

高环评有效性为主线，以创新体制机制为动力，以“生态保护红线、环境质量底线、资源利用上线和环境准入负面清单”（以下简称“三线一单”）为手段，强化空间、总量、准入环境管理，划框子、定规则、查落实、强基础，不断改进和完善依法、科学、公开、廉洁、高效的环评管理体系，为全面环评制度改革指出了明确的方向。以规划环评落地引领环评制度改革，环评法的大调已经箭在弦上。[①] 在此，总结学理、制度和实践，对环评法的未来做一展望。

（一）环评的定位问题

1.对环评“并联”以及环评重心从事先审批转向事后跟踪监督的质疑

在当前简政放权的名义下有一波放松管制的潮流，在环评领域的表现是：取消“环评前置”，环评审查与项目许可由“串联”改为“并联”；环保部门的环评重心也从事先审批转向事后跟踪监督。但是在环评领域，不应“解除管制”（deregulation），而应该是加强管制。

一般认为取消“环评前置”带来的直接好处就是：“企业投资项目的审批流程不仅得到优化，而且节省了大量办理审批的时间。”[②]但是为了追求效率而弱化环评权力，是一种本末倒置。通过减少错误和等待的时间来提升审批过程的速度与准确性，使环评更有效率和效果。这是环评审查的精益管理（lean management），而不是弱化环评权力问题。

取消“环评前置”以及环评重心从事先审批转向事后跟踪监督，会大大弱化环评的预防功能。本来当前环评审批接近百分百的通过率，显示地方环保机关与中央环保机关一样持有倾向于让开发项目通过审查的态度。结合中国环境污染随着经济发展而日趋严重的现状，让人不能不怀疑环保审批并未真正发挥立法所设定的环境风险预防功能。[③]

在“并联”设计下，建设项目审批机关更不用考虑环评问题了，无法内化其环保意识。在我国直到目前许多政府部门与企业对环评立法目的与理念、法律强制力依然不重视，消极地谋求不违法而不是积极地谋求决策理性的提升。[④] 如果为了提升审判效率，还不如借鉴美国与德国的环评审批权设置，让环评审批权与建设项目审批权合一。

环保部门本身抗压能力有限，如果建设项目获得许可，而环评审查未通过，会

---

① 彭应登：《〈环境影响评价法〉此次修改仅是微调　大调已经箭在弦上》，载《节能与环保》2016年第8期。

② 彭应登：《〈环境影响评价法〉此次修改仅是微调　大调已经箭在弦上》，载《节能与环保》2016年第8期。

③ 金自宁：《中国大陆与台湾地区环评制度之比较：立法框架、行政执行和司法实践》，载《中国地质大学学报（社会科学版）》2017年第3期。

④ 赵绘宇、姜琴琴：《美国环境影响评价制度40年纵览及评介》，载《当代法学》2010年第1期。

让建设单位与建设许可机关联合起来，通过游说等手段来倒逼环评通过。

如果环评重心从事先审批转向事后跟踪监督，会有“重末端轻源头”的嫌疑。虽然由于环境变化的不确定性，后续的跟踪监督也十分重要，但是防比治更重要。由于环境损害的不可逆性，必须将工作重心放在源头防止，而不是等后续影响已经造成再来整治与纠偏。

2.风险评估观念的加强

现有环评制度以对周围环境状况的稳定性认识为基础，而较为忽视外生变量所带来的风险与不确定性。在风险社会的背景下，未来环评制度的改革应当以风险规制为核心，对影响拟议行为的外生性风险进行有效识别，评估其可能对拟议行为产生的影响，并通过拓展风险预防原则的适用范围以及弥合环境风险评价过程的内在断裂，为环境风险的预防和规制提供完善的制度框架。①

（二）具体制度的完善

1.替代方案制度的引入

替代方案制度缘起于美国 1969 年的《国家环境政策法》，被认为是美国环评制度的灵魂，后被许多国家借鉴纳入环评法律制度中。② 替代方案制度的基本要义是在环评书中要列入所建议行动的替代方案以供环评审查机构参考。这一制度受到如此重视的主要原因在于替代方案的检查、分析有助于各方评价主体，尤其是决策方在不同方案的对比中选择出更符合预防和减轻环境不良影响之目的的“最优方案”。③

2.将规划环评提升为战略环评

战略环境影响评价分为法规、政策、规划的环境影响评价三种。④ 我国现行环评法只规定了规划环评。从战略环境影响评价的全局性考虑，必须要从宏观层面将法规和政策纳入战略环境影响评价对象中来，从而真正形成自上而下、一以贯之、统筹全局的环境影响评价模式。⑤

---

① 何香柏：《风险社会背景下环境影响评价制度的反思与变革——以常州外国语学校“毒地”事件为切入点》，载《法学评论》2017 年第 1 期。

② 赵绘宇、姜琴琴：《美国环境影响评价制度 40 年纵览及评介》，载《当代法学》2010 年第 1 期。

③ 焦盛荣、郭武：《我国环境影响评价制度之“评价”与完善》，载《甘肃政法学院学报》2010 年第 6 期。

④ 潘岳：《战略环境影响评价与可持续发展》，载《环境保护》2005 年第 9 期。

⑤ 焦盛荣、郭武：《我国环境影响评价制度之“评价”与完善》，载《甘肃政法学院学报》2010 年第 6 期。

3.区域限批入环评法

虽然区域限批的性质在学理上还有许多争议,[①]但是其作为应对地方保护主义的一种有力措施,得到普遍认可。自 2007 年环境保护部首次实施以来,2008 年《水污染防治法》(第 18 条第 4 款)、2009 年《规划环境影响评价》第 30 条以及 2014 修订后的《环境保护法》第 44 条第 2 款都先后规定了区域限批制度,但是 2016 年修订后的《环境评价法》没有规定。而前述一些规定相当抽象,没有规定具体的实施要件,因此,学者建议修改《环境评价法》,以法律的形式明确、详细地规定环评区域限批适用范围的具体判别标准、适用的形式条件、启动程序、措施决定主体、适用期限、行政执行的具体督促措施、解除条件、验收评估、解除程序、解除决定主体、信息公开、公众参与、监督措施和法律责任等规则。[②]

4.信息公开与公众参与的落实

信息公开和公众参与是制度能够成功有效运行的两个关键点。[③] 公众参与则是环境影响评价制度的核心,是环境影响评价制度中行政民主化与民主决策机制的集中体现,表现了环境影响评价制度民主性的特点,对于环境影响评价制度的功能发挥具有举足轻重的作用。[④]《环境评价法》和《环境影响评价公众参与暂行办法》虽然规定对可能造成不良影响的规划和建设项目必须举行论证会、听证会、各种座谈会、咨询会等,征求有关单位、专家和公众对环境影响评价报告书的意见,保障公民参与的知情权。但是现行规定存在两大缺陷:(1)公众参与条款是非强制性的裁量条款。2006 年《环境影响评价公众参与暂行办法》增加了非强制性的裁量条款:"对公众意见较大的建设项目,可以采取调查公众意见、咨询专家意见、座谈会、论证会、听证会等形式再次公开征求公众意见。"(第 13 条第 3 款)2015 年颁行的《环境保护公众参与办法》对环保机关征求意见之前应公开的信息(第 5 条),基本情况说明(第 6 条),召开座谈会、论证会的提前公告及参与者(第 7 条)等作出了较为具体规定,但作为概括性规定的第 4 条仍属裁量性条款,即环保机关"可以"通过征求意见召开座谈会等方式来引入公众参与。[⑤] (2)在有关公众参与的具体途

① 黄锡生、韩英夫:《环评区域限批制度的双阶构造及其立法完善》,载《法律科学》2016 年第 6 期;肖峰:《论环评区域限批制度的功能失当及其克服》,载《中国地质大学学报(社会科学版)》2015 年第 5 期。

② 竺效:《论新〈环境保护法〉中的环评区域限批制度》,载《法学》2014 年第 6 期。

③ 黄晓慧:《论环境影响评价制度的移植异化——以粤港两个案例的比较为视角》,载《广东社会科学》2014 年第 3 期。

④ 肖强:《环境影响评价公众参与的现行法制度设计评析》,载《法学杂志》2015 年第 12 期。

⑤ 金自宁:《中国大陆与台湾地区环评制度之比较:立法框架、行政执行和司法实践》,载《中国地质大学学报(社会科学版)》2017 年第 3 期。

径、参与权利的保障、知情权的保障、权力救济的形式等方面尚无明确详细规定。[①]因此，环评中是否须要公众参与、公众参与的形式、实施程序以及公众参与的效力等方面的规定都不明确具体，从而使得环评的公众参与效果不佳。针对我国《环境评价法》公众参与实践中存在的问题，应当主要从公众选择、参与方式和法律保障三方面进行完善。[②]

环评政府信息公开是将相关利益主体纳入环评决策过程，让其表达意见、提供信息（在地知识）并对建设单位、环评机构及环保部门进行有效监督，最终促使环保部门作出适法正确的决策。而公众参与得不到保障的根源恰恰是环评与环评审批相关信息未能及时、全面公开。[③] 因此，环评法律制度的大修也应当将信息公开的主体、方式、程序，公民的知情权等作出完整规定。

5.环评的司法审查法与公益诉讼

在环评制度的发源地美国，诉讼推动着环评制度的发展和完善诉讼对法案内容的清晰化、明确化的作用极为重要。[④] 目前，我国法院在环评审批司法审查案件中，面对环评的科技专业性及关涉多元利益，法官以欠缺相关的知识与技术难以有效调查取证，以及如何进行实体审查的技术标准不明确为理由，往往采取尊重环保部门的专业性判断的态度，不进行有效的实体审查。而在程序审查方面，法院仅审查程序是否形式合法，至于程序是否实质合法或是否正当并不过问。而且对于程序瑕疵，不论大小，皆以不影响实体决定为由判决维持原行政行为。法院对环评审批的司法审查案件采取以上审查标准，使得作为被告的环保部门几乎能屡战屡胜。[⑤] 为改变这种状况，发挥法院独立的司法审查功能，法院应该建立自己的环评结论合法性的审查标准。[⑥]

2017 年 6 月修订后的《行政诉讼法》在第 25 条增加 1 款，作为第 4 款：“人民检察院在履行职责中发现生态环境和资源保护、食品药品安全、国有财产保护、国有土地使用权出让等领域负有监督管理职责的行政机关违法行使职权或者不作为，致使国家利益或者社会公共利益受到侵害的，应当向行政机关提出检察建议，督促

---

① 黄晓慧：《论环境影响评价制度的移植异化——以粤港两个案例的比较为视角》，载《广东社会科学》2014 年第 3 期。

② 焦盛荣、郭武：《我国环境影响评价制度之“评价”与完善》，载《甘肃政法学院学报》2010 年第 6 期。

③ 田开友：《环境影响评价政府信息公开的司法实践研究——以司法裁判文书（2013—2014 年）为分析样本》，载《中南大学学报（社会科学版）》2015 年第 5 期。

④ 赵绘宇、姜琴琴：《美国环境影响评价制度 40 年纵览及评介》，载《当代法学》2010 年第 1 期。

⑤ 田开友：《环境影响评价政府信息公开的司法实践研究——以司法裁判文书（2013—2014 年）为分析样本》，载《中南大学学报（社会科学版）》2015 年第 5 期。

⑥ 全自宁：《中国大陆与台湾地区环评制度之比较：立法框架、行政执行和司法实践》，载《中国地质大学学报（社会科学版）》2017 年第 3 期。

其依法履行职责。行政机关不依法履行职责的，人民检察院依法向人民法院提起诉讼。”这一规定使得人民检察院也可以针对环评审查机构的违法决定提起行政公益诉讼。然而，与环境民事公益诉讼相比，行政公益诉讼的起诉主体被限缩了。其实，应该如环境民事公益诉讼一样，赋予一定资格的环保组织起诉资格。因为在实践中，由于环评引发的“群体性事件”已经屡见不鲜，[①]应该让环保公益组织具有行政公益诉讼的起诉资格，让街头的群体抗争转换轨道，走向和平理性的诉讼程序。

第二节　排污许可制度的变迁

一、排污许可的性质与功能

排污许可(emission/effluent permit)，是指环境保护主管部门依排污单位的申请和承诺，通过发放排污许可证法律文书形式，依法依规规范和限制排污单位排污行为并明确环境管理要求，依据排污许可证对排污单位实施监管执法的环境管理制度。(《排污许可证管理暂行规定》第3条第1款)排污许可证是企事业单位在生产运营期接受环境监管和环境保护部门实施监管的主要法律文书，企事业单位依法申领排污许可证，按证排污，自证守法。[②] 排污许可制度以固定点源为管理对象，是一项将环境质量改善、总量控制、环境影响评价、污染物排放标准、污染源监测、环境风险防范等环境管理要求落实到具体点源的综合管理制度。排污许可证抓住固定污染源实质就是抓住了工业污染防治的重点和关键，因此，排污许可制度是固定源污染环境管理的基础性和核心制度。[③]

1.具备赋权与限权的双重功能：排污许可制度既赋予企业合法排污权，又约束排污单位的排污行为权；既赋予环保主管部门行政许可权，又规制其权力范围与行使程序，防止权力滥用。[④]

2.整合功能。排污许可制度，作为防治固定点源污染的核心制度，可以整合原来零散的环境管理制度，更好地发挥环境治理功能。排污许可制度可以系统协调与整合各项环境管理制度，作为点源环境管理体系的重要载体与主线，实现对排污企业综合、系统、全面、长效的统一管理。环境影响评价是对建设项目发放排污许可证的先决条件，环评批复是核发排污许可证的重要判断依据与时间节点；排污申

① 黄晓慧：《论环境影响评价制度的移植异化——以粤港两个案例的比较为视角》，载《广东社会科学》2014年第3期。

② 广东省环保宣教中心：《排污许可制改革政策答疑(一)》，载《环境》2017年第6期。

③ 王金南等：《中国排污许可制度改革框架研究》，载《环境保护》2016年Z1期。

④ 梅宏：《排污许可制度改革的法治蕴涵及其启示》，载《环境保护》2017年第23期。

报可以直接合并纳入排污许可证的申请准备阶段；排放标准是排污许可与环境质量改善之间的倒逼手段，排放限值是排污许可的重要内容；总量控制制度应当成为排污许可制度落实许可排放量与实际排放量的重要抓手，总量指标是许可的核心内容与许可条件的具体体现，但必须以排放标准达标为前提；排污权有偿使用是配套排污许可证的经济手段，排污权交易则赋予许可排放量以灵活性；排污收费制度结合环境监测，可以作为排污许可证的证后监管重要措施。[①]

二、排污许可制度的沿革

（一）排污许可制度的变化

1.从排污收费到排污许可

1979 年《环境保护法（试行）》就已经规定了排污收费制度。排污收费制度更多地体现了“违法必究”的决心，然而，排污收费是针对个案的事后查处，对污染的遏制与治理效果有限，而且实践中往往收费后就案结了事，而污染依然遗留下来。排污许可制的建立与运行，有利于扭转这种情形。每一家排污单位在申请排污许可证时，都要提交一份由“法定代表人或者实际负责人”签字或盖章的承诺书。这份“守法承诺”意味着排污单位的负责人主动承诺对所提交材料的真实性、完整性负法律责任，也对排污单位的排污行为负法律责任。[②] 这就有利于将依法排污、不超标排污内化到企业行为之中。排污许可制度顺应当代环境治理的发展趋势，落实环境法的预防为主原则，对开发利用环境的各种活动进行事先审查和控制，在环境污染出现之前考虑排污者排污的定量化，通过颁发排污许可证的方式来限制企业排污，将“末端治理”改为对排污行为“全过程治理”。

我国排污许可制度肇始于上海从 1985 年在黄浦江上游地区试行的水污染物排放许可证，原国家环境保护局于 1987 年在烟台召开的“实行排污申报登记和排污许可证制度座谈会”正式决定在全国试行排污许可制度。[③] 我国最早规定排污许可制度的法律文件是 1988 年 3 月 20 日原国家环保局为实施《水污染防治法》和《海洋环境保护法》而制定的《水污染物排放许可证管理暂行办法》。[④] 该《暂行办法》对如何颁发水污染物排放许可证作出规定。1989 年 7 月，经国务院批准，原国家环保局发布了《水污染防治法实施细则》，对如何颁发排污许可证也作出规定。

---

① 王金南等：《中国排污许可制度改革框架研究》，载《环境保护》2016 年 Z1 期。

② 梅宏：《排污许可制度改革的法治蕴涵及其启示》，载《环境保护》2017 年第 23 期。

③ 李兴锋：《排污许可法律制度重构研究——环境容量资源配置视角》，载《中国地质大学学报（社会科学版）》2016 年第 2 期。

④ 王伟：《排污许可的行政主导模式及其转向——兼评〈排污许可证管理暂行规定〉》，载《生态经济》2018 年第 3 期；李挚萍、焦一多：《论排污许可制度实施的法律保障机制》，载《环境保护》2016 年第 23 期。

2003年3月，国务院发布新的《水污染防治法实施细则》，对于如何审核颁发排污许可证作出新的规定。由于种种原因，环保部门执行起来不那么理直气壮，尤其到了地方层面，执行阻力很大。20世纪90年代前后，部分人员对立法约束企业排污很不以为然，认为“允许企业生产就应允许企业排污、环保部门不能影响企业的发展”。1996年4月，全国人大环境与资源保护委员会提请审议的《水污染防治法修正案（草案）》明确规定“国家建立水污染物排放许可制度”，后经协调，后达成国家建立“重点水污染物排放核定制度”的意见。虽然“核定”也有着“许可”的含义，但依然没有同意“许可”的表述。1996年5月，全国人大常委会正式通过《水污染防治法修正案》。虽然该法没有明确注明“建立水污染物排放许可制度”，但全国人大在法律层级实质上认可了污染物排放的许可制度，是历史性的突破。2008年2月，全国人大常委会审议通过了新的《水污染防治法修订案》，该修订案第20条明确规定“国家实行排污许可制度”。

大气污染物排放许可制度跟在水污染物排放许可制度后面，走了大致相似的道路。2000年之前进行的大气污染物排放许可制度的推进，都没有明确的法律依据。直到2000年4月，全国人大常委会修订通过《大气污染防治法》，正式确立大气污染物排放许可制度。《大气污染防治法》第15条规定，大气污染物总量控制区内有关地方人民政府依照国务院规定的条件和程序，按照公开、公平、公正原则，核定企业事业单位的主要大气污染物排放总量，核发主要大气污染物排放许可证。有大气污染物总量控制任务的企业事业单位，必须按照核定的主要大气污染物排放总量和许可证规定的排放条件排放污染物。①

2.从分类许可到一证式许可

按照水、大气分头推进排污许可制度，引发了一系列问题，涉及企业、管理部门等诸多方面。后果之一是，按照水或大气分领域单项推进排污许可，遭到企业的普遍反对。这一道理不难理解。例如，一家钢铁企业，只要开工生产，就既有大气污染物排放，又有水污染物排放。而环保部门按照条条分割的需要，人为地将大气污染物和水污染物的排放管理割裂开来，实行分头审批，分头管理，加大了企业环境管理的运行成本。② 排污许可制度“把环境分为各种自然资源进行治理违背自然规律，降低政府行政效益，也在一定程度上造成现在广泛领域内的复合性环境污染和生态破坏问题等”。③ 这项制度依然存在制度缺陷与技术难点，未能树立排污许可制度的核心地位，表现在：一是现有环境影响评价、总量控制、排污收费制度、环境监测等点源环境管理制度缺乏协整，排污许可制度未能起到点源环境管理核心

① 孙佑海：《排污许可制度：立法回顾、问题分析与方案建议》，载《环境影响评价》2016年第3期。
② 孙佑海：《排污许可制度：立法回顾、问题分析与方案建议》，载《环境影响评价》2016年第3期。
③ 韩广等：《中国环境保护法的基本制度研究》，中国法制出版社2007年版，第93页。

政策的作用。由于缺乏许可证的统领，各项制度只是在污染防治的某一个阶段发挥作用，其主要功能表现出极大的局限性，难以有效实施。二是排污许可制度缺乏顶层法律设计与具体实施办法。尽管《环境保护法》《水污染防治法》《大气污染防治法》都对排污许可证作出规定，但都未提出可操作的具体文件，特别是没有对拒不领证行为的制约措施，导致地方环保部门在管理过程中无法明确对企业的处罚权限。三是排污许可关键技术问题未能突破，管理存在难点。点源排污许可量与排放量的确定未能统一，多套排放量统计体系不一致，降低了数据权威性。发证范围和种类仍有缺失，重金属及其他有毒有害物质未涵盖，“小三产”等部分企业未纳入证照管理。排污许可证未能明确如何与排放标准及环境功能区划挂钩，各介质统一发证存在技术难度。各级环保部门对是否颁发临时排污许可证存在较大意见分歧，反对意见认为临时许可证约束力不强，反而增加环保部门的管理成本。四是排污许可证处罚规定不够具体，违法成本过低。由于上位法限制，罚则无法突破。目前尚无专门针对排污许可制定的超标或超总量情形的处罚手段。罚款存在上限，对持续违法排污行为无法有效威慑。基层环保力量不足，发证后难以实现全面监管，非重点企业违法行为难以杜绝。[①]

排污许可制度在我国地方上开实施始较早，却发展较慢，存在的问题主要有：一是与其他环境管理制度重叠或缺乏衔接情况；二是本身存在缺乏政策和精细化分类管理、各地情况不统一等问题；三是违规处罚太轻，缺乏可执法性，存在形式主义；四是未与环境标准等挂钩；五是缺乏相应的监督和管理机构。我国法律对排污许可制度作了原则规定，但责任不全面、程序不具体、可操作性不强。[②]

正是由于排污许可制度存在基础核心地位不突出，多项环境管理制度交叉、重复，污染源“数出多门”“多头管理”，依证监管力度不足，不能形成震慑以及排污单位污染治理责任落实不到位等诸多问题，所以从“十三五”开始，国家在法律和政策层面均全力推动了其改革。[③]

排污许可制度改革总体思路设计根据《环境保护法》《大气污染防治法》《水污染防治法》规定，在环境管理转型的大背景下，排污许可应以环境质量改善为基本出发点，整合点源环境管理的相关制度，实现一企一证、分类管理，坚持属地管理、分阶段推进，强化企业责任，加强发证后的监督与处罚，让排污许可证成为企业环境守法、政府环境执法、社会监督护法的根本依据。

2014 年修订《环境保护法》时，才第一次在环境保护基础法的层面，正式规定了统一的综合性排污许可制度。2015 年浙江省八地环保部门以环境质量改善为

① 王金南等：《中国排污许可制度改革框架研究》，载《环境保护》2016 年 Z1 期。

② 梅宏：《排污许可制度改革的法治蕴涵及其启示》，载《环境保护》2017 年第 23 期。

③ 董瑞强：《排污许可管理新规出炉 五种排污情形将被处罚》，载《经济观察报》2018 年 1 月 19 日。

总体目标，主要针对点源环境管理的制度整合与流程再造，建立以排污许可证为核心，覆盖污染源建设、生产、关闭全过程的“一证式”管理模式。①

2016年年底，国务院办公厅制定印发《控制污染物排放许可制实施方案》(下简称《实施方案》)，环境保护部印发《排污许可证管理暂行规定》(以下简称《暂行规定》)，一系列国家、省等配套文件也相继出台。《关于全面深化改革若干重大问题的决定》《生态文明体制改革总体方案》《国民经济和社会发展第十三个五年规划纲要》等文件明确要求改革环境治理基础制度，完善污染物排放许可制，尽快在全国范围建立统一公平、覆盖所有固定污染源的企事业单位控制污染物排放许可制。2016年11月，国务院办公厅印发《关于印发控制污染物排放许可制实施方案的通知》，标志着排污许可制度改革的正式启动。② 为落实中央改革部署，根据《环境保护法》《水污染防治法》《大气污染防治法》《行政许可法》等法律规定，国务院办公厅制定印发《实施方案》，明确了控制污染物排放许可实施的指导思想、总体目标、基本原则、改革途径等重大问题，提出整合衔接各项制度、统一管理对象和内容、明确管理事权和各方责任、加强排污许可证监管等内容。《实施方案》是改革的顶层设计，它的发布将进一步统一思想，全面指导排污许可改革工作。由此，排污许可制度从分类许可进行一证式综合许可阶段。

2018年1月环境保护部发布《排污许可证管理办法(试行)》(以下简称《管理办法》)。《管理办法》规定了企业承诺、自行监测、台账记录、执行报告、信息公开等五项制度。企业承诺并对申请材料真实性、完整性、合法性负责是企业取得排污许可证的重要前提，自行监测、台账记录、执行报告制度是排污单位自行判定达标、及时发现运行过程中的环保问题以及核算实际排放量的重要基础，是企业自证守法的主要依据，同时也是环保部门核查企业达标排放、判定企业按证排污的重要检查内容和执法依据。信息公开制度是强化企业持证依证排污意识，引导舆论监督，形成共同监督氛围的基础和重要手段。

《管理办法》是对《暂行规定》的延续、深化和完善，在结构和思路上与《暂行规定》保持一致，内容上进一步细化和强化。同时根据部门规章的立法权限，结合火电、造纸行业排污许可制实施中的突出问题，对排污许可证申请、核发、执行、监管全过程的相关规定进行完善，并进一步提高可操作性。

《管理办法》明确提出排污单位许可排放浓度和许可排放量的法律要求，进一步明确许可排放量就是其总量控制指标，在法律层面解决了企业排污总量控制的法律责任问题。同时在《管理办法》中设计了自行监测、台账记录和执行报告等法

① 王伟:《排污许可的行政主导模式及其转向——兼评〈排污许可证管理暂行规定〉》，载《生态经济》2018年第3期。

② 董瑞强:《排污许可管理新规出炉 五种排污情形将被处罚》，载《经济观察报》2018年1月19日。

律制度，要求排污单位能监控自己的总量排放情况。

截至 2017 年 12 月 31 日，环境保护部共发布 15 个行业的排污许可证申请与核发技术规范，10 个行业的自行监测指南等配套技术文件，在全国共核发排污许可证两万多张，完成 15 个行业排污许可证的核发工作。

环境保护部相关负责人说：“排污许可改革按行业规定每个企业许可排放量的确定方法，规定监测方法，统一实际排放量的计算方法，将更好发挥环境保护税、排污权交易等经济手段的调节作用，提高环保部门污染源精细化管理水平。”①

（二）我国现行排污许可制度的框架

按照《实施方案》《暂行办法》《管理办法》的规定，我国现行排污许可制度的框架包括以下核心部分：

1.适用范围：原则上所有排放污染物的固定源都应当申请核发排污许可证。考虑到我国现实状况，分批分步骤推进排污许可证管理，《排污许可管理办法（试行）》暂时将申请排污许可证的单位限缩为纳入固定污染源排污许可分类管理名录的企业事业单位和其他生产经营者。具体来说，按照《暂行规定》第 4 条，包括下列排污单位：(1)排放工业废气或者排放国家规定的有毒有害大气污染物的企业事业单位；(2)集中供热设施的燃煤热源生产运营单位；(3)直接或间接向水体排放工业废水和医疗废水的企业事业单位；(4)城镇或工业污水集中处理设施的运营单位；(5)依法应当实行排污许可管理的其他排污单位。对于移动污染源、农业面源，不按固定污染源排污许可制进行管理。

2.许可权限：以“属地管理”为原则，许可权限分为四级：环境保护部负责全国排污许可制度的统一监督管理，制定相关政策、标准、规范，指导地方实施排污许可制度。省、自治区、直辖市环境保护主管部门负责本行政区域排污许可制度的组织实施和监督。县级环境保护主管部门负责实施简化管理的排污许可证核发工作，其余的排污许可证原则上由地（市）级环境保护主管部门负责核发。（《暂行规定》第 7 条）

3.许可程序：主要包括企业提交申请材料、管理部门审核申请条件、确定许可内容、核发许可证及许可证的变更管理等环节。

4.许可内容：排污许可证由正本和副本构成，正本载明基本信息，副本载明基本信息、许可事项、管理要求等信息。(1)基本信息主要包括：排污单位名称、地址、法定代表人或主要负责人、社会统一信用代码、排污许可证有效期限、发证机关、证书编号、二维码以及排污单位的主要生产装置、主要产品及产能、污染防治设施和措施、与确定许可事项有关的其他信息等。(2)许可事项主要包括：排污口位置和

① 董瑞强：《排污许可管理新规出炉　五种排污情形将被处罚》，载《经济观察报》2018 年 1 月 19 日。

数量、排放方式、排放去向；排放污染物种类、许可排放浓度、许可排放量；重污染天气或枯水期等特殊时期许可排放浓度和许可排放量。(3)管理要求主要包括：自行监测方案、台账记录、执行报告等要求；排污许可证执行情况报告等的信息公开要求；企业应承担的其他法律责任。(4)排污单位承诺执行更加严格的排放浓度和排放量并为此享受国家或地方优惠政策的，应当将更加严格的排放浓度和排放量在副本中载明。

5.许可证期限：首次发放的排污许可证有效期为3年，延续换发的排污许可证有效期为5年。

6.证后监督：企业开展自行监测，建立台账记录，编制排污许可证执行报告，向社会公开污染物排放状况。环境保护主管部门应当制定执法计划，结合排污单位环境信用记录，确定执法监管重点和检查频次。社会公众、新闻媒体等对排污单位的排污行为进行监督。

总结以上基本内容，我们可以将我国现行排污许可制度的框架用图10-1来表示。[①]

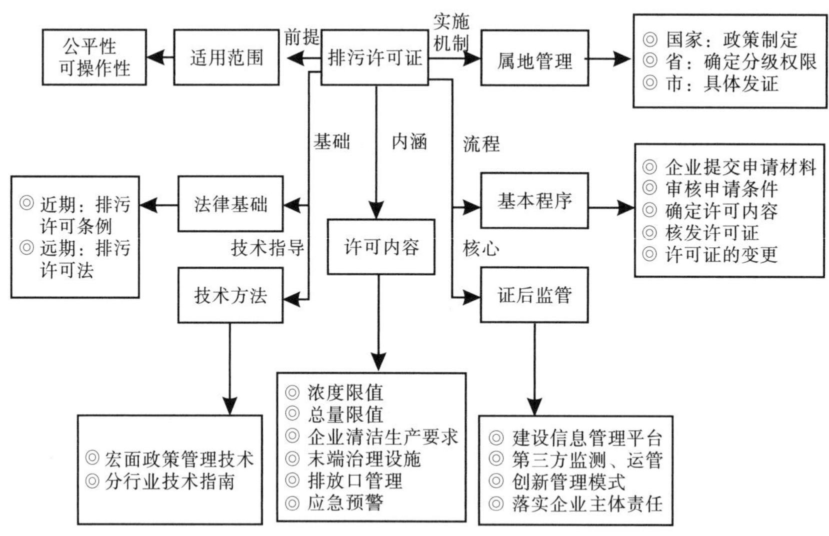

图 10-1

同时为了更好发挥排污许可证的整合功能，《实施方案》《暂行规定》《管理办法》也规定了排污许可证制度与总量控制、环评、环境质量标准、排污权交易、排污收费等制度之间的衔接关系。(1)与污染物总量控制制度。排污许可证载明的许可排放量即企业污染物排放的天花板，是企业污染物排放的总量指标，通过在许可

---

① 王金南等：《中国排污许可制度改革框架研究》，载《环境保护》2016年Z1期。

证中载明，使企业知晓自身责任，政府明确核查重点，公众掌握监督依据。一个区域内所有排污单位许可排放量之和就是该区域固定源总量控制指标，总量削减计划即是对许可排放量的削减；排污单位年实际排放量与上一年度的差值，即为年度实际排放变化量。(2)与环评制度的衔接。环评制度重点关注新建项目选址布局、项目可能产生的环境影响和拟采取的污染防治措施。排污许可与环评在污染物排放上进行衔接。在时间节点上，新建污染源必须在产生实际排污行为之前申领排污许可证；在内容要求上，环境影响评价审批文件中与污染物排放相关内容要纳入排污许可证；在环境监管上，对需要开展环境影响后评价的，排污单位排污许可证执行情况应作为环境影响后评价的主要依据。(3)与排污权交易的关系。排污许可证是排污权的确认凭证，但不能简单以许可排放量和实际排放量的差值作为可交易的量，企业通过技术进步、深度治理，实际减少的单位产品排放量，方可按规定在市场交易出售；此外，实施排污权交易还应充分考虑环境质量改善的需求，要确保排污权交易不会导致环境质量恶化。排污许可证是排污交易的管理载体，企业进行排污权交易的量、来源和去向均应在许可证中载明，环保部门将安排污权交易后的排放量进行监管执法。

我国现行排污许可制度与相关制度的关系框架可以用图 10-2 来表示。①

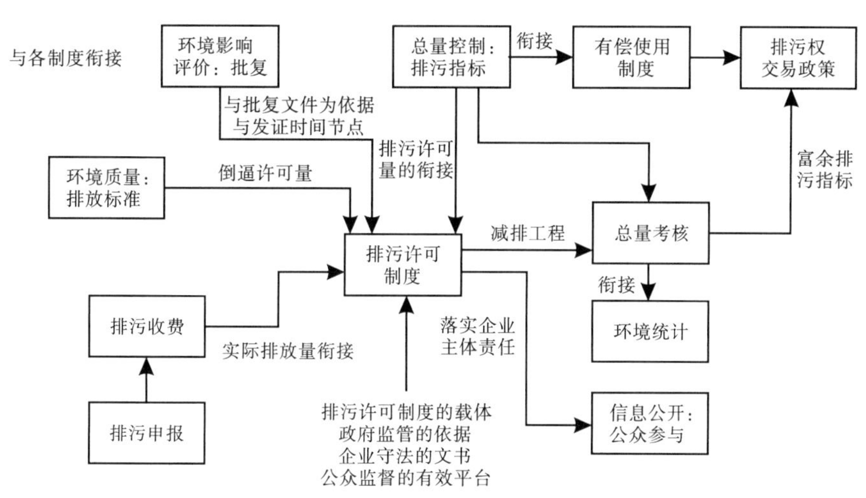

图 10-2

① 王金南等：《中国排污许可制度改革框架研究》，载《环境保护》2016 年 Z1 期。

三、排污许可制度之展望

（一）制度理念的变化

从管理到治理的转变。现行排污许可还是行政主导模式。将错综复杂的排污许可系统工程简化为政府与排污企业之间的“猫捉老鼠”游戏，以政府的公共服务定位及生态理性与排污企业的利益对立为情景预设，不考虑猫鼠合谋的现实可能性，不尊重社会公众特别是利害关系人的环境权益，对政府行政手段过分依赖和无法合理利用市场机制，排污许可领域的政府失灵几乎不可避免。党的十八届四中全会提出“国家治理体系和治理能力现代化”后，“多元共治”理念越来越深入人心并成为深化改革目标的应有之义。从行政主导的依法许可向兼具民主性、公共性和效率性的、强调责权利一致性的、利益相关者共同目标导向的排污许可法治化的治理模式转变，是破解我国排污许可实施积弊的必然选择，也是我国排污许可制度改革顶层设计的根本要求。①

（二）规范层级的升格

我国现行排污许可制度存在两大问题：一是缺乏程序性、操作性的具体规定以致该制度未能在实践中落地生根、发挥应有的作用；二是地方立法和行政规范性文件逾越《行政许可法》所规定的行政许可的设定权限，存在违法设定排污许可事项的现象。欲解决当前困境，全面推行排污许可制度，最优选择制定《排污许可证管理条例》，甚至《排放许可法》，在《大气污染防治法》《水污染防治法》所设定的排污许可事项之外根据实践需要增设一些新的许可事项。② 由此才能树立排污许可制度的权威性，并统领各层级的排污许可规范。

目前环境保护部已成立工作组，组建专家团队，开展了起草《排污许可管理条例》相关工作。《排污许可管理条例》的编制思路是在《管理办法》的基础上进行完善，形成草案。③ 因此，可以预期，《排污许可管理条例》在不久就会出台推行。

（三）具体制度的完善

1.与相关环境管理制度的进一步融合

明确排污许可在各类污染物排放综合管理中的核心地位，从排污申报登记、排污量确定、审核、发放到监督与管理等各环节都协调好排污许可制度与环境影响评价、总量控制、排污收费、清洁生产等制度的关系，相关职能部门间建立顺畅的衔接

---

① 王昆婷：《排污许可制度国际研讨会召开》，载《中国环境报》2015年12月7日；梅宏：《排污许可制度改革的法治蕴涵及其启示》，载《环境保护》2017年第23期。

② 吴卫星：《论我国排污许可的设定：现状、问题与建议》，载《环境保护》2016年第23期。

③ 董瑞强：《排污许可管理新规出炉 五种排污情形将被处罚》，载《经济观察报》2018年1月19日。

和协作关系，通过信息共享，避免政府部门的重复劳动和对企业的重复要求，真正使排污许可证成为政府环境监管的执法依据、企业环境行为的守法文书、公众环保监督的参与平台，使“一证式”管理成为有效改善环境质量的重要抓手。①

2.加强公众参与和信息公开，引入第三方监督机制

环保部门应将规划环评、建设项目环评和排污许可证申请、核发、监测、处罚及许可证变更、延续等与排污许可相关的所有信息全部公开，任何公众个人或者组织都可对这些材料及信息提出意见建议，企业必须对此作出解释说明或者修改完善，环保部门必须保障利害关系人的听证权利，特别是应该要求只有在绝大多数公众同意和利害关系人与企业达成一致的情况下，该许可申请才能被受理，相关部门协调、专家论证和集体决策机制才能启动，排放污染物种类、数量、浓度、排放去向、排放地点、排放方式、噪声源种类、数量和噪声强度、噪声污染防治设施或固体废物的储藏、利用或处置场所等具体许可内容才能公示确定。②

同时，引入第三方监督机制。在日常生产过程中，企业需要自主对排污指标进行核定、对实际排放情况进行监测、编写年度排污状况报告书等，这些技术问题应当由专业的第三方技术人员承担，由企业采购第三方服务。同时第三方技术人员还可以开展基于容量、质量的排污许可创新研究，包括总量预算、刷卡排污、环境承载力评估等精细化管理措施。③ 如此，才能将排污许可制度由命令—服从型二元行政结构转变为利益相关者的多元共治体系。④

3.差异化的激励约束机制

排污许可的差别化激励约束包括两个层面：一是政府层面，以“多规合一”基础上的规划环评和战略环评为依据，将总量控制指标和总量目标与污染物的达标排放相结合，与区域环境容量和质量挂钩，建立主要污染物财政收费和排污权基本账户制度，通过制定政治、经济、社会等方面的规范化、系统性的激励与问责规范，落实政府环保主体责任；二是企业层面，运用排污许可证网络化、信息化管理手段，通过政策、资金、技术、信用约束等手段的规范倾斜和综合运用，改变违法成本低、守法成本高的局面，将排污许可证与企业环保责任承诺制和自我管制机制有机结合，落实企业的环境保护主体责任。为此，建议《规定》第一章“总则”部分增加排污许可与环境容量和质量挂钩的原则规定和对政府、企业的激励原则，并将其具体化于

① 王伟：《排污许可的行政主导模式及其转向——兼评〈排污许可证管理暂行规定〉》，载《生态经济》2018 年第 3 期。

② 王伟：《排污许可的行政主导模式及其转向——兼评〈排污许可证管理暂行规定〉》，载《生态经济》2018 年第 3 期。

③ 王金南等：《中国排污许可制度改革框架研究》，载《环境保护》2016 年 Z1 期。

④ 王伟：《排污许可的行政主导模式及其转向——兼评〈排污许可证管理暂行规定〉》，载《生态经济》2018 年第 3 期。

排污许可证核发、变更、延续等相关条文中。[①]

第三节 “三同时”制度的变迁

一、“三同时”制度的性质与功能

“三同时”制度指建设项目中环境保护设施,应当与主体工程同时设计、同时施工、同时投产使用(《环境保护法》第41条、《建设项目环境保护管理条例》第15条)。环境法上常见的环评、排污收费、排污许可等环保制度,在很大程度上都是对国外类似制度的借鉴。与这些环境保护基本制度不同,“三同时”制度是我国原创、特有的环保制度。“三同时”是企事业单位应当遵守的一项法定义务。

“三同时”制度兼具“防”与“治”的功能。[②]“三同时”要求环保设施与主体工程同时涉及、同时施工,是其“防”的功能的体现。在某种意义上说,“三同时”制度是为建设项目环境影响评价制度的贯彻落实而配置的,[③]因为环境影响评价报告里面必须列入环保设施,环保设施的竣工验收基本以环境影响评价报告为依据。因此,“三同时”制度与环境影响评价制度是防止新污染和新破坏的两大“法宝”,是中国环境管理预防为主方针的具体化、制度化。[④] 而“三同时”要求环保设施与主体工程同时投产使用是其“治”的功能的体现。

二、“三同时”制度的变革

(一)从政策到法律

我国最早确立“三同时”制度是在1973年8月全国第一次环境保护大会上通过的《关于保护和改善环境的若干规定(试行草案)》。在该规定的第四部分中有规定:“一切新建、扩建和改建的企业,防治污染项目,必须和主体工程同时设计、同时施工、同时投产。正在建设的企业,没有采取防治措施的,必须补上。各级主管部门要会同环境保护和卫生等部门,认真审查设计,做好竣工验收,严格把关。”该规

---

① 王伟:《排污许可的行政主导模式及其转向——兼评〈排污许可证管理暂行规定〉》,载《生态经济》2018年第3期。

② 唐绍均、蒋云飞:《论环境保护“三同时”义务的履行障碍与相对豁免》,载《现代法学》2018年第2期。

③ 朱谦:《困境与出路:环境法中“三同时”条款如何适用?——基于环保部近年来实施行政处罚案件的思考》,载《法治研究》2014年第11期。

④ 胡静:《中国“三同时”环境法律制度需要改良》,载《中国法律》2008年第10期。

定虽然号称是我国第一部环境保护的综合性法规，但实质上只是一个政策性文件。1976年重申了“三同时”制度的文件是中共中央批转的《关于加强环境保护工作的报告》。直到1979年，《环境保护法（试行）》才将“三同时”制度以法律的形式确立下来。①

（二）从一般条款到具体规范

早期，关于“三同时”制度，仅仅在环境保护基本法和污染防治单行法中做几条规定，只是一般性要求，即课予企业“三同时”义务，同时规定违反“三同时”义务的法律责任，但是缺乏具体规范，可操作性不强。直到1998年《建设项目环境保护条例》才设专章规定“三同时”制度，对环保设施的设计、建设、验收、投入适用以及监督等作了相对详细的规定。②

（三）从模糊要求到从严管制

1.适用范围的扩张。最初“三同时”关于主体工程的适用范围只限于新建、扩建或改建企业，后来不断扩大，现在包括：(1)新建、扩建或改建项目；(2)技术改造项目；(3)一切可能对环境造成污染或破坏的开发建设项目。所要求配备的环保设施最初限于“污染防治设施”，后来则发展到“环境保护设施”。《环境保护法》规定的是“污染防治设施”，而《建设项目环境保护管理条例》将之扩展到“环境保护设施”。

2.处罚力度增强。1989年《环境保护法》为违反“三同时”义务设置了两条罚则：第36条和第37条。第36条规定：“建设项目的防止污染设施没有建成或者没有达到国家规定的要求，投入生产或者使用的，由批准该建设项目的环境影响报告书的环境保护行政主管部门责令停止生产或者使用，可以并处罚款。”第37条规定：“未经环境保护行政主管部门同意，擅自拆除或者闲置防治污染的设施，污染物排放超过规定的排放标准的，由环境保护行政主管部门责令重新安装使用，并处罚款。”这两个条文都没有规定具体的处罚数额。1998年《建设项目环境保护条例》将这两个罚则具体化。其第26条规定：“违反本条例规定，试生产建设项目配套建设的环境保护设施未与主体工程同时投入试运行的，由审批该建设项目环境影响报告书、环境影响报告表或者环境影响登记表的环境保护行政主管部门责令限期改正；逾期不改正的，责令停止试生产，可以处5万元以下的罚款。”第27条规定：“违反本条例规定，建设项目投入试生产超过3个月，建设单位未申请环境保护设施竣工验收的，由审批该建设项目环境影响报告书、环境影响报告表或者环境影响登记表的环境保护行政主管部门责令限期办理环境保护设施竣工验收手续；逾期未办理的，责令停止试生产，可以处5万元以下的罚款。”第28条规定：“违反本条

① 胡静：《中国“三同时”环境法律制度需要改良》，载《中国法律》2008年第10期。
② 胡静：《中国“三同时”环境法律制度需要改良》，载《中国法律》2008年第10期。

例规定，建设项目需要配套建设的环境保护设施未建成、未经验收或者经验收不合格，主体工程正式投入生产或者使用的，由审批该建设项目环境影响报告书、环境影响报告表或者环境影响登记表的环境保护行政主管部门责令停止生产或者使用，可以处10万元以下的罚款。”随着社会经济的发展，这样的处罚办法与力度已经远远不能遏制企业违法行为，因此，2017年修订后的《建设项目环境保护管理条例》对违反“三同时”义务的罚则更具体明确，处罚力度也大大加强。[①] 其第22条：“违反本条例规定，建设单位编制建设项目初步设计未落实防治环境污染和生态破坏的措施以及环境保护设施投资概算，未将环境保护设施建设纳入施工合同，或者未依法开展环境影响后评价的，由建设项目所在地县级以上环境保护行政主管部门责令限期改正，处5万元以上20万元以下的罚款；逾期不改正的，处20万元以上100万元以下的罚款。违反本条例规定，建设单位在项目建设过程中未同时组织实施环境影响报告书、环境影响报告表及其审批部门审批决定中提出的环境保护对策措施的，由建设项目所在地县级以上环境保护行政主管部门责令限期改正，处20万元以上100万元以下的罚款；逾期不改正的，责令停止建设。”第23条规定：“违反本条例规定，需要配套建设的环境保护设施未建成、未经验收或者验收不合格，建设项目即投入生产或者使用，或者在环境保护设施验收中弄虚作假的，由县级以上环境保护行政主管部门责令限期改正，处20万元以上100万元以下的罚款；逾期不改正的，处100万元以上200万元以下的罚款；对直接负责的主管人员和其他责任人员，处5万元以上20万元以下的罚款；造成重大环境污染或者生态破坏的，责令停止生产或者使用，或者报经有批准权的人民政府批准，责令关闭。违反本条例规定，建设单位未依法向社会公开环境保护设施验收报告的，由县级以上环境保护行政主管部门责令公开，处5万元以上20万元以下的罚款，并予以公告。”

概括来说，中国目前针对“三同时”制度的规定日趋完善，发展趋势倾向于对排污单位施加更严格的法律义务。[②]

三、“三同时”制度之展望

（一）“三同时”制度存废之争

“三同时”制度由于过于刚性，在学界一直受到批判。“三同时”制度是计划经济时代的产物，而现在是市场经济时代，仍然坚持严格的“三同时”制度会有违市场

---

① 当然修订后的《建设项目环境保护管理条例》依然没有解决违反“三同时”义务处罚适用上的各单行环保法律与条例之间的混乱与冲突问题。参见朱谦：《困境与出路：环境法中“三同时”条款如何适用？——基于环保部近年来实施行政处罚案件的思考》，载《法治研究》2014年第11期。

② 胡静：《中国“三同时”环境法律制度需要改良》，载《中国法律》2008年第10期。

经济的规律。(1)在市场经济时代,企业有了独立自主的经营权,而“三同时”制度会侵犯企业的经营自主权。国家不加区别直接命令企业履行“三同时”要求,其实是将政府之手伸入企业内部,干涉了本应由企业自主决定的经营方式与手段。(2)在市场经济的时代,企业完全可以将污染治理外包,而“三同时”制度阻碍了环保产业的发展和壮大,有违环保的专业化和社会化理念与趋势。[①] 因此,在这样的背景下,还坚持严格的“三同时”要求,可能导致“三同时”义务履行的高难度、高虚耗与低效率。[②]

正是由于“三同时”制度所存在的一些弊端,环境法学界出现“三同时”制度的存废之争,即改良论与废除论之争。改良论认为,保留“三同时”制度,但做一些弹性设计,使之能适应不同行业、不同建设单位的实际情况。废除论认为,“三同时”制度与环评制度、集中治理制度的功能相重合,后两者可取前者而代之。“三同时”制度在我国实施已有40余年,在遏制环境污染方面也发挥了重要的作用,现今突然废除,显然过于仓促,也可能引发污染防治的后退,因此,改良之路应该是妥善的选择。

(二)“三同时”制度的改良之路

“三同时”制度的改良思路是对症下药,主要解决“三同时”制度过于刚性的问题,将某些行业、某些建设项目解放出来,即相对豁免。[③]

1.不再全行业要求“三同时”,而是针对特殊行业做专门的要求。例如,医院排放的废水还有活性病菌,不适合直接排入城市污水集中处理设施,因此,可以要求医院在将废水排入城市污水处理管道时先用自身的污染防治设施做灭活、消毒处理。

2.环保部门在环评审批或发放排污许可证时针对建设单位做个别要求。这可以做到因地制宜的灵活安排。

3.如果生产设施或工艺本身是清洁生产方式,那就视为已经配备环境保护设施,不再对其做附加的“三同时”要求。

4.排污单位委托第三方治理视为配备了环保设施。排污单位与第三方(专门的污染治理企业)签订协议,排污单位以付费方式委托第三方代为治理污染,且该污染治理义务存在被实际履行的可能性,此时可视为排污单位配备了环保设施,豁免其“三同时”义务。[④]

---

① 胡静:《中国“三同时”环境法律制度需要改良》,载《中国法律》2008年第10期。例如,《建设项目环境保护管理条例》第21条规定:“国家采取财政、税收、价格、政府采购等方面的政策和措施,鼓励和支持环境保护技术装备、资源综合利用和环境服务等环境保护产业的发展。”

② 唐绍均、蒋云飞:《论环境保护“三同时”义务的履行障碍与相对豁免》,载《现代法学》2018年第2期。

③ 胡静:《中国“三同时”环境法律制度需要改良》,载《中国法律》2008年第10期。

④ 唐绍均、蒋云飞:《论环境保护“三同时”义务的履行障碍与相对豁免》,载《现代法学》2018年第2期。

第十一章

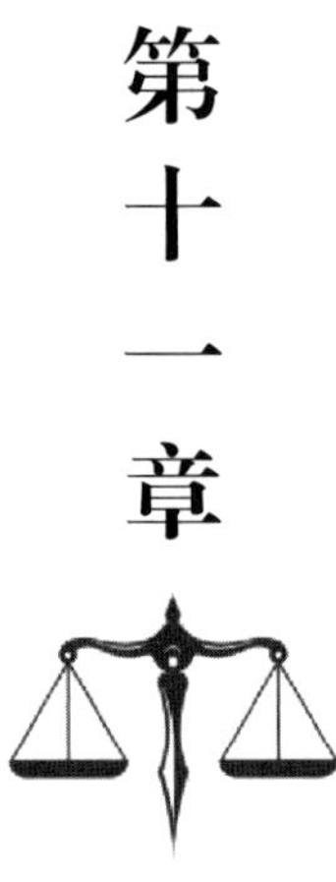

环境保护费、税法律制度的变迁

环境保护费、税制度，是国家对于污染环境、破坏生态，使用或消费资源等影响生态环境行为采取的费、税征收措施，通过经济手段引导经济主体施行有利于改善环境质量和持续利用自然资源的一系列法律规范的总称。与传统的“命令—控制”环境治理模式相比，环境保护费、税制度在实现资源的优化配置方面更具灵活性，自20世纪70年代初期以来被世界各国所普遍使用。

我国环境保护费、税制度始于20世纪70年代末期，迄今已经历了40的发展变迁。随着时代的发展，特别是20世纪90年代以来中国的经济体制由社会主义计划经济向市场经济转型，十八大以来生态文明建设战略目标的提出，这一制度在不同的时代背景下经历了不断的改革和深化。在环境污染防治领域，1979年通过的《环境保护法(试行)》，1982年国务院颁布的《征收排污费暂行办法》正式确立了征收排污费制度，其后几十年的发展中经历了从排污费到环境保护税的制度变迁。在自然资源和生态保护领域，1984年国务院颁布了《资源税条例(草案)》，1986年通过的《中华人民共和国矿产资源法》等相关法律法规确立资源费税并行的制度，其后几经改革，经历了费税并行向“清费立税”、从量计征向从价计征的制度变迁。随着依法治国的全面推进以及生态文明建设的现实需要，环境保护费税被纳入法律框架，2017年全国人大常委会通过颁布了《环境保护税法》，同时，《资源税法》也已进入立法程序，相关部门已完成草案的起草工作并发布征求意见稿，面向全社会公开征求意见。

总体来看，经过40年的发展，我国已经形成了一套比较完整的环境保护费、税制度体系，成为环境保护基本法律制度之一，成为我国生态文明制度体系的重要内容。这一制度在实现环境保护目标以及提高企业经济效率方面发挥了积极的作用。同时，随着我国环境保护形势的发展，环境保护费、税制度也需要顺应时代的需要，在改革中逐步走向完善。

第一节　从排污费到环境保护税的制度变迁

排污费制度，是对向环境排放污染物或者超过国家排放标准排放污染物的排污者，按照污染物的种类、数量和浓度，依法征收一定费用的制度。排污费制度源自工业发达国家，20世纪70年代末期开始引入我国。排污费制度的功能，是通过让排污者承担一定污染防治费用，利用经济杠杆的调节作用，从外部给企业一定的经济压力，把排污量的大小同企业的经济效益联系起来，一方面促进排污者进行技术改造并刺激创新，开展再综合利用，另一方面促进对污染源的治理，实现环境保护的目标。该制度与环境影响评价制度、“三同时”制度一起，被称为我国环境保护的“老三项”制度，也是我国实施时间最长的环境经济手段之一。排污费制度经历了近40年的发展变迁，在中国的环境污染治理中发挥了积极的作用，但也存在一些问题。在费税改革的大背景下，排污费完成了其历史使命，最终于2018年被环境保护税所取代。

一、排污费制度的发展变迁

我国的排污费制度最早是1979年《环境保护法(试行)》中对其作出了规定。此后40年间，排污费制度主要经历了三个发展阶段，即1979—1988年以超标排污缴费为主的初期阶段；1998—2003年由超标缴费向排污收费转变的改革探索阶段；2003—2017年排污费制度的完善和全面施行阶段。

(一)排污费制度的建立：以超标排污缴费为主的初期阶段(1979—1988)

20世纪70年代末期，经历了社会动荡的中国开始拨乱反正、恢复法治建设。1978年3月，第五届全国人大二次会议对1975年《宪法》进行修改，其中第11条规定：“国家保护环境和自然资源，防治污染和其他公害。”首次从根本法层面对环境保护问题作出的规定，为环境保护法律的制定奠定了宪法基础。1979年9月，五届全国人大常委会第十一次会议颁布《中华人民共和国环境保护法(试行)》，其中第18条规定：“超过国家规定的标准排放污染物，要按照排放污染物的数量和浓度，根据规定收取排污费。”这一规定为在我国建立排污收费制度提供了法律依据。从1979年开始，我国的排污收费试点工作正式拉开，截至1981年年底，全国有27

个省、自治区、直辖市相继开展了排污收费试点工作。在试点工作的基础上,1982年2月,国务院颁布《征收排污费暂行办法》,标志着排污收费制度在我国的正式建立,排污收费制度在全国普遍实施。《征收排污费暂行办法》是我国第一部专门针对征收排污费的行政规章,对征收排污费的目的、对象、收费标准、排污费管理、排污费使用等内容作了详细的规定。

1.征收排污费的对象。明确征收排污费的目的,是为了促进企业、事业单位加强经营管理,节约和综合利用资源,治理污染,改善环境。征收对象是超过工业"三废"排放标准排放污染物的企业、事业单位;对其他排污单位,征收采暖锅炉烟尘排污费。

2.征收的标准。按照废水、废气、废渣三类主要污染物划分规定了不同的征收标准,当同一排污口含有两种以上有害物质时,规定按收费最高的一种计算。

3.征收的程序和排污费的管理使用。排污费按月或按季征收,中央部属和省(自治区、直辖市)属排污单位的排污费,缴入省级财政,其他排污单位的排污费缴入当地地方财政。排污费主要用于补助重点排污单位治理污染源,以及环境污染的综合性治理措施,坚持专款专用。

由于立法明确排污费的征收依据是"超标排污",即只有超过排放标准的排污企事业单位才承担缴纳排污费的义务,不超标排放的则不承担缴纳义务。在环境保护的实践中,这一立法精神越来越不能满足一些污染严重领域的环境治理需要。特别是水污染防治领域,某些排污者所排污水的浓度可能达到或低于国家排放标准,但是其排放污染物的总量、占用的环境容量资源和对环境施加的损害有时会大于一些超标排污者。为了有效促进这些排污者减排,以控制日益严重的环境污染,1984年5月第六届全国人大常委会通过的《中华人民共和国水污染防治法》第15条规定:"企业事业单位向水体排放污染物的,按照国家规定缴纳排污费,超过国家或地方规定的污染物排放标准的,按照国家规定缴纳超标排污费,并负责治理。"这也意味着,向水体排放污染物,突破了原有的"超标排污"的缴费依据,无论是否超标都要缴纳排污费用,标志着我国的排污收费制度从超标收费向超标收费和排污收费相结合的方向发展,是排污费制度的进一步完善。

这一阶段是我国排污费制度的初创时期,以超标收费为主,主要以单一浓度收费、单因子收费、静态收费为特征。排污费征收范围较窄,征收标准低,远不足以弥补环境治理的成本,污染物排放监测体系尚不完善。

(二)排污费制度的发展:由超标缴费向排污收费转变的改革探索(1998—2003)

1988年7月,国务院颁布《污染源治理专项基金有偿使用暂行办法》,拉开了排污收费制度改革的帷幕,是排污费由"拨款改为贷款"的重要改革措施,在全国开始施行排污收费有偿使用。此后,随着我国社会主义市场经济的发展和新环境问题的不断涌现,又相继实行了一系列关于排污费使用、管理等方面的政策,并全面开展排污费制度的改革的研究和试点探索。

1991 年 6 月，国家环境保护局、国家物价局、财政部发布了《关于调整超标污水和统一超标噪声排污费征收标准的通知》，适时上调了我国的污水超标排污费收费标准。同时，统一了我国的噪声超标排污费的收费标准。1992 年 9 月，国家环境保护局、物价局、财政部和国务院经贸办联合发布《关于开展征收工业燃煤二氧化硫排污费试点工作的通知》，依据该通知，在广东、贵州等三省和青岛等九市开展了二氧化硫排污收费试点。1998 年 4 月，国家环保总局、国家发展计划委员会、财政部联合下发了《关于在酸雨控制区和二氧化硫控制区开征二氧化硫排污费扩大试点的通知》，将二氧化硫排污费的征收范围由三省九市扩大到“两控区”即酸雨控制区和二氧化硫污染控制区。这标志着我国排污收费征收范围的扩展，对控制局部地域的酸雨危害具有重要的意义。

1994 年，召开全国排污收费十五周年总结表彰大会，提出了排污收费制度深化改革的总体目标。排污收费政策改革要实现以下四个转变：一是征收方式的转变：由超标收费向排污收费转变；由单一浓度收费向浓度与总量相结合收费转变；由单因子收费向多因子收费转变；由静态收费向动态收费转变。二是排污收费标准要体现三个原则：按照补偿对环境损害的原则；略高于治理成本的原则；排放同质等量污染物等价收费的原则。三是排污费资金实行有偿使用，改变单纯用行政办法管理排污费资金的做法。四是加强环境监理队伍的建设。

1995 年，原国家环保局及国家计委、财政部、国务院法制局在世界银行的援助下开始排污收费制度改革研究，全国共有 10 个研究单位和 300 多个地方环保局参加，收集标准测算数据 50 万个。在分析评估我国排污收费制度实施效果并借鉴国外排污收费基本原则和经验基础上，1997 年完成了新排污收费制度设计和标准的制定。1998 年，在杭州、郑州、吉林三个城市进行了总量排污收费的试点。2000 年 4 月，修订施行的《大气污染防治法》从法律层面上确定了按“排放污染物的种类和数量征收排污费”的总量收费制度。

这一阶段是排污费制度由超标缴费向排污收费转变的改革探索时期，相关的前期研究和试点工作为新排污收费制度的全面建立奠定了基础。[①]

(三)排污费制度的完善和全面施行(2003—2017)

自 2003 年始，我国进入新排污收费制度的完善和全面施行阶段。2003 年 1 月，国务院颁布《排污费征收使用管理条例》。紧随其后，国家发展计划委员会、财政部、国家环境保护总局、国家经济贸易委员会联合发布了《排污费征收标准管理办法》，财政部和国家环境保护总局联合公布了《排污费资金收缴使用管理办法》。

---

① 环境保护部环境监察局：《中国排污收费制度 30 年回顾及经验启示》，载《环境保护》2009 年第 20 期。

上述一个《条例》、两个《办法》于2003年7月1日施行，国务院1982年颁布施行的《征收排污费暂行办法》同时废止。其中，《排污费征收使用管理条例》对征收排污费的目的、范围、标准、污染物排放种类、数量的核定、排污费的征收、使用等作出了具体规定，其核心内容体现在：污染物排放总量控制，实行排污即收费，将原来的污水、废气超标单因子收费改为按污染物的种类、数量以污染当量为单位实行总量多因子排污收费。这是排污收费制度的一次创新，是排污收费政策体系、收费标准、使用和管理方式的一次重大改革和完善。《排污费征收标准管理办法》对排污费的收费标准作出了具体规定。《排污费资金收缴使用管理办法》对排污费资金收缴使用作出了详细具体的规定。此外，《海洋环境保护法》《大气污染防治法》《固体废物污染防治法》《水污染防治法》也规定了征收排污费。① 至此，我国的征收排污费制度逐渐形成了较为完整、成熟的制度体系。

1.征收对象和征收标准。排污收费主要包括污水排污费、废气排污费、固体废物及危险废物排污费和噪声超标排污费四大项。(1)污水排污费。对向水体排放污染物的，按照排放污染物的种类、数量计征污水排污费；超过国家或者地方规定的水污染物排放标准的，按照排放污染物的种类、数量和规定的收费标准计征的收费额加倍征收超标准排污费。对向城市污水集中处理设施排放污水、按规定缴纳污水处理费的，不再征收污水排污费。(2)废气排污费。对向大气排放污染物的，按照排放污染物的种类、数量计征废气排污费。对机动车、飞机、船舶等流动污染源暂不征收废气排污费。(3)固体废物及危险废物排污费。对没有建成工业固体废物贮存、处置设施或场所，或者工业固体废物贮存、处置设施或场所不符合环境

① 1999年第九届全国人民代表大会常务委员会第十三次会议修订的《海洋环境保护法》第11条规定："直接向海洋排放污染物的单位和个人，必须按照国家规定缴纳排污费。向海洋倾倒废弃物，必须按照国家规定缴纳倾倒费。根据本法规定征收的排污费、倾倒费，必须用于海洋环境污染的整治，不得挪作他用。具体办法由国务院规定。"2017年11月，第十二届全国人民代表大会常务委员会第三十次会议对《海洋环境保护法》进行了修订，第12条规定："向海洋排放污染物的单位和个人，必须按照国家规定缴纳排污费。依照法律规定缴纳环境保护税的，不再缴纳排污费。向海洋倾倒废弃物，必须按照国家规定缴纳倾倒费。根据本法规定征收的排污费、倾倒费，必须用于海洋环境污染的整治，不得挪作他用。具体办法由国务院规定。"2000年第九届全国人民代表大会常务委员会第十五次会议通过修订的《大气污染防治法》第14条规定："国家实行按照向大气排放污染物的种类和数量征收排污费的制度，根据加强大气污染防治的要求和国家的经济、技术条件合理制定排污费的征收标准。征收排污费必须遵守国家规定的标准，具体办法和实施步骤由国务院规定。"2008年第十届全国人民代表大会常务委员会第三十二次会议通过修订后的《中华人民共和国水污染防治法》第24条规定："直接向水体排放污染物的企业事业单位和个体工商户，应当按照排放水污染物的种类、数量和排污费征收标准缴纳排污费。排污费应当用于污染的防治，不得挪作他用。"2004年第十届全国人民代表大会常务委员会第十三次会议通过修订的《中华人民共和国固体废物污染环境防治法》第56条规定："以填埋方式处置危险废物不符合国务院环境保护行政主管部门规定的，应当缴纳危险废物排污费。危险废物排污费征收的具体办法由国务院规定。"

保护标准的，按照排放污染物的种类、数量计征固体废物排污费。对以填埋方式处置危险废物不符合国务院环境保护行政主管部门规定的，按照危险废物的种类、数量计征危险废物排污费。(4)噪声超标排污费。对环境噪声污染超过国家环境噪声排放标准，且干扰他人正常生活、工作和学习的，按照噪声的超标分贝数计征噪声超标排污费。对机动车、飞机、船舶等流动污染源暂不征收噪声超标排污费。对于国家排污费征收标准中未作规定的，省、自治区、直辖市人民政府可以制定地方排污费征收标准，并报国务院价格主管部门、财政部门、环境保护行政主管部门和经济贸易主管部门备案。

2.征收排污费的程序。征收排污费的程序，首先是确定污染物排放量，由排污单位向环境保护行政主管部门申请登记排放污染物的种类、数量和浓度，经环境保护部门或者指定的监测单位审核后，作为收费依据。其次是环境保护行政主管部门按月或者按季向排污单位发出缴费通知单，排污单位在收到缴费通知单 7 天内向指定的银行缴付，逾期不缴的，每天增收滞纳金千分之一。对于拒缴排污费的，环境保护行政主管部门可对其处以罚款，亦可申请人民法院强制执行。

3.排污费的缴纳。依照《大气污染防治法》《海洋环境保护法》的规定，向大气、海洋排放污染物的，按照排放污染物的种类、数量缴纳排污费；依照《水污染防治法》的规定，向水体排放污染物的，按照排放污染物的种类、数量缴纳排污费；向水体排放污染物超过国家或者地方规定的排放标准的，按照排放污染物的种类、数量加倍缴纳排污费；依照《固体废物污染防治法》的规定，没有建设工业固体废物贮存或者处置的设施、场所，或者工业固体废物贮存或者处置的设施、场所不符合环境保护标准的，按照排放污染物的种类、数量缴纳排污费；以填埋方式处置危险废物不符合国家有关规定的，按照排放污染物的种类、数量缴纳危险废物排污费；依照《环境噪声污染防治法》的规定，产生环境噪声污染超过国家环境噪声标准的，按照排放噪声的超标声级缴纳排污费。

4.排污费的管理和使用。排污费的征收、使用严格实行“收支两条线”，征收的排污费一律上缴财政，使用的原则是：专款专用，先收后用，量入为出，不得超支挪用，如有节余，可结转下年使用。排污费主要用于下列项目的拨款补助或者贷款贴息：重点污染源防治；区域性污染防治；污染防治新技术、新工艺的开发、示范和应用；国务院规定的其他污染防治项目。其中重点排污单位治理污染源的补助一般不得高于排污单位所缴排污费的 80%；用于补助环境保护行政主管部门监测仪器设备的购置，但不得用于环境保护行政主管部门自身行政经费以及盖办公楼、宿舍等非业务性开支。排污费应当全部专项用于环境污染防治，任何单位和个人不得截留、挤占或者挪作他用。任何单位和个人对截留、挤占或者挪用排污费的行为，都有权检举、控告和投诉。

这一阶段排污收费制度的改革与完善，以日趋严重的环境污染现状为背景，以动态的排污核算、效能评查为制度体系,以经济和行政手段调整规范排污者的行为为目标,适时地满足经济社会的发展和环境保护工作的形势,有效实现控制和改善环境、总量减排的目标。

二、排污费"费改税"的提出与环境保护税的立法进展

(一)排污费"费改税"的背景

排污费制度从建立到不断发展完善,走过了近40年的道路,已成为各级政府环境行政主管部门重要的执法手段和环境治理的重要经济激励机制,在促进排污单位加强污染排放控制、筹集环保资金、减少污染物排放、节约利用资源、保护生态环境方面发挥了重要作用。此外,随着依法治国、依法行政的推进,生态文明建设战略的确立,排污费制度自身面临着一些非法治逻辑和困境。主要体现在:

第一,排污费的征收以行政管理权为依据,是缴费人在获得环境资源使用权时,向国家支付的一定的成本费用。我国业已建立了比较系统的、带有普遍性的排污费制度体系,虽然名为收费,但其本质上具有税收的性质。作为收费制度,其依据是国务院行政法规,位阶较低,长期游离于"税收法定"的环境治理制度框架之外,不符合现代法治精神。

第二,排污费的征收主体是政府环境行政主管部门,从征收排污费的实践看,存在执法刚性不足、地方政府和部门干预等问题。比如,一些地区重经济增长、轻环境保护,划定"无费区""企业宁静日"等,减征或免征收排污费,降低了制度的权威性和稳定性,影响了该制度功能的正常发挥。

第三,征收排污费存在透明性不足的问题。由于排污费由地方政府自己征收,排污费的使用账目不透明,缺乏行之有效的社会监督,用于环境治理和预防的资金不能保证做到专款专用。我国的排污费标准分为国家排污费标准和地方排污费标准。其中,地方排污费收费标准存在较大差异性,征收的目的理念也不尽一致,如有的地方仅仅把征收排污费作为筹措污染治理资金的手段,其促进排污者保护环境的制度功能不足。①

第四,在环境保护领域,世界各国普遍建立了"税收为主、收费为辅"的税费体系。开征环境保护税,已成为各国通行的做法。

伴随着排污费制度的发展,从20世纪90年代中期开始,结合当时行政收费过多过滥背景下的"清费立税"呼声,我国学术界、实务界就开始了对环境保护"费改税"的讨论,其间,不断有人大代表、政协委员就开征环境税提出议案。在理论研究、实践推进的同时,环境保护税的立法工作也逐步提上立法机关的议事日程。

---

① 靳东升、龚辉文:《排污费改税的历史必然性及其方案选择》,载《地方财政研究》2010年第9期。

(二)环境保护税的立法历程

2007年6月,国务院颁布的《节能减排综合性工作方案》中,首次提出研究开征环境保护税,明确将进行环境保护税立法。2008年,由财政部、国家税务总局和国家环保总局三部门联合进行的制定环境保护税的研究工作正式启动。2009年,中国环境与发展国际合作委员会提出按照3个阶段推进环保税的路线图和时间表。

2010年10月,十七届五中全会通过的《中共中央关于制定国民经济和社会发展第十二个五年规划的建议》正式提出开征环境保护税。2011年10月,国务院发布《关于加强环境保护重点工作的意见》指出,将积极推进环境税费改革,研究开征环境保护税。十八大报告和我国"十三五"规划明确提出:大力推进生态文明建设,实行最严格环境保护制度,加大环境治理力度。十八届三中、四中全会文件中明确提出:"推动环境保护费改税……用严格的法律制度保护生态环境。"实行环境保护费改税,成为落实党中央、国务院决策部署的重要举措。

2013年,财政部、环境保护部、国家税务总局等三部局向国务院正式报送环境保护税立法的请示。2014年11月,财政部等三部局推进环境保护税的立法工作,形成《中华人民共和国环境保护税法(草案稿)》并报送国务院。2015年6月,国务院法制办公室发布《中华人民共和国环境保护税法(草案稿)》征求意见的通知,面向全社会公开征求意见。

2016年9月,十二届全国人大常委会第二十二次会议对《中华人民共和国环境保护税法(草案稿)》进行了初次审议,并面向全社会公开征求意见。2016年12月25日,十二届全国人大常委会第二十五次会议表决通过了《中华人民共和国环境保护税法》,这是我国第一部推进生态文明建设的单行税法,自2018年1月1日起施行。同日,国务院公布《中华人民共和国环境保护税法实施条例》,自2018年1月1日起施行。至此,我国的环境保护税专门立法正式出台。

三、环境保护税制度的确立

(一)《环境保护税法》立法的总体考虑

对于如何实现环境污染防治领域的"费改税",理论界有"全面费改税"和"分步费改税"两种不同的观点。前一种观点要求把所有排污行为纳入征税范围,后一种观点认为应当分阶段进行,初期先对排放量很大,而且相对稳定、征收也比较容易的污染物如二氧化硫、氮氧化物,废水污染物等实行费改税,待积累了一定的经验以后,再全面推开。[①] 为实现排污费向环境保护税制度的平稳转移,减少立法的阻

---

① 靳东升、龚辉文:《排污费改税的历史必然性及其方案选择》,载《地方财政研究》2010年第9期。

力，《环境保护税法》采取了税负平移、突出解决重点问题、强调建立征管协作机制的审慎立法思路。[①] 环境保护税征收的目的：一是进一步绿化税制，促进经济发展方式转变；二是减少污染物排放和能源消耗，促进经济结构调整和产业升级；三是理顺环境税费关系，推动地方政府加强环境保护工作；四是加强部门配合，强化征管，保护纳税人合法权益。

1.按照"税负平移"的原则进行环境保护费改税。1979 年颁布的《中华人民共和国环境保护法(试行)》确立了排污费制度，现行《环境保护法》延续了这一制度。排污费制度对于防治环境污染发挥了重要作用，但与税收制度相比，排污费制度存在执法刚性不足、地方支付与部门干预等问题，因此有必要进行环境保护费改税。《环境保护税法》根据现行排污费项目设置税目，将排污费的缴纳人作为环境保护税的纳税人，将应纳污染物排放量作为计税依据，将现行排污费收费标准作为环境保护税的税额下限。

2.突出解决重点问题。一是考虑到各地情况差异较大，允许地方以《环境保护税目税额表》规定的税额标准为基础，上浮应税污染物的适用税额。二是各方面争议比较大的对二氧化碳征收环境保护税问题，暂不纳入征收范围。

3.建立环境保护税征管协作机制。环境保护费改税后，征收部门由环保部门改为税务部门，同时又离不开环保部门的配合，对征管分工协作机制作了规定。

(二)环境保护税制度的主要内容

2018 年 1 月 1 日起实施的《环境保护税法》《环境保护税法实施条例》对环境保护税的纳税人、征税对象和征税范围、计税依据、税额标准、税收减免、征收管理等内容作了全面规定。

1.环境保护税的纳税人。2015 年 1 月 1 日起施行的新修订的《环境保护法》规定，排污费的缴纳人为排放污染物的企业事业单位和其他生产经营者。按照"税负平移"的立法思路，为了与排污费有关规定相衔接，《环境保护税法》第 2 条规定，环境保护税的纳税人，为在中华人民共和国领域以及管辖的其他海域，直接向环境排放应税污染物的企业事业单位和其他生产经营者。

2.征税对象和征税范围。《环境保护税法》规定的征税对象和征税范围，与排污费的收费对象和收费范围相衔接。该法第 3 条规定，环境保护税征税对象为大气污染物、水污染物、固体废物和噪声等四类。同时规定，企业事业单位和其他生产经营者向依法设立的污水集中处理、生活垃圾集中处理场所排放应税污染物的，在符合国家和地方环境保护标准的设施、场所贮存或者处置固体废物的，不属于直接向环境排放污染物，不缴纳相应污染物的环境保护税。

---

① 财政部部长楼继伟在 2016 年 8 月 29 日在第十二届全国人民代表大会常务委员会第二十二次会议上所做的《关于〈中华人民共和国环境保护税法(草案)〉的说明》。

3.税目和税额。环境保护税的税目,包括大气污染物、水污染物、固体废物和噪声四类。将应税污染物的排放量作为计税依据,其中大气污染物、水污染物按照排放量折合的污染当量数确定;固体废物按照固体废物排放量确定;噪声按照超过国家规定标准的分贝数确定。具体的税额标准,以现行排污费收费标准作为环境保护税的税额下限,规定大气污染物税额为每污染当量 1.2～12 元;水污染物税额为每污染当量 1.4～14 元;固体废物按不同种类,税额为每吨 5～1000 元;噪声按超标分贝数,税额为每月 350～11200 元。省级人民政府可以统筹考虑本地区环境承载能力、污染排放现状和经济社会生态发展目标要求,在规定的税额标准上适当上浮应税污染物的适用税额,并可以增加同一排放口征收环境保护税的应税污染物项目数,报同级人民代表大会常务委员会决定,并报全国人民代表大会常务委员会和国务院备案。① 为落实《大气污染防治行动计划》《节能减排"十二五"规划》、新环境保护法等要求,促使企业减少污染物排放,《环境保护税法》规定,对超标、超总量排放污染物的,加倍征收环境保护税。

4.税收减免。《环境保护税法》规定了 5 种情形下暂予免征环境保护税:农业生产(不包括规模化养殖)排放应税污染物的;机动车、铁路机车、非道路移动机械、船舶和航空器等流动污染源排放应税污染物的;依法设立的城乡污水集中处理、生活垃圾集中处理场所排放相应应税污染物,不超过国家和地方规定的排放标准的;纳税人综合利用的固体废物,符合国家和地方环境保护标准的;国务院批准免税的其他情形。此外,规定下列情形减收环境保护税:纳税人排放应税大气污染物或者水污染物的浓度值低于国家和地方规定的污染物排放标准 30%的,减按 75%征收环境保护税;纳税人排放应税大气污染物或者水污染物的浓度值低于国家和地方规定的污染物排放标准 50%的,减按 50%征收环境保护税。

5.征收管理。按照"企业申报、税务征收、环保协同、信息共享"的征管模式,规定纳税人向税务机关申报纳税,对申报的真实性和合法性承担责任;对重点监控(排污)纳税人和非重点监控(排污)纳税人进行分类管理;环境保护主管部门和税务机关建立涉税信息共享平台和工作配合机制,环境保护主管部门应当将排污单

① 据公开数据显示,截至 2018 年 5 月,约 28 个省、自治区和直辖市制定了应税大气污染物和水污染物环境保护税适用税额,其中,有 22 个已经通过地方人大常务委员会审议出台。各地的适用税额标准确定是基于当地现行的排污费征收标准、《环境保护税法》规定的税额幅度要求以及统筹考虑中央政府的工作要求,当地污染物排放状况和环境承载能力,当地社会经济发展目标,排污企业的税负承受能力和污染物治理成本,以及周边省份税额标准等众多因素的综合考量结果。从税额标准高低来看,京津冀地区普遍较高,东北和西部地区最低。北京的税额为税法规定的税额执行最高标准,然后由高到低依次为天津、河北、上海、山东、河南、江苏,均为大气污染物税额执行的最低标准的 4 倍及以上。辽宁、吉林、陕西、新疆、青海、宁夏、江西和福建的税额确定在税法规定的税额执行最低标准。

位的排污许可、污染物排放数据、环境违法和受行政处罚情况等环境保护相关信息，定期交送税务机关，税务机关应当将纳税人的纳税申报、税款入库、减免税额、欠缴税款以及风险疑点等环境保护税涉税信息，定期交送环境保护主管部门。

按照《环境保护税法》的规定征收环境保护税的，不再征收排污费。由于环境保护税是在排污费的基础上实现的“税负平移”，这也意味着，排污费制度已然完成了其历史使命，被环境保护税制度所取代。

（三）环境保护税制度的未来发展方向

从制度变迁史的角度，环境保护税并不是新增加的税种，而是在“费改税”原则之下由新的环境保护税替代原有的排污费。开征环境保护税，将排污收费纳入税收框架，增强了收入的刚性，加大了执法力度，为环境治理建立了更加符合法治理念的制度框架，意义重大。同时，应当看到，《环境保护税法》的制定，遵循的一个重要的原则就是实现收费与征税制度的平稳转换。考虑目前我国经济下行压力较大，企业生产经营较为困难，此次费改税将以原排污费征收制度为基础实行税负平移。因此，未来随着生态文明建设和环境保护形势的需要，环境保护税制度仍需要因应时势，在发展中适时作出调整和完善。

第一，环境保护税的征税对象和范围与现行排污费的征收对象和范围基本相同，均为直接向环境排放的大气、水、固体和噪声等污染物。从长远来看，在现有对大气污染物、水污染物、固体废物、噪声等重点污染源征税的基础上，需要探索对其他污染物征税，在条件成熟后，将相关污染物如挥发性有机物排放等列为征税项目，进一步加大环境治理力度。环境保护税法也为未来扩大征税范围和整体税制改革留出了空间。

第二，根据原有的排污费项目设置税目，将现行排污费征收标准作为环保税的税额下限。还要给地方一些授权的规定，根据本地的实际情况，在授权范围之内确定具体的税额。总体来说，这样的制度安排仍然属于“平转”。而且在税额的下限和上限之间预留了较大的空间，今后将根据环境治理的实际需要，适时增加新的税目，对税额作出更为灵活的安排，以充分发挥税收在环境保护方面的调节作用。

第三，根据《环境保护税法》的规定，企业向污水处理厂的管网进行集中排放就不缴纳环保税，这就引导更多企业纳管排放，加大了集中污水处理厂的压力。如何解决污水处理厂可能出现的“集中污染”，即污水处理上“吃大锅饭”的问题？企业直接通过纳管排放将污水排入污水处理厂，造成污水处理厂的污水频繁超标。这到底是上游企业的责任，还是由污水厂来承担这个后果？责任主体划分不够明确。下一步则需要做到：一是加大对企业污水预处理的监管力度，加强对于污水预处理相关法律法规的实施力度，督促企业达标排放。二是明确污水处理过程中的责任主体。企业在纳管排放前，必须做好预处理，在污染超标的情况下应承担相应责任。三是发挥社会监督作用。纳管排放应有一定标准，企业污水预处理的数据应该向社会公开，更好地发挥社会对于企业排污的监督作用，协助环境行政主管部门做好相关工作。

第四，“企业申报、税务征收、环保协同、信息共享”的环境保护税征管模式，需要在实践中不断完善，实现企业、税务部门、环保部门的协同配合。

第二节　从资源费税并行到“清费立税”的制度变迁

资源税费制度，是国家调节自然资源开发利用各相关经济主体间利益关系的财政税收制度，也称为自然资源税费制度，包括自然资源税费项目的设置、定性、计征方法和征管制度，也包括税费收入的分配与使用制度。在我国，现行资源税费制度主要是针对矿产资源开发活动设计。

1949 年至 20 世纪 80 年代初，中国实行高度集中统一的计划经济体制，这一体制下的资源开采实行无偿开采，国家既是矿产资源所有者和投资经营者，也是管理者，因此并不存在也没有必要建立矿产资源税费制度。随着改革开放的推进，自然资源权属制度的进一步明晰，以及自然资源开发利用和保护的实际需要，我国从 1984 年起正式开征资源税，确立了矿产资源开发与保护领域实行费、税并行的制度。在此后 30 多年的发展历程中，资源费税制度经历了多次改革。特别是党的十八大以后，为适应全面推进依法治国和生态文明建设的需要，自然资源费税制度改革正在由费税并行、从价计征为主要方式向清费立税、计量从征的方向转变。

一、资源税制度的发展变迁

在我国，资源税是以各种应税自然资源为课税对象、为了调节资源级差收入并体现国有资源有偿使用而征收的税种。我国从 1984 年起正式开征资源税，此后 30 多年间，资源税经历了多次改革。资源税制度的历史发展与变迁主要经历了三个阶段，即 1984—1994 年的资源税的确立阶段；1994—2010 年的资源税从量计征阶段；2010—2017 年的资源税计征方式转变阶段。2017 年以来，进入新一轮资源税改革阶段。

(一)资源税制度的初创：按超额销售利润征税阶段(1984—1994)

1984 年，国务院颁布《中华人民共和国资源税条例(草案)》，开征资源税，这是我国第一部关于资源税的专门立法。资源税的征收对象，是开采矿产资源的矿山企业征税；采用超率累进税率，以产品销售收入作为计税依据，从价计征，即矿山企业获得 12%以上销售利润的要按规定缴纳资源税；未获得 12%以上销售利润的矿山企业则不需缴纳资源税。征收范围仅界定在原油、天然气、煤炭和铁矿石。1986 年，全国人大常委会颁布《中华人民共和国矿产资源法》，明确了国家对矿产资源的所有权和资源有偿开采原则，规定了国家对矿产资源开采者应当征收资源税和资源补偿费，同时明确了有价值的地质资料应当采取有偿使用原则。对于之前采用对超过一定利润率部分征收的方式进行了调整，改为从量定额方法征收。

这一阶段是我国资源税制度的初创时期。其特点是：第一，资源税的征收范围，受当时征管条件，资源税开征之初只对采石油、天然气和煤炭几个主要矿种开征资源税，范围比较狭窄。第二，资源税征收的基本依据是按照超额销售利润征税。由于当时设立资源税的目的在于调节级差收入，因此资源税征收基数是销售利润率超过12%的利润部分。之后资源税制也进行过细微的变动，但以从价计征为依据。第三，税额设置较低。总体来看，在征收范围、征收依据、税额设置等方面都存在很大的局限性。但是，资源税制度的建立，改变了以往计划经济时代矿产资源无偿开采的历史，同时考虑到了改革开放初期国家支持矿产资源开采企业发展的实际，仍然具有重要的历史意义。

（二）资源税费制度的发展：从量计征为主阶段（1994—2010）

1994年1月，在我国“分税制”改革的大背景下，国务院颁布的《中华人民共和国资源税暂行条例》及《中华人民共和国资源税暂行条例实施细则》施行，对1984年确立的资源税制度作了重大修订，实行“普遍征收，级差调节”的资源税制，不再按超额利润征税，而是按矿产品销售量征税，征收范围包括扩大到原油、天然气、煤炭、其他非金属矿原矿、黑色金属矿原矿、有色金属矿原矿和盐7种，对开采7种资源品的企业无论盈利与否都开征资源税。计征方式采取从量定额，应纳税额＝课税数量×单位税额。同时，财政部对于不同地区同类资源根据开采条件不同制定了税额明细表，从而对资源的级差收入进行调节，体现级差调节的原则。在资源税收入的分配上，除海上油气资源开采产生的资源税收入外，其他资源税收入都归地方政府所有。

为进一步适应社会主义市场经济体制的要求，针对资源税税额过低，不利于资源环境保护的问题，从2004年起开始陆续调整煤炭、原油、天然气、锰矿石的税额标准。2006年，国家对有色金属矿产资源恢复全额征收资源税，取消了之前减征30%的优惠政策，同时规定对铁矿石资源暂按规定税额标准的60%征收，减少了优惠幅度，并且提高了岩金矿资源税的税额标准，统一了全国钒矿资源税的使用税额标准。2007年，调高了焦煤资源税税额，同时对盐资源税税额进行了调整，将铅矿石、铜矿石和钨矿石3种矿石产品资源税适用税额标准提高了3倍至16倍。

这一时期资源税制度的特点是“级差调节，普遍征收，计量从征”。第一，资源税的征收范围有所扩大，由原来的石油、天然气和煤炭扩大到所有列明的矿产资源，包括原油、天然气、煤炭、其他非金属矿原矿、黑色金属矿原矿、有色金属矿原矿和盐。第二，采取从量计征方式的企业只要开采列明的矿产资源，无论是否盈利，都要征收资源税，保证了资源税的普遍征收。第三，提高了资源税征收标准，税额从下限向上限靠近。这些发展变化对于更好地发挥资源税的功能起到了促进作用。

(三)资源费税的改革:从价计征为主阶段(2010—2017)

随着市场经济体制改革逐步走向深入,对我国资源税费改革提出了新的要求。针对资源税征收标准偏低,不能完全发挥在资源节约、环境保护、收益分配等方面的调节功能等问题,为了完善资源产品价格形成机制,引导经济机构调整,中共中央、国务院积极推动矿产资源税费制度改革,决定在新疆率先进行资源税改革。2010 年 6 月,财政部和国家税务总局制定了《新疆原油、天然气资源税改革若干问题的规定》,对在新疆开采的原油和天然气由从量计征改为从价计征,税率定为5%。在总结新疆试点经验的基础上,国务院决定在全国范围内推行原油天然气计征方式改革。

2011 年 9 月,国务院通过《关于修改〈中华人民共和国资源税暂行条例〉的决定》《关于修改〈中华人民共和国对外合作开采海洋石油资源条例〉的决定》《国务院关于修改〈中华人民共和国对外合作开采陆上石油资源条例〉的决定》,将资源税从量计征改为从量或从价计征,资源税制度发生了根本性变革,并调高部分矿种税率浮动范围,取消了征收中外合作开采陆上和海洋石油资源矿区使用费,改征资源税。同年,财政部、国家税务总局发布《关于原油天然气资源税改革有关问题的通知》,决定自 2011 年 11 月 1 日起,在全国实施原油、天然气资源税改革。对油田范围内运输稠油过程中用于加热的原油、天然气免征资源税;稠油、高凝油和高含硫天然气资源税减征 40%;三次采油资源税减征 30%;低丰度油气田资源税暂减征 20%;深水油气资源税减征 30%。

2014 年,财政部、国家税务总局下发《关于调整原油、天然气资源税有关政策的通知》,在全国范围内对煤炭资源税由从量计征改为从价计征并于当年 12 月起施行,税率幅度为 2%~10%。作为资源税计征方式改革的配套措施,在全国范围统一将煤炭、原油、天然气矿产资源补偿费费率降为零,同时停止针对煤炭、原油、天然气征收价格调节基金,而原油、天然气资源税税率则由 5%提至 6%。2015 年,国务院常务会议决定将稀土、钨、钼资源税由从量计征改为从价计征,并按照不增加企业税负的原则合理确定税率,同时将稀土、钨、钼的矿产资源补偿费费率降为零,停止征收相关价格调节基金,取消省以下地方政府违规设立的相关收费基金。

2017 年以后,我国资源税展开新一轮改革的阶段,改革的方向是在前期费税制度改革的基础上,全面推进“清费立税”工作。

二、资源费制度的发展变迁

资源费是基于国家自然资源所有权权能的实现而实施的经济调节、筹集财政收入的重要手段。从1986年设立矿产资源补偿费以来，我国开征的资源费主要有矿产资源补偿费、矿业权使用费、矿业权价款、石油特别收益金、水资源费等。

（一）矿产资源补偿费

开采矿产资源会对赋存的资源产生损耗，并且不可再生资源无法得到恢复，因此矿产资源开采者应当对矿产资源所有者进行补偿。我国矿产资源补偿费相当于国外税费体系中的权利金。1986年，第六届全国人大常务委员会第十五次会议修订通过的《中华人民共和国矿产资源法》第5条规定：开采矿产资源，必须按照国家有关规定缴纳资源税和资源补偿费。这明确了有偿开采的原则，资源税费并存制度从此以法律形式确立下来。[①] 1994年，国务院颁发的《矿产资源补偿费征收管理规定》为矿产资源补偿费提供了依据，各省（自治区、直辖市）在规定的基础上结合自身情况制定了实施办法。1997年，国务院发布《国务院关于修改〈矿产资源补偿费征收管理规定〉的决定》，规定开采矿产资源按照矿产品销售收入的一定比例缴纳矿产资源补偿费。

根据以上法律、法规，矿产资源补偿费征收标准，按照矿产品销售收入的一定比例及矿山开采回采率向企业征收，即实行从价计征，并考虑回采率情况。矿产资源补偿费在不同矿产资源之间实行差别费率，但是对相同矿种采用同一费率。《矿产资源补偿费征收管理规定》根据矿产资源矿种制定了补偿费费率表，不同矿种费率从5%到4%不等。同时为了鼓励矿山开采企业加大回采力度，避免弃贫矿采富矿，矿产资源补偿费将开采回采率考虑在内。在矿产资源补偿费收入划分上，中央与地方按5∶5比例分成，少数民族地区为4∶6分成。其中中央分成所得纳入国家预算，实行专款专用，70%用于矿产勘查支出，20%用于矿产资源保护支出，10%用于补助征收部门。矿产资源补偿费自征收以来，为我国矿产勘查开发投入筹集了大量资金，在促进节约资源方面发挥了重要作用。

2014年，为配合资源费税制度“清费立税”改革，财政部、国家税务总局下发《关于调整原油、天然气资源税有关政策的通知》，将原油、天然气矿产资源补偿费费率降为零，相应将资源税适用税率由5%提高至6%，由从量计征改为从价计征。矿产资源补偿费自此纳入资源税体系。

（二）矿业权使用费

矿业权是在矿产资源国家所有权的基础上对矿产资源进行使用和收益的权利，因而国家在出让矿业权时应当收取使用费。与矿业权划分为探矿权和采矿权相对应，我国矿业权使用费划分为探矿权使用费和采矿权使用费。1996年，第八届全国人大常务委员会第二十一次会议修订通过《中华人民共和国矿产资源法》明

---

① 景韬、王娟：《完善矿产资源税费体系的思考》，载《税务研究》2018年第3期。

确了矿业权有偿取得制度，奠定了矿业权使用费的法律基础。1998 年，国务院颁布《矿产资源勘查区块登记管理办法》《矿产资源开采登记管理办法》《探矿权采矿权管理办法》三个办法，规定了探矿权使用费标准为：前 3 年每平方公里缴纳 100 元，从第 4 年起每平方公里每年增加 100 元，但最高不超过 500 元。采矿权使用费标准为每平方公里每年 1000 元。探矿权和采矿权使用费按登记管理权限由中央和地方分别征收，对于在中央登记的矿权由中央矿权使用费，对于在地方登记的矿业权由地方征收使用费。

征收矿业权使用费的目的，是建立有序的勘查、开采进入和退出机制，防止矿业权人在开采过程中的无序和随意。由于 20 世纪 90 年代后期出台矿业权使用费制度时经济处于低迷状态，为了鼓励地勘投入，设立的使用费标准门槛相对较低。由此导致矿业权使用费的调节作用不足，实践中仍有一些无序开采的现象发生。

（三）矿业权价款

按照矿业权两分法，矿业权价款分为探矿权价款与采矿权价款，是指国家将其出资勘察形成的矿业权出让给矿业权人，按规定向矿业权人收取的价款。1998 年，国务院颁布《矿产资源勘查区块登记管理办法》《矿产资源开采登记管理办法》《探矿权采矿权管理办法》，其中规定矿业权价款按有资质的中介机构评估并报经矿业权登记管理机关备案的数额缴纳。2006 年，财政部、国土资源部和人民银行发布《关于探矿权采矿权价款收入管理有关事项的通知》，矿业权价款可一次缴纳，也可分期缴纳，但探矿权价款缴纳期限最长不得超过 2 年，采矿权价款缴纳期限最长不得超过 10 年。矿业权价款按固定比例进行分成，其中 20％归中央所有，80％归地方所有。

2017 年，国务院印发《矿产资源权益金制度改革方案》，把矿业权价款调整为矿业权出让收益。调整前的矿业权价款主要反映国家探明矿产的投资及收益；调整后的矿业权出让收益反映国家作为所有者应该获得的权益。矿业权出让收益按照国家有关规定，可以一次缴纳，也可以分期缴纳。在收益分配上，矿业权出让收益按固定比例进行分成，其中 40％归中央所有，60％归地方所有。

（四）石油特别收益金

石油特别收益金是国家对石油开采企业销售国产原油因价格超过一定水平所获得的超额收入按比例征收的收益金。1998 年，我国对石油价格形成机制进行了改革，国内成品油价格与国际市场有限度挂钩，原油价格则与国际市场直接接轨。2006 年，国务院颁布《国务院关于开征石油特别收益金的决定》，财政部制定了《石油特别收益金征收管理办法》，决定对石油企业征收石油特别收益金。征收比率按石油开采企业销售原油的月加权平均价格确定，起征点为 40 美元/桶，实行五级超额累进从价定率计征。石油特别收益金计入中央财政非税收入，纳入中央财政预算管理。2011年，考虑到特别收益金征收中起征点规定依据已发生变化，财政部对起征点作出了相应的调整，提高了起征点和各档的档线。2015年1月起，石油特别收益金起征点从55美元/桶提高至65美元/桶，仍然实行五级超额累进税率从价计征。

（五）水资源费

水资源费主要指对城市中取水的单位征收的费用。1988年，第六届全国人民代表大会常务委员会第二十四次会议通过的《水法》第24条规定：对城市中直接从地下取水的单位，征收水资源费；其他直接从地下或者江河、湖泊取水的，可以由省、自治区、直辖市人民政府决定征收水资源费；水资源费的征收办法，由国务院规定。征收水资源费的目的，是运用经济手段，促进节约用水，特别是控制城市地下水的开采量。

2006年，国务院颁布《取水许可和水资源费征收管理条例》，明确规定了水资源费应主要用于水资源的节约、保护和管理，为水资源管理工作的投入开辟了一条稳定可靠的资金来源。水资源费属于政府非税收入，全额纳入财政预算，由财政部门按照批准的部门财政预算统筹安排，主要用于水资源的节约、保护和管理，也可以用于水资源的合理开发。

2016年5月，为配合资源费税制度"清费立税"改革，财政部、国家税务总局、水利部印发《水资源税改革试点暂行办法》，在河北省率先开展水资源"费改税"的试点。在总结试点经验的基础上，2017年11月，财政部、税务总局、水利部联合发布《扩大水资源税改革试点实施办法》的通知。自2017年12月1日起在北京、天津、山西、内蒙古、山东、河南、四川、陕西、宁夏等9个省、自治区、直辖市，将试点水资源税征收管理，同时停止征收原水资源费。

（六）其他政府性资源费

除上述资源费外，矿产资源行业曾经或正在征收的各种收费包括水土流失治理费、水土流失补偿费、土地复垦费、煤炭价格稽查管理费、卫生监督费等各项收费，以及可持续发展基金、矿山恢复治理保证基金、煤矿转产发展基金、林业建设基金、环境治理基金等政府性基金。因各地资源性行业在国民经济中的地位不同，对环境、交通和可持续发展影响不同，不同地区收费和基金设立情况也有所差异。

总体来看，我国经济体制转轨时期实行征收资源费税制度，在加强矿业市场建设，促进矿业经济持续发展，维护矿产资源国家所有权益等方面发挥了重要作用。但是，随着我国经济体制改革不断深化以及世界矿业市场发生新变化，经济社会发展对矿产资源的需求剧增，现行资源税费制度已不能适应矿业经济发展的形式，存

在的主要问题有：[1]

第一，税费结构设计不合理，矿产资源补偿费和资源税的法律依据都是《矿产资源法》，理论依据重叠，法律地位同等。理论上两者调整的经济关系、范围作用和计征方式有本质区别。但随着资源税改革的加速突进，以及从价计征方式的实施，已与矿产资源补偿费征收方式趋同，也与矿产资源补偿费征收的依据发生重叠，功能交叉，造成事实上的税费不分。

第三，矿产资源补偿费费率偏低且固定不变，国有财产收益补偿严重缺失。开征矿产资源补偿费时，考虑到矿山企业经济效益普遍不高，所设费率标准较低，平均费率仅为 1.18％，而国外体现资源所有者权益的权利金占销售收入的比重一般在 2％～8％。另外矿产资源补偿费征收实际入库率低，近 10 年来矿产资源补偿费占矿产品销售收入的比重只有 0.39％～1.09％，自费税制度实施以来，费率、计征方式等核心内容均没有进行过改革和调整，造成所有权收益补偿严重缺失。

第三，资本收益挤占财产收益，矿业权价款制度被严重异化。价款是我国计划经济向市场经济体制过渡的特定时期设置的，是对国家出资勘查形成的矿产地出让时，经评估缴纳的对国家前期投入的回报，是对劳动和资本投入所创造价值的补偿。近年来，随着市场经济的发展，价款与“招拍挂”制度相结合，在政策制定和实际操作中，内涵和外延都有所扩大化，造成投资收益挤占财产收益。

三、资源费税制度“清费立税、从价计征”改革的推进

党的十八大提出“五位一体”总体布局和“四个全面”战略布局，十八届三中、四中、五中全会强调树立和贯彻落实创新、协调、绿色、开放、共享的发展理念，并提出全面推进资源税改革，有效发挥税收杠杆调节作用，促进资源行业持续健康发展，推动经济结构调整和发展方式转变。为深化财税体制改革，促进资源节约集约利用，加快生态文明建设，从 2016 年开始，在总结前期资源费税改革经验的基础上，全面推进了资源费税的“清费立税”。当年 5 月，财政部、国家税务总局发布《关于全面推进资源税改革的通知》，启动新一轮的资源费税改革。同时，为提高立法层级，落实税收法定原则，《中华人民共和国资源税法》也被列入立法规划，进入了立法程序。

（一）新一轮资源费税改革的指导原则

一是清费立税原则。着力解决当前存在的税费重叠、功能交叉问题，将矿产资源补偿费等收费基金适当并入资源税，取缔违规、越权设立的各项收费基金，进一步理顺税费关系。

---

① 范振林：《中国矿产资源税费制度改革研究》，载《中国人口·资源与环境》2013 年第 5 期。

二是合理负担原则。兼顾企业经营的实际情况和承受能力，借鉴煤炭等资源税费改革经验，合理确定资源税计税依据和税率水平，增强税收弹性，总体上不增加企业税费负担。

三是适度分权原则。结合我国资源分布不均衡、地域差异较大等实际情况，在不影响全国统一市场秩序前提下，赋予地方适当的税政管理权。

四是循序渐进原则。在煤炭、原油、天然气等已实施从价计征改革基础上，对其他矿产资源全面实施改革。积极创造条件，逐步对水、森林、草场、滩涂等自然资源开征资源税。

资源费税改革的目标是通过全面实施清费立税、从价计征改革，理顺资源税费关系，建立规范公平、调控合理、征管高效的资源税制度，有效发挥其组织收入、调控经济、促进资源节约集约利用和生态环境保护的作用。

（二）政策层面的推进

1.开展水资源税改革试点工作

2016年5月，财政部、国家税务总局、水利部印发《水资源税改革试点暂行办法》，在河北省开展水资源“费改税”的试点。在总结试点经验的基础上，2017年11月，财政部、税务总局、水利部联合发布《扩大水资源税改革试点实施办法》的通知，自2017年12月1日起在全国9个省份试点水资源税征收管理。水资源税改革试点的主要内容是：(1)水资源税的征税对象。为实现水资源费改税的平稳过渡，延续了水资源费的规定，征税对象主要是地表淡水和地下淡水，暂不包括淡化海水。考虑到水有别于一般的矿产品，一些自备井用水户未纳入公共供水管网范围，继续采用从量定额方法计征。(2)水资源税的纳税人。用取水工程或设施直接从江河、湖泊和地下取用地表水、地下水的单位和个人，为水资源税纳税人。少量零星取水等依法不须办理取水许可证的单位和个人，不是水资源税的纳税人。(3)计税方式。不增加正常居民生活用水和一般企业用水负担，通过费改税的方式进行，可以避免税费重复征收。同时，为确保改革成效，将对洗车、洗浴等高耗水行业，超计划取用水的纳税人等提高征收标准。

鉴于取用水资源涉及面广、情况复杂，为确保改革平稳有序实施，在河北省开展水资源税试点，在总结试点经验基础上，自2017年12月1日起，选择在北京、天津、山西、内蒙古、山东、河南、四川、陕西、宁夏等9个省、自治区、直辖市试点水资源税征收管理，同时停止征收原水资源费。其他地区逐步扩大试点范围，条件成熟后在全国推开。

2.逐步将其他自然资源纳入征收范围

鉴于森林、草场、滩涂等资源在各地区的市场开发利用情况不尽相同，对其全面开征资源税条件尚不成熟，此次改革不在全国范围统一规定对森林、草场、滩涂等资源征税。各省、自治区、直辖市(以下统称省级)人民政府可以结合本地实际，根据森林、草场、滩涂等资源开发利用情况提出征收资源税的具体方案建议，报国务院批准后实施。

3.实施矿产资源税从价计征改革

对《资源税税目税率幅度表》中列举名称的21种资源品目和未列举名称的其他金属矿实行从价计征，计税依据由原矿销售量调整为原矿、精矿（或原矿加工品）、氯化钠初级产品或金锭的销售额。列举名称的21种资源品目包括：铁矿、金矿、铜矿、铝土矿、铅锌矿、镍矿、锡矿、石墨、硅藻土、高岭土、萤石、石灰石、硫铁矿、磷矿、氯化钾、硫酸钾、井矿盐、湖盐、提取地下卤水晒制的盐、煤层（成）气、海盐。对经营分散、多为现金交易且难以控管的黏土、砂石，按照便利征管原则，仍实行从量定额计征。对《资源税税目税率幅度表》中未列举名称的其他非金属矿产品，按照从价计征为主、从量计征为辅的原则，由省级人民政府确定计征方式。

4.全面清理涉及矿产资源的收费基金

在实施资源税从价计征改革的同时，将全部资源品目矿产资源补偿费费率降为零，停止征收价格调节基金，取缔地方针对矿产资源违规设立的各种收费基金项目。地方各级财政部门要会同有关部门对涉及矿产资源的收费基金进行全面清理。凡不符合国家规定、地方越权出台的收费基金项目要一律取消。对确需保留的合法合规收费基金项目，要严格按规定的征收范围和标准执行，切实规范征收行为。

5.合理确定资源税的税率

对《资源税税目税率幅度表》中列举名称的资源品目，由省级人民政府在规定的税率幅度内提出具体适用税率建议，报财政部、国家税务总局确定核准。对未列举名称的其他金属和非金属矿产品，由省级人民政府根据实际情况确定具体税目和适用税率，报财政部、国家税务总局备案。省级人民政府在提出和确定适用税率时，要结合当前矿产企业实际生产经营情况，遵循改革前后税费平移原则，充分考虑企业负担能力。

6.加强矿产资源税收优惠政策管理，提高资源综合利用效率

对符合条件的采用充填开采方式采出的矿产资源，资源税减征50%；对符合条件的衰竭期矿山开采的矿产资源，资源税减征30%。具体认定条件由财政部、国家税务总局规定。对鼓励利用的低品位矿、废石、尾矿、废渣、废水、废气等提取的矿产品，由省级人民政府根据实际情况确定是否减税或免税，并制定具体办法。

7.关于收入分配体制及经费保障

按照现行财政管理体制，此次纳入改革的矿产资源税收入全部为地方财政收入。水资源税仍按水资源费中央与地方1∶9的分成比例不变。河北省在缴纳南水北调工程基金期间，水资源税收入全部留给该省。

（三）立法层面的推进

为全面贯彻党的十九大精神，落实《中共中央关于全面深化改革若干重大问题的决定》提出的税收法定原则，财政部、税务总局会同有关部门起草了《中华人民共和国资源税法（征求意见稿）》，并于2017年11月面向全社会公开征求意见。

《资源税法（征求意见稿）》明确了资源税的基本法律制度框架，立法的基本思路是：考虑到资源税改革已全面完善了税制要素、健全了征管措施、优化了税收制度，因此保持改革确定的税制框架和税负水平基本不变，全面实行从价计征方式，将改革成果上升为法律。考虑到我国地区之间资源禀赋、开采条件等差异较大，在不影响全国统一市场秩序的前提下，由地方在《资源税税目税率表》规定的税率幅度内确定具体适用税率。考虑到对水等自然资源征税需先行开展试点，目前立法条件还不成熟，依法授权国务院组织开展试点工作。[①]

整体来看，《资源税法（征求意见稿）》基本上是对现行《资源税暂行条例》和相关规定的平移，同时，在矿产资源税的税率、计税依据等制度方面也存在着一些有待明确的问题，需要利用立法的契机对制度进行改革和完善。

（四）资源费税制度改革的未来方向

截至2018年6月，我国的《资源税法（征求意见稿）》尚在论证阶段。资源费税制度改革，应当以《资源税法》的制定为契机，适应生态文明建设和环境保护形势的需要，在实行"全面实行从价计征"的基础上，逐步扩大征收范围，实现对税费关系全面规范，进一步完善税率、税收优惠、税权划分等，建立具有中国特色的资源税收体系。

第一，逐步扩大征收范围。按照循序渐进的原则，分步实施、逐渐扩大资源税征收范围。首先，在试点基础上将地表水和地下水纳入征税范围，实行从量定额计征，对高耗水行业、超计划用水以及在地下水超采地区取用地下水，适当提高税额标准。其次，逐步将森林、草场、滩涂等其他自然资源纳入征收范围。

第二，进一步规范税费关系。全面清理涉及矿产资源的收费基金，将全部资源品目矿产资源补偿费费率降为零，停止征收价格调节基金，停止针对矿产资源的各种收费基金项目，逐步将其纳入资源税体系。

第三，合理确定税率。中央制定列举名称的资源品目的税率浮动范围；省级人民政府在规定的税率幅度内，考虑本地区资源禀赋、企业承受能力和清理收费基金等因素，提出具体适用税率。为提高资源综合利用效率，对开采难度大、成本高以及综合利用的资源可给予减税或免税的税收优惠。

---

① 关于《中华人民共和国资源税法（征求意见稿）》的说明。参见财政部网站，http://tfs.mof.gov.cn/zhengwuxinxi/zhengcefabu/201711/t20171120_2753984.html，最后访问时间：2018年6月1日。

第四，完善税权划分。按照适度分权的原则，结合我国资源分布不均衡、地域差异较大等情况，在不影响全国统一市场前提下，赋予地方较大的税政管理权。主要体现在三个方面：省级政府可结合本地实际，根据森林、草场、滩涂等资源开发利用情况提出征收资源税具体方案建议；省级人民政府按照改革前后税费平移原则，并根据资源禀赋、企业承受能力等因素，在规定的税率幅度内，对主要应税产品提出具体适用税率建议；由省级政府决定本辖区资源税的减税免税等优惠政策。

第十二章

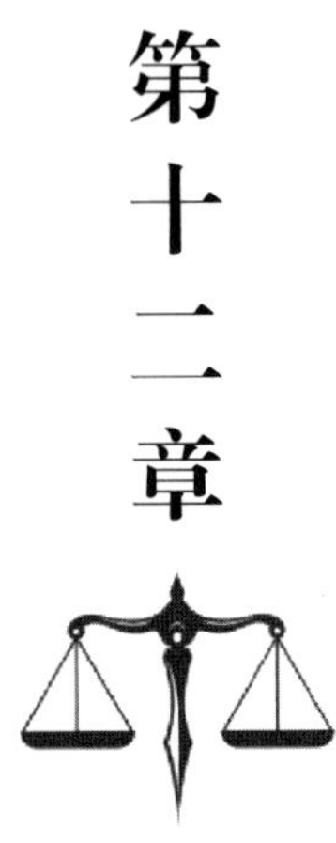

环境诉讼法律制度的变迁

第一节　环境诉讼制度的建立

环境诉讼制度是中国环境法律制度体系的组成部分，也是中国环境法治水平不断提升的重要制度“抓手”。改革开放以来，伴随着中国环境立法的不断发展，环境诉讼制度也经历了从无到有，从不成熟到逐步成熟完善的发展过程。具体而言，中国环境诉讼制度自1978年以来经历了两个发展阶段，其中，第一个阶段为1978年至2014年，第二个阶段为2014年迄今。在第一个发展阶段，中国尚未形成专门的环境诉讼制度体系，大量的环境诉讼实践均依赖于传统三大诉讼法律制度而展开；2014年以来，伴随着生态文明建设的深入推进，环境诉讼制度的发展迈入了第二个阶段，专门性的环境诉讼制度也逐步形成并不断走向体系化。

环境诉讼制度逐步发展完善的过程是我国环境法治水平不断提升、环境法律制度日趋精细化的重要体现。改革开放以来，我国经济社会发展模式有了大幅调整，在此背景下，环境保护的重要性也得到国家和社会的普遍认同。伴随着“依法治国”战略的逐步推进，环境保护的法治化程度也越来越高。具体到环境法治实践中，越来越多的环境污染、生态和自然资源损害的法治化救济手段催生了环境诉讼制度的迅速发展。迄今为止，无论从制度规范的出台数量，还是从规范内容的范围和精细化程度来看,中国环境诉讼制度在环境法律制度体系日趋精致化的进程中得到了不断丰富和完善。

改革开放初期至 2014 年,中国环境诉讼制度基本依附于传统三大诉讼法,且在 30 多年的时间里没有根据环境纠纷的解决需要作出过多调整。但是,党的十八大之后,中国环境诉讼制度规范的制定和修改频率明显加大,且环境诉讼制度规范的类型日益多样化。一方面,继三大诉讼法中关于环境侵权诉讼、环境行政诉讼和环境刑事诉讼的相关制度之外,专门化的环境诉讼制度被陆续制定,如《中华人民共和国民事诉讼法》(以下称《民事诉讼法》)第 55 条、《中华人民共和国行政诉讼法》(以下称《行政诉讼法》)第 25 条、《中华人民共和国环境保护法》(以下称《环境保护法》)第 58 条、《中华人民共和国海洋环境保护法》(以下称《海洋环境保护法》)第 89 条等。另一方面,除了上述各种法律对环境诉讼制度的特别规定以外,其他规范,如司法解释、国家环境政策(包括司法政策)也陆续规定了环境诉讼制度。典型的司法解释有最高人民法院和最高人民检察院出台的《关于检察公益诉讼案件适用法律若干问题的解释》(2018 年)、《关于办理环境污染刑事案件适用法律若干问题的解释》(2016 年),最高人民法院出台的《关于审理环境民事公益诉讼案件适用法律若干问题的解释》(2015 年)、《关于审理海洋自然资源与生态环境损害赔偿纠纷案件若干问题的规定》(2017 年),最高人民检察院出台的《检察机关民事公益诉讼案件办理指南(试行)》(2018 年)和《检察机关行政公益诉讼案件办理指南(试行)》(2018 年)。而以国家环境政策形式规定环境诉讼制度的有中共中央办公厅和国务院办公厅于 2015 年在部分地方试点并于 2017 年在全国试行的《生态环境损害赔偿制度改革方案》、最高人民法院出台的《关于全面加强环境资源审判工作为推进生态文明建设提供有力司法保障的意见》(2014 年)、最高人民检察院与国土资源部联合出台的《关于加强协作推进行政公益诉讼促进法治国土建设的意见》(2018 年)等。与法律相比,上述规范类型对环境诉讼制度的规定非常具体,甚至在某些方面具有比法律规定更强的操作性,如最高人民检察院出台的《检察机关民事公益诉讼案件办理指南(试行)》。上述涉及环境诉讼的各级各类制度规范的相继出台标志着中国环境诉讼制度迈入了一个全新的历史阶段。

就具体制度规范的内容而言,中国环境诉讼制度在逐步走向体系化的同时也出现了较为显著的精致化发展趋势。改革开放以来,中国环境诉讼制度的内容从依附于环境民事诉讼制度、环境行政诉讼制度和环境刑事诉讼制度等传统三大诉讼法逐步扩展到包括环境民事公益诉讼、环境行政公益诉讼、刑事附带环境民事公益诉讼和生态环境损害赔偿诉讼等新型诉讼制度在内的诉讼制度体系。显而易见,体系化的中国环境诉讼制度业已形成。与此同时,中国环境诉讼制度的精致化程度也日趋明显。环境法治领域的各类待救济的侵害逐步得到立法的清晰区分,因而为各类诉讼制度在功能定位上的分工奠定了基础。现有制度规范对以下几种侵害作了精致化区分：其一是因环境污染造成的私益主体人身和财产损害和生态环境的功能性损害；其二是环境行政监管主体在环境行政行为过程中对行政相对人具体环境利益的侵害和环境行政监管主体在环境行政行为过程中对环境公共利益的侵害。伴随着各类环境诉讼的功能分化，相关具体制度也有了更为精致的发展，如超越恢复原状这一民事责任承担方式的生态修复制度的形成和发展、涉及生态环境损害的诉讼鉴定制度和磋商鉴定制度的分化、环境监测网络制度下远程监测数据等新型证据的技术规范和司法适用以及环境证据共享机制的精细化构造等。

然而，当下中国环境诉讼制度在制度规范的体系化、各类环境诉讼的功能分化和相互整合、具体配套制度的建立等方面仍存在不足。本专题在系统梳理改革开放以来中国环境诉讼制度发展变迁的同时，也将围绕中国生态文明制度体系的发展趋势和环境司法专门化的深入发展提出未来中国环境诉讼制度的发展方向。

第二节　环境诉讼制度的发展

一、环境民事诉讼制度

环境民事诉讼是指人民法院依据民事诉讼法对环境民事主体之间的环境权益争议进行审理裁判的活动。它是环境民事权利受到或可能受到侵害时的公力救济方式之一。2014年以前，我国涉环境类的民事诉讼案件的审判依据主要包括《民事诉讼法》(1991年、2007年、2012年)，《中华人民共和国民法通则》(以下称《民法通则》)(1986年)，《环境保护法》(1989年)以及相关环境保护单行法和各类司法解释等。虽然环境民事诉讼在程序规则上适用普通民事诉讼的规定，但在实体法层面上环境法律规范有别于传统民事法律规范，比如诉讼时效、归责原则和证据规则、环境污染责任的构成要件和承担方式等。

(一)环境民事诉讼制度的特殊诉讼时效

诉讼时效是指民事权利受到侵害的权利人在法定的时效期间内实现其请求权的有效期限。当时效期间届满时，义务人获得诉讼时效抗辩权，权利人虽可以提起诉讼，但丧失胜诉权，即权利主张不受法律保障。

从环境污染行为到实害结果发生一般周期较长且环境损害具有隐秘性和富集性等特点，加之人们对于污染物的性质和损害结果的鉴定需要科学技术的支持，所以对环境侵权行为规定较长的特殊诉讼时效才能更好地保护受害人的合法权益。《民法通则》(1986年)第135条对普通民事诉讼时效作出规定："向人民法院请求保护民事权利的诉讼时效期间为二年，法律另有规定的除外。"而《环境保护法》

(1989年)第42条规定:"因环境污染损害赔偿提起诉讼的时效期间为三年,从当事人知道或者应当知道受到污染损害时起计算。"所以环境民事诉讼时效属于特别法另有规定的特殊诉讼时效情形。此外,依据《民法通则》(1986年)第137条之规定:"诉讼时效期间从知道或者应当知道权利被侵害时起计算。但是,从权利被侵害之日起超过二十年的,人民法院不予保护。有特殊情况的,人民法院可以延长诉讼时效期间。"环境民事诉讼的诉讼时效制度除3年的特殊时效之外,也同样适用20年的最长诉讼时效。同时,如遇到环境污染实害结果发生周期过长以致超过20年最长诉讼时效之规定的特殊情况,人民法院也可以延长诉讼时效以给予受害人充分的救济。但由于《民法总则》(2017年)第188条规定"向人民法院请求保护民事权利的诉讼时效期间为三年。法律另有规定的,依照其规定",且《环境保护法》目前还未就诉讼时效制度作出新的规定,所以,2017年《民法总则》实施后环境民事诉讼所适用的3年诉讼时效已变为普通诉讼时效。

(二)环境民事诉讼的特殊证据规则

证据规则在诉讼活动中起着两方面的重要作用:一是规范诉讼各方的取证和举证行为;二是根据证据认定事实时限制对证据的自由取舍。所以恰当的证据规则的设定有助于厘清案件事实,保证审判的公平公正。

由于环境污染的间接性、科学技术性、隐蔽性等特点,被害人证明损害结果的发生或者可能发生的风险时困难重重。因此,我国环境民事诉讼中对环境污染损害事实的举证、因果关系的推定等方面均作出了特殊规定。不同于《民事诉讼法》第64条"谁主张,谁举证"的举证责任设定原则,最高人民法院《关于民事诉讼证据的若干规定》(2010年)第4条第3项对环境污染案件的举证责任作出了特别规定:"因环境污染引起的损害赔偿诉讼,由加害人就法律规定的免责事由及其行为与损害结果之间不存在因果关系承担举证责任。"除此之外关于环境民事诉讼举证责任倒置的规定还散见于《中华人民共和国侵权责任法》(以下称《侵权责任法》)(2009年)和环境保护单行法中,譬如,《侵权责任法》(2009年)第66条规定,"因污染环境发生纠纷,污染者应当就法律规定的不承担责任或者减轻责任的情形及其行为与损害之间不存在因果关系承担举证责任",另外,《中华人民共和国水污染防治法》(以下称《水污染防治法》)(2008年)第87条规定,"因水污染引起的损害赔偿诉讼,由排污方就法律规定的免责事由及其行为与损害结果之间不存在因果关系承担举证责任"。但举证责任倒置的规则安排并非免除原告所有举证负担,对于一些基本事实原告仍负举证责任,比如对于损害结果的基本事实举证。

(三)环境民事诉讼中环境污染责任的特殊构成要件

关于民事责任构成要件的讨论学界一直未达成一致意见,主要分为"四要件说"和"三要件说"两类观点。在我国民法理论和司法实践中"四要件说"一直占据主导地位，但也存在不少学者主张"三要件说"。但无论是哪一类学说，违法性均不应成为环境民事责任的构成要件。因为排污行为很难被认为是无意义或无价值的行为，只要人类生产及生活活动继续，此类行为就不会停止，并且环境污染侵权也可能是因为合法排污行为引起的。

环境污染责任构成要件的特殊性体现为四个方面。首先，在对环境污染侵害实行无过错责任认定。我国《环境保护法》(1989年)第41条规定："造成环境污染危害的，有责任排除危害，并对直接受到损害的单位或者个人赔偿损失。"之后《侵权责任法》(2009年)第65条再次作出了规定："因污染环境造成损害的，污染者应当承担侵权责任。"因此，在环境侵权认定中只要存在危害结果就应承担环境侵权责任，而不再考虑主观过错和行为违法性问题，污染行为人应对环境污染损害结果承担无过错的赔偿责任。其次，违法性判断以实害结果为准。根据《侵权责任法》(2009年)第66条的规定："因污染环境发生纠纷，污染者应当就法律规定的不承担责任或者减轻责任的情形及其行为与损害之间不存在因果关系承担举证责任。"可知，违法性判断仅需要污染者对实害结果的因果关系是否存在作出证明，而不必证明主观过错。再次，环境损害的范围从人身、财产损害扩大到生态价值损失。生态功能的破坏在本质上是对国家和公共利益的侵害，而《海洋环境保护法》(1999年)第90条第2款规定："对破坏海洋生态、海洋水产资源、海洋保护区，给国家造成重大损失的，由依照本法规定行使海洋环境监督管理权的部门代表国家对责任者提出损害赔偿要求。"《民事诉讼法》(2012年)第55条规定："对污染环境、侵害众多消费者合法权益等损害社会公共利益的行为，法律规定的机关和有关组织可以向人民法院提起诉讼。"所以基于对公共利益的维护，生态价值的损失也应列入环境损害之中。最后，实行推定的因果关系认定。由于环境污染侵害的场合多表现为潜在性、多因素性和科学技术性等特点，严格的因果关系证明存在着巨大困难，所以只要原告证明因果关系存在着高度盖然性即可。

(四)环境民事诉讼中环境污染责任的承担方式

传统民事责任的承担包括违约责任和侵权责任两种形式，统一规定在《民法通则》(1986年)第134条：停止侵害；排除妨害；消除危险；返还财产；恢复原状；修理、重做、更换；赔偿损失；支付违约金；消除影响、恢复名誉；赔礼道歉。其中"修理、重做、更换"和"支付违约金"是典型的违约责任。因环境污染责任属于典型的民事侵权责任，而2014年之前我国并没有就环境污染责任的承担方式作出特别规定，所以司法实践中主要借鉴《侵权责任法》(2009年)第15条之规定，即停止侵害、排除妨害、消除危险、返还财产、恢复原状、赔偿损失、赔礼道歉、消除影响、恢复名誉。即使环境保护单行法就责任的承担方式作出了明确规定，也是参照或援引《侵权责任法》第15条之规定，譬如《固体废物污染环境防治法》(1995年)第85条规定："造成固体废物污染环境的，应当排除危害，依法赔偿损失，并采取措施恢复环境原状。”

环境污染损害主要包括对财产、人身损害和生态环境损害，在责任承担方式上通常分为赔偿损失、停止侵害、排除妨害、消除危险、恢复原状。首先，赔偿损失的责任承担方式一般适用于对财产、人身的损害，虽然《民法通则》(1986 年)第 120 条规定的精神损害赔偿并不适用于环境侵权造成的人身损害(仅适用于少数人格权的损害)，但 2001 年 3 月实施的《最高人民法院关于确定民事侵权精神损害赔偿责任若干问题的解释》中扩大了精神损害赔偿的范围，该《解释》第 1 条规定:“自然人因下列人格权利遭受非法侵害，向人民法院起诉请求赔偿精神损害的，人民法院应当依法予以受理:(一)生命权、健康权、身体权;(二)姓名权、肖像权、名誉权、荣誉权;(三)人格尊严权、人身自由权。”所以受害人可以就健康权、生命权受到侵害为由要求污染者承担精神损害赔偿。[①] 其次，停止侵害、排除妨害和消除危险 3 种责任承担方式主要适用于持续性侵权行为，目的在于防止环境污染损害范围和程度的继续扩大，但司法实践中许多排污行为具有合法性、效益性等特点，所以相比于传统民事责任的承担，环境污染责任在适用此 3 种承担方式时要受到更多限制，需要充分考虑社会生产生活的实际需要和各方环境资源利益的衡平。[②] 最后，环境污染责任承担方式中的恢复原状一般适用于对生态环境造成严重损害的情况，但并不同于物权法和合同法中的恢复原状，其不但要求通过人为的方式将环境资源恢复到被污染之前的原有状态，而且还要对生态功能进行修复。2014 年之后我国才逐渐针对环境污染责任承担方式作出专门立法规定，并开始走向专门化的立法方向，譬如《最高人民法院关于审理环境民事公益诉讼案件适用法律若干问题的解释》(2015 年)第 18 条和《人民检察院提起公益诉讼试点工作实施办法》(2015 年)第 16 条均明确规定了环境污染责任的承担方式，而生态环境修复作为新型的责任承担方式逐渐发展，目前主要适用于生态环境损害赔偿责任，其中《生态环境损害赔偿制度改革试点方案》(2015 年)、《湿地保护修复制度方案》(2016 年)和《关于加强生态修复城市修补工作的指导意见》(2016 年)都对生态环境修复作出了相关规定。

二、环境行政诉讼制度

环境行政诉讼是指作为行政相对人的公民、法人或其他组织认为行使国家权力的环境行政管理机关和组织及其工作人员所实施的具体行政行为，侵犯了其合

① 2001 年 12 月 24 日杭州市中级人民法院审结的某小学学生刘露等 407 位同校学生诉某化工厂环境污染引起的精神损害赔偿案。该案被认为是国内因环境侵权行为承担精神损害赔偿责任的第一案。

② 蔡守秋主编:《环境资源法教程》，高等教育出版社 2017 年版，第 339 页。

法的环境权益，依法向人民法院进行起诉，人民法院在当事人及其他诉讼参与人的参加下，依法对被诉具体行政行为进行审查并作出裁判，从而解决环境行政争议的制度。

(一)环境行政诉讼的程序

对环境法律制度进行监督实施的主要方式是环境行政执法，而环境行政执法的体现又主要是具体行政行为的作出，其间不免会发生环境行政争议，所以为保障行政相对人的合法环境权益，防止违法或失当的环境行政行为，有必要设立环境行政诉讼制度作为救济渠道。环境行政诉讼是传统行政诉讼在环境资源领域的具体化，在程序性法律适用上直接适用《行政诉讼法》(2014 年)。譬如，环境行政诉讼受案范围适用《行政诉讼法》(2014 年)第 12 条和第 13 条之规定，同理，环境行政诉讼的参加人、证据、受理和审判、一审程序、简易程序、二审程序、审判监督程序和执行等方面也同样适用《行政诉讼法》(2014 年)和最高人民法院《关于适用〈中华人民共和国行政诉讼法〉若干问题的解释》(2015 年)等程序性法律和司法解释。

(二)环境行政诉讼的类型

环境行政诉讼的类型与传统行政诉讼相同，只是行政相对人起诉的行政行为涉环境要素。以行政诉讼的判决种类和承担义务的主体为标准，环境行政诉讼类型可分为三大类：第一类是针对违法行政行为的撤销之诉、履行之诉和变更之诉；第二类是针对合法合理行政行为的驳回诉讼请求之诉；第三类是对可能违法的行政行为提起的行政赔偿之诉。《行政诉讼法》(1990 年)第 54 条规定："人民法院经过审理，根据不同情况，分别作出以下判决：(一)具体行政行为证据确凿，适用法律、法规正确，符合法定程序的，判决维持。(二)具体行政行为有下列情形之一的，判决撤销或者部分撤销，并可以判决被告重新作出具体行政行为：1.主要证据不足的；2.适用法律、法规错误的；3.违反法定程序的；4.超越职权的；5.滥用职权的。(三)被告不履行或者拖延履行法定职责的，判决其在一定期限内履行。(四)行政处罚显失公正的，可以判决变更。"最高人民法院《关于执行〈中华人民共和国行政诉讼法〉若干问题的解释》(2000 年)在原有判决种类基础上又增加了确认判决和驳回诉讼请求判决。之后，新《行政诉讼法》(2014 年)第 69 条取消了维持判决而改为此处的驳回诉讼请求判决，其他内容保持不变。[①]

---

① 《最高人民法院关于执行〈中华人民共和国行政诉讼法〉若干问题的解释》(2000 年)第 56 条："有下列情形之一的，人民法院应当判决驳回原告的诉讼请求：(一)起诉被告不作为理由不能成立的；(二)被诉具体行政行为合法但存在合理性问题的；(三)被诉具体行政行为合法，但因法律、政策变化需要变更或者废止的；(四)其他应当判决驳回诉讼请求的情形。"第 57 条："人民法院认为被诉具体行政行为合法，但不适宜判决维持或者驳回诉讼请求的，可以作出确认其合法或者有效的判决。"

1.环境行政撤销之诉、履行之诉与变更之诉

环境行政撤销之诉可直接适用《行政诉讼法》(2014 年)第 70 条:“行政行为有下列情形之一的,人民法院判决撤销或者部分撤销,并可以判决被告重新作出行政行为:(一)主要证据不足的;(二)适用法律、法规错误的;(三)违反法定程序的;(四)超越职权的;(五)滥用职权的;(六)明显不当的。”对于作出撤销判决并责令重新作出行政行为的,环境行政机关在重新作出行政行为时还应遵守第 71 条之规定:“人民法院判决被告重新作出行政行为的,被告不得以同一的事实和理由作出与原行政行为基本相同的行政行为。”

当被诉环境行政机关无正当理由不履行法定职责时,行政相对人可以就此提起环境行政履行之诉,人民法院经过审理查明确有不履行法定职责情形的,应判决被诉环境行政机关在一定期限内履行。《行政诉讼法》(2014 年)修订后,最高人民法院《关于适用〈中华人民共和国行政诉讼法〉若干问题的解释》(2015 年)第 22 条规定:“原告请求被告履行法定职责的理由成立,被告违法拒绝履行或者无正当理由逾期不予答复的,人民法院可以根据行政诉讼法第七十二条的规定[①],判决被告在一定期限内依法履行原告请求的法定职责;尚需被告调查或者裁量的,应当判决被告针对原告的请求重新作出处理。”

所谓环境行政变更之诉,是环境行政处罚明显不当,或者其他环境行政行为譬如排污费收取中涉及对款额的确定、认定确有错误的,行政相对人可以提起环境行政变更之诉。法院认定确有错误,作出的变更判决不得加重原告(行政相对人)的义务或者减损其权益,但利害关系人同为原告且诉讼请求相反的除外。变更判决涉及司法权与环境行政权之间的分工与界限问题,具体规定可直接适用《行政诉讼法》(2014 年)第 77 条之规定:“行政处罚明显不当,或者其他行政行为涉及对款额的确定、认定确有错误的,人民法院可以判决变更。人民法院判决变更,不得加重原告的义务或者减损原告的权益。但利害关系人同为原告,且诉讼请求相反的除外。”

2.驳回原告诉讼请求

《行政诉讼法》(2014 年)将原先维持判决改为驳回原告诉讼请求判决,其中第 69 条之规定,被诉环境行政行为证据确凿,适用法律、法规正确且符合法定程序时,或者行政相对人申请被诉行政机关履行职责或给付义务的理由不成立时,法院将作出驳回原告诉讼请求的判决。针对作为的环境行政行为,驳回原告诉讼请求必须满足 4 个条件:证据确凿,适用法律、法规正确,符合法定程序,无滥用职权、明显不当之情形。针对不作为的环境行政行为,驳回原告诉讼请求需满足以下条件

---

① 《行政诉讼法》(2014 年)第 72 条:“人民法院经过审理,查明被告不履行法定职责的,判决被告在一定期限内履行。”

之一即可:无履行职责或给付义务,已经合理合法履行了职责或义务,履行职责或义务的法定期限未届满,履行职责或义务的条件尚未具备。

3.环境行政赔偿之诉

环境行政赔偿诉讼是赔偿诉讼的种类之一,是一种特殊的诉讼形式,它是法院根据赔偿请求人的诉讼请求,依照行政诉讼程序规则、国家赔偿法律法规和环境保护类法律法规进行裁判的司法活动。当行政相对人单独提起环境行政赔偿诉讼时,要以环境行政赔偿义务机关现行处理为前提条件;当行政相对人在环境行政诉讼中一并提出赔偿请求时,通常则需要以确认行政行为违法为前提。依据《环境诉讼法》(2014年)第46条第1款之规定:"公民、法人或者其他组织直接向人民法院提起诉讼的,应当自知道或者应当知道作出行政行为之日起六个月内提出。法律另有规定的除外。"而《中华人民共和国国家赔偿法》(以下称《国家赔偿法》)(2013年)第14条之规定:"赔偿义务机关在规定期限内未作出是否赔偿的决定,赔偿请求人可以自期限届满之日起三个月内,向人民法院提起诉讼。赔偿请求人对赔偿的方式、项目、数额有异议的,或者赔偿义务机关作出不予赔偿决定的,赔偿请求人可以自赔偿义务机关作出赔偿或者不予赔偿决定之日起三个月内,向人民法院提起诉讼。"因《国家赔偿法》属于《行政诉讼法》中"法律另有规定"的情形,故而在起诉期限上适用3个月的起诉期限。

三、环境刑事诉讼制度

环境刑事诉讼制度在程序规范方面可直接适用刑事诉讼法律规范,此处主要讨论环境刑事诉讼中两类实体性法律规范问题:环境刑事责任的构成要件和环境资源犯罪类型的划分。

(一)环境资源刑事诉讼中责任的构成要件

根据"四要件"的一般犯罪构成理论,环境资源保护犯罪也必须具备四个要件:环境资源犯罪的主体、环境资源犯罪的主观方面、环境资源犯罪的客体、环境资源犯罪的客观方面。

环境资源犯罪的主体可以是自然人也可以是法人。根据刑法分则中的规定大部分环境资源犯罪的主体是自然人,但也不排除有单位犯罪的情形,譬如《中华人民共和国固体废弃物污染防治法》(1995年)第72条规定:"违反本法规定,收集、贮存、处置危险废物,造成重大环境污染事故,导致公私财产重大损失或者人身伤亡的严重后果的,比照刑法第一百一十五条或者第一百八十七条的规定追究刑事责任。单位犯本条罪的,处以罚金,并对直接责任的主管人员和其他直接责任人员依照前款规定追究刑事责任。"

环境资源犯罪的主观方面包括故意和过失两种情形。大部分环境资源犯罪的主观方面表现为故意,即行为人明知自己的行为违法,并且可能造成严重的环境污染或者人身、财产等的损失，仍然实施了该行为，譬如非法捕捞水产品罪、走私废物和擅自进口固体废物罪、非法狩猎罪、非法采矿罪等。而部分环境资源犯罪中主观方面也可以表现为过失。比如严重污染环境罪的主观方面既可以表现为故意也可以是过失。其中主观过失的情形为：对于造成的环境污染结果，行为人对向环境排放有害物质是明知的，但对于由此可能造成的环境污染结果没有预见到或者轻信能够避免。

我国传统刑法理论中的犯罪客体具体指犯罪行为所侵害的为刑法所保护的社会关系。关于环境资源犯罪的客体讨论，学界争论各异。但也有刑法学者表示"犯罪客体实质上就是刑法上的法益，即犯罪客体的内容应当是刑法所保护的法益，而不宜表达为社会关系"[①]。法益分析视角下的生态法益观点适用在刑法分则第六章第六节破坏环境资源保护罪中较为适当，譬如，2011 年《刑法修正案（八）》中将"造成重大环境污染事故，致使公私财产遭受重大损失或者人身伤亡的严重后果"的规定取消，换言之，即使没有具体的社会关系的体现，造成重大环境污染即使没有具体人身财产损失亦可以成罪，这是对传统刑法社会关系理论和人本主义法益观的实践反思，生态法益理论的出现和发展为环境资源犯罪提供了理论指引。

环境资源犯罪的客观方面是指刑法规定的具有破坏资源、污染环境和其他社会危害且应受刑罚处罚的污染行为，以及由此行为造成或可能造成的环境污染或其他危害社会的结果。在具体罪名中可能还包括实施犯罪的时间、地点等因素。在环境污资源犯罪中，强调污染环境必须达到一定程度，即环境污染行为必须达到"严重污染环境"且造成了环境污染或其他社会危害后果，没有此严重后果，则不构成相关犯罪，譬如严重污染环境罪。但也存在一部分行为犯，即行为人只要实施了刑法分则中所禁止的行为，即使没有造成严重污染环境的后果也成立犯罪，譬如非法捕捞水产品罪、非法狩猎罪、非法采矿罪、盗伐林木罪等。

（二）环境资源刑事诉讼中的犯罪类型（环境刑事追诉的犯罪类型）

《中华人民共和国刑法》（以下称《刑法》）（1997 年）第 6 章（妨害社会管理秩序罪）第 6 节是专节规定破坏资源保护类犯罪，其中第 338 条规定："违反国家规定，向土地、水体、大气排放、倾倒或者处置有放射性的废物、含传染病病原体的废物、有毒物质或者其他危险废物，造成重大环境污染事故，致使公私财产遭受重大损失或者人身伤亡的严重后果的，处三年以下有期徒刑或者拘役，并处或者单处罚金；后果特别严重的，处三年以上七年以下有期徒刑，并处罚金。"根据该条规定环境污染行为入罪条件是"造成重大环境污染事故，致使公私财产遭受重大损失或者人身伤亡的严重后果"，但司法实践中有许多环境污染案件没有具体的受害人而是对局

---

① 张明楷：《法益初论》，中国政法大学出版社 2000 年版，第 183 页。

部的生态环境造成破坏，比如武威的沙漠排污案。所以2011年《刑法修正案(八)》对该条文进行了修订，此次修正案第46条规定将《刑法》第338条修改为："违反国家规定，排放、倾倒或者处置有放射性的废物、含传染病病原体的废物、有毒物质或者其他有害物质，严重污染环境的，处三年以下有期徒刑或者拘役，并处或者单处罚金；后果特别严重的，处三年以上七年以下有期徒刑，并处罚金。"此次修订体现了对传统人本主义法益观的反思，将生态法益初次体现在刑事法律规范中去，不仅是我国环境法律制度体系的进一步完善，也是我国刑事立法和法理的进步。

《刑法》(2011年)第6章第6节第338条至第346条规定的环境资源保护犯罪包括：严重污染环境罪，非法处置进口的固体废物罪，走私废物和擅自进口固体废物罪，非法捕捞水产品罪，非法猎捕、杀害珍贵、濒危野生动物罪，非法收购、运输、出售珍贵、濒危野生动物及其制品罪，非法狩猎罪，非法占用农用地罪，非法采矿罪、破坏性采矿罪，非法采伐、毁坏国家重点保护植物罪，非法收购、运输、加工、出售国家重点保护植物、国家重点保护植物制品罪，盗伐林木罪、滥伐林木罪，非法收购、运输盗伐、滥伐的林木罪。除此章节规定的环境资源保护罪之外，当负有环境保护监管职责的国家机关工作人员严重不负责任，不履行或者不认真履行环境保护监管职责导致发生重大环境污染事故，致使公私财产遭受重大损失或者造成人身伤亡的严重后果时，应追究国家环境行政机关工作人员的环境监管失职刑事责任。

四、海洋生态环境保护领域的专门化诉讼制度

(一)海洋自然资源和生态环境损害赔偿诉讼制度的立法现状

我国海洋环境保护相关立法始于20世纪70年代，《防止沿海水域污染暂行规定》(1974年)等涉及海洋资源和海洋生态保护的相关立法陆续颁布。1982年制定的《海洋环境保护法》是我国第一部保护海洋环境的综合性专门法律。为了更好落实和实施该法律，国务院又陆续出台了一系列配套法律法规，譬如《防止船舶污染海域管理条例》(1983年，已失效)、《海洋石油勘探开发环境保护条例》(1983年)、《海洋倾废管理条例》(1985年)、《防止拆船污染环境管理条例》(1988年)、《防治船舶污染海洋环境管理条例》(2009年)等。[①] 根据《生态环境损害赔偿改革方案》(2018年)的规定，以下情形不适用本方案："1.涉及人身伤害、个人和集体财产损失要求赔偿的，适用侵权责任法等法律规定；2.涉及海洋生态环境损害赔偿的，适用海洋环境保护法等法律及相关规定。"所以，海洋自然资源和生态环境损害赔偿诉讼制度不适用于《方案》而单独适用《海洋环境保护法》等法律规定。

---

① 金瑞林：《环境法学》，北京大学出版社2016年版，第173页。

海洋自然资源和生态环境损害赔偿诉讼的相关规定主要参见《海洋环境保护法》(2017 年)、《民事诉讼法》(2017 年)、《海事诉讼特别程序法》(2000 年)等法律的规定。其中最高人民法院《关于审理海洋自然资源与生态环境损害赔偿纠纷案件若干问题的规定》(2017 年)第 3 条规定:"海洋环境保护法第五条规定的行使海洋环境监督管理权的机关,根据其职能分工提起海洋自然资源与生态环境损害赔偿诉讼,人民法院应予受理。"而《海洋环境保护法》(2017 年)第 5 条规定了各类海洋环境监管机关的职权分配。①

(二)海洋自然资源和生态环境损害赔偿诉讼制度的内容

管辖与原告主体资格的规定。在我国管辖海域内的海洋自然资源与生态环境造成损害,才可以提起海洋自然资源和生态环境损害赔偿诉讼,其管辖法院为损害行为发生地、损害结果地或者采取预防措施地海事法院。根据最高人民法院《关于审理海洋自然资源与生态环境损害赔偿纠纷案件若干问题的规定》(2017 年)第 3 条和《海洋环境保护法》(2017 年)第 5 条、第 89 条第 2 款之规定可知,海洋自然资源和生态环境损害赔偿诉讼的适格原告范围包括国家海洋行政主管部门、国家海事行政主管部门、国家渔业行政主管部门、军队环境保护部门和沿海县级以上地方人民政府行使海洋环境监督管理权的部门等。

海洋自然资源和生态环境损害赔偿诉讼之赔偿范围的确定。根据最高人民法院《关于审理海洋自然资源与生态环境损害赔偿纠纷案件若干问题的规定》(2017 年)第 7 条的规定,海洋自然资源与生态环境损失赔偿范围包括预防措施费用、恢

① 《海洋环境保护法》(2017 年)第 5 条:"国务院环境保护行政主管部门作为对全国环境保护工作统一监督管理的部门,对全国海洋环境保护工作实施指导、协调和监督,并负责全国防治陆源污染物和海岸工程建设项目对海洋污染损害的环境保护工作。国家海洋行政主管部门负责海洋环境的监督管理,组织海洋环境的调查、监测、监视、评价和科学研究,负责全国防治海洋工程建设项目和海洋倾倒废弃物对海洋污染损害的环境保护工作。国家海事行政主管部门负责所辖港区水域内非军事船舶和港区水域外非渔业、非军事船舶污染海洋环境的监督管理,并负责污染事故的调查处理;对在中华人民共和国管辖海域航行、停泊和作业的外国籍船舶造成的污染事故登轮检查处理。船舶污染事故给渔业造成损害的,应当吸收渔业行政主管部门参与调查处理。国家渔业行政主管部门负责渔港水域内非军事船舶和渔港水域外渔业船舶污染海洋环境的监督管理,负责保护渔业水域生态环境工作,并调查处理前款规定的污染事故以外的渔业污染事故。军队环境保护部门负责军事船舶污染海洋环境的监督管理及污染事故的调查处理。沿海县级以上地方人民政府行使海洋环境监督管理权的部门的职责,由省、自治区、直辖市人民政府根据本法及国务院有关规定确定。"第 89 条:"造成海洋环境污染损害的责任者,应当排除危害,并赔偿损失;完全由于第三者的故意或者过失,造成海洋环境污染损害的,由第三者排除危害,并承担赔偿责任。对破坏海洋生态、海洋水产资源、海洋保护区,给国家造成重大损失的,由依照本法规定行使海洋环境监督管理权的部门代表国家对责任者提出损害赔偿要求。"

复费用、恢复期间损失、调查评估费用。[①]

(三)海洋自然资源和生态环境损害赔偿诉讼制度的运行

海洋自然资源和生态环境损害赔偿诉讼在法律规范上主要适用《海事诉讼特别程序法》(2000年)、《民事诉讼法》(2017年)、最高人民法院《关于审理海洋自然资源与生态环境损害赔偿纠纷案件若干问题的规定》(2017年)等。除此之外,该《规定》(2017年)第12条作了援引司法解释的说明,"人民法院审理海洋自然资源与生态环境损害赔偿纠纷案件,本规定没有规定的,适用最高人民法院《关于审理环境侵权责任纠纷案件适用法律若干问题的解释》、最高人民法院《关于审理环境民事公益诉讼案件适用法律若干问题的解释》等相关司法解释的规定"。

海洋自然资源和生态环境损害赔偿诉讼的立案公告、共同诉讼、合并审理、禁止反诉等问题,《规定》第4条和第5条明确了立案公告、列为共同原告、合并审理以及是否可以作为共同诉讼等规范,关于此类诉讼的是否允许反诉的问题,可援引最高人民法院《关于审理环境民事公益诉讼案件适用法律若干问题的解释》(2015年)第17条禁止反诉之规定[②]。

调解、和解与强制执行程序。根据《规定》第10条、第11条,裁判生效后需要强制执行的,可移送法院强制执行,具体程序可参照其他法律规范。海洋自然资源与生态环境损害赔偿诉讼当事人可以参与调解或者自行达成和解,具体调解与和解的程序依照最高人民法院《关于审理环境民事公益诉讼案件适用法律若干问题的解释》第25条的规定处理[③]。

---

① 《最高人民法院关于审理海洋自然资源与生态环境损害赔偿纠纷案件若干问题的规定》(2017年)第7条:"海洋自然资源与生态环境损失赔偿范围包括:(一)预防措施费用,即为减轻或者防止海洋环境污染、生态恶化、自然资源减少所采取合理应急处置措施而发生的费用;(二)恢复费用,即采取或者将要采取措施恢复或者部分恢复受损害海洋自然资源与生态环境功能所需费用;(三)恢复期间损失,即受损害的海洋自然资源与生态环境功能部分或者完全恢复前的海洋自然资源损失、生态环境服务功能损失;(四)调查评估费用,即调查、勘查、监测污染区域和评估污染等损害风险与实际损害所发生的费用。"

② 《最高人民法院关于审理环境民事公益诉讼案件适用法律若干问题的解释》(2015年)第17条:"环境民事公益诉讼案件审理过程中,被告以反诉方式提出诉讼请求的,人民法院不予受理。"

③ 《最高人民法院关于审理环境民事公益诉讼案件适用法律若干问题的解释》(2015年)第25条:"环境民事公益诉讼当事人达成调解协议或者自行达成和解协议后,人民法院应当将协议内容公告,公告期间不少于三十日。公告期满后,人民法院审查认为调解协议或者和解协议的内容不损害社会公共利益的,应当出具调解书。当事人以达成和解协议为由申请撤诉的,不予准许。调解书应当写明诉讼请求、案件的基本事实和协议内容,并应当公开。"

五、2007年环境诉讼实践的快速发展

(一)典型的环境诉讼案例

涉环境要素的私益诉讼与专门的环境诉讼有着本质的区别，涉环境要素的私益诉讼本质上仍属于普通私益诉讼领域，在法律适用上与既有的法律制度不存在冲突，而环境诉讼主要指以维护公共利益为目的提起的诉讼，具有公益性，在起诉主体、适用程序、举证规则、实体法规范等方面都存在特殊性，目前我国已初步形成了起了专门的环境诉讼法律体系。虽然2014年之前我国尚未对环境诉讼作出专门立法，但我国环境司法实践中，已经出现了有关环境诉讼的案例，其中具有代表性的案例梳理如表12-1。

表 12-1

案件名称	受理时间及受理法院	诉讼请求	判决内容	实体法律依据
乐陵市人民检察院诉被告范某环境污染案件	2003年乐陵市人民法院	请求法院依法判令被告停止侵害、排除妨害、消除危险。	判决被告范某将其所经营的金鑫化工厂，于本判决生效后的五日内自行拆除，停止对社会公共利益的侵害，排除对周围群众的妨碍，消除对社会存在的危险。	依据《民法通则》第5条、第73条、第134条规定。
北大师生诉中石油公司松花江污染案	2005年黑龙江省高级人民法院（黑龙江省高级人民法院原告不适格；案件不属于人民法院受案范围等原因拒绝受理本案）	要求法院判决被告消除对松花江的未来危险并承担恢复原状责任；赔偿100亿元人民币用于治理松花江流域污染和恢复生态平衡；责令第三人共同或分别设立并管理松花江流域污染治理基金，以便作出基本的政府投入以及接受被告赔付的资金，由该基金持续性安排资金恢复松花江流域的生态平衡；判令被告支付本案诉讼费。		

续表

案件名称	受理时间及受理法院	诉讼请求	判决内容	实体法律依据
贵阳市“两湖一库”管理局诉天峰化工公司红枫湖污染案	2007年清镇市人民法院环境保护法庭	要求法院判令被告天峰化工公司立即停止对红枫湖及其上游河流羊昌河环境的侵害,并排除妨害、消除危害。	被告贵州天峰化工有限公司在判决生效之日起立即停止使用磷石膏尾矿废渣场,停止磷石膏尾矿废渣对环境的侵害,于本年3月31日近期消除对环境的影响。	《地表水环境质量标准》以及《民法通则》第5条、第73条、第134条规定。
海珠区检察院诉洗水厂水污染案	2008年广州海事法院	诉讼请求是立即停止违法排放污水,并赔偿污水直接排放石榴岗河所造成的环境影响经济损失11万余元。	判决被告陈忠明赔偿环境污染损失和费用共117289.20元。因原告系代表国家提起诉讼,原告受偿的款项应如数上交国库,用于治理石榴岗河的污染。	最高人民法院《关于民事诉讼证据的若干规定》第4条第3款;《中华人民共和国民法通则》第106条和第124条;《中华人民共和国水污染防治法》第20条、第21条、第22条、第24条规定。

续表

案件名称	受理时间及受理法院	诉讼请求	判决内容	实体法律依据
朱正茂、中华环保联合会与江阴港集装箱公司环境污染责任纠纷案	2009年江苏省无锡市中级人民法院	请求判令集装箱公司停止侵害,使港口周围的大气环境符合环境标准,排除妨碍;对铁矿粉冲洗进行处理,消除对饮用水源地和取水口产生的危险;将港口附近的下水道恢复原状,铁矿粉泥做无害化处理。	经法院依法主持调解,双方当事人达成协议,由集装箱公司限期补办相关的行政许可审批手续,限期内未获得行政许可的,必须立即停止相关业务;在申办期内,必须做到无尘化装卸作业,不得向周边河流、水域排放任何影响水体质量的污染物,不得产生超过国家规定标准的噪声;每三十日书面报告本协议履行情况,并附当地环境保护行政主管部门的环境监测报告。无锡中院于2009年9月出具民事调解书,对上述协议依法予以确认。	
番禺区检察院诉博朗五金厂水域污染纠纷案	2010年广东省广州市番禺区人民法院	诉请法院判决:(1)被告立即停止违法排放废水等一切破坏水域环境的行为;(2)被告承担将未经处理的废水直接排入广州市番禺区大石街大维涌大石水道造成的环境影响经济损失费等各项费用,共计人民币79500元;(3)被告承担本案的案件受理费。	一、被告广州市番禺博朗五金厂立即停止违法排放废水破坏水域环境的行为; 二、被告广州市番禺博朗五金厂应于本判决生效之日起十五日内向原告广州区人民法院支付造成广州市番禺区大石街大维涌大石水道的环境经济损失79500元。	依照《中华人民共和国民法通则》第117条第2款、第124条、第134条第1款第(一)、(七)项规定。

(二)专门化环境诉讼机构的建立

2002年至2011年,全国法院受理环境资源刑事、民事、行政一审案件118779件,审结116687件。2012年1月至2016年6月,全国法院受理环境资源刑事、民事、行政一审案件575777件，审结550138件。[①] 由此可知，近20年来我国环境资源类案件数量激增，不乏涉环境要素的刑事、民事、行政案件和真正意义上的环境资源和生态保护专门案件，所以厘清环境资源和生态保护案件与其他传统涉环境要素案件的界线是推动环境诉讼专门化工作的重要内容。2007年11月20日，贵阳市中级人民法院环境保护审判庭、清镇市人民法院环境保护庭正式成立，被誉为"中国第一个生态保护法庭"。2014年7月3日，最高人民法院举行新闻发布会，设立专门的环境资源审判庭。截至2014年7月全国已有16个省份设立了134个环境资源审判庭、合议庭或者巡回法庭。

(三)环境诉讼制度的地方经验

最为典型，也是最早形成的环境诉讼地方经验当属贵阳模式。2007年11月20日，贵阳市中级人民法院环境保护审判庭及清镇市人民法院正式成立全国首家环境保护法庭。2010年3月1日，全国第一部促进生态文明建设的地方性法规《贵阳市促进生态文明建设条例》随之出台施行，明确提出了环境公益诉讼案件诉讼费用的缓、免，专家证言定案，评估、鉴定等费用由环保基金资助等新举措。同年，贵阳中院、清镇市法院推出《关于大力推进环境公益诉讼、促进生态文明建设的实施意见》。该《意见》明确公民、法人和其他组织的监督、检举和控告权，丰富了公众参与的形式，畅通法律援助渠道，细化环境公益诉讼执行保全费用减免的规定。在具体环境公益诉讼案件审判过程中，环保法庭实行能动司法，创新刑事惩罚、经济处罚和生态修复三管齐下的环保审判新模式。[②]

继贵阳模式后，无锡模式也是我国环境诉讼地方经验的典型代表。2008年无锡中院环境保护审判庭正式挂牌成立，成为全国第二个环境保护审判庭。随后，无锡市人民法院联合人民检察院出台了《关于办理环境民事公益诉讼案件的试行规定》，进一步细化了环境公益诉讼的原告、诉讼范围、管辖、诉讼费用、举证责任等环境公益诉讼相关的问题。2008年6月全国首个检察机关为原告提起的环境公益诉讼在无锡中院环保法庭开庭审理，此案为"检察院机关可不可当环境公益诉讼的原告"的争论打响了司法实践的第一枪。中华环保联合会提起环境公益诉讼全国第一案亦在无锡中院环保法庭开庭审理，为社会组织为原告提起的环境公益诉讼奠定了司法实践基础。无锡法院创新地提出了前置性"禁止令"制度，主要目的在于解决环境行政执法强制措施弱，调查取证困难等问题。这一制度也推动了一系列环境司法与环境行政联动制度的革新，实现环境司法与环境行政的有效衔接。

---

① 数据来源:《中国环境资源审判(2016—2017)》(白皮书)。

② 《人民法院报》,http://www.360doc.com/content/11/0502/00/943329_113650209.shtml.

第三节　面向未来的环境诉讼制度

一、2014 年以来中国环境诉讼制度发展的特点

自党的十八大提出“大力推进生态文明建设”的目标以来，中国环境法律制度体系建设也提上了新的日程。2014 年 4 月 26 日《环境保护法》修订案的通过开启了中国环境法治的新时代，以此为契机，面向审判机构、机制、规则、理论和团队等方面的专门化环境诉讼制度也逐步得以建立。在这一进程中，中国环境诉讼制度规范陆续出台，内容不断丰富，规范形式也日益多样化。整体而言，2014 年以来中国环境诉讼制度的发展呈现出了以下三个方面的显著特征。

第一，生态文明制度建设和环境司法专门化发展为中国环境诉讼制度的专门化发展提供了重要契机。2014 年之前，社会各界已有对环境诉讼发展实践的广泛关注，2012 年修订的《民事诉讼法》也对包括环境民事公益诉讼在内的公益诉讼制度作了较为原则性的规定。与此同时，诸多典型环境诉讼案件也陆续涌现出来，但专门规定环境诉讼的制度规范一直没有制定。然而，随着生态文明建设的进一步推进，以“四梁八柱”为核心的生态文明制度、体制建设和改革逐渐成为现阶段中国环境保护的重心工作。为此，党的十八大报告提出了“加强生态文明制度建设”的目标，中共中央、国务院也于 2015 年印发了《生态文明改革总体方案》，明确了中国生态文明制度体系建设的总目标和具体任务。生态文明体制改革为中国环境诉讼制度的专门化发展奠定了重要基础，以生态修复制度、生态环境损害赔偿制度等为核心的专门化环境诉讼制度不断以政策或法律的规范形式相继出台，如中央办公厅、国务院办公厅于 2015 年在吉林等部分省、市试点并于 2017 年在全国范围内试点推行的《生态环境损害赔偿制度改革方案》等。另外，以 2007 年清镇市人民法院生态保护法庭的成立为标志的环境司法专门化发展也推动了环境诉讼制度的建立，如最高人民法院会同民政部、环境保护部于 2014 年联合发布的《关于贯彻实施环境民事公益诉讼制度的通知》，最高人民法院于 2014 年发布的《关于全面加强环境资源审判工作推进生态文明建设提供有力司法保障的意见》，最高人民法院于 2015 年颁布的《关于审理环境民事公益诉讼案件适用法律若干问题的解释》等，就环境案件管辖、证据共享、生态修复等制度作了具体规定。

第二，环境诉讼制度规范类型多样，且相互之间存在较为明显的制度交叉和重叠。2014 年以来，中国环境诉讼制度不仅通过相关立法和司法解释陆续出台，还有大量的国家环境政策也就中国环境诉讼制度的变革发展作出了创新性规定。前者如 2017 年修订的《民事诉讼法》和《行政诉讼法》、2014 年《环境保护法》修订案、

2015年最高人民法院颁布的《关于审理环境民事公益诉讼案件适用法律若干问题的解释》、2018年最高人民法院和最高人民检察院颁布的《关于检察公益诉讼案件适用法律若干问题的解释》等。而后者主要有中共中央、国务院于2015年印发的《生态文明体制改革总体方案》以及于2017年印发的《生态环境损害赔偿制度改革方案》等,其中不乏专门的环境司法政策,如最高人民法院于2014年发布的《关于全面加强环境资源审判工作推进生态文明建设提供有力司法保障的意见》、2018年最高人民检察院与国土资源部联合发布的《关于加强协作推进行政公益诉讼促进法治国土建设的意见》等,为环境诉讼实践的具体开展提供了有力的制度保障。然而,由于现有各种制度规范在制定主体、制度设计初衷等方面的差异,相关立法、司法解释和环境政策相互之间出现了大量的制度交叉和重叠现象,如2017年修订的《民事诉讼法》《行政诉讼法》所规定的环境公益诉讼与2017年《生态环境损害赔偿制度改革方案》创设的生态环境损害赔偿诉讼之间的衔接或整合问题等。这些问题的解决将成为今后中国环境诉讼制度改革发展的重要内容。

第三,基于环境资源这类公共物品治理的需要,环境诉讼的制度设计和实践运行体现出了显著的公众参与特征。公众参与作为环境民主原则的具体实现方法,已经成为衡量现代国家环境法治水平的重要标志。在以环境诉讼推进环境法治的当下中国,公众参与在中国环境诉讼制度的设计和运行中扮演着越来越重要的角色。比较发现,2012年修订的《民事诉讼法》和2014年《环境保护法》修订案关于社会组织提起环境民事公益诉讼的制度设计是中国环境诉讼制度中公众参与的直接体现。除了以环境民事公益诉讼原告资格实现公众参与之外,2014年以来的诸多环境诉讼制度规范还规定了具体公众参与制度,如2015年最高人民法院颁布的《关于审理环境民事公益诉讼案件适用法律若干问题的解释》规定的环境公益诉讼专家(证人)辅助人、生态修复的专家意见等制度,以及2017年《生态环境损害赔偿制度改革方案》规定的社会公众参与生态环境损害调查、鉴定评估、修复方案编制,以及鼓励社会组织依法开展生态环境损害赔偿诉讼等具体内容。然而,从政府、企业、社会公众三方主体构成的环境法权结构来看,社会公众参与环境法治的范围和方式仍有待进一步拓展。为了实现环境法权结构的平衡,未来中国环境诉讼的发展将围绕社会组织提起环境行政公益诉讼、生态环境损害赔偿诉讼等制度设计而有新的突破。

二、专门化环境诉讼制度的类型梳理

2014年以来,中国环境诉讼制度专门化的发展是各种不同类型制度规范共同推动的结果。具体而言,中国环境诉讼制度发展的制度规范类型包括如下四类,即相关法律、司法解释、中央和国家环境政策、司法政策等。四类制度规范的具体名称和所规定的主要制度分别如表12-2所示。

表 12-2

制度类型	名称	制定及修订时间
法律	《中华人民共和国民事诉讼法》	1991 年制定,2007 年、2012 年、2017 年修订
	《中华人民共和国行政诉讼法》	1989 年制定,2014 年、2017 年修订
	《中华人民共和国环境保护法》	1989 年制定,2014 年修订
	《中华人民共和国海洋环境保护法》	1982 年制定,1999 年、2013 年、2016 年修订
司法解释	《关于审理环境民事公益诉讼案件适用法律若干问题的解释》	2015 年出台
	《关于检察公益诉讼案件适用法律若干问题的解释》	2018 年出台
	《关于审理海洋自然资源与生态环境损害赔偿纠纷案件若干问题的规定》	2017 年出台
	《人民法院审理人民检察院提起公益诉讼案件试点工作实施办法》	2016 年出台
	《检察机关民事公益诉讼案件办理指南(试行)》	2018 年出台
	《检察机关行政公益诉讼案件办理指南(试行)》	2018 年出台
中央和国家环境政策	十八、十九大报告中的"生态文明"篇章	2012 年、2017 年
	《关于加快推进生态文明建设的意见》	2015 年出台
	《生态文明体制改革总体方案》	2015 年出台
	《生态环境损害赔偿制度改革试点方案》	2015 年出台
	《生态环境损害赔偿制度改革方案》	2017 年出台
	《关于推行环境污染第三方治理的意见》	2017 年出台
司法政策	《关于全面加强环境资源审判工作推进生态文明建设提供有力司法保障的意见》	2014 年出台
	《检察机关提起公益诉讼改革试点方案》	2015 年出台
	《关于加强协作推进行政公益诉讼促进法治国土建设的意见》	2018 年出台

根据表12-2显示，中国环境诉讼制度的发展不仅仅依靠相关法律的推动，新近出台的各种司法解释和环境政策（包括司法政策）已成为当下中国环境诉讼发展的重要制度规范。从具体内容来看，法律之外的各种制度规范不但引领中国环境诉讼制度的革新方向，而且成为中国环境诉讼制度立法前的重要试错机制，为后续立法完善和制度实施绩效的发挥奠定了重要基础。前者如《关于审理环境民事公益诉讼案件适用法律若干问题的解释》所规定的生态环境修复责任方式，这一制度规定为界分传统环境污染侵权责任和环境公共利益侵害责任，进而为实现环境诉讼专门化提供了制度变革的方向；后者则如《生态环境损害赔偿制度改革方案》所确立的生态环境损害赔偿制度。这一制度创新为中国环境诉讼迈入以功能分化为基础的精致化发展阶段作出了有益的制度尝试。

三、专门化环境诉讼制度的主要内容

（一）环境民事公益诉讼制度

如前文所述，中国环境民事公益诉讼制度的发展在一定程度上是诉讼实践推动的结果。在2012年《民事诉讼法》和2014年《环境保护法》修订之前，全国范围内已经出现了大量的环境民事公益诉讼案例，如2005年北大师生诉中石油公司松花江污染案、2007年贵阳市“两湖一库”管理局诉天峰化工公司红枫湖污染案、2009年中华环保联合会诉江阴港集装箱有限公司污染案等。囿于当时环境民事公益诉讼制度的缺失，致使2012年之前的诸多案件在审理过程中出现起诉资格不足、责任承担方式趋同于环境污染侵权诉讼等问题。然而，大量的诉讼案例不但成为推动中国环境公益诉讼制度的实践力量，而且还为环境民事公益诉讼的国家立法积累了丰富的经验。

2012年修订的《民事诉讼法》增加了民事公益诉讼条款。该法第55条规定，“对污染环境、侵害众多消费者合法权益等损害社会公共利益的行为，法律规定的机关和有关组织可以向人民法院提起诉讼”。这也是我国基本法律对公益诉讼制度的首次确认，之后在2014年《环境保护法》修订案第58条又新增了专门的环境民事公益诉讼条款，规定“依法在设区的市级以上人民政府民政部门登记”，且“专门从事环境保护公益活动连续五年以上且无违法记录”的社会组织“对污染环境、破坏生态，损害社会公共利益的行为”，可以向人民法院提起环境民事公益诉讼。2014年以来，中国环境民事公益诉讼实践有了具体的法律依据，因而也催生了大量的环境民事公益诉讼经典案例，如2014年江苏省泰州市环保联合会诉泰兴锦汇化工有限公司等水污染民事公益诉讼案、2015年中国生物多样性保护与绿色发展基金会诉宁夏瑞泰科技股份有限公司等腾格里沙漠污染系列民事公益诉讼案等。

2014年以来，中国环境民事公益诉讼制度除了《民事诉讼法》和《环境保护法》

的相关规定外，在相关司法解释和司法政策中有更为具体的规定。综合而言，中国环境民事公益诉讼制度的主要内容如下：

1.起诉主体

目前，能够提起环境民事公益诉讼的主体有两类：第一类是符合《民事诉讼法》第55条第1款和《环境保护法》第58条规定的社会组织，第二类是符合《民事诉讼法》第55条第2款规定的人民检察院。相比较而言，两类主体在提起环境民事公益诉讼时存在一些程序上的差异，符合条件的社会组织提起环境民事公益诉讼没有适用顺位的限制，而人民检察院提起环境民事公益诉讼却有顺位上的限制。具体为，要么没有法律规定的机关和社会组织提起环境民事公益诉讼，要么符合条件的机关和社会组织不提起环境民事公益诉讼时，人民检察院才可提起。当符合条件的机关和社会组织提起环境民事公益诉讼时，人民检察院的职能角色是支持起诉。

为了进一步明确起诉主体提起环境民事公益诉讼的条件，2015年《最高人民法院关于审理环境民事公益诉讼案件适用法律若干问题的解释》第1条在《民事诉讼法》和《环境保护法》规定的基础上又进一步作出了具体规定，符合条件的社会组织不但可以对已经损坏社会公共利益的环境污染和生态破坏行为提起环境民事公益诉讼，而且可以对具有损害社会公共利益重大风险的环境污染和生态破坏行为提起环境民事公益诉讼。同时在该《解释》的第2条还具体明确了社会组织的范围，即“依照法律、法规的规定，在社区的市级以上人民政府部门登记的社会团体、民办非企业单位以及基金会等”，都属于有资格提起环境民事公益诉讼的社会组织。

关于检察机关提起环境民事公益诉讼的主体资格，除了《民事诉讼法》第55条第2款的规定以外，2018年《最高人民法院最高人民检察院关于检察公益诉讼案件适用法律若干问题的解释》和2018年《检察机关民事公益诉讼案件办案指南（试行）》也有具体的规定。前者对诉前公告制度作出了具体规定，第13条规定诉前公告期间为30日，公告期满后，法律规定的机关和有关组织不提起诉讼的，人民检察院可向人民法院提起诉讼。在起诉材料提交时，人民检察院应当向法院提交已经履行公告程序的证明材料。2018年《检察机关民事公益诉讼案件办案指南（试行）》则从人民检察院提起环境民事公益诉讼的具体程序设计上作了详细规定，内容包括人民检察院对环境民事公益诉讼案件的管辖、立案条件和程序、诉前调查、诉前公告、支持起诉、直接起诉、二审、诉讼监督等。

2.证据制度

无论是2015年最高人民法院《关于审理环境民事公益诉讼案件适用法律若干问题的解释》，还是2018年最高人民法院、最高人民检察院《关于检察公益诉讼案件适用法律若干问题的解释》，都对社会组织和人民检察院提起环境民事公益诉讼初步证明责任作了规定，要求在提起环境民事公益诉讼时应当提交“被告的行为已经损害社会公共利益或者具有损害社会公共利益重大风险的初步证据”和“被告的行为已经损害社会公共利益的初步证明材料”。具体在社会组织提起的环境民事公益诉讼中，对与被告持有或应当持有的证据，2015年《最高人民法院关于审理环境民事公益诉讼案件适用法律若干问题的解释》第13条规定了证据推定制度，即“原告请求被告提供其排放的主要污染物名称、排放方式、排放浓度和总量、超标排放情况以及防治污染设施的建设和运行情况等环境信息，法律、法规、规章规定被告应当持有或者有证据证明被告持有而拒不提供，如果原告主张相关事实不利于被告的，人民法院可以推定该主张成立”。同时，该《解释》还规定了人民法院依职权调查证据制度、专家证人出庭作证制度以及不予确认损害社会公共利益的证据等制度。

人民检察院在环境民事公益诉讼中的证据规定更为具体，2018年《检察机关民事公益诉讼案件办案指南（试行）》规定了调查方式、调查内容、证据收集要求等内容。该《指南》规定，人民检察院的证据调查方式有：查阅、摘抄、复制有关行政执法卷宗材料；询问违法行为人、证人等；收集书证、物证、视听资料、电子证据等；咨询专业人员、相关部门或者行业协会等对专门问题的意见；委托鉴定、评估、审计；勘验、检查物证、现场；其他必要的调查方式。而调查的内容是：侵权主体的基本情况、行为人的违法行为及其具体过程、损害事实、违法行为与损害事实之间的因果关系、侵权主体的主观过错程度。证据收集的具体要求又因证据类别和证明内容的不同而有差异，该《指南》分别对询问、物证和书证的收集、视听资料和电子证据的收集、咨询、鉴定、评估、审计以及勘验作出了具体的规定。另外，在庭审环境，人民检察院还需对以下事项提供证据加以证明：一是提出的诉讼请求所依据的事实或者反驳对方意见所依据的事实；二是履行诉前程序的事实。

3.责任承担方式

2015年《最高人民法院关于审理环境民事公益诉讼案件适用法律若干问题的解释》和2018年《检察机关民事公益诉讼案件办案指南（试行）》均对环境民事公益诉讼中的责任承担方式作了规定。该《解释》第18条规定，“对污染环境、破坏生态，已经损害社会公共利益或者具有损害社会公共利益重大风险的行为，原告可以请求被告承担停止侵害、排除妨碍、消除危险、恢复原状、赔偿损失、赔礼道歉等民事责任”；该《指南》规定，“检察机关可以提出要求被告停止侵害、排除妨碍、消除危险、恢复原状、赔偿损失、赔礼道歉等诉讼请求”。

尽管上述责任承担方式中没有明确列举生态环境修复，但生态环境修复无疑是环境民事公益诉讼最为重要的责任承担方式。该《解释》第20条至第24条专门对生态环境修复责任作出了具体规定，主要内容有：明确生态环境修复责任的目的是将生态环境修复到损害发生之前的状态或功能；无法完全修复的，可采用替代性生态环境修复方式；生态环境的服务功能损失也属于环境民事公益诉讼的赔偿范围，该赔偿款项应当用于修复被损害的生态环境；生态环境修复的费用包括制定、实施修复方案的费用和监测、监管等费用，具体可通过相关部门和专家的意见确定。

4.刑事附带环境民事公益诉讼制度

刑事附带环境民事公益诉讼制度是2018年最高人民法院、最高人民检察院《关于检察公益诉讼案件适用法律若干问题的解释》所规定的一项较为独特的环境民事公益诉讼制度。该《解释》第20条规定，“人民检察院对破坏生态环境和资源保护……损害社会公共利益的犯罪行为提起刑事公诉时，可以向人民法院一并提起附带民事公益诉讼，由人民法院同一审判组织审理”。同时，该条第2款还规定，“人民检察院提起的刑事附带民事公益诉讼案件由审理刑事案件的人民法院管辖”。

根据以上规定可知，一方面，刑事附带环境民事公益诉讼不是独立的诉讼类型，而是依附于具体的环境刑事诉讼程序。因而在程序设计上有刑事附带环境民事公益诉讼案件由人民法院同一审判组织审理，以及由审理刑事案件的人民法院管辖的规定。另一方面，环境刑事诉讼的机能在于制裁犯罪行为人，而刑事附带环境民事公益诉讼却是面向生态环境公共利益侵害救济及生态环境修复的机制。因而在程序上设计附属于环境刑事诉讼的环境民事公益诉讼，将有利于填补环境刑事责任机制追究生态环境破坏和自然资源犯罪行为的不足，弥补环境刑法机能在环境犯罪规制领域的空缺。

然而，刑事附带环境民事公益诉讼制度缺乏充分的法律依据，该制度在实践运行中的诸多问题也没有得到立法或司法解释的具体规定，如环境刑事诉讼与刑事附带环境民事公益诉讼因在诉讼理念、责任方式等方面的巨大差异而能否紧密衔接，环境刑事诉讼中用于证明犯罪行为的证据如何作为刑事附带环境民事公益诉讼中生态环境公共利益损害的证明而采用，等等。

（二）环境行政公益诉讼制度

我国环境公益诉讼制度由最初“督企”模式逐步转向当下“督政”与“督企”并行模式，并朝着以建构“督政”为核心的多元环境公益诉讼制度体系的方向发展，而环境行政公益诉讼制度的建立标志着我国环境公益诉讼制度进入了“督政”与“督企”并行阶段。我国环境行政公益诉讼制度发端于2014年《中华人民共和国行政诉讼法》(1989年)修改，并由此进入高速发展期，2015年7月十二届全国人大常委会第十五次会议表决通过《全国人民代表大会常务委员会关于授权最高人民检察院在部分地区开展公益诉讼试点的决定》，授权最高人民检察院在北京、内蒙古、吉林、江苏、安徽、福建、山东、湖北、广东、贵州、云南、陕西、甘肃等13个省(自治区、直辖市)开展公益诉讼试点工作，并授权最高人民法院、最高人民检察院依据试点情况制定具体实施办法;同年,最高人民检察院发布了《检察机关提起公益诉讼改革试点方案》和《人民检察院提起公益诉讼试点工作实施办法》,对检察机关提起环境民事公益诉讼和环境行政公益诉讼试点工作作出具体规定。2016年最高人民法院颁布《人民法院审理人民检察院提起公益诉讼案件试点工作实施办法》,进一步细化了关于环境行政公益诉讼案件的立案审理流程和实体法律适用等规定,为我国环境行政公益诉讼制度正式以立法形式确立积累了司法实践经验。2017年6月27日第十二届全国人民代表大会常务委员会第二十八次会议决定对《中华人民共和国行政诉讼法》(2014年)作出修改,第25条增加1款,作为第4款:"人民检察院在履行职责中发现生态环境和资源保护、食品药品安全、国有财产保护、国有土地使用权出让等领域负有监督管理职责的行政机关违法行使职权或者不作为,致使国家利益或者社会公共利益受到侵害的,应当向行政机关提出检察建议,督促其依法履行职责。行政机关不依法履行职责的,人民检察院依法向人民法院提起诉讼。"人民检察院作为环境行政公益诉讼的起诉主体资格正式确立。2018年最高人民法院和最高人民检察院联合发布的《关于检察公益诉讼案件适用法律若干问题的解释》以及最高人民检察院办公厅发布的《检察机关公益诉讼案件办案指南》对环境行政公益诉讼的诉前、诉中程序和法律适用等问题进一步作了细化规定。

1.环境行政公益诉讼的诉前程序

根据《中华人民共和国行政诉讼法》(2017年)第25条第4款之规定[①],检察机关在提起环境行政公益诉讼之前,应该向行政机关提出检察建议督促其依法履行职责,行政机关不依法履行的才可以提起诉讼。但在司法实践中,检察机关提起环境行政公益诉讼的诉前程序较为复杂:依据《检察机关公益诉讼案件办案指南》(2018年)之规定,首先,当检察机关发现负有环境监管职能的行政机关不依法履行职责的线索时,应"制作立案审批表,附初步证据材料,经过初步调查的,还应附《立案审查报告》,报请检察长决定立案,并到案件管理部门登记。决定立案的,应当制作《立案决定书》"。其次,检察机关在提起环境行政公益诉前应查明:"行政机关的法定职责、权限和法律依据;行政机关违法行使职权或者不作为的证据;国家利益或者社会公共利益受到侵害的事实及状态;行政机关违法行使职权或者不作为与损害后果之间存在因果关系;其他需要查明的内容。""审查终结的,应当制作《诉前审查报告》并明确提出是否发出检察建议或终结审查的处理意见,并经集体讨论。"再次,经过立案调查发现负有环境监管义务的行政机关确有不依法履行义

① 《行政诉讼法》(2017年)第25条第4款:"人民检察院在履行职责中发现生态环境和资源保护、食品药品安全、国有财产保护、国有土地使用权出让等领域负有监督管理职责的行政机关违法行使职权或者不作为,致使国家利益或者社会公共利益受到侵害的,应当向行政机关提出检察建议,督促其依法履行职责。行政机关不依法履行职责的,人民检察院依法向人民法院提起诉讼。"

务之行为，应发出检察建议。最后，当检察建议回复期满后，行政机关仍没有纠正行为、履行职责或者没有回复的，且国家或者社会公共利益因此受侵害的，检察机关则以环境行政公益诉讼起诉人的身份依法提起诉讼。

2.环境行政公益诉讼的主体资格界定

关于环境行政公益诉讼原告资格问题，《行政诉讼法》（2017 年）第 25 条第 4 款，《关于检察公益诉讼案件适用法律若干问题的解释》（2018 年）第 4 条，《检察机关行政公益诉讼案件办案指南（试行）》（2018 年）均规定检察机关作为原告提起环境公益诉讼。检察机关提起环境行政公益诉讼在很大程度上解决了公共利益遭受损害时无人诉、无法依的现象。而关于环境行政公益诉讼的被告范围，可依据《行政诉讼法》（2017 年）第 2 条、第 3 条之规定“公民、法人或者其他组织认为行政机关和行政机关工作人员的行政行为侵犯其合法权益，有权依照本法向人民法院提起诉讼”，“行政机关及其工作人员不得干预、阻碍人民法院受理行政案件。被诉行政机关负责人应当出庭应诉。不能出庭的，应当委托行政机关相应的工作人员出庭”。除此之外，依据《关于检察公益诉讼案件适用法律若干问题的解释》（2018 年）第 21 条、第 23 条之规定“行政机关不依法履行职责的人民检察院依法向人民法院提起诉讼”“人民检察院依据行政诉讼法第 25 条第 4 款的规定提起行政公益诉讼，符合行政诉讼法第 49 条第 2 项、第 3 项、第 4 项及本解释规定的起诉条件的，人民法院应当登记立案”。由上可知，环境行政公益诉讼的被告为不依法履行环境监管职责或者不回复检察建议的行政机关。

3.环境行政公益诉讼的受案范围

《行政诉讼法》（2017 年）第 12 条规定了行政诉讼的受案范围，但诉讼原告限于公民、法人或者其他组织。而关于环境行政公益诉讼受案范围的规定，则依据《人民法院审理人民检察院提起公益诉讼案件试点工作实施办法》（2016 年）第 11 条之规定：“人民检察院认为在生态环境和资源保护、国有资产保护、国有土地使用权出让等领域负有监督管理职责的行政机关或者法律、法规、规章授权的组织违法行使职权或不履行法定职责，造成国家和社会公共利益受到侵害，向人民法院提起行政公益诉讼，符合行政诉讼法第 49 条第 2 项、第 3 项、第 4 项规定的，人民法院应当登记立案”，以及《关于检察公益诉讼案件适用法律若干问题的解释》（2018 年）第 21 条之规定“人民检察院在履行职责中发现生态环境和资源保护、食品药品安全、国有财产保护、国有土地使用权出让等领域负有监督管理职责的行政机关违法行使职权或者不作为，致使国家利益或者社会公共利益受到侵害的，应当向行政机关提出检察建议，督促其依法履行职责。行政机关应当在收到检察建议书之日起两个月内依法履行职责，并书面回复人民检察院。出现国家利益或者社会公共利益损害继续扩大等紧急情形的，行政机关应当在十五日内书面回复。行政机关不依法履行职责的，人民检察院依法向人民法院提起诉讼”。

4.环境行政公益诉讼的举证责任制度

在传统行政诉讼中，由于行政机关在证据收集能力及信息获取能力等方面都有着私主体所难以企及的巨大优势，故而不同于民事诉讼中“谁主张谁举证”的举证责任分配方式，在行政诉讼中采用“举证责任倒置”原则。但环境行政公益诉讼的原告为检察机关，不同于私主体的取证劣势的情况，一方面，依据《人民检察院提起公益诉讼试点工作实施办法》(2015年)第44条第2款之规定人民检察院提起行政公益诉讼应提交“国家和社会公共利益受到侵害的初步证明材料”，第45条以列举式条款规定了人民检察院承担举证责任的事项：“证明起诉符合法定条件；人民检察院履行诉前程序提出检察建议且行政机关拒不纠正违法行为或者不履行法定职责的事实；其他应当由人民检察院承担举证责任的事项。”另一方面，《检察机关行政公益诉讼案件办案指南(试行)》(2018年)有关行政公益诉讼举证责任分配的规定，“行政机关对其作出的行政行为的合法性承担举证责任”。而检察机关的举证内容分为三个方面：一是证明起诉符合法定条件；二是行政机关违法行使职权或者不作为，致使国家利益或者社会公共利益受到侵害的事实；三是检察机关已履行诉前程序，行政机关仍不依法履行职责或者纠正违法行为的事实。综上，检察机关的举证责任要重于一般行政诉讼的原告举证责任，其需要对行政机关作出行政行为的违法性、损害性和不合理性均承担举证责任。

(三)生态环境损害赔偿诉讼制度

生态环境损害赔偿是中国环境诉讼制度专门化发展的产物。目前，该制度处在改革试点阶段，因而尚无专门的法律规定。经过2015—2017年在吉林等部分省市开展改革试点工作以来，中央办公厅、国务院办公厅于2017年印发了《生态环境损害赔偿制度改革方案》(以下简称《方案》)。在当下中国生态文明制度体系建设进程中，《方案》的出台有着非常重要的意义。一方面，《方案》首次确立了独特的生态环境损害责任制度。在《方案》出台前的环境诉讼制度变革创新中，传统环境侵权责任和生态环境公共利益侵害责任是核心内容，由此也形成了较为完备的环境侵权诉讼和环境公益诉讼。然而，针对生态环境自身功能性损害的法律责任制度却是缺失的。《方案》所确立的生态环境损害责任制度是一种在本质上完全区别于传统环境侵权责任的生态(环境)损害责任和生态环境公共利益侵害责任的责任制度。毋庸置疑，《方案》所确立的生态环境损害责任制度既为环境法律责任的独立性价值奠定了理论基础，也为当下环境问题的解决提供了传统部门法无以解决的新答案。另一方面，《方案》通过政策制度手段确认了生态的功能性价值，并创新性地规定了一系列有利于保护生态功能性价值的行政和诉讼机制。自此，生态(环境、资源要素等)自身的价值和由人的主体性而对生态主张的价值之间的剥离在当下生态文明制度体系之中渐趋清晰，这为厘清不同"环境责任"[①]制度所追求的法益价值，从而有效、有序实施这些责任制度奠定基础。

《方案》对生态环境损害赔偿制度的具体内容规定主要有适用范围、赔偿范围、赔偿义务人、赔偿权利人、损害赔偿程序、鉴定评估、损害赔偿资金管理、公众参与等制度。

1.适用范围

《方案》明确了不同于传统环境污染侵权和生态环境公共利益损害的生态环境损害，并将其作为生态环境损害赔偿的范围。具体来说，属于生态环境损害赔偿范围的生态环境损害是指"因污染环境、破坏生态造成大气、地表水、地下水、土壤、森林等环境要素和植物、动物、微生物等生物要素的不利改变，以及上述要素构成的生态系统功能退化"。同时，《方案》也明确将"涉及人身伤害、个人和集体财产损失的赔偿"和"涉及海洋生态环境损害赔偿"排除了生态环境损害赔偿制度的适用范围之外。

2.赔偿范围

在上述适用范围领域，生态环境损害赔偿的范围也在《方案》中得到了具体规定。生态环境损害赔偿的范围包括但不限于清除污染的费用、生态环境修复费用、生态环境修复期间服务功能的损失、生态环境功能永久性损害造成的损失以及生态环境损害赔偿调查、鉴定评估等合理费用。除了上述规定的赔偿范围以外，《方案》的试行逐渐将环境健康损害也纳入赔偿范围之内。

3.赔偿义务人

赔偿义务人是指因违法行为造成生态环境损害的单位和个人。《方案》规定，赔偿义务人应当对违法造成生态环境损害的行为承担生态环境损害赔偿责任。为了与现有法律责任制度相互衔接，《方案》规定"现行民事法律和资源环境保护法律有相关免除或减轻生态环境损害赔偿责任规定的，按相应规定执行"。从《方案》的现有规定来看，政府及其部门和机构均不属于赔偿义务人。

4.赔偿权利人

赔偿权利人是《方案》在设计生态环境损害赔偿制度时的一大制度创新。《方案》规定赔偿权利人依据是全民所有的自然资源资产所有权制度。省级、市地级政府及其指定的部门或机构是代行全民所有的自然资源资产所有权的主体，因而可成为生态环境损害赔偿的权利人。详而言之，《方案》将国务院授权的省级和市地级政府作为本行政区域内生态环境损害赔偿的权利人。在具体的生态环境损害赔偿制度试点实践中，省级和市地级政府指定的相关部门或机构可作为赔偿权利人

---

① 此处的"环境责任"指的是一切涉生态环境和自然资源的责任制度，目的在于从概念上涵括环境侵权责任、生态环境社会公共利益侵害责任和生态环境损害赔偿责任等几种责任制度。

提起生态环境损害赔偿诉讼。除了省级和市地级政府指定的相关部门或机构外，《方案》将公民、法人和其他组织提起的生态环境损害赔偿请求作为今后改革试点的内容之一。

5.损害赔偿程序

生态环境损害赔偿程序分为两个阶段:第一阶段为赔偿磋商程序;第二阶段为赔偿诉讼程序。《方案》规定,赔偿权利人对于应对修复或赔偿的生态环境损害,可根据生态环境损害鉴定评估报告,就损害事实和程度、修复启动时间和期限、赔偿的责任承担方式和期限等具体问题与赔偿义务人进行磋商,并在统筹考虑修复方案技术可行性、成本效益最优化、赔偿义务人赔偿能力、第三方治理可行性等情况下,达成赔偿协议。赔偿协议一经司法确认,即具有强制执行的效力,赔偿义务人不履行或不完全履行的,赔偿权利人及其指定的部门或机构可向人民法院申请强制执行。如果磋商后未达成赔偿协议,第二阶段的赔偿诉讼程序将启动,赔偿权利人及其指定的部门或机构可提起生态环境损害赔偿诉讼。在赔偿诉讼程序中,诉讼规则的完善是重点内容。《方案》提出,应当从审判机构、分期赔付方式、多样化责任承担方式、诉前证据保全、先予执行、执行监督、起诉主体以及生态环境损害赔偿诉讼与环境公益诉讼之间的衔接等方面展开改革试点工作。

6.鉴定评估

生态环境损害赔偿制度的运行需要科学技术手段的支撑。为此,《方案》规定了生态环境损害鉴定评估制度,明确从专业评估队伍、评估管理制度和工作程序、与司法程序的衔接等方面不断加强生态环境损害赔偿鉴定评估。《方案》将生态环境损害赔偿鉴定评估工作分为两种类型,即为磋商提供鉴定意见的鉴定评估和为诉讼提供鉴定意见的鉴定评估。基于功能上的差异,《方案》对从事两类鉴定评估的机构作了特别的规定,为磋商提供鉴定意见的鉴定评估机构应当符合国家有关要求,而为诉讼提供鉴定意见的鉴定评估机构应当遵守司法行政机关等的相关司法规定和规范。相比较而言,为诉讼提供鉴定意见的鉴定评估有更为严格的要求。

7.损害赔偿资金管理

生态环境损害赔偿制度中的资金管理是经过磋商或诉讼程序后开展的生态环境损害修复程序中的一项具体制度。当赔偿义务人没有能力开展生态环境修复工作而委托具备修复能力的社会第三方机构进行生态环境修复时,赔偿义务人应当将修复资金支付给委托的社会第三方机构,社会第三方机构代为修复生态环境损害。《方案》还规定,当赔偿义务人造成的生态环境损害无法修复时,损害赔偿资金应当作为政府的非税收入全额上缴同级国库,纳入预算管理。

8.公众参与

生态环境损害赔偿制度中的公众参与分为两种形式。其一是通过改革试点逐步建立起法定的机关和符合条件的社会组织开展生态环境损害赔偿诉讼制度;其二是通过邀请专家和利益相关者参加生态环境修复或赔偿磋商程序，并从保障公众环境知情权的角度及时公布生态环境损害调查、鉴定评估、赔偿、诉讼裁判文书、生态环境修复效果报告等方面的信息。在第一种情形下，生态环境损害赔偿制度中的赔偿权利人的范围有可能经过改革试点而得以扩大，将法定的机关和符合条件的社会组织均纳入赔偿权利人范围之内。由此而引起的生态环境损害赔偿诉讼和环境公益诉讼在起诉主体、诉讼顺位等方面的相互衔接问题将成为今后立法规制的重要内容。

第四节　中国环境诉讼制度的未来发展

结合改革开放 40 年来发展演变历程，中国环境诉讼制度的未来发展将重点围绕以下三方面内容展开：

第一，以环境法权结构平衡为导向的环境诉讼主体制度将不断得以完善。近年来，中国环境诉讼制度日益丰富，已形成了多种类型的环境诉讼制度共存的格局。然而从环境诉讼制度对中国环境法治的贡献来看，仍然缺乏趋向于环境法权结构平衡的诉讼机制。譬如说，现有诉讼制度中最完善的当属围绕规范、制裁企业的环境污染和生态环境损害行为而设计的环境民事公益诉讼、海洋生态环境损害赔偿诉讼等诉讼制度，而旨在监督环境行政执法主体的环境行政公益诉讼仍然存在不甚完善的诸多方面。环境法中的法权结构是各类环境法治主体权利—权力关系的“理想类型”，是厘清环境法中权利构造的核心范畴。[①] 在由政府、企业和社会公众（第三方）共同组成的三角形结构中，各类主体应当享有的权利（权力）都是有所制约的，相互之间形成一种动态平衡的权利（权力）角力关系。从环境法权结构的理想图景来审视中国当下的环境诉讼制度设计，可从中发现现有制度设计在环境诉讼主体制度上的不足。以环境法权结构的动态平衡为出发点，中国环境诉讼制度完善的未来方向主要在各类环境诉讼中诉讼主体制度的合理拓展上。具体而言，社会组织无疑是法权结构视角下环境行政公益诉讼和生态环境损害赔偿诉讼的诉讼主体；省级、市地级政府及其指定的部门或机构也不必然是生态环境损害赔偿诉讼的唯一赔偿权利人；恰恰相反，省级、市地级政府及其指定的部门或机构在某些情形下还可以成为生态环境损害赔偿诉讼的赔偿义务人；等等。

第二，环境侵权诉讼、环境公益诉讼和生态环境损害赔偿诉讼等三类环境诉讼之间的关系将逐步明晰。中国环境诉讼制度的发展经历了从传统诉讼制度之中逐渐剥离，进而形成专门化环境诉讼制度的过程。然而，这一过程并未清晰呈现出中国环境诉讼制度的整体架构和轮廓。随着制度设计的日益精致化，在未来发展过

① 史玉成：《环境法学核心范畴之重构：环境法的法权结构论》，载《中国法学》2016 年第 5 期。

程中，中国环境诉讼制度将在现有基础上不断形成更为清晰的类型体系。具体而言，环境公益诉讼是一类明显区别于环境侵权诉讼的专门化环境诉讼类型，而生态环境损害赔偿诉讼制度的确立又使得专门化环境诉讼制度更趋精致化。尽管在当下制度设计及其诉讼实践中，环境侵权诉讼、环境公益诉讼、生态环境损害赔偿诉讼之间存在诸多方面的模糊、交叉、冲突等现象，但三类诉讼制度设计在目的、功能上的差异是显而易见的。环境侵权诉讼属于传统民事诉讼的特殊类型，价值在于救济因环境污染而对人身和财产的侵害；环境公益诉讼作为最初建立起来的专门化环境诉讼制度，价值在于救济因环境污染和生态破坏而造成的社会公共利益侵害，而最新试点的生态环境损害赔偿诉讼重在救济因生态环境损害行为造成的自然生态的功能性减损。以三类环境诉讼的功能分化为基础，生态环境修复等制度在生态环境损害赔偿诉讼与环境公益诉讼之间的衔接适用问题将会得以妥善解决。

第三，环境诉讼专门立法是未来环境诉讼制度发展的核心。环境司法专门化是推进中国环境法治，实现生态文明的重要途径。经过十多年的发展，环境司法专门化已在环境诉讼机构的专门化、环境司法队伍的专门化等方面取得了显著进步。相对而言，环境司法专门化在诉讼规则方面的发展相对滞后，虽然现有国家法律和政策对最新的环境诉讼规则作出了规定，但由于缺乏系统性的立法，各类环境诉讼规则之间的重叠、空缺、交叉、冲突等现象大量存在，致使环境诉讼实践面临法律援引上的困难，环境诉讼的效果也不甚理想。因此，推进系统的环境诉讼专门立法，将在很大程度上解决上述问题，从而是环境司法专门化的效果真正得以实现。环境诉讼专门立法不是对现有法律和政策中的环境诉讼制度规范进行汇编，而是从中国环境法治的路径、目的入手，建立一套包括所有环境诉讼类型和环境诉讼制度在内的诉讼规范体系。具体而言，环境诉讼专门立法应当着重规范以下问题：其一，环境诉讼的类型及其顺位选择；其二，环境诉讼前置程序；其三，环境诉讼案件的管辖；其四，环境诉讼当事人制度；其五，环境诉讼证据制度，如证据种类、举证责任、证明标准、因果关系认定和证据共享制度等；其六，责任承担方式的选择及其在不同环境诉讼类型中的选择；其七，环境诉讼案件的执行及基金监管制度。

综合而言，中国环境诉讼制度的未来发展不仅着眼于体系化的环境诉讼制度的形成，更在于逐步形成环境法治所特有的诉讼制度，由此维系环境法权结构的稳定和协调。因而，在一定意义上来说，环境诉讼制度的不断发展创新将成为中国环境法治的显著标志之一，也将成为环境法学知识谱系中最具独特性的内容之一。

后　记

《改革开放40年法律制度变迁·环境法卷》一书，旨在梳理和总结改革开放40年来我国环境资源法律制度的主要变化和发展，以改革开放40年为梳理和总结的时代背景，以厘清环境资源法律制度变化发展的基本脉络为主要任务，以客观还原环境资源法律制度变化发展的历史为基本目的，以适当预测环境资源法律制度未来发展趋势为基本要求，并不做深入的理论分析和探讨。

梳理和总结改革开放40年环境资源法律制度的变化发展，是一个相对复杂的"工程"，非一人在短时间内所能够完成。因此，本书是由多位环境法学者合作完成的，是集体智慧的结晶。具体撰稿分工如下：第一章，综述（王树义，上海财经大学法学院教授）；第二章，大气污染防治法律制度的变迁（罗吉，武汉大学法学院副教授）；第三章，水污染防治法律制度的变迁（李广兵，武汉大学法学院副教授）；第四章，土壤污染防治法律制度的变迁（李挚萍，中山大学法学院教授）；第五章，固体废物污染环境防治法律制度的变迁（胡静，中国政法大学经济法学院副教授）；第六章，海洋环境保护法律制度的变迁（朱晓勤，厦门大学法学院教授）；第七章，土地、矿产资源、森林法律制度的变迁（王世进，江西理工大学文法学院教授）；第八章，水、草原、野生动植物、能源法律制度的变迁（黄锡生，重庆大学法学院教授）；第九章，自然保护区、风景名胜区法律制度的变迁（刘茜，河北大学法学院副教授）；第十章，环评、排污许可及"三同时"制度的变迁（汪再祥，华中农业大学文法学院副教授）；第十一章，环境保护费、税法律制度的变迁（史玉成，甘肃政法学院教授）；第十二章，环境诉讼法律制度的变迁（郭武，甘肃政法学院教授）。